# Obrigações e Contratos

## PARECERES
DE ACORDO COM O CÓDIGO CIVIL DE 2002

O GEN | Grupo Editorial Nacional reúne as editoras Guanabara Koogan, Santos, LTC, Forense, Método, E.P.U. e Forense Universitária, que publicam nas áreas científica, técnica e profissional.

Essas empresas, respeitadas no mercado editorial, construíram catálogos inigualáveis, com obras que têm sido decisivas na formação acadêmica e no aperfeiçoamento de várias gerações de profissionais e de estudantes de Administração, Direito, Enfermagem, Engenharia, Fisioterapia, Medicina, Odontologia, Educação Física e muitas outras ciências, tendo se tornado sinônimo de seriedade e respeito.

Nossa missão é prover o melhor conteúdo científico e distribuí-lo de maneira flexível e conveniente, a preços justos, gerando benefícios e servindo a autores, docentes, livreiros, funcionários, colaboradores e acionistas.

Nosso comportamento ético incondicional e nossa responsabilidade social e ambiental são reforçados pela natureza educacional de nossa atividade, sem comprometer o crescimento contínuo e a rentabilidade do grupo.

CAIO MÁRIO DA SILVA PEREIRA

# Obrigações e Contratos

## PARECERES
DE ACORDO COM O CÓDIGO CIVIL DE 2002

SELEÇÃO, ATUALIZAÇÃO LEGISLATIVA E EMENTAS:
Leonardo de Campos Melo
Ricardo Loretti Henrici
Cristiane da Silva Pereira Motta

Rio de Janeiro

- A EDITORA FORENSE se responsabiliza pelos vícios do produto no que concerne à sua edição, aí compreendidas a impressão e a apresentação, a fim de possibilitar ao consumidor bem manuseá-lo e lê-lo. Os vícios relacionados à atualização da obra, aos conceitos doutrinários, às concepções ideológicas e referências indevidas são de responsabilidade do autor e/ou atualizador.
As reclamações devem ser feitas até noventa dias a partir da compra e venda com nota fiscal (interpretação do art. 26 da Lei n. 8.078, de 11.09.1990).

- **Contratos e Obrigações – Pareceres: de acordo com o Código Civil de 2002**
ISBN 978-85-309-2609-0
Direitos exclusivos para o Brasil na língua portuguesa
*Copyright* © 2011 by
**EDITORA FORENSE LTDA.**
Uma editora integrante do GEN | Grupo Editorial Nacional
Travessa do Ouvidor, 11 – Térreo e 6º andar – 20040-040 – Rio de Janeiro – RJ
Tel.: (0XX21) 3543-0770 – Fax: (0XX21) 3543-0896
forense@grupogen.com.br | www.grupogen.com.br

- O titular cuja obra seja fraudulentamente reproduzida, divulgada ou de qualquer forma utilizada poderá requerer a apreensão dos exemplares reproduzidos ou a suspensão da divulgação, sem prejuízo da indenização cabível (art. 102 da Lei n. 9.610, de 19.02.1998).
Quem vender, expuser à venda, ocultar, adquirir, distribuir, tiver em depósito ou utilizar obra ou fonograma reproduzidos com fraude, com a finalidade de vender, obter ganho, vantagem, proveito, lucro direto ou indireto, para si ou para outrem, será solidariamente responsável com o contrafator, nos termos dos artigos precedentes, respondendo como contrafatores o importador e o distribuidor em caso de reprodução no exterior (art. 104 da Lei n. 9.610/98).

1ª edição – 2011
1ª edição – 2011 – 2ª tiragem

- CIP – Brasil. Catalogação-na-fonte.
Sindicato Nacional dos Editores de Livros, RJ.

P49p

    Pereira, Caio Mário da Silva, 1913-2004
       Contratos e Obrigações – Pareceres: de acordo com o Código Civil de 2002 /
    Caio Mário da Silva Pereira; seleção, atualização legislativa e ementas, Leonardo de Campos Melo,
    Ricardo Loretti Henrici, Cristiane da Silva Pereira Motta. – Rio de Janeiro: Forense, 2011.

      ISBN 978-85-309-2609-0

       1. Obrigações (Direito) – Brasil. 2. Contratos – Brasil. 3. Pareceres jurídicos. I. Melo, Leonardo de Campos. II. Henrici, Ricardo Loretti. III. Motta, Cristiane da Silva Pereira. IV. Título. V. Título: Contratos e obrigações.

08-4453.                                                   CDU: 347.4(81)

# SUMÁRIO

***Observação:*** *a fim de facilitar a consulta, foi elaborado o índice abaixo, no qual se apresentam os principais institutos tratados em cada um dos pareceres. Adicionalmente, o leitor encontrará, no início de cada parecer, um resumo da matéria de fato e uma ementa jurídica.*

*Prefácio*.................................................................................. IX
*Nota dos Organizadores*........................................................ XI

**Parecer n. 1**
Contrato de aluguel. Cláusula de reajuste. Inaplicabilidade do art. 322 do Código Civil (2002). Renúncia não se presume. Inocorrência de novação ......................................... 1

**Parecer n. 2**
Obrigação facultativa. Ineficácia de ato praticado por mandatário que atua fora dos poderes outorgados (*ultra vires mandati*). Infração ao princípio da continuidade do registro de imóveis ..... 13

**Parecer n. 3**
Responsabilidade civil contratual. Novação objetiva. Possibilidade de ocorrer novação tácita ...... 37

**Parecer n. 4**
Liquidação de sentença. Proibição de excesso de execução. Descabimento de cumulação da multa contratual compensatória com as perdas e danos. Critérios e elementos necessários à apuração do lucro cessante. Dever de mitigar. A indenização não pode ser agravada pelo comportamento do credor ....... 47

**Parecer n. 5**
Condição meramente potestativa. Obrigação alternativa ............................................. 61

**Parecer n. 6**
Enriquecimento sem causa ........................................................... 69

**Parecer n. 7**
Cessão onerosa de direitos possessórios (venda da posse). Modalidade de pagamento. Ação de consignação em pagamento ........................................................... 79

**Parecer n. 8**
Garantias e contragarantias fidejussórias prestadas por empreiteira, por banco brasileiro e por banco do país contratante das obras. Evento de força maior (guerra). Inexigibilidade das garantias........ 91

**Parecer n. 9**
Cessão de crédito sujeita a condição. Falta da condição. Cessão definitiva..................... 97

**Parecer n. 10**
Liquidação extrajudicial e prazo prescricional para o ajuizamento de ação de responsabilidade civil contra o BACEN. Transação e interpretação restritiva. Cláusula contratual passível de dois entendimentos. Prevalência da interpretação que produza efeitos .............................. 115

**Parecer n. 11**
Escrituração de dívida em conta gráfica. Inexistência de contrato de conta corrente. Interpretação de cláusula contratual. Cessão de crédito *pro solvendo*. Abuso de direito. Invalidade de fiança prestada por espólio sem autorização judicial. ...................................................... 131

**Parecer n. 12**
Formação do contrato por via epistolar. Obrigação alternativa. Perdas e danos. Exceção de contrato não cumprido na hipótese em que as prestações das partes são devidas simultaneamente .......... 147

**Parecer n. 13**
Contrato de mandato. Interpretação restritiva dos poderes outorgados. Ato que escapa à administração ordinária. Necessidade de outorga de poderes especiais e expressos para novar. Cláusula de irrevogabilidade do mandato não implica a faculdade de agir para além dos poderes recebidos. Consignação em pagamento sem força liberatória da obrigação, por ausência do requisito objetivo do preço ..... 161

**Parecer n. 14**
Condição potestativa simples. Obrigação facultativa. ....................................... 171

**Parecer n. 15**
Interpretação de contrato atípico. Obrigação a termo incerto. Contrato bilateral. Impossibilidade de denúncia unilateral. Responsabilidade civil contratual. ....................................... 179

**Parecer n. 16**
Contratos coligados. Inadimplemento parcial. Resolução do contrato. Inaplicabilidade da exceção de contrato não cumprido ............................................................... 195

**Parecer n. 17**
Interpretação contratual ........................................................................ 215

**Parecer n. 18**
Interpretação contratual. Exceção de contrato não cumprido. O acessório segue o principal ........ 221

**Parecer n. 19**
Interpretação contratual. Cláusula resolutiva expressa. Exceção de contrato não cumprido. Danos emergentes, lucros cessantes. ................................................................. 231

**Parecer n. 20**
Contrato de prestação de serviço celebrado por pessoas jurídicas. O *nomen iuris* em si e por si não tipifica um negócio jurídico. Inaplicabilidade da limitação legal de quatro anos de duração (Código Civil de 2002, art. 598). Cláusula de irrevogabilidade do mandato. Ausência de cláusula resolutiva expressa. Necessária intervenção judicial. Concorrência desleal. Cláusula penal. ........ 243

**Parecer n. 21**
Contrato consigo mesmo (autocontrato) celebrado com o objetivo de fraudar o regime de bens do casal .. 255

**Parecer n. 22**
Interpretação contratual. Simulação relativa. Prevalência do ato oculto sobre o ato aparente. ........ 263

**Parecer n. 23**
Condição suspensiva. Falta da condição............................................. 269

**Parecer n. 24**
Sentença de rescisão contratual. Garantia real. Sub-rogação. Falência ........................ 281

**Parecer n. 25**
Condição legal (condição imprópria). Negócio jurídico nulo por inobservância de solenidade legal. Exceção de contrato não cumprido..................................... 289

**Parecer n. 26**
Interpretação das cláusulas contratuais umas em relação as outras. Inexistência de condição potestativa pura..................................................... 299

**Parecer n. 27**
Contrato de doação com cláusula de reversão. Descabimento de criação de fideicomisso por ato *inter vivos*. A reversão não pode ser determinada em benefício de terceiros, mas somente em favor do próprio doador. Condomínio. Impossibilidade de o doador estipular a indivisão por mais de cinco anos (CC/2002, art. 1.320, § 1º)......................................... 307

**Parecer n. 28**
Contrato de doação. Irrelevância do motivo da liberalidade. Alegação de simulação. Ônus da prova de quem alega............................................... 325

**Parecer n. 29**
Ação de consignação em pagamento. Ação de despejo. Relação entre as duas ações .............. 333

**Parecer n. 30**
Dação em pagamento. Pacto de retrovenda. Condição resolutiva temporal...................... 341

**Parecer n. 31**
Contrato de prestação de serviço. Indenização preestabelecida em benefício do locador do serviço. Legalidade da condição potestativa simples........................ 345

**Parecer n. 32**
Caso fortuito e força maior. A cláusula interpreta-se contra o estipulante e em favor do promitente .. 357

**Parecer n. 33**
Contrato de empreitada. Mora do dono da obra. Dever de indenizar o empreiteiro................ 367

**Parecer n. 34**
Contrato de empreitada. Teoria da imprevisão (cláusula *rebus sic stantibus*). Pressuposição ........ 375

**Parecer n. 35**
Contrato de empreitada global pelo sistema *turnkey*. Distinção entre contrato de empreitada e contrato de locação de serviço ........................................ 383

**Parecer n. 36**
Contrato de empreitada entre construtora brasileira e país estrangeiro. Primeira Guerra do Golfo. Impossibilidade de execução do contrato. Força maior .................... 395

**Parecer n. 37**
Contrato de empreitada. Impossibilidade de invocação simultânea da cláusula *rebus sic stantibus* e da cláusula de reajuste das prestações. Impossibilidade de invocação da cláusula *rebus sic stantibus* após o término do contrato. Condição suspensiva. Falta da condição ...................... 403

**Parecer n. 38**
Contrato de empreitada. Aumentos dos custos operacionais em razão de inadimplemento contratual
do dono da obra. Ressarcimento devido. Meios de prova. Prova circunstancial .................. 415

**Parecer n. 39**
Contrato de depósito. Princípio *societas distat a singulis*. O acionista não responde pelas obrigações
da sociedade ..................................................................... 425

**Parecer n. 40**
Contrato de mandato. Omissão quanto à possibilidade de substabelecer. Negócios jurídicos celebrados
pelo substabelecido. Vinculação do mandante originário.................................. 433

**Parecer n. 41**
Contrato de corretagem. Venda de imóvel. Desistência unilateral do comitente após a aceitação do
negócio por adquirente apresentado pelo corretor. Comissão devida......................... 437

**Parecer n. 42**
Contrato de seguro de crédito à exportação ............................................. 445

**Parecer n. 43**
Contrato de seguro de crédito à exportação ............................................. 461

**Parecer n. 44**
Contrato de publicidade ............................................................. 475

**Parecer n. 45**
Contrato de locação em *Shopping Center*............................................... 485

**Parecer n. 46**
Responsabilidade civil do magistrado .................................................. 495

**Parecer n. 47**
Contrato de locação não residencial. Seguro da coisa locada. Ocorrência de sinistro. Consignação em
pagamento. Direito à indenização..................................................... 503

**Parecer n. 48**
Contrato de locação não residencial. Locação por sucessão. Sub-rogação. Obras realizadas com afronta
ao contrato e a normas edilícias. Infração contratual grave. Ação de despejo ................... 519

**Parecer n. 49**
Contrato de locação residencial não registrado perante o Registro Geral de Imóveis. Direito de
preferência....................................................................... 525

Índice Alfabético................................................................... 533

# PREFÁCIO

Já vi atribuído a mais de um autor – Ramalho Ortigão, por exemplo – o dito de que o prefácio é algo que se imprime antes do livro, se escreve depois do livro e que o leitor não lê nem antes, nem depois. Existem, contudo, exceções. Há prefácios marcantes, pela extensão ou substância, como o de Rui Barbosa a *O Papa e o Concílio*, ou pelo conteúdo espirituoso, como os de Monteiro Lobato. A certeza de que estas linhas não fugirão do destino dos prefácios dá-me a liberdade para dizer, aqui, o quanto quiser, sem esperar o aplauso ou a crítica dos leitores.

Conheci o Professor Caio Mário da Silva Pereira, em 1965, numa palestra, que despertou meu interesse e minha curiosidade intelectual e de outros calouros da Faculdade de Direito da Universidade do Estado da Guanabara, ainda na Rua do Catete. Ele falou à mineira, com a brandura dos da sua gente, avessa a arrebatamentos e hipérboles. Expôs com clareza as suas ideias sobre a reforma do Código Civil, deixando entrever, espontaneamente, o domínio da ciência de que se ocupou, até a morte, décadas depois, em 2004. Reencontrei-o na Presidência do Conselho Federal da Ordem dos Advogados do Brasil, durante a ditadura militar, que tornou particularmente difícil o seu mandato. Ele o desempenhou, no entanto, com firmeza e bravura. Não se intimidou. Não transigiu com os princípios defendidos pela OAB. Demonstrou, naquela quadra terrível, os seus conhecimentos de direito público, especialmente o Direito Constitucional e o Direito Administrativo.

Caio Mário marcou época, na cátedra e na doutrina, como civilista. Nos autos, nas conferências, nos escritos, ele mostrou o seu saber, resultante de uma formação ecumênica, havida, principalmente, nos clássicos daqui e de alhures, em particular nos juristas franceses e italianos com os quais aprendeu e cujas lições enriqueceu com uma contribuição pessoal de filósofo do Direito Civil. As suas *Instituições de Direito Civil* constituem obra permanente, que enfrentará e vencerá as naturais, necessárias e inevitáveis transformações do Direito, como ciência e como sistema de normas positivas. Se essa obra riquíssima oferece o pensamento do autor, organizado em volumes, capítulos e itens relativos aos diferentes segmentos, ela fica aquém dos conhecimentos dele, infinitamente mais amplos, como se vê noutras obras, escritos e peças de elaboração legislativa, como a Lei de Condomínios e Incorporações, que o consagraram, colocando-o entre os maiores civilistas brasileiros de todos os tempos.

Este livro apresenta outra faceta dos conhecimentos do professor mineiro; melhor, do civilista brasileiro, que desceu das Alterosas para ensinar com voz autorizada a quem quiser aprender, neste país, neste continente e noutros pontos do mundo. O pedido de parecer abre para o especialista a oportunidade de mostrar o quanto sabe e, mais do que isto, de aplicar a sua ciência a situações concretas, para o proveito não apenas dos solicitantes, como ainda de quantos puderem ler os trabalhos. Deve-se acentuar que o jurista eminente, enquanto advogado, não fez da sua banca balcão, nem, como parecerista, da sua ciência mercatura – para usar, aqui, as expressões de Rui.

Os pareceres, enfeixados neste volume, o autor os deu com convicção, certo de haver encontrado a solução para os problemas sobre os quais se pediu o seu pronunciamento. São pedaços da sua ciência, voltada para situações específicas.

O Professor Caio Mário da Silva Pereira não transmitiu os seus conhecimentos apenas aos seus descendentes, também eles cultores do Direito Civil, como os seus filhos Tânia e Sergio e o seu neto Leonardo, atuante, hoje, no mesmo escritório de advocacia. A lembrança das suas aulas, a memória das suas palestras, os seus livros e escritos, de que são mostra eloquente estes pareceres, o exemplo da sua vida pública, tudo isto nos faz legatários dele. Como todo ser humano, o autor dos pareceres agora publicados viveu desafios da vida, lutou e sofreu. Desfrutou, porém, do privilégio da contemplação da sua própria glória, traduzida na perenitude das suas lições, a todo instante invocadas pelos profissionais do Direito, pelos doutrinadores e pelos tribunais, na admiração, no respeito e na gratidão dos seus contemporâneos, como ocorrerá pelo futuro adiante.

Rio, outubro de 2010
*Sergio Bermudes*

# NOTA DOS ORGANIZADORES

O Professor Caio Mário da Silva Pereira faleceu em 27 de janeiro de 2004, às vésperas de completar 91 anos. Passados alguns meses, encontramos em seus arquivos cópias de várias centenas de pareceres elaborados pelo eminente Mestre ao longo de mais de quatro décadas. Na sua grande maioria, os pareceres encontravam-se datilografados em papel manteiga e anexados aos principais documentos que acompanharam as respectivas consultas.

Na primeira etapa do trabalho, passamos alguns meses no escritório do Professor Caio Mário, no centro do Rio de Janeiro, cercados de muitos de seus livros e revistas nacionais e estrangeiros e encantados com a certeza de que boa parte dos pareceres havia sido ali pensada e redigida. Nesse período, realizamos uma detalhada triagem de todos os pareceres, separando para futura análise apenas os que versavam sobre o Direito Civil.

Ao longo de toda essa primeira etapa, tínhamos dúvida se o autor desejava a publicação de uma obra com os seus pareceres. Para a grande felicidade nossa e de sua família, encontramos, escrita à mão pelo próprio Professor Caio Mário, uma breve introdução a um futuro livro, presa por um clipe a uma pasta contendo alguns pareceres, todos ementados e com os nomes das partes suprimidos. O texto dizia o seguinte:

"No exercício da profissão, tenho respondido a numerosas consultas, sobre matéria pertinente a todos os ramos do direito.

A atividade profissional, na emissão de pareceres, pela variedade que compreende, suscita a formulação de questões, que o dia –a dia das atividades sociais, políticas ou econômicas levanta. E as soluções aventadas oferecem ensejo de focalizar problemas de ordem prática, posto que tratados em termos de pesquisa doutrinária.

Acredito que esta publicação possa vir a ser de utilidade. E foi por isto que me animei a editá-la."

Em conversa com os filhos do Professor Caio Mário, descobrimos que ele havia iniciado, pessoalmente, a edição de uma obra de pareceres, à qual não pôde dar prosseguimento.

Autorizados pela família do autor a dar continuidade ao projeto, seguindo o modelo de edição já iniciado pelo Professor Caio Mário, nos reunimos com a Editora Forense. A receptividade dos editores não poderia ter sido mais animadora, e todo o necessário apoio nos foi imediatamente fornecido.

Nessa nova fase, nosso trabalho consistiu em revisar os textos, selecionando apenas os pareceres compatíveis com o Código Civil de 2002. Em seguida, por meio de notas de rodapé, fizemos a atualização legislativa da obra.

Organizar um livro de pareceres de fácil e rápida consulta foi a nossa constante preocupação. Por esse motivo, iniciamos a obra com um sumário dos principais institutos jurídicos discutidos em cada parecer. Adicionalmente, cada opinião jurídica encontra-se precedida de resumo dos fatos e de ementa das questões jurídicas nela versadas. Ao fim do livro, criamos um índice remissivo. Acreditamos, assim, ter facilitado a busca por institutos específicos.

Honrados com a confiança que nos foi depositada pela família do Professor Caio Mário e pela Editora Forense, esperamos que a obra tenha boa acolhida por profissionais e estudantes do Direito, na convicção de que este livro representa uma rara oportunidade de se conjugar, em uma só leitura, a doutrina do grande civilista e a sua aplicação a casos concretos.

Rio de Janeiro, agosto de 2010.
*Leonardo de Campos Melo*
*Ricardo Loretti Henrici*
*Cristiane da Silva Pereira Motta*

# 1

**Fatos**  Contrato de locação. Cobrança dos aluguéis, por longo período, sem a aplicação da cláusula de reajuste. Alegação, pela locatária, de renúncia do locador ao direito de aplicar a cláusula de reajustamento.

**Direito**  Pagamento em quotas periódicas. A quitação da última parcela gera presunção relativa (*iuris tantum*) de estarem solvidas as anteriores. Inaplicabilidade do art. 322 do Código Civil (2002). A conduta reiterada do locador não consiste em renúncia ao direito de aplicar a cláusula de reajuste. Renúncia não se presume. Erro do locador ao emitir recibos sem a aplicação da cláusula de reajuste. Inocorrência de novação. Equação contratual mantida: (a) partes contratantes iguais, (b) manutenção do elemento essencial da obrigação e (c) *animus novandi* inexistente.

---

SIS, como locadora, celebrou com MA contrato de arrendamento de imóvel sito em São Paulo, ficando ajustado (cláusula 5) que "o aluguel a ser pago pela MA corresponderá a 3% (três por cento) por trimestre, calculados sobre o custo do terreno e das benfeitorias, expresso em UPC (unidade padrão capital) ou baseado no índice de variação de preços para o consumidor, fixado pela Fundação Getúlio Vargas".

Ficou ainda ajustado (cláusula 6) um pagamento adicional de um e meio por mil, por ano, do valor total das vendas anuais no local objeto desse pagamento.

SIS apresentou, durante mais de cinco anos, à MA os recibos de aluguéis, ora calculados com base em UPC, ora em ORTN, sem, entretanto, levar em consideração a alternativa da transcrita cláusula 5, segundo a qual lhe era lícito optar pelo valor mais alto, sobre o custo do terreno e das benfeitorias.

Verificando o equívoco em que incorrera, SIS calculou a diferença e apresentou à MA o recibo respectivo.

Não foi atendida, respondendo-lhe MA que, em relação às prestações pretéritas, considerava-se quitada pelos pagamentos efetuados, tendo principalmente em vista que, nas obrigações de trato sucessiva, o recebimento de uma parcela faz presumir a quitação das anteriores. E, demais disso, com amparo em decisão do Tribunal de Alçada da antiga

Guanabara, o aluguel reiteradamente pago pelo locatário não pode ser recusado pelo locador a pretexto de não ter sido reajustado na devida oportunidade.

No tocante às prestações futuras, entende MA que a cobrança de aluguéis baseados em critério diverso do que fora contratualmente avençado constitui novação, ficando sem efeito a cláusula originariamente estabelecida e nunca utilizada, a qual se substitui pelo que as partes vêm efetivamente praticando.

SIS respondeu a MA insurgindo-se contra tais entendimentos.

Em face desse dissídio pergunta:

1º O fato de ter cobrado, de uma certa forma, os aluguéis, por tempo prolongado, importa em renúncia do valor a que tem direito?
2º É aplicável à espécie o disposto no art. 943 do Código Civil?[1]
3º A cobrança iterativa de aluguéis por forma diversa do que fora ajustado implica novação da obrigação contratual, ficando sem efeito a cláusula originariamente estabelecida e nunca utilizada?

## PARECER

*Ao Quesito Primeiro*

Embora autorizada pelo contrato, SIS iterativamente cobrou o aluguel do imóvel arrendado a MA, sem se prevalecer da cláusula que lhe permite recebê-lo "pelo valor mais alto", em face da alternativa convencionada.

A locatária vê nisto um direito que se teria incorporado em seu patrimônio, e entende que a percepção do aluguel calculado pela locadora importa em ficar esta vinculada a essa forma de estimativa.

Cumpre, desde logo, salientar que não houve qualquer novo ajuste entre as partes, alterando as condições contratuais. Nem ocorreu manifestação unilateral expressa da arrendadora, comunicando à arrendatária que iria modificar os termos avençados. E se tal houvesse, não encontraria amparo legal, sob fundamento de que, no contrato bilateral, não é lícito a qualquer dos contraentes alterar os termos do ajuste, sem a expressa anuência do outro. Não tem cabimento o recesso unilateral do contrato, tal como salientam RUGGIERO e MAROI, nas *Istituzioni di Diritto Privato*, v. II, § 139.

Como a locadora, ao proceder às cobranças da renda, efetuasse os cálculos de forma a atingir resultado que favorecia à sua cocontratante, esta silenciou, e, ao ser aler-

---

[1] "Art. 943. Quando o pagamento for em quotas periódicas, a quitação da última estabelece, até prova em contrário, a presunção de estarem solvidas as anteriores."
– Dispositivo correspondente no Código Civil de 2002:
"Art. 322. Quando o pagamento for em quotas periódicas, a quitação da última estabelece, até prova em contrário, a presunção de estarem solvidas as anteriores."

tada para o fato, alegou que houve mudança, e que não cabia mais à locadora retomar os antigos termos.

Procurando-se uma justificativa jurídica para a posição assumida pela locatária, e não existindo qualquer convenção bilateral, ou mesmo proposição unilateralmente manifestada e aceita, o único suporte em que se basearia seria a renúncia da locadora, ou o erro. Vejamos uma e outra hipótese. A primeira seria a renúncia. Tendo direito a receber a renda pelo valor mais alto, dentro na alternativa contratual, estaria adstrita à fórmula que não se condiciona a tal vantagem, por ter a ela renunciado.

Renúncia é abdicação de uma faculdade ou de um poder, assentado em lei ou em convenção, e não se presume. Renunciante não é o que deixa de cobrar o devido, ainda que reiteradamente, porém aquele que manifesta à outra parte o propósito de abrir mão do que lhe é devido.

O mecanismo da renúncia não pressupõe uma vontade dirigida, nem se concretiza no objetivo de permitir a aquisição de um direito por outrem. Não influi na sua etiologia o fato de que alguém, encontrando vago um direito, nele se invista:

> "Non influisce sul concetto di rinunzia e non implica quindi alienazione la circostanza che un altro, trovando vacante il diritto, lo faccia proprio anche se a questo scopo possa essere fatta la dismissione" (RUGGIERO e MAROI, *Istituzioni di Diritto Privato*, v. I, § 23).

A renúncia aparece, assim, como uma faculdade atribuída ao titular de um direito, segundo a qual ele pode dispor dela como bem lhe apraza. Ninguém pode ser compelido, salvo na incidência de um interesse público, a recolher as vantagens que lhe advenham de seu direito. É o que, em termos gerais, enuncia ANDRÉ BRETON, ao dizer:

> "Si le régime juridique auquel nous sommes soumis est aujourd'hui encore un régime de liberté, il est normal que tout individu puisse disposer des droits qui lui sont reconnus par la loi et notamment qu'il puisse y renoncer: qui dit droit dit, en effet, prérogative comportant des avantages, et il parait difficile, sauf motif d'intérêt public, de contraindre une personne à recueillir des avantages dont elle ne veut point.
> Si tel est l'esprit de la loi, tout individu devrait pouvoir, à sa seule volonté, renoncer à tout droit patrimonial quelconque, pour ne parler que des droits patrimoniaux" ("La Théorie Générale de la Rénonciation aux Droits Réels", in *Revue Trimestrielle de Droit Civil*, p. 261 e segs., especialmente p. 280, 1928).

Na renúncia alguém, abrindo mão das vantagens que o seu direito lhe oferece, na verdade sofre um empobrecimento, que pode ter como consequência o enriquecimento daquele, em cujo patrimônio ela vai repercutir.

Assim é que, se o usufrutuário renuncia ao usufruto, perde as vantagens dele, empobrecendo na proporção em que deixa de auferir o rédito da coisa. E, posto não se dirija a ninguém, há o enriquecimento da pessoa que passa a auferir as vantagens, em razão de não ser mais a coisa usufruída por aquele em favor de quem o direito fora constituído.

Precisamente por gerar esse empobrecimento, a renúncia não se presume. Neste sentido é pacífica a doutrina. O não exercício de um direito jamais pode ser traduzido como renúncia a ele. No exemplo acima figurado, não se pode considerar como tendo renunciado ao usufruto o fato do usufrutuário deixar de perceber as vantagens da coisa. Num outro exemplo, já agora do campo dos direitos obrigacionais, se o credor passa largo período sem receber os juros da dívida, quando estipulado seu pagamento por períodos certos, não se pode inferir que teria a eles renunciado. Ao revés, sempre lhe assiste o direito de exigi-los, subordinado tão somente à prescrição que eventualmente venha a ocorrer.

A renúncia implica, segundo o magistério de OROSIMBO NONATO, um benefício ou uma liberalidade do renunciante, e, como tal, não se interpreta favoravelmente àquele a quem beneficia:

"Ora, o de que se trata, nos autos, é de renúncia, é de desistência, é de ato unilateral, benéfico, gratuito.
Ele se interpreta, como tal, no sentido de menor transmissão de direitos e interesses (CC bras. 1090; CC port. 685; Felício, cit., art. 256, n. 12).
Os atos unilaterais interpretam-se a favor do respectivo autor. Não se presumem liberalidades (Tito Prates, Suc. 22; Carlos Maximiliano, Hermen, 359)" ("Parecer", in *Revista Forense*, v. 59, p. 174).

Em todo negócio jurídico há uma declaração de vontade. Aliás, o negócio jurídico na essência é uma declaração de vontade destinada à produção de efeitos jurídicos. Em todo negócio jurídico, portanto, há um objetivo ou uma intenção. Se alguém pretende que um negócio jurídico tenha caráter renunciativo, necessita de evidenciar a intenção abdicativa, pois que o propósito de renunciar não se presume. Veja-se, ao parecer, a lição de HECTOR LAFAILLE. Começa o emitente civilista argentino por assinalar que a renúncia não requer formalidades especiais. Mas há de se manifestar de maneira inequívoca:

"La renuncia no exige formalidades especiales; de suerte que puede producirse aún tácitamente, siempre que la voluntad se manifieste de una manera inequívoca."

Em seguida, como que a tirar daí a consequência certa:

"En la duda, debe juzgarse que la renuncia no ha existido.... Este es el principio aplicable a todas las liberalidades, ya que la ley lo establece para las donaciones que les sirven de modelos" (*Derecho Civil, Tratado de las Obligaciones*, v. I, n. 502 e 503, p. 424-425).

Cuidando genericamente da interpretação dos negócios jurídicos, ERICH DANZ cuida em especial da renúncia, para acentuar que sobre se interpretar da maneira favorável ao renunciante, afetará o menos possível os direitos, mas especialmente recomenda que se examine "com cuidado" se se trata efetivamente de uma renúncia:

"Será, por conseguinte, necessário examinar com cuidado, como em qualquer declaração de vontade, até que ponto se trata de uma renúncia" (ERICH DANZ, *A Interpretação dos Negócios Jurídicos*, trad. portuguesa de Fernando de Miranda, p. 279, nota 1).

De maneira analítica, ALFREDO COLMO parte de pressuposto de que o instinto de conservação leva a que seja pouco concebível o espírito de liberalidade, e portanto que uma renúncia não se impõe:

"Lo restrictivo de la interpretación de la renuncia, es de obviedad. Nemores suas jactare facile praesumitur, decían ya los romanos. El instinto de conservación, individual o patrimonial, está bien arraigado en el hombre; por donde es poco concebible el espíritu de liberalidad que la renuncia supone. De ahí que, tanto en la renuncia expresa como en la tácita, sea menester excluir cualquier voluntad ambigua, y limitarla a lo que sea de evidencia: el mero silencio o inacción del acreedor, antes los hechos o manifestaciones positivas del debedor, o lo negativo de su conducta, no puede ser interpretado en su contra" (*De las Obligaciones en General*, n. 863, p. 591).

Em monografia tendo por objeto o direito brasileiro, JOSÉ PAULO CAVALCANTI, depois de outras considerações, bem lastreadas, resume: "Em síntese: a renúncia, como qualquer negócio jurídico, não se presume" (*Da Renúncia no Direito Civil*, p. 129).

Deste apanhado de opiniões de destacados juristas, uma conclusão emerge a toda evidência. Um ato, para ser considerado como renúncia, há de conter a intenção manifesta de abdicar de um direito. Como se não pode presumir a renúncia, uma declaração de vontade, expressa ou tácita, para traduzir-se como renúncia a um direito, terá de se manifestar de modo inequívoco e não ambíguo. Caso contrário, a conclusão é que de renúncia se não trata.

Na espécie, as relações entre as partes são de cunho patentemente mercantil. E quem lê o contrato, logo verifica que as partes tiveram todo o cuidado de defender de modo claro, preciso e seguro os seus interesses. Não se pode, então, admitir que, na execução de um contrato minucioso e cheio de cautelas, um dos contraentes fosse, imediatamente, realizando uma liberalidade em favor do outro, renunciando gratuitamente ao direito que com tamanho cuidado procurou preservar.

Não existindo qualquer manifestação que por si induza o *animus renunciandi*, e não se podendo presumir a renúncia como todos os autores afirmam, força é concluir que a arrendante não abriu mão do direito de haver o preço da locação, pelo valor mais alto, entre os critérios da apuração expressos na cláusula 5.

Na ausência de causa jurídica para justificar a redução no preço da locação, somente é possível atribuir a cobrança a menor a um equívoco da locadora, a um erro em que incidiu a pessoa incumbida de levantar os cálculos.

E, como erro que é, pode ser a todo tempo emendado.

A cláusula continente de quitação, que os recibos emitidos pela arrendante contêm, pode, como ato jurídico que é, ser anulada, na forma do que dispõem os arts. 86[2] e segs. do Código Civil de 1916.

E nem se argumente que os recibos tinham caráter definitivo, por não abrigarem qualquer ressalva. A própria sentença, que uma vez proferida esgota o poder jurisdicional de seu autor, admite contudo emenda ou correção, como no art. 463 do Código de Processo Civil se estatui:

"Ao publicar a sentença de mérito, o juiz cumpre e acaba o ofício jurisdicional, só podendo alterá-la:
I – para lhe corrigir, de ofício ou a requerimento da parte, inexatidões materiais, ou lhe retificar erros de cálculos."[3]

O erro na emissão dos recibos pode ser, portanto, corrigido, para a arrendante haver da arrendatária a diferença, colocando-se as partes nos termos contratualmente avençados.

*Ao Quesito Segundo*

O art. 943 do Código Civil[4] estabelece a presunção de estarem solvidas as prestações anteriores, quando o pagamento se distribui por quotas periódicas, e o devedor tiver pago uma posterior.

---

2   "Art. 86. São anuláveis os atos jurídicos, quando as declarações de vontade emanarem de erro substancial."
    – Dispositivo correspondente no Código Civil de 2002:
    "Art. 138. São anuláveis os negócios jurídicos, quando as declarações de vontade emanarem de erro substancial que poderia ser percebido por pessoa de diligência normal, em face das circunstâncias do negócio."
3   O *caput* do art. 463 do CPC teve a redação alterada pela Lei n. 11.232/05:
    "Art. 463. Publicada a sentença, o juiz só poderá alterá-la:"
4   CC 2002, art. 322.

Trata-se, desde logo, de uma presunção *juris tantum*, e não *juris et de jure*, uma vez que o próprio art. 943 ressalva, explicitamente, a admissibilidade de "prova em contrário".

Demais disso, o que o legislador neste preceito assentou foi que o pagamento de prestação ulterior faz presumir a *solutio* de outra prestação anterior. Nem aludiu a que uma prestação recebida induz a prova da exatidão da outra ou das outras anteriores, nem cogitou da apuração do conteúdo da quitação dada. O que quis dizer foi que, se uma obrigação se liquida por quotas periódicas, o recebimento de uma faz presumir que o credor recebeu as outras que deveriam ter sido pagas antes.

Veja-se o que diz CLÓVIS BEVILÁQUA, na observação única, ao art. 943:

"O pagamento da última prestação, sem ressalva, faz presumir o pagamento das anteriores, porque não é natural que o credor receba aquela, ficando estas sem solução" (*Código Civil Comentado*, ao art. 943).

CARVALHO SANTOS, mais minucioso, além de se arrimar a autores que especificamente aludem ao caso, pergunta, e ele mesmo responde:

"Desponta aí uma questão: poderá o devedor obrigar o credor a receber as últimas prestações, ou alugueres, sem oferecer, ao mesmo tempo, o pagamento das precedentes?
A doutrina não diverge, quanto à solução, que é negativa. Onde surgem as divergências é quanto ao motivo pelo qual não é lícito ao devedor pretender tal coisa. Mas, em face de nosso direito, não há razões para divergência, por isso que a imputação do pagamento deve ser feita na dívida mais antiga, não sendo lícito ao devedor fazer uma imputação prejudicial ao credor, como o seria, realmente, essa, de vez que a quitação da última prestação firmaria a presunção de estarem solvidas as anteriores" (*Código Civil Brasileiro Interpretado*, v. XII, p. 151).

JOÃO LUIZ ALVES, mais sucinto, mas nem por isso menos claro, simplesmente diz:

"Não é de presumir que o credor receba prestações posteriores, quando as anteriores são ainda devidas" (*Código Civil*, Comentário ao art. 943).

Como se vê, os comentaristas enxergam no artigo 943 o preceito aludindo a "prestações" anteriores em confronto com "prestação" posterior.

Seria o caso de se discutir a aplicação do art. 943, se entre arrendante e arrendatário surgisse questão a propósito do pagamento de aluguel correspondente a um dado mês, ou a um certo trimestre, a saber se, portando o recibo respectivo, a locatária sustentasse que havia pago a renda correspondente ao período a ele anterior.

Não é, porém, esta a dúvida que a exposição suscita, nem aí reside a discussão em que as partes se travam de razões. Não debatem se o pagamento das "prestações" a que os recibos fazem menção implica a presunção de que estariam pagas "prestações" correspondentes a período anterior.

O problema é bem outro, e diz respeito ao pagamento que a credora considera incompleto, tendo em vista que os recibos por ela emitidos equivocadamente deixaram de atender à opção que a cláusula 5 do contrato lhe oferece.

Colocados os recibos em face do disposto nessa cláusula contratual, e em não havendo prova de que a credora fez à devedora a concessão de lhe cobrar a menor do que o devido, os recibos fazem prova das quantias solvidas, e dos meses a que aludem, sem implicarem a comprovação de estar exata, face ao contrato, a quantia ali expressa.

*Ao Quesito Terceiro*

O instituto da novação tem características bem definidas, e finalidade determinada. Disciplinado nos arts. 999 a 1.008 do Código Civil de 1916,[5] não pode ser estruturado nem pesquisado fora destes lineamentos legais. A contribuição doutrinária, que é opulenta, desenvolve os princípios, sem contudo alterar a sistemática legislativa.

Confrontada a situação emergente da conduta contratual da arrendante com os conceitos precisos da novação, chega-se à conclusão inevitável de que lhe faltam todos os extremos do instituto, a que leva a negar peremptoriamente a existência de novação, na espécie da consulta formulada.

Duas são as modalidades de novação, conhecidas e debatidas: subjetiva e objetiva. Dá-se a novação subjetiva quando ocorre a substituição de um dos sujeitos da relação contratual. Duas são, portanto, as hipóteses: a) substituição do *reus debendi*, ou, como vem expressa no inciso II do artigo 999, "quando novo devedor sucede ao antigo, ficando este quite com o credor";[6] e b) substituição do *reus credendi*, ou seja, *ex vi* do inciso III do mesmo artigo, "quando, em virtude de obrigação nova, outro credor é substituído ao antigo, ficando o devedor quite com este".[7]

Basta o enunciado das hipóteses, com o seu suporte legal, para desde logo excluir, de toda consideração, a novação subjetiva, uma vez que a equação contratual não sofreu a menor mudança. As mesmas partes, signatárias do contrato de arrendamento, continuam inalteradas na sua fase executória, a arrendante é a mesma; como é a mesma

---

5     Dispositivos correspondentes no Código Civil de 2002: arts. 360 a 367.
6     Dispositivo correspondente no Código Civil de 2002:
    "Art. 360. Dá-se a novação:
    (...)
    II – quando novo devedor sucede ao antigo, ficando este quite com o credor"
7     Dispositivo correspondente no Código Civil de 2002:
    "Art. 360. Dá-se a novação:
    (...)
    III – quando, em virtude de obrigação nova, outro credor é substituído ao antigo, ficando o devedor quite com este."

a arrendatária; como são as mesmas as pessoas que figuram como credora e devedora em face dos recibos pelos quais o aluguel é cobrado e recebido.

No outro polo, assenta a novação objetiva, definida no inciso I do já referido art. 999: "quando o devedor contrai com o credor nova dívida, para extinguir e substituir a anterior".[8]

Deste inciso resultam os fatores etiológicos da novação objetiva, complementados pela disposição do art. 1.000 do Código:[9] a) contrair o devedor nova dívida para substituir a antiga; b) extinção da obrigação anterior; c) *animus novandi*, ou seja, a intenção de novar.

Referindo-se ao assunto, CLÓVIS BEVILÁQUA, em primor de clareza e de autoridade, é incisivo:

"Diz-se objetiva, quando se opera pela mudança do objeto da prestação" (*Comentários*, Observação 2, ao art. 999).

De início, tal como salientamos em nossas *Instituições*, "a novação importa em uma obrigação que, ao nascer, extingue outra preexistente, vale dizer: não há, aqui, mera alteração ou modificação de seus elementos secundários. É mister a sua profundidade, e o seu impacto sobre os essenciais, a ponto de operar a extinção dela e terminação do vínculo existente" (CAIO MÁRIO DA SILVA PEREIRA, *Instituições de Direito Civil*, v. II, n. 162).

A simples comparação entre a situação descrita na consulta e este conceito já é de molde a afastar a ideia de novação. Conforme se vê na resposta ao primeiro quesito, teria havido mero equívoco, ou erro na forma de calcular o aluguel de cada mês. Ainda, porém, que de engano se não tratasse, novação não seria, uma vez que esta implica a mutação de elemento essencial da obrigação nova, o que absolutamente não houve. Houve mero equívoco no calcular o débito, ou seja, mudança que não atingiu a essência da *obligatio*.

Demais disso, e quem o diz é M. I. CARVALHO DE MENDONÇA, o civilista:

"Há, porém, um traço distintivo digno da nota.
Na novação objetiva é essencial que a segunda obrigação difira da primeira, ou na qualidade, ou nos acessórios, como: o tempo, ou lugar do pagamento; se a primeira foi garantida, real ou fidejussoriamente, e a segunda não, ou vice versa; é essencial, em suma, quid novi" (*Doutrina e Prática das Obrigações*, v. I, n. 344).

Novação é modalidade extintiva de obrigação. Em toda ela, a obrigação nova substitui a antiga, extinguindo-a. Nasce uma obrigação, e, pelo fato de sua criação, a obrigação antiga vem a desaparecer. Veja-se a lição de MARTIN WOLFF:

---

8    Dispositivo correspondente no Código Civil de 2002:
     "Art. 360. Dá-se a novação:
     I – quando o devedor contrai com o credor nova dívida para extinguir e substituir a anterior;"
9    Dispositivo correspondente no Código Civil de 2002:
     "Art. 361. Não havendo ânimo de novar, expresso ou tácito mas inequívoco, a segunda obrigação confirma simplesmente a primeira."

"El nacimiento de la nueva obligación es el medio para la extinción de la anterior. La novación es, pues, un negocio real, es decir, um negocio que requiere no solo la voluntad de las partes, sino, además, que se produzca un efecto jurídico, en este caso el nacimiento de la nueva obligación. Así, pues, si no nace la nueva obligación, tampoco se extingue la antigua y si la nueva es condicional, la extinción solo tiene lugar al cumplirse la condición" (ENNECCERUS, KIPP y WOLFF, *Tratado, Derecho de Obligaciones*, v. I, § 75 (298), p. 364).

E todos os autores mencionam e salientam, como requisito essencial da novação, o "animo de novar". Não bastasse a alusão expressa do art. 1.000[10], e o alicerce doutrinário já seria de molde a enfatizar a sua importância, a sua essencialidade. Reside na vontade de novar, vontade de extinguir a obrigação precedente, pela criação da obrigação nova. Eis a lição de TRABUCCHI:

"Deve infine risultare, ed in modo non equivoco, come stabilisce l'art. 1.230, l'animus novandi, che significa volontà di estinguere la precedente obbligazione con la creazione di un nuovo vincolo. Ove non si dimostri l'esistenza dell'animus novandi avremo, anzichè novazione, essunzione di un nuovo rapporto obbligatorio accanto all'antico" (*Istituzioni di Diritto Civile*, n. 243, p. 545).

Em referência ao nosso direito, WASHINGTON DE BARROS MONTEIRO, sobre enaltecer o ânimo de novar no conteúdo fundamental da *novatio*, acrescenta, tal qual TRABUCCHI, a sua obviedade:

"O terceiro requisito prende-se à intenção de novar. Para que se exterioriza esse elemento interno não se reclama o uso de palavras sacramentais ou fórmulas predeterminadas. Urge, porém, que o animus resulte de modo claro induvidoso, sem possibilidade de impugnações. Em caso de perplexidade, exclui-se a ideia de novação, devendo cogitar-se, de preferência, da constituição de nova obrigação" (*Curso de Direito Civil*, v. 4º, p. 296).

Na sua inconteste e sempre proclamada autoridade, DE PAGE alude à intenção de novar como constituindo o âmago da novação, e o faz em termos desenganados:

"L'*animus novandi*, l'intention de nover, est incontestablement dans la novation, l'*élément essentiel*.
Cela résulte de la *nature même* de l'institution, telle que nous l'avons définie. La novation est une *convention* à la fois *extinctive* de droits anciens et *créatrice* de droits nouveaux. L'une et l'autre de ces fonctions sont *indissociables*; elles forment un 'système' (Voy. *supra*, n. 556). C'est parce qu'il y a système que

---

10   CC 2002, art. 361.

l'intention de nover est essentielle. Sans elle, les résultats de la novation ne se concevraient point. C'est cette intention qui justifie les résultats. L'intention de nover est, ainsi qu'on l'a dit, l'essence de la novation" (*Traité Élémentaire de Droit Civil Belge*, tomo III, 2ª parte, n. 585).

Se no comportamento da locadora, ao extrair os recibos na forma como o fez, faltam a criação de nova obrigação e o *aliquid novi* que daria no caráter extintivo da obrigação precedente, e assim já se afasta de pronto a figura da novação, ausência maior se nota quanto ao elemento essencial do *animus novandi*. Não há a menor demonstração, e não se vislumbra mesmo o menor indício de que as partes, em qualquer tempo, por palavra escrita ou verbal, por convenção expressa ou tácita, hajam manifestado o ânimo de novar. Inexiste aquela convenção a que alude DE PAGE, aquele elemento interno na referência de BARROS MONTEIRO, aquela vontade na alusão de TRABUCCHI, por via de que tenha ocorrido o propósito, a intenção, o ânimo de pôr termo a uma obrigação, fazendo-a substituir por outra obrigação. Então inexiste novação. E é por esta forma que respondo a este terceiro quesito, como aos anteriores já dei resposta.

Assim entendo, e assim opino.

# 2

**Fatos**   Promessa de compra e venda de imóvel (lote precisamente individualizado). Promitentes vendedores: três pessoas físicas. Promitente compradora: pessoa jurídica (sociedade).

Obrigação dos promitentes vendedores de empregar esforços para aprovar junto à Prefeitura o projeto de remembramento e desmembramento do lote. Obrigação de venda de área contígua ao lote, de tamanho especificado, mas não individualizado, caso o projeto sofra modificações ou alterações. Indeferimento do projeto pela Prefeitura.

Constituição, pelos três promitentes vendedores, de dois procuradores para representá-los, futuramente, na assinatura da escritura definitiva de compra e venda. Substabelecimento dos poderes, pelos mandatários, nas pessoas de dois diretores e controladores da sociedade promitente compradora. Celebração, pelos mandatários substabelecidos, de escritura de compra e venda de área contígua ao lote objeto da escritura de promessa de compra e venda.

**Direito**   Conceito e estrutura da obrigação alternativa. Noção e análise da obrigação facultativa. Distinção e efeitos de ambas as obrigações. Existência de obrigação facultativa. Escolha atribuída aos vendedores. Procuração com poderes específicos para a outorga de escritura. Venda de área não prevista no instrumento. Ineficácia do ato praticado por mandatário que atua fora dos poderes outorgados (*ultra vires mandati*). Lote registrado em nome de apenas um titular. Escritura de compra e venda na qual constam como vendedores três pessoas físicas. Quebra da sequência histórica dos títulos aquisitivos. Alienação sem título. Infração ao princípio da continuidade. Anulação da escritura definitiva. Retorno das partes ao *status quo ante*. Devolução da quantia paga pela compradora. Incidência de correção monetária. Inocorrência de culpa dos vendedores. Ausência de fundamento legal para que a restituição seja acompanhada de juros.

Conforme Escritura Pública de Promessa de Compra e Venda celebrada em 12.11.1984, RR e seu irmão, GF e respectiva mulher, FD, loteadores da maior porção e titulares da propriedade dos Lotes 01, 02, 03, 04 e 05 da Quadra "J" do PAL "1000" (Cláusula 1.1), declararam que, em vista do cancelamento, pelo Município, do projeto de implantação da Avenida 02, assim como do viaduto projetado, que se situaria nos fundos dos aludidos lotes, entre a referida Avenida 02 e a Avenida Principal, eles, os promitentes vendedores, requereram ao Município, conforme projeto de remembramento e de desmembramento, então em fase de aprovação, a reformulação e a anexação a constituir 04 (quatro) lotes, na conformidade da aprovação do aludido projeto, dentre os quais o Lote 02, adiante referido.

Nestas condições, os promitentes vendedores obrigaram-se, em face da sociedade DTSA, a alienar o Lote 02 da Quadra "J" do projeto então em aprovação perante a municipalidade, acima mencionado, ajustando o seguinte:

"2. DO COMPROMISSO DE COMPRA E VENDA. 2.1. Que, pela presente e na melhor forma de direito, eles Outorgantes se obrigam a, tão logo esteja o Projeto de desmembramento e remembramento, citados, devidamente registrado, vender à Outorgada o Lote 02 (dois) da Quadra 'J', com frente para a Avenida Principal, lado ímpar, a 208,925m do meio da curva de concordância com a Avenida Projetada 04, lado direito de quem nela entre vindo da Avenida Projetada 03, medindo 116,00m de frente para a Avenida das Américas; 114,00m pelo lado oposto pela Avenida Projetada 03, por onde também o Lote faz testada; 164,00m à direita e 179,00m à esquerda, com 19.722,80m2; o lote descrito é de comércio restrito e de primeira categoria; confronta pelo lado direito com o Lote 01, pelo esquerdo com o Lote 03, e nos fundos com a Avenida Projetada 03".

Objetivando a aprovação do referido projeto, os promitentes vendedores investiram a Outorgada nos poderes necessários à conclusão da aprovação cuja diligência foi, por ela, Suplicada, assumida na referida escritura pública:

"3.2. Que também por conta da Outorgada correrão, além do imposto de transmissão de propriedade e certidões negativas, a escritura definitiva de compra e venda, que será assinada pelos Outorgantes logo que solicitados pela Outorgada e concluído o processo de desmembramento e remembramento, bem como o seu registro no competente Cartório do Registro de Imóveis, cuja conclusão da aprovação ficará por conta da Outorgada, a partir desta data, para o que fica desde já investida dos poderes necessários, podendo substabelecê-los a profissionais especializados."

Considerando o pagamento integral do preço estabelecido para a venda do referido Lote 02 da Quadra 'J', a sociedade DTSA foi imitida pelos promitentes vendedores na posse da parte do terreno que corresponderia ao citado lote, uma vez aprovado o projeto de remembramento e de desmembramento.

Compromissada, assim, a venda do lote, pago integralmente o seu preço e imitida DTSA na posse do terreno a ele correspondente, os promitentes vendedores, objetivando a efetivação do compromisso de venda, outorgaram mandato aos advogados LT e DM, ajustando o seguinte:

> "4. PROCURAÇÃO. 4.1. Que, para o fim especial de assinar a escritura de compra e venda em favor da Outorgada ou de quem esta venha a indicar, os Outorgantes nomeiam e constituem seus bastantes procuradores 'LT' e 'DM', brasileiros, casados, advogados, residentes e domiciliados nesta cidade, com escritório na Avenida (...) com poderes para assinar *dita escritura*, ratificar a quitação de preço já recebida, transmitir, *em caráter definitivo*, a posse, domínio, direito e ação, obrigá-los pela evicção, representá-los nas repartições públicas federais, estaduais ou municipais, inclusive cartório do registro de imóveis, requerendo, alegando e promovendo o que preciso for, juntar e retirar provas e documentos, cumprir exigências, pagar impostos e taxas, e tudo o que se fizer necessário, inclusive substabelecer" (grifos nossos).

Considerando que a criação do Lote 02 da Quadra "J", objeto da promessa de compra e venda, dependia, como já referido, da aprovação do projeto de remembramento e de desmembramento, avençaram os contratantes, no final da escritura (cláusula 4.3), que o aludido projeto poderia sofrer modificações ou alterações, com vistas a adaptá-lo a eventuais exigências,

> "... permanecendo íntegro, porém, o compromisso de venda de área contígua de 19.722,80m² da Quadra "J", ainda que fracionada em mais de um lote."

Na mesma data da celebração da escritura pública de promessa de compra e venda acima referida, a DTSA, através de Escritura Declaratória lavrada no (...) Ofício de Notas, ratifica, unilateralmente, o objeto da promessa de compra e venda, exonerando os promitentes vendedores de qualquer responsabilidade decorrente da não aprovação do projeto de remembramento e de desmembramento:

> "Que, assim, pela presente e nos melhores termos de direito, vem isentar os referidos promitentes vendedores de quaisquer responsabilidades presentes ou futuras por tal fato ora explicitamente mencionado, o que fazem também por seus sucessores, exclusivamente, porém, em relação à área antes abrangida pelo (...), ou seja, a área que seria doada ao Estado."

A despeito da diligência dos promitentes vendedores, no sentido da aprovação do aludido projeto de remembramento e de desmembramento, o Município indeferiu a aprovação, sob fundamento de que, estando a área situada na subzona (...), os lotes comerciais, com testada para a Avenida Principal, só poderiam ter a profundidade máxima de 70,00m.

Em consequência, e objetivando, também, o aproveitamento da área de recuo a ser recuperada, os promitentes vendedores, na qualidade de loteadores, mandaram elaborar um projeto de modificação total da parte ainda não urbanizada do PAL 1000, situada à direita da Avenida projeta 04 e constituída pelas quadras J, K, L, M, N, O, R, S, T, U e V, aprovando, perante a Municipalidade, em 02.07.1992, o PAL 2000, ainda em vigor, ressalvadas algumas modificações posteriores na parte interna de quase todas as quadras, geradas pela aprovação do PAL 3000, criando-se, assim, os Lotes 03, 04, 05 da Quadra "J" do PAL 3000 e o Lote 05 da Quadra "J" do PAL 2000.

Em 29.09.1993, conforme substabelecimento lavrado no (...) Ofício de Notas, os procuradores acima referidos substabeleceram a procuração outorgada na cláusula 4ª da Escritura Pública de Promessa de Compra e Venda para ME e CE, Diretores e controladores da DTSA.

Em 18.11.1993, os citados procuradores substabelecidos, supostamente em nome dos mandantes, RR e seu irmão, GF e respectiva mulher, FD, assinaram a Escritura Pública de Compra e Venda lavrada no (...) Ofício de Notas, alienando à DTSA os referidos Lotes 03, 04, 05 da Quadra "J" do PAL 3000 e o Lote 05 da Quadra "J" do PAL 2000.

Nesta escritura, os procuradores substabelecidos fizeram constar que a efetivação da compra e venda sobre estes lotes se fazia em cumprimento de suposto compromisso alternativo ajustado na citada promessa de compra e venda

> "que a propriedade detida pelos outorgantes não sofre restrição de qualquer natureza, e fiado na tradição de seus títulos, pela presente escritura e na melhor forma de direito, eles outorgantes, cumprindo o compromisso alternativo assumido na aludida escritura de promessa de compra e venda de 12.11.1984, e específica e expressamente previsto na cláusula 4.3 da mesma escritura, vêm vender à Outorgada, como de fato por vendidos tem, os lotes 03, 04 e 05 do PAL '2000', acima descritos e caracterizados, pelo preço global...".

Importa ressaltar, no que respeita esta escritura, que nela figuram, como outorgantes vendedores, supostamente representados pelos citados procuradores substabelecidos, RR e seu irmão, GF e respectiva mulher, FD, a despeito das certidões do (...) Ofício do Registro de Imóveis, atinentes aos Lotes 03, 04 e 05 da Quadra J do PAL 3000 acusarem que estes lotes eram titulados, de forma exclusiva, por RR.

Em que pese esta circunstância, ou seja, o fato de serem dois os supostos outorgantes, sendo apenas um deles proprietário, o Oficial do (...) Ofício do Registro de Imóveis efetuou o registro da escritura, omitindo, nas respectivas matrículas, os nomes dos outorgantes GF e respectiva mulher FD, como se estas pessoas não fossem, também, supostas outorgantes da aludida escritura de compra e venda.

Fez constar, outrossim, das citadas matrículas, mediante a apontada omissão, que RR vendia a totalidade dos imóveis, quando, na conformidade do título apresentado, este último estaria alienando apenas a metade dos imóveis, posto serem outorgantes, também, GF e sua mulher, FD.

Em 04.04.1994, RR propôs em face da DTSA, dos procuradores substabelecidos, ME e CE, do Diretor da Ré, MV, e do técnico Judiciário juramentado VL, ação ordinária, onde reivindica os seus imóveis, sob o fundamento da ineficácia da compra e venda, por não titularem os referidos procuradores substabelecidos poderes especiais para alienarem os citados Lotes 03, 04, 05 da Quadra "J" do PAL 3000 e o Lote 05 da Quadra "J" do PAL 2000, sendo, destarte, inexistente a manifestação de vontade de RR, cumulando o pedido reivindicatório com o pedido de perdas e danos.

## CONSULTA

Feitos estes considerandos, solicita-se o pronunciamento do emitente Professor Caio Mário da Silva Pereira sobre os seguintes quesitos:

1º Se a obrigação assumida por RR e GF e sua mulher, na escritura pública de promessa de compra e venda lavrada no (...) Ofício de Notas desta cidade, tem por objeto prestação simples e determinada, consistente na outorga de escritura definitiva de compra e venda sobre o Lote 02 da Quadra "J", descrito e caracterizado na cláusula 2.1 da citada escritura.

2º Se a referida obrigação tem por objeto prestações alternativas, consubstanciadas na outorga de escritura definitiva de compra e venda sobre o Lote 02 da Quadra "J", descrito e caracterizado na cláusula 2.1 da citada escritura ou sobre "... área contígua de 19.722,80m$^2$ da Quadra "J", ainda que fracionada em mais de um lote.

3º Se é facultativa a obrigação assumida na cláusula 4.3 da citada escritura, onde se ajusta que, em caso de modificação ou alteração do projeto de remembramento e de desmembramento, o compromisso sobre o Lote 02 da Quadra "J" recairia sobre "... área contígua de 19.722,80m$^2$ da Quadra "J", ainda que fracionada em mais de um lote".

4º Se, sendo facultativa a obrigação, a DTSA tem o direito de exigir de RR o seu cumprimento.

5º Se, embora não tenha a DTSA o direito de exigir o cumprimento da citada obrigação, tem RR a faculdade de exonerar-se do compromisso, efetivando-o mediante a substituição da prestação simples, incidente sobre o Lote 02 da Quadra "J", por outra prestação, incidente sobre "... área contígua de 19.722,80m$^2$ da Quadra "J", ainda que fracionada em mais de um lote".

6º Considerando que a Quadra "J" possui mais do que 19.722m$^2$, não se constituindo apenas dos lotes 03, 04 e 05 da Quadra "J" do PAL 3000 e do Lote 06 da

Quadra 'J' do PAL 2000, mas também dos Lotes 01 e 02 do PAL 3000 e que a "... área contígua de 19.722,80m² da Quadra "J" ou os lotes em que a mesma fosse fracionada não foram especializados na citada promessa de compra e venda, com a enunciação de suas medidas, confrontantes e confrontações ou com a sua individualização, o exercício da citada obrigação facultativa por RR condiciona-se ao prévio acordo de vontade dos contratantes sobre a especialização e a individualização da área e dos lotes mencionados na escritura, sobre os quais recairia o cumprimento da obrigação facultativa.

7º Se, à luz do disposto no art. 1.295, § 1º, do Código Civil,[1] a procuração constante da cláusula 4.1 da escritura pública de promessa de compra e venda contém poderes expressos e especiais que autorizem os mandatários ali nomeados, e, consequentemente, os substabelecidos a:

a) em substituição ao Lote 02 da Quadra "J", escolher no patrimônio de RR os Lotes 03, 04 e 05 da Quadra "J" do PAL 3000 e o Lote 05 da Quadra 'J' do PAL 2000;

b) alienar, determinadamente, estes lotes para a DTSA; ou se os mencionados poderes especiais para alienar restringem-se, exclusivamente, ao Lote 02 da Quadra 'J', objeto da promessa.

8º Se a Escritura Pública de Compra e Venda lavrada no (...) Ofício de Notas é absolutamente nula e ineficaz, por ausência de manifestação de vontade dos outorgantes, face à circunstância da procuração constante da cláusula 48 não conter poderes especiais para alienar, determinantemente, os Lotes 03, 04 e 05 da Quadra 'J' do PAL 3000 e o Lote 05 da Quadra "J" do 2000.

9º Se, ao lado da nulidade da citada escritura, poderia o Sr. Oficial do (...) Ofício do Registro de Imóveis proceder ao seu registro, nele omitindo os nomes dos também outorgantes GF e sua mulher FD, tudo se passando como se RR fosse o único outorgante vendedor da totalidade dos imóveis.

10º Em face a) da impossibilidade jurídica da efetivação da promessa de compra e venda sobre o Lote 02 da Quadra 'J', por ter sido indeferida a aprovação do projeto de remembramento e de desmembramento, de que dependia a sua criação: b) da intenção de RR de não exercer a faculdade de, em substituição ao Lote 02 da Quadra 'J', efetivar o compromisso sobre "... área contígua de 19.722,80m² da Quadra 'J', ainda que fracionada em mais de um lote" (obrigação facultativa), até porque depende ela de prévio acordo dos contratantes sobre a especialização da área e dos lotes, é lícito a RR desonerar-se de sua obrigação, em face de DTSA, devolvendo-lhe a quantia atinente ao preço pago, com correção monetária plena,

---

[1] CC 2002, art. 661, § 1º.

uma vez desconstituída a referida compra e venda e cancelados os registros imobiliários? Como proceder?

11º Deve incidir sobre a quantia a ser devolvida o pagamento de juros?

## PARECER

## OS PRINCÍPIOS
## OBRIGAÇÃO ALTERNATIVA E OBRIGAÇÃO FACULTATIVA

1. Obrigação Alternativa. Conceito e estrutura. 2. Obrigação facultativa. Noção e análise. 3. Distinção. 4. Efeitos de uma e de outra.

*1. Obrigação alternativa. Conceito e Estrutura*

1.1. Ao cogitarem dos elementos constitutivos da obrigação, ensinam os autores que são três: sujeito, objeto e relação jurídica.

Ao se tratar da obrigação alternativa, o que sobreleva é cogitar do objeto.

Consiste este em uma prestação, que há de ser sempre, como em toda obrigação, um fato humano, ainda que se concretize em uma coisa material. É por isto que se diz, mesmo na obrigação de dar, que o objeto não é a "coisa" a ser entregue, porém o fato de se efetuar a transferência dela, de um devedor para um credor. O objeto da obrigação é, portanto, uma atividade imposta ao sujeito passivo, de efetuar a entrega. O credor tem direito a uma prestação – exigir do devedor a atividade de realizar a entrega da coisa; o devedor está sujeito a um pagamento, que se resolve em efetuar a entrega.

Normalmente se diz que o objeto da obrigação há de ser: a) possível; b) lícito; c) determinado ou simplesmente determinável; d) ter caráter patrimonial, ou suscetível de ser estimado em dinheiro ou monetariamente conversível nele.

1.2. A obrigação alternativa se diz que é modalidade peculiar de obrigação, em que o objeto não é de início determinado. Quando se constitui uma obrigação, o credor identifica desde logo sobre que vai incidir o seu objeto; o devedor conhece também, a partir do primeiro momento, em que vai consistir a prestação, ou seja, qual atuação deve cumprir para efetuar a *solutio*, isto é, a sua liberação em face do credor.

A obrigação alternativa tem nascimento em um vínculo jurídico, no qual o objeto não se define ou identifica originariamente.

E não se define ou identifica, desde logo, porque se refere a duas ou mais coisas.

Mas, diversamente da obrigação "cumulativa", em que o devedor está sujeito ao cumprimento de uma só coisa ou um só fato ou de todas as coisas em conjunto, na "alternativa" figuram duas ou mais coisas na prestação, mas o devedor se libera mediante o pagamento de uma só delas.

Na análise de seus elementos, diz-se, então, que na obrigação alternativa o objeto é plúrimo, no sentido de que são devidas duas ou mais coisas, dentro de uma só relação obrigacional: o objeto incide em mais de uma prestação, ou envolve mais de uma coisa, e se diz, portanto, que todas elas são devidas – ou estão *in obligatione*.

No momento de pagar, e ao contrário da "obrigação cumulativa", em que o credor pode exigi-las todas e ao devedor entregá-las todas, o pagamento se concentra em uma só delas. Todas estavam na obrigação – *in obligatione* –, porém no momento de pagar somente uma delas está na solução da obrigação – *in solutione*.

Aí reside a peculiaridade da obrigação alternativa, ou a sua anormalidade, tudo podendo resumir-se numa só fórmula: *duae res in obligatione una autem in solutione*.

Na sua linguagem sempre muito viva e convincente, o grande e inolvidável mestre OROSIMBO NONATO bem esclarecia que a obrigação conjuntiva é simples sob o aspecto da indivisibilidade do pagamento.

O pagamento da obrigação conjuntiva (acrescenta o grande civilista) "que abrange os objetos *in obligatione* e *in solutione*, é indivisível no sentido de não poder o credor ser compelido... a receber o pagamento parcial" (*Curso de Obrigações*, v. I, p. 325).

Voltando-se para a obrigação alternativa, o mesmo grande mestre esclarece que não é ela simples, pois não encerra mais de um objeto, simultaneamente *in obligatione* e *in solutione*. Ao revés, ela é uma obrigação composta (não porém conjuntiva), pois o devedor não é obrigado a efetuar todas as prestações. Ao revés, libera-se com o pagamento de uma só delas.

E, resumindo, dita a regra segura:

"Mas, se na obrigação de vários objetos, de prestação múltipla, vem só uma *in solutione*, e com o pagamento desta a obrigação se extingue, trata-se de alternativa, figura especial, de efeitos próprios" (p. 326).

Outro grande mestre, que se caracterizou pelo enorme poder de síntese – TITO FULGÊNCIO – nos seus "programas" de Direito Civil, redigidos em "chaves" ou "esquemas" à moda de FOIGNET, definiu em forma sentencial: alternativa é a obrigação que compreende dois ou mais objetos e se extingue com a prestação de um.

Voltando, pois, a OROSIMBO NONATO e a TITO FULGÊNCIO, eu me proponho a deduzir: será simples a obrigação em que há um objeto *in obligatione* e também *in solutione*, ainda que seja plúrimo esse objeto. Na obrigação alternativa há mais de um objeto *in obligatione*, porém somente um deles *in solutione*.

Isto não obstante, cumpre repetir que a alternativa não se desdobra em mais de um vínculo obrigacional.

É uma e só uma *obligatio*. A prestação é que se desdobra na hora do pagamento.

SERPA LOPES, forte em SCUTO (*Teoria Generale delle Obligazione*, n. 38, p. 248-249), oferece uma explicação ao mesmo tempo técnica e prática, a dizer que na alternativa e posto que duas sejam *in obligatione*, "devem ser todas dadas ou exigidas; daí resultar que o seu ponto característico consiste no ser suficiente a execução de uma só prestação ou pagamento de uma só coisa, a que vier a ser escolhida ou a que for objeto da concentração, para que se considere a obrigação integralmente extinta" (SERPA LOPES, *Curso de Direito Civil*, v. II, n. 58, p. 98).

1.3. Sobressai, portanto, na execução da alternativa, o momento da escolha, que provoca a concentração da obrigação, posto que haja *duae res in obligatione*, e o devedor se libere mediante o pagamento de uma só delas. É necessário que ocorra a concentração para que se converta a *solutio* liberatória na entrega de uma só das coisas que estavam na obrigação. Este momento é projetado no Código Civil, art. 884,[2] a dizer que na obrigação alternativa, a escolha cabe ao devedor, se outra coisa não se estipulou.

Sendo a concentração o momento essencial da *solutio*, pois que aí se divisa a unificação do objeto, cujo pagamento libera o devedor, a escolha se apresenta com todas as características de imprescindibilidade, ou, no dizer de OROSIMBO NONATO:

"A escolha assume na obrigação alternativa incontendível importância de concentração da *obligatio*, por ela transformada de disjuntiva no objeto em pura e simples" (ob. cit., p. 342).

1.4. Oferecidos esses elementos caracterizadores da obrigação alternativa, é lícito e é conveniente a ela chegar-se por um procedimento inverso.

Após haver dito e conceituado a obrigação alternativa como aquela em que há duas coisas como objeto da obrigação – *duae res in obligatione* – e que o devedor se libera mediante o pagamento de uma delas – *una autem in solutione* –, pode-se fazer caminho inverso, para a ela atingir.

Se em uma obrigação há duas coisas como objeto e o credor tem direito a exigir ou o devedor tem o dever de prestar uma só delas, para que de uma forma ou de outra a obrigação se extinga, essa obrigação é alternativa. Reversamente, se em vez de disjuntiva há uma obrigação em que o sujeito passivo deve duas coisas e tem de prestá-las ambas *in solutione*, não se caracteriza ou se desenha ou se vislumbra uma obrigação alternativa.

## 2. Obrigação facultativa. Noção e análise

2.1. Muito próxima da obrigação alternativa é a obrigação facultativa, e ao mesmo tempo muito diversa na sua estrutura e na sua análise.

---

2  "Art. 884. Nas obrigações alternativas, a escolha cabe ao devedor, se outra coisa não se estipulou."
– Dispositivo correspondente no Código Civil de 2002:
"Art. 252. Nas obrigações alternativas, a escolha cabe ao devedor, se outra coisa não se estipulou."

Na *alternativa*, a relação obrigacional compreende duas coisas como objeto da obrigação – *duae res in obligatione*.

Na *facultativa*, existe uma obrigação certa e determinada, conhecida e precisa – *una res in obligatione*.

Na *alternativa*, o credor exige ou o devedor oferece uma delas, à escolha de um ou de outro, e assim se extingue a *obligatio*.

São duas as coisas na obrigação, uma só delas em pagamento – *una autem in solutione*.

Na *facultativa*, o credor somente pode exigir ou reclamar aquela prestação que era objeto da obrigação, porém o devedor, na hora da conta, tem a faculdade de entregar outra coisa, previamente indicada, com o mesmo poder liberatório – *plures res in facultate solutionis*.

Posto que não compareça na dogmática do Código Civil, a doutrina volta-lhe as vistas e encarece a sua importância como veículo de relações que se repetem e se reproduzem na vida cotidiana ou no comércio jurídico.

Obrigação alternativa e obrigação facultativa, embora tenham as suas características próprias e se desenvolvam em efeitos diversos, elas quase se tocam, mas, como dizem RUGGIERO e MAROI, a diferença não é leve, quanto aos efeitos que operam sobre a vida do vínculo

"la differenza non è lieve quanto agli effetti che opera sulla vita del vincolo" (*Istituzioni di Diritto Privato*, v. II, § 126, p. 44).

A obrigação facultativa implica modalidade obrigacional de características específicas,

"é uma obrigação simples, como tal disciplinada, apresentando, entretanto, a peculiaridade de poder o 'reus debendi' se liberar com a entrega de outra prestação" (OROSIMBO NONATO, ob. cit., v. citada, p. 329).

SERPA LOPES esclarece-o muito bem, quando observa que na obrigação facultativa (ao contrário da alternativa) o devedor somente deve uma coisa,

"não deve outra coisa, a qual não pode ser pedida, pelo credor" (*Curso* (citado), n. 59, v. II, p. 100 ).

O que a diferencia de outros tipos de obrigação é que, no momento da *solutio*, o devedor pode oferecer coisa diversa, e com essa prestação fica forro do vínculo obrigacional. Assim se expressa o ilustre Professor:

"Todavia, por uma derrogação ao rigor da obrigação, ao devedor é que cabe o direito de pagar coisa diversa da efetivamente representativa do objeto da dívida" (n. 59, p. 101).

## 3. Distinção

3.1. Se, na sua estrutura e na sua concepção dogmática, as duas modalidades obrigacionais se diversificam, mais acentuado é o seu distanciamento quando se enfocam os seus efeitos.

Em verdade, toda a doutrina acentua que, na obrigação facultativa, o objeto é um só. O devedor está sujeito a uma prestação determinada, certa, identificada: *una res in obligatione*. Diz-se que é uma obrigação simples:

> "Esse son semplici, hanno cioè un' única prestazione", ao contrário da alternativa, na qual mais de uma decorrem do vínculo, porém, alternativamente:

> "Sono quelle in cui più prestazioni sono dedotte nel vincolo, ma alternativamente..." (RUGGIERO e MAROI, v. citado, parágrafo citado).

Como digo em minhas *Instituições* (v. II, n. 144), na obrigação facultativa ou faculdade alternativa existem um só vínculo e uma só prestação, ao passo que na alternativa o vínculo abrange um conjunto de objetos, dos quais um só tem de ser prestado.

Daí a existência de escolha que predomina, caracterizando por ela a alternativa. Escolha ou opção inexistente na facultativa.

Com a escolha (Código Civil, art. 884)[3] opera-se o que em doutrina se designa como concentração. É por força desta que o devedor, que o é de mais de uma prestação, deverá efetuar o pagamento de uma delas, para se libertar. Como dizem RUGGIERO e MAROI, o fenômeno mais característico da alternativa é a concentração mercê do qual o objeto da obrigação, que era indeterminado, se determina de modo definitivo:

> "Il fenomeno più caratteristico e dunque in esse quello della considdetta concentrazione, mercé la quale... l'oggetto dell'obbligazione, che era relativamente indeterminato, si determina, in modo definitivo..."

---

[3] "Art. 884. Nas obrigações alternativas, a escolha cabe ao devedor, se outra coisa não se estipulou.
§ 1º Não pode, porém, o devedor obrigar o credor a receber parte em uma prestação e parte em outra.
§ 2º Quando a obrigação for de prestações anuais, subentender-se-á, para o devedor, o direito de exercer cada ano a opção."
– Dispositivo correspondente no Código Civil de 2002:
"Art. 252. Nas obrigações alternativas, a escolha cabe ao devedor, se outra coisa não se estipulou.
§ 1º Não pode o devedor obrigar o credor a receber parte em uma prestação e parte em outra.
§ 2º Quando a obrigação for de prestações periódicas, a faculdade de opção poderá ser exercida em cada período.
§ 3º No caso de pluralidade de optantes, não havendo acordo unânime entre eles, decidirá o juiz, findo o prazo por este assinado para a deliberação.
§ 4º Se o título deferir a opção a terceiro, e este não quiser, ou não puder exercê-la, caberá ao juiz a escolha se não houver acordo entre as partes."

Em a facultativa, não ocorre "escolha", porque o objeto da *obligatio* já é originariamente determinado e não há cogitar de "concentração", porque a prestação é una.

SERPA LOPES (no volume citado) observa, ainda em relação à alternativa, que "antes da concentração, isto é, antes da escolha, se a obrigação tiver por objeto prestações de várias naturezas, não se pode precisar se se trata de coisas móveis ou imóveis, divisíveis ou não" (p. 100).

Na facultativa não se cogita nem de escolha nem de concentração, porque "uma só coisa ou prestação é que permanece *in obligatione* e *in solutione*, a outra fica *in facultate solutionis*, o devedor pagá-la-á, se preferir esse modo de solver a obrigação" (p. 101).

Como consequência não há liberdade para o credor pretender a coisa que se acha *in facultate solutionis*. Esta faculdade é reservada ao devedor, que pode oferecê-la, para sua liberação.

Se a escolha (na alternativa) se realiza no momento da *solutio*, ou seja, quando do pagamento, a concentração opera automaticamente, e as prestações que eram autônomas liquidam-se como uma obrigação pura e simples. Se, porém, se efetua mediante "declaração" (dizem RUGGIERO e MAROI), tem de ser definitiva (KARL LARENZ, *Derecho de Obligaciones*, v. I, p. 168), com o que concorda OROSIMBO NONATO (ob. cit., p. 360).

A escolha se torna irrevogável

"ou com a execução ou com a comunicação da declaração de escolha feita ao outro sujeito da relação obrigatória" ("la scelta diventa irrevocabile o con l'esecuzione o con la comunicazione della dichiarazione di scelta fatta all'altro soggetto del rapporto obbligatório" – RUGGIERO e MAROI, v. citado, p. 22).

A distinção, que é bem nítida no plano da exposição, mais concreta ainda se apresenta nos efeitos.

## 4. Efeitos de uma e de outra

Nos seus efeitos, as obrigações alternativas distinguem-se fundamentalmente das facultativas.

Para melhor as examinarmos, cumpre fazê-lo separadamente. Tanto mais que a alternativa encontra disciplina na lei, ao passo que para a facultativa é mister buscá-la na construção doutrinária e no Direito Comparado, como fonte que é da maior significação.

4.1. Obrigação Alternativa. Na determinação dos efeitos, cabe em primeiro plano remontar à "escolha". É lícito às partes estabelecer no corpo mesmo da *obligatio* a quem compete; ao devedor, estatui o art. 884 do Código Civil,[4] em linguagem simples e peremptória. Tendo em vista a pluralidade objetiva, o mesmo artigo deixa bem claro que a *res debita* há de ser prestada por inteiro, descabendo a liberdade de fazê-lo por partes,

---

4 CC 2002, art. 252.

com imposição ao credor de receber parte em uma, parte em outra coisa, entre as devidas (art. 884, § 1º). Com a concentração, o objeto é um só.

Recusando o credor receber, abre-se discussão se é admissível a retratação, variando de uma coisa a outra. Em princípio, não; a escolha é definitiva, tornando a obrigação concentrada em prestação única. Neste passo, a doutrina é liberal: se as partes o estipularem, ou as circunstâncias inequivocadamente o autorizarem, vale o *pactum de variatione* (TITO FULGÊNCIO, *Obrigações*, n. 154). Um caso há, legalmente previsto, é o de se tratar de prestações ânuas, quando o direito de escolher é deixado a exercer-se cada ano (art. 884, § 2º).[5]

Onde fica bem claro o mandamento legal é no disposto no art. 885[6] porque a coisa devida não pode ser objeto da obrigação, ou se torna inexequível sem culpa: o débito subsiste quanto à outra (art. 885). É o que se chama de "concentração automática" ou decorrente da natureza das coisas (TITO FULGÊNCIO).

Se, porém, incorrer o devedor em culpa, abre-se problema que é fundamental na distinção relativamente à facultativa, como se verá mais adiante. É que, na alternativa, há que cogitar se a escolha cabe ao credor ou ao devedor: no primeiro caso, a impossibilidade culposa por parte do devedor importa em que o credor tem direito à que se impossibilitou por último, mais as perdas e danos (art. 886),[7] valendo o comportamento do devedor como uma espécie peculiar de concentração.

Tornando-se, após a concentração, inexequível a obrigação sem culpa do devedor, a obrigação se extingue por falta de objeto (art. 888).[8] Mas se todas as prestações se

---

5   O Código Civil de 2002, no art. 252, § 2º, estabelece: "Quando a obrigação for de prestações periódicas, a faculdade de opção poderá ser exercida em cada período." O novo Código, portanto, cria fórmula ampla, englobando toda e qualquer prestação periódica, não apenas as anuais.

6   "Art. 885. Se uma das duas prestações não puder ser objeto de obrigação, ou se tornar inexequível, subsistirá o débito quanto à outra."
    – Dispositivo correspondente no Código Civil de 2002:
    "Art. 253. Se uma das duas prestações não puder ser objeto de obrigação ou se tornada inexequível, subsistirá o débito quanto à outra."

7   "Art. 886. Se, por culpa do devedor, não se puder cumprir nenhuma das prestações, não competindo ao credor a escolha, ficará aquele obrigado a pagar o valor da que por último se impossibilitou, mais as perdas e danos que o caso determinar" (Redação dada pelo Decreto do Poder Legislativo n. 3.725, de 15.01.1919).
    – Dispositivo correspondente no Código Civil de 2002:
    "Art. 254. Se, por culpa do devedor, não se puder cumprir nenhuma das prestações, não competindo ao credor a escolha, ficará aquele obrigado a pagar o valor da que por último se impossibilitou, mais as perdas e danos que o caso determinar."

8   "Art. 888. Se todas as prestações se tornarem impossíveis, sem culpa do devedor, extinguir-se-á a obrigação."
    – Dispositivo correspondente no Código Civil de 2002:
    "Art. 256. Se todas as prestações se tornarem impossíveis sem culpa do devedor, extinguir-se-á a obrigação."

impossibilitarem, menos uma, nesta se concentra a obrigação; se, porém, vier esta a se impossibilitar por culpa do devedor, deve ele o seu valor, mais perdas e danos (ALFREDO COLMO, *Obligaciones*, p. 267).

Igualmente, não há falar em alternativa embora contraída como tal, se, desde a formação, uma das coisas já não podia ser objeto da obrigação.

Neste caso, dá-se o que se pode qualificar de "obrigação aparentemente alternativa", uma vez que aí não poderá ocorrer "concentração", como observam RUGGIERO e MAROI (v. citado, p. 23).

4.2. Obrigação Facultativa. Os efeitos neste caso são totalmente diversos dos que são gerados pela alternativa. A diferença está precisamente em a natureza jurídica. Todos os efeitos da obrigação alternativa decorrem de que, nela, há duas coisas que, desde a origem, são objeto da obrigação. Na facultativa, como fiz questão de bem enfatizar, somente existe uma coisa que é o seu objeto: *una res in obligatione*. O devedor não está obrigado à outra prestação, pois que constitui uma faculdade que ele se reserva, de substituí-la por ocasião do pagamento: *in facultate solutionis*.

Daí se extraem estas consequências.

4.2.1. Em primeiro lugar, o credor somente pode exigir a coisa que é objeto da obrigação: *una res in obligatione*. Se ao objeto secundário não está o devedor obrigado, porém será prestado como faculdade para o devedor, este entrega em solução voluntária, não porém como imposição do credor. O devedor "pagá-la-á, se preferir esse modo de solver a obrigação" (SERPA LOPES, volume citado, p. 101).

4.2.2. Na facultativa não há falar em "concentração", porque o objeto da obrigação é um só. Consequentemente, se se torna impossível a prestação devida (aquela que constitui o objeto da obrigação), o devedor não pode ser condenado a dar a outra, e a obrigação se extingue, como assinam RUGGIERO e MAROI:

"Divenuta impossibile la prestazione dedotta, l'obbligazione si estingue" (p. 24).

Ao revés, se a outra (a que está *in facultate solutionis*) é a que se impossibilita, o credor simplesmente perde a faculdade de se liberar com ela (esclarecem os mesmos autores).

4.2.3. Mesmo que a execução competisse ao credor, "o perecimento da obrigação devida não lhe dá o direito de exigir a que se convencionou *in facultate solutionis* do devedor", nem se cogitará de perdas e danos se o perecimento se der sem culpa deste. A consequência única é a extinção da obrigação

"a despeito de subsistir a que era facultada ao devedor" (SERPA LOPES, *in* loc. cit.).

OROSIMBO NONATO equipara a obrigação facultativa a uma "obrigação simples" ("quadra-lhe, mais propriamente, a designação de obrigação simples" – v. citado, p. 129). E daí extrai mais esta consequência,

"extinguindo-se fortuitamente a coisa devida, resolve-se a relação jurídica, o que não passa na alternativa" (ob. cit., p. 329).

## A RESPOSTA

Estendi-me propositadamente na determinação dos extremos dos dois tipos, uma vez que a obrigação facultativa não é muito usual. E assim me pareceu convinhável extremá-las para oferecer com mais segurança a resposta aos quesitos.

É o que faço em seguida.

### Ao Quesito Primeiro

Sim. A escritura mencionada, e da qual me foi confiada cópia xerográfica, menciona por expresso que o objeto da obrigação consiste na outorga de escritura definitiva de compra e venda do lote 02 da quadra 'J', com sua área, limites e confrontações descritos na cláusula 2.1. Este é, desenganadamente, o objeto da obrigação. Os promitentes vendedores se comprometeram a passar à compradora a escritura definitiva, transmitindo-lhe a propriedade do mesmo.

### Ao Quesito Segundo

As obrigações segundo o modo de seu cumprimento ou de seu adimplemento se dizem alternativas, conforme desenvolvi na primeira parte deste parecer, quando várias coisas são devidas, porém somente uma delas será objeto de pagamento.

Em toda obrigação há um objeto, e este objeto constitui a "prestação". Como tenho escrito, e por mais de uma vez, o objeto da obrigação não é uma coisa, concretamente estabelecida. A prestação, como objeto da *obligatio*, é sempre um fato humano. Seria errôneo dizer que o objeto de uma obrigação cambial é o dinheiro expresso no título. O objeto da obrigação é uma atividade do homem. Assim escrevi em minhas *Instituições de Direito Civil*, v. II, n. 128, forte em CLÓVIS BEVILÁQUA, *Obrigações*, § 7; ENNECCERUS, KIPP Y WOLFF, *Tratado, Derecho de Obligaciones*, v. II, parte I, p. 5; DE PAGE, *Traité Élémentaire*, v. II, n. 438.

A obrigação oriunda da escritura de promessa de compra e venda em referência tem por objeto determinada prestação que se define desta forma, que aqui reproduzo: outorga de uma escritura definitiva de compra e venda do lote 02 da Quadra "J", descrito e caracterizado na cláusula 2.1 da citada escritura.

O objeto da obrigação é, indubitavelmente, uma "atividade", um "fato humano", uma "declaração de vontade", consistente na outorga de uma escritura.

Ao definirem as obrigações respectivas, os contratantes estabeleceram que os promitentes vendedores outorgariam escritura definitiva de venda do lote 02 da Quadra "J" com limites e confrontações estabelecidos na cláusula 2.1.

O objeto da obrigação era, portanto, a outorga da referida escritura. Esta, a prestação a que se sujeitavam os devedores.

Prevendo que a alteração e modificação solicitada viesse a ser indeferida, estabeleceram que os outorgantes substituiriam aquela prestação pela transmissão de área contígua, de 19.722,80m² da Quadra "J". A prestação principal foi determinada e definida. A prestação substituta foi indeterminada e indefinida. A primeira, positivada, poderia ser exigida como coisa certa. A segunda, não individualizada, era insuscetível de ser reclamada em espécie, uma vez que não se estabelecia sobre que recairia uma eventual condenação. Sendo objeto indefinido, faltava exequibilidade. A prestação principal seria objeto sobre o qual recairia a "prestação judicialmente exigível" – *Anspruch*. A prestação substituta não oferecia as linhas de uma pretensão, uma vez que se limitava a área sem determinação precisa da coisa.

Na obrigação alternativa, as coisas *in obligatione* são exigíveis independentemente de se fixar qual delas será entregue. *In casu*, as coisas que fazem o objeto da obrigação dos outorgantes da promessa de venda não se podem dizer ambas exigíveis. Não se trata, portanto, de prestações alternativas.

É certo que a escritura as menciona subordinadas à conjunção alternativa "Ou", que é a que se utiliza para representar a obrigação alternativa. Dada porém a diferença de conteúdo de cada uma, a saber: uma delas é exigível individualmente, mas a outra o não é, ocorre o que eu considerei como "obrigação aparentemente alternativa", baseado no ministério de SERPA LOPES.

A alternativa é passível de concentração.

A "aparentemente alternativa" não o é, porque "uma só é a que apresenta os pressupostos de uma obrigação", como diz SERPA LOPES. E eu acrescento: porque constitui verdadeira pretensão judicialmente exigível.

Em sentido técnico, portanto, não se trata no caso da Consulta de prestações alternativas.

*Ao Quesito Terceiro*

A referida escritura não tem por objeto uma obrigação alternativa.

Como deixei bem claro, fundado na lei e na doutrina, a obrigação alternativa se caracteriza pelo fato de o devedor comprometer-se a entregar ao credor mais de uma coisa, as quais são, desde logo, individuadas; mas no momento da execução terá de entregar uma só delas. Seria alternativa, se, pela escritura, os outorgantes se obrigassem a transferir o Lote 02 ou a área contígua de 19.722,80m² da Quadra 'J', recaindo sobre o terreno determinado.

Não é isto, entretanto, que a escritura estabelece. Por ela, os outorgantes se comprometem a transmitir a propriedade "do lote 02..." (cláusula 2, subitem 2.1), devidamente caracterizado.

Na mesma escritura foi avençado que, em caso de modificação ou alteração do projeto de remembramento e de desmembramento, eles outorgantes se liberariam do obrigado mediante outorga de escritura de uma "área contígua de 19.722,80m² da Quadra 'J' ainda que fracionada em mais de um lote" (cláusula 4.3).

Esta área contígua não foi, porém, definida nem pela localização nem pelas confrontações. Ficou mencionada como coisa indeterminada, com referência apenas à sua área.

Como visto na primeira parte deste parecer, na obrigação alternativa há duas coisas *in obligatione*, de tal modo que, feita a escolha, ela se concentra e uma delas, determinadamente, se encontra como objeto da solução. Com a leitura do documento no caso da consulta, não se determinam duas coisa *in obligatione*, porque, se uma delas pode ser exigida com precisão, a outra seria uma forma de solver a *obligatio* mediante uma área, a ser tirada de uma gleba maior.

No momento da execução, a escritura definitiva teria por objeto o Lote 02, este, sim, caracterizado.

Indeferida a modificação ou alteração, os devedores liberar-se-iam mediante transferência de propriedade de uma área certa, porém coisa indeterminada pelas características individuais.

Sendo eles proprietários de área global maior, a área que transmitiriam aos credores haveria de ser individuada por eles, ou seja; escolhida por eles em solução da obrigação.

A escritura menciona como objeto o Lote 02 da Quadra "J". No caso nela previsto, os outorgantes poderiam se liberar mediante entrega, não do Lote 02, porém de outro terreno. Há, na obrigação, uma só coisa devida – o Lote 02.

Indeferida a alteração, os outorgantes se liberariam mediante entrega de outra coisa. Como esta outra coisa não era individuada, os Outorgantes escolheriam coisa diversa do Lote 02, como solução da obrigação.

A *res debita* era "o lote 02". A solução facultativa seria uma área contígua, com metragem certa, porém de características indefinidas. Esta área contígua seria, portanto, a obrigação secundária, ou coisa mencionada como faculdade alternativa – *in facultate solutionis*. Como escrevi em resposta ao quesito segundo, a obrigação não tem por objeto prestações alternativas.

Obrigação facultativa e não obrigação alternativa, é o que caracteriza o contrato celebrado por via da mencionada escritura.

*Ao Quesito Quarto*

A resposta ao quesito é de resposta compulsória. Se se não trata de obrigação alternativa, a promitente compradora não pode exigir o cumprimento da obrigação dos promitentes vendedores, tendo por finalidade a outorga de escritura de "área contígua de 19.722,80m²", por ser esta prestação indefinida, e portanto somente se caracterizar como coisa em faculdade alternativa – *res in facultate solutionis*.

*Ao Quesito Quinto*

É precisamente o efeito da obrigação facultativa reservar-se o devedor a "faculdade" de se exonerar da obrigação substituindo a prestação principal (que está *in obligatione*) pela outra, substituta ou secundária (que está in *facultate solutionis*). No caso da consulta, efetuando a entrega de um terreno contíguo, medindo 19.722,80m², a ser por ele indicado à compradora.

*Ao Quesito Sexto*

Nas respostas anteriores, esclareci que o lote 02 da Quadra "J" constituía prestação definida e determinada. A sua entrega em solução da obrigação oriunda da escritura de promessa de compra e venda independeria de qualquer complementação como coisa certa e determinada, mencionada na escritura definitiva tal como aí descrita.

Indeferida a modificação e alteração, a gleba foi remanejada. A "área contígua" não restou individuada, podendo incidir em outros lotes (área ainda que fracionada, diz a cláusula 4.3).

Não estando definida a coisa sobre a qual incidiria, não teria a credora o direito de escolher, na gleba maior, quais os lotes de sua preferência.

Somente por via de entendimento haveria possibilidade de se determinar os lotes que, perfazendo os 19.722,80m², poderiam individuar-se como objeto da escritura definitiva. Os devedores ofereceriam à credora um terreno com aquela área, enumerando os lotes, e seria passada a escritura.

*Ao Quesito Sétimo*

A escritura de promessa de compra e venda compreendeu, também, a outorga de mandato para que os procuradores nomeados assinassem escritura de compra e venda em execução da promessa nela contida. Os poderes estavam adstritos aos termos da promessa, e somente poderiam ser exercidos nos termos estritos da outorga.

Segundo o disposto no art. 1295,[9] se o mandato é geral, o mandatário somente é munido de poderes de "administração ordinária", como diz CLÓVIS BEVILÁQUA em "Comentário" ao artigo.

---

9  "Art. 1.295. O mandato em termos gerais só confere poderes de administração.
   § 1º Para alienar, hipotecar, transigir, ou praticar outros quaisquer atos, que exorbitem da administração ordinária, depende a procuração de poderes especiais e expressos.
   § 2º O poder de transigir (arts. 1.025 a 1.036) não importa o de firmar compromisso (arts. 1.037 a 1.048)."
   – Dispositivo correspondente no Código Civil de 2002:

Para aqueles atos que dela exorbitem, há que ter o mandatário poderes especiais, acrescenta BEVILÁQUA, e o parágrafo 1º do mesmo artigo exemplifica com os ali mencionados.

Uma vez que a prestação secundária ou substituta, em decorrência da cláusula 2.1 da escritura, requeria um entendimento (*vide* resposta ao Sexto Quesito), não podendo os mandatários ir além dos termos estritos dela, haveria mister que se entendessem com os outorgantes para a especificação dos lotes que seriam abrangidos na "área contígua" (poderes para transigir ou para praticar outros quaisquer atos, diz o parágrafo) e, em seguida, alienar em nome dos proprietários alguns lotes, especificamente determinados (poderes para alienar).

Em resposta objetiva ao quesito: quando a escritura menciona, como objeto da prestação, o lote 02 da Quadra "J", e estabelece que os procuradores têm poderes para outorga da escritura definitiva, não poderiam eles praticar atos diversos, que exorbitem dos termos da mesma escritura.

Faltava-lhes representação para escolherem outros lotes (diversos do lote 02) e os alienarem à promitente compradora.

O substabelecimento da procuração não aumenta os poderes do substabelecido. Se os mandatários não representam os mandantes em atos que extrapolem os poderes recebidos, igualmente faltam aos substabelecidos.

Adstritos ao mandato para outorgar a escritura em execução da promessa, os mandatários não poderiam exceder, e, consequentemente, aos substabelecidos faltavam poderes para escolher, descrever e alienar lotes diversos do 02, ainda que se reportassem à "área contígua" da cláusula 2.1.

*Ao Quesito Oitavo*

A regra (escrevi eu) é que o mandatário só pode validamente proceder no limite da outorga recebida, reputando-se inválido o que praticar *ultra vires mandati*, salvo ratificação do mandante (*Instituições*, v. III, n. 252).

Esta proposição assenta no disposto em o artigo 1.297 do Código Civil,[10] e encontra amparo na doutrina.

---

"Art. 661. O mandato em termos gerais só confere poderes de administração.

§ 1º Para alienar, hipotecar, transigir, ou praticar outros quaisquer atos que exorbitem da administração ordinária, depende a procuração de poderes especiais e expressos.

§ 2º O poder de transigir não importa o de firmar compromisso."

---

10 "Art. 1.297. O mandatário, que exceder os poderes do mandato, ou proceder contra eles, reputar-se-á mero gestor de negócios, enquanto o mandante lhe não ratificar os atos."
– Dispositivo correspondente no Código Civil de 2002:
"Art. 665. O mandatário que exceder os poderes do mandato, ou proceder contra eles, será considerado mero gestor de negócios, enquanto o mandante lhe não ratificar os atos."

Assim é que M. I. CARVALHO DE MENDONÇA considera nulos "os atos de mandatário, executados com excesso de mandato"

e ainda vai mais longe proclamando que ele

"responda por perdas e danos" (*Contratos no Direito Civil Brasileiro*, 1955, v. II, n. 102, p. 224).

PLANIOL, RIPERT et BOULANGER consideram o mandatário que excede os poderes, como se procedesse sem mandato,

"il agit en réalité sans mandat",

e, em consequência, o mandante não responde pelo que foi feito além da procuração outorgada por ele (*Traité Élémentaire de Droit Civil*, v. II, n. 3.042).

Com a clareza habitual, DE PAGE entende que o mandato exercido fora dos poderes é como um ato feito sem mandato:

"Cet acte lui est donc étranger, et partant inopposable" (*Traité Elémentaire*, tomo V, n. 445).

A outorga da escritura de compra e venda por procuradores *ultra vires mandati* equivale a uma efetuada por quem não tem procuração dos vendedores. É um ato a eles inoponível, ineficaz.

Sendo seu objeto os lotes 03, 04, 05 da Quadra 'J' do PAL 3.000 e o Lote 05 da Quadra 'J' do PAL 2.000, a consequência é que a venda desses lotes não operou em relação aos seus proprietários, o que equivale a dizer que tudo se passa como se não tivessem sido alienados à compradora.

*Ao Quesito Nono*

Estando os imóveis registrados em nome de RR, como objeto de propriedade exclusiva, somente poderiam ser alienados pelo seu proprietário, tal como consta no RGI.

Ao ser passada a escritura de compra e venda, compareceram, entretanto, como outorgantes vendedores, RR e GF e sua mulher FD, conforme consta da Exposição.

Considerando que, na conformidade do registro imobiliário, os imóveis são titulados, exclusivamente, por RR, não poderia o oficial proceder ao registro do título, certo que os outorgantes GF e sua mulher FD não titulam, total ou parcialmente, a propriedade dos imóveis.

Para que esta escritura pudesse ser registrada, importava, sob pena de quebra da sequência histórica dos títulos, que fosse apresentada escritura anterior, pela qual RR tivesse alienado a GF e sua mulher metade da propriedade.

Não poderia o referido Oficial simplesmente ignorar a existência, no título, destes últimos outorgantes, registrando-o, tal como se nele comparecesse, como vendedor, apenas RR.

O registro feito nestas condições, transferindo para o nome da compradora a totalidade da propriedade, importou em alienação sem título, uma vez que, embora, nos termos do registro imobiliário, a totalidade da propriedade pertença a RR, este, na conformidade da escritura de compra e venda, não vendera a sua totalidade, posto serem também outorgantes vendedores, na escritura, GF e sua mulher.

Desta sorte, foi sacrificado o "princípio da continuidade", que é fundamental no registro imobiliário, o qual

> "determina o imprescindível encadeamento entre assentos pertinentes a um dado imóvel e às pessoas nele interessadas" (WALTER CENEVIVA, *Lei dos Registros Públicos Comentada*, p. 417).

Explicando o "princípio da continuidade", AFRANIO DE CARVALHO (*Registro de Imóveis*, Editora Forense) conceitua:

> "Deve existir uma cadeia de titularidades à vista da qual só se fará a inscrição de um direito se o outorgante dele aparecer no registro como titular. Assim as sucessivas transmissões, que derivam umas das outras, asseguram sempre a preexistência de imóvel no patrimônio do transmitente" (p. 284).

Segundo o "princípio", se um título rompe a cadeia dominial sucessória, não pode ser registrado, como desenvolve AFRANIO DE CARVALHO:

> "A sua essência repousa na necessidade de fazer com que o registro reflita com a maior fidelidade possível a realidade jurídica. Ao exigir-se que todo aquele que dispõe de um direito esteja inscrito como seu titular no registro, impede-se que o não titular dele disponha. A pré-inscrição do disponente do direito, da parte passivamente interessada, constitui, pois, uma necessidade indeclinável em todas as mutações jurídico-reais" (p. 286).

Na escritura de promessa de compra e venda, são outorgantes RR e GF e sua mulher FD. São eles, em copropriedade, que figuram na escritura de promessa.

Ao ser passada a escritura definitiva, comparecem os mesmos outorgantes a despeito de somente RR ser titular da propriedade, conforme consta da Exposição.

Isto importa em infração ao "princípio da continuidade". Entre a promessa de venda e a escritura definitiva teria sido eliminada uma escala na continuidade dos registros. Para que um só dos outorgantes da promessa se tornasse outorgante único da venda, teria de ocorrer: a) ou a venda da parte de RR a GF; b) ou a divisão geodésica do imóvel. O que a "continuidade" dos registros não permite é a suspensão ocorrida.

Ao ser feito o "registro" da escritura definitiva foi vulnerado o artigo 237 da Lei 6.015, de 1973, segundo o qual:

"(...) não se fará registro que dependa da apresentação de título anterior, a fim de que se preserve a continuidade do registro."

Nestes termos respondo ao Quesito Nono.

*Ao Quesito Décimo*

No pressuposto aventado neste parecer, de não ser possível aos procuradores escolher a prestação substituta, nem seria admissível que os substabelecidos o fizessem; não caberia à adquirente adiantar-se aos devedores de obrigação facultativa para operar a substituição da coisa devida (*res in obligatione*) pela coisa que estava em faculdade alternativa (*res in facultate solutionis*). A consequência é a declaração de ineficácia da escritura definitiva, e a restituição ao *statu quo ante*. E isto significa o retorno do imóvel aos antigos donos e a restituição do preço à antiga promitente compradora.

Este preço, correspectivo de uma coisa que naturalmente se beneficiou da mais valia respectiva (valorização natural do imóvel no tempo intercorrente), corresponde a uma dívida de valor (*divida di valuta*) e não dívida de dinheiro.

Se os promitentes vendedores devolvessem simplesmente a quantia paga, beneficiar-se-iam da desvalorização da moeda. A fim de que tal não aconteça, será de justiça que restituam o preço embolsado, com a correspondente correção monetária.

A restituição do preço há de sofrer um processo de indexação, e este tem por finalidade corrigir os efeitos do nominalismo que não passa de uma ficção cômoda nas épocas de estabilidade da moeda, como eu disse em minhas *Instituições de Direito Civil*, v. II, n. 148, com amparo em JEAN NOIREL, em GEORGE HUBRECHT, e me reportando a estudo que eu mesmo publicara na *Revista dos Tribunais*, v. 234, p. 13, sob o título "Cláusula de Escala Móvel".

*Ao Quesito Décimo Primeiro*

O Código Civil faz referência aos juros no art. 1.061,[11] ao tratar das "perdas e danos", estabelecendo que, nas obrigações em dinheiro, consistem eles nos "juros de

---

[11] "Art. 1.061. As perdas e danos, nas obrigações de pagamento em dinheiro, consistem nos juros de mora e custas, sem prejuízo da pena convencional."
– Dispositivo correspondente no Código Civil de 2002:
"Art. 404. As perdas e danos, nas obrigações de pagamento em dinheiro, serão pagas com atualização monetária segundo índices oficiais regularmente estabelecidos, abrangendo juros, custas e honorários de advogado, sem prejuízo da pena convencional.
Parágrafo único. Provado que os juros da mora não cobrem o prejuízo, e não havendo pena convencional, pode o juiz conceder ao credor indenização suplementar."

mora e custas". Ao se referir à mora, estatui (art. 956)[12] que o devedor responde pelos prejuízos a que a mora der causa. E o art. 1.064[13] impõe ao devedor os juros de mora (...) desde que esteja fixado o valor pecuniário por sentença judicial, arbitramento, ou acordo entre as partes. No julgamento dos processos judiciais, o vencido estará sujeito aos efeitos da sucumbência, entre os quais incluem-se os juros. Ao cogitar do mandato (art. 1.303),[14] reza que o mandatário deve juros ao mandante, pelas somas que recebeu e deveria entregar ao mandante, mas empregou em proveito próprio.

Nesses e em outros casos, a lei não estabelece a imposição de pagar juros sem que ocorra uma causa jurídica determinada: a convenção ou a lei. Não existe, portanto, obrigação de pagar juros quando alguém, reconhecendo espontaneamente uma obrigação de dinheiro, efetue a sua entrega ou restituição ao credor.

No Projeto de Código de Obrigações de 1965, fiz eu consignar (art. 147) que, salvo disposição legal ou convenção em contrário, as obrigações líquidas em dinheiro vencerão juros desde que se tornem exigíveis, e, não havendo prazo, desde a constituição em mora.

Na espécie da consulta, entendo eu que a anulação da escritura definitiva de venda, nos termos aqui demonstrados, terá como efeito a reposição das partes ao estado anterior, o que importa em devolverem os promitentes vendedores o preço recebido, recebendo a correlata recuperação dos imóveis prometidos.

Incorrendo culpa de sua parte, sem qualquer pronunciamento judicial, se não o espontâneo oferecimento da quantia recebida, não há fundamento legal para que a *restitutio* seja acompanhada de juros.

---

12  "Art. 956. Responde o devedor pelos prejuízos a que a sua mora der causa (art. 1.058).
   Parágrafo único. Se a prestação, por causa da mora, se tornar inútil ao credor, este poderá enjeitá-la, e exigir a satisfação das perdas e danos."
   – Dispositivo correspondente no Código Civil de 2002:
   "Art. 395. Responde o devedor pelos prejuízos a que sua mora der causa, mais juros, atualização dos valores monetários segundo índices oficiais regularmente estabelecidos, e honorários de advogado. Parágrafo único. Se a prestação, devido à mora, se tornar inútil ao credor, este poderá enjeitá-la, e exigir a satisfação das perdas e danos."
13  "Art. 1.064. Ainda que não se alegue prejuízo, é obrigado o devedor aos juros da mora, que se contarão assim às dívidas em dinheiro, como às prestações de outra natureza, desde que lhes esteja fixado o valor pecuniário por sentença judicial, arbitramento, ou acordo entre as partes."
   – Dispositivo correspondente no Código Civil de 2002:
   "Art. 407. Ainda que se não alegue prejuízo, é obrigado o devedor aos juros da mora que se contarão assim às dívidas em dinheiro, como às prestações de outra natureza, uma vez que lhes esteja fixado o valor pecuniário por sentença judicial, arbitramento, ou acordo entre as partes."
14  "Art. 1.303. Pelas somas que devia entregar ao mandante, ou recebeu para despesas, mas empregou em proveito seu, pagará, o mandatário, juros, desde o momento em que abusou."
   – Dispositivo correspondente no Código Civil de 2002:
   "Art. 670. Pelas somas que devia entregar ao mandante ou recebeu para despesa, mas empregou em proveito seu, pagará o mandatário juros, desde o momento em que abusou."

Se, contudo, a questão vier a juízo, e ocorrer pronunciamento no sentido de ser devida a restituição, os juros serão calculados conforme a taxa de 6% (seis por cento) ao ano.[15]

Examinando cuidadosamente as questões formuladas na minuciosa consulta, este é o meu parecer.

---

15  Juros fixados com fundamento no art. 1.062 do Código Civil de 1916, que estabelece que "A taxa dos juros moratórios, quando não convencionada (art. 1.262), será de 6% (seis por cento) ao ano."
– Dispositivo correspondente no Código Civil de 2002:
"Art. 406. Quando os juros moratórios não forem convencionados, ou o forem sem taxa estipulada, ou quando provierem de determinação da lei, serão fixados segundo a taxa que estiver em vigor para a mora do pagamento de impostos devidos à Fazenda Nacional."

# 3

**Fatos**  Contrato de arrendamento de direito de lavra de jazida. Inobservância do prazo contratual para o início das atividades de extração. Interpelação da arrendatária com a imputação de violação do contrato. Alegação, pela arrendatária, de que o atraso decorreu de fato que não lhe era possível evitar, ou impedir e de que houve novação do objeto da obrigação.

**Direito**  Responsabilidade civil contratual. Conceito de culpa. Inocorrência de culpa da arrendatária. Alegação de novação pela arrendatária. Análise dos requisitos da novação. Distinção entre novação subjetiva e novação objetiva. Existência de novação objetiva. A novação não se presume, mas é dispensável que as partes declarem expressamente a intenção de novar. Possibilidade de novação tácita. *Animus novandi* inequívoco.

---

ALFA S/A – Fertilizantes e Produtos Químicos celebrou, em 17 de abril de 1972, com BETA S/A – Companhia Agrícola "contrato de arrendamento de direito de lavra de jazida", para lavra de apatita, de que esta é titular. Nos termos do contrato, e tendo em vista o interesse de ambas as partes, o interesse do Estado de Minas Gerais e o interesse nacional, a ALFA empreendeu o aproveitamento econômico da jazida, obrigando-se a, constatada a viabilidade técnica e econômica do Projeto, realizar um programa de investimentos no aperfeiçoamento da tecnologia e nas instalações para lavra, concentração e industrialização da apatita. A duração do contrato é de cinquenta anos contados da data de emissão da primeira nota fiscal ou documento semelhante, devendo as instalações referidas no instrumento estar construídas e em funcionamento dentro de 48 meses da vigência do contrato, salvo ocorrência de motivo de força maior. Ficou ainda estipulado que as disposições do contrato somente seriam válidas após a averbação do mesmo no livro de Registro de Concessões de Lavra do Departamento Nacional de Produção Mineral, nos termos do disposto no art. 55, parágrafo primeiro, do Decreto-Lei n. 227, de 28 de fevereiro de 1967.

Aos 28 de junho de 1977, foi firmado entre as mesmas partes Termo de Rerratificação do aludido contrato, no qual a BETA transferiu à ALFA a posse da jazida, para que esta assuma as atividades minerárias pertinentes, em conformidade com o plano de aproveitamento econômico aprovado pelo Departamento Nacional da Produção Mineral, pelo prazo e prorrogações avençados no aludido contrato de arrendamento. No novo instrumento, a ALFA obrigou-se a fornecer à BETA a brita fosfática indispensável à operação normal sem solução de continuidade de sua unidade industrial de moagem de cidade do interior de Minas Gerais, bem como a brita fosfática necessária a que esta cumpra suas obrigações contratuais em vigor com a FERTILIZANTES GAMA, nos termos e condições estabelecidas no contrato de arrendamento e nos documentos posteriormente firmados pelas partes. E o novo documento expressamente se refere ao Protocolo firmado em 22 de março de 1977 e a uma ata de reunião de 23 de maio de 1977, documentos que explicitamente passaram a integrar o Termo de Rerratificação, o qual considerou em vigor o contrato de arrendamento primitivo, salvo nas partes não alteradas pelo referido Termo e pelos documentos nele mencionados.

Em 16 de maio de 1980, ALFA foi judicialmente interpelada pela BETA, com o fito de "dar por rescindido" o contrato de 17 de abril de 1972, e sob o fundamento de não ter sido cumprida a obrigação de realizar pelo menos o primeiro estágio da industrialização do concentrado de apatita e de seus associados, ou destes, no território de Minas Gerais, e de fazê-lo funcionar no prazo ajustado de 48 meses da vigência do contrato, razão por que teria a arrendatária incorrido em mora.

Em 25 de junho de 1980, ALFA contrainterpelou, também judicialmente, a BETA. Em sua petição, salientou que a BETA havia acompanhado de perto os esforços dela – contrainterpelante –, visando ao cumprimento de suas obrigações, reconhecendo a impossibilidade física de se atingir em 48 meses a meta prevista e sabendo que se melhor resultado não se colheu do empreendimento, foi por motivos outros que não "a desídia, inércia, incúria ou qualquer outro procedimento frustrante" da ALFA. Lembrou que o contrato tem sido objeto de inúmeras e sucessivas reuniões entre os principais dirigentes das partes, no sentido de adaptá-lo, reformá-lo e alterar o seu conteúdo, enfatizando a celebração do Termo de Rerratificação, que teria importado em novação das obrigações contratuais anteriores. É de se recordar, ainda, a existência de transferência acionária da ALFA de que dá notícia correspondência que lhe dirigiu a BETA, na qual se faz referência aos direitos advindos do contrato de arrendamento, a serem definidos em reunião das Diretorias das empresas, reunião que não pode ser efetivada "em virtude de alterações nos setores administrativos do Governo do Estado de Minas Gerais" (Telex de 15.03.1979).

Em face do exposto, pergunta:

1º Na ausência de procedimento culposo da ALFA, tem cabimento a imputação contida na interpelação de BETA?

2º Houve novação do contrato de 17 de abril de 1972?

## PARECER

*Ao Quesito Primeiro*

A resposta à primeira indagação tem como pressuposto o conceito de culpa.

O princípio geral encontra amparo no art. 159 do Código Civil,[1] segundo o qual "aquele que, por ação ou omissão voluntária, negligência ou imprudência violar direito ou causar prejuízo a outrem, fica obrigado a reparar o dano".

Daí extraem os autores o conceito, que não destoa da noção essencial consagrada e enunciada também na doutrina estrangeira. Embora se trate de ideia sedimentada, o sistemático desenvolvimento da matéria exige que se rememore, a fim de que se extraia a resposta ao caso de espécie.

Pela sua autoridade de civilista maior e de autor do Projeto do Código de 1916, deve em primeiro lugar ser invocado BEVILÁQUA:

"A culpa é a negligência ou imprudência do agente, que determina violação do direito alheio ou causa prejuízo a outrem. Na culpa há, sempre, a violação de um dever preexistente. Se esse dever se funda em um contrato, a culpa é contratual; se no princípio geral do direito que manda respeitar a pessoa e os bens alheios, a culpa é extra-contratual, ou aquiliana" (CLÓVIS BEVILÁQUA, *Comentários ao Código Civil*, Observação I, ao art. 159).

Quase nos mesmos termos é a lição de SILVIO RODRIGUES:

"Atua culposamente aquele que causa prejuízo a terceiro em virtude de sua imprudência, imperícia ou negligência. Aqui existe infração ao dever preexistente de atuar com prudência e diligência na vida social" (*Direito Civil*, 1974, v. I, n. 145, p. 274).

Não difere conceitualmente a noção oferecida por WASHINGTON DE BARROS MONTEIRO:

"Por outras palavras, o direito à indenização surge sempre que o prejuízo resulte da atuação do agente, voluntária ou não. Quando existe a intenção deliberada de ofender o direito, ou de ocasionar prejuízo a outrem, há o dolo, isto é, pleno conhecimento do mal e o direto propósito de o praticar. Se não houve esse intento

---

[1] – Dispositivos correspondentes no Código Civil de 2002:
"Art. 186. Aquele que, por ação ou omissão voluntária, negligência ou imprudência, violar direito e causar dano a outrem, ainda que exclusivamente moral, comete ato ilícito."
"Art. 927. Aquele que, por ato ilícito (arts. 186 e 187), causar dano a outrem, fica obrigado a repará-lo."

deliberado, proposital, mas o prejuízo veio a surgir, por imprudência ou negligência, existe a culpa (*stricto sensu*).

Na culpa ocorre sempre violação de um dever preexistente: se esse dever se funda num contrato, a culpa é contratual; se no preceito geral, que manda respeitar a pessoa e os bens alheios (*alterum, non laedere*), a culpa é extracontratual ou aquiliana" (*Curso de Direito Civil*, v. I, p. 274).

Eu mesmo, ao cogitar da dogmática do ato ilícito, tratei do assunto. Extremando-a do dolo, assentei a noção genérica de culpa, como fundamento do dever de reparação:

"Abandonando aquelas outras sutilezas, o princípio da indenização vai procurar na culpa o seu melhor conteúdo ético. Mas a palavra culpa traz aqui um sentido amplo, abrangente de toda espécie de comportamento contrário a direito, seja intencional ou não, porém imputável por qualquer razão ao causador do dano. Esta concepção genérica de culpa – violação de uma obrigação preexistente – que confina com o dever geral negativo – não prejudicar a outrem – deve ser completada, acrescenta DE PAGE, por um elemento concreto positivado no "erro de conduta", e então a ideia se comporia em definitivo, dizendo-se que a culpa importa em um erro de conduta, que leva o indivíduo a lesar o direito alheio.

Se se trata de dever oriundo de contrato, diz-se que há culpa contratual. Em caso contrário, chama-se culpa extracontratual ou aquiliana, nome este último preso à tradição romana, eis que naquele direito o dever de reparar o dano por fato culposo não contratual decorria da lei aquilia – a *lege Aquilia*" (CAIO MÁRIO DA SILVA PEREIRA, *Instituições de Direito Civil*, v. I, n. 114).

O conceito de culpa, que, na amostragem dos autores citados, revela a uniformidade da doutrina brasileira, não destoa do que os mestres mais opinados no direito estrangeiro ensinam.

RUGGIERO e MAROI, reportando-se ao princípio enunciado por PAULUS (*culpam autem esse, quod cuma diligente provideri poterit non esset provisum*), definem a culpa em razão da incúria, da negligência, da imprudência do agente:

"*È dunque colpa in senso tecnico (chè, in senso generale, comprendendo ogni infrazione delle norme ed ogni lesione dell'altrui diritto, essa abbraccerebbe anche il dolo) un comportamento illecito per mancanza di diligenza più o meno grave, che produce danno e rende quindi di questo responsabile chi di quella è imputabile*" (*Istituzioni di Diritto Privato*, 8ª ed., v. II, § 131, p. 80).

COLIN et CAPITANT são criticados, quando dizem, de maneira um tanto simplista, que "*quand on dit qu'un homme a commis une faute, chacun comprend ce que cela veut dire...*" (*Cours Élémentaire de Droit Civil Français*, v. II, n. 190). Adverte, então,

SAVATIER que a noção de culpa não pode ser assentada sem partir da noção de "dever", e se estende pelos diversos tipos de deveres, de ordem legal, de natureza obrigacional, de caráter familiar (*Traité de la Responsabilité Civile*, v. I, n. 5 e segs.).

Definindo culpa como "erro de conduta", tal como consta da citação de minhas *Instituições*, linhas acima, DE PAGE manda que se isole nitidamente no conjunto das condições exigidas para que haja responsabilidade civil:

*"Elle ne doit se confondre avec aucune autre de ces conditions. C'est un élément concret, et non abstrait, réel, contingent et non juridique"* (*Traité Elémentaire*, v. II, n. 939, p. 879).

Extraindo a noção tendo em vista o resultado, PLANIOL et RIPERT ensinam:

*"On est en faute lorsqu'on cause un préjudice illicite, soit sciemment et volontairement, soit par imprudence ou negligence"* (*Traité Pratique de Droit Civil*, v. 6, n. 505, ed. de 1930).

Partindo, então, destes conceitos, que têm amparo na lei, e encontram acolheita na generalidade dos civilistas, é que se deve analisar o comportamento de ALFA em face da interpelação requerida por BETA. Esta acusou-a de não ter realizado o primeiro estágio da industrialização do concentrado de apatita e de seus associados dentro nos quarenta e oito meses de vigência do contrato.

Este é apenas um fato. Mas para que este fato seja classificado como de natureza culposa, em subordinação ao conceito assentado pelos autores citados, como por outros que igualmente poderiam ser invocados, seria mister qualificá-lo na conformidade dos elementos definidores. Seria necessário caracterizá-lo como erro de conduta, ou verificar no comportamento da acusada a presença de uma "imprudência" ou de uma "negligência", ou ainda "de uma violação intencional ou não" daquilo que lhe caberia fazer ou praticar.

O estudo minucioso do seu procedimento revela o contrário. Tudo convence da diligência, do empenho posto no empreendimento, no fornecimento de brita fosfática à BETA e em volume destinado à GAMA. A execução do contrato vem sendo acompanhada de perto pela BETA, e discutidos seus diversos aspectos entre executivos das respectivas diretorias. Inclusive houve programação de um encontro de diretores, que se frustrou porque houve mudanças administrativas no Governo do Estado, a que a BETA é subordinada. A atividade de ALFA tem-se revelado tão satisfatória à BETA, que esta, cinco anos após a assinatura do contrato, lhe transferiu a posse da jazida, para que ela assuma as atividades minerárias pertinentes.

Se se fizer abstração dos fatos adversos, e se se considerar tão somente o comportamento diligente da ALFA, é de se concluir pela ausência de um procedimento culposo que justifique a rescisão contratual com que a BETA a ameaçou.

Do lado oposto, a ALFA alinha um rol de fatos e circunstâncias adversas, que se têm levantado como obstáculos à instalação de uma indústria pioneira, a retardar a consecução do objetivo contratual, que tanto é do interesse da BETA quanto da própria ALFA, que é a primeira a ter interesse em que o complexo industrial se complete, e entre em atividade plena. Enfrentando a impossibilidade física de realizar no prazo previsto aquele primeiro objetivo, a que não teriam faltado fatores advindos da própria administração, a ALFA se encontra diante de fatos necessários, cujos efeitos não logrou evitar ou impedir, e que a eximem da acusação de inexecução das obrigações contratadas. Não tem, pois, cabida a imputação contida na interpelação da BETA.

*Ao Quesito Segundo*

Também aqui, a resposta ao quesito exige a fixação do conceito jurídico, já agora na determinação do que seja novação.

Segundo a doutrina corrente, esta figura obrigacional compreende a constituição de uma obrigação nova, em substituição a outra anterior, que se extingue, ou, no dizer dos MAZEAUD, *"est une opération qui, d'un seul coup, éteint une obligation pour la remplacer par une autre"* (MAZEAUD, MAZEAUD et MAZEAUD, *Leçons de Droit Civil*, v. II, n. 1.208, p. 966).

São seus requisitos: 1) a existência de uma obrigação válida; 2) o nascimento de uma obrigação nova; 3) o consentimento corporificado na capacidade daqueles que intervieram na operação; e 4) o *animus novandi*, ou intenção de novar.

Não há mister, no caso desta consulta, cogitar do primeiro requisito (existência da obrigação), uma vez que dúvida se não levantou a propósito do contrato de 17 de abril de 1972. Também não merece discussão o consentimento, pois de um e de outro lado posicionam-se empresas dotadas de personalidade jurídica e regularmente representadas.

Vale, então, cuidar se os outros dois requisitos foram preenchidos, a saber se ocorreu novo contrato e se estava presente o elemento anímico.

Quanto ao novo contrato, a dúvida logo se desfaz, à simples leitura do Termo de Rerratificação celebrado aos 28 de junho de 1977. Embora tenha o nome de "termo", na realidade é um contrato com todas as características do *bis in idem placitum consensus*, uma vez que ambas as partes, devidamente qualificadas, estipularam em um novo instrumento a fixação de direitos e deveres recíprocos. Não faltou, mesmo, no seu contexto, o vocábulo "obrigar" logo no início da cláusula segunda, como presente está, na primeira, a declaração volitiva com a finalidade de investir a outra parte em direito com a reciprocidade para a adquirente na assunção das atividades minerárias pertinentes, que constituem objeto do contrato. Não há, portanto, dúvida em que em partes, dotadas de capacidade, celebraram um novo contrato, que substituiu o anterior.

Resta, portanto, indagar se a criação de novas obrigações se compadece com o instituto da novação, quando acompanhadas de cláusula expressa segundo a qual a avença posterior revigora obrigações estabelecidas na obrigação novada.

Ao cuidar da classificação das modalidades de novação, os autores, acompanhando o que reza o art. 999 do Código Civil,[2] aludem à "novação objetiva", quando o devedor contrai com o credor nova dívida, para extinguir a anterior; à "novação subjetiva", quando novo devedor sucede ao antigo, ficando este quite com o credor ou outro credor é substituído ao antigo, ficando o devedor quite com este. E a estas modalidades eu acrescento a "novação objetivo-subjetiva", quando há mutação de objeto, simultaneamente à substituição de um dos elementos subjetivos da *obligatio*.

Na espécie, tratar-se-á de novação objetiva, uma vez que as partes são as mesmas, incidindo a mudança no objeto da obrigação.

Tudo está, portanto, reduzido a dois pontos, apenas: 1) se o *animus novandi* pode resultar implícito, isto é, se é admissível na estrutura da novação que ele se admita tácito, ou, ao revés, se se requer sempre expresso; 2) se a novação comporta a ideia de subsistir em a nova *obligatio* um ponto ou um resíduo da antiga.

Quanto à primeira dúvida, ela se espadana pelo pronunciamento da *communis opinio doctorum*. Os escritores, a uma só voz, aceitam a tese da intenção tácita.

Veja-se o que ao propósito diz WASHINGTON DE BARROS MONTEIRO:

"O terceiro requisito prende-se à intenção de novar. Para que se exteriorize esse elemento interno não se reclama o uso de palavras sacramentais ou fórmulas predeterminadas. Urge, porém, que o *animus* resulte de modo claro, induvidoso, sem possibilidade de impugnações. Em caso de perplexidade, exclui-se a ideia de novação, devendo cogitar-se, de preferência, da constituição de nova obrigação" (ob. cit., v. cit., p. 297).

Aplicada à espécie do ilustre professor, vê-se bem que as partes não pretenderam contrair obrigação paralela, porém celebraram uma avença tendo em vista a mesma finalidade do contrato anterior, mas polarizada em objetividade diferenciada.

Em estudo de enorme profundidade, SORIANO NETTO, extremando a novação moderna da *novatio* romana, esclarece com apoio nos autores franceses:

---

[2] "Art. 999. Dá-se a novação:
I – quando o devedor contrai com o credor nova dívida, para extinguir e substituir a anterior;
II – quando novo devedor sucede ao antigo, ficando este quite com o credor;
III – quando, em virtude de obrigação nova, outro credor é substituído ao antigo, ficando o devedor quite com este."
– Dispositivo correspondente no Código Civil de 2002:
"Art. 360. Dá-se a novação:
I – quando o devedor contrai com o credor nova dívida para extinguir e substituir a anterior;
II – quando novo devedor sucede ao antigo, ficando este quite com o credor;
III – quando, em virtude de obrigação nova, outro credor é substituído ao antigo, ficando o devedor quite com este."

"Assim, notam eles, em direito francês, uma convenção qualquer, quando tem por efeito substituir uma obrigação por outra, é uma novação" (*Da Novação*, p. 79, edição de 1935).

Não existe, portanto, incompatibilidade entre a regra do art. 1.000 do Código Civil[3], segundo a qual a novação não se presume, e a admissibilidade dela resultar implícita na obrigação nova. O não presumir é perfeitamente harmônico com a dedução de ser ela tácita.

Ninguém melhor do que BEVILÁQUA para dizê-lo:

"A novação não se presume. O *animus novandi*, se não é expresso, deve resultar dos termos do ato, como já ficou observado no comentário ao artigo antecedente" (ob. cit., observação ao art. 1.000).

O que assume plena relevância na caracterização da operação novatória é que se infira o propósito, independentemente de declaração explícita, como assinala J. M. CARVALHO SANTOS:

"Embora indiscutível que a novação não se presume, não é todavia indispensável que o credor declare positivamente que tem a intenção de novar o seu crédito, bastando que sua vontade de fazer novação apareça tão evidentemente que não possa ser posta em dúvida" (*Código Civil Brasileiro Interpretado*, v. XIII, p. 178).

E SORIANO NETTO, na monografia já citada, e que se encontra referida em quantos tratam do instituto em nosso direito, esclarece a propósito de intenção novatória tácita:

"Quanto ao *animus* tácito, resultante das circunstâncias, é pura questão de fato, que os juízes têm de apreciar e resolver em cada caso ocorrente" (ob. cit., p. 141).

Assentado este dado, resta cogitar do último, a saber se a nova obrigação há de substituir inteiramente a velha, ou se, ao ser esta novada, podem os interessados reativar parte dela.

Posto não se estendam os escritores sobre o assunto, não aberra dos princípios nem contraria a sistemática da novação que, ao se constituir a nova *obligatio,* as partes se dispensem de repetir no seu texto tudo aquilo que não foi desprezado, bastando para tal que se reportem à obrigação novada, trazendo em fórmula global o seu contexto para o bojo da que acabam de celebrar.

---

3   "Art. 1.000. Não havendo ânimo de novar, a segunda obrigação confirma simplesmente a primeira."
    – Dispositivo correspondente no Código Civil de 2002:
    "Art. 361. Não havendo ânimo de novar, expresso ou tácito mas inequívoco, a segunda obrigação confirma simplesmente a primeira."

SERPA LOPES alude ao fato de maneira tão singela, que bem demonstra não se tratar de controvérsia ou de matéria discutível. Diz ele:

"Tudo quanto se estabelecer na obrigação nova, mesmo que nela se mantenha algo da anterior, provém da própria estrutura, do acordo estabelecido, sem que se possa vislumbrar qualquer elemento vinculativo, no tocante à transmissão de qualquer parcela de direito ou de obrigações inerentes ao débito extinto" (*Curso de Direito Civil*, 1995, v. II, n. 222, p. 309).

Após a celebração do contrato de 17 de abril de 1972, e decorridos cinco anos da assinatura do contrato, as mesmas partes celebraram novo ajuste, a que deram o nome de "termo", mas que constitui verdadeiro contrato (como acima já acentuei) estabelecendo novas obrigações e direitos para os contratantes, completados uns e outros por instrumentos à parte, que explicitamente foram integrados no documento contratual de 28 de junho de 1977.

Estabelecido o confronto com o primitivo contrato, resulta que as partes manifestaram inequívoco propósito de novar a obrigação anterior.

E é, então, assim considerando que dou resposta ao quesito segundo.

# 4

**Fatos**     Título executivo judicial. Sentença condenatória ao pagamento de danos emergentes e lucros cessantes. Controvérsia acerca da amplitude da condenação contida no título.

**Direito**     Liquidação de sentença circunscrita ao declarado no título. Proibição de excesso de execução. Distinção entre cláusula penal moratória e cláusula penal compensatória. Existência de cláusula penal compensatória. Descabimento de cumulação da multa contratual compensatória com as perdas e danos. Conceito de lucro cessante. Somente a esperança legítima de lucro é indenizável e não a esperança hipotética de lucro. Critérios e elementos necessários à apuração do lucro cessante. O valor do lucro cessante depende de prova rigorosa. Meios de apuração de lucros cessantes de sociedade empresária. Interrupção de atividade econômica. Tempo como fator determinante do lucro cessante. Dever de mitigar: a indenização não pode ser agravada pelo comportamento do credor.

ALFA TRANSPORTE LTDA. propôs contra BETA PETRÓLEO S/A ação Ordinária de Rescisão de Contrato de Financiamento com garantia fidejussória, cumulada com indenização por perdas e danos e lucros cessantes, fundamentando o pedido nos arts. 153 e 155 do *Código de Processo Civil de 1939*,[1] combinados com os arts. 1.056, 1.059 e 1.060 do Código Civil Brasileiro.[2]

---

[1]    "Art. 153. O pedido deverá ser certo ou determinado, podendo, entretanto, ser alternativo ou genérico. § 1º Será alternativo, quando de mais de uma forma puder efetuar-se o reconhecimento da relação de direito litigiosa; genérico, quando puder determinar-se por meio de liquidação."

[2]    "Art. 1.056. Não cumprindo a obrigação, ou deixando de cumpri-la pelo modo e no tempo devidos, responde o devedor por perdas e danos."
"Art. 1.059. Salvo as exceções previstas neste Código, de modo expresso, as perdas e danos devidos ao credor abrangem, além do que ele efetivamente perdeu, o que razoavelmente deixou de lucrar. Parágrafo único. O devedor, porém, que não pagou no tempo e forma devidos, só responde pelos lucros, que foram ou podiam ser previstos na data da obrigação."

Acompanhando a petição inicial, datada de 02 de junho de 1972, a autora juntou a carta que endereçara à Ré em 28 de fevereiro de 1972, especificando o valor dos prejuízos a que se julgava com direito, assim discriminados:

a) Reparos em 14 máquinas.

b) Reparos em 25 bombas injetoras.

c) Levando em consideração que uma máquina é recuperada em 6 dias, verifica-se que o final do serviço se daria em 34 dias. Entretanto, como de 6 em 6 dias um carro estará recuperado, diminui assim o número dos carros parados.

Juntou, ainda, um orçamento da firma IRMÃOS GM que seria encarregada da mão de obra, com uma previsão para recuperação de cada motor de 6 em 6 dias.

---

*Continuação da nota 1*

§ 2º Quando o pedido compreender frutos, foros, rendas ou outras prestações periódicas, nele se incluirão, além das prestações vencidas, as que se vencerem enquanto subsistir a obrigação."
"Art. 155. Será permitida a cumulação de pedidos quando forem entre si conexos e consequentes, competirem ao mesmo juiz, e for idêntica a forma dos respectivos processos.
Parágrafo único. Sendo diversa a forma do processo, permitir-se-á a cumulação se o autor preferir para todos os pedidos o rito ordinário."
– Dispositivos correspondentes no Código de Processo Civil de 1973:
"Art. 286. O pedido deve ser certo ou determinado. É lícito, porém, formular pedido genérico:"
"Art. 292. É permitida a cumulação, num único processo, contra o mesmo réu, de vários pedidos, ainda que entre eles não haja conexão.
§ 1º São requisitos de admissibilidade da cumulação:
I – que os pedidos sejam compatíveis entre si;
II – que seja competente para conhecer deles o mesmo juízo;
III – que seja adequado para todos os pedidos o tipo de procedimento.
§ 2º Quando, para cada pedido, corresponder tipo diverso de procedimento, admitir-se-á a cumulação, se o autor empregar o procedimento ordinário."

---

*Continuação da nota 2*

"Art. 1.060. Ainda que a inexecução resulte de dolo do devedor, as perdas e danos só incluem os prejuízos efetivos e os lucros cessantes por efeito dela direto e imediato."
– Dispositivos correspondentes no Código Civil de 2002:
"Art. 389. Não cumprida a obrigação, responde o devedor por perdas e danos, mais juros e atualização monetária segundo índices oficiais regularmente estabelecidos, e honorários de advogado."
"Art. 402. Salvo as exceções expressamente previstas em lei, as perdas e danos devidas ao credor abrangem, além do que ele efetivamente perdeu, o que razoavelmente deixou de lucrar."
"Art. 403. Ainda que a inexecução resulte de dolo do devedor, as perdas e danos só incluem os prejuízos efetivos e os lucros cessantes por efeito dela direto e imediato, sem prejuízo do disposto na lei processual."

2. A ação foi julgada procedente, achando-se redigido deste modo o fecho da sentença:

"JULGO procedente a presente ação, para condenar a Ré, na rescisão do contrato celebrado com a Autora e no pagamento da indenização por perdas e danos, lucros cessantes, bem como nas custas processuais e honorários do advogado da Autora, arbitrados, desde já, em 15% sobre o valor da indenização e lucros cessantes, a serem apurados na execução de sentença".

3. Passada em julgada a sentença, a Autora requereu a liquidação do decreto judicial por arbitramento, contra o que se opôs a Executada, apontando a liquidação correta que seria através de artigos, pois haveria necessidade de serem provados fatos novos, para que se pudesse aferir, corretamente, o valor dos danos, bem como dos lucros cessantes, que somente podem ser indicados por intermédio de perícia contábil, não realizada na ação e nem na Execução.

4. O Dr. Juiz mandou que se procedesse à liquidação por arbitramento, nomeando o seu perito e as partes, os seus assistentes.

Os peritos apresentaram os laudos.

5. Em 06 de novembro de 1974, o Dr. Juiz proferiu a sentença, arbitrando a indenização em valor assim discriminado:
a) Danos emergentes.
b) Multa contratual.
c) Lucros cessantes.

QUESITOS

Expostos os fatos, pede-se respostas aos seguintes quesitos:

1º É lícito à Exequente ampliar ou inovar sentença condenatória ao pagamento de danos emergentes e lucros cessantes?
2º Tem o respaldo da lei, jurisprudência e doutrina exigir cumulativamente perdas e danos e multa contratual?
3º O que se entende, juridicamente falando, por lucro cessante?
4º Quais as regras que norteiam a apuração de lucros cessantes de uma empresa de ônibus que explora o transporte de passageiros?
5º Os elementos necessários à aferição de lucros cessantes hão de ser encontrados em dados reais ou fica "ad libitum" do perito?
6º Em empresa legalmente obrigada a possuir contabilidade organizada, esta deve ser usada como elemento indispensável para ser encontrado o lucro cessante?
7º Estimada a renda bruta, não são dedutíveis desta os gastos necessários à sua obtenção, para se determinar o lucro cessante?

8º Proclamado pela própria Autora da ação de Indenização, em documento que instruiu a petição inicial, o tempo necessário à recuperação do bem danificado, e se este for extrapolado por sua negligência, ainda assim este período há de ser contemplado com a verba de lucros cessantes?

Em resposta, emito aqui meu

**PARECER**

*Ao Quesito Primeiro*

A pergunta envolve dois aspectos simultaneamente. Cogita em especial de hipótese de uma ampliação de sentença na fase executória, e também, especificamente, de uma inovação relativamente ao pagamento de danos emergentes e lucros cessantes.

Em ambas as conotações, a matéria é subordinada ao mesmo princípio, da fidelidade do juízo executório ao contexto do julgado. A doutrina é sedimentada, e encontra amparo nas disposições legais. Tão exata e tão tranquila que tem passado incólume pelas reformas processuais.

Antigos e modernos, nacionais e estrangeiros, os melhores processualistas o preconizam, e explicam em termos equivalentes, não obstante a variedade terminológica.

Já vem do Código Filipino a proibição de proceder o Executor excedendo no julgado (*Ordenações*, Livro III, Tít. 78), ao mesmo passo que se definia o que se tinha por excesso da execução:

"E o modo de execução se pode exceder por quatro maneiras. A primeira há, se o Executor faz execução em maior quantidade, do que se constem na sentença."

Do *Direito das Ordenações*, e do *Assento* de 24 de março de 1783, SYLVA extraiu o conceito, que expôs, em comentário sobre a Ordenação do Livro III, Tít. 76, § 2:

"Dicitur in hoc textu, quod exquatuor modis excedi potest modus exequutionis. Primus est, quando exequutio sit in maiori quantitate, quam in sententia continetur, et tunc appellatur, et EXEQUUTIO EST NULLA IN OMNIBUS" (SYLVA, *Ad Ordinationes*, v. III, p. 145).

E o "Repertório das Ordenações" (edição de 1795) no verbete "Executor", sentencia:

"EXECUTOR, que faz execução em maior quantidade do que se contém na sentença, excede o modo da execução."

TAVARES BASTOS já usa linguagem atual, ao dizer:

"A sentença deve ser executada fielmente, sem ampliar-se ou restringir-se a mais ou a menos do que as suas palavras significam e declaram" (*Processo das Execuções Cíveis*, ed. de 1887, § 24).

E o mesmo processualista no parágrafo seguinte (§ 25) arrola os casos de excesso de execução, de que se salientam os dois primeiros:

"1º Quando se executa por quantia superior à da condenação
2º Quando ela se faz em coisa diversa da declarada na sentença."

Nas "Primeiras Linhas sobre o Processo Civil" de PEREIRA E SOUZA, especialmente nas edições adaptadas ao foro do Brasil por TEIXEIRA DE FREITAS (edições de 1908 e 1907), em nota 709, vem prescrito:

"A Sentença deve executar-se, como expressamente julga e determina; e não pode derrogar-se na Execução, nem estender-se além do que suas palavras soam, e declaram (Ass. de 24 de março de 1773). Quando se excede o modo de Execução, é esta nula, e não deve surtir efeito válido."

O Código de Processo Civil de 1939 consagrou, portanto, a regra com o amadurecimento de uma tradição secular, ao assentar:

"Art. 891. A sentença deverá ser executada fielmente, sem ampliação ou restrição do que nela estiver disposto."

E tal qual no direito caduco, o Código de 1939 entendia excessiva a execução:

"I – quando se executar a sentença por quantia superior à da condenação.
II – quando se fizer a execução por coisa diferente daquela sobre que versar a sentença, ou de modo outro que o mais determinado."

A razão, dão-na os processualistas modernos:

"O título executório, como pressuposto específico da execução forçada, além de lhe servir de fundamento, traça-lhe os limites e extensão" (JOSÉ FREDERICO MARQUES, *Instituições de Direito Processual Civil*, v. V, n. 1.149).

"Título executório é a *sentença condenatória*. É essa sentença que, declarando certo o direito do credor, e *formulando a regra sancionadora* para o caso de o devedor não cumprir voluntariamente a obrigação a que foi condenado, atribui ao credor o direito de exigir do Estado a realização da sanção, ou seja o direito à *execução contra o devedor*. A execução fundamenta-se na sentença, na qual não só se baseia o direito do credor à execução como se *fixam os limites dentro dos quais esta deverá realizar-se*. Daí a ação executória chamar-se simples e comumente *execução de sentença*" (MOACYR AMARAL SANTOS, *Direito Processual Civil*, v. III, n. 806).

O Código de Processo de 1973, com a preocupação indisfarçável de ser diferente, ou original, deixou de repetir os termos de preceituação secular, mas proibiu, na liquidação, *Modificar a sentença que julgou a lide* (art. 610).[3]

E, voltando ao excesso de execução, alinha (art. 743) casos dela, assim:

"I – quando o credor pleiteia quantia superior à do título.

II – quando recai sobre coisa diversa daquela declarada no título."

Na espécie da consulta, comete excesso de execução, ampliando ou inovando a sentença condenatória, o desenvolvimento que o juízo executório impôs à sentença ao dilargar, além da meta julgada, a condenação ressarcitória. Esta, como adiante se expõe (respostas aos Quesitos 2 e 3), não traz outro significado senão o restabelecer no credor o equilíbrio patrimonial rompido. Aí situa-se o limite do julgado.

Exorbita da decisão exequenda tudo aquilo que venha impor ao devedor o sacrifício maior do que a condenação, e ofereça ao exequente um avantajamento sobre o dano sofrido. A sentença em execução teve a finalidade de reparar o dano causado. A sentença, na fase executória, que lança para além das metas a obrigação de indenizar, ultrapassa o decidido, e ofende a coisa julgada.

O que deve ser levado em consideração é o valor intrínseco da indenização. Não é o título ou o *nomen iuris* utilizado. Se o julgado executório nominalmente designa como *dano emergente* e como *lucro cessante* verbas que excedem o conteúdo técnico do *damnum emergens* e do *lucrum cessans*, está "inovando" sobre o julgado em execução, e, a pretexto de executar, estará na essência reabrindo a questão, re-julgando a causa, ou, mais além, sobrejulgando a lide.

E, desta sorte, contra a doutrina tradicional, e ao arrepio dos textos legais, incide no pecado da execução excessiva.

Na espécie, e eu o evidencio nas respostas subsequentes, a sentença no Juízo Executório, a título de *lucrum cessans*, inova na essência o título executório.

*Ao Quesito Segundo*

Segundo disposição legal (Código Civil, art. 917),[4] duas são as espécies de cláusula penal: compensatória e moratória, que pelos nomes se identificam. Compensatória a

---

3   O art. 610 do CPC foi revogado pela Lei n. 11.232, de 22 de dezembro de 2005, que transferiu a disciplina da liquidação de sentença para o livro que trata do processo de conhecimento (ver art. 475-6 do CPC).

4   "Art. 917. A cláusula penal pode referir-se à inexecução completa da obrigação, à de alguma cláusula especial ou simplesmente à mora."
    – Dispositivo correspondente no Código Civil de 2002:
    "Art. 409. A cláusula penal estipulada conjuntamente com a obrigação, ou em ato posterior, pode referir-se à inexecução completa da obrigação, à de alguma cláusula especial ou simplesmente à mora."

que se destina a ressarcir ao credor o prejuízo oriundo do inadimplemento da obrigação, e tem a finalidade de prefixar as perdas e danos. Moratória aquela que se limita a punir o retardamento culposo no cumprimento do obrigado.

A doutrina, com repercussão jurisprudencial, assenta que a penal moratória é acumulável com as perdas e danos causados pelo inadimplemento, tendo em vista os objetivos específicos de umas e de outra. Uma vez que esta multa (moratória) sanciona a demora no implemento, não impede o ressarcimento de perdas e danos que é compensado ao credor pelo prejuízo sofrido. E não há mister a invocação especial de autoridades, eis que a matéria encontra o melhor dos suportes, que é o da lei:

> "Quando se estipular a cláusula penal para o caso de mora, ou em segurança especial de outra cláusula determinada, terá o credor o arbítrio de exigir a satisfação da pena cominada, JUNTAMENTE COM O DESEMPENHO DA OBRIGAÇÃO PRINCIPAL" (Código Civil, art. 919).[5]

Orientação diversa é a que se lê no art. 918,[6] segundo o qual a cláusula penal compensatória converte-se "*em alternativa a benefício do credor*".

Alternativa aqui tem o sentido de oferecer ao credor opção entre exigir a multa ou a prestação devida. Jamais uma e outra, pois que se a penal COMPENSA o prejuízo nascido de falta de prestação, acumular uma e outra importa em ensanchar ao credor enriquecimento indevido.

E ao propósito, todos os escritores, a começar no grande CLÓVIS BEVILÁQUA e a terminar em mim mesmo, esclarecemos, de um lado, que a multa já constitui a prefixação das perdas e danos; e de outro lado que, optando o credor pela pena, desaparece a obrigação originária, e com ela o direito de pedir perdas e danos; e, vice-versa, a escolha da prestação devida exclui a penal compensatória, uma vez que a sua obtenção já satisfaz o credor (CLÓVIS BEVILÁQUA) *Comentários ao Código Civil*, v. IV, ao art. 918; OROSIMBO NONATO, *Curso de Obrigações*, v. II, p. 387; M. I. CARVALHO DE MENDONÇA, *Doutrina e Prática das Obrigações*, v. I, n. 204, p. 375 da edição de 1958, JOÃO FRANZEN DE LIMA, *Curso de Direito Civil Brasileiro*, v. II, tomo I, n. 92; TITO FULGÊNCIO, *Do Direito das Obrigações*, n. 389 e 400, p. 411 e 412 da ed. de 1958; LACERDA DE ALMEIDA, *Obrigações*, p. 217 e 218, da ed. de 1897; ORLANDO GOMES, *Obrigações*, n. 91; WASHINGTON DE BARROS MONTEIRO,

---

5 – Dispositivo correspondente no Código Civil de 2002:
 "Art. 411. Quando se estipular a cláusula penal para o caso de mora, ou em segurança especial de outra cláusula determinada, terá o credor o arbítrio de exigir a satisfação da pena cominada, juntamente com o desempenho da obrigação principal."

6 – Dispositivo correspondente no Código Civil de 2002:
 "Art. 410. Quando se estipular a cláusula penal para o caso de total inadimplemento da obrigação, esta converter-se-á em alternativa a benefício do credor."

*Curso de Direito Civil*, 1970, v. IV, p. 222; CAIO MÁRIO DA SILVA PEREIRA, *Instituições de Direito Civil*, v. II, n. 151).

Sendo assim, descabe acumular as perdas e danos e a multa contratual compensatória.

*Ao Quesito Terceiro*

O conceito básico de "lucro cessante" é o que enuncia o art. 1.059 do Código Civil,[7] ao rezar: "Salvo as exceções previstas neste Código, de modo expresso, as perdas e danos devidos ao credor abrangem, além do que ele efetivamente perdeu, O QUE RAZOAVELMENTE DEIXOU DE LUCRAR".

Deste ponto de partida, os nossos escritores fixam a noção conceitual do *lucrum cessans*, já agora arrimados na doutrina que remonta aos romanos, e aqui se documenta, com remissão aos civilistas em geral.

CLÓVIS BEVILÁQUA, em conceituação sintética, comentando o artigo, ensina:

"*Lucro cessante* é o que, razoavelmente, se deixou de lucrar; é a diminuição potencial do patrimônio."

CARVALHO DE MENDONÇA, mais extenso e forte no que dispõe o B.G.B., explana:

"O segundo, que também se vê nas fontes romanas intitulado *utilitas intercepta, causa rei*, é o que se denomina hoje *lucro cessante*, ou o lucro com que verossimilmente podia o credor contar com o curso ordinário das coisas, ou conforme as circunstâncias particulares aos arranjos e disposições efetuadas" (M. I. CARVALHO DE MENDONÇA, ob. e v. cit., n. 473, p. 47).

A mesma ideia de lucro perceptível inspira a distinção dos dois danos, feita por ENNECCERUS.

"El daño puede consistir en la disminución del patrimonio ya existente o en la frustración de un aumento del mismo. Ambos elementos, el daño positivo (*damnum emergens*) y la ganancia perdida (*lucrum cessans*) se indemnizam, igual que en el derecho común, con arreglo a los mismos principios" (ENNECCERUS, KIPP Y WOLFF, *Tratado de Derecho Civil, Derecho da Obligaciones*, v. I, § 10, III, p. 62).

---

7 – Dispositivo correspondente no Código Civil de 2002:
"Art. 402. Salvo as exceções expressamente previstas em lei, as perdas e danos devidas ao credor abrangem, além do que ele efetivamente perdeu, o que razoavelmente deixou de lucrar."

Sujeito, pois, o devedor a reparar o dano causado, a indenização abrange os dois aspectos do prejuízo: aquilo que o credor efetivamente perdeu, seja pela prestação faltosa, seja pelo dano que a ação ou omissão culposa do *reus debendi* lhe impôs (*damnum emergens*); e ainda aquilo de que, por efeito direto e imediato do procedimento culposo, ficou privado. Ou, como em outro local eu já enunciei: o que o credor *"tinha fundadas esperanças de auferir, e que razoavelmente deixou de lucrar, parcela designada como* lucrum cessans, *e que nós chamamos* lucro cessante. *Já a sentença de PAULO os abraçava na forma sintética:* Quantum mihi abest, quan tumque lucrari potui" (CAIO MÁRIO DA SILVA PEREIRA, *Instituições de Direito Civil*, v. II, n. 176).

*Aos Quesitos Quarto e Quinto*

A estes quesitos dou resposta conjunta, tendo em vista sua íntima ligação. Ambos objetivam a determinação de critério para a fixação do lucro cessante, em face da natureza da atividade da credora (empresa de transporte coletivo).

Mas, para atingi-lo, tenho de assentar noções gerais, norteadoras da apuração do lucro cessante genericamente. E tal necessidade é tanto mais necessária, que, para não transformar o lucro cessante em fonte de deformações, os autores aconselham não perder de vista situações concretas. A falta de cuidado no julgamento pode conduzir àquele raciocínio apontado como padrão do absurdo: um jovem de 10 anos sofre um acidente, que lhe prejudica a marcha; postula indenização do agente; e sustenta que sendo seu desejo seguir a carreira militar, o devedor deve indenizá-lo levando em consideração que ao fim de certo número de anos (no limite de sua vida provável) galgaria o posto de oficial general, cujos proventos teriam de ser computados no cálculo. E, procedendo ao "*arbitramento*" em função deste raciocínio, calcula a indenização nesse pressuposto. É óbvio, aí, o falseamento do resultado. Mas o exemplo é recordado, precisamente para evidenciar o perigo de transformar a reparação do "*dano real*" em indenização por "*dano hipotético*".

Respondendo aos quesitos em conjunto, tenho precisamente em mira a apresentação de critério que sirva para indenizar, sem fantasias ou desregramentos.

AGOSTINHO ALVIM, em obra especializada, assenta como pressuposto da determinação dos lucros cessantes a noção fundamental do "*bom senso*":

"Até prova em contrário, admite-se que o credor haveria de lucrar aquilo que o BOM SENSO DIZ QUE LUCRARIA" (*Da Inexecução das Obrigações e suas Consequências*, 1965, n. 146, p. 188).

E em seguida subordina-os a uma prova, que exige seja rigorosa:

"Estes lucros dependeriam de PROVA RIGOROSA, A CARGO DO CREDOR; da mesma prova, por parte do devedor, dependeria a inexistência dos lucros que normalmente vinham sendo obtidos."

A existência ou inexistência do *lucrum cessans* é, portanto, um fato contencioso. Depende de prova. No conceito da existência haveríamos por certo de envolver a ideia de quantidade, de volume, de montante. O mesmo que se diz ou se indaga se os há, aplica-se à verificação de em quanto montam. Portanto, numa extensão correta de princípio, dir-se-á que *o valor do lucro cessante dependerá de PROVA RIGOROSA*.

Assim sendo, ao juiz não será lícito impedir ou recusar determinada prova, que a parte interessada peça. O arbitramento é meio de liquidação, sem dúvida, mas com a margem de aleatoriedade de toda manifestação subjetiva. Tanto quanto possível, o juiz deverá procurar provas cuja materialidade escape à apreciação meramente pessoal.

A produção de PROVA RIGOROSA tem o mérito de retirar o quantitativo da reparação do campo da abstração que FISCHER qualifica de "*simples possibilidade*", incompatível com a determinação de um valor certo. E adverte contra os abusos que se convertem em "*miragem de lucro*" ou lucros exagerados, aparentando lucros reais, e pleiteados sob a justificativa de "*lucro frustrado*" (HANS FISCHER, *A Reparação dos Danos no Direito Civil*, p. 47).

SAVATIER, partindo de que a indenização tem por finalidade restabelecer o equilíbrio destruído pelo dano, e depois de aludir a que compreende o dano emergente e o lucro cessante, alinha na mesma exigência a prova de existência e de importância dos danos alegados, que considera a cargo de quem os demanda:

"La preuve de l'importance des dommages allegués incombe, comme celle de l'existence et de la causalité de ces dommages, au DEMANDEUR en indemnité" (RENÉ SAVATIER, *Traité de la Responsabilité Civile*, v. II, n. 602).

Em todo caso, a doutrina tem muito cuidado em distinguir, no lucro cessante, a "*esperança legítima*" da simplesmente "*hipotética*", de auferir ganhos:

"La victime avait l'espoir légitime et non hypothétique de faire des gains. Cet espoir a disparu du fait de l'agissement du tiers responsable. C'est un gain manqué (lucrum cessans)" (Philippe le TOURNEAU, *La Responsabilité Civile*, v. 1, n. 307).

AGUIAR DIAS, depois de apontar vários elementos determinantes do lucro cessante, faz esta ressalva:

"É claro, portanto, que como lucros cessantes não podem ser considerados os resultados ARTIFICIOSAMENTE CRIADOS PELO PREJUDICADO. A este não é lícito por exemplo, POR SUA INÉRCIA OU DEMORA EM MANDAR REPARAR O OBJETO OU BEM DANIFICADO, AGRAVAR A SITUAÇÃO DO RESPONSÁVEL, AUMENTANDO A INDENIZAÇÃO DOS LUCROS CESSANTES. Os prejuízos devem ser calculados de acordo com o tempo realmente necessário para concluir as reparações e assim fazer desaparecer as consequências daí decorrentes..." (JOSÉ DE AGUIAR DIAS, *Da Responsabilidade Civil*, 1973, v. II, n. 233, p. 406).

As regras que norteiam a apuração de lucros cessantes de uma empresa de ônibus não podem fugir destes princípios, que na sua generalidade compreendem qualquer outra situação em que são eles devidos. O dano causado aos ônibus, retirando-os de circulação temporariamente, inspiraram à sentença a condenação nos lucros cessantes. Estes, contudo, não seriam jamais os ganhos hipotéticos, porém aquilo que efetivamente a empresa deixou de lucrar.

Não basta, por exemplo, computar a féria, e erigi-la num elementar da reparação. Ela é um dado, apenas, na composição do que FISCHER considera o "lucro frustrado".

É uma verba do ativo, no balanço do verdadeiro lucro. Mas a composição deste não pode desprezar o lado passivo, como sejam os gastos para a movimentação dos veículos (combustível, lubrificante, salário de motorista, trocador e fiscal), bem como as chamadas despesas indiretas (manutenção dos veículos com mecânico, lavador, garagista, reposição de peças) e ainda os custos indiretos (administração, pessoal de escritório, aluguel de locais se for o caso), enfim, tudo aquilo que pesa no funcionamento da empresa. E é em razão de toda esta engrenagem que a empresa opera e mantém os veículos em funcionamento.

Ao determinar o *lucrum cessans*, o juiz não pode ter em vista somente a verba do ativo, pois que o funcionamento da empresa de transportes coletivos obrigatoriamente está sujeita aos encargos. E somente do balanço global da receita e da despesa é que eclode o lucro.

Sendo o agente sujeito a indenizar, tem de compor para a empresa aquilo que esta deixou de lucrar, e não pagar-lhe ganhos ARTIFICIOSAMENTE CRIADOS. Nada, em verdade, é mais ARTIFICIOSO do que erigir em "lucro" simplesmente a féria ou receita, sem se ater a que esta somente é possível quando são realizadas as despesas que a empresa exige para ter os veículos em circulação.

O perito não tem, portanto, o arbítrio de estimar o lucro cessante, escolhendo as verbas que favorecem a empresa, e fechar os olhos às despesas que esta necessariamente tem de efetuar, para que o curso dos veículos propicie a receita.

*Aos Quesitos Sexto e Sétimo*

A resposta a estes quesitos está implícita na anterior.

O lucro de uma empresa, qualquer que seja o gênero de sua atividade, é o resultado ou saldo de ativo e passivo. Inscritas as partidas de receita e despesa, a empresa dá lucro ou prejuízo, na conformidade do que seja o excedente de uma sobre outra.

Reportando-me a RIPERT, que o conceitua, devo acentuar que é na escrita, na contabilidade da empresa, que se apura o excedente do ativo sobre o passivo, é no balanço que se determina:

"Les bénéfices ne dépendent nullement du chiffre d'affaires réalisé dans l'année comparé aux dépenses qu'il a fallu exposer. I's dépendent uniquement des résultats de l'inventaire établi lui-même sur les donnés DE LA COMPTABILITÉ. Le bénéfice consiste dans l'excédent des éléments d'actif sur les élements de passif" (GEORGE RIPERT, *Traité Élémentaire de Droit Commercial*, 1951, n. 416).

A ideia do "lucro cessante" é fundamentalmente vinculada à de "*lucro*" genericamente considerado. Seria o lucro frustrado, o lucro não percebido, o lucro de que se privou a empresa como decorrência do dano. A sua construção jurídico-econômica é basicamente esta: se não tivesse ocorrido o evento danoso, a vítima teria este "*lucro*". Uma vez que houve, tem direito a auferir, por conta do agente, o lucro que lhe faltou, ou seja, o que razoavelmente deixou de lucrar.

Se o lucro, na empresa mercantil, é apurado na sua contabilidade, e determinado quantitativamente no "*excedente dos elementos do ativo sobre os elementos do passivo*" (RIPERT, transcrito acima), o lucro cessante há forçosamente de buscar na mesma contabilidade os dados necessários para estimar como a privação de receita atuou no desenvolvimento da atividade empresarial, frustrando o ganho, que a empresa normalmente perceberia.

Na estimação da receita, de que é um elemento componente a féria (como acima eu já salientei), os outros fatores serão encontrados na escrita, para balanceá-los com aquela, e fixar-se o resultado. Um perito, por mais imaginoso e genial, e por mais experiente, não tem base de cálculo para as verbas de passivo, sem o levantamento das partidas de contabilidade. É que a despesa empresarial varia de organização a organização. Numa, pesa essencialmente o gasto com bens de consumo; noutra, a folha de pessoal, outras ainda, como as de transporte, despendem grandes somas em pessoal e em combustível. Para calcular o lucro (e por via de consequência o *lucrum cessans*), o perito não se pode ater a arbitramento baseado na féria somente. Necessita de penetrar no âmago da contabilidade, e dali colher os dados permissivos de balancear receita e despesa.

Sem a perícia contábil é tecnicamente impossível apurar se a empresa dá lucro ou prejuízo. Conseguintemente, sem a perícia contábil é juridicamente impossível determinar o lucro cessante.

*Ao Quesito Oitavo*

Um outro fator determinante do lucro cessante, em casos de interrupção de atividade por danificação de máquinas, aparelhos ou equipamentos (como é o caso de danos causados a veículo da empresa de transporte), é sem dúvida O TEMPO.

A empresa interrompeu suas atividades, sem a destruição do equipamento rodante. Houve a sua danificação, que impôs paralisação temporária. O devedor da reparação deve o lucro cessante pelo tempo necessário a repor os ônibus em circulação.

Reportando-me à lição de AGUIAR DIAS, supratranscrita, não pode o devedor do ressarcimento ter AGRAVADA A SUA SITUAÇÃO pelo fato de haver o credor,

POR SUA INÉRCIA OU DEMORA EM MANDAR REPARAR os ônibus danificados, prolongado o tempo razoavelmente necessário a repô-los em tráfego.

Isto emerge normalmente, do jogo dos princípios, que comandam a estimação dos lucros cessantes, sob inspiração da boa-fé e sob império do bom senso.

Acresce, na hipótese da consulta, que a empresa previamente estimou o tempo necessário aos reparos. Prefixou a duração destes, calculando-os em 6 dias por veículo. Vinculou-se a este elemento. Depois, desprezou-o, para AGRAVAR a situação do agente. Foi, então, um ato seu que procrastinou o TEMPO da inatividade dos veículos danificados. E a sua estimação veio corroborada pela empresa que se encarregaria dos reparos. Conjugados estes dois elementos probatórios (estimação da empresa e cálculo provável da oficina), resulta que os ônibus estariam em circulação ao termo de 6 dias, cada um. De seis em seis dias, cada veículo iria entrar em trânsito. Se não ocorreu assim, não foi por ato do devedor. Foi PELA OMISSÃO do credor. É claro, então, que não pode a indenização ser agravada a este ponto, pelo comportamento omissivo do credor. Pelos seus próprios cálculos, todos os 14 veículos estariam reparados e em tráfego no prazo máximo de 84 dias.

O lucro cessante, DEVIDO, está adstrito a este tempo (e mesmo este decrescente, pois a cada período de 6 dias seria um veículo a menos, paralisado).

Desprezando este elemento, que coloca o *lucrum cessans* nos termos do que é a *razoabilidade* recomendada pelo art. 1.059 do Código Civil,[8] todo excesso deve ser podado, por não ser imputável ao devedor, mas ao próprio credor.

E este não pode beneficiar-se, ou enriquecer, às expensas da outra parte, por fato a ele próprio atribuível.

---

8   CC 2002, art. 402.

# 5

**Fatos**  Contrato de execução diferida. Índice de reajuste das prestações previsto no contrato. Extinção posterior do índice por força de lei. Escolha de novo índice de reajuste pelo credor, dentre três opções previamente estabelecidas no contrato.

**Direito**  Negócio jurídico sujeito à condição. Análise da condição. Conceito de condição casual e condição potestativa. Distinção entre condição potestativa pura e condição meramente potestativa. Existência de condição meramente potestativa. Condição lícita, válida e aplicável. Fato posterior (extinção do índice por força de lei), estranho a ambas as partes, consistente no implemento da condição, gerando uma obrigação alternativa. Obrigação alternativa: vínculo jurídico unitário com objeto plúrimo. Direito de escolha atribuído ao credor no contrato. Concentração da obrigação no objeto (índice de reajuste) sobre o qual incidiu a escolha do credor.

---

ALFA – ENGENHARIA E COMÉRCIO LTDA. contratou com diversos a promessa de cessão de frações ideais de terreno e compromisso de construção de futuras unidades autônomas, em edifício que incorporou.

No preço há uma parte fixa e outra reajustável, com base na variação do índice da ORTN. Prevendo a extinção da ORTN, foi estipulada a substituição desse índice por outros, dentre os quais o que se refere à construção civil, editado pela Fundação Getúlio Vargas.

O contrato prescreve que a substituição se poderá dar, além daquela hipótese, se, durante o curso das obras e até a efetiva entrega, a ORTN não representar, fielmente, a inflação vigente.

Havendo efetivo prejuízo para a Construtora, com a extinção da ORTN por força do disposto no Decreto-Lei n. 2.283, de 1986, e defasamento do custo da obra em relação ao preço ajustado, e no intuito exclusivo de tornar equitativo o custo da obra com o preço contratado, optou ela pela adoção dos índices da construção civil, por se apresentarem os mais próximos da realidade econômica nacional. Baseou-se em cláusula do contrato assim redigida:

"Na hipótese de extinção ou alteração dos índices de reajustamento pelas ORTNs (Obrigações Reajustáveis do Tesouro Nacional), ou, se durante o curso das obras e até a efetiva entrega do edifício, as citadas ORTNs não mais representarem, fielmente, a inflação vigente, é facultado à outorgante optar por um dos seguintes critérios:

a) índice divulgado pelo Governo Federal ou Órgão Oficial que substitua os valores de referência das ORTNs.

b) índices de variação do custo de vida pela Fundação Getúlio Vargas ou editado por órgãos do Município de São Paulo.

c) índices Econômicos do custo da Construção Civil, editados pela Fundação Getúlio Vargas" (cláusula 13ª, § terceiro)."

A Construtora optou pelo disposto na alínea "c", discutindo em Juízo com alguns adquirentes, inconformados pela cobrança da diferença no saldo do preço avençado, em face da extinção da ORTNs, e estando em curso algumas ações, nas quais, de fora parte outras questões, levantou-se a da validade da cláusula.

Consulta-me a Construtora sobre a sua legitimidade e, especialmente, se nela se insere uma condição potestativa pura, ou se representa uma obrigação alternativa.

## PARECER

1. Inúmeras vezes, como advogado, como professor, como assessor jurídico, tenho-me defrontado com a indagação se determinada cláusula contratual pode ser caracterizada como condição potestativa pura, e, como tal, sofrendo a condenação do que dispõe o art. 115 do Código Civil.[1] E, na maioria das vezes, trata-se de convenção inocente, que somente por um desvio de perspectiva recebe aquele rótulo condenatório.

A fim de definir e distinguir a condição proibida, é mister remontar a noções elementares, que, não obstante isto, necessitam recordadas para se chegar a resultado cientificamente exato.

De início, e como suporte inicial de todo raciocínio, é bom lembrar o conceito de condição, em decorrência do disposto no art. 114:[2] cláusula que subordina o efeito do ato jurídico a evento futuro e incerto.

---

[1] "Art. 115. São lícitas, em geral, todas as condições, que a lei não vedar expressamente. Entre as condições defesas se incluem as que privarem de todo efeito o ato, ou o sujeitarem ao arbítrio de uma das partes."
– Dispositivo correspondente no Código Civil de 2002:
"Art. 122. São lícitas, em geral, todas as condições não contrárias à lei, à ordem pública ou aos bons costumes; entre as condições defesas se incluem as que privarem de todo efeito o negócio jurídico, ou o sujeitarem ao puro arbítrio de uma das partes."

[2] "Art. 114. Considera-se condição a cláusula, que subordina o efeito do ato jurídico a evento futuro e incerto."

Daí partindo, os autores abrem, dentre outras, a classificação, segundo a qual as condições se distribuem em dois grupos, em atenção à natureza do evento, no seu confronto com o modo como se oferece, oriundo da manifestação volitiva do agente, ou originário de um fenômeno estranho ao seu querer. De um tal prisma, dizem-se, então, potestativas ou casuais.

Denomina-se "casual" a condição, quando o evento a que se subordina o efeito do negócio jurídico é uma decorrência de fenômeno natural, independente da vontade humana. "Casual" é a condição que se insere em cláusula como esta: vender-lhe-ei a cria de certo animal, se nascer macho; tomarei em aluguel sua casa de praia, se não chover no mês de dezembro. É casual a *conditio*, porque o evento independe da vontade humana, ocorrendo como imposição de fatos naturais.

No outro campo, considera-se "potestativa" a condição, quando o acontecimento decorre da vontade do agente, que deixa a seu critério tomar uma decisão, hábil a gerar o efeito pretendido. É "potestativa" a condição que se lê como esta: comprarei a sua mala se me resolver a viajar nas próximas férias; pagar-me-ás o preço de mercado, se estiveres presente no dia do leilão.

2. Dentre as cláusulas "potestativas", distinguem-se a "simplesmente potestativa", por um lado, e, por outro lado, a "potestativa pura".

É na qualificação das cláusulas potestativas que reside a distinção da que o é "simplesmente" e da que se considera "pura". E é justamente neste ponto que se encontra a dificuldade, levando muitas pessoas a marcar com o sinete da condenação toda cláusula potestativa, esquecendo que o art. 115 do Código Civil[3] somente proíbe a "potestativa pura", ou seja, a que sujeitar o ato "ao arbítrio de uma das partes".

Os exemplos aqui figurados representam cláusulas potestativas simples, e, portanto, válidas e eficazes. Em ambos os casos, a vontade atua na ação do interessado: viajar ou não viajar nas próximas férias; estar ou não estar presente no dia do leilão. Em ambos os casos, o ato de viajar, ou o fato de se achar presente depende da vontade. Mas, em ocorrendo um ou outro, vigora a obrigação com todas as suas consequências, inclusive a executoriedade. O evento depende da vontade, mas o "efeito do negócio jurídico" não está sujeito ao arbítrio de qualquer das partes. Nem o que se obrigou a comprar tem o arbítrio de não comprar, em havendo o ato de viajar; nem o que se obrigou a comprar poder-se-á esquivar de fazê-lo, se estiver presente no dia do leilão.

Potestativa pura reside na circunstância de ficar ao arbítrio de uma das partes o efeito da declaração de vontade. É o *si volam* ou o *si volueris* das fontes, nos exemplos

---

– Dispositivo correspondente no Código Civil 2002:
"Art. 121. Considera-se condição a cláusula que, derivando exclusivamente da vontade das partes, subordina o efeito do negócio jurídico a evento futuro e incerto."

---

3   CC 2002, art. 122.

clássicos: dar-te-ei 100 se eu quiser, ou pagar-me-ás 100 se quiseres. A diferença entre a "simplesmente potestativa" e a que se classifica como "potestativa pura" está na circunstância de que é o "efeito" do negócio jurídico que decorre do arbítrio exclusivo de uma das partes.

3. Em torno destas distinções é totalmente pacífica e indiscrepante a doutrina.

Começando por BEVILAQUA, aí está clara a distinção, validando a cláusula se "apenas em parte depende do arbítrio do agente" (*Comentários ao Código Civil*, Observação 2, ao art. 115).

SERPA LOPES alia o esclarecimento teórico à exemplificação prática:

"Consideram os tratadistas a necessidade de distinguir a condição potestativa simples, que pressupõe da parte do interessado, não somente uma manifestação de vontade como ainda o cumprimento de um fato exterior, v.g., se eu for morar em Paris, se eu vender a minha casa, e a condição puramente potestativa, unicamente dependente da vontade de um dos contraentes, v.g., se eu quiser, se eu julgar conveniente.

(...)

Daí igualmente entre nós E. ESPÍNOLA entender que a proibição constante do art. 115 do Código Civil se refere apenas às condições puramente potestativas, por força das quais se faça depender exclusivamente do arbítrio do credor a vinculação do devedor, e vice versa, chegando mesmo a considerar válida a condição potestativa, quando de caráter resolúvel" (*Curso de Direito Civil*, v. 1, p. 362).

No mesmo sentido SILVIO RODRIGUES, depois de distinguir as condições casuais das potestativas, esclarece:

"Nem todas as condições potestativas são ilícitas. Só o são as puramente potestativas, isto é, aquelas em que a eficácia do negócio fica ao inteiro arbítrio de uma das partes sem a interferência de qualquer fator externo; é a cláusula *si voluero*, ou seja, se me aprouver" (*Direito Civil*, 1984, v. 1, n. 119, p. 245).

WASHINGTON DE BARROS MONTEIRO ensina que somente às condições potestativas puras se aplica o art. 115:

"De feito, é mister distinguir as condições puramente potestativas das meramente ou simplesmente potestativas. As primeiras são as de mero capricho: se eu levantar o braço, se for à cidade, se vestir tal roupa. As segundas dependem da prática de algum ato por parte do contratante, na dependência, porém, do exame de circunstâncias que escapam ao controle dele.

Só as primeiras são defesas; as segundas escapam à proibição legal" (*Curso de Direito Civil*, 13ª ed., v. I, p. 228).

4. Assentados estes conceitos que, de minha parte, resumo em minhas *Instituições de Direito Civil*, v. I, n. 98, caso é de se analisar a cláusula contratual em exame. Do seu contexto resulta uma condição "potestativa simples", ou condição "meramente potestativa", e não uma condição "potestativa pura".

O contrato refere-se a uma circunstância externa, que independia da vontade dos contratantes: se houver extinção ou alteração dos índices de reajustamento da ORTN; ou se no curso da construção a ORTN deixar de representar fielmente a inflação vigente. Nenhum destes acontecimentos estava sujeito ao arbítrio de qualquer das partes. A substituição ou alteração dos índices da ORTN era (e foi) um ato das autoridades superiores da Nação; o defasamento entre o valor da ORTN e a curva ascensional da inflação era uma decorrência de fatores conjunturais, sobre que não tinha nenhum poder o arbítrio de qualquer dos contratantes.

Num ou noutro caso, é lícito à Construtora optar por outro critério de correção dos preços. A condição é potestativa, porém simplesmente ou meramente potestativa. Não é puramente potestativa, porque a adoção de outro critério de reajustamento nunca esteve ao arbítrio exclusivo da Construtora. Puramente potestativa, e portanto defesa nos termos do art. 115, seria a cláusula se rezasse mais ou menos nestes termos: o índice de variação da ORTN será substituído por outro critério, se a Construtora quiser, ou quando o quiser. Aí sim, sujeitava-se à condenação do art. 115, porque a substituição do índice corretivo estaria no exclusivo arbítrio da contratante. Tal como redigida, ou avençada, a substituição do fator de reajuste do preço dependia de um fato estranho à vontade dos contraentes.

Trata-se, portanto, de uma condição potestativa simples, ou de uma condição meramente potestativa que não incide na proibição do art. 115, e portanto é lícita, é válida, é aplicável.

5. O elemento determinante da substituição do índice corretivo da ORTN por outro era um fator independente da vontade da Construtora. Dependeu de fato estranho à sua vontade.

Assim tendo ocorrido, foi esse fato estranho à vontade da parte que gerou uma obrigação alternativa, a qual se define como aquela em que existe um vínculo obrigacional relativamente indeterminado, mas que se determina com a execução. O vínculo abrange uma pluralidade de objetos, dos quais um só tem de ser prestado, como se diz nas fontes, a que me reporto eu em minhas *Instituições de Direito Civil*: *plures res sunt in obligatione, una autem in solutione* (v. II, n. 144). A pluralidade objetiva tanto pode consistir na entrega de uma coisa material como na prestação de um feito, como ensina, dentre outros, DE PAGE:

> "Une obligation est 'alternative' lorsqu'elle porte sur deux ou plusieurs objets, mais avec cette particularité que, finalement, un seul objet sera dû, en vertu d'un choix qui sera fait soit par le créancier, soit par le débiteur" (*Traité*, v. III, n. 273, p. 267).

A indeterminação originária desaparece pelo fato da concentração, que transforma a obrigação alternativa em uma obrigação pura e simples. O devedor que o era de mais de uma coisa (*plures res in obligatione*) passa a sê-lo de uma só prestação (*una autem in solutione*). A concentração se faz por via da escolha. E esta, *ex vi* do disposto no art. 884 do Código Civil,[4] pode ser feita pelo devedor ou pelo credor, tal como se lê na definição de DE PAGE aqui transcrita.

Não se confunde a opção da *res debita*, na obrigação alternativa, com a condição potestativa. Desenhada a obrigação alternativa, o devedor o será de uma das coisas a que o vínculo se refere. Se a ele pertencer a escolha, comunica-o ao credor, concentrando a *obligatio*. Reversamente, se a opção couber ao credor, não ocorre o implemento de uma condição potestativa, porém a faculdade legal de concentrar em uma determinada prestação (*una autem in solutione*) a coisa ou o fato que, juntamente com outros, se encontrava, até então, *in obligatione*.

Efetuada a escolha, e conseguintemente concentrada a obrigação, deixa ela de ser alternativa, e o objeto incide sobre a prestação escolhida, como se desde o início já fosse pura e simples a obrigação (ENNECCERUS, KIPP y WOLFF, *Tratado, Derecho de Obligaciones*, v. I, § 18; LUDOVICO BARASSI, *La Teoria Generale delle Obbligazioni*, v. I, p. 225).

6. Transportando estas noções para o caso concreto, o que correu foi que, extinta a ORTN pelo Decreto-Lei n. 2.283/86, gerou para a Construtora uma condição meramente potestativa ou "potestativa simples" que ensejou o nascimento de uma obrigação alternativa para os adquirentes de unidades no edifício incorporado, a saber: substituição do critério de reajuste do preço por uma das fórmulas contidas na cláusula contratual. Vale dizer, os devedores, que eram obrigados ao preço corrigido em ORTN, passaram a ser devedores por uma das formas de prestação, contidas no parágrafo. A obrigação, resultante da extinção da ORTN, tem todas as características de alternativa. Existe um só vínculo obrigacional, que incide em objeto plúrimo, porém um só deles é devido. Há, portanto, várias coisas na obrigação, porém o adquirente é devedor de uma só delas.

---

4    "Art. 884. Nas obrigações alternativas, a escolha cabe ao devedor, se outra coisa não se estipulou.
     § 1º Não pode, porém, o devedor obrigar o credor a receber parte em uma prestação e parte em outra.
     § 2º Quando a obrigação for de prestações anuais, subentender-se-á, para o devedor, o direito de exercer cada ano a opção."
     – Dispositivo correspondente no Código Civil de 2002:
     "Art. 252. Nas obrigações alternativas, a escolha cabe ao devedor, se outra coisa não se estipulou.
     § 1º Não pode o devedor obrigar o credor a receber parte em uma prestação e parte em outra.
     § 2º Quando a obrigação for de prestações periódicas, a faculdade de opção poderá ser exercida em cada período.
     (...)"

Como a escolha pertence ao credor (a Construtora), concentrou-se a obrigação naquele objeto sobre o qual incidiu a escolha, como se este objeto já fosse devido desde o começo.

Não há falar, portanto, em condição potestativa pura, porém em condição meramente potestativa, gerando uma obrigação alternativa, a benefício do credor. Esta obrigação concentrou-se por força da escolha realizada pela Construtora. Os adquirentes, que contrataram nos termos do instrumento assinado, são devedores da prestação que foi objeto da escolha feita pela credora.

A cláusula, destarte, é legítima e não importa em condição potestativa pura, representando uma obrigação alternativa a benefício do credor, que, pela opção realizada, a concentrou, tornando-a de objeto determinado.

**Fatos**  Ação de enriquecimento sem causa ajuizada por sociedade que desenvolveu e lançou determinado produto no mercado, com ampla e dispendiosa campanha publicitária. Alegação de que as rés, aproveitando-se de todo o esforço publicitário, trabalho e dispêndio da autora, colocaram no mercado produto idêntico.

**Direito**  Análise do instituto do enriquecimento sem causa. Direito comparado. Correlação entre enriquecimento (proveito) de um e o empobrecimento (perda) do outro. Ausência de causa justificativa do enriquecimento. Dever de restituir na proporção do enriquecimento.

---

ALFA S.A. intenta ação de enriquecimento sem causa contra BETA – MODA LTDA. e contra COMPANHIA DE CALÇADOS DLT, sob fundamento de que lançou determinado tipo de calçado para o grande público, criou desenhos, apurou estilos, procedeu a pesquisa de mercado, realizou ampla e dispendiosa campanha publicitária e promocional, e conquistou o mercado consumidor.

Obtida sua aceitação, inclusive com a marca a que se liga o nome da autora do "design", as empresas rés aproveitam-se de todo o esforço, trabalho e dispêndio, e põem à venda produto rigorosamente idêntico.

Deixa bem claro que não funda o pedido em haverem as rés copiado o modelo, embora não deixe este de ser um elemento apontado. O que constitui a essência do pedido é haverem elas lançado mão do esforço publicitário, dos efeitos e resultados dos gastos efetuados, sem para o êxito da campanha terem de qualquer modo concorrido.

Enriquecendo-se com tal aproveitamento, causam à Consulente um empobrecimento correlato, desviando, para seu proveito, o que seria naturalmente o retorno do despendido pela Consulente.

### PARECER

*1. Enriquecimento sem Causa*

1.1. A doutrina do enriquecimento sem causa ou enriquecimento indevido, que prende suas raízes no Direito Romano, cada vez mais preocupa o jurista, na medida em que duas condicionantes vão-se acentuando com maior vigor e mais nítida projeção na vida social. De um lado, o desenvolvimento técnico e o progresso econômico tendem a proporcionar mais frequentes oportunidades de apropriação de vantagens oriundas de atividades e negócios jurídicos alheios; de outro lado, o Direito cultiva cada vez mais o propósito de corrigir os desníveis, coibir os excessos egoístas, restabelecer o princípio de equidade natural.

Com ou sem amparo direto no direito positivo, está sempre presente na atualidade do Direito a velha regra inscrita no Digesto, Livro 50, Tít. 17, fr. 206, segundo a qual atenta contra o direito natural que alguém se locuplete com o prejuízo alheio – *iure naturae aequum est neminem cum alterius detrimento et iniuria fieri locupletiorem*.

Ao tratar o tema em termos objetivos, os sistemas jurídicos seguem rumos diversos. Uns perfilham teoria ampla, erigindo o instituto global do enriquecimento sem causa, no qual inserem todas as hipóteses de aquisição ou benefício por uma pessoa em detrimento de outra pessoa, uma vez que falte causa jurídica para o fenômeno (BGB de 1896, arts. 812 a 822; Código Suíço das Obrigações de 1883, arts. 62 a 67; Código Civil Português de 1966, arts. 473 a 482; Código Civil Italiano de 1942, arts. 2.041 e 2.042). Outros, embora não aprovem o enriquecimento com a jactura alheia, reduzem o enriquecimento indébito à repetição do pagamento indevido (Código Francês, Código Espanhol).

Ganhando foros de aceitação doutrinária, como jurisprudencial, é bem de ver que merece toda a atenção fixar os extremos etiológicos da doutrina do enriquecimento, quer na modalidade da ausência total de causa (*sine causa*), quer nos casos em que a causa originariamente existiu, mas que por uma circunstância especial veio a faltar (*causa data causa non secuta*), quer ainda quando o enriquecimento de um baseia-se na desonestidade de propósitos (*condictio ob turpem causam*).

2. Na visão analítica dos sistemas e dos doutos, será lícito extrair a proposição sistemática e a visão perspectiva da doutrina que conquista terreno a cada passo. E, depois, projetá-la no campo específico do Direito Brasileiro.

Como ponto de partida, é de boa exposição enunciar as disposições consignadas nos Códigos que sistematizaram a doutrina. Começo pelo Suíço das Obrigações, cronologicamente anterior:

"Art. 62. Celui qui, sans cause légitime, s'est enrichi aux dépens d'autrui, est tenu à restitution.
La restitution est due, en particulier, de ce qui a été reçu sans cause valable, en vertu d'une cause qui ne s'est pas réalisée, ou d'une cause qui a cessé d'exister."

No Código Civil Alemão – *Bürgerliches Gesetzbuch*, a matéria vem tratada em minúcia, valendo salientar a norma fundamental e definidora:

"Art. 812. Quiconque, par prestation faite par une autre personne ou de toute autre manière, fait une acquisition sans cause juridique aux dépens de cette autre per-

sonne, est obligé vis-à-vis d'elle à restitution. Cette obligation existe également lorsque la cause juridique disparait ultérieurement ou que le résultat poursuivi au moyen d'une prestation, tel qu'il ressort du contenu de l'acte juridique, ne se réalise pas.
Est également considérée comme prestation la reconnaissance contractuelle de l'existence ou de la non-existence d'un rapport d'obligation."

O Código Civil Italiano de 1942 enuncia o princípio, ligado expressamente à ação de enriquecimento:

"Art. 2.041. Azione generale di arricchimento – Chi senza una giusta causa, si è arricchito a danno di un'altra persona è tenuto, nei limiti dell'arricchimento, a indennizzare quest'ultima della correlativa diminuzione patrimoniale.
Qualora l'arricchimento abbia per oggetto una cosa determinata, colui che l'ha ricevuta è tenuto a restituirla in natura, se sussiste al tempo della domanda."

Não difere conceitualmente o Código Civil Português, aprovado em 1966 e entrado em vigor em 1967:

"Art. 473. (Princípio geral) 1. Aquele que, sem causa justificativa, enriquecer à custa de outrem, é obrigado a restituir aquilo com que injustamente se locupletou.
2. A obrigação de restituir, por enriquecimento sem causa, tem de modo especial por objeto o que for indevidamente recebido, ou o que for recebido por virtude de uma causa que deixou de existir ou em vista de um efeito que não se verificou."

No rumo da sistematização do instituto apontam-se ainda, entre outros, o Código Japonês (arts. 703 a 708) como o Soviético (arts. 399 a 402).

Do conjunto das normas atinentes ao assunto, nos diversos sistemas legislativos, que no plano da conceituação não se contradizem nem se entrechocam, posso enunciar a proposição capital, repetindo o que na minha obra doutrinária já eu enunciara: quando alguém recebe indevidamente alguma coisa, ou quando cessa a razão justificativa de tê-la recebido, ou quando a aquisição provém de uma causa ilícita ou imoral, não tem o direito de retê-la, devendo restituí-la à pessoa, à custa de quem se enriqueceu.

Ao elaborar o Anteprojeto de Código de Obrigações de 1965, formulei a norma, da qual se não afastou essencialmente o Projeto de Código Civil de que, ao propósito, é de se destacar o seu contexto:

"Art. 920. Aquele que, sem justa causa, se enriquecer à custa de outrem, será obrigado a restituir o indevidamente auferido, feita a atualização dos valores monetários.
Parágrafo único. Se o enriquecimento tiver por objeto uma coisa determinada, quem a recebeu é obrigado a restituí-la. Se a coisa não mais subsistir, a restituição se fará pelo valor do bem na época em que foi exigido.

Art. 921. A restituição é devida, não só quando não tenha havido causa que justifique o enriquecimento, mas também se esta deixou de existir". [1]

Do enunciado genérico, que atende aos lineamentos normativos, onde se concretiza em disposição vigente, como também nesta hipótese de um direito *in fieri*, discriminam-se os requisitos, que se podem por esta maneira redigir: 1º O enriquecimento de uma pessoa e o correlativo empobrecimento de outra; 2º A ausência de causa justificativa do enriquecimento; 3º O dever de restituir, em espécie ou valor correspondente, na proporção do enriquecimento.

3. O primeiro desses requisitos é o enriquecimento, essencial, básico, fundamental, uma vez que serve de parâmetro ao dever de restituição.

Dentro na doutrina alemã, como na concepção jurisprudencial francesa, o enriquecimento constitui vantagem material ou jurídica, dotada de valor patrimonial, e resultante diretamente do empobrecimento sofrido pela outra parte (DEMETRE G. GEROTA, *La Théorie de l'Enrichissement sans Cause dans le Code Civil Allemand*, p. 82). O enriquecimento não requer que uma pessoa transmita a outra uma coisa ou um direito. Ele consiste em adquirir uma situação vantajosa que se traduza em benefícios materiais (GEROTA). As vantagens podem consistir no uso ou consumo de coisas alheias ou de forças de trabalho, permitindo a poupança de gastos, como dizem ENNECCERUS e LEHMANN. Textualmente:

"Las ventajas que consisten en el uso o consumo de cosas ajenas o de fuerzas de trabajo significan también un enriquecimiento desde el punto de vista de semejante ahorro de gastos" (*Tratado*, *Derecho de Obligaciones*, v. II, § 218).

Na doutrina italiana, estruturada em torno de concepção das mais modernas, não se alinha necessariamente na caracterização do enriquecimento, qualquer transferência de bens ou valores de um a outro patrimônio. Basta que uma utilidade positiva advenha ao enriquecimento, de qualquer modo, às custas do prejudicado. Literalmente:

---

[1] Ambos os dispositivos do Projeto foram mantidos, na íntegra, no Código Civil de 2002, conforme se observa nos seguintes artigos:
"Art. 884. Aquele que, sem justa causa, se enriquecer à custa de outrem, será obrigado a restituir o indevidamente auferido, feita a atualização dos valores monetários.
Parágrafo único. Se o enriquecimento tiver por objeto coisa determinada, quem a recebeu é obrigado a restituí-la, e, se a coisa não mais subsistir, a restituição se fará pelo valor do bem na época em que foi exigido.
Art. 885. A restituição é devida, não só quando não tenha havido causa que justifique o enriquecimento, mas também se esta deixou de existir."

"Basta che l'utilità positiva pervenga, comunque, a spese del danneggiato nel patrimonio dell'arricchito" (LUDOVICO BARASSI, *La Teoria Generale delle Obbligazioni*, v. II, n. 194).

4. Correlato ao enriquecimento de um há de haver o empobrecimento de outro. O conceito de empobrecimento é muito amplo. Pode constituir o deslocamento de uma coisa, trabalhos e esforços, mesmo que de natureza intelectual apenas, a perda de tempo de um professor, como ensinam os irmãos MAZEAUD: "Peu importe la nature de l'appauvrissement" (*Lençons de Droit Civil*, tomo II, n. 699). Além da hipótese mais frequente da transferência de valores de um patrimônio a outro (*trasferimento di valore dall'un patrimonio all'altro*), haverá empobrecimento na apropriação de despesas de uma parte e um ganho da outra parte (*da una parte una spesa e dall'altra un guadagno*), como explica BARASSI no lugar citado.

5. Na etiologia do enriquecimento, todos assinalam a relação causal entre o proveito de um e a perda do outro. Assim é que os irmãos MAZEAUD assentam que um deve ser a consequência do outro:

"L'enrichissement doit être la conséquence de l'appauvrissement."

Mas não importa que aquele se realize diretamente,

"mais il importe peu que l'enrichissement se réalise directement ou, comme dans l'affaire des engrais ... par l'intermédiaire du patrimoine d'un tiers" (loc. cit.).

O que não se discute é que o enriquecimento deve resultar do prejuízo patrimonial do empobrecido; o mesmo fato causou um dano para uma das partes e vantagem para a outra:

"Il n'y a aucune discussion sur le point suivant, savoir que l'enrichissement doit résulter du préjudice patrimonial de l'appauvri; en d'autres termes, que le même fait doit avoir causé à l'une des parties le préjudice, à l'autre l'avantage" (GEROTA, ob. cit., p. 86).

Esta correlação pode ser investida de qualquer maneira, seja pela subtração de um valor no patrimônio do empobrecido, seja mediante um processo que obstaculize o ingresso de valores que naturalmente deveriam aí entrar, e que foram obtidos. Veja-se GEROTA:

"Enfin qu'il s'agisse d'une perte matérielle ou d'un appauvrissent de la nature de ceux dont nous venons de parler, il importe peu comment il est intervenu, que ce soit par soustraction d'une valeur actuelle ou par obstacle apporté à l'acquisition d'une valeur qui devrait revenir dans le patrimoine de l'appauvri" (GEROTA, p. 124).

Há situações em que a correlação entre enriquecimento e empobrecimento aparece em toda nitidez. Mas em outras, é menos visível. Para estes casos, pode-se considerar uma relação direta de fato entre duas pessoas, ou entre uma delas e a coisa de que a outra é a proprietária. Ao propósito, veja-se o ensinamento de JEAN RENARD:

> "Aussi a-t-on proposé un autre critérium pour découvrir le rapport de causalité entre le profit et la perte. Il apparait, a-t-on écrit, que 'si une relation directe de fait a existé, soit entre les deux personnes elles-mêmes, soit entre l'une d'elles et la chose dont l'autre est propriétaire" ("L'Action d'Enrichissement sans Cause dans le Droit Français Moderne", *in Revue Trimestrielle de Droit Civil*, 1920, p. 243 e segs. a citação é da p. 261).

6. Elementar na ação de enriquecimento sem causa é a ausência de causa jurídica, para que se estabeleça a vantagem de um e a perda do outro. A apuração deste requisito é muitas vezes difícil de se verificar. Em muitos casos, o enriquecido aproveita-se de um ato do empobrecido, e dele tira proveito. Mas nem sempre isto ocorre. No entanto, é possível encontrar-se, como enuncia ENNECCERUS:

> "Si el enriquecimiento se basa en un acto del enriquecido mismo, se dará por tanto la condictio siempre que no le competa un derecho a la ejecución de este acto, por ejemplo, en virtud de un derecho a la apropiación o de un derecho de consumir" (ob. cit., p. 602).

Nos sistemas jurídicos em que se insere a causa entre os elementos de validade do negócio jurídico, a determinação deste requisito é mais fácil. Nos outros, como o nosso, em que tal não ocorre, a fixação deste caráter da vantagem, para justificar o ressarcimento, percorre toda uma gama de circunstâncias, para a determinação de que ocorre o enriquecimento de um sem justificativa.[2]

---

[2] A respeito da noção de causa no ordenamento jurídico brasileiro, vejam-se as seguintes considerações do autor deste parecer:
"Uma posição de transigência com a noção de causa seria, contudo, aconselhável. É bom que se mantenha a categoria dos negócios jurídicos abstratos, em que se põe de lado toda consideração causal, para ater-se a ordem legal exclusivamente aos requisitos extrínsecos. A necessidade do comércio aconselha a livre circulação dos títulos cambiais, ao portador etc. Mas não se pode desconhecer a significação moralizadora da perquirição da causa em numerosos negócios jurídicos. A solução transacional com a teoria da causa estaria em que, admitida ela, nunca assumiria as proporções de elemento constitutivo do negócio jurídico, ou seu requisito a ser provado por quem tem interesse na eficácia do ato. Ficaria, então, reservado o seu papel como fator de alta significação moral, que faculta ao juiz apreciador a liceidade sob o aspecto social do negócio.
Nesta linha inscreveu-se o projeto de Código de Obrigações por nós elaborado, que não consignava o requisito causal como extremo do negócio jurídico, porém situava na ausência de causa a obrigação de indenizar por enriquecimento indevido.

No primeiro plano, e aí é facilmente detectável, existirá causa legal quando as pessoas estão vinculadas por uma relação jurídica, mormente de cunho contratual. Fora daí, dir-se-á que ocorre o enriquecimento sem causa, quando a obtenção da vantagem não se legitima por um qualquer ato jurídico, negocial ou não. Noutros termos, haverá enriquecimento sem causa, quando o proveito do beneficiário não está coberto por um direito (RENARD).

Dentre numerosas hipóteses aventadas pelos autores, de causa que jamais existiu, e de causa que deixou de existir, ocupa lugar de destaque a apropriação de uma vantagem, que tenha como suporte uma contravenção à ordem legal (*condictio ob turpem causam*). O enriquecido se beneficia em detrimento do empobrecido, procedendo de má-fé. Sabe que não lhe tem direito, e mesmo assim o incorpora ao seu patrimônio. Neste caso, a ação de enriquecimento sem causa está muito próxima da ação de perdas e danos. Ao propósito, DIOGO LEITE DE CAMPOS, eminente professor da Universidade de Coimbra, observa, com amparo em HECK, MOLITOR, ENNECCERUS-LEHMANN, PALAND-GRAMM, ACHILES-GREIFF-BRÜGGMANN, a proximidade do direito fundado em enriquecimento sem causa e o de exigir indenização fundado em ato ilícito:

"É geralmente aceite que as normas que fundam ambas as pretensões concorrem em termos de alternativa" (*A Subsidiariedade da Obrigação de Restituir o Enriquecimento*, p. 118).

O saudoso professor VALLE FERREIRA, discorrendo sobre as várias teorias em torno do enriquecimento sem causa, igualmente o assimila à responsabilidade civil, apoiando-se em RIPERT et TEISSIER, posto se desprenda do subjetivismo da culpa, para acomodá-lo na doutrina do risco. E preleciona:

"O que legitima, dizem eles, a ação de enriquecimento é o direito, que tem toda pessoa, de reclamar os valores produzidos por sua atividade. Para estes autores, diz DE PAGE, a noção de enriquecimento sem causa seria a contrapartida simétrica da ideia de risco, isto é: se a pessoa responde pelos prejuízos resultantes do risco criado pelas coisas que emprega, reciprocamente, a pessoa que cria um lucro tem direito à indenização correspondente a seu valor" (JOSÉ G. DO VALLE FERREIRA, *Enriquecimento sem Causa*, p. 45).

---

O Código de 2002 manteve-se na mesma linha de orientação não causalista bem como peafilhou aquela indicação, por nós projetada. Nele predominou o caráter não causalista em princípio, havendo mantido entre os requisitos de validade do negócio jurídico os que para nós já são tradicionais, a saber – capacidade das partes, liceidade do objeto e forma. A falta de causa vai fundamentar a ação de enriquecimento, ainda que venha a faltar após a celebração do ato, como preveem os arts. 884 e 885" (CAIO MÁRIO DA SILVA PEREIRA, *Instituições de Direito Civil*, 22ª ed., revista e atualizada, Rio de Janeiro, Forense, 2007, v. I, p. 509).

7. O terceiro requisito advém como corolário natural: uma vez que alguém se enriqueça em detrimento de outrem, sem que haja uma causa jurídica, e os dois fenômenos (do enriquecimento e do empobrecimento) se vinculem numa relação de causalidade, o que auferiu a vantagem tem o dever de restituir o que obteve, na proporção daquilo em que o outro empobreceu. É a consequência lógica, e o efeito jurídico, sem o que restaria um desequilíbrio patrimonial injustificado, e afrontoso ao princípio segundo o qual a ninguém é lícito locupletar-se com a jactura alheia.

8. Colocada a questão em termos de princípio, resta apenas situá-la em face de nosso direito.

O Código Civil de 1916 não formulou a regra geral, tal como ao tempo de sua elaboração já era vigente no Código Federal Suíço das Obrigações e no Código Civil Alemão. Não lhe imprimiu visos de generalidade, como tive eu o cuidado de fazer, quando assumi o encargo de redigir o Projeto de Código de Obrigações de 1965, e como o seguiu o Projeto de Código Civil de 1975, ora em tramitação no Congresso Nacional,[3] segundo anotei acima.

Não obstante isto, pacífica é a nossa doutrina, amparada pela jurisprudência, no sentido de que o enriquecimento sem causa encontra repulsa entre nós. Desenvolvendo o tema, tive ensejo de me pronunciar:

"Destacando o pagamento indevido, que colocou no capítulo da *solutio*, entre os efeitos das obrigações, o Código Civil Brasileiro não descurou as outras hipóteses de enriquecimento, e impõe a consequente *restitutio*, como ligada a outras instituições. A doação *propter nuptias*, por exemplo, quando se não segue o casamento, o que o direito previa na *condictio causa data causa non secuta*, e que se integra na teoria do enriquecimento sem causa, dispensa esta solução técnica no Direito brasileiro, porque, independentemente daquela sistematização, considera-se ineficaz se o casamento se não realizar (*si nuptiae non fuerint secutae*), como consequência natural da sua própria condição legal (casamento), e é resultante de disposição expressa de lei (Código Civil, art. 1173). Da mesma sorte, e não obstante ter omitido a sistematização do enriquecimento sem causa, fulmina-se o negócio jurídico atentatório do princípio de moralidade (*condictio ob turpem causam*) porque a causa ilícita vai confundir-se com a própria iliceidade do ato, e tem como consequência o seu desfazimento. E assim outros exemplos podem ser lembrados" (CAIO MÁRIO DA SILVA PEREIRA, *Instituições de Direito Civil*, v. II, n. 168).

---

3   CC 2002, arts. 884 e 885.

Considerando, então, que a ação de enriquecimento sem causa ocorre em o Direito brasileiro, disseminada por diversos institutos, uma interpretação sistemática autoriza afirmar a sua existência como norma geral[4]. Recolhendo as diversas hipóteses em que aquele que se locupleta com sacrifício patrimonial alheio tem o dever de recompor o patrimônio empobrecido, é jurídico concluir que a *restitutio* pelo enriquecido deflui como imperativo legal. Este corolário encontra pleno amparo no art. 4º da Lei de Introdução ao Código Civil, segundo o qual, na omissão da lei, o juiz decidirá o caso de acordo com a analogia, os costumes e os princípios gerais de direito. Neste sentido, e com a invocação deste preceito, LIMONGI FRANÇA desenvolve a obrigação oriunda do enriquecimento sem causa, atribuindo-lhe este alicerce, além de se fundar no direito natural, que é a sua origem (R. LIMONGI FRANÇA, *Manual de Direito Civil*, v. 4).

Quer invocando a extensão dos preceitos específicos (de semelhante a semelhante), quer fazendo apelo à afirmação genérica da iliceidade do locupletamento *cum alterius detrimento*, sempre que o juiz se defronta com uma situação em que uma pessoa se aproveita com valores produzidos pela atividade de outra pessoa, impõe, ao que se enriquece, o dever de restituir.

## CONCLUSÃO

9. Em termos de objetividade da espécie, a Consulente demonstra que promoveu a aceitação de determinado produto no mercado. Custeou o *design*, arcou com os encargos publicitários, despendeu com a pesquisa e *marketing*. Financiou o lançamento. Conquistou a expensas suas a aceitação pelo público consumidor. Depois de tudo isto, que lhe exigiu esforços, imaginação, criatividade, e despesas, uma outra empresa aproveita-se para colocar no mercado produto literalmente idêntico, enriquecendo-se. Locupleta-se francamente à custa alheia. Enriquece com o aproveitamento que constitui o gasto alheio, e locupleta-se vendendo a um público que foi conquistado pela outra. Esta última empobrece, no sentido de que deixa de obter, pela vendagem, que era de esperar, o retorno do despendido.

---

4 Para um brevíssimo histórico da sistematização legislativa do instituto do enriquecimento sem causa no direito brasileiro, confiram-se as seguintes considerações do Professor Caio Mário da Silva Pereira:
"O instituto do enriquecimento sem causa entrou em nosso Direito Positivo pela porta do Projeto de Código de Obrigações de 1965, que o disciplinou com caráter autônomo nos artigos 889 e 890. O novo Código, a exemplo dos que cuidaram do tema de maneira genérica, estabeleceu a regra: quem de enriqueceu à custa alheia fica obrigado a restituir o que indevidamente houver recebido. Apurado o enriquecimento *sine causa*, o beneficiado tem o dever de restituir o que indevidamente recebeu, com a correção monetária dos valores, atualizados na data da restituição (Código Civil de 2002, art. 884)..." (CAIO MÁRIO DA SILVA PEREIRA, *Instituições de Direito Civil*, 22ª ed., revista e atualizada, Rio de Janeiro, Forense, 2007, v. II, p. 324).

É bem de ver, e nisto está a distinção entre a ação de enriquecimento sem causa e a de repressão à concorrência desleal, – é bem de ver que a Consulente não funda o seu pedido na circunstância de haverem as rés copiado o modelo por ela imaginado. Este é apenas um dos fatores, uma vez que teve ela a ideia de fazer, do tipo escolhido, o centro de suas campanhas. Embora não se possa omitir o fato de que as rés puseram à venda produto idêntico, não está em jogo propriamente, ou exclusivamente, a comercialização de certo modelo de calçado. A iliceidade de comportamento das rés assenta em que elas, aproveitando-se dos gastos, da publicidade, da força de trabalho da Consulente, e sem o mínimo esforço, oferecem ao público conquistado pela Consulente modelo igual.

Esboça-se destarte uma situação de enriquecimento sem causa, que justifica a condenação, proporcional ao enriquecimento. Como acima esclarecido, o dever de restituir não requer a transferência de uma coisa ou de um direito, feito pelo empobrecido ao enriquecido. Basta que este explore uma situação que lhe foi proveitosa, correlata de um detrimento imposto ao que sofreu a perda. É óbvio que a Consulente, empreendendo campanha dispendiosa, tem direito ao retorno dos gastos e dos lucros. No momento em que as rés se aproveitam, estão desviando para si próprias o que devera advir à Consulente. Está desta sorte conferindo um enriquecimento que corresponde a um empobrecimento correlato da Consulente. E é de justiça que cabe a esta a restituição respectiva.

# 7

**Fatos**     Aquisição de área, por Associação, para a construção de um clube recreativo. Existência de posseiro de pequena parte da área adquirida. Cessão onerosa dos direitos possessórios à Associação. Preço consistente em títulos de associados. Posterior alienação do patrimônio da Associação. Devolução do preço correspondente ao valor atualizado do título. Recusa do recebimento pelos herdeiros do antigo posseiro. Ação de consignação em pagamento ajuizada pela Associação. Ajuizamento, pelo espólio do antigo posseiro, de ação de rescisão da escritura de cessão, sob o fundamento de que o preço não poderia ter sido pago em títulos da Associação.

**Direito**     Cessão onerosa de direitos possessórios (venda da posse). Distinção entre cessão e venda. Presença de todas as condições exigidas no contrato de compra e venda. Preço estabelecido em dinheiro. Pagamento em títulos de associado. Negócio jurídico válido. Posterior liquidação da Associação. Acentuada desvalorização dos títulos. Cabimento da ação de consignação em pagamento.

---

Organizou-se, na cidade do Rio de Janeiro, uma associação, sob a denominação de CLUBE TRT.

O Estatuto e demais papéis de sua constituição foram levados ao registro competente.

A Associação adquiriu, então, para a construção de suas dependências esportivas e sociais, uma área com 250.000 m².

Acontece que, em uma pequena parte da área adquirida, havia um posseiro, JS, e a Associação, a fim de evitar questões judiciais, adquiriu também, deste posseiro, os seus direitos possessórios.

O preço da cessão foi de $$ 5.000.000,00 (cinco milhões de $), representados por *cem títulos de associados* da Associação, do valor nominal de $$ 50.000,00 (cinquenta mil $), cada um.

Decorridos três anos da escritura, a Associação, com base no art. 1.399, III,[1] do Código Civil, foi dissolvida, em consequência de autorização de assembleia geral extraor-

---

1     "Art. 1.399. Dissolve-se a sociedade:
       (...)

dinária, convocada para esse fim especial, e a qual, pelo voto de número de associados efetivos acima do estatutariamente exigido, determinou a alienação de seu patrimônio.

Foi, assim, a área destinada à construção do CLUBE TRT vendida à firma DVM LTDA., mediante instrumento público.

De acordo com a decisão da assembleia geral extraordinária, a Associação passou a devolver as importâncias daqueles que integralizaram suas subscrições.

O inventariante do Espólio de JS, e seus herdeiros, todos maiores, recusaram-se a receber, em dinheiro, o valor dos títulos de associado-efetivo, recebido em pagamento do preço daquela cessão.

A Associação, em vista da recusa, propôs contra o Espólio ação de consignação em pagamento, depositando à ordem do Juízo a importância respectiva. O valor da compra foi de cinco milhões de $, segundo acima se esclareceu. Todavia, JS, em vida, vendeu dez títulos a terceiros, conforme consta da ação de consignação em pagamento e, por isso, o depósito foi de quatro milhões e quinhentos mil $. Cabe registrar que terceiros, que compraram os dez títulos referidos, receberam o reembolso do CLUBE TRT.

O Espólio, por sua vez, intentou contra a Associação já extinta, ação de rescisão da escritura de cessão, cumulada com perdas e danos, alegando que o preço não podia ser pago em títulos como o fora.

O CLUBE TRT ofereceu contestação ao pedido, nos termos constantes da cópia em anexo.

Também a DVM LTDA. apresentou contestação.

Pergunta-se:

1º É passível de rescisão a escritura de cessão de direitos possessórios, a qual reúne todas as condições exigidas nos contratos de compra e venda, inclusive a quitação do preço pago em títulos da Associação?

2º Numa escritura de cessão onerosa de direitos, pode o preço ser em dinheiro ou em equivalente valor fiduciário?

3º Determinando o Estatuto da Associação que, no caso de sua dissolução ou extinção, o seu "patrimônio reverterá aos associados efetivos na proporção de sua cota de contribuinte e o eventual excedente será doado a uma instituição de caridade especialmente designada", não cabia à Associação em dissolução, à vista

---

III – pela consecução do fim social, ou pela verificação de sua inexequibilidade;
(...)."
– Dispositivo correspondente no Código Civil de 2002:
"Art. 1.034. A sociedade pode ser dissolvida judicialmente, a requerimento de qualquer dos sócios, quando:
(...);
II – exaurido o fim social, ou verificada a sua inexequibilidade."

da recusa da portadora de títulos de associado, fazer o depósito judicial correspondente exatamente ao valor nominal de tais títulos?

## PARECER

Exposta nestes termos a questão, e examinados os documentos que a acompanham, assim respondo aos quesitos propostos:

*Ao Quesito Primeiro*

Não vejo como se possa questionar a validade da cessão dos direitos possessórios, e que é objeto da consulta. Trata-se de um negócio jurídico perfeitamente válido e regularmente celebrado, a que estão presentes todos os requisitos intrínsecos e extrínsecos.

Com efeito, pela leitura das alegações dos herdeiros do cedente ao fundamentarem as suas postulações em juízo, não aparece a arguição de uma falha do instrumento de que se possa inferir se funde a acusação em defeito formal. E não se vislumbra ao menos a referência a um ao menos remoto vício de consentimento, que maculasse a declaração de vontade contida no título.

Aludindo, entretanto, ao disposto no art. 1.092 do Código Civil,[2] e procurando invalidar a escritura sob a epígrafe "rescisão", entendi que os interessados, na verdade, quiseram a "resolução" da cessão onerosa dos direitos possessórios sob fundamento de ter sido efetuado o pagamento em "títulos de associados" da entidade cessionária, o hoje extinto "CLUBE TRT". E esta conclusão me vem especialmente de que os postulantes alegam em mais de uma passagem que aquela associação não promoveu o desenvolvimento pretendido, ou expressamente: "que o referido Clube jamais tratou de efetivar o seu plano de obras, existindo atualmente no local apenas um barracão de madeira em ruínas".

---

2 "Art. 1.092. Nos contratos bilaterais, nenhum dos contraentes, antes de cumprida a sua obrigação, pode exigir o implemento da do outro.
Se, depois de concluído o contrato, sobrevier a uma das partes contratantes diminuição em seu patrimônio, capaz de comprometer ou tornar duvidosa a prestação pela qual se obrigou, pode a parte, a quem incumbe fazer prestação em primeiro lugar, recusar-se a esta, até que a outra satisfaça a que lhe compete ou dê garantia bastante de satisfazê-la.
Parágrafo único. A parte lesada pelo inadimplemento pode requerer a rescisão do contrato com perdas e danos."
– Dispositivos correspondentes no Código Civil de 2002:
"Art. 475. A parte lesada pelo inadimplemento pode pedir a resolução do contrato, se não preferir exigir-lhe o cumprimento, cabendo, em qualquer dos casos, indenização por perdas e danos."
Art. 476. Nos contratos bilaterais, nenhum dos contratantes, antes de cumprida a sua obrigação, pode exigir o implemento da do outro.
Art. 477. Se, depois de concluído o contrato, sobrevier a uma das partes contratantes diminuição em seu patrimônio capaz de comprometer ou tornar duvidosa a prestação pela qual se obrigou, pode a outra recusar-se à prestação que lhe incumbe, até que aquela satisfaça a que lhe compete ou dê garantia bastante de satisfazê-la."

Aliada esta arguição ao fundamento legal da ação – o art. 1.092 do Código Civil que cogita do que (embora impropriamente) chama de rescisão do contrato bilateral por inadimplemento de uma das partes –, parece pretenderem os autores se resolva a escritura de cessão pelo fato de não ter o Clube cessionário chegado a bom termo.

Mas falece razão aos postulantes.

Trata-se de duas situações jurídicas totalmente distintas: a cessão dos direitos possessórios e o progresso da associação cessionária.

No que diz respeito à validade da cessão e sua irresolubilidade ao fundamento invocado, cumpre ter em vista o título da cessão e analisá-lo na sua literalidade. Ali o que se vê é uma cessão pura e simples, vazada em termos singelos, na qual os cedentes "transferem ao outorgado a posse da aludida área, que é da propriedade do outorgado, pelo preço certo e ajustado de $ 5.000.000,00 (cinco milhões de $), que o outorgante recebe neste ato, representado por cem títulos de associado efetivo do clube...".

Cessão pura e simples, equivalente à venda pura e simples, perfaz-se no momento em que as partes, pela forma prescrita em lei, emitiram a declaração de vontade de transferir a posse, caracterizando-a pela descrição da gleba sobre que incidia e determinando o preço.

Este foi representado pelos títulos do Clube, com a estimativa adotada pelas partes.

Mas não se insere na escritura a subordinação de sua eficácia ao comportamento ulterior do clube, relativamente ao programa de obras e melhoramentos, nem se tem deles conhecimento. Não se pode, pois, considerar a configuração de um ato condicional, que é aquele cuja eficácia depende de acontecimento futuro e incerto. Como igualmente não se pode determinar que o cessionário, pelo fato de efetuar o pagamento do preço representado por "títulos de associados", tenha assumido para com o cedente obrigações específicas de levar a bom termo a promoção do Clube.

O que se há de concluir, pelo fato de ser o preço representado pelos títulos, é que o cedente, recebendo-os, investiu-se nos direitos que, pelo estatuto, regulam a situação jurídica societária.

São, pois, duas as relações de direito, de que o cedente era sujeito, e que são perfeitamente destacadas: a primeira, de parte na escritura de cessão; a segunda, de portador dos títulos de associado do Clube.

A primeira se esgota no próprio ato: qualificado como titular dos direitos possessórios sobre a área descrita, transfere-os ao Clube. Pelo mesmo ato e no mesmo momento, despoja-se da titularidade daqueles direitos, nos quais investe o cessionário. Onerosa que foi a cessão, fixou-se-lhe o preço e se determinou a moeda do pagamento.

No mesmo ato ainda veio a quitação, que tem o poder liberatório do devedor e poder satisfatório do credor. E, segundo se lê na escritura, a quitação foi ampla, nestes termos: "que, assim pagos e satisfeitos do preço desta cessão, dava como efetivamente dá plena, rasa e geral quitação ao outorgado...".

Não ficou a quitação subordinada a nenhum ato por parte do *solvens*, não restou na dependência de realizar este as obras do Clube, ou o beneficiamento da área, ou a construção da sede. O cedente recebeu o preço conscientemente traduzido em "títulos de associado" representando dinheiro, e assim satisfeito quitou o cessionário.

Aí se esgotou o negócio jurídico da cessão. Encerrou-se. Somente caberia argumentar contra a quitação dada se os títulos de associados não existissem, ou não tivessem qualquer valor.

Mas eles existem e têm valor, conforme se desenvolverá na resposta ao quesito terceiro *infra*.

Entrementes prossigamos com a análise.

Recebido o pagamento em títulos de associado, e quitando o cessionário, encerrou-se, perfez-se, completou-se o negócio jurídico da cessão. E, como cedente, nenhum direito mais assistia ao outorgante da escritura.

Inaugura-se então a segunda fase, ou tem nascimento a segunda ordem de relações jurídicas: a de titular dos direitos de associado.

E estes direitos definem-se nos estatutos, que são a lei interior da pessoa jurídica. Há um paralelo perfeito entre a lei geral como norma disciplinar da sociedade, e o direito estatutário definidor das relações jurídicas dos membros da entidade privada entre si ou para com esta. Em obra clássica, a que não faltou atualização, este confronto vem perfeitamente traçado:

"Les statuts forment pour la corporation une véritable loi intérieure; cette loi, comme la loi générale, peut être, si aucune disposition du droit positif n'y fait obstacle, écrite ou coutumière. Les dispositions écrites que les statuts renferment sont, comme celles de la loi elle-même, complétées par les traditions intérieures, et doivent être interprétées d'après les idées qui règnent dans le groupement, d'après l'esprit qui l'anime, comme la loi doit être interprétée dans l'esprit du milieu social qui lui a donné naissance" (LÉON MICHOUD, *La Théorie de la Personnalité Morale*, Ed. 1932 atualizada por LOUIS TROTABAS, v. II, p. 3).

Recebendo o pagamento em títulos do clube, o cedente despiu-se da posse da gleba. Integrou-se naquela corporação. Tornou-se titular de uma qualificação ou, guardadas as proporções, de um dado *status*, que lhe impõe deveres e lhe assegura direitos. No momento em que ocorre indagar quais os seus direitos, como se apresentam, qual a sua extensão, é o apelo aos estatutos que dá resposta a todas as indagações:

"L'atto costitutivo contiene l'accordo dei membri sull'esistensa e lo scopo dell'associazione, e sui diritti ed obblighi degli associati, e non solo i diritti generali dei soci, ma anche i diritti speciali riservati ad alcuni soci, p. es. i fondatori. Poichè l'associazione è creata, i costituenti possono conformare i rapporti originari, come loro pare, e fare ad alcuni membri o ad alcune categorie di membri, una posizione privilegiata, salvo limiti o restrizioni che talora imponga la legge" (FERRARA, *Trattato di Diritto Civile Italiano*, v. I, p. 635).

Ou resumindo: os estatutos instituem o ordenamento constitucional da associação, a sua estrutura interna, o modo de seu funcionamento. É ainda o estatuto que determina a sua atividade externa:

"Lo statuto è ordinamento costituzionale dell'associazione, è il complesso delle norme che regolano in modo astratto e per il futuro la struttura interna dell'associazione, il modo di funzionamento e la sua attività all'esterno" (FERRARA, ob. cit., p. 638).

Havendo recebido o preço em títulos do clube, o cedente investiu-se na qualidade de exigir deste o que seus estatutos determinavam. Se havia obras a executar, sede a construir, urbanização a efetuar, o titular das quotas de associado a tudo tinha direito. Não os tinha, todavia, fora do estabelecido nos estatutos. Nem a título de ex-possuidor.

Uma vez que a associação não logrou êxito nos seus objetivos, onde iria encontrar o associado a solução de seus problemas ou resposta às suas indagações e pretensões? Obviamente nos estatutos, como a carta fundamental de seus direitos nas relações com o clube.

Não lhe valeria, pois, voltar ao passado e, como que em manifestação de arrependimento, pretender investir-se de novo numa posse a que abdicara. Somente para o futuro se haveria de dirigir, e, com os estatutos na mão, apurar os seus direitos, em face de se verificar que o Clube não iria a bom termo.

Nos estatutos está o remédio para este mal: a dissolução da associação.

E, dissolvida ela, os estatutos dão o destino ao patrimônio.

Aí está o direito do cedente, como de seus herdeiros. Verificando a impossibilidade de subsistir, a associação dissolveu-se, cumpridos os requisitos estatutários de convocação e de *quorum*.

E é com base no estatuto que encontram desate as questões surgidas entre o titular das ações e o clube. Não pode pretender a devolução do que entregara como contrapartida dos 100 (cem) títulos, porque não é isto que preveem os estatutos. Estes declaram que, dissolvida a associação, o seu patrimônio reverterá aos associados na proporção de suas cotas, e o eventual excedente será doado a uma instituição de caridade.

Assim foi feito, em cumprimento dos estatutos. Não houve inadimplemento.

Não pode haver resolução ou rescisão fundada no art. 1.092 do Código Civil.[3]

*Ao Quesito Segundo*

Numa cessão onerosa, o preço pode consistir em dinheiro ou em equivalente valor fiduciário.

---

3    CC 2002, arts. 475 a 477.

Na escritura lê-se que os outorgantes "cedem" o seu direito possessório ao clube. Com esta nomenclatura, parece colocar o ato negocial na categoria da cessão de crédito. Mas não é rigorosa a aproximação, não só porque a figura da cessão de crédito, tipicamente considerada, pressupõe uma relação subjetiva tríplice – cedente, cessionário e devedor –, como ainda porque a discussão se a posse é um direito real lança dúvida em torno do tema, dado que a "cessão de crédito" tem em vista as relações jurídico-obrigacionais e não as jurídico-reais. Estas considerações, ponderáveis como ressalvas doutrinárias, não perturbam a solução do problema, uma vez que o nosso direito manda aplicar as normas referentes à cessão de crédito à "cessão de outros direitos para os quais não haja modo especial de transferência" (Código Civil, art. 1.078).[4]

Assim sendo, cumpre assinalar desde logo a propinquidade manifesta entre a cessão e a venda. Os dois institutos são tão próximos, que o direito francês situou a disciplina da cessão no título da venda. Deixando de lado este argumento tirado da colocação topográfica, não se pode deixar de considerar que a cessão, quando onerosa ou quando se lhe fixa um preço, corresponde à venda. Veja-se ao propósito DE PAGE, em ponderações exatas:

> "D'autre part, il est tout aussi inexact de dire que cette convention entre cédant et cessionnaire EST une vente. Elle peut être une vente, lorsqu'elle est faite moyennant un prix.
> (...)
> Mais ce qui est exact, c'est que, dans la pratique des affaires, la convention de cession de créance se présente le plus souvent SOUS LA FORME D'UNE VENTE" (*Traité*, v. IV, n. 374).

E dentro de nosso direito, que muito claramente distingue a venda (contrato) da cessão (negócio jurídico abstrato de mutação subjetiva), a boa doutrina não deixa de assinalar a analogia ao apontar a cessão como modalidade negocial de transferência dos direitos insuscetíveis de venda – como os créditos e as ações (SERPA LOPES, *Curso*, v. II, n. 383). O rigor da distinção é mais uma questão de terminologia ou de apuração técnica do que de separação conceitual. Se é certo que a compra e venda gera a obrigação de transferir o domínio de certa coisa, fazendo assim destacar a sua corporeidade, não é menos certo que o vocábulo "venda" é muito amiúde empregado para designar a transferência de ações, de herança, ou de certos direitos reais. Em puro rigor técnico não se diz, como assinala AGOSTINHO ALVIM, com toda proficiência:

---

4  "As disposições relativas à cessão de crédito aplicam-se à transferência de todo outro direito, não sujeito a normas específicas. Assim dispunha o Código Civil de 1916 (art. 1.078), mas o novo dispensou-se de reproduzir, pela desnecessidade de proclamá-lo" (CAIO MÁRIO DA SILVA PEREIRA, *Instituições de Direito Civil*, 21ª ed., atualizada de acordo com o Código Civil de 2002, Forense, 2006, v. II, p. 406, n. 179).

> "Fala-se, é certo, na compra de um crédito; porém com mais propriedade se dirá cessão de um crédito; diz-se compra de uma herança; rigorosamente há cessão de direitos hereditários; nos casos de usufruto e servidão (e outros) exemplificados por PLANIOL, RIPERT et HAMEL, é certo igualmente poder-se falar em compra; todavia nenhum jurista cioso da técnica, dirá vender um usufruto e, sim, constituir um usufruto a título oneroso; igualmente constituir, e não vender uma servidão; e assim por diante" (*Da Compra e venda e da Troca*, n. 372).

Em boa técnica, pois, a expressão "venda" reserva-se para os bens corpóreos; enquanto que a palavra "cessão" usa-se para designar a transferência dos incorpóreos. Mas os extremos etiológicos, na cessão onerosa, não diferem, presentes que são numa como noutra os elementos essenciais: *res* – a coisa, o bem ou o direito; *pretium* – o preço como contraprestação respectiva; *consensus* – o acordo de vontades, gerador do efeito translatício.

Feitas as considerações, que se animam especialmente do propósito de abrir o terreno para a dedução do caráter do preço, podemos encará-lo diretamente.

Historicamente, a matéria dividiu os juristas romanos, colocando de um lado os sabinianos que sustentavam que a compra e venda – *emptio venditio* – o era sem desfiguramento ainda que o preço fosse coisa diversa de dinheiro; e de outro lado os proculeianos a sustentar que no contrato de compra e venda o preço seria obrigatoriamente dinheiro. A polêmica, que veio até a codificação justiniana, foi decidida em favor dos segundos.

E no direito moderno vigora o caráter pecuniário do preço como pacífico.

Não se exigindo, contudo, que o numerário seja contado em espécie no ato da compra, sempre e por toda parte se entendeu e entende que o preço não deixa de ser preço, quando em vez de dinheiro de contado a obrigação do comprador se objetiva em algo *que represente dinheiro*, dizendo-se então que o preço será pago em dinheiro ou valor fiduciário correspondente. É o que todos os escritores afirmam, em todos os sistemas, como no nosso, como em rápida colheita respigamos. Depois de acentuar que "a condição de ser o preço em dinheiro é essencial", acrescenta SEBASTIÃO DE SOUZA:

> "Isto, porém, não quer dizer que o pagamento não possa ser feito de outra maneira. O ajuste do elemento preço deve ser em dinheiro, mas o pagamento, que já é a execução de um contrato perfeito e acabado, pode ser avençado por outra maneira. Por exemplo: posso vender a edição desta obra por 20 mil cruzeiros, pagando-me o editor o preço em livros de sua livraria. Adquirindo por compra uma casa de morada, por 100 mil cruzeiros, posso convencionar com o vendedor para fazer o pagamento em café ou açúcar. O contrato não perde, por isso, sua natureza de compra e venda" (*Da Compra e Venda*, n. 43, p. 102).

No mesmo sentido CUNHA GONÇALVES:

"Não é, porém, indispensável que o preço seja pago em moeda; pode o pagamento efetuar-se em títulos de créditos: fundos públicos, ações e obrigações de sociedades, letras, livranças e cheques" (*Da Compra e Venda*, p. 146).

De seu lado, RUBINO, clássico da compra e venda, distingue-a da dação em pagamento no tocante ao equivalente do dinheiro no preço, ao fixar que, se este é pactuado como soma de dinheiro e o comprador em seu lugar transfere outra coisa, é *datio in solutum*; mas não deixa de ser venda, o que significa ser lícito neste contrato, desde logo, autorizar que o pagamento seja efetuado em outra coisa determinada:

"Equivalenti del denaro nel prezzo. – Dopo che nel contratto è stato pattuito un prezzo, cioè una somma di denaro, il compratore, se d'accordo col venditore, può sempre, al momento del pagamento, invece del denaro trasferire la proprietà di un'altra cosa o un diritto diverso da quello di proprietà (datio in solutum, art. 1.197). Così pure, la prestazione di una cosa diversa può essere autorizzata già nello stesso contratto: si può cioè determinare il prezzo in moneta, e contemporaneamente autorizzare il compratore a prestare, invece della moneta, un'altra determinata cosa (allora non si tratta più di datio in solutum, ma di vendita con facoltà alternativa). Anche in questo secondo caso, ovviamente, vi è un prezzo in denaro, e quindi compravendita e non permuta" (*La Compravendita*, n. 70, p. 99).

No mesmo sentido, DEGNI, depois de lembrar que para os romanos é o consenso e não a entrega do dinheiro que faz a venda, acrescenta que esta pode ser em letra de câmbio, ou cheque:

"Finalmente debe observarse que existe siempre venta cuando el precio sea estipulado en dinero, aunque por un acuerdo entre las partes, derogando el artículo 1.245 del Código Civil, se sustituya el precio por una cosa que será in solutum, como dación en pago. Justamente los romanos decidieron que consensus, non numeratae pecuniae facit venditionem. – Con mayor motivo, no se cambiará la naturaleza de la relación jurídica de compra venta cuando el comprador, en vez de satisfacer el precio, lo pagase con una letra de cambio, con un cheque, con una anotación en cuenta corriente, etc." (FRANCISCO DEGNI, *La Compraventa*, n. 34, p. 152).

Na espécie, ao que se verifica da escritura pela qual foram cedidos os direitos possessórios, e que sem deformação conceitual se poderia denominar "venda da posse", o preço foi estipulado em dinheiro, e estipulado que se efetuava o pagamento em títulos de associados, estimados pecuniariamente, e representando o dinheiro.

Segundo se vê das lições colhidas aos melhores autores, é perfeitamente lícito estipular e efetuar o pagamento em dinheiro ou em valor fiduciário que o represente. A substância do negócio não se altera, nem se macula ele de qualquer defeito.

*Ao Quesito Terceiro*

A consignação é modalidade de pagamento especial, que se destina a liberar o devedor que quer pagar em face de credor que não quer ou não pode receber, ou que seja desconhecido.

Para que se dê a consignação é mister concorram todas as circunstâncias subjetivas, objetivas e temporais sem as quais o pagamento não é válido.

Não se põe dúvida na espécie quanto às pessoas nem quanto ao tempo e lugar.

O quesito, na forma como se apresenta, procura certificar-se do aspecto objetivo da oferta real.

Ao que deduzo da exposição e dos documentos, perece-me correta a via eleita.

Com efeito, cedendo direitos possessórios pela quantia representada por títulos de associados do Clube em organização, o cedente integrou-se naquela corporação, passando desde o instante a correr a sua sorte, boa ou má. Vingasse o Clube TRT, e ele teria à sua disposição 100 títulos de uma associação próspera e bem situada, beneficiando-se por certo do ágio que forçosamente elevaria o valor das quotas.

Acontece que os revezes marcaram o destino da entidade, levando seus diretores a confessar ante a Assembleia a impossibilidade de continuar. E em consequência deliberou-se a dissolução ou extinção da associação.

Dois aspectos devem ser considerados, então.

O primeiro, quanto à legalidade do que se votou. E não se questiona a respeito, pois que a Assembleia foi regularmente convocada, a deliberação tomou-se com o *quorum* estatutário. Válida, pois, a decisão dissolutória, extinguiu a associação.

O segundo, quanto ao destino do patrimônio. Previsto no estatuto, é efeito necessário da norma interna. Tem de cumprir-se. Ao seu efeito não podem escapar todos os que compõem aquela corporação. É a decorrência natural do chamado direito corporativo ou estatutário: submeter ao seu império todos os que, em caráter permanente ou transitório, integram aquele agrupamento privado.

Dispondo a respeito, determina que dissolvida a associação

"o seu patrimônio reverterá aos associados efetivos na proporção de sua cota de contribuinte e o eventual excedente será doado a uma instituição de caridade especialmente designada."

Daí resulta um direito de crédito para o associado: receber a quota parte proporcional à parcela de sua contribuição no acervo partilhado.

Em face do estatuto, este o direito dos associados. E, como o estatuto é o definidor das relações internas, dos associados entre si e destes para com a associação, transforma-se o título de associado num valor monetário, expresso em quantia certa e líquida.

Segundo doutrina que cada vez mais se afirma, a consignação em pagamento é uma ação executiva inversa. Assim nos expressamos a respeito:

> "Da mesma forma que o credor, para valer-se da ação executiva, tem de fazer citar o devedor para pagar uma soma precisa, pois, se não for líquida e certa a obrigação, é mister se acerte e liquide pelas vias ordinárias, também o devedor, para que tenha direito a promover a execução da obrigação, por via da oferta real, terá de convocar o credor com o oferecimento de uma quantia que seja a devida, sem necessidade de prévio acertamento, o qual somente teria cabida nas vias ordinárias" (*Instituições de Direito Civil*, v. II, n. 158).

Critério seguro, pois, para saber se em dado caso cabe a consignatória é inverter a equação processual, e indagar se o credor teria ação executiva para compelir o devedor ao pagamento.

Na espécie sob consulta, toda a questão se resume neste ponto. E ao que se vê da exposição e dos documentos, a cada título de associado deferiu-se quantia determinada. Contra o Clube dissolvido tem o associado ação executiva para receber a sua quota parte na liquidação do ativo; reversamente, o Clube tem ação de consignação para compelir o associado a receber quando injustamente recusa liberar o Clube do compromisso.

Não há dúvida que para os associados gera a extinção da associação um direito certo de receber na proporção de sua quota de contribuição, porque assim dispõe o art. 2º, parágrafo único, do Estatuto. E qualquer deles tem o direito líquido de reclamar quantia determinada, uma vez que é na base de cifra prefixada que a associação dissolvida está efetuando a reversão do patrimônio.

Desta forma o requisito da liquidez e certeza da *res debita*, aquele *quid*, *quale*, *quantum debeatur* das fontes, positiva-se para que se preencha o pressuposto da consignação com força de pagamento a que os doutores se referem, como por exemplo M. I. CARVALHO DE MENDONÇA civilista:

> "A consignação, pois, só deve ser feita por quem possa pagar, a quem possa receber, no tempo e lugar do pagamento, compreensiva de toda a prestação devida e com as modalidades que a modifiquem" (*Doutrina e Prática das Obrigações*, v. I, n. 302).

Mais minucioso, GIORGI alude à inteireza da oferta, compreendendo os acessórios (quando houver) e sem condições ou restrições, tal qual se deu na espécie e se vê da inicial a mim exibida por cópia:

"In ultimo luogo l'offerta deve essere completa, libera e reale. Completa vuol dire comprensiva della sorte intera ed accessori, e non accompagnata da condizioni, che ristringano ingiustamente il diritto del creditore" (*Obbligazioni*, v. 7, n. 269).

Considero, pois, correta a via procurada da consignação, e ao ensejo aludo a uma questão levantada como fundamento da rescisão, que aqui encontra melhor resposta do que em referência aos quesitos anteriores: diz-se que a escritura é rescindenda, porque o preço foi pago "em títulos de nenhum valor".

Não é exato, pois que o valor dos títulos representou tão efetivamente a quantia ajustada entre as partes, que na mesma base o Clube os pagou aos terceiros que os adquiriram dos outorgantes, como serviu de base à oferta real e depósito em juízo. Os títulos tiveram existência e efetivamente valiam o valor estimado, pois que a consignação os converte novamente em moeda.

Desta forma respondo aos quesitos propostos.

| **Fatos** | Contrato de empreitada entre construtora brasileira e país estrangeiro. Garantias e contragarantias fidejussórias prestadas pela própria empreiteira, por banco brasileiro e por banco do país contratante das obras. Superveniência de guerra no país estrangeiro. |
|---|---|
| **Direito** | Garantias prestadas pelas partes: análise da natureza jurídica. Impossibilidade superveniente de cumprimento da obrigação principal. Guerra no país estrangeiro. Evento de força maior. Ausência de culpa da empreiteira. Garantias inexigíveis. |

A Mendes Júnior Internacional Co. formula a seguinte consulta:
Tendo em vista os eventos ocorridos no Golfo Pérsico a partir de agosto de 1990, o Banco do Brasil S.A. enviou correspondência ao *Rafidain Bank*, Bagdad, Iraque, em 30.10.90, considerando ineficazes as garantias que prestou ao *Rafidain Bank*, em contraprestação às garantias, tanto de execução quanto sobre adiantamentos, que aquele banco iraquiano emitiu a favor da Mendes Júnior às agências iraquianas contratantes.

Justificou o Banco do Brasil a posição assumida ao enviar a aludida correspondência, afirmando que, em decorrência da Resolução 661 da ONU e do Decreto n. 99.441/90 do governo brasileiro, os contratos em execução no Iraque pela Mendes Júnior foram frustrados.

Em função de tais fatos e do agravamento posterior da situação no Golfo Pérsico, inclusive com atos de guerra, a Mendes Júnior faz jus a vultosas indenizações não apenas pela interrupção dos contratos firmados como também pelos danos materiais que sofreu.

Vale ressaltar que a devolução dos valores das garantias sobre adiantamentos dependeria de recursos gerados pela execução das obras respectivas, o que, evidentemente, foi frustrado em decorrência dos atos perpetrados pelo Iraque.

Contudo, apesar de considerar extintas as garantias que prestou ao *Rafidain Bank* e reconhecer a frustração dos contratos em execução pela Mendes Júnior, cobra o Banco do Brasil da Mendes Júnior a manutenção das garantias colaterais prestadas por esta empresa ao próprio Banco do Brasil, em função daquelas que prestou ao Banco Iraquiano.

Importa ainda salientar que todas as garantias prestadas possuem os respectivos prazos de validade vencidos, ainda que não tenham sido devolvidas.

QUESITOS:

Partindo-se dos fatos acima referidos formulam-se os seguintes quesitos:

1º O Banco do Brasil ainda pode vir a cobrar da Mendes Júnior as contragarantias que prestou ao *Rafidain Bank*?
2º Qual a situação jurídica atual dos instrumentos colaterais de garantia que a Mendes Júnior prestou ao Banco do Brasil a fim de que o mesmo emitisse as contragarantias prestadas ao *Rafidain Bank*?
3º O fato de estarem vencidos os prazos de validade de todas as garantias prestadas é suficiente para torná-las inexigíveis, ou faz-se necessária a devolução das mesmas?

## PARECER

1. Para apresentação de resposta positiva aos quesitos acima é necessário especificar as garantias em exame, as quais se dividem em:

a) "*Performance bonds*". Para assegurar aos contratantes o fiel cumprimento das obrigações contratuais, vinculadas à execução de obras, e sua finalidade é ressarcir ao contratante eventuais prejuízos causados pela inexecução ou má execução das obras contratadas.
b) "*Advance payment bonds*". Relacionadas a "Adiantamentos Contratuais" feitos às empresas contratantes, para a utilização nas próprias obras e cujos valores vão sendo amortizados na proporção das medições periódicas dos serviços executados.
c) "*Overdraft Bonds*". Relacionados a adiantamentos feitos às empresas contratantes para suportar seu fluxo de caixa até o recebimento das receitas oriundas da execução das obras.
d) "*Retention Bonds*". De finalidade análoga às "Performance Bonds", substituindo a retenção de percentual dos valores faturados.

Tais garantias são emitidas na modalidade denominada de "*First Demand Guarantees*", segundo as quais o Banco Garantidor, caso seja solicitado a pagar, terá de fazê-lo sem nenhum procedimento burocrático, isto é, sem a discussão da causa da execução das mesmas garantias, desde que o credor esteja de boa-fé.

2. É fato notório em todo o mundo que a invasão do Kuwait pelo Iraque constituiu um ato de agressão prontamente repelido pelo boicote decretado pelo Conselho de Segurança da ONU através da Resolução 661/90, a que o Brasil aderiu com a emissão do Decreto n. 99.441/90, que a tornou obrigatória.

É também fato notório, dispensando comprovação direta, que a operação de guerra promovida pelas Nações ocidentais, com o bombardeio sistemático, ininterrupto e generalizado, subverteu totalmente as condições econômicas, políticas e sociais do Iraque, acrescida da guerra civil que as autoridades iraquianas tiveram de enfrentar com a revolta dos Xiitas e a dos Curdos.

3. Tudo isto levou a que a Mendes fosse obrigada a encerrar as suas atividades no Iraque, desmobilizando totalmente a sua força de trabalho naquele país, o que culminou no repatriamento de seus empregados, levado a efeito sob a supervisão do Governo Brasileiro, através de Comissão designada para promovê-lo sob a direção do Embaixador Plenipotenciário Paulo de Tarso Flecha de Lima.

4. Do conjunto de eventos aqui resumidos resultou, de maneira inequívoca, a frustração dos contratos celebrados pela Mendes com as autoridades iraquianas.

Quer por força da situação de fato criado pela Guerra do Golfo, quer pela emissão de Decreto n. 99.441/90 pelo Governo Brasileiro, tornou-se inviável a execução das obras contratadas pela Mendes naquele território.

Na ausência total de execução das referidas obras, não se pode mais falar em "garantias de desempenho" (*performance bonds*). Se tinham elas por objeto assegurar o fiel cumprimento de obrigações assumidas pela Mendes na execução de obras contratadas; e se estas se inviabilizaram e os contratos frustraram-se, as garantias tornaram-se sem objeto.

Com esse gênero de garantias, como aliás acontece com os contratos de garantias de maneira genérica, ocorre que têm eles a natureza de obrigações acessórias. Quem garante uma determinada obrigação (denominada ou classificada como "principal") assume um compromisso de natureza "acessória". Assim se dá com a fiança, com a hipoteca, com o penhor – todos vivendo em função da obrigação principal, seja ela um empréstimo, uma construção, uma importação de mercadoria. O contrato de garantias não tem existência autônoma. Subsiste na dependência do outro, e, conseguintemente, corre a sorte daquele outro que é o principal.

Assim é no plano teórico, na doutrina de CLÓVIS BEVILÁQUA, *Teoria Geral do Direito Civil*, parágrafo 38; de OERTMANN, *Introducción al Derecho Civil*, parágrafo 24, em repetição ao velho adágio *accessorium sequitur principale*. Assim é também no plano legislativo, ao enunciar o Código Civil que é principal a coisa que existe sobre si mesma, abstrata ou concretamente, e acessória aquela cuja existência supõe a da principal (art. 58);[1] salvo disposição especial em contrário, a coisa acessória segue a principal (art. 59).[2]

---

[1]  "Art. 58. Principal é a coisa que existe sobre si, abstrata ou concretamente. Acessória, aquela cuja existência supõe a da principal."
– Dispositivo correspondente no Código Civil de 2002:
"Art. 92. Principal é o bem que existe sobre si, abstrata ou concretamente; acessório, aquele cuja existência supõe a do principal."

[2]  Sem dispositivo correspondente no Código Civil de 2002.
"Em razão de seu caráter subsidiário, a coisa *acessória*, por via de regra, segue a principal: *accessorium sequitur principale*, princípio que o Código atual dispensou-se de repetir" (CAIO MÁRIO

O que se diz das coisas diz-se também das relações jurídicas. Na linha de doutrina e na proposição legal, as relações jurídicas ou são *principais*, e têm existência *a se*, ou são acessórias, e seguem as principais.

Não difere desses conceitos a "*performance bond*", quer pela natureza quer pelos efeitos. Como garantia, é uma relação jurídica acessória, porque tem a finalidade de assegurar o desempenho das obrigações assumidas e segue a principal, vigorando quando e até onde o contratante opera no cumprimento de seus deveres contratuais. Como acessória, subsiste enquanto sobrevive a obrigação contratada.

Reversamente, deixa de subsistir em dois casos: se a obrigação principal é executada fielmente, a acessória extingue-se por vias de consequência, com a quitação do credor.

Se, porém, a obrigação principal impossibilita-se sem culpa do devedor, a acessória extingue-se, uma vez que sua finalidade é garantir aquela outra, e não há mais cogitar de garantia, quando a relação jurídica a que tinha ela a finalidade de assegurar deixa de existir.

5. Raciocínio análogo vigora em relação aos *Advance payment Bonds*, *Overdraft Bonds* e *Retention Bonds*, que também são garantias, e, como tal, uma relação jurídica acessória.

O *Rafidain Bank*, de Baghdad, efetuou à Mendes adiantamento em função de execução das obras que deveriam ser realizadas.

Em contragarantia, o Banco do Brasil ofereceu a emissão de *Firts Demand Guarantees*, estabelecendo que no caso de ser solicitado a pagar, deverá fazê-lo sem nenhum procedimento burocrático prévio.

Como tudo girava em torno da execução dos contratos de obras da Mendes no Iraque, a sorte das garantias estava, como sempre esteve, subordinada à sobrevivência dos contratos.

Uma vez que estes se frustraram, caducaram automaticamente as garantias, e o Banco do Brasil, conseguintemente, liberou-se, na eventualidade de vir o cocontratante iraquiano da Mendes a exigi-las.

Assim entendendo e com fundamento nos bons princípios (doutrinários como legais), o Banco do Brasil endereçou ao *Rafidain Bank* correspondência na qual faz menção à Resolução 661 da ONU, e ao Decreto n. 99.441 do Governo Brasileiro, e, em consequência, declarou inválidas (*ineffective*) as garantias oferecidas.

Sua posição está rigorosamente correta, assim em função da natureza das garantias, como também em face das praxes do mercado internacional.

O Banco do Brasil considerou (e bem) que não terá procedência qualquer reivindicação do Banco Iraquiano, fundada na execução dos contratos que a Mendes celebrou

---

DA SILVA PEREIRA, *Instituições de Direito Civil*, 21ª ed., v. I, revista e atualizada de acordo com o CC 2002. Forense, Rio de Janeiro, n. 75, p. 435).

naquele país, e em conexão com quaisquer facilidades de crédito concedidas em relação aos mesmos.

6. De acrescer é, ainda, que as chamadas *First Demand Guarantees* estão subordinadas ao princípio *Treu und Glauben*, isto é, ao fato de que as eventuais reclamações somente seriam atendidas sem qualquer procedimento burocrático, uma vez que o credor esteja *de boa-fé*.

Por todos os títulos, nenhuma reivindicação iraquiana contra a Mendes pode ser considerada de boa-fé.

Em primeiro lugar, porque a frustração dos contratos celebrados pela Mendes foi fundamentalmente causada pela violenta e descabida invasão do Kuwait pelo Iraque, desfechando todo um processo bélico. Quem formula este julgamento não é a Mendes, não é o Governo Brasileiro, não é o Banco do Brasil. A condenação do Iraque foi proferida pelo Conselho de Segurança da ONU, que em consequência baixou a Resolução 661.

Em segundo lugar, de má-fé estaria ainda o *Rafidain Bank*, se pretendesse o ressarcimento de avanços feitos à Mendes, sabendo como sabe, na sua qualidade de organismo oficial do Governo Iraquiano, que a Mendes é credora de muito maior quantia (aproximadamente o dobro dos adiantamentos) que o Iraque recalcitrantemente deixou de pagar, além das novas indenizações a que a Mendes fará jus pelas perdas a ela ocasionadas pela invasão do Kuwait e eventos subsequentes.

Desta sorte, invalidaram-se as garantias suplementares dadas pela Mendes, que lhe não podem ser exigidas por uma como pela outra razão.

7. Vinculadas as garantias da Mendes às do Banco do Brasil, geminadas a estas pela *causa debendi* e pela natureza acessória, não podem ser umas de outras destacadas, para que umas se reputem extintas e as outras continuem subsistentes.

8. Em face do exposto, respondo aos QUESITOS.

*Ao Quesito Primeiro*

Pelas mesmas razões invocadas pelo Banco do Brasil, em sua correspondência endereçada ao *Rafidain Bank*, o Banco do Brasil não pode cobrar da Mendes as contragarantias dadas àquele Banco Iraquiano.

*Ao Quesito Segundo*

Os instrumentos colaterais de garantias que a Mendes prestou ao Banco perderam eficácia e se tornaram sem objeto.

Válida que é a posição do Banco do Brasil, proclamando que as garantias emitidas em conexão com os contratos e facilidades de crédito tornaram-se ineficazes (*have become ineffective*), não podem mais subsistir como instrumentos válidos aqueles que têm por objeto compromissos que se tornarem caducos.

*Ao Quesito Terceiro*

Não cabe discutir a validade original dos instrumentos de garantias que a Mendes prestou ao Banco do Brasil.

Ela depende dos requisitos subjetivos e objetivos expressos no art. 82[3] do Código Civil.

A executoriedade de um ato negocial não é, porém, subordinada apenas aos requisitos de validade.

Além destes, é de se considerar, também, a "ineficácia *stricto sensu*", tão encarecida pelo autores.

Um negócio jurídico pode nascer válido e perfeito, porém obstáculos haverá que venham a impedir que se complete o ciclo de sua exigibilidade, e consequentemente a produção de seus efeitos. Tais obstáculos poderão ser originários ou supervenientes. Uma vez, porém, que eles ocorram, o ato, posto que intrinsecamente válido, deixará de gerar as suas consequências (cf. sobre a ineficácia *stricto sensu*; EMILIO BETTI, *Teoria Geral do Negócio Jurídico*, trad. Portuguesa, v. 111, p. 11; MESSINEO, *Dottrina Generale del Contratto*, p. 468; GALVÃO TELLES, *Manual dos Contratos em Geral*, p. 345; DAYSY COGLIANO, *Enciclopédia Saraiva*, v. 44, verb. *Ineficácia dos Atos e Negócios Jurídicos*; ANTONIO JUNQUEIRA DE AZEVEDO, *Enciclopédia Saraiva*, v. 44, Verb. "Inexistência, Invalidade, Ineficácia".

As garantias prestadas tinham um duplo condicionamento. De um lado, sua vinculação aos contratos de obras no Iraque; de outro lado, o prazo válido expresso.

Frustrados os contratos, e escoado sem prorrogação o prazo de validade, *elas perderam a eficácia*.

Não podem mais ser exigidas as garantias.

Sua inexigibilidade foge destas causas, em si mesmas. Não depende de sua devolução.

São relações de crédito, comumente referidas como "direitos pessoais", que se distinguem daquelas representadas por *garantias reais*. Estas últimas devem ser devolvidas, na sua extinção. As outras, não. Sua ineficácia e inexigibilidade não estão em decorrência de uma restituição material do documento ou da coisa. Ainda que eles permaneçam em mãos do interessado, deixam de ser exigíveis em razão de sua ineficácia, independentemente de conservá-las o interessado em seu poder. Sua subsistência jurídica, independentemente de serem os instrumentos conservados em poder do *Rafidain Bank*, cessou, porque perderam a eficácia.

---

3   "Art. 82. A validade do ato jurídico requer agente capaz (art. 145, I), objeto lícito e forma prescrita ou não defesa em lei (arts. 129, 130 e 145)."
    – Dispositivo correspondente no Código Civil de 2002:
    "Art. 104. A validade do negócio jurídico requer:
    I – agente capaz;
    II – objeto lícito, possível, determinado ou determinável;
    III – forma prescrita ou não defesa em lei."

# 9

**Fatos**  Contrato de empreitada entre construtora brasileira e país estrangeiro. Crédito da construtora perante o país estrangeiro. Cessão do crédito a banco brasileiro, em pagamento de dívida da construtora. Cessão de crédito sujeita a condição resolutiva: obrigação do banco cessionário de negociar, dentro de certo prazo, o reconhecimento e o pagamento do crédito cedido. Morosidade do banco cessionário na realização da negociação junto ao país estrangeiro. Superveniência de guerra no país estrangeiro.

**Direito**  Cessão de crédito. Efeitos. Condição resolutiva. Distinção entre condição suspensiva e condição resolutiva. Falta da condição. Definitividade da cessão.

Parecer complementar. Possível alegação de que a condição seria suspensiva e não resolutiva. Produção dos mesmos efeitos jurídicos.

---

Em 28 de julho de 1989, Construtora Mendes Júnior e Mendes Júnior International Company celebraram com o Banco do Brasil S.A., *que atuava em nome do Governo Brasileiro*, um contrato de cessão de créditos, cuja cópia se encontra em anexo. Tal contrato de cessão foi assinado em função de decisão do Governo, conforme explicam os seus antecedentes.

Pelo referido contrato, a Mendes Júnior cedeu ao Banco do Brasil créditos contra o Governo Iraquiano no valor de US$ 421.574.422,38 referidos à data base de janeiro de 1988. Tais créditos, aceitos pelo Banco do Brasil, foram originados durante a execução de diversos contratos no Iraque e seu pagamento à Mendes Júnior estava sendo *reivindicado pelo Governo Brasileiro* em negociações Governo a Governo.

Conforme consta do referido contrato, em *compensação pelos créditos cedidos*, e na medida em que os mesmos fossem recebidos, as dívidas da Mendes Júnior perante o Banco do Brasil *seriam quitadas em quantias equivalentes*.

A cláusula sétima do referido contrato estabelece que a cessão era celebrada sob a condição de que os créditos objeto da mesma fossem reconhecidos e pagos pelas autoridades iraquianas. *Tal condição resolutória deveria acontecer no prazo de 18 meses, contados a partir da data do contrato de cessão, prorrogável de comum acordo entre as partes*. O prazo de 18 meses venceu em 28 de janeiro de 1991, *sem que as partes se manifestassem a respeito de uma futura prorrogação.*

Com objetivo de receber do Governo Iraquiano os créditos cedidos, o Governo Brasileiro havia nomeado a Petrobras sua *representante,* e, adicionalmente, o Banco do Brasil nomeou-a sua *procuradora.*

A Petrobras, através de seu representante indicado expressamente para tais efeitos, estava *em vias de iniciar* as negociações com o Governo Iraquiano, quando sobreveio o conflito no Golfo Pérsico causado pela invasão do Kuwait pelo Iraque. A negociação se iniciaria *após a retomada das obras pela Mendes Júnior,* obras essas que por sua vez dependiam da prorrogação do prazo do financiamento do Banco do Brasil – Cacex.

A autorização de prorrogação deste financiamento do Banco do Brasil, obtida do Ministério da Economia somente em 27 de julho de 1990, *consumiu mais de 15 meses em trâmites burocráticos no Governo* (*o que consumiu 12 meses do prazo de 18 previsto no Contrato de Cessão*), acarretando atraso equivalente no início das negociações com o Governo Iraquiano.

Em 02 de agosto de 1990, portanto apenas 6 dias após a autorização de prorrogação do financiamento pelo Governo Brasileiro, o Iraque, em ação condenada unanimemente pela comunidade internacional, ocupou militarmente o Kuwait. A ONU imediatamente decretou *um boicote completo contra o Iraque.*

Em 07 de agosto de 1990, o Governo Brasileiro baixou o Decreto n. 99.441, aderindo ao boicote decretado pela ONU. Em decorrência de tal Decreto, ficaram prejudicadas as condições para que o Governo Brasileiro cumprisse a sua obrigação contratual de entabular negociações com o Governo do Iraque, visando ao recebimento dos Créditos cedidos, além de evidentemente impossibilitar à Mendes a continuação das obras.

Devido à intransigência do Iraque em manter ocupado o Kuwait, a maior operação de guerra desde 1945 foi então montada pela comunidade internacional, sob a liderança dos Estados Unidos. Essa operação de guerra, com mais de um mês de bombardeio sobre o território iraquiano, *arrasou a infraestrutura e os meios de produção daquele país, colocando-o em situação de virtual bancarrota econômica e desorganização política.* Ainda mais, após a guerra com a comunidade internacional, entrou o Iraque em guerra civil com os Xiitas e Curdos, o que arrasou ainda mais o país.

QUESITOS

Partindo-se dos fatos acima descritos, consulta-se a situação jurídica do referido contrato de cessão de créditos, já que, até a data limite de 28 de janeiro de 1991, o representante do Governo Brasileiro *ficou impedido*, em virtude do Decreto n. 99.441, de cumprir as obrigações que o contrato havia colocado a seu cargo:

1º Qual é hoje a situação do referido contrato de cessão?

2º Sendo o Governo Brasileiro parte do Contrato de Cessão e considerando que o próprio Governo Brasileiro foi o autor do Decreto n. 99.441, de 07 de agosto de 1990, que inviabilizou as negociações com as autoridades iraquianas, pode-se considerar que existe no caso algum tipo de responsabilidade contratual por parte do Governo Brasileiro?

3º Estando o Contrato de Cessão sujeito a uma condição resolutória e considerando que o cumprimento das condições contratuais depende das negociações a serem empreendidas pelo Governo Brasileiro, a não realização de tais negociações em decorrência de ato do próprio Governo significa que a condição resolutória não operou por causa do referido ato do Governo?

4º Quais as ações futuras que devem ser feitas pela Mendes Júnior e eventualmente pelo Banco do Brasil em defesa de seus interesses?

## PARECER

*Princípios Gerais*

A resposta aos quesitos requer, em caráter preparatório, sejam assentados princípios que se sobrepõem ao concretismo das indagações, materializadas na situação dos "fatos", tais como descritos na exposição que precede à Consulta.

Desses "princípios", dois especialmente se destacam, porque todas as questões giram em torno deles, ou se submetem à sua proposição: a "natureza" da cessão de crédito (com seus efeitos) e o "caráter jurídico" da condição resolutiva (com os efeitos do seu implemento).

*Cessão de Crédito e seus Efeitos*

Pois que a operação foi uma cessão de créditos, negociada entre a Construtora MENDES JÚNIOR e o BANCO DO BRASIL, cumpre de início caracterizá-la.

Cessão de Crédito é um negócio jurídico pelo qual o credor transfere a outrem a titularidade de seu direito contra o devedor. É um negócio jurídico abstrato e autônomo, que independe da vontade do devedor. Passa-se entre o credor (cedente) e o terceiro (cessionário), ao qual o primeiro transfere a sua qualidade creditória, no principal e nos acessórios. Na sua essência, é mutação subjetiva da relação obrigacional, sem alteração da substância dela. Efetua-se a trasladação da força obrigatória, de um sujeito ativo para outro sujeito ativo, que passa a exercer em seu próprio nome, e para si próprio, os direitos incorporados na obrigação. Distingue-se da novação e do pagamento com sub-rogação, em que o vínculo jurídico, que é a parte nobre da relação obrigacional, permanece intocado. O poder concentrado nas mãos do credor transfere-se para o cessionário, sem perda ou arrefecimento. Daí poder-se dizer que, em consequência da cessão de crédito, o cessionário passa a ser o sujeito ativo da obrigação. O cessionário é investido na qualidade e nas condições do credor cedente. Neste sentido, e no rumo destes conceitos alinham-se: RUGGIERO e MAROI, *Istituzioni di Diritto Privato*, v. II, § 133, p. 112 e segs.; C. MASSIMO BIANCA, *Diritto Civile*, v. IV, *L'Obbligazione*, n. 289, p. 570; J. W. HEDEMANN, *Derecho de Obligaciones* (trad. de Jaime Santos Briz), § 28, p. 205; KARL LARENZ, *Derecho de Obligaciones* (trad. de Jaime Santos Briz), v. I, § 30, p. 450; J. M. ANTUNES VARELA, *Direito de Obrigações*, v. II, n. 115, p. 309; MARIO JULIO DE ALMEIDA COSTA, *Direito das Obrigações*, n. 68, p. 557.

*Condição Resolutiva e seu Implemento*

Em termos genéricos, condição é uma cláusula acessória que subordina o negócio jurídico a um acontecimento futuro e incerto. Derivada da vontade das partes (e não ínsita em a essência do negócio jurídico), faz depender de sua verificação o nascimento ou a extinção das obrigações e direitos.

Desprezando as diversas outras classificações, aqui interessa distinguir a "suspensiva" da "resolutiva".

Quando aposta a um negócio jurídico uma condição "suspensiva", a eficácia do ato depende da realização do evento (futuro e incerto), ou seja, a autolimitação da vontade opera no sentido de estatuir a inoperância da manifestação da vontade até a realização do acontecimento subordinante. Consequência é, então, que não se adquire o direito a que se visa, enquanto não ocorre o seu implemento.

Reversamente, subordinado o negócio jurídico a uma condição resolutiva, produz ele os seus efeitos desde logo, com a consequente e imediata aquisição do direito. O credor sob condição resolutiva já o é desde logo, vigorando a declaração de vontade como se fosse pura e simples: o credor é credor, o devedor é devedor, a relação jurídica é plena de eficácia.

Em ocorrendo o acontecimento estabelecido pelas partes como subordinante da declaração de vontade, os efeitos nas duas espécies de condição diversificam-se de maneira flagrante.

Na condição suspensiva, o implemento tem como consequência a aquisição do direito, que ficará suspenso até então.

*Na condição resolutiva*, o implemento tem por efeito o desfazimento do ato, voltando as partes ao *statu quo ante*. Realizada a condição, extingue-se o direito a ela subordinado. Mas, para que tal aconteça, é necessário que se realize efetivamente a condição.

Esses conceitos fluem das lições de: RUGGIERO e MAROI, *Istituzioni di Diritto Privato*, v. 1, § 30, p. 133 e segs.; ALBERTO TRABUCCHI, *Istituzioni di Diritto Civile*, n. 77, p. 168 e segs.; HEINRICH LEHMANN, *Partes General* (trad. de José Maria Navas), § 35, p. 400 e segs., KARL LARENZ, *Derecho Civil, Parte General* (trad. de Miguel Isquierdo e Macias-Picavea), § 25, p. 672 e segs.; CARLOS ALBERTO DA MOTA PINTO, *Teoria Geral do Direito Civil,* n. 173 e 174, p. 448 e segs.; CLÓVIS BEVILÁQUA, *Teoria Geral do Direito Civil*, § 58, p. 235 da edição de 1975.

## AOS QUESITOS

Feitas estas considerações gerais, passo a responder às questões formuladas pela MENDES.

Começa ela pela indagação a propósito da "situação jurídica do contrato de cessão de crédito", que é objeto deste estudo.

Do seu contexto, como da exposição dos "fatos", resulta que a MENDES cedeu ao BANCO DO BRASIL créditos contra o Governo Iraquiano originados durante a execução de diversos contratos, cujo pagamento estava sendo reivindicado pelo Governo Brasileiro, em negociações de Governo a Governo.

Na medida em que os créditos fossem recebidos, o BANCO DO BRASIL daria à MENDES quitação de débito desta para com a instituição de crédito, tal como resulta da cláusula 8ª do "contrato de cessão".

Dentro desse mecanismo, a cessão foi subordinada à condição de que os créditos fossem reconhecidos e pagos pelos organismos estatais iraquianos (cláusula 7ª).

O BANCO DO BRASIL recebeu a cessão dos créditos e deles se tornou desde logo titular contra o Iraque. Recebendo-os nesta qualidade, somente poderia exigi-los diretamente da MENDES se os mesmos não fossem reconhecidos pelo Governo Iraquiano no prazo de 18 meses, prorrogáveis de comum acordo.

A fim de negociar o reconhecimento dos créditos junto ao Iraque, a PETROBRAS foi designada "representante" do Governo Brasileiro e "procuradora" do BANCO DO BRASIL.

Tal reconhecimento (ou não) dos créditos devidos à Mendes deveria passar assim pelas seguintes etapas:

1. Negociações entabuladas diretamente pela PETROBRAS com representantes do Governo Iraquiano; e
2. Em caso de não serem frutíferas tais negociações diretas, num primeiro estágio, prosseguimento das ações judiciais e arbitrais acaso cabíveis para o reconhecimento de tais créditos.

Da análise do documento básico resultam assim duas circunstâncias fundamentais:

– o BANCO DO BRASIL investiu-se na titularidade dos créditos da MENDES; e
– esta situação jurídica somente cessaria, voltando as partes ao *statu quo* anterior à cessão, se o Iraque *deixasse de reconhecer* os créditos cedidos, isto é, se o Iraque *emitisse pronunciamento efetivo de não reconhecimento*.

Na conjugação destas duas circunstâncias, literalmente referidas no instrumento, e de acordo com a doutrina anteriormente invocada, os direitos creditórios da MENDES contra o Iraque foram transferidos, tornando-se o BANCO DO BRASIL sub-rogatário imediato dos mesmos. A cláusula sétima, combinada com a oitava, caracterizam muito bem a condição como *resolutiva*. O BANCO DO BRASIL somente retornaria ao direito de exigir da MENDES a liquidação das obrigações se houvesse o implemento da condição resolutiva, e esta consistiria em que o Governo do Iraque se pronunciasse pelo não reconhecimento dos créditos cedidos.

Fixou-se o prazo de 18 meses para o reconhecimento. Dentro dele, a PETROBRAS, "representante" do Governo Brasileiro e "procuradora" do BANCO DO BRASIL, deveria promover as negociações.

A PETROBRAS não o fez desde logo, porque estava na dependência do BANCO DO BRASIL, isto é, não deu pronto início às negociações, porque o mandante não tomou a iniciativa de fazer o que lhe cumpria. Com efeito, a retomada das obras pela MENDES, no Iraque, dependia de prorrogação do prazo de financiamento, e isto era medida de competência exclusiva do BANCO DO BRASIL, através de um de seus órgãos – CACEX.

Prolongando-se o processamento da prorrogação, o tempo foi escoando, de tal sorte que, dos 18 meses previstos na cláusula 8ª, foram consumidos 12 no preenchimento de trâmites burocráticos no Governo.

Cumpre, portanto, assinalar que as negociações tendentes a obter o reconhecimento dos créditos pelo Iraque foram retardadas pela ausência de providências a cargo do BANCO DO BRASIL. Noutros termos, o reconhecimento dos créditos cedidos não se efetuou em tempo útil pela morosidade do próprio cessionário.

Em seguida (6 dias após) à definição do cessionário, sobreveio a ocupação militar do Kuwait pelo Iraque, mudando o curso dos acontecimentos. A ação violenta do Iraque desencadeou-se com todas as características de força maior, como acontecimento cujos efeitos não era possível evitar ou impedir (ARNOLDO MEDEIROS DA FONSECA, *Caso Fortuito e Teoria da Imprevisão*, n. 89 e segs.). Subsequentemente, o Conselho de Segurança da ONU, pela Resolução 661, decretou o boicote completo do Iraque, interdizendo todo o comércio com aquele país, na proibição do envio de recursos e de serviços. Aderindo, o Governo Brasileiro baixou o Decreto n. 99.441/90.

De notar, ainda, que a Comunidade Internacional promoveu o bombardeio sistemático e contínuo do Iraque.

A guerra constituiu o acontecimento imprevisível, irresistível e inevitável para que a MENDES prosseguisse com a execução dos trabalhos no Iraque, e inviabilizou a retomada de qualquer atividade.

O bloqueio econômico decretado pela ONU, e subscrito pelo Governo Brasileiro, teve a consequência da desmobilização da força de trabalho da MENDES em território iraquiano, e o repatriamento de seus empregados, levado a efeito sob a supervisão do Governo Brasileiro, através de Comissão designada para promovê-lo.

Este complexo de fatos concorreu para que a MENDES fosse impedida, materialmente como juridicamente, de dar cumprimento às suas obrigações no Iraque.

Materialmente, porque a guerra, em si mesma, constitui motivo de força maior, impossibilitando a execução dos contratos por parte da MENDES (cf. MAZEAUD et MAZEAUD, *Leçons de Droit Civil*, v. II, 580). A "impossibilidade objetiva" de cumprir produz a liberação do contratante (TRABUCCHI, *Istituzioni di Diritto Civile*, n. 236).

Juridicamente, porque o Governo Brasileiro, com o Decreto n. 99.441, e com as medidas oficiais de retorno dos súditos brasileiros no Iraque, constituiu razão obstativa a que a MENDES permanecesse naquele território, para dar execução aos seus contratos. Independentemente das condições físicas para trabalhar, a intervenção do Governo Brasileiro, como ato de autoridade, caracteriza o *"factum principis"*, a que a MENDES necessariamente haveria de obedecer. Importou em obstáculo invencível à execução dos contratos (cf. PLANIOL, RIPERT e BOULANGER, *Traité Élémentaire de Droit Civil*, v. II, n. 729; RUGGIERO e MAROI, *Istituzioni*, v. citado, § 131).

Todo esse conjunto de injunções de cunho material como jurídico leva a uma conclusão inelutável. Até a data limite de 28 de janeiro de 1991, não se processaram as negociações que estavam a cargo da PETROBRAS, na sua qualidade de "representante" do Governo Brasileiro e de "procuradora" do BANCO DO BRASIL, visando ao reconhecimento pelo Iraque dos créditos cedidos pela MENDES.

Daí as respostas objetivas aos QUESITOS.

*Ao Quesito Primeiro*

O contrato de cessão importou na transferência dos créditos da MENDES ao BANCO DO BRASIL. A este, como sub-rogado na titularidade de credor, cabia promover as negociações junto ao Governo do Iraque, no propósito de obter o reconhecimento dos créditos. Desde o momento em que realizou a cessão, e a partir de quando o BANCO DO BRASIL constituiu a PETROBRAS como sua procuradora, não podia e não devia a MENDES intervir nas negociações, que aliás se desenvolviam de Governo a Governo, levadas a efeito pela PETROBRAS, que era simultaneamente representante do Governo Brasileiro e do Banco do Brasil.

Pelo ajustado nas cláusulas 7ª e 8ª do contrato de cessão, a condição resolutiva nele inserida resultava em que os débitos da MENDES junto ao BANCO DO BRASIL dependiam do resultado das negociações e receberiam quitação automática como consequência delas.

Somente voltaria a MENDES a ser cobrada, dos créditos cedidos, se deixasse o Iraque de reconhecê-los. Enquanto tal se não desse, como em verdade não ocorreu, não se positivaria o implemento da condição.

Conseguintemente, prevalece a cessão dos créditos, cuja finalidade expressa nos CONSIDERANDA foi o equacionamento do contencioso Brasil-Iraque, declaradamente a intenção do Brasil no prosseguimento da política de incremento das exportações para o Iraque.

Dessa forma, a cessão com a finalidade extintiva das obrigações da MENDES junto ao BANCO DO BRASIL subsiste, uma vez que se não realizou o implemento da condição resolutiva.

*Ao Quesito Segundo*

É preciso considerar a situação jurídica do Governo Brasileiro na questão envolvente da MENDES e BANCO DO BRASIL, em referência ao "contrato de cessão". Não se pode olvidar que a presença da MENDES no Iraque não se define como atividade de uma empresa privada, contratando e executando obras. A situação vem de mais longe, dentro do contexto de equilibrar a balança comercial de nosso país com o Iraque, altamente deficitária para o BRASIL devido ao grande volume de petróleo importado daquele país. Assim, em fins da década de 70, a MENDES JÚNIOR, consorciada com empresa estatal a fim de se caracterizar vínculo entre governos, passou a disputar o contrato de execução de uma ferrovia no Iraque, ao mesmo tempo em que o Governo Brasileiro negociava com o Governo Iraquiano condições especiais de fornecimento de petróleo ao Brasil.

A execução daquela obra despertou grande motivação no Governo Brasileiro. E assim, em 1978, após concorrência internacional e longas negociações, de que participaram o Ministério das Minas e Energia, a Petrobras e a Presidência da República, foi firmado contrato, figurando no lado brasileiro a Mendes Junior Internacional Co. (*leader*), a Construtora Mendes Júnior S/A e a Interbrás.

Devido a numerosas circunstâncias a que não são estranhos os sobrecustos consequentes ao conflito armado Irã-Iraque, cujos encargos o Iraque se recusava a reconhecer e indenizar, a MENDES suspendeu a execução dos contratos em curso no Iraque.

Acontece que o Governo Brasileiro manifestou a intenção de prosseguir na política de incremento de exportação para o Iraque. Neste sentido, o Governo Federal, com aprovação do Presidente da República, entendeu de absorver a indenização devida à MENDES, como expresso está em CONSIDERANDO exordial do contrato de cessão.

Foi com este propósito que se promoveu a cessão, ao BANCO DO BRASIL, em nome do Governo Brasileiro, dos créditos referente à indenização devida à MENDES.

A cessão efetivamente se realizou, ficando o reconhecimento pelo Iraque na dependência de negociações que seriam empreendidas pelo Governo Brasileiro, para tal fim *representado* pela PETROBRAS (simultaneamente *mandatária* do BANCO DO BRASIL).

Destacando esses fatos, não posso deixar de salientar que o Governo Brasileiro é *parte* no contrato de cessão: *parte* nos antecedentes de sua celebração; e *parte* na fase de reconhecimento dos créditos cedidos, de cujo desfecho participa.

Tão conhecida e corrente é a "noção de contrato", que eu me dispenso de reproduzi-la.

De seu conceito destaco, com MESSINEO (*Dottrina Generale del Contratto*, p. 373), que na obrigação de cumpri-lo ou observá-lo insere-se "o dever de executá-lo" (*dovere di eseguirlo*). Mais explicitamente, SERGIO MAIORCA extrai da sua noção mesma a existência de uma eficácia vinculante do contrato em relação aos contraentes, na conformidade da disciplina que as próprias partes adotaram como conteúdo do acordo (*Il Contratto*, p. 253).

Essa eficácia deve, obviamente, ser entendida sob os dois aspectos: ativo e passivo. Vale dizer: de um lado, cada uma das partes tem o dever de cumprir aquilo a que se obrigou; de outro lado, cada uma das partes há de suportar os efeitos do contrato, nada fazendo que possa obstar a realização de seu objetivo. Pois é claro que o contrato impõe aos contraentes deveres que passam a existir *ex nunc* e que não existiam antes, ou seja, a partir do momento da conclusão do contrato, cada um dos contraentes está sujeito a observar um dado comportamento (MESSINEO, *Il Contratto in Genere*, v. II, p. 60).

Uma vez que o Governo Brasileiro, integrando inquestionavelmente o contrato de cessão de créditos da MENDES ao BANCO DO BRASIL, estava vinculado ao seu objetivo, sujeitava-se a um dado comportamento, no sentido da consecução do resultado final, que seria o reconhecimento dos créditos cedidos. Não poderia proceder de modo a impedir aquele resultado. A eficácia do contrato é, destarte, incompatível com um comportamento que inviabilizasse as negociações tendentes ao reconhecimento dos créditos.

Se o Governo Brasileiro, em razão de seus compromissos com a Comunidade Internacional, sentiu-se compelido a aderir ao bloqueio econômico contra o Iraque, não se pode esquivar dos efeitos de sua conduta no âmbito das relações contratuais que ele mesmo estabeleceu. Não discuto o procedimento do Governo Brasileiro aderindo ao boicote. Mas não posso omitir que, no âmbito do comportamento que ele mesmo se traçou, assumiu os riscos respectivos. E entre esses riscos insere-se responder pelos efeitos do ato no campo dos deveres contratuais.

A ideia genérica de responsabilidade assenta no princípio da "unidade da culpa". Tanto esta se configura como infração da lei (comando geral) quanto ao arrepio da declaração de vontade individual (contrato). Num e noutro caso, assenta na contrariedade a uma norma de comportamento, seja esta legal, seja contratual (MARCEL PLANIOL, *Traité Élémentaire de Droit Civil*, volume II, n. 863); ALFREDO COLMO, *Obligaciones*, n. 113; MAZEAUD et MAZEAUD, *Leçons de Droit Civil*, v. II, n. 391; VAN RYN, *Responsabilité Arquilienne et Contrat*, n. 19; AGUIAR DIAS, *Da Responsabilidade Civil*, v. I, n. 67; PONTES DE MIRANDA, *in Manuel Lacerda*, volume XVI, 3ª parte, tomo I, p. 485; CAIO MÁRIO DA SILVA PEREIRA, *Instituições de Direito Civil*, v. II, n. 175). Dessa unidade ontológica resulta que, se o contratante tem o dever positivo de adimplir a avença, tem igualmente o dever negativo de não prejudicar, isto é, a obrigação de nada fazer que possa percutir na órbita jurídica do seu cocontratante. A incidência dessa responsabilidade decorre simplesmente da demonstração da existência da norma contratual aliada à evidenciação de uma conduta ao arrepio dela.

Daí considerar que o Decreto n. 99.441, de 07 de agosto de 1990, implicando a inviabilização das negociações conducentes ao reconhecimento dos créditos da MENDES junto ao Iraque, importa em responsabilidade contratual do Governo Brasileiro.

*Ao Quesito Terceiro*

A qualificação jurídica da condição aposta ao contrato de cessão de créditos (cláusulas 7ª e 8ª) ficou perfeitamente definida, como já visto acima, e aqui repito no desenvolvimento do raciocínio.

O que constituía o implemento da condição seria o "não reconhecimento" dos créditos da MENDES, por parte do Governo Iraquiano. Seria essa atitude, concreta, daquele Governo o fato (futuro e incerto) a que se subordinaria o retorno das partes ao *status quo*, e portanto o retorno à obrigatoriedade da dívida da empreiteira para com o BANCO DO BRASIL.

O contrato de cessão constituiu-se, portanto, desde logo, como um negócio jurídico condicional, em o qual a manifestação de vontade já nasceu sujeita à condição, que é inseparável dela (CARIOTA FERRARA, *Il Negozio Giuridico nel Diritto Privato Italiano*, p. 669; ENNECCERUS, KIPP Y WOLFF, *Tratado, Parte General* v. I, p. 181).

Numa explicação prática, a cessão dos créditos realiza-se, e produz todos os efeitos, até o momento em que a condição se cumpre. Em consequência, se esta se não cumpre, "há certeza de que subsistem os efeitos produzidos pelo negócio" (KARL LARENZ, *Derecho Civil, Parte General*, p. 695). Ou, no ensinamento de HENRI CAPITANT (*Introduction à l'Étude du Droit Civil*, p. 316), "a relação jurídica nasce imediatamente; somente há incerteza sobre o ponto de saber se ela subsistirá ou se se resolverá; mas, enquanto se aguarda, o ato produz todos os seus efeitos, como se fosse puro e simples".

Uma vez celebrado o contrato de cessão, sujeito a uma condição resolutiva, ele produziu todos os seus efeitos, isto é, os créditos passaram imediatamente à titularidade do BANCO DO BRASIL. O ato subsistiu como se fosse puro e simples. Colocada a *conditio* na recusa de reconhecimento pelo Governo do Iraque, a cessão produziu desde logo todos os seus efeitos, e continuaria a produzi-los, até o momento em que o Governo do Iraque deixasse de reconhecê-los, e que fossem esgotados os procedimentos arbitrais e/ou legais para recebê-los.

Uma vez que as negociações não se realizaram por fato da outra parte, e em consequência não se cumpriu a condição em decorrência dele, a cessão que produzira seus efeitos desde a celebração do ato nunca deixou de produzi-los.

É o que tecnicamente se denomina como "falta", e se dá quando o evento (a que o negócio jurídico está subordinado) deixa de se verificar, ou é certo que não mais se verificará. Em tais casos (independentemente do motivo por que se não pode verificar), a declaração de vontade se liberta da cláusula condicionante, e o negócio jurídico produz todos os seus efeitos como se fosse puro e simples.

A lição vem de DE PAGE (*Traité*, v. I, n. 169) como de COLIN et CAPITANT (*Cours Élémentaire de Droit Civil Français*, v. II, n. 398), quase nos mesmos termos, e que assim se resume: quando o acontecimento não se realiza, diz-se que a condição falta (*la condition est défaillie*). Se se trata de condição resolutiva, o direito é transmitido definitivamente (*le droit est transmis définitivement* – DE PAGE) ou a obrigação continua a produzir seus efeitos, os quais se tornam definitivos (*L'obligation continue à produire ses effets, lesquels deviennent alors définitifs* – COLIN et CAPITANT).

Projetada a tese para o caso sob consulta, o que se deduz é que o evento a que a cláusula resolutiva se subordinou (negociações do Governo Brasileiro com o Governo do Iraque) não se realizou por força do Decreto emanado do Governo Brasileiro, e é certo que se não poderá jamais realizar porque o prazo de 18 meses se escoou e não foi prorrogado. Em consequência, os efeitos da cessão tornaram-se definitivos (COLIN et CAPITANT), e portanto os créditos se transferiram definitivamente (DE PAGE).

*Ao Quesito Quarto*

Dois fatores aditaram-se às circunstâncias já mencionadas e examinadas: a total desmobilização da força de trabalho da Mendes em território Iraquiano (com retorno de todos os seus empregados sob a supervisão de uma comissão designada pelo Governo Brasileiro, presidida pelo Embaixador Plenipotenciário Paulo Tarso Flecha de Lima) e o aniquilamento da economia do Iraque em consequência do bombardeio sistemático promovido pelas forças da Comunidade Internacional, com a posterior desorganização social e política do país em função da guerra civil que sucedeu a guerra contra as forças aliadas.

Como visto acima, a "falta" (*faillite*) da condição resolutiva a que foi subordinado o contrato tornou definitiva a cessão dos créditos ao BANCO DO BRASIL.

Nos termos do referido contrato (Cláusula Quarta), a cessão destinou-se à compensação dos débitos da MENDES junto à instituição de crédito.

Uma vez que tal cessão tornou-se definitiva, operando-se transferência da titularidade ao BANCO DO BRASIL, não poderá este voltar-se contra a MENDES JÚNIOR para exigir dela os respectivos valores (Cláusula Oitava).

Por outro lado, não haverá perspectiva futura de restaurar, nas condições contemporâneas à celebração da referida cessão, qualquer tentativa de prosseguimento dos contratos de construção a que alude a Cláusula Primeira do contrato de cessão. Nem há cogitar de aditamento ao contrato de cessão. Em verdade, ele está findo, com todas as consequências de um negócio jurídico puro e simples, gerando, como efetivamente gerou, o efeito extintivo das obrigações da MENDES. Na conformidade do que dispõe o art. 1.009 do Código Civil,[1] se duas pessoas forem ao mesmo tempo credor e devedor uma da outra, as duas obrigações extinguem-se até onde se compensarem. O efeito

---

1 "Art. 1.009. Se duas pessoas forem ao mesmo tempo credor e devedor uma da outra, as duas obrigações extinguem-se, até onde se compensarem."
– Dispositivo correspondente no Código Civil de 2002:
"Art. 368. Se duas pessoas forem ao mesmo tempo credor e devedor uma da outra, as duas obrigações extinguem-se, até onde se compensarem."

imediato da definitividade da cessão de crédito consiste em que se procederá a um balanço na situação financeira da MENDES junto ao BANCO DO BRASIL, operando-se a "compensação" dos débitos e créditos, com a respectiva extinção "até onde se compensarem", e subsistindo o valor positivo no que os créditos da MENDES excederam aos seus débitos para com o BANCO DO BRASIL.

Cabe, pois, à MENDES sustentar junto ao BANCO DO BRASIL a extinção de suas obrigações e o seu direito a receber o saldo, se existente, dos seus créditos cedidos, e ao BANCO DO BRASIL voltar-se contra o Governo Federal, uma vez que a instituição financeira, ao celebrar o contrato de cessão, atuava em nome do Governo Brasileiro, tendo ficado expresso este propósito no primeiro CONSIDERANDO do aludido contrato.

Quanto ao Governo Federal, cabe a este o direito de se ressarcir do Governo do Iraque, conforme estabelecido pelas Resoluções da ONU, em especial a de número 687, de execução obrigatória no Brasil, conforme Decreto do Poder Executivo de 21 de maio de 1991.

Reportando-se ao que acima desenvolvi, e com base nos documentos que me foram apresentados, este é o meu PARECER.

## PARECER SUPLEMENTAR

(...)
Considerando, entretanto, que possa vir a ser alegado que tal condição seria "suspensiva", ao invés de "resolutiva", solicitamos sua opinião, em face das circunstâncias do caso, e especialmente da atitude do Governo Brasileiro, se esse entendimento poderia alterar o efeito liberatório das obrigações da Mendes junto ao referido Banco.

Para sua melhor apreciação da espécie, reportamo-nos aos numerosos documentos anexados à consulta que anteriormente lhe dirigimos e ao parecer que já emitiu, e bem assim ao parecer produzido pelo ilustre jurista Professor IVES GANDRA DA SILVA MARTINS.

## PARECER

1. Posto que sobejamente conhecido o instituto da "cessão de crédito", volto mais uma vez a recordar o seu mecanismo e os seus efeitos, como pressupostos básicos da resposta à Consulta aqui exposta.

Trata-se de negócio jurídico bilateral, efetuado entre uma pessoa (cedente) e outra pessoa (cessionário), por via do qual opera-se a mutação subjetiva de uma relação jurídica, sem alteração no conteúdo da mesma. O sujeito ativo da relação obrigacional transfere a outrem a titularidade de seus direitos, por tal modo que o cessionário se investe nela. O poder de agir, por força do direito creditício, transfere-se para o cessionário. O credor deixa de sê-lo, e no seu poder de ação fica sub-rogado o novo credor, com todas as condições de *reus credendi*, inclusive com a *legitimatio* ativa para, em Juízo, obter contra o devedor a realização efetiva do crédito.

Toda uma doutrina, nacional como estrangeira, reza no mesmo teor, podendo-se lembrar a título de amostragem: RUGGIERO e MAROI, *Istituzioni di Diritto Privato*, v. II, § 133, p. 112 e segs.; C. MASSIMO BIANCA, *Diritto Civile*, v. IV, *L'Obbligazione*, n. 289, p. 570; J. W. HEDEMANN, *Derecho de Obligaciones* (trad. de Jaime Santos Briz), § 28, p. 205; KARL LARENZ, *Derecho de Obligaciones* (trad. de Jaime Santos Briz), v. I, § 30, p. 450; J. M. ANTUNES VARELA, *Direito de Obrigações*, v. II, n. 115, p. 309; MARIO JULIO DE ALMEIDA COSTA, *Direito das Obrigações*, n. 68, p. 557).

2. Por princípio, o cedente é responsável pela existência do crédito cedido (*veritas nominis*), não o sendo todavia pela liquidez (*bonitas nominis*), tal como resulta do disposto no art. 1.074 do Código Civil.[2]

3. Na espécie da presente consulta, a cessão realizada pela MENDES veio subordinada a uma condição, redigida com uma certa complexidade, em relação à sua "finalidade" e aos seus "efeitos".

No tocante à primeira, foi expresso que se destinava à quitação dos débitos da Cedente junto ao Cessionário, a saber: na medida em que os créditos fossem recebidos, seriam liquidadas as dívidas da Cedente, em quantias equivalentes. Em face destas proposições dar-se-ia a extinção, por *compensação*: compensava-se o débito da Cedente junto ao Banco do Brasil com as quantias recebidas do Iraque.

Ao mesmo tempo, e no mesmo instrumento, foi estabelecido que o Governo Brasileiro empreenderia negociações junto ao Governo do Iraque, no sentido e no propósito de com este último negociar o "reconhecimento" dos créditos, bem como o "recebimento" das respectivas quantias.

À vista desta estipulação, a Cedente ficou inteiramente *afastada*. Transferida a titularidade ativa, deixou de ser credora, investindo nessa condição o Banco do Brasil.

Ao mesmo tempo, foi *afastada* das negociações, assumindo-as diretamente o Governo Brasileiro.

Por força desse mecanismo contratualmente estatuído, a Cedente não mais teria qualquer ingerência na realização dos créditos. Cabia ao Governo Brasileiro dirigir as negociações e ao Banco do Brasil receber os créditos cedidos. Cabia ao Banco do Brasil a efetivação dos lançamentos contábeis, de sorte a promover a extinção dos débitos da Cedente, até a extinção total, colocando o remanescente à disposição do Cedente.

---

2    "Art. 1.074. Salvo estipulação em contrário, o cedente não responde pela solvência do devedor."
– Dispositivo correspondente no Código Civil de 2002:
"Art. 296. Salvo estipulação em contrário, o cedente não responde pela solvência do devedor."

4. Foi estipulado prazo de 18 meses, dentro no qual o Governo Brasileiro deveria agir, prazo esse prorrogável pela vontade das partes.

Acontece que o prazo *não foi prorrogado*. Veio a data limite, 28 de janeiro de 1991, sem que o Governo Brasileiro tomasse qualquer providência. Sem mesmo haver iniciado as negociações.

5. Firmado o contrato de cessão de crédito, o Banco do Brasil assumiu em caráter definitivo a titularidade dos mesmos.

Havendo a MENDES tomado a iniciativa de submeter sua pretensão contra o Iraque a arbitramento de um órgão internacional neutro – *Internacional Chamber of Commerce* – ICC, de Paris, o Banco do Brasil, por correspondência endereçada a essa Câmara de Comércio, em 14 de fevereiro de 1990, manifestou ser ele o interessado nesses termos:

"*According to the contract of Assignment of Credits... Banco do Brasil S/A ASSUMED the credits...*"

A fim de viabilizar os recebimentos, o mesmo Banco constituiu a PETROBRAS sua procuradora para representá-lo junto ao Governo Iraquiano e receber os créditos "cujos direitos lhe foram cedidos... no contrato de cessão firmado em 28.07.1989..."

6. Estabelecido no instrumento da cessão de crédito que a MENDES somente voltaria a responder por seus débitos junto ao BB se o Iraque deixasse de reconhecer as suas obrigações, ficou positivado que somente em ocorrendo a recusa de reconhecimento a cessão seria frustrada; somente nessa hipótese a MENDES seria chamada a pagar suas dívidas ao Banco.

Decorrido o prazo e escoada a data limite, sem que o Governo Brasileiro tomasse qualquer iniciativa, a condição aposta à cessão deixou de verificar-se, e, em virtude dos acontecimentos que culminaram com a Guerra do Golfo Pérsico, a condição jamais se verificará. Em assim ocorrendo, a declaração de vontade, expressa na cessão de crédito, que fora emitida *sub conditione*, tornou-se uma declaração de vontade pura e simples, valendo *per se*, como se nenhuma condição a modificasse. Veja-se, neste sentido, a lição de COLIN et CAPITANT: quando o acontecimento não se realiza, diz-se que a condição falta (*la condition est défaillie*). Sendo resolutiva a condição, o direito é transmitido definitivamente e a obrigação continua a produzir seus efeitos, os quais se tornam definitivos (*L'obligation continue à produire ses effets, lesquels deviennent alors définitifs.*) – COLIN et CAPITANT (*Cours Élémentaire de Droit Civil Français*, v. II, n. 398). No mesmo sentido, HENRI DE PAGE (*Traité Élémentaire de Droit Civil Belge*, v. I, n. 1691).

Assentado neste pressuposto de ter-se tornado definitiva a cessão por ter *faltado* a condição, tenho sustentado a definitividade da cessão, e no mesmo sentido é o pensamento do ilustre Professor IVES GANDRA DA SILVA MARTINS, em parecer minucioso e brilhante, que me foi presente com a Consulta.

7. Independente da natureza resolutiva da condição, o efeito é o mesmo.

Quando foi efetuada a cessão, o Governo Brasileiro assumiu o encargo de promover os entendimentos junto ao Governo do Iraque para o reconhecimento e recebimento dos créditos cedidos.

Para isso, tinha um prazo, que terminou no dia 28 de janeiro de 1991.

Quando um contratante assume um certo dever, tem de cumpri-lo. É tão óbvio que dispensaria qualquer outro comentário.

Apenas a título de ilustração, é bom lembrar a autoridade de MESSINEO (*Dottrina Generale del Contratto*, p. 373), ao dizer que o contratante tem o dever de executá-lo – *dovere di eseguirlo*.

Se ao contratante é imposto o dever de cumprir o contratado, ao mesmo tempo tem o dever correlato de nada fazer que possa impedir a sua realização. A partir de quando o contrato foi celebrado, cada contratante tem o dever de manter o *status quo*, a fim de que não possa a ele ser atribuído o não cumprimento do que compete ao outro contratante. A lição vem do mesmo autor em outra obra, e nestes termos: "Cada um dos contratantes, a partir do momento da conclusão do contrato, é obrigado a observar um dado comportamento" (MESSINEO, *Il Contratto in Genere*, v. II, n. 4, p. 60).

Cumpria, pois, ao Governo Brasileiro o "dever negativo" de não criar obstáculo a que se promovesse o reconhecimento e pagamento à MENDES, dos créditos a que fizera jus na execução dos contratos de obra que realizara no Iraque.

8. Estabelecido o prazo de 18 meses para a apuração e reconhecimento dos aludidos créditos, escoou-se o tempo. Emperrado pela morosidade administrativa, ou levado por qualquer outra motivação, o fato é que o Governo Brasileiro nada fez.

Nesse meio tempo, forças militares iraquianas ocuparam o Kwait, provocando a repulsa da comunidade internacional, e gerando a Resolução 661 do Conselho de Segurança da ONU, com a decretação do boicote imposto ao Iraque. Aderindo, o Governo Brasileiro baixou o Decreto n. 99.441, de 1990.

Com esta medida, inviabilizaram-se as negociações, caminhando-se para um desfecho a que sempre estivera presente o Governo Brasileiro: cessação das atividades da MENDES, concentração de seus empregados em um canteiro, atividades diplomáticas para obtenção de "vistos" de saída, retirada dos mesmos do território iraquiano, sob a supervisão de Embaixador plenipotenciário.

Atingida a data limite – 28 de janeiro de 1991 – sem prorrogação, frustrou-se todo o esquema instituído no contrato de cessão de créditos. Vale dizer: o Governo Brasileiro não fez o que devia fazer.

Sendo um dever contratual do Governo Brasileiro entabular negociações com o Governo do Iraque, e deixando de fazê-lo no prazo previsto, assumiu as responsabilidades consequentes, bem como os riscos correspondentes.

Em face de tal situação, gerada pela omissão do Governo Brasileiro e caracterizada pela medida que adotou (Decreto n. 99.441), é irrelevante a caracterização da natureza jurídica da condição aposta ao contrato. Resolutória ou suspensiva, o que se verificou foi que, ao ceder seus créditos ao BB com a finalidade de compensar seu recebimento com os débitos juntos ao mesmo Banco, colocou nas mãos do Governo Brasileiro o reconhecimento e o recebimento. Sendo o Governo Brasileiro parte no contrato, e sendo a inviabilização dos recebimentos devida à ação e omissão do Governo Brasileiro, a consequência é uma só: a cessão é definitiva, não mais cabendo ao Banco do Brasil convocar a MENDES para responder por seus débitos.

O que há de certo e positivo é que a cessão de crédito implicava, como efetivamente importou, que o Banco do Brasil tornou-se definitivamente titular dos mesmos.

O entrelaçamento dos fatos é completo, e gera um efeito certo. O Banco do Brasil não pode alegar que a cessão deixou de operar.

O exame da questão jurídica está intimamente ligado à situação fática fundamental de ter estado a MENDES executando as obras no Iraque, atendendo aos interesses maiores do Brasil, seja no sentido de gerar divisas conducentes ao equilíbrio da nossa balança comercial, seja no de se considerar que o Iraque era o nosso maior fornecedor de petróleo.

Foi por tudo isto que a MENDES iniciou as contratações no Iraque e foi no interesse e por solicitação do Governo Brasileiro que, para reiniciar a execução das obras, o Banco do Brasil, seguindo as instruções do Governo Brasileiro, abriu a linha de crédito à MENDES.

Quando, portanto, o Governo se omitiu nas providências tendentes ao reconhecimento e recebimento dos créditos cedidos, procedeu de tal modo que o seu comportamento é totalmente equiparado ao do próprio Banco do Brasil.

Sendo o Governo Brasileiro parte no contrato de cessão dos créditos da MENDES, e tendo o Governo do Brasil deixado de fazer o que lhe cumpria para que se considerasse definitiva a transferência de titularidade, o que se há de concluir é que ao Banco do Brasil descabe qualquer alegação tendente a desconsiderar a efetivação da transferência dos créditos, sendo incabível toda discussão fundada em a natureza jurídica da condição.

Estabelecido que haveria o prazo de 18 meses para que o Governo Brasileiro promovesse as negociações visando ao reconhecimento dos créditos, e escoado o prazo sem que tal providência se tomasse; por outro lado, havendo o Governo baixado um ato imperativo cortando todas as amarras da MENDES no Iraque, frustrando em consequência os seus contratos naquele país, não pode o Banco do Brasil alegar que o reconhecimento dos créditos não se realizou e que a cessão deixou de operar, uma vez que foi o Governo Brasileiro (equivalente no caso ao Banco do Brasil) que impediu a sua realização. É a lição de AUBRY et RAU, *Cours de Droit Civil Français*, v. IV, § 302, p. 100: "Une condition qui a défaille est, malgré cela, reputée accomplie, lorsque c'est le débiteur, obligé sous cette condition, qui en a empêché l'accomplissement".

9. Com estas considerações, e reportando-me ao minucioso parecer que sobre esta cessão de crédito já produzi, sou levado a concluir que é de todo irrelevante uma alegação de não ser resolutiva a condição aposta ao contrato de cessão.

O que prevalece na espécie é a circunstância, a todos os títulos relevante, de ter sido a omissão do Governo Brasileiro nas negociações com o Iraque, aliada à conduta do mesmo Governo Brasileiro baixando o Decreto n. 99.441/90, que frustrou o reconhecimento dos créditos.

Não pode, o BANCO, prevalecer-se desse duplo comportamento, para atribuir à MENDES a responsabilidade pelas dívidas, cuja extinção foi convencionada pela compensação com os créditos cedidos

10. Definitiva que é a cessão, cabe ao Banco do Brasil promover a extinção dos débitos da MENDES por força da compensação, pondo à disposição desta o que eventualmente remanescer.

# 10

**Fatos**  Crise conjuntural no Mercado Financeiro. Crise de liquidez em determinado grupo econômico. Intervenção do Banco Central do Brasil – BACEN em instituições financeiras integrantes do grupo. Liquidação extrajudicial de instituições financeiras do grupo. Alegação de prática de atos lesivos pelos interventores e liquidantes nomeados pelo BACEN.

**Direito**  Prescrição. Início do prazo prescricional da pretensão indenizatória contra o BACEN: cessação da liquidação. Transação celebrada pelo acionista controlador do grupo após o término da liquidação, com ampla quitação, feita em nome próprio e em nome das sociedades que controlava. Interpretação restritiva da transação. Cláusula passível de dois entendimentos. Prevalência da interpretação que produza efeitos (Segunda Regra de Interpretação de Pothier).

COMPANHIA ALFA DE ADMINISTRAÇÃO E PARTICIPAÇÃO e BANCO BETA DE INVESTIMENTOS S.A., por seu advogado abaixo assinado, vêm se dirigir a Vossa Excelência com a finalidade de solicitar PARECER acerca das questões jurídicas envolvidas na demanda que propuseram contra o BANCO CENTRAL DO BRASIL, cujo processo tramita perante a Justiça Federal, ora em grau de apelação.

As CONSULENTES objetivam, na ação proposta, ressarcimento dos vultosos prejuízos causados ao patrimônio do GRUPO FINANCEIRO BETA, do qual a primeira era empresa "holding", como decorrência dos atos de intervenção/liquidação decretados pelo Banco Central sobre as empresas que o constituíam, em razão do que permaneceu o "GRUPO" sob a administração do demandado e de seus prepostos de 1974 até 1988, quando cessou a liquidação do Banco Beta de Investimentos S.A.

No ano de 1974, o mercado financeiro passou por séria crise de liquidez, que atingiu praticamente todas as instituições financeiras do país. Dentre os mais atingidos na ocasião podem ser citados os Grupos Financeiros AUDI, UNIÃO COMERCIAL, AUREA, SPI, CRECIF, FAIGON, FORTALEZA, NOBRE etc.

A crise se agravou sobremaneira com a intervenção do BANCO CENTRAL DO BRASIL no Grupo Halles, no dia 16.04.74. Todas as demais instituições passaram a sofrer verdadeira corrida dos depositantes, com a concomitante retração dos investidores.

O GRUPO FINANCEIRO BETA, de que "holding" a primeira Consulente, ALFA, era dos mais importantes do mercado, ocupando o 12º lugar no "ranking" das instituições congêneres do país. Compunha-se de 35 empresas no Brasil e 3 no exterior, e 6 delas constituíam instituições financeiras.

Em face da situação que o mercado financeiro enfrentou em 1974, e sobretudo depois da intervenção no Grupo Halles, o GRUPO FINANCEIRO BETA, que até então vinha mantendo equilibradas suas posições, sem precisar de recorrer a qualquer tipo de assistência do Banco Central, passou a ter suas empresas financeiras também afetadas pela crise, especialmente o BANCO BETA DE INVESTIMENTOS, segundo Consulente. Os títulos de sua emissão venciam-se diariamente, em valores unitários elevados, sem a pulverização que caracteriza as contas correntes dos bancos comerciais, movimentadas por cheques. Por outro lado, a captação de novos recursos de terceiros, essenciais ao funcionamento normal de qualquer instituição financeira, tornou-se absolutamente impossível dada a crise geral de confiança no sistema financeiro.

Dentro desse quadro, o GRUPO FINANCEIRO BETA foi compelido, também, a solicitar assistência financeira especial ao Banco Central para superar sua crise de liquidez, derivada de causas extraordinárias, imprevisíveis e alheias à sua vontade. Tratava-se, na verdade, de crise conjuntural e por isso transitória.

Paralelamente à assistência solicitada ao Banco Central, o Grupo procurou outros meios de vencer a crise. Com esse propósito entrou em negociações com o GAMA NATIONAL BANK, que se interessou em adquirir 1/3 das ações da ALFA, a "holding" do Grupo, pela quantia de U$ 30.000.000,00 (trinta milhões de dólares). O patrimônio líquido do Grupo, nessa ocasião, era de US$ 125.000.000,00 (cento e vinte e cinco milhões de dólares), apurado não só em balanço levantado durante a "intervenção branca", portanto com a assistência dos prepostos do Banco Central, como também pela empresa independente de auditoria Arthur Young, para fins de negociação com o banco americano. Com a entrada dos recursos provenientes da venda das ações, a situação do GRUPO BETA ficaria inteiramente normalizada.

As negociações com aquele banco chegaram a bom termo, consumando-se a operação entre as partes. A implementação definitiva do negócio dependia apenas da aprovação do Banco Central, que surpreendentemente a negou. E negou sem qualquer justificação e sem qualquer explicação.

Mas, além de negar aprovação ao negócio com o GAMA NATIONAL BANK, que resolveria definitivamente a situação do Grupo, o Banco Central fez uma intervenção branca no mês de maio de 1974. Sem qualquer ato oficial, sem qualquer notificação ou aviso prévio. Simplesmente afastou os administradores regularmente investidos nos termos dos estatutos ou dos contratos sociais das empresas, e os substituiu por prepostos que passaram a administrá-las com plenos poderes. Robustas provas existentes nos autos dão conta de que aqueles prepostos nomeavam e demitiam funcionários, colocavam títulos no mercado, liquidavam obrigações e aceitavam pagamentos, enfim, agiam como se fossem verdadeiros donos das empresas. Correspondência de um dos interventores revela inclusive que o principal acionista do Grupo estava afastado até mesmo das dependências das empresas.

Essa intervenção extraoficial, realizada de maneira ostensiva, agravou os problemas do Grupo. Esses problemas, que poderiam ter sido inteiramente superados com a venda de parte das ações da "holding" ao banco americano, se agravaram porque o volume de resgate de títulos – inclusive antecipados – recrudesceu de maneira insuportável.

Criado esse jogo de pressão pelos prepostos do Banco Central, como preparação evidente do que viria a seguir, em 20 de novembro de 1974 foi o acionista controlador da ALFA compelido por aquele banco a transferir, ao BANCO DELTA DE CRÉDITO S/A, 24 das empresas que integravam o Grupo. Então, no curso da intervenção branca, que apesar de negada pelo Banco Central está robustamente documentada nos autos, foi negociada a venda de 24 das empresas do Grupo ao BANCO DELTA DE CRÉDITO S/A. Esse, na verdade, era o grande objetivo do Banco Central.

Ocorre que o BANCO DELTA DE CRÉDITO NACIONAL não tinha condições de assumir um negócio daquela envergadura. E, no dia 25 de março de 1975, simplesmente considerou rescindida a operação, declarando-se totalmente desobrigado dos compromissos que assumira. Para tanto, alegou a prática de atos irregulares, apesar de desde maio do ano anterior estar sendo o Grupo administrado de fato pelo Banco Central. Mas não só isto. Mancomunado com o BANCO DELTA DE CRÉDITO, e visando a lhe dar respaldo, o Banco Central decretou a intervenção em todas as empresas do Grupo.

Esse ato do Banco Central, porém, não atendia inteiramente aos interesses do BANCO DELTA DE CRÉDITO. É que, com a intervenção, ele não poderia assumir o controle do BANCO COMERCIAL BETA (que não se confunde com o segundo Consulente, BANCO BETA DE INVESTIMENTOS S/A), única empresa do Grupo que realmente lhe interessava. A solução encontrada foi muito singela: simplesmente suspendeu-se a intervenção naquele banco. Isto apenas 36 horas depois de decretada a medida. Os interessados não tiveram sequer o cuidado de manter as aparências.

Em 15 de março de 1975, o Banco Central decretou a liquidação extrajudicial de 22 empresas do Grupo, levantando a intervenção de 10 outras. Dentre as que tiveram a liquidação decretada incluem-se as duas Consulentes, COMPANHIA ALFA e BANCO BETA DE INVESTIMENTOS.

Esse um pequeno histórico dos fatos até a decretação da liquidação.

Em 1980, foi suspensa a liquidação de algumas empresas do Grupo, dentre elas a primeira consulente, ALFA. Em 29 de maio daquele ano, foi assinado um "CONTRATO DE RECONHECIMENTO E CONFISSÃO DE DÍVIDA COM CESSÃO DE CRÉDITOS E DIREITOS, DAÇÃO EM PAGAMENTO E OUTROS PACTOS", em cuja cláusula 19ª consta a mais ampla quitação dada ao Banco Central pelo acionista controlador, em seu próprio nome e em nome das empresas que representava. Anote-se que o segundo consulente, BANCO BETA DE INVESTIMENTOS, continuou em liquidação, administrado e representado, portanto, por preposto do Banco Central.

O contrato, mencionado no item anterior, continha obrigações recíprocas, mas o Banco Central não cumpriu as que lhe cabiam. Isto levou a ALFA a notificá-lo e a propor diversas ações, que não chegaram a ser julgadas até a cessação, em agosto de 1988, da liquidação da última empresa sob aquele regime, que era o BANCO BETA DE INVESTIMENTOS.

Em 30 de agosto de 1988, cessou a liquidação extrajudicial do segundo Consulente, BANCO BETA DE INVESTIMENTOS, com o ato correspondente publicado no Diário Oficial de 2 de setembro seguinte. O termo de quitação então assinado abrangeu tão somente "os atos regulares de administração", ficando ressalvado

> "o exame pelo Poder Judiciário de atos viciados de nulidade ou de anulabilidade, ou, ainda, lesivos ao patrimônio das entidades submetidas ao regime especial de intervenção e/ou liquidação, bem como os direitos dos acionistas, conforme assegurado no art. 153, § 4º, da Constituição Federal."

(As Consulentes esclarecem que a quitação dada em 1988, nos termos acima, não o foi em instrumento próprio. Constou de proposta formulada pelo acionista controlador para o encerramento da liquidação do BANCO BETA DE INVESTIMENTOS e foi aprovada em voto do Diretor da Fiscalização do Banco Central, que por seu turno foi aprovado pela diretoria.)

O patrimônio líquido de US$ 125.000.000,00, existente quando do início da "intervenção branca", ficou reduzido a US$ 4.300.000,00. Esse foi realmente o valor do patrimônio devolvido ao final de 14 anos de atuação dos prepostos do Banco Central.

Com base na flagrante ilegalidade dos atos de intervenção e liquidação, por falta de motivação, e nos inúmeros documentos que comprovam a prática de atos culposos e dolosos dos interventores e liquidantes nomeados pelo Banco Central, as Consulentes ingressaram com ação na Justiça Federal, objetivando o ressarcimento dos vultosos prejuízos que sofreram.

Em sua contestação, o Banco Central suscitou basicamente as seguintes questões:

a) a prescrição da pretensão deduzida na inicial, reconhecendo, porém, expressamente, que o Banco Beta de Investimentos não tinha sido por ela alcançado;
b) a ausência de qualquer vício nos atos que decretaram a intervenção e a liquidação extrajudicial;
c) a quitação ampla outorgada pelas autoras quando da transação efetivada em 29 de maio de 1980.

Estes são, em suas linhas gerais, os contornos da lide, tal como posta em Juízo.

A sentença acolheu a prescrição, tanto em relação à ALFA quanto em relação ao BANCO BETA DE INVESTIMENTOS, apesar do reconhecimento expresso do réu, como antes afirmado, de que ela não tinha ocorrido no tocante ao último.

Além de reconhecer a prescrição em relação aos dois autores, não obstante a ressalva feita pelo réu quanto a um deles, o MM. Dr. Juiz, no mérito, entendeu que a transação realizada em 29 de maio de 1980 impedia o acolhimento do pedido, apesar da existência de outra transação efetivada em agosto de 1988, que os autores entendem haver rescindido a primeira e que lhes ressalvou o direito de pleitearem em Juízo o ressarcimento dos prejuízos causados por atos lesivos ao seu patrimônio.

Feitas as considerações acima, as Consulentes pedem a V.Exa. que se digne emitir parecer em resposta aos quesitos que se seguem:

1º Teria ocorrido a prescrição em relação ao BANCO BETA DE INVESTIMENTOS, apesar de ter cessado o seu estado de liquidação extrajudicial apenas em agosto de 1988?

2º Em face do disposto no art. 219, § 5º, do Código de Processo Civil, e por se tratar de direitos patrimoniais, poderia o Juiz tê-la reconhecido, mesmo ante a afirmação do réu, na contestação, de que se houvesse algum direito, seria atinente à cessação do regime de liquidação daquele banco, "único não coberto pela prescrição"?

3º No "Contrato de Reconhecimento e Confissão de Dívida...", mencionado na presente, as partes assumiram obrigações recíprocas. A eficácia da quitação dada no item 19 daquele contrato não estaria condicionada ao adimplemento das demais obrigações?

4º Não tendo sido parte naquela transação, até porque continuava em regime de liquidação extrajudicial, pode ela ser aplicada ao BANCO BETA DE INVESTIMENTOS?

5º A quitação ampla dada na primeira transação (29 de maio de 1980) não teria sido substituída, quando da segunda, por outra em termos mais restritos, que se limitou "aos atos regulares de administração"?

Para orientação de V.Exa., juntamos à presente:

a) instrumentos de transação de 1980 e 1988
b) contestação do réu
c) réplica dos autores
d) sentença
e) razões de apelação
f) razões de apelado

Em face da exposição acima, passo a emitir o meu

## PARECER

No exame das questões aqui envolvidas, duas considerações exigem total esclarecimento: a pretensa ocorrência de prescrição (que a sentença decretou de maneira total);

e o alcance e o efeito da transação (que a sentença deixou de atentar estaria envolvendo renúncia a direitos indefinidos e a ressarcimento de danos que somente foram impostos ao transigente em tempo futuro).

## A PRESCRIÇÃO

1. Embora se trate de matéria cediça, discutida, examinada e bem exposta por todos os autores, nossos e alheios, é mister assentar o seu conceito básico, e precisar a ideia de seu termo inicial, uma vez que a sentença (que instrui a Consulta) desconsiderou essas noções, marchando para um pronunciamento que aberra dos princípios.

Segundo a noção corrente, a prescrição extintiva ou liberatória implica a perda de um direito pelo seu titular, que se revela negligente, por um período de tempo legalmente definido. Se o credor se mantém inerte, por longo tempo, deixando que se constitua uma situação contrária a seu direito, não pode postular o reconhecimento deste, por via da ação competente.

Em linguagem sintética, WASHINGTON DE BARROS MONTEIRO esclarece que "pressupõe ele a inércia do titular, que não se utiliza da ação existente para a defesa de seu direito, no prazo marcado pela lei" (*Curso de Direito Civil*, v. I, p. 288 da edição de 1975).

Em Comentário ao art. 161 do Código Civil, CLÓVIS BEVILÁQUA dá-lhe a definição: "prescrição é a perda da ação atribuída a um direito, e de toda a sua capacidade defensiva, em consequência do não uso dela, durante um determinado tempo".

Baseados em tal conceito, os escritores extraem os seus requisitos, como o faz SILVIO RODRIGUES, Direito Civil, v. I, n. 156: "Dois são os requisitos elementares para que se processe a prescrição. Em primeiro lugar, a inação do titular do direito; em segundo, o transcurso do tempo." Esclarecendo a proposição, acrescenta o ilustre Professor: "se o titular do direito deixa de exercer a ação, revelando desse modo o seu desinteresse, não merece proteção do ordenamento jurídico."

Não é, portanto, o decurso do tempo o fator, em si, que gera a prescrição. Somente opera se o titular se revelar inerte ou desinteressado.

Obviamente, não ocorre a prescrição se o titular do direito, pelo conjunto das circunstâncias, não pode manifestar o seu interesse, ou não tem oportunidade de exercer o seu direito.

Mais minucioso, CÂMARA LEAL enumera quatro, os elementos integrantes, ou condições elementares da prescrição:

"1º existência de uma ação exercitável (*actio nata*);
2º inércia do titular da ação pelo seu não exercício;
3º continuidade dessa inércia durante um lapso de tempo;
4º ausência de algum fato ou ato, a que a lei atribua eficácia impeditiva, suspensiva ou interruptiva do curso prescricional."

E acrescenta:

"É claro, pois, que a prescrição, para ter virtude operante, correr normalmente e consumar-se, supõe a ausência dessas circunstâncias preclusivas, ou a sua cessação" (*Da Prescrição e da Decadência*, n. 6, p. 25 da edição de 1959).

Em termos objetivos, para que se decrete a prescrição de um direito, é mister a apuração dessas circunstâncias.

2. As situações, que a vida negocial proporciona, muitas vezes estabelecem condições em que o titular do direito não pode exercê-lo. Uma delas pode configurar-se à vista de uma pessoa jurídica ser o sujeito do direito e não ter condições de ir a Juízo, para manifestar o seu interesse ou demonstrar que se não conservou inerte ou negligente. Imagine-se o caso de o órgão ou representante da entidade estar afastado dela por força de um acontecimento estranho à sua vontade, e, por essa razão, não ter a representação jurídica da entidade para postular em Juízo. Especialmente, quando afastado por força de lei.

O administrador, em tal caso, perde a *legitimatio* processual para agir. Se a prescrição se dá pela inércia do titular, não haverá prescrição no caso de não ter o representante da pessoa jurídica a faculdade de em nome dela pleitear em Juízo.

Uma destas situações decorre da intervenção ou liquidação extrajudicial, determinada pelo Banco Central.

Nos termos da Lei n. 6.024, de 13 de março de 1974, a liquidação será executada por liquidante nomeado pelo Banco Central do Brasil, "COM AMPLOS PODERES DE ADMINISTRAÇÃO E LIQUIDAÇÃO... PROPOR AÇÕES E REPRESENTAR A MASSA EM JUÍZO E FORA DELE" (art. 16).

Vale dizer: a instituição deixa de ser administrada pelos seus diretores, assumindo o Liquidante todos os atos gerenciais. Os administradores estatutários são afastados. Em seu lugar, o Liquidante "nomeado pelo Banco Central do Brasil" assume a plena gestão da entidade. Somente o interventor ou liquidante pode propor as ações de interesse da instituição.

Foi o que ocorreu no caso da presente Consulta.

Ocorrida a intervenção, ou determinada a liquidação extrajudicial, a direção das empresas passou, *ex vi legis*, para o Liquidante. E, como este Liquidante fora designado pelo Banco Central, é fora de dúvida a situação daí gerada: os órgãos estatutários das instituições em estado de liquidação, como titulares de direitos (no caso a ALFA e o BETA), perderam a sua direção, a qual passou ao Liquidante. Não tendo eles a *legitimatio* processual, e *ipso facto* não podendo agir em Juízo, não podia correr a prescrição contra as duas pessoas morais, uma vez que lhes não era lícito postular em nome das instituições.

Consequência inevitável: não podia correr a prescrição, porque o titular do direito era impedido de agir (hipótese n. 4 do enunciado de CÂMARA LEAL).

3. Acresce que a pretensão ressarcitória haveria de ser dirigida contra o Banco Central. E, sendo o Liquidante um preposto do Banco Central, e nesta qualidade impedido de agir contra ele, não poderia correr a prescrição, dada a incompossibilidade processual de um preposto do Banco Central acionar o mesmo Banco Central para pedir ressarcimento dos danos sofridos pelos Consulentes pela atuação do próprio Banco Central, que era representado pelo Liquidante, o qual havia sido designado por ele.

Por este motivo, não ocorreu prescrição.

4. Por outro, igualmente ponderável, a prescrição não se deu.

Alega o Banco Central que, na espécie, se trata de prescrição quinquenal, por força do disposto no art. 1º do Decreto n. 20.190, de 06 de janeiro de 1932.

A sentença recorrida acolheu a alegação, com a transcrição do dispositivo invocado pelo BACEN.

Incide, *data venia*, em um desvio de perspectiva, além de atentar contra princípio que advém da sabedoria dos romanos e encontra acolheita na mais segura doutrina.

É preciso, antes de tudo, partindo da inicial, verificar que os Consulentes pleitearam reparação pelos danos que o Banco Central lhes causou durante o tempo em que correu a liquidação. Veja-se bem: durante o tempo em que estiveram administrados pelo Liquidante.

Tendo a liquidação terminado em 1988, os Consulentes pedem ressarcimento dos danos causados por todo o tempo de liquidação, que se encerrou em 1988.

Somente após encerrada a liquidação, teve nascimento a ação para pedir as perdas e danos.

E é da sabedoria romana que *actio nondum nata non praescribitur*. Não prescreve a ação enquanto não se verifica o fato que lhe deu nascimento.

A contagem do prazo prescricional há de ter um começo. É preciso estabelecer o seu momento inicial. O momento inicial do prazo de prescrição é aquele em que o lesado deixa de exercer o seu direito. Uma vez que a prescrição tem em vista a inércia ou a negligência do credor, somente começa a prescrever o seu direito no momento em que podia fazer valer a sua pretensão, e deixou passar inerte. O citado CÂMARA LEAL é muito claro a dizer: a prescrição começa a correr no momento em que o titular poderia utilizar-se da ação e não o fez. "É por isso, disse o Código, com toda precisão e acerto, que o prazo é contado da data em que a ação poderia ter sido proposta" (ob. cit., p. 235).

A doutrina germânica dá-nos a palavra que resume com precisão o conceito: "Anspruch" – representando a "pretensão exigível". Somente começa o prazo prescricional no momento em que o credor pode, pela ação competente, exercer o direito contra quem lhe causou a lesão (Sobre o conceito e desenvolvimento da *Anspruch*, vejam-se: ENNECCERUS, KIPP y WOLFF, *Tratado, Parte General*, v. II, § 213; OERTMANN, *Introducción al Derecho Civil*, § 68; ANDRÉAS VON TUHR, *Derecho Civil*, v. I, § 15). Assim o desenvolvi em minhas *Instituições de Direito Civil*, v. I, 123. Para que haja prescrição, há que definir o momento em que o titular podia manifestar a sua pretensão em Juízo. Daí começa a fluir o prazo.

Os Consulentes pedem indenização pelos danos que lhe causou o BACEN, através do Liquidante, e que se estenderam até o ano de 1988, quando terminou a liquidação.

Somente então teve origem a *actio* para pedir o ressarcimento. Até 1988, não correu a prescrição, porque *actio nondum nata non praescribitur*. Somente após o encerramento da liquidação teve origem a pretensão para exigir a reparação dos danos ocorridos até aquele ano. Somente após o término da liquidação nasceu a pretensão exigível – *Anspruch*.

Iniciado o prazo prescricional em 1988, os cinco anos do Decreto n. 20.190/32 até o ajuizamento da ação não fluíram.

5. O Banco Central, em sua contestação, alegou que a transação firmada no ano de 1980 importou em quitação de todos os atos, embora estes continuassem até 1988 (ano em que se encerrou a liquidação).

Ao mesmo tempo, alega a prescrição de todos os direitos das Consulentes. Não apenas os direitos ocorridos até 1980, porém todos os que viessem a nascer para o futuro. E se, para o BACEN, a ação estaria prescrita, com início no ato celebrado em 1980, abrangeria assim a reparação dos danos pretéritos como ainda os danos futuros; tal invocação significa uma renúncia à prescrição envolvendo os efeitos dos prejuízos a advir do tempo futuro. Em outras palavras: renúncia antes que a prescrição se consumasse.

Acolhendo a alegação, a sentença afrontou o disposto no art. 161 do Código Civil,[1] segundo o qual a renúncia à prescrição somente será válida "depois que a prescrição se consumar". Sem dúvida que a prescrição pode ser renunciada, "mas somente depois de consumada" (confirma BEVILÁQUA, em "Comentários ao art. 161").

O provimento judicial, desta maneira, contravém direito expresso.

6. Contra o provimento judicial da prescrição levanta-se ainda um poderoso argumento de ordem doutrinária e de ordem legal.

A liquidação extrajudicial constitui um processo administrativo desfechado pelo Banco Central e que corre ininterruptamente até o seu encerramento.

E é de boa doutrina que não corre contra a União (e *ipso facto* contra o BACEN) a prescrição do direito a ressarcimento enquanto pendia o processo (administrativo) da liquidação.

Assim é a doutrina. COLIN et CAPITANT, *Cours de Droit Civil*, v. II, n. 366, ensinam que "todas as vezes que uma parte está na impossibilidade de agir em razão de

---

[1] – Dispositivo correspondente no Código Civil de 2002:
"Art. 191. A renúncia da prescrição pode ser expressa ou tácita, e só valerá, sendo feita, sem prejuízo de terceiro, depois que a prescrição se consumar; tácita é a renúncia quando se presume de fatos do interessado, incompatíveis com a prescrição."

um impedimento qualquer, a prescrição não corre contra ela até o dia em que cessa esta impossibilidade (*ne court point contre elle jusqu'au jour où cesse cette impossibilité*).

GUILLOUARD, no clássico *Traité de la Prescription* (v. I, n. 92, p. 91), ensina em minúcia que, "de maneira geral, todas as causas de suspensão se reportam à impossibilidade maior ou menor para o credor ou para o proprietário de interromper a prescrição que corre contra ele: como ele não pode agir, a lei vem em seu socorro e suspende a seu favor o curso da prescrição, o qual não prosseguirá senão no momento em que o obstáculo ao exercício, para o credor ou o proprietário, tenha desaparecido. É a aplicação da ideia que formula o adágio *contra non valentem agere, non currit praescriptio*.

No curso da liquidação, as Consulentes, estando sob a administração do Banco Central, estavam na impossibilidade de agir contra o mesmo BACEN. Estando em curso o processo administrativo da liquidação extrajudicial, a prescrição não correu na pendência desse processo, até o dia em que, terminada ela, cessou a impossibilidade de agir.

Grande administrativista nosso, OSWALDO ARANHA BANDEIRA DE MELO, em *Princípios Gerais de Direito Administrativo*, n. 46.6, p. 405 da edição de 1969, ensina que, nas obrigações negativas, a violação do direito está no ato que não devia praticar. No caso, o Liquidante nomeado pelo BACEN não podia praticar atos danosos às empresas em liquidação. Mas, praticou-os. E no curso da liquidação foi-os praticando, até o encerramento do processo da liquidação, a criar um estado contrário ao direito das Consulentes.

Então, o prazo prescricional somente começou a correr quando se positiva o estado contrário ao direito das Consulentes. Ou seja, quando cessou a liquidação extrajudicial.

O Banco Central, sob invocação do Decreto n. 20.190, de 1932, alega que o prazo prescricional é de cinco anos, e que tal prazo se aplica tanto à União quanto às autarquias, por força do disposto no Decreto-Lei n. 4.597, de 19 de agosto de 1942.

O mesmo Decreto n. 20.190, de 1932, no art. 4º,[2] aludindo ao recurso administrativo, autoriza concluir que, enquanto tem curso o processo administrativo, a prescrição está suspensa. Se não corre a prescrição com a demora que, no estudo e reconhecimento da dívida, tiveram repartições e funcionários encarregados de estudá-la (como argumenta OSWALDO ARANHA BANDEIRA DE MELO, na p. 406 da obra citada), igualmente não correu contra as Consulentes, enquanto pendia de encerramento o processo de liquidação extrajudicial.

7. No afã de afastar a apreciação do mérito da pretensão das Consulentes, o Banco Central procura por todos os meios sustentar que a ação está prescrita, subvertendo a

---

2   "Art. 4º Não corre a prescrição durante a demora que, no estudo, no reconhecimento ou no pagamento da divida, considerada líquida, tiverem as repartições ou funcionários encarregados de estudar e apurá-la.
    Parágrafo único. A suspensão da prescrição, neste caso, verificar-se-á pela entrada do requerimento do titular do direito ou do credor nos livros ou protocolos das repartições públicas, com designação do dia, mês e ano."

ordem dos fatos, e afirmando que um documento firmado em 1980 é o ponto de partida para a prescrição da ação de reparação por danos ocorridos até 1988.

Esta preocupação leva-o a tumultuar os fatos e a desatentar para o caso concreto. Com efeito, o Banco Central, na veemência de sua linguagem, ao alegar a prejudicial de prescrição, aludiu tão somente à primeira Consulente – a ALFA. Com efeito, no capítulo da contestação, sob o título "Defesa Indireta de Mérito-Prescrição", a Resposta do BACEN é muito explícita. Diz que os Autores pretendem agitar questão pertinente ao seu direito de propriedade, que teria sido violentado com os atos que decretara em 1974/76, e que os Autores se voltam contra a avença firmada em 29 de janeiro de 1980.

Especificando a questão, é incisivo: "em ambas as hipóteses, prescrito o direito de agir porque a *causa petendi* – se ocorrida, o que se admite apenas para argumentar – ter-se-ia verificado na década de 1970, ou, na hipótese mais benéfica, no primeiro ano da década de 1980".

Por tal razão ocorrera (diz o BACEN) a prescrição, nos termos do Decreto n. 20.190/32.

Não faz o BACEN referência ao que ocorreu após o primeiro ano da década de 80.

Intencionalmente, omite que o segundo Consulente (e 2º autor na ação) – BANCO BETA DE INVESTIMENTOS S.A. – continuou em Liquidação extrajudicial, administrado pelo Liquidante nomeado pelo BACEN. Intencionalmente não faz referência a que os Autores deduzem expressa acusação envolvendo também atos do Liquidante posteriores a 1980, isto é, realizados após 1980.

Isto não obstante, a sentença decretou a prescrição contra o disposto no art. 166 do Código Civil que proíbe a renúncia da prescrição para os atos não consumados; e contra disposição expressa no art. 219, § 5, do CPC, que veda ao Juiz conhecer da prescrição e decretá-la *ex officio* nas causas em que se trata de direitos patrimoniais.[3]

## A TRANSAÇÃO E O SEU EFEITO

8. Em 1980, foi suspensa a liquidação de algumas empresas do Grupo. Em 29 de maio de 1980, foi firmado um "CONTRATO DE RECONHECIMENTO E CONFISSÃO DE DÍVIDA COM CESSÃO DE DIREITOS, DAÇÃO EM PAGAMENTO E OUTROS PACTOS". Nesse documento (cláusula 19ª) consta a mais ampla quitação dada ao Banco Central pelo acionista controlador, em seu nome e em nome das empresas que representava.

---

[3] O art. 11 da Lei n. 11.280, de 16 de fevereiro de 2006, revogou expressamente o art. 194 do Código Civil de 2002 – correspondente ao art. 166 do Código Civil de 1916. O art. 3º, por sua vez, alterou a redação do § 5º do art. 219 do Código de Processo Civil de 1973, para determinar que "o juiz pronunciará, de ofício, a prescrição".

Na interpretação desse instrumento reside o segundo equívoco da sentença. Entendeu-se, nela, que abrangeu todo o tempo passado, presente e futuro, não obstante um outro documento de quitação haver, em 1988, feito expressa ressalva quanto ao direito de submeter ao Poder Judiciário todos os atos "lesivos ao patrimônio das entidades submetidas ao regime especial de intervenção e/ou liquidação, bem como os direitos dos acionistas".

Assim entendendo, desviou-se das normas de hermenêutica da vontade contratual, a começar do disposto no art. 85 do Código Civil, segundo o qual "nas declarações de vontade se atenderá mais à sua intenção que ao sentido literal da linguagem".[4]

Com efeito, há que ver, na declaração de vontade, o que o declarante efetivamente quis.

Ao assinar o termo de quitação de 1980, o agente teve em vista o tempo pretérito; isto é, o tempo decorrido até aquele ano.

Não se pode interpretar a declaração como uma espécie de "carta em branco", valendo aprovação para tudo que viesse o regime de liquidação a praticar no futuro, ainda que ruinoso para as empresas e seus acionistas.

Teve em vista os atos até então praticados, e literalmente está escrito na sua cláusula 19:

"... aprovando, como aprovado tem, da forma mais ampla, irretratável e irrevogável, em seu nome e em nome das empresas do referido Grupo, na qualidade de acionista majoritário e controlador, TODOS OS ATOS PRATICADOS pelo BANCO, pelos Interventores e pelos Liquidantes, na gestão das ditas empresas, outorgando-lhes, neste ato, e pela melhor forma de direito, plena, rasa, geral, definitiva e irrevogável quitação..."

Pus em destaque, escrevendo em caixa alta, a referência a TODOS OS ATOS PRATICADOS. A quitação abrangeu os atos até então praticados. A fórmula verbal, escrita no passado, revela bem que a intenção das partes, aliada à linguagem, não abrange uma quitação para o futuro. Esta, gramatical e logicamente, não está compreendida no documento.

Quem dá quitação para os ATOS PASSADOS, não abrange os ATOS FUTUROS. Quem dá quitação para os ATOS PASSADOS, não está concedendo a outrem uma espécie de *bill of indemnity* para todos os danos ou desmandos que venha no futuro A PRATICAR.

Um entendimento dessa ordem, além de atentar contra os princípios, aberra da lógica.

E mais aberrante ainda é na espécie, porque o segundo Consulente (BANCO BETA DE INVESTIMENTOS) continuou em liquidação até o ano de 1988. Não está

---

4 – Dispositivo correspondente no Código Civil de 2002:
"Art. 112. Nas declarações de vontade se atenderá mais à intenção nelas consubstanciada do que ao sentido literal da linguagem."

na lógica e nos princípios que um documento de quitação, firmado em 1980, e referente aos ATOS PASSADOS, fosse interpretado como valendo quitação para o futuro, ou seja, quitação em aberto, compreendendo o longo tempo durante o qual se estendeu a ação do Liquidante, na gestão da empresa, até o ano de 1988.

A expressão gramatical refere-se ao passado. A intenção, tal como expressa no documento, refere-se aos atos de administração do Liquidante, até aquela data.

Não é da hermenêutica da vontade contratual forçar um entendimento afrontoso da própria vontade. A real intenção das partes, na interpretação do contrato, deve ser apurada objetivamente. É o que ensina BIANCA (*Il Contratto*, p. 178):

"Il significato del contratto è quello che risulta da un apprezzamento obiettivo dell'atto secondo le regole interpretative. Questo significato obiettivo esprime fondamentalmente la comune intenzione delle parti."

Na objetividade de sua linguagem, ao se referir a "todos os atos praticados", a comum intenção das partes está nitidamente configurada nos atos até então praticados, e não em referência a quaisquer atos que viessem a ser praticados.

Se existisse somente um documento de quitação, assim deveria de se entender. Outra qualquer interpretação seria ilógica. Além de ilógica, seria adversa ao disposto no art. 85 do Código Civil.[5]

9. Mas acontece que outro documento de quitação existe, firmado em 1988, em o qual o declarante ressalva, por expresso, o direito de ação para apurar os atos "lesivos ao patrimônio das entidades submetidas ao regime especial de intervenção e/ou liquidação".

Atente-se para os fatos e sua seriação cronológica.

Em 1980, foi levantada a liquidação de algumas das empresas do Grupo. Naquele momento, exigiu o BACEN quitação compreendendo TODOS OS ATOS PRATICADOS. Vale dizer, quitação até então.

Mas a liquidação prosseguiu com as demais empresas do Grupo, que continuaram geridas pelo Liquidante nomeado pelo Banco Central, investido dos amplos poderes de que dá notícia o processo, com amparo na Lei n. 6.024/74.

Esta liquidação somente veio a ser levantada em 1988. Nesse momento, ao ser dada quitação, ressalvada ficou a apreciação judicial dos atos lesivos ao patrimônio das entidades submetidas ao regime especial de intervenção e/ou liquidação.

Consequência: se o Banco Central admitiu a quitação com essa ressalva, não pode, na ação, dizer que não foi isto que aceitou. Quando um homem emite uma declaração de vontade, "não pode ser ouvido ao alegar que pretende coisa diversa do que declarou". É a lição de WILLIAM R. ANSON, *Principles of the English Law of Contract*, p. 289, mesmo que se trate de declaração verbal. No original:

---

5   CC 2002, art. 112.

"When a man is proved to have made a contract by word of mouth upon certain terms, he cannot be heard to allege that he did not mean what he said."

O segundo instrumento de quitação tem de ser compreendido como complementar do primeiro.

No primeiro (de 1980), foi dada quitação para os atos passados. Como o regime de liquidação extrajudicial prosseguiu por mais oito anos após aquele contrato, e ao cessar a liquidação, o interessado, ao quitar, ressalvou o direito de pleitear reparação para os atos lesivos, um e outro hão de ser interpretados como compreendendo uma declaração real de vontade. Não é possível interpretá-la como se a segunda cláusula (a que vem expressa na quitação de 1988) nada significasse.

Mesmo que uma cláusula, aposta à outra, fosse passível de dois sentidos, ainda assim, e na conformidade da 2ª Regra de Interpretação dos Contratos, enunciada por POTHIER, tem de ser entendida no sentido em que pode produzir efeito, e não naquele em que nenhum efeito tenha. Literalmente:

"Lorsqu'une clause est susceptible de deux sens, on doit plutôt l'entendre dans celui dans lequel elle peut avoir quelque effet, que dans celui dans lequel elle n'en pourrait avoir aucun" (*Oeuvres*, v. 2, n. 92, p. 48).

Esta regra de interpretação vem reproduzida, em português, por BEVILÁQUA, no "Comentário" ao art. 1.090 do Código Civil,[6] nestes termos:

"2ª Quando uma cláusula é suscetível de dois sentidos, deve entender-se naquele em que pode ter efeito e não naquele em que nenhum efeito possa ter."

A cláusula tem o efeito de assegurar ao declarante o direito de submeter ao exame do Poder Judiciário os atos lesivos ao patrimônio das entidades submetidas ao regime de intervenção e/ou liquidação.

Nestes termos esta cláusula tem sentido, e produz um efeito.

Mesmo que, em conjunto com a primeira (de 1980), fosse passível de duplo sentido, somente poderia ser entendida no sentido em que produz o efeito de ressalvar o direito à reparação, e NÃO no sentido em que nenhum efeito pudesse gerar.

Interpretá-la diversamente seria contravir a todas as regras da hermenêutica da vontade contratual.

A segunda declaração vale na sua inteireza. Não é jurídico eliminar dela uma parte que é bem clara e bem nítida. Assim procedesse, e estaria o intérprete impondo à manifestação de vontade verdadeira castração. É forte o vocábulo, mas é a verdade.

---

[6] "Art. 1.090. Os contratos benéficos interpretar-se-ão estritamente."
– Dispositivo correspondente no Código Civil de 2002:
"Art. 114. Os negócios jurídicos benéficos e a renúncia interpretam-se estritamente."

10. Pela sua extensão e minúcia, o documento de 1980 traduz uma transação. E, na forma do que dispõe o art. 1.027 do Código,[7] "a transação interpreta-se restritivamente".

Não obstante este mandamento legal, pretendeu-se dar-lhe entendimento ampliativo, lendo a referência aos ATOS PASSADOS, até a sua data, como se abrangesse ATOS FUTUROS, que se estenderam a partir de 1980 até 1988.

11. É de se considerar que, ao elaborar o documento de 1980, o BACEN estabeleceu obrigações de parte a parte.

Se as Consulentes lhe deram quitação (cláusula 19), o BACEN obrigou-se em relação ao que se dispõe nas cláusulas 17 e 18. Sendo bilaterais as obrigações, não pode pretender que prevalecessem os termos da cláusula 19, sem que de sua parte cumprisse o que nos demais itens se contém e declara.

12. Feitas essas considerações, dou resposta objetiva e direta às indagações das Consulentes, na ordem que me foram apresentadas:

1. Conforme amplamente desenvolvido, não ocorreu a prescrição relativamente ao BANCO BETA DE INVESTIMENTOS, cuja pretensão deduzida em Juízo está ressalvada expressamente no documento de 1988, aceita com o deferimento da proposta formulada pelo acionista controlador, para o encerramento da liquidação dessa instituição de crédito, e aprovada pela diretoria do Banco Central do Brasil, e reconhecido pelo BACEN a salvo da prescrição.

2. A decretação de prescrição pela sentença foi feita ao arrepio do disposto no art. 219, § 5º, do Código de Processo Civil,[8] além de contravir ao disposto no art. 166 do Código Civil, uma vez que é defeso reconhecer a prescrição de direitos patrimoniais, sem prévia e expressa arguição pela parte à qual poderia aproveitar.

3. A eficácia da quitação dada no item 19 do instrumento de 1980, além de outros motivos que a infirmam, não pode ser proveitosa ao Banco Central, tendo em vista o seu condicionamento ao que dispõe o item 16 do mesmo documento, porque o BACEN não cumpriu o que neste se dispõe, e é uma consequência da bilateralidade da obrigação a correspondência entre o que uma parte prometeu e a que a outra se obrigou. Nos contratos bilaterais, as obrigações são restritas e interdependentes. Os contratantes são cada um devedor ao outro, uma vez que a existência de obrigações de uma parte é subordinada às obrigações da outra parte (MAZEAUD

---

7 – Dispositivo correspondente no Código Civil de 2002:
"Art. 843. A transação interpreta-se restritivamente, e por ela não se transmitem, apenas se declaram ou reconhecem direitos."

8 Confira-se nota anterior, neste parecer, sobre a possibilidade de o juiz pronunciar a prescrição de ofício.

et MAZEUAD, *Leçons de Droit Civil*, v. II, n. 98; COLIN et CAPITANT, *Cours de Droit Civil*, v. II, n. 13).

4. O BANCO BETA DE INVESTIMENTOS não está compreendido na transação de 1980, além dos motivos já apresentados, porque não foi e nem podia ser parte nela, uma vez que em relação a ele a liquidação não fora levantada, continuando portanto a ser administrado pelo Liquidante nomeado pelo BACEN.

5. A segunda quitação (de 1988), outorgada com ressalva do direito de ação para ressarcimento de danos causados pelo Banco Central, através do Liquidante por este nomeado, sobrepôs-se à de 1980, uma vez que esta (de 1980) referiu-se em termos genéricos, enquanto que a outra (de 1988) especificou os direitos ressalvados pelo declarante.

Examinados os diversos aspectos das questões, emito o meu PARECER.

# 11

**Fatos** — Sociedade exportadora de café integrante de grupo econômico. Dívida contraída junto à instituição financeira. Posterior assinatura de escrituras de confissão de dívida com a prorrogação do vencimento dos débitos. Garantia hipotecária prestada por sociedade coligada à devedora. Imposição, pelo banco, à devedora e à garantidora, de condições financeiras mais onerosas que as praticadas com outros clientes. Asfixia financeira da devedora e da garantidora. Nova escritura de confissão de dívida assinada pela devedora: manutenção da garantia hipotecária e constituição de garantia fidejussória (prestada pelo acionista controlador do grupo). Ameaça de execução da dívida pelo banco. Ajuizamento de ação ordinária pela devedora e por seus garantidores contra o banco.

**Direito** — Escrituração de dívida em conta gráfica. Inexistência de contrato de conta corrente. Ausência de certeza e liquidez. Impositiva ação de conhecimento para apurar o *quantum debeatur*. Interpretação de cláusula contratual. Alcance da expressão "sem intuito de novação". Cessão de crédito. Distinção entre *cessio pro soluto e cessio pro solvendo*. Credor garantido por caução de precatório (título líquido e certo) e por hipoteca de bens que integram a atividade econômica do devedor. Preferência do credor pela garantia hipotecária à garantia do precatório: asfixia da devedora e de sua garantidora. Exorbitância da faculdade normal de credor. Abuso de direito. Dever de indenizar o prejuízo. Perdas e danos (dano emergente e lucro cessante). Invalidade de fiança prestada por espólio sem autorização judicial.

IMPORTADORA E EXPORTADORA S.A. (IMPORT/EXPORT) é devedora ao Banco S/A (BANCO) por dívida cuja origem são operações de adiantamento de câmbio para exportações contratadas na década de 1970. Parte da dívida era da ALFA CAFEEIRA S.A. (ALFA), que foi incorporada e sucedida pela IMPORT/EXPORT.

As operações de adiantamento de câmbio não puderam ser liquidadas pela IMPORT/EXPORT e pela ALFA devido a dificuldades financeiras que à época atravessava seu grupo empresarial, inclusive por cancelamento de outras operações de adiantamento de câmbio efetuado pelo próprio BANCO por determinação do Banco Central do Brasil (BACEN), em razão do que requereu e obteve judicialmente perdas e danos dessa autarquia federal.

A satisfação dos créditos do BANCO pressupunha a consecução, pela IMPORT/EXPORT e pela ALFA, de sua atividade econômica de exportação de café; e como é sabido, a maioria das empresas nacionais de exportação de café necessitam de crédito para comprar no mercado interno e exportar o produto.

O BANCO é tradicionalmente o principal financiador de exportação de produtos nacionais, especialmente de café, o que exigia que a IMPORT/EXPORT e a ALFA com ele compusessem suas dívidas, o que possibilitaria a concessão de novos financiamentos, necessários ao exercício daquela atividade econômica.

Com esse espírito e intenção, em 13 de dezembro de 1978, a IMPORT/EXPORT e a ALFA firmaram com o BANCO escrituras públicas de confissão de dívidas, pelas quais o BANCO concedeu prazo, até 6 de outubro de 1981, para pagamento e exigiu juros de 24% ao ano, capitalizáveis e pagáveis no último dia de cada semestre civil.

Em garantia de seus créditos, o BANCO exigiu hipoteca de todos os imóveis de propriedade da "RC S.A." (RC), companhia coligada das devedoras, cuja atividade econômica é a promoção e a comercialização de empreendimentos imobiliários.

O BANCO estabeleceu ainda que: (a) registraria em sua escrituração a dívida objeto de cada escritura em conta gráfica, "para possibilitar o esquema de liquidação adiante estipulado *sem nenhuma novação*; (b) os imóveis objeto da garantia hipotecária não poderiam ser alienados pela RC até a liquidação das dívidas sem a sua prévia e expressa anuência; (c) a seu exclusivo critério, o BANCO imputaria o destino das quantidades recebidas em decorrência dos contratos; (d) os contratos não alteravam a natureza das dívidas, "mas apenas assegura o pagamento pela DEVEDORA, permanecendo, portanto, esse débito na sua origem com plena validade e eficiência e ficando, assim, mantidos e ressalvados explicitamente os direitos do BANCO advindos de tais dívidas ou dos respectivos títulos".

A expectativa das devedoras para liquidação das dívidas era pela continuidade de sua atividade econômica de exportação de café, o que, como já mencionado, pressupunha a obtenção de financiamento. Além disso, existia ainda a expectativa do recebimento de indenização do BACEN, na ação intentada pela IMPORT/EXPORT e em curso na Justiça Federal.

A frustração dessas expectativas impôs a celebração de sucessivos contratos de confissão de dívida, nos quais o *quantum debeatur* era estimado pelo BANCO. O último contrato é de 30 de junho de 1992, e foi formalizado por escritura pública.

A documentação em anexo expõe e demonstra a progressiva asfixia financeira e operacional a que o BANCO sujeitou a IMPORT/EXPORT e a RC.

Os principais fatores da asfixia da IMPORT/EXPORT foram:

a) as restrições do BANCO à concessão de créditos para a realização de operações de exportação de café, na escala necessária à produção de renda suficiente ao pagamento dos custos operacionais e à satisfação da dívida para com o BANCO;

b) a imposição, pelo BANCO, de condições financeiras cada vez mais onerosas, superiores às que ele normalmente praticava com seus clientes;

c) a decisão do BANCO de exigir retenção de parte do preço da comercialização do café e bloqueio em garantia de café destinado à exportação.

A asfixia da RC deveu-se à condição exigida pelo BANCO (a partir de 1981) de que parte do preço de venda dos lotes, objeto da garantia hipotecária, fosse destinada à amortização de seu crédito, cabendo destacar que: (a) inicialmente, a retenção era de 40%, tendo sido posteriormente elevada até 70%; e (b) a base de cálculo da retenção fora o valor de avaliação dos lotes efetuada pelo BANCO, e não o valor de comercialização, ou seja, o de mercado.

Tanto a IMPORT/EXPORT quanto a RC foram progressivamente se descapitalizando: a primeira, por impossibilidade de exercer sua atividade econômica de exportação de café; a segunda, pela insuficiência de capital de giro para o desenvolvimento de seus empreendimentos imobiliários.

As duas últimas escrituras públicas de confissão de dívida são de 30.06.1986 e 30.06.1992, e têm em comum a ressalva, colocada pelo BANCO, de que as partes não tinham intenção de *novação*. Essa ressalva explica-se pela inexistência, no momento de celebração de cada escritura, do exato *quantum debeatur* da IMPORT/EXPORT, já que o BANCO não possuía e nunca forneceu controle dos valores recebidos na cobrança de crédito oriundo de vendas de lotes hipotecados.

A última escritura foi celebrada em situação especialíssima: (a) em razão da não retenção de parte do preço de venda, o BANCO negava-se a libertar da hipoteca 70 lotes, e a RC estava sendo ameaçada, pelos compradores, de medidas judiciais; (b) o acionista controlador da IMPORT/EXPORT e da RC há pouco havia falecido; (c) o BACEN adotava medidas protelatórias visando a retardar o pagamento da indenização devida à IMPORT/EXPORT, por decisão judicial transitada em julgado.

O BANCO somente concordou em liberar os 70 lotes se celebrada nova escritura de confissão de dívida (a de 30.06.1992), desde que fosse: (a) mantida íntegra a garantia hipotecária (mediante a inclusão de novos imóveis); (b) caucionado o crédito da IMPORT/EXPORT contra o BACEN; e (c) prestada fiança pelo Espólio de AM [o acionista controlador falecido] e por sua viúva – o então inventariante daquele espólio não estava judicialmente autorizado a prestar a fiança.

Como nas vezes anteriores, quando da celebração da escritura de 30.06.1992, o BANCO não demonstrou os cálculos de determinação do *quantum debeatur* da IMPORT/EXPORT, e impôs condições financeiras de liquidação da dívida ainda mais draconiana: (1ª) sobre os saldos devedores diários da conta vinculada ao contrato incidiriam encargos básicos calculados com base na variação acumulada positiva do índice legal aplicável, e sobre o saldo mensal assim atualizado incidiriam juros adicionais de 2,5% ao mês, ou 30% ao ano [cláusula 10]: e (2ª) a cláusula 10 da escritura aditada de 30.06.1986 previa encargos especificados minuciosamente com gravames crescentes.

Posteriormente à assinatura da escritura de 30.06.1992, verificou-se que na determinação do valor de $ 21.122.476.980,56, indicado naquela escritura, o BANCO havia computado encargos não previstos na escritura aditada, de 30.06.1986

Diante desse fato, restou à IMPORT/EXPORT entabular negociações com o BANCO, visando à determinação do exato e justo *quantum* da sua dívida. Essas negociações foram mantidas ao longo dos últimos 2 anos e meio, conforme documentação em anexo. O último valor da dívida objeto de acertamento verbal, confirmado por carta-proposta da IMPORT/EXPORT de 30.05.1995, foi de 12.057.095,54 UFIR (ou US$ 8.513.515,16).

A carta-proposta da IMPORT/EXPORT de 30.05.1995 (como as anteriores) jamais foi respondida pelo BANCO, nada obstante resultar de entendimentos com sua Diretoria no Rio de Janeiro. Em setembro último, diante de ameaça velada de execução da dívida indicada na escritura de 30.06.1992, ocorrida em reunião em São Paulo, a IMPORT/EXPORT e seus garantidores propuseram ação ordinária contra o BANCO, em curso perante uma das Varas Cíveis desta Capital, cuja inicial é anexada, por cópia, à presente Consulta.

Releva mencionar que, após ser citado para a ação ordinária, o BANCO levou, em 13.10.1995, a protesto a escritura de 30.06.1992, indicando crédito do valor de $ 41.382.205,49 – quando, em 28.05.1995, havia apontado a escritura para protesto pelo valor de $ 280.407.188,88.

## CONSULTA

A Consulente formulou seis QUESITOS, que transcrevo literalmente, fazendo-os seguir das respectivas RESPOSTAS.

Bem ponderados os fatos, e atendendo aos princípios legais concernentes, respondo aos QUESITOS, literalmente reproduzidos:

*Quesito Primeiro*

O crédito do Banco, resultante da escritura de 30.06.1992, é líquido e certo, ou a IMPORT/EXPORT tem direito ao acertamento da sua dívida?

RESPOSTA:

Pelo que consta da CONSULTA, conforme com a escritura, o BANCO adotou o critério de "registrar em sua escrituração a dívida objeto de cada escritura em conta gráfica, para possibilitar o esquema da liquidação adiante estipulado, sem nenhuma novação".

A redação mesma da cláusula descaracteriza os lançamentos como expressão de dívida líquida.

Não se trata, na espécie, de "contrato de conta corrente".

Este, no ensinamento clássico de PAULO DE LACERDA (*Do Contrato de Conta Corrente*, Editora Livraria Jacintho, Rio de Janeiro, 1928. p. 25), obedece a critérios formais específicos, descritos pelo Autor, e aos quais me reporto.

Os lançamentos efetuados pelo BANCO têm apenas a aparência de "conta-corrente", porém não seu conteúdo. "Mesmo quando semelhantes operações se realizam sucessivamente" (o que se supõe tenha ocorrido na espécie), "nada mais haverá do que diversas contas" com anotações de entrada e saída de numerário, resultante de operações autônomas.

No comércio bancário, o contrato de conta-corrente "é aquele em que duas pessoas se obrigam a inscrever em partidas de débito e crédito, valores correspondentes a remessas de numerários ou de outras mercadorias que reciprocamente se façam" (cf. ALBERTO TRABUCCHI, *Istituzioni di Diritto Civile*, Milano, ed. Cedam, 1994, n. 358, p. 771).

Na espécie, não foi celebrado tal contrato, senão adotada uma "conta gráfica", como elemento de mera informação.

Como consta da própria escritura, os lançamentos na conta gráfica não têm caráter probatório. Cada lançamento guarda sua própria autonomia, de tal modo que não se opera a compensação recíproca, para a qualquer tempo prevalecer um "saldo" devedor ou credor, a exprimir o débito ou o crédito respectivo.

Por isso mesmo, o levantamento da conta gráfica não constitui título executivo extrajudicial, uma vez que não se inscreve no rol contido no art. 585 do Código de Processo Civil.

Nem pelo contexto da cláusula da escritura, nem por força dos princípios, o crédito do BANCO tem caráter de liquidez e certeza que enseje uma ação de execução.

Somente por via de uma ação de acertamento será possível apurar-se o *quantum debeatur*.

*Quesito Segundo*

Tendo em vista (a) os princípios doutrinários de interpretação de negócio jurídico (inclusive o de que o objetivo do intérprete é aclarar os efeitos econômicos e jurídicos buscados pelas partes) e (b) o preceito do art. 85 do Código Civil:[1]

I – qual o conteúdo ou sentido da ressalva "sem intuito de novação" constante da parte introdutória da escritura de 30.06.1992, que também consta da escritura de 10.06.1986?

---

[1] "Art. 85. Nas declarações de vontade se atenderá mais à sua intenção que ao sentido literal da linguagem."
– Dispositivo correspondente no Código Civil de 2002:
"Art. 112. Nas declarações de vontade se atenderá mais à intenção nelas consubstanciada do que ao sentido literal da linguagem."

II – qual o conteúdo e fim da cláusula Décima Quarta da escritura de 30.06.1992, pela qual a IMPORT/EXPORT constituiu a favor do BANCO caução *pro solvendo* de direitos creditórios contra o Banco Central do Brasil?

RESPOSTA:

Sendo diferentes, na sua natureza e nos seus efeitos, as duas cláusulas, darei resposta a ambas, subdividindo este item em duas partes:

*1ª parte – "sem intuito de novação"*

O art. 85 do Código Civil[2] estabelece a regra básica de interpretação do negócio jurídico, e, portanto, do contrato:

"Nas declarações de vontade se atenderá mais à sua intenção que ao sentido literal da linguagem."

Segundo CLÓVIS BEVILÁQUA, em *Comentário* ao artigo, trata-se, mais de que uma regra de interpretação, da integração ética da vontade. O intérprete não se pode ater somente à expressão gramatical, mas tem de perquirir o que foi a verdadeira e real intenção do agente ao emiti-la. É claro (e isto se repete bem nítido), não pode também abandonar a forma como a vontade foi declarada, porque é pela linguagem que as pessoas se comunicam ao mundo exterior. Na etiologia do negócio jurídico, o intérprete tem em vista a finalidade a que visam os declarantes, fixando-lhes a vontade, sem desprezar a forma como esta foi manifestada (EMILIO BETTI, *Interpretazione della Legge e degli Atti Giuridici*, §§ 69 e segs.).

Para obter o entendimento da cláusula referida "sem intuito de novação", deve-se compreender que, em se tratando de contratos que se sucederam no tempo, duas seriam as hipóteses possíveis. Numa primeira, ter-se-ia que o contrato mais recente poderia novar a matéria do anterior, extinguindo-o, tal como se dispõe no art. 999 do Código Civil.[3] Numa segunda, o contrato mais recente não revogaria o anterior, podendo consistir em mero reforço de vínculo preexistente ou constituir uma garantia (cf. ALFREDO

---

2   CC2002, art. 112.
3   "Art. 999. Dá-se a novação:
    I – quando o devedor contrai com o credor nova dívida, para extinguir e substituir a anterior;
    II – quando novo devedor sucede ao antigo, ficando este quite com o credor;
    III – quando, em virtude de obrigação nova, outro credor é substituído ao antigo, ficando o devedor quite com este."
    – Dispositivo correspondente no Código Civil de 2002:
    "Art. 360. Dá-se a novação:
    I – quando o devedor contrai com o credor nova dívida para extinguir e substituir a anterior;
    II – quando novo devedor sucede ao antigo, ficando este quite com o credor;
    III – quando, em virtude de obrigação nova, outro credor é substituído ao antigo, ficando o devedor quite com este."

COLMO, *De las Obligaciones en General*, n. 746). Neste mesmo sentido é a opinião de SERPA LOPES (*Curso de Direito Civil*, v. 2, n. 215).

Ao fazer constar de uma escritura que ela se celebra "sem intuito de novar", ficou estabelecido que as partes estão se reportando ao disposto no art. 1.000 do Código Civil, segundo o qual "não havendo ânimo de novar, a segunda obrigação confirma simplesmente a anterior".[4]

Bem ponderadas as coisas, a escritura de 30.06.1992 poderia dispensar este apêndice. No receio, entretanto, de que pudesse alguém enxergar nela o ânimo de extinguir as obrigações advindas da de 30.06.1986, o BANCO fez inserir nela o item ora examinado, para deixar bem claro que elas se sucedem, sem que a última, inovando, pudesse extinguir ou substituir, na sua integralidade, a escritura anterior. O mesmo em relação a todas elas.

Com invocação do art. 85, acima transcrito, é o que se deve compreender da cláusula "sem intuito de novar".

*2ª parte – "cessão pro solvendo"*

A cessão de crédito pode ser efetuada *pro soluto* ou *pro solvendo*.

O saudoso mestre MIGUEL MARIA DE SERPA LOPES ensina, ao propósito:

"A primeira (*pro solvendo*), quando alguém transfere a outrem, de quem é devedor, o direito de receber o valor de um crédito de terceiro seu devedor, continuando obrigado perante o cessionário se este não for pago; a segunda (*pro soluto*) quando há plena quitação da dívida do cedente para com o cessionário" (SERPA LOPES, *Curso de Direito Civil*, Rio de Janeiro, Ed. Freitas Bastos, 1955, v. 2, p. 521, n. 382).

Explicando mais detidamente, o ilustre professor coloca a cessão *pro solvendo* no plano de uma "alienação condicional".

RUGGIERO e MAROI, mais explícitos, ensinam que ambas – cessão *pro soluto* e cessão *pro solvendo* – têm um ponto em comum: ambas importam em um *pagamento* (*solutio*), que o cedente se propõe fazer ao cessionário, ao atribuir-lhe um crédito que tem contra um terceiro.

Diferem, contudo, uma da outra, em que a *cessio pro soluto* produz a liberação imediata, uma vez que o cedente responde apenas pela existência do crédito cedido (*veritas nominis*), ao passo que a cessão *pro solvendo* produz a liberação do cedente, com a condição de que assuma o risco do crédito cedido (*periculum nominis*), e, por conseguinte, o cedente assume a responsabilidade, além da existência do crédito (*veritas nominis*), ainda a que se prende à liquidez dele (*bonitas nominis*). RUGGIERO e MAROI, *Istituzioni di Diritto Privato*, 2ª ed., Milano, 1955, v. II, p. 118, § 133.

---

4 – Dispositivo correspondente no Código Civil 2002:
"Art. 361. Não havendo ânimo de novar, expresso ou tácito mas inequívoco, a segunda obrigação confirma simplesmente a primeira."

Vejamos o que na espécie ocorreu.

Pela escritura pública de 30 de junho de 1992, o BANCO exigiu de Dr. AM – além de garantia hipotecária, muito superior ao valor dos 70 lotes cuja liberação fora pedida pela RC – que a IMPORT/EXPORT lhe fizesse cessão *pro solvendo* da totalidade de um crédito, da ordem de $ 60 milhões, que a mesma tinha contra o BACEN.

Posteriormente, passada em julgado a sentença condenatória, e operada a liquidação do crédito contra o BACEN, foi emitido o competente precatório.

Desta sorte, o crédito assumiu plena liquidez, quer quanto à sua existência (*veritas nominis*), quer quanto à sua conversibilidade financeira (*bonitas nominis*).

Assim ocorrendo, a *cessio pro solvendo* dada em garantia pignoratícia (caução) converteu-se em uma cessão de crédito por quantia líquida e certa, a ser efetivada por devedor de solvência absoluta, porque é a própria Fazenda Nacional.

Trata-se de crédito de valor muito superior à dívida, e de efetivação absoluta, porque uma vez expedido o precatório a importância é inscrita no orçamento da União, com caráter prioritário, obediente à ordem numérica da inscrição.

A partir de então, senhor definitivo do crédito contra o BACEN, cabia ao BANCO, que é *longa manus* do mesmo Governo de que o BACEN é um órgão, promover o efetivo recebimento do precatório.

Quem recebe de outrem um direito condicional, tem o dever de promover o que esteja ao seu alcance para implementar a condição.

Ao invés disso, conservou em seu poder o crédito representado pelo precatório – crédito líquido e certo por ser resultante de sentença passada em julgado e por consistir em pedido de pagamento feito ao mesmo Governo em favor do BACEN – sem dele se utilizar, embora se habilite perante a Justiça Federal como credor caucionário.

Tem nas mãos um crédito líquido e certo de quantia muitíssimo superior ao débito da RC, e deixa de se utilizar dele, preferindo executar a IMPORT/EXPORT por uma dívida de quantia incerta, e, ao demais, sujeita a discussão.

A um procedimento dessa ordem, na vida mercantil, dá-se o nome de "malicioso". Quer dizer: o BANCO age de má-fé para com o seu devedor, que já lhe transferira um valor líquido e certo, contra devedor solvente (BACEN) e do qual ele se declara credor com direito ao recebimento.

É óbvio que não pode encontrar suporte judiciário para tal conduta, desamparada da boa-fé.

Respondendo objetivamente:

A cláusula Décima Quarta da escritura de 30.06.1992 tivera, originariamente, o conteúdo, este sim restrito, de garantir as obrigações, mencionadas no seu contexto.

Por ato unilateral, o BANCO requereu que o crédito cedido, representado pelo Precatório, fosse convertido em pagamento a ele BANCO.

O BANCO, na escritura de 30.06.1992, tornou-se credor com garantia pignoratícia, ao receber em caução o crédito da IMPORT/EXPORT contra o BACEN.

Efetivamente, o BANCO, em requerimento dirigido ao Exmo. Senhor Presidente do Egrégio Tribunal Federal da Segunda Região, se apresenta "na qualidade de cessionário do crédito, relativo ao precatório em questão", e articula pedido definido e formal:

> "Isto posto, requer se digne V. Exa. determinar o pagamento do crédito decorrente do Precatório efetuado ao BANCO, na qualidade de cessionário do mesmo."

Vencida a dívida, pretende executar os devedores.

Mas a sua pretensão acha-se agora submetida à normação específica do artigo 655 do CPC.[5]

Na execução de crédito pignoratício, anticrético ou hipotecário, a penhora, independentemente da nomeação, recairá sobre a coisa dada em garantia.

Não é lícito ao BB, tendo em seu poder um crédito, que ele próprio declara em Juízo lhe pertencer, intentar ação de rito executório sem antes apurar, de comum acordo com os devedores, qual o valor (se positivo ou negativo) resultante da conta gráfica, que para ele BB tem valor probante.

Na execução contra os devedores, e dada a sua natureza pignoratícia, far-se-á a penhora nos termos do art. 671 do CPC, podendo operar-se a sub-rogação do BANCO até a concorrência de seu crédito.

Sendo o valor caucionado muito superior à dívida, a consequência da penhora será a liberação completa dos devedores.

Aquilo que uma lógica elementar oferece é o que a Lei Processual estabelece, consagrando o princípio, ao mesmo tempo de economia processual e de não agravamento das condições do devedor executado. Quem dispõe de um crédito líquido e certo, formalmente cedido, age de má-fé se o despreza, dando preferência aos riscos de uma excussão hipotecária, gravosa para o devedor.

Havendo o BANCO embaraçado a liquidação do Precatório, a IMPORT/EXPORT foi compelida a levar o assunto à instância superior, onde teve ganho de causa.

Ao BANCO não caberia questionar o comportamento da IMPORT/EXPORT, não só porque foram as medidas protelatórias do BANCO que justificaram o recurso, como porque a IMPORT/EXPORT usou do seu direito de recurso e *qui iure suo utitur neminem laediti*.

Recebendo o crédito da IMPORT/EXPORT em caução *pro solvendo*, o que lhe cabe é, como expliquei, promover a excussão pignoratícia, e, se o valor do precatório é superior ao da dívida da IMPORT/EXPORT, levar a crédito desta o valor líquido do crédito cedido, pagar-se de seu crédito, e restituir à outra parte o excedente.

---

5    A ordem de preferência estabelecida no artigo 655 foi alterada pela Lei n. 11.382, de 6 de dezembro de 2006.

*Quesito Terceiro*

Alguns dos atos (comissivos ou omissivos) do BANCO, descritos na exposição desta consulta e na inicial da ação ordinária, caracterizam abuso de direito? Em caso positivo, em que consiste o abuso?

RESPOSTA:

A Consulente levanta questão, de gravidade tanto maior, que envolve a figura respeitável do BANCO, a instituição que tem todos os títulos para ser o paradigma do sistema financeiro nacional: teria cometido "abuso de direito"?

A indagação exige uma ligeira incursão pelo tema, no plano puramente teórico, antes de trazê-lo para o concretismo da questão em debate.

*1. Doutrina*

Hoje não se discute mais a sua existência em tese,[6] como faria PLANIOL, ao enxergar na própria expressão uma tautologia. Hoje toda a doutrina admite que a utilização do direito por seu titular pode se transformar em um dano a outrem.

Numa época em que a sociedade e a ordem jurídica procuram pautar o seu comportamento no amor aos valores morais, prolifera a ideia, segundo a qual comete um "abuso" aquele que se conduz no exercício de seu direito, convertendo-o em malefício a alguém.

É pacífico na doutrina mais moderna que desmerece proteção quem quer que, no exercício de seu direito, se sirva dele para causar dano a terceiros, ou a outra parte. Apenas por amostragem eu lembro: no Direito Francês, COLIN et CAPITANT, *Cours de Droit Civil*, v. II, n. 195; DEMOGUE, *Obligations*, v. VI, n. 634 e segs.; JOSSERAND, *Cours de Droit Civil Positif Français*, v. II, n. 437; PLANIOL, RIPERT et BOULANGER, *Traité Élémentaire de Droit Civil*, v. II, n. 983; GEORGES RIPERT, *La Règle Morale dans les Obligations Civiles*, n. 89 e segs; HENRI CAPITANT, *Sur'l Abus des Droits*, in *Revue Trimestrielle de Droit Civil*, v. 27, ano 1928, p. 365. No Direito Brasileiro: JORGE AMERICANO, *Do Abuso do Direito no Exercício da Demanda*; TITO ARANTES, Abuso de Direito, *in Revista de Direito*, v. 114, p. 49; PAULO DOURADO DE GUSMÃO, Abuso de Direito, *in Revista Forense*, v. 118, p. 359 e v. 120, p. 372; JOSÉ OLIMPIO DE CASTRO FILHO, *Abuso de Direito no Processo Civil*; CAIO MÁRIO DA SILVA PEREIRA, Abuso de Direito, *in Revista Forense*, v. 159, p. 106; e ainda em *Responsabilidade Civil*, n. 238 e segs.

Aceita em tese, passa-se à determinação de seus extremos. Uma certa corrente, que eu denomino *subjetivista*, sustentava, na sua caracterização, o *animus nocendi*, ou seja, a intenção de prejudicar.

---

6   O Código Civil de 2002 acolheu o instituto do abuso de direito no art. 187: "Também comete ato ilícito o titular de um direito que, ao exercê-lo, excede manifestamente os limites impostos pelo seu fim econômico ou social, pela boa-fé ou pelos bons costumes."

É a que, no Direito Francês, obedece à orientação de JEAN CARBONNIER (*Droit Civil, Les Obligations*, n. 642, p. 654), com apoio na jurisprudência das Cortes, em proposição um tanto radical: abuso de direito se liga à existência de uma intenção de prejudicar, ou má-fé patente.

Mais realista, contudo, é a proposição, segundo a qual se dispensa o elemento anímico, a dizer que abusa de seu direito quem o exerce sem um real proveito para si mesmo (JOSSERAND, *De l'Esprit des Lois et de Leur Relativité*, n. 287). Em termos mais simples, PLANIOL et RIPERT (*Traité Pratique de Droit Civil*, v. 6, n. 575) entendem que pode alguém incorrer em abuso de direito quando o exerce de maneira incorreta ou infundada, independentemente da intenção de prejudicar.

Com a clareza habitual de seu estilo, SILVIO RODRIGUES (*Direito Civil*, v. 4, n. 17, p. 49 da edição de 1981) edita uma regra singela:

"Aquele que exorbita no exercício de seu direito, causando prejuízo a outrem, pratica ato ilícito, ficando obrigado a reparar. Ele não viola os limites objetivos da lei, mas, embora os obedeça, desvia-se dos fins sociais a que esta se destina, no espírito que a norteia."

## 2. O comportamento

O BANCO, como credor, tinha o direito de receber o que lhe era devido. Tinha também o direito de se resguardar mediante garantias que lhe assegurassem o respectivo recebimento. No exercício desses direitos, lícito lhe seria tomar as medidas cabíveis, dentro do razoável, ou no exercício regular de seu direito de credor.

O seu comportamento, entretanto, sai da craveira regular de um credor que se defende, e passa a impor à Consulente condições que a levaram à exaustão: como exportadora de café, a IMPORT/EXPORT ficou impossibilitada de negociar; e, como empresa imobiliária, a RC foi obstada na venda de lotes, esgotado o seu capital de giro, e transformado o ativo imobiliário em valores nulos, pelas imposições leoninas do BANCO.

Vejamos: bloqueou o café destinado à exportação; elevando paulatinamente e progressivamente o débito, negava à IMPORT/EXPORT financiamentos indispensáveis ao seu negócio; fechando as portas ao financiamento direto, obstou que a IMPORT/EXPORT obtivesse uma linha de crédito em outros estabelecimentos. Ao fim de algum tempo, a IMPORT/EXPORT foi escravizada às imposições do BANCO. Cada vez que se vencia um contrato, o Banco exigia mais garantias, impunha mais encargos, debitava juros vencidos na conta do principal, majorando a obrigação a tal ponto que o débito assumiu cifra astronômica.

Com a RC, a conduta do BANCO foi ainda pior. A uma devedora já garroteada, exigiu hipoteca incidente sobre todo o patrimônio imobiliário, de tal forma que, perante o grande público (e eventual comprador), a RC era impedida de vender. Aparentemente, abria a porta à venda de unidades *sub consulta* dele credor. Mas a autorização era concedida, mediante retenção de 40% em seu favor. Indo mais longe e mais a fundo no exercício abusivo de seu direito, impôs a um devedor, já asfixiado pelo próprio credor, que a retenção se elevasse a 70% (Escritura de 30.06.92). Como se isto não bastasse, estabeleceu que a retenção de 70% incidisse, *não sobre o preço da venda*, porém sobre *a avaliação dele*, BANCO. Desta sorte, praticamente fechou o comércio imobiliário da RC. Se esta encontrava comprador para um lote ou para dez lotes, a retenção de 70% como condição para liberar a alienação era às vezes igual e outras vezes maior de que o preço da venda, de tal sorte que a RC venderia por nada, ou venderia por um preço inferior ao valor da retenção, tudo na dependência do mercado.

Já garantido suficientemente, tomou em caução o crédito que a IMPORT/EXPORT obtivera em ação contra o Banco Central do Brasil.

O banco era credor. Tinha o direito de receber.

Mas o seu comportamento foi de tal ordem, que implicou exorbitar da faculdade normal de credor. Se este, para haver o que lhe é devido, procede de maneira infundada, conduzindo seu devedor à ruína, não está usando do seu direito; está cometendo abuso do seu poder creditório.

Qual era o interesse do credor? Evidentemente receber. Mas, pela sua conduta, exerceu seu direito em uma linha tal, que a sua atividade não era, como não foi, o proveito que auferiu. Com ou sem a intenção, esgotou suas devedoras IMPORT/EXPORT e RC, levando-as à impossibilidade de solver.

De exigência em exigência, asfixiou as devedoras, e ainda quer mais garantias: todo o espólio de AM, a fiança de sua viúva.

O comportamento do BANCO, abusivo e cruel, consistiu em autêntico abuso de direito, que desloca a sua situação de titular de direito a agente de ato ilícito, pelo qual deve responder por perdas e danos.

*Quesito Quarto*

O BANCO estaria obrigado a reparar os danos causados pelo abuso de direito?

RESPOSTA:

A resposta a este quesito já deflui, naturalmente, do anterior.

No momento em que o titular de um direito exorbita na sua conduta, e a transforma em malefício para a outra parte, transpõe barreira do justo e do legal.

De sujeito de um direito passa à categoria de uma agente de ato ilícito.

Descendo do plano doutrinário e jurisprudencial para o legislativo, vê-se bem que a tese da reparação do dano causado pelo exercício abusivo do direito encontra suporte no art. 160, n. I, do Código Civil[7] como no art. 3º do Código de Processo Civil.

---

7   CC 2002, art. 187.

Ninguém melhor do que JOSÉ DE AGUIAR DIAS, o mestre da responsabilidade civil, para proclamar que se a conduta do titular do direito descamba para a ilegitimidade, insere o abuso de direito no campo do ilícito.

E todo aquele que procede ilicitamente tem o dever de indenizar o prejuízo.

Sendo o abuso de direito um comportamento ilícito (JOSÉ DE AGUIAR DIAS), sujeita o BB ao pagamento de perdas e danos na forma do que dispõe o art. 1.059 do Código Civil:[8]

*Dano emergente* – o que a IMPORT/EXPORT efetivamente perdeu;

*Lucro cessante* – o que razoavelmente deixou de ganhar.

A apuração teria por objeto o prejuízo direto (*damnum emergens*) acrescido do que auferiria na venda oportuna de imóveis, e rentabilidade do produto das vendas (*lucrum cessans*).

Isto sem se falar no *dano moral* consequente ao descrédito no mercado, como empresa imobiliária.

## Quesito Quinto

Há fundamento jurídico que sustente pedido judicial de liberação de hipoteca, quando o credor está garantido por caução "pro solvendo" de crédito líquido e certo contra o Governo Federal bem superior ao da dívida, e tendo em vista que os imóveis hipotecados são bens do comércio da garantidora?

RESPOSTA:

Já mostrei na Resposta ao Segundo Quesito que, na execução de crédito pignoratício, anticrético ou hipotecário, a penhora, preferencialmente, recairá sobre a coisa dada em garantia.

Pela cláusula Décima Quarta da escritura de 30.06.1992, a devedora IMPORT/EXPORT cedeu ao BANCO em garantia e *pro solvendo* os direitos e créditos resultantes da ação de indenização contra o Banco Central do Brasil, devidamente caracterizados. Passada em julgado a sentença, foi expedido o Precatório, e regularmente processado.

Por essa cláusula foi constituída em favor do BANCO uma caução ou penhor de um crédito da IMPORT/EXPORT, resultante da referida ação de indenização contra o BACEN.

Reconhecido o penhor, o BANCO requereu que o pagamento do aludido crédito fosse efetuado a ele BANCO.

Na forma, portanto, do disposto no art. 655, § 1º, o BANCO, ao executar crédito resultante da Escritura de 30.06.1992, estará procedendo como credor pignoratício.

Nesta conformidade a penhora, *ex vi legis*, deve recair sobre a coisa dada em garantia (o crédito caucionado corporificado no precatório).

---

[8] – Dispositivo correspondente no Código Civil 2002:
"Art. 402. Salvo as exceções expressamente previstas em lei, as perdas e danos devidas ao credor abrangem, além do que ele efetivamente perdeu, o que razoavelmente deixou de lucrar."

Assim sendo, proceder-se-á na forma do que dispõe o art. 671.

Se o BANCO requerer a penhora dos imóveis hipotecados conjuntamente com o crédito caucionado, incidirá em excesso de penhora, o que implicará sua redução. E neste caso terá que se limitar ao crédito caucionado, uma vez que este excede ao valor da dívida, e tanto mais que representa importância líquida e certa, e de efetivação compulsória, assegurada por verba inscrita no Orçamento da União.

Se o BANCO propender para a penhora exclusivamente dos imóveis hipotecados, os Devedores poderão requerer a sua substituição pela penhora do crédito, e que a execução prossiga com observância do art. 671 do CPC, conforme esclarece SAHIONE FADEL, em *Comentário* ao referido artigo.

Vamos resumir.

É muito mais razoável que se percorra via processual mais simples e menos onerosa. A execução incidente em coisa imóvel é sujeita a procedimento complexo. Reversamente, se tiver por objeto o crédito apenhado, a execução far-se-á por liquidação direta e pagamento em dinheiro, porque o precatório constitui valor prioritário por força de lei e obediente à ordem de inscrição, posto à disposição do Poder Judiciário.

Somente por "abuso de direito" e propósito maléfico de prejudicar os Devedores poderia o BANCO optar pelo praceamento de bens imóveis, guardando o crédito apenhado, sem qualquer proveito, aliás. O procedimento pela via da execução do crédito caucionado proporcionaria ao credor via mais simples, e aos devedores gravames menores... A não ser que o propósito do BANCO seja arruinar estes últimos.

Não tem cabimento, e não se justifica mesmo, que o BANCO proceda dessa forma. Ele já se definiu oficialmente e judicialmente pelo recebimento do Precatório. Incabível volte atrás e vá insistir em uma excussão hipotecária, onerosa, demorada e de resultado menos certo do que a via do recebimento direto de um crédito que ele próprio já proclamou lhe pertencer, e já se encontra à disposição da Justiça.

Sendo o valor da caução (cessão *pro solvendo* do crédito de IMPORT/EXPORT contra o BACEN) superior ao valor da dívida, a consequência será, forçosamente, a liberação da hipoteca.

Nesta conformidade, não poderia o BANCO, a não ser por capricho ou má-fé, manter a garantia hipotecária, com grande dano para a RC, o que constitui abuso de direito, conforme expliquei.

*Quesito Sexto*

É válida a fiança prestada por Espólio sem autorização judicial?

RESPOSTA:

O Inventariante exerce função transitória e administrativa. Por tal razão o Código de Processo Civil lhe dá incumbências específicas que normalmente lhe competem, na forma do artigo 991. Entre elas os incisos I e II dizem por expresso:

"I – representar o Espólio ativa e passivamente, em juízo ou fora dele, observando-se, quanto ao dativo, o disposto no art. 12, § 1º (o que na espécie não se aplica por se não tratar de inventariante dativo).
II – Administrar o espólio, velando-lhe os bens com a mesma diligência como se seus fossem."

O Código Civil não contém capítulo especial destinado à figura jurídica da "representação" *in genere*.[9] Ao revés, adota uma técnica dispersiva, cogitando, separadamente, da representação convencional (mandato), e da representação legal (pátrio poder, tutela, curatela). Segue uma linha que se pode considerar constante, segundo a qual distingue os atos de gestão e os atos de disposição.

Em linha de princípio, quem tem a seu cargo bens alheios a zelar, pode praticar os atos de administração ordinária.

Neste rumo é a atividade do inventariante: representa o espólio com poderes de administração.

CARLOS MAXIMILIANO (*Direito das Sucessões*, Rio de Janeiro, ed. Freitas Bastos, 1952, v. I, 1436, p. 291) – "O Inventariante administra o espólio" – e discrimina detalhadamente os atos de administração, entre os quais não se inclui poder de disposição.

MARCO AURÉLIO S. VIANNA (*Teoria e prática do Direito das Sucessões*, São Paulo, Saraiva, 1987, n. 124, p. 193) – "O Inventariante administra todos os bens, com prudência e zelo (...) Quanto à venda dos bens da herança, depende de audiência dos interessados e alvará judicial."

Voltando ao CPC, cuida o art. 992 da prática de atos que excedem à administração ordinária, subordinados a que sejam ouvidos os interessados e à autorização do Juiz.

*Dar fiança* é ato que exorbita da administração ordinária; portanto não a pode outorgar o inventariante, sem prévia audiência dos interessados e autorização judicial.

Em resposta específica ao quesito, é inválida a fiança prestada por espólio sem prévia anuência da autoridade judicial.

Assim respondo aos QUESITOS e desta maneira emito o meu Parecer.

---

[9] "O instituto da representação não fora sistematizado no Código Civil de 1916, como já se encontrava no Código Civil alemão (§§ 164 a 181), e como viria ser no Código italiano de 1942 (arts. 1.387 e segs.), entre outros. A representação legal dispersava-se pelas disposições relativas à incapacidade, ao pátrio poder, à tutela; e a representação convencional concentrava-se na dogmática do mandato. No Projeto de Código de Obrigações de 1965 ordenei os princípios gerais referentes ao assunto, os quais foram quase literalmente transpostos para este capítulo do Código Civil de 2002 (arts. 115 e segs.)." (*Instituições de Direito Civil*, 21ª ed., atualizada de acordo com o Código Civil de 2002, Forense, Rio de Janeiro, 2006, v. 1)..

# 12

**Fatos**  Envio de correspondência com proposta de venda de participação acionária, a ser aceita dentro de certo prazo. Alienação da participação acionária a terceiro antes de escoado o prazo. Aceitação da proposta dentro do prazo estabelecido e após a venda das ações ao terceiro. Alegação, pelo vendedor, de que não estava vinculado à proposta inicialmente enviada. Exigência do cumprimento do contrato pela sociedade receptora da correspondência.

**Direito**  Formação do contrato por via epistolar. Presença dos elementos essenciais: coisa, preço e consentimento. Inexistência de forma prescrita em lei para a compra e venda de participação acionária. Vínculo contratual válido e eficaz. Hermenêutica da vontade contratual. Aplicação das Segunda e Sexta Regras de Interpretação de Pothier. Obrigação alternativa. Inexequibilidade de uma das prestações: concentração automática na prestação subsistente. Descumprimento do dever contratual. Inadimplemento da prestação subsistente. Devedor sujeito ao pagamento do valor da prestação que por último se impossibilitou e ao pagamento das perdas e danos. Dano emergente: valor da participação acionária. Lucro cessante: quantia calculada pela valorização da participação acionária no período compreendido entre a data em que deveria ter sido ultimado o negócio e a decisão judicial a ser proferida. Exceção de contrato não cumprido em contrato de compra e venda. Prestações simultâneas. Caução prestada por instituição financeira em benefício da vendedora, a ser levantada mediante a entrega das ações. Garantia fidejussória idônea: equivalência do depósito do preço. Impossibilidade de a vendedora invocar a *exceptio non adimpleti contractus*.

A empresa CL PARTICIPAÇÕES LTDA., através de correspondência enviada à XYZ PARTICIPAÇÕES LTDA. em 24 de maio de 1999, comprometeu-se a vender a participação acionária de 17,5% do capital social da empresa MTN COMUNICAÇÕES S.A. Ficou estipulado que tal venda poderia se dar através de participação acionária, direta ou indireta, pelo valor equivalente a doze milhões e quinhentos mil dólares norte-americanos, que deveriam ser pagos, com base na cotação média de compra e venda, no prazo de sessenta dias contados daquela missiva.

No dia 09 de julho de 1999, a CL PARTICIPAÇÕES LTDA. alienou a terceiros toda a sua participação acionária na MTN COMUNICAÇÕES S.A., inviabilizando a possibilidade de cumprir o compromisso assumido com a XYZ PARTICIPAÇÕES LTDA no tocante à venda direta de 17,5% do capital social da MTN.

Em data de 21 de julho de 1999, antes, portanto, dos sessenta dias estipulados para o pagamento do preço de venda das ações, a XYZ enviou carta à CL PARTICIPAÇÕES LTDA., declarando estar o preço ajustado à disposição daquela empresa, devendo ser pago na ocasião da transferência das ações, por força do artigo 1.092 do Código Civil.[1]

No dia 25 de julho seguinte, quatro dias após a carta citada no item anterior, a CL enviou correspondência à XYZ, pela qual declarou não estar vinculada ao compromisso de venda assumido no documento de 24 de maio de 1999, uma vez que tal documento seria mero encaminhamento de negociação.

No mesmo dia 25 de julho, a XYZ respondeu àquela carta, afirmando ser indiscutível o seu direito à aquisição da participação acionária em questão, vez que todas as condições já estavam definidas na carta-compromisso de 24 de maio de 1999.

Em 13 de setembro de 1999, a empresa CL PARTICPAÇÕES LTDA. notificou, através de Cartório de Títulos e Documentos, a XYZ de que a operação ajustada com esta não se implementaria, liberando a XYZ para as medidas julgadas cabíveis.

QUESITOS:

1º A correspondência enviada pela empresa CL PARTICIPAÇÕES LTDA. à XYZ PARTICIPAÇÕES LTDA., datada de 24 de maio de 1999, em que a remetente propõe e confirma a existência de acordo com a XYZ para venda de 17,5% de ações

---

[1] "Art. 1.092. Nos contratos bilaterais, nenhum dos contraentes, antes de cumprida a sua obrigação, pode exigir o implemento da do outro. Se, depois de concluído o contrato, sobrevier a uma das partes contratantes diminuição em seu patrimônio, capaz de comprometer ou tornar duvidosa a prestação pela qual se obrigou, pode a parte, a quem incumbe fazer prestação em primeiro lugar, recusar-se a esta, até que a outra satisfaça a que lhe compete ou dê garantia bastante de satisfazê-la.
Parágrafo único. A parte lesada pelo inadimplemento pode requerer a rescisão do contrato com perdas e danos."
– Dispositivos correspondentes no Código Civil de 2002:
"Art. 475. A parte lesada pelo inadimplemento pode pedir a resolução do contrato, se não preferir exigir-lhe o cumprimento, cabendo, em qualquer dos casos, indenização por perdas e danos.
Art. 476. Nos contratos bilaterais, nenhum dos contratantes, antes de cumprida a sua obrigação, pode exigir o implemento da do outro.
Art. 477. Se, depois de concluído o contrato, sobrevier a uma das partes contratantes diminuição em seu patrimônio capaz de comprometer ou tornar duvidosa a prestação pela qual se obrigou, pode a outra recusar-se à prestação que lhe incumbe, até que aquela satisfaça a que lhe compete ou dê garantia bastante de satisfazê-la."

do capital social da empresa MTN COMUNICAÇÕES S.A., de forma direta ou indireta, bem como a aposição do "de acordo" pela XYZ PARTICIPAÇÕES LTDA., na mesma carta, configuram um vínculo contratual entre as aludidas partes?

2º A proposta de venda da participação acionária, de forma direta ou indireta, contida na missiva supra referida, se enquadra como obrigação alternativa?

3º O conteúdo integral da correspondência antes mencionada, cotejado com a letra específica dos parágrafos segundo e terceiro da mesma, redunda na conclusão de que tais parágrafos referem-se unicamente à obrigação de cessão da participação acionária de forma indireta?

4º O organograma da parte final do segundo parágrafo da supra citada correspondência é vinculativo, ou o vocábulo "preferencialmente" caracteriza que, tendo a CL PARTICIPAÇÕES LTDA. possibilidades de outorgar a participação acionária indireta por outros meios que não pela forma descrita naquele organograma, deve fazê-lo, de qualquer modo, a fim de cumprir sua obrigação?

5º A impossibilidade ou o descumprimento da obrigação de transferência acionária indireta, assumida pela CL, redunda na sua obrigação de fazer tal transferência de forma direta, à luz do art. 885 do Código Civil Brasileiro?[2]

6º Em virtude do descumprimento obrigacional por parte da CL, é possível à XYZ pleitear judicialmente a conclusão coativa do negócio, direta ou indiretamente, por via de ação ordinária com cominação de multa, formulando pedidos alternativos e sucessivos, a saber:

a) que cumpra a obrigação de forma direta; ou
b) que cumpra a obrigação de forma indireta?

7º Não tendo mais CL possibilidade de entregar, direta ou indiretamente, a participação acionária ajustada, poderia a XYZ requerer judicialmente, a título de lucros cessantes, a normal e razoável valorização da participação acionária em questão, no período compreendido entre a data em que deveria ter sido ultimado o negócio e a decisão judicial que venha a ser proferida?

8º A apresentação pela XYZ, por via de medida cautelar de caução (Código de Processo Civil, arts. 826 e segs.), de instrumento de garantia fidejussória idônea, no valor igual ao preço acordado para a transferência das ações (a quantia em $, equivalente a doze milhões de dólares norte-americanos – US$ 12.500.000,00), significa efetiva oferta do preço, e consequente implemento da obrigação de pagar, e, ainda, a integral observância ao preceito contido no art. 1.092 do Código Civil?

---

2    "Art. 885. Se uma das duas prestações não puder ser objeto de obrigação, ou se tornar inexequível, subsistirá o débito quanto a outra."
– Dispositivo correspondente no Código Civil de 2002:
"Art. 253. Se uma das duas prestações não puder ser objeto de obrigação ou se tornada inexequível, subsistirá o débito quanto à outra."

## PARECER

*Considerações prévias*

Tal como acima, a matéria se desdobra em duas questões essenciais:
A – Formação do contrato
B – Interpretação de suas cláusulas

*A – Formação do Contrato*

CL enviou à XYZ uma "Carta" em 24 de maio de 1999, na qual deixou consignado o seu acordo no sentido de VENDER à XYZ a "participação acionária", direta ou indiretamente, representativa de 17,5% do capital social da empresa MTN, por ela controlada, pelo valor, em moeda corrente nacional, equivalente a US$ 12.500.000,00 (doze milhões e quinhentos mil dólares norte-americanos).

Na mesma "carta", a signatária solicita que XYZ assine na cópia, "em sinal de expressa concordância com o que nela se contém".

Na forma pedida, e abaixo das palavras "DE ACORDO" que bem se vê integram a própria "Carta" e, pelo tipo de máquina, foram escritas pelo seu signatário, XYZ assinou.

Está firmado o contrato.

Não pode restar dúvida quanto à natureza deste.

Por duas maneiras CL poderia formular a proposta: ou diria "no sentido de lhes prometermos vender..." ou na modalidade adotada "no sentido de lhes vender".

No primeiro caso, haveria uma "promessa de compra e venda" cujo objeto seria o contrato principal futuro, e, neste caso, a alienação dependeria de uma nova "declaração de vontade alienatária". "Contrato preliminar é o contrato pelo qual uma das partes, ou ambas, se comprometem a celebrar um outro contrato, que será o contrato principal" (VON THUR, *Obligaciones*, v. I, p. 188).

No segundo caso e desde logo, existe um contrato de COMPRA E VENDA perfeito e acabado, independente de outro contrato principal e futuro.

Efetivamente, todos os elementos estão presentes: a coisa, o preço e o consentimento desenganadamente manifestado pela "proposta" da CL e "aceitação" da XYZ.

São estes os termos do art. 1.126 do Código Civil.[3] Desde que as partes acordem no objeto e no preço, "a compra e venda considerar-se-á obrigatória e perfeita".

Se mister houvesse de um batismo doutrinário, ninguém melhor para oficiá-lo de que CLÓVIS BEVILÁQUA, em *Comentário* (edição histórica, v. II, p. 238 e segs): "res, pretium et consensus" são os elementos constitutivos da compra e venda".

---

3  "Art. 1.126. A compra e venda, quando pura, considerar-se-á obrigatória e perfeita, desde que as partes acordarem no objeto e no preço."
– Dispositivo correspondente no Código Civil de 2002:
"Art. 482. A compra e venda, quando pura, considerar-se-á obrigatória e perfeita, desde que as partes acordarem no objeto e no preço."

A coisa está definida: "participação acionária representativa de 17,5% do capital social da MTN".

O preço vem estabelecido: quantia em moeda nacional, equivalente a US$ 12.500.000,00. Não se trata de um preço estipulado em moeda estrangeira. É bem expresso que o pago será em moeda de curso legal no país. A menção à moeda estrangeira foi adotada como referência.

Determinada a coisa – *res* –, estipulado o preço – *pretium* – e manifestado o consentimento – *consensus* –, está formado o contrato de compra e venda, perfeito e obrigatório.

O fato de se não haver adotado forma sacramental para o acordo de vontades, porém utilizada a via epistolar, não lhe retira a validade e o efeito. A lição é de EDMOND MESNARD:

"Elas (as cartas) podem fazer a prova completa das obrigações, confissões ou declarações que elas relatam, uma vez que os termos empregados não deem lugar a nenhuma dúvida, a nenhum equívoco, não somente sobre o que é reconhecido ou declarado, mas sobre o caráter sério e definitivo destas declarações" (*Des Lettres Missives*, Paris, Librairie des Juris-Classeurs, 1930, p. 51).

Sobre o direito à prova, por via de carta, FRANÇOIS GENY, o consagrado mestre, é muito preciso, ao resumir sua lição:

"O princípio do direito à prova, tal como acabamos de reconhecê-lo em matéria de cartas missivas, parece bem, a priori, nos ditar uma resposta afirmativa" (*Des Droits sur les Lettres Missives, Recueil Sirey*, 1911, v. II, n. 181, p. 93).

Em resumo, a primeira questão, da formação do contrato, está bem resolvida: por via da carta de 24 de maio de 1999, está formado o contrato de compra e venda.

B – *Interpretação de suas cláusulas*

Celebrado que foi o contrato, não resta dúvida sobre o seu efeito, porque é de lei. Código Civil, art. 1.122:[4]

"Pelo contrato de compra e venda, um dos contratantes se obriga a transferir o domínio de certa coisa, e o outro, a pagar-lhe certo preço em dinheiro."

Pelo mesmo direito, a compra e venda é contrato "consensual". Não exige forma prescrita, nem necessita da tradição da coisa para ser perfeito.

---

4 – Dispositivo correspondente no Código Civil de 2002:
"Art. 481. Pelo contrato de compra e venda, um dos contratantes se obriga a transferir o domínio de certa coisa, e o outro, a pagar-lhe certo preço em dinheiro."

Perfeito, desde que haja consenso sobre a coisa e o preço, gera a obrigação de entregar a *res vendita*.

O vendedor não pode recusá-la, sob pena de sofrer as consequências.

Se a prestação, gerada pelo contrato, é corporificada em coisa definida como uma só unidade, executar-se-á pela sua *traditio*.

Se se trata de obrigação alternativa, sem menção de a quem compete a escolha, esta se acha a cargo do devedor (Código Civil, art. 884).[5]

A compra e venda, portanto, gera a obrigação de entregar a coisa, e se for alternativa a prestação, sem se indicar a quem compete a escolha, cabe esta ao vendedor, que é o devedor da entrega da coisa.

Feitas estas considerações, passo a responder:

*Ao Primeiro Quesito*

Sim. Foi levantada dúvida sobre a natureza jurídica da carta de 24.05.1999, no sentido de se definir como mera negociação preliminar ou tratativa; ou a revés constituir contrato de compra e venda.

As negociações preliminares ou tratativas (*tractatus, trattative, pourparlers*) se limitam a conversas prévias. São conversações, sondagens.

As negociações preliminares ou tratativas (*pourparlers*) têm por fim desembaraçar (*deblayer le terrain*), preparar o contrato, examinar se este é possível (DE PAGE, Traité, tomo II, 1ª parte, n. 498, p. 469).

Delas (negociações preliminares) decorre a "oferta" ou proposta, a emissão definitiva de uma das vontades (*émission definitive d'une des volontés*).

A aceitação da proposta perfaz o acordo de vontades, e forma o contrato: *L'acceptation de l'offre parfait l'accord des volontés, et forme le contrat* (DE PAGE, n. 523).

No caso da consulta, não se mencionam em documento as conversações prévias. Sabe-se, contudo, que datam de alguns meses, antes de maio de 1999. A Carta de 24.05.1999 não contém elementos preparatórios. Por ela, CL propõe a venda (polici-

---

[5] "Art. 884. Nas obrigações alternativas, a escolha cabe ao devedor, se outra coisa não se estipulou.

§ 1º Não pode, porém, o devedor obrigar o credor a receber parte em uma prestação e parte em outra.

§ 2º Quando a obrigação for de prestações anuais, subentender-se-á, para o devedor, o direito de exercer cada ano a opção."

– Dispositivo correspondente no Código Civil de 2002:

"Art. 252. Nas obrigações alternativas, a escolha cabe ao devedor, se outra coisa não se estipulou.

§ 1º Não pode o devedor obrigar o credor a receber parte em uma prestação e parte em outra.

§ 2º Quando a obrigação for de prestações periódicas, a faculdade de opção poderá ser exercida em cada período.

§ 3º No caso de pluralidade de optantes, não havendo acordo unânime entre eles, decidirá o juiz, findo o prazo por este assinado para a deliberação.

§ 4º Se o título deferir a opção a terceiro, e este não quiser, ou não puder exercê-la, caberá ao juiz a escolha se não houver acordo entre as partes."

tação) e XYZ assina o "de acordo" (aceitação). Está formado o contrato. Contrato de compra e venda.

*Ao Segundo Quesito*

A proposta de venda constitui obrigação alternativa.

Alternativa, em doutrina, se diz que é a prestação, e por metonímia a obrigação. Duas ou mais coisas constituem objeto da obrigação – *plures res in obligatione* – mas o devedor se libera pagando (ou solvendo) uma só delas – *una autem in solutione* –, extinguindo-se o vínculo (MAZEAUD et MAZEAUD, *Leçons*, v. II, n. 1048).

A cláusula primeira da Carta de 24.05.1999 menciona que a CL manifesta o acordo de vender a participação acionária direta ou indireta.

A venda é sempre da participação acionária. A alternativa versa o modo como seria objetivada – direta ou indireta.

É a interpretação do próprio contrato que a isto conduz. Nas *Oeuvres* de POTHIER coordenadas por BUGNET, v. 2, p. 49, lê-se a Sexta Regra, a dizer:

"On doit interpréter une clause par les autres clauses contenues dans l'acte soit qu'elles précèdent, ou qu'elles suivent."

Na tradução que eu ofereço em minhas *Instituições de Direito Civil*, v. II, n. 189, está:

"As cláusulas contratuais interpretam-se uma em relação às outras, sejam antecedentes sejam consequentes."

A primeira cláusula da Carta-contrato alude à "participação acionária"; a cláusula segunda reproduz a menção à "participação acionária" como a prestação, que é o modo de se implementar a operação.

A participação acionária não comporta, em si mesma, nenhuma alternatividade, em relação a algum outro objeto, prestação, ou elemento, principal ou acessório.

Devendo transferir ações que viessem a compor 17,5% do capital da MTN, à XYZ interessava que os 17,5% fossem da própria MTN (participação direta) ou se integrasse com ações de outra sociedade também pertencente à CL, que fosse igualmente acionista da MTN (participação indireta).

Daí a alternativa: a venda teve por objeto uma prestação consistente em participação acionária, direta ou indireta.

*Ao Terceiro Quesito*

Não obstante comprometida a CL com a XYZ pela venda efetuada, a mesma vendedora, no dia 09 de julho de 1999, alienou a terceiros a totalidade de sua participação acionária na MTN.

Com este procedimento, ao arrepio da obrigação de entregar, tornou-se inviável a transferência ou cessão de ações da CL (participação direta) na cifra 17,5%.

Como a cláusula primeira admitia que a participação acionária vendida fosse direta ou indireta, a conclusão é que, esgotada a participação direta, a venda somente se implementaria mediante a transferência da participação acionária indireta.

O que interessava à XYZ, e lhe convinha, era ter garantida participação acionária representando 17,5% do capital da MTN.

Este desideratum ainda era e é possível, porque a CL ainda é titular de outras ações, o que permite à XYZ ter participação no capital da MTN, tal como lhe convém, e foi objeto da Carta-contrato.

*Ao Quarto Quesito*

O contrato de venda de 24.05.1999 oferece no segundo parágrafo um organograma de um modelo de distribuição acionária.

A dúvida que se levantou, por parte da CL, foi sobre a sua natureza. Aliás, não foi propriamente uma dúvida. A CL sustenta que o organograma é forma obrigatória de composição acionária final, erigida em condição do negócio.

Para melhor entendimento, cumpre atentar nos seus termos.

Em primeiro lugar, usa o vocábulo "modelo", que significa uma forma a ser seguida, uma representação, ou tipo de distribuição acionária.

Em segundo lugar, este modelo seria "preferencialmente" utilizado. Quando se pretende que tal rumo tem preferência a ser seguido, admite-se que há outros ou ao menos um outro. Um ou dois podem ser adotados. Se os interessados o "preferirem", tanto melhor. Se, porém, por qualquer motivo não puder sê-lo, outro molde não está excluído.

É este o sentido: "preferencialmente" jamais significa "obrigatoriamente".

O clássico da hermenêutica da vontade negocial ensina que "para interpretar uma declaração de vontade se devem ter sempre em conta as circunstâncias do caso" (ERICH DANZ, *Interpretação dos Negócios Jurídicos*, § 5º, p. 59).

E mais adiante, na mesma obra (§ 10, p. 104), assinala enfaticamente:

"É importantíssimo para o intérprete conhecer os fins econômicos que as partes tinham em vista ao contratar."

Atentando no documento básico – a Carta de 24.05.1999 –, não se pode perder de vista que as circunstâncias envolventes do caso projetavam a intenção da XYZ adquirir uma participação acionária de 17,5% no capital da MTN. E os fins objetivados no contrato de compra dirigiram-se precisamente neste rumo. Uma interpretação da cláusula contratual que não observasse essas circunstâncias e contrariasse esses fins conduziria a que o negócio jurídico não tivesse qualquer resultado. Teriam, portanto, contratado para nada.

Mesmo que o vocábulo "preferencialmente" pudesse ter dois sentidos, haveria de ser entendido naquele em que produz efeito, e não naquele outro em que nenhum efeito produz. Esta é a sabia segunda regra de POTHIER:

"Lorsqu'une clause est susceptible de deux sens, on doit plutôt l'entendre dans celui dans lequel elle peut avoir quelque effet, que dans celui lequel elle n'en pourrait avoir aucun."

Na forma simplificada de minha apresentação eu a menciono, no lugar citado acima, de minhas *Instituições*, assim:

"Quando uma cláusula for suscetível de dois entendimentos, deve ter aquele em que possa produzir algum efeito, e não no em que nenhum possa gerar."

Pois é claro. Se a carta-contrato, pelo entendimento de uma palavra, não produzisse o efeito querido (a venda da participação acionária) por se atribuir ao vocábulo "preferencialmente" o sentido de "obrigatoriedade", chegar-se-ia a concluir que não produz o efeito mencionado na cláusula primeira.

É óbvio, então, que não foi com este sentido que se empregou, senão no outro, segundo o qual seria lícito transferir a participação acionária indireta, em divergência do que representa o organograma que, portanto, não tem efeito vinculativo.

*Ao Quinto Quesito*

Pelo que consta do dossiê que me foi presente, a CL, não obstante haver alienado forte lote de ações, ainda possui um grande número que, em cumprimento do avençado, pode ser transferido à XYZ.

O art. 885 do Código Civil estabelece:

"Se uma das duas prestações não pode ser objeto de obrigação ou se tornar inexequível, subsistirá o débito quanto a outra."[6]

Pela sua própria natureza, na *obligatio* alternativa, o devedor está sujeito a duas coisas, como objeto da obrigação. É do próprio conceito desta modalidade obrigacional, como enunciado acima – *plures res in obligatione*.

Na solução, o devedor (se lhe cabe a escolha ou se não foi convencionado o contrário) pode entregar uma delas, liberando-se do vínculo.

É o que, em doutrina, se diz "concentração" da obrigação.

Ocorrendo a impossibilidade ou o descumprimento de uma delas, dá-se a "concentração" automática, ou *ex re ipsa*. A obrigação que era alternativa, com *duae res in*

---

6 – Dispositivo correspondente no Código Civil de 2002:
"Art. 253. Se uma das duas prestações não puder ser objeto de obrigação ou se tornada inexequível, subsistirá o débito quanto a outra."

*obligatione*, passa a ser pura e simples e neste caso o devedor tem de cumprir, com a entrega daquela que restou *in obligatione*, porque somente ela resta *in solutione*.

CLÓVIS BEVILÁQUA, de quem tantas vezes me socorro, esclarece de maneira palmar, em *Comentário* ao referido artigo (edição histórica, v. II, p. 26):

> "A concentração da obrigação, no caso previsto pelo artigo, resulta dos fatos e não da vontade unilateral daquele a quem cumpria o direito de opção. Ambas as prestações eram devidas, *erant in obligatione*. Eliminou-se uma delas, não há mais escolha a fazer, só uma prestação é devida, a obrigação torna-se pura e simples."

É o que ocorre na hipótese prevista no quinto quesito. Concentração automática, por força do inadimplemento da CL. Na remanescente concentra-se a obrigação de fazer.

*Ao Sexto Quesito*

A carta de 24.05.1999, pelos seus termos, envolve uma obrigação de fazer, que se executa pela entrega de uma coisa. A CL tem de operar a transferência da participação acionária, mediante a prestação de um fato, com inscrição do ato no livro próprio. Transferência acionária não se executa por um fato material, como a entrega de uma saca de café ou um livro. Exige a participação do devedor através de um ato de vontade.

Descumprido seu dever contratual, cabe a outorga do provimento judicial que substitui a emissão de vontade recusada ou impossibilitada pelo procedimento irregular da devedora.

Pela carta de 24.05.1999, ao concluir a venda da participação acionária, CL obrigou-se a transferir certo número de ações, direta ou indiretamente, de forma a assegurar à XYZ 17,5% do capital social da MTN.

Não o tendo feito, devido a negócio jurídico que envolveu inadimplência, cabe à XYZ ação para compeli-la a fazê-lo, seja mediante cessão das suas ações no referido capital (execução de forma direta), seja mediante a cessão de ações da MXOM S.A., integrantes do capital da MTN, integradas no da CL (execução indireta).

A CL, alienando as ações, inviabilizou a execução direta do contrato celebrado.

Como a carta de 24.05.1999, que serviu de instrumento, a venda da participação acionária somente se completa com o ato jurídico da transferência; exige a complementação através de um complexo procedimento, integrado na emissão de um ato de vontade, a ser cumprido diretamente pelo devedor, ou por um ato equivalente a um contrato. E, nesse caso, cabe a execução indireta por via de sentença.

O documento básico – Carta-contrato de 24.05.1999 – contém uma obrigação alternativa: vender a participação acionária, direta ou indireta.

A indagação contida no Quesito 6º encontra resposta no art. 288 do CPC:

> "O pedido será alternativo, quando, pela natureza da obrigação, o devedor puder cumprir a obrigação de mais de um modo."

É precisamente o caso: podendo a CL cumprir a obrigação de forma direta ou indireta (alternativa), é lícito à XYZ formular pedido judicial, como fez, de forma alternativa, isto é, que seja CL compelida, por sentença, a transferir a participação acionária direta ou indireta, sob cominação de multa, que possa tornar efetiva a sua execução.

## Ao Sétimo Quesito

O quesito prevê a hipótese de impossibilidade total de cumprimento da obrigação, de forma direta ou indireta.

Em tal ocorrendo, recai a hipótese em o disposto no art. 886[7] do Código Civil:

"Se, por culpa do devedor, não se puder cumprir nenhuma das prestações, não competindo ao credor a escolha (isto é, competindo ao próprio devedor), ficará aquele obrigado a pagar o valor da que por último se impossibilitou, mais as perdas e danos que o caso determinar."

A explicação do inciso é, ao mesmo tempo, solução da espécie. Diz TITO FULGÊNCIO:

"A duas sanções fica o devedor sujeito, a saber:
1º pagar o valor da prestação que por último se impossibilitou, mais
2º pagar as perdas e danos que o caso determinar" (*Do Direito das Obrigações*, n. 162, p. 167).

É, portanto, pacífico, na lei e na doutrina, que na impossibilidade de cumprimento de ambas as obrigações, por culpa do devedor, estará ele sujeito à composição das perdas e danos.

Neste passo, é de se invocar o disposto no art. 1.059 do Código Civil,[8] que especifica em que consistem as perdas e danos: o dano emergente e o lucro cessante.

O *damnum emergens* consiste no valor da participação acionária, a ser determinado pelo valor da que por último se impossibilitou.

O *lucrum cessans* deve ser calculado pela valorização da participação acionária, eventualmente ocorrida a partir de quando se positivou a inadimplência, até a data em que, na liquidação da sentença a ser proferida, ficar acertada a quantia correspondente.

---

7 – Dispositivo correspondente no Código Civil de 2002:
"Art. 254. Se, por culpa do devedor, não se puder cumprir nenhuma das prestações, não competindo ao credor a escolha, ficará aquele obrigado a pagar o valor da que por último se impossibilitou, mais as perdas e danos que o caso determinar."

8 "Art. 1.059. Salvo as exceções previstas neste Código, de modo expresso, as perdas e danos devidos ao credor abrangem, além do que ele efetivamente perdeu, o que razoavelmente deixou de lucrar."
– Dispositivo correspondente no Código Civil de 2002:
"Art. 402. Salvo as exceções expressamente previstas em lei, as perdas e danos devidas ao credor abrangem, além do que ele efetivamente perdeu, o que razoavelmente deixou de lucrar."

*Ao Oitavo Quesito*

O quesito oitavo tem em vista a matéria contida no art. 1.092 do Código Civil,[9] e cobre a eventual arguição pela CL, no sentido de que se eximiria de efetuar a transferência da participação acionária à XYZ, pelo fato de ainda não lhe ter pago a quantia estipulada na cláusula primeira da Carta-contrato.

Não é rara a invocação da exceção de contrato não cumprido – *exceptio non adimpleti contractus* –, que o dispositivo representa, para acobertar um comportamento de má-fé.

Fácil, entretanto, é entender a regra do citado artigo. Quando se trata de prestações sucessivas, é tranquila a invocação da *exceptio*: ao que tem de prestar em segundo lugar, cabe o direito de recusar sua prestação, se o outro faltou com a sua – *non servanti fidem non est fides servanda*.

Problema, às vezes, ocorre quando as prestações são simultâneas, ou quando o contrato não dispõe sobre a ordem das prestações: um contratante recusa prestar sob alegação de que o outro ainda não o fez; e, vice-versa, o outro faz a mesma alegação.

Desta sorte, arma-se um círculo vicioso, dificultando ao julgador definir qual o inadimplente.

Em tal caso, eu advirto em minhas *Instituições de Direito Civil* (forte em ENNECCERUS, *Tratado Derecho de Obligaciones*, v. I, § 33) que a defesa de contrato não cumprido não pode servir de cobertura para o contratante de má-fé.

Num primeiro plano, a invocação do art. 127 do Código Civil[10] é prestimosa:

"Os atos entre vivos, sem prazos, são exequíveis desde logo, salvo se a execução tiver de ser feita em lugar diverso ou depender de tempo."

É a regra advinda do Direito Romano: *quod sine die debetur statim debetur*.

Num contrato de compra e venda, sem prazo determinado, as prestações são teoricamente simultâneas. O devedor do preço não pode ser compelido a pagá-lo, se o devedor da coisa não efetuar a entrega. É o que no Direito Germânico se diz venda *zug um zug* ou no Francês *trait pour trait*.

A quem cabe a invocação da *exceptio non adimpleti contractus*?

Discutindo as diversas hipóteses, SERPA LOPES (*Exceções Substanciais*, n. 59 e segs.) chega a considerar "questão insolúvel a da unidade do lugar da execução de um contrato sinalagmático".

---

9   CC 2002, arts. 475 a 477.
10  – Dispositivo correspondente no Código Civil de 2002:
    "Art. 134. Os negócios jurídicos entre vivos, sem prazo, são exequíveis desde logo, salvo se a execução tiver de ser feita em lugar diverso ou depender de tempo."

Se, na compra e venda, o vendedor não é obrigado a entregar a coisa sem ter recebido o preço, também o comprador não pode ser obrigado a adiantar o pagamento sem a segurança de receber a coisa.

Na espécie, as circunstâncias trabalham contra a CL.

Em primeiro lugar porque, pouco tempo depois da carta de 24.05.1999, alienou a terceiro, em 09.07.1999, toda a sua participação acionária na MTN.

Em segundo lugar porque, em 25.07.1999 (dentro no prazo ajustado de 60 dias), XYZ escreveu a CL estar o preço à disposição desta.

Em terceiro lugar, no dia 25.07.1999, CL escreveu à XYZ, procurando desfigurar a natureza jurídica da carta de 24.05.1999, revelando, quando menos, um indício de não pretender executá-la.

Mais grave ainda, em 13 de setembro de 1999, CL, por via cartorária, liberou XYZ para as medidas que a esta parecessem cabíveis, declarando que a operação não se implementaria.

Diante de tão convincente atitude, contrária à execução do contrato de venda da participação acionária, CL positivou a sua intenção contrária ao cumprimento do contrato. Pelas suas próprias mãos, assumiu atitude adversa a dar efetiva execução do contrato, e, por consequência, à possibilidade de invocar a exceção de contrato não cumprido. Colocou XYZ a cavaleiro de tal invocação. Com efeito, se, pelo artigo 1.092 do Código Civil,[11] nenhum dos contratantes, antes de cumprida a sua obrigação, pode exigir o implemento da do outro, CL jamais poderia pretender que XYZ efetuasse o pagamento do preço, ou mesmo depositasse a quantia, como pressuposto para que efetuasse a transferência das ações, como condição para receber o pagamento.

Não obstante isto, e a fim de que tivesse presente o propósito, sincero e real, de pagar o preço, cogitou XYZ de oferecer-lhe garantia fidejussória idônea, mediante medida cautelar de caução, em valor igual ao preço avençado para a transferência das ações (Código de Processo Civil, arts. 826 e segs.).

Assegurada a caução pelo Banco (...), e promovida judicialmente, a sua regular prestação equivale a depósito do preço em benefício da vendedora. Se esta pudesse subordinar a entrega das ações ao pagamento correspondente e imediato, a providência adotada pela XYZ tem perfeita equivalência de um depósito em dinheiro, porque contra a transferência da participação acionária procederia CL ao levantamento da caução em seu favor.

É precisamente função da garantia fidejussória colocar-se o garantidor no lugar do obrigado, para efetuar por ele a prestação.

Com esta medida, ao mesmo tempo financeira e judicial, acobertou-se a XYZ contra a recusa de transferir a ação com fundamento no art. 1.092.

---

11   CC 2002, art. 475 a 477.

A caução prestada regularmente por instituição financeira equivale a depósito do preço, o que impede acobertar-se CL sob invocação desse artigo para descumprir o avençado.

Dando resposta aos quesitos elaborados pela XYZ, não me ocorre a necessidade de novas providências para justificar as medidas adotadas e consolidar a sua procedência.

# 13

**Fatos** Contrato de compra e venda de ações em prestações iguais e sucessivas. Existência de prestações não pagas. Constituição de procuradores com poderes necessários para praticar quaisquer atos legítimos e necessários ao cumprimento leal e exato do contrato de compra e venda das ações. Celebração, pelos mandatários e terceiro, de contrato de compra e venda das mesmas ações com redução do preço.

**Direito** Contrato de mandato. Negócio jurídico fiduciário. Contrato de compra e venda de ações por meio de mandatários. Mandato especial, limitado aos termos da outorga. Interpretação restritiva dos poderes outorgados. Novação. Ato exorbitante do mandato (*ultra vires mandati*): venda a outro comprador, com redução do preço. Ato que escapa à administração ordinária. Necessidade de outorga de poderes especiais e expressos para novar. Ausência de *animus novandi*. Ineficácia do ato perante o mandante. Cláusula de irrevogabilidade do mandato não implica a faculdade de agir para além dos poderes recebidos. Consignação em pagamento. Preço na compra e venda é em dinheiro, salvo estipulação em contrário. Depósito de nota promissória emitida por terceiro sem anuência dos mandantes vendedores. Consignação em pagamento sem força liberatória da obrigação, por ausência do requisito objetivo do preço.

---

JM e outros venderam a XYZ Importação e Comércio S.A. as ações que detinham no capital social da empresa MRC S.A., fixando-se no respectivo instrumento as condições de pagamento. Passados dois meses, o aludido contrato foi ratificado, ficando estabelecido que a compradora XYZ Importação e Comércio S.A. ficava a dever aos vendedores a quantia de $ 20.000.000,00, pagável em oito parcelas trimestrais, iguais e sucessivas.

Do contrato originário, não modificado nesta parte, constava a cláusula 18ª, nestes termos:

"Nas relações entre a COMPRADORA e os ALIENANTES, a respeito da execução e da interpretação deste contrato, serão os últimos representados pelos Srs.

AM e DL ou nos seus impedimentos pelos Srs. DF e AB, aos quais ficam desde logo conferidos os poderes necessários para, sempre dois em conjunto, praticarem quaisquer atos legítimos e necessários ao cumprimento leal e exato das estipulações constantes deste contrato, inclusive o de dar quitação, transigir e acordar quanto ao pagamento das parcelas objeto das CLÁUSULAS SEXTA e SÉTIMA."

Um ano após a ratificação do contrato, os Senhores DL e AB, lançando mão do mandato contido na referida cláusula 18ª, firmaram com SUPERMERCADOS S.A. um protocolo pelo qual se estabelecia que, se SUPERMERCADOS S.A. comprassem o controle acionário de XYZ, o débito escritural aos vendedores ficaria reduzido para $ 10.000.000,00. Naquela mesma data, SUPERMERCADOS S.A. adquiriram aquele controle acionário.

Dos vendedores, entretanto, quatro não se conformaram com a redução no preço, havendo SUPERMERCADOS S.A. ajuizado ação consignatória de pagamento contra três deles (e outro em ação separada), depositando em pagamento notas promissórias de sua emissão.

Os três vendedores contestaram a consignação, e moveram nos mesmos autos ação declaratória incidente, visando à proclamação de que não se operou a novação pretendida pela consignante, uma vez que os mandatários agiram com excesso de poderes, e não houve *animus novandi* por parte deles vendedores.

Perguntam-me, então:

1º Os poderes da cláusula 18ª acima transcrita habilitavam os mandatários para o negócio que efetuaram?

2º A redução de preço, concertada pelos mandatários com SUPERMERCADOS S.A., obriga os mandantes?

3º O fato de serem irrevogáveis os poderes permite sua extensão?

4º É legítimo e extingue a obrigação de XYZ o depósito de notas promissórias emitidas por SUPERMERCADOS S.A.?

## PARECER

*Ao Quesito Primeiro*

O ponto de partida para resposta ao quesito é a análise dos poderes, à vista do texto expresso da própria cláusula. Ali foram os mandatários constituídos com poderes especiais e expressos para "praticarem quaisquer atos legítimos necessários ao cumprimento leal e exato das estipulações constantes deste contrato, inclusive o de dar quitação, transigir e acordar quanto ao pagamento das parcelas objeto das cláusulas sexta e sétima".

Trata-se de mandato especial. Nem ao menos se faz alusão a uma hipotética representação genérica. Os procuradores ficaram adstritos aos atos de cumprimento do contrato entre os representantes e a XYZ.

Há, pois, que atentar para os dois aspectos subjetivo e objetivo.

Subjetivamente considerado, o mandato diz respeito a duas partes, definidas e identificadas: os vendedores e a XYZ. Não aparece outra pessoa jurídica, seja como compradora, seja como associada, seja ainda como interveniente.

Do ângulo objetivo, o que os mandantes tiveram em vista foi a prática dos atos legítimos, necessários ao cumprimento das cláusulas daquele contrato.

É de princípio, legal quanto doutrinário, que o mandato especial habilita o representante para proceder nos termos da outorga, e não mais. Tudo que ultrapassa a administração ordinária requer "poderes especiais e expressos". É o que diz o art. 1.295 do Código Civil.[1]

No comentário, diz BEVILÁQUA:

"O mandato, para conferir direitos que excedam da administração ordinária, deve ser especial, isto é, devem os poderes referir-se, expressa e determinadamente, ao negócio jurídico" (CLÓVIS BEVILÁQUA, *Comentários ao Código Civil Brasileiro*, Observação 1 ao art. 1.295).

Na espécie, não há cogitar de mandato em termos gerais. Estes, no dizer de CARVALHO SANTOS, não comportam especificação, enquanto que os especiais determinam o negócio a que se visa:

"Um mandato é concebido em termos gerais quando as partes não determinaram, nem esclareceram, em termos formais, a natureza dos atos a serem praticados pelo mandatário" (J. M. DE CARVALHO SANTOS, *Código Civil Brasileiro Interpretado*, v. XVIII, p. 158).

Na espécie, os mandantes não investiram os procuradores em poderes para administrar seus interesses indiscriminadamente; ou para tratar de seus negócios sem a determinação de sua natureza. Bem ao contrário, especificaram os termos da outorga, circunscrita esta aos atos "necessários" ao cumprimento daquele contrato.

---

[1] "Art. 1.295. O mandato em termos gerais só confere poderes de administração.
§ 1º Para alienar, hipotecar, transigir, ou praticar outros quaisquer atos, que exorbitem da administração ordinária, depende a procuração de poderes especiais e expressos.
§ 2º O poder de transigir (arts. 1.025 a 1.036) não importa o de firmar compromisso (arts. 1.037 a 1048)."
– Dispositivo correspondente no Código Civil de 2002:
"Art. 661. O mandato em termos gerais só confere poderes de administração.
§ 1º Para alienar, hipotecar, transigir, ou praticar outros quaisquer atos que exorbitem da administração ordinária, depende a procuração de poderes especiais e expressos.
§ 2º O poder de transigir não importa o de firmar compromisso."

O § 1º do art. 1.295 menciona alguns dos atos, para os quais a lei requer poderes especiais: "alienar, hipotecar e transigir", acrescentando "quaisquer atos, que exorbitem da administração ordinária", entre os quais CARVALHO SANTOS inscreve a novação:

"f) fazer novação de dívidas, de vez que a novação envolve, necessariamente, a extinção ou substituição de um crédito anterior, a quitação de um devedor ao qual um outro sucede (cf. M. I. Carvalho de Mendonça, ob. cit., v. I, n. 94; J. Ribeiro, ob. e loc. cits.)" (J. M. DE CARVALHO SANTOS, ob. cit., v. XVIII, p. 175).

Na espécie, a cláusula-mandato delimita o negócio jurídico objetivado, com a execução do contrato que ela integra: "estipulações constantes deste contrato". E nem se diga que na referência a "quaisquer atos necessários ao cumprimento leal e exato" das mesmas estaria sua generalização. Como observam PLANIOL, RIPERT et BOULANGER, muitas vezes o mandante, no receio de que os poderes sejam insuficientes, usa uma cláusula desta sorte. Mas em tal acontecendo, deve ser interpretada restritivamente. Se o mandato contém cláusula, por exemplo, de fazer tudo que for útil ao interesse do mandante (como na cláusula 18ª se faz alusão ao que seja necessário à execução do contrato), não compreende atos específicos, pois que são necessários poderes expressos para

"aliéner, hypothéquer ou faire un autre acte de disposition intéressant la propriété" (PLANIOL, RIPERT et BOULANGER, *Traité Élémentaire*, v. II, n. 3.024, p. 918).

Em linguagem, portanto, são de mister poderes especiais não somente para alienar e hipotecar, mas ainda para "praticar algum outro ato de disposição interessando a propriedade".

Por isso mesmo que a outorga de poderes de representação investe o procurador da faculdade de agir muito perigosamente para o representado, devendo ser interpretada restritivamente, como assinalam os irmãos MAZEAUD:

"les termes du mandat, qui confèrent le pouvoir de représentation, doivent être interprétés restrictivement" (MAZEAUD, MAZEUAD et MAZEUAD, *Leçons de Droit Civil*, 1960, v. III, n. 1.385, p. 1.142).

Postos estes princípios, verifica-se que os mandatários excederam as forças do mandato. A Cláusula 18ª não os habilitava à realização do negócio que efetuaram.

Investidos de poderes para praticarem atos necessários à execução de determinado contrato, celebraram, entretanto, contrato diferente, em nome dos representados.

Com efeito, estes haviam negociado o controle acionário de MRC S.A. com XYZ Importação e Comércio S.A. A venda e transferência das ações foi estipulada com a XYZ, claramente no instrumento originário e confirmadamente no aditamento contratual de ratificação.

Os procuradores, entretanto, efetuaram a venda a outra empresa, ou seja, a SUPERMERCADOS S.A.

Sendo um dos elementos essenciais da compra e venda o "preço", os mandatários, sem a autorização dos mandantes, reduziram o saldo da obrigação da compradora de $20.000.000,00 para $10.000.000,00.

Celebraram, desta sorte, contrato diverso, pois que se avençou com comprador diferente e por preço diferente.

Tinham eles poderes para praticar atos necessários àquela venda, ajustada entre mandantes e XYZ, por preço constante da avença.

Realizaram a venda dos SUPERMERCADOS S.A. por preço diverso. Outro comprador. Outro preço.

Foi outro contrato. Não praticaram os atos "necessários" ao cumprimento "leal e exato" do que foi estipulado no contrato com XYZ. Realizaram contrato diverso, a outra compradora e por outro preço.

Procederam, portanto, *ultra vires mandati*. Agiram com excesso de poderes.

E, neste caso, o ato que praticaram não obriga os mandantes, na forma do que dispõe o art. 1.306 do Código Civil.[2]

Como foram vários os mandantes, e a venda foi efetuada tendo em vista as ações de cada vendedor, e preço estipulado para cada vendedor (cláusula 2ª do primeiro contrato), a ratificação de alguns não é extensiva aos demais. Se três deles, ou quatro deles, não deram sua aprovação, a operação pode ter sido confirmada em relação aos demais, não a estes.

*Ao Quesito Segundo*

Conforme visto acima, os mandatários abusaram dos poderes a eles conferidos, e, ao invés de praticarem os atos "necessários" ao cumprimento leal e exato das estipulações contidas no instrumento de venda e transferência de ações, celebraram na verdade outro e diverso contrato, com comprador diferente e por preço diverso.

Se, porém, fosse possível admitir que não se trata de outro contrato, porém de uma redução no preço, estaria esta redução fora do limite da outorga de poderes.

---

[2] "Art. 1.306. O terceiro que, depois de conhecer os poderes do mandatário, fizer com ele contrato exorbitante do mandato, não tem ação nem contra o mandatário, salvo se este lhe prometeu ratificação do mandante, ou se responsabilizou pessoalmente pelo contrato, nem contra o mandante, senão quando este houver ratificado o excesso do procurador."
– Dispositivos correspondentes no Código Civil de 2002:
"673. O terceiro que, depois de conhecer os poderes do mandatário, com ele celebrar negócio jurídico exorbitante do mandato, não tem ação contra o mandatário, salvo se este lhe prometeu ratificação do mandante ou se responsabilizou pessoalmente."
"Art. 662. Os atos praticados por quem não tenha mandato, ou o tenha sem poderes suficientes, são ineficazes em relação àquele em cujo nome foram praticados, salvo se este os ratificar.
Parágrafo único. A ratificação há de ser expressa, ou resultar de ato inequívoco, e retroagirá à data do ato."

Na verdade, em referência ao preço, a cláusula é precisa, ao dizer que os mandatários poderiam

"dar quitação, transigir e acordar quanto ao pagamento das parcelas objeto das cláusulas sexta e sétima."

Não estavam autorizados a transigir e acordar, mediante o ajuste de outro qualquer preço. Lícito lhes era fazer acordo e transação sobre determinadas parcelas de preço.

Ao invés disso, estipularam outro preço, reduzindo aquele que era objeto das cláusulas sexta e sétima.

Assim procedendo, usaram o mandato específico para o cumprimento de determinado contrato, para celebrar outro contrato. E, como não estavam habilitados para assim procederem, agiram sem poderes bastantes. Alegou-se que se tratou de novação. Acontece que a novação é modalidade extintiva de obrigação, que pressupõe a extinção de uma pela criação de nova, mas *cum animo novandi*. Em não havendo a intenção de novar, não há novação, e é mister seja expresso. Veja-se a lição de OROSIMBO NONATO:

"A exigência do *animus novandi* torna-se, destarte, indeclinável, devendo ficar ele expresso no contrato, ou, no caso de desmenção, inferir-se induvidavelmente do contexto do contrato ou das circunstâncias do caso" (*Curso de Obrigações*, 3ª parte, p. 174).

Na espécie, o *animus* de novar nem resulta expresso, nem se infere indubitavelmente do contrato ou das circunstâncias do caso.

Mas, se fosse permitido considerar que o novo contrato constitui novação do anterior, ainda assim houve excesso de poderes, pois como vimos da lição de CARVALHO SANTOS, transcrita na resposta ao quesito primeiro, a novação é ato que escapa à administração ordinária, e para promovê-la é mister a outorga de poderes especiais e expressos.

No dizer de PLANIOL, RIPERT et BOULANGER, também citados e transcritos, a cláusula, que alude ao cumprimento útil do mandato, não autoriza a prática de quaisquer atos de disposição mesmo interessando à propriedade. Acontece que, na espécie, a cláusula ainda é mais restritiva, ao mencionar atos "necessários" à execução do mandato.

Ficou, portanto, bem claro que os poderes eram restritos à execução daquele contrato, e não para a celebração de outro contrato. E que os poderes eram os necessários ao exato e leal cumprimento das estipulações contidas naquele contrato, e não outras estipulações como os mandatários acabaram por ajustar com outro comprador.

A redução de preço que fizeram, por se não enquadrar nos poderes para cumprir as estipulações do primeiro contrato, não lhes era permitida, e, portanto, os mandantes não eram obrigados a aceitar.

## Ao Quesito Terceiro

Basta atentar na figura contratual do mandato para distinguir dois aspectos que o caracterizam: a representação nos limites da outorga, e a faculdade de lhe interromper o curso pela revogação. O mandato pode ser revogável e geral, revogável e especial, irrevogável e geral, irrevogável e especial. São noções diversas, quer no plano doutrinário, quer do ângulo visual do direito positivo.

Já examinamos a questão relativamente à atuação do representante dentro nos poderes conferidos. E vimos que o mandante pode constituir seu procurador com poderes gerais, ou especiais a um só ato. Se os concede nesta última hipótese, não responde pelo que realizar o representante, com excesso de poderes.

Já a questão relativa à cessação do mandato é *toto coelo* diversa.

Sempre se entendeu que o mandato é negócio jurídico fiduciário pela própria essência. O constituinte escolhe o seu representante em razão das qualidades pessoais deste (*intuitu personae*) e em função da confiança que nele deposita. O pressuposto da continuidade da representação é a permanência desse estado de confiança, aliada ao interesse do mandante, a critério dele. Em vindo a cessar a primeira, ou sobrevindo mudança no segundo, abre a lei ao mandante o poder de, unilateralmente, extinguir o mandato. É a revogação, autorizada no art. 1.316, I,[3] do Código Civil.

Veja-se o que ensina CARVALHO DE MENDONÇA:

> "Entretanto, a faculdade de revogar o mandato é lógica com sua natureza só fundada na mútua confiança.
>
> O mandato é constituído no interesse do mandante e, portanto, este, como juiz exclusivo de tal interesse, deve ter o arbítrio de o fazer cessar quando bem lhe aprouver" (M. I. CARVALHO DE MENDONÇA, *Contratos no Direito Civil Brasileiro*, 1995, v. I, n. 108, p. 247).

Podem, entretanto, as partes ajustar a sua irrevogabilidade, ou vinculá-lo a um contrato bilateral, traduzindo esta a renúncia do mandante ao poder de extinguir o contrato por declaração unilateral de vontade.

A irrevogabilidade é exceção. Chega mesmo a atentar contra a sua estrutura. O mesmo e eminente civilista o assinala:

> "A melhor teoria, ao que pensamos, seria fixar a regra geral que todo mandato é revogável, salvo se a cláusula de irrevogabilidade for inserida no contrato" (M. I. CARVALHO DE MENDONÇA, *loc. cit.*).

---

3   "Art. 1.316. Cessa o mandato:
I – pela revogação, ou pela renúncia;"
– Dispositivo correspondente no Código Civil de 2002:
"Art. 682. Cessa o mandato:
I – pela revogação ou pela renúncia;"

Não somente pelo seu caráter excepcional, não se compadece com qualquer interpretação extensiva uma vez que *exceptio strictissimae interpretationis*, como ainda porque a irrevogabilidade é atinente à abdicação do direito de pôr termo ao contrato por ato unilateral, como pela natureza da cláusula que somente diz respeito à renúncia ao poder de extinguir o mandato – não se pode considerar que pelo fato de ser avençada cláusula de irrevogabilidade ficaria o mandatário com a faculdade de agir para além dos poderes recebidos. Estes são os limites da outorga, e somente com sujeição a eles é que vigora a representação.

Na espécie, os outorgantes conferiram poderes especiais e expressos para que os mandatários, sempre dois em conjunto, praticassem os atos legítimos e necessários ao cumprimento leal e exato das estipulações contidas no contrato, que abrigou a cláusula 18ª.

Os mandantes poderiam conservar a faculdade revogatória ou renunciar a ela, sem interferência na natureza especial do mandato.

*Ao Quesito Quarto*

A consignação em pagamento é instituto dúplice, no sentido de que constitui matéria processual e matéria cível. O Código do Processo Civil estabelece as normas procedimentais, desenvolvendo os trâmites e os ritos em virtude dos quais o devedor, mediante depósito em juízo, obtém sentença liberatória de sua obrigação; mediante sentença com efeito de quitação, como se fora passada esta pelo próprio credor.

É ao direito civil, entretanto, que compete desenvolver a matéria substancial, e estatuir quando tem lugar, e quando o depósito tem força de pagamento. Dispõe o art. 974 do Código Civil:[4]

"Para que a consignação tenha força de pagamento, será mister concorram, em relação às pessoas, objeto, modo e tempo, todos os requisitos, sem os quais não é válido o pagamento."

Para que ocorra, então, o pagamento por consignação é necessária a verificação, entre outros, do requisito objetivo do pagamento.

E este, na espécie, não ocorreu.

Veja-se bem que os Consulentes celebraram um contrato de compra e venda de suas ações à XYZ e esta se obrigou a lhes pagar o "preço", segundo o disposto nas cláusulas 6ª e 7ª do respectivo contrato.

Já de tempos milenares se estabelece que, na compra e venda, o preço é "em dinheiro". Todos os autores se lhe referem. Veja-se, por exemplo, ESPÍNOLA:

---

4 – Dispositivo correspondente no Código Civil de 2002:
"Art. 336. Para que a consignação tenha força de pagamento, será mister concorram, em relação às pessoas, ao objeto, modo e tempo, todos os requisitos sem os quais não é válido o pagamento."

"O preço consiste sempre em dinheiro; se convencionada contraprestação de outra natureza, o contrato, designado como de compra e venda, se desnatura: será troca ou algum contrato inominado" (EDUARDO ESPÍNOLA, *Dos Contratos Nominados no Direito Civil Brasileiro*, n. 24, p. 41).

É certo que o preço pode ser representado em moeda fiduciária equivalente. Mas, neste caso, é mister ocorra a estipulação das partes, ou anuência expressa do vendedor.

Sobre a representatividade em moeda fiduciária, já falamos em nossas *Instituições de Direito Civil*, v. III, n. 219.

E que é necessária a estipulação neste sentido, completa-o AGOSTINHO ALVIM:

"Aqueles mesmos civilistas e outros vão além, e admitem que o pagamento possa ser estipulado, inicialmente, em moeda fiduciária, títulos da dívida pública, e ações como entende M. I. CARVALHO DE MENDONÇA" (*Da Compra e Venda e da Troca*, 1961, n. 13, p. 19).

Salvo, então, estipulação em contrário, o preço na compra e venda é em dinheiro:

"Cette condition que le prix soit en argent, constitue une condition essentielle du contrat de vente, qu'il ne dépend pas des parties de modifier en donnant au contrat, par exemple, la qualification formelle de vente, alors qu'une chose est donnée pour une autre" (GUILLOUARD, *Traité de la Vente et de l'Echange*, v. I, p. 110).

Realizado um contrato de venda das ações à XYZ, não vale como pagamento o depósito judicial de notas promissórias emitidas por uma terceira pessoa, SUPERMERCADOS S.A.

Ocorreu, na espécie, a ausência do requisito objetivo. Na linguagem do art. 974,[5] faltou, para que a consignação tenha força de pagamento, o requisito do objeto. Se este era dinheiro, e se foi depositada coisa diversa de dinheiro, sem o acordo ou a anuência expressa dos vendedores, a consignação não tem força liberatória da obrigação. Não vale, portanto, como pagamento.

Assim opinamos, respondendo aos quesitos formulados.

---

5 CC 2002, art. 336.

# 14

**Fatos**  Promessa de compra e venda de ações. Contrato irrevogável para os vendedores. Cláusula de arrependimento em benefício da promitente compradora (subordinada a determinados requisitos). Descumprimento das condições contratuais pelos promitentes vendedores. Ajuizamento de ação de rescisão do contrato, cumulada com perdas e danos, pela promitente compradora.

**Direito**  Distinção entre condição potestativa pura e condição potestativa simples. Existência de condição potestativa simples. Distinção entre obrigação alternativa e obrigação facultativa. Existência de obrigação facultativa em benefício da promitente compradora.

---

Entre a Companhia Administrativa, de um lado, e GDS e ICQ, de outro, foi firmado contrato particular de promessa de compra e venda de ações ordinárias nominativas, correspondentes a 75% do capital social da Companhia Seguradora.

Os promitentes vendedores receberam um sinal e princípio de pagamento, ficando o saldo do preço para ser pago conforme estipulado no contrato acima aludido.

Entendendo que houve descumprimento de condições contratuais por parte dos promitentes vendedores, a promitente compradora propôs ação ordinária com a finalidade, consoante expressamente declarado em sua petição inicial, de:

– rescindir o contrato de promessa de compra e venda;

– compor perdas e danos.

Deixando de lado as alegações de culpa imputada aos vendedores, querem estes saber, na hipótese de resolução do contrato a pedido da promitente compradora, quais as consequências a que estarão sujeitos em face do disposto na cláusula 13ª *in verbis*:

"O presente contrato, para os OUTORGANTES (vendedores), é irrevogável. Para a OUTORGADA (compradora), é revogável caso no prazo de 60 (sessenta) dias, a contar desta data, não tiverem sido atendidas todas as exigências e condições estipuladas nas CLÁUSULAS TERCEIRA, QUARTA, QUINTA e SÉTIMA, obrigando-se os OUTORGANTES, nesse caso, a devolverem, dentro do prazo de 5 (cinco) dias, sob pena de cobrança executiva, as importâncias recebidas conforme a Cláusula OITAVA, retendo em seu poder, a título de compensação pela opção, o percentual de 65% (sessenta e cinco por cento)."

## PARECER

A resposta à indagação contida no quesito único a mim submetido gira toda em torno da análise e determinação da natureza jurídica da cláusula transcrita na consulta. Ao que pessoalmente informam os Consulentes, os debates que ela suscitou apontaram-na ora como simples cláusula penal, ora como continente de arras penitenciais, ora como expressão de arras confirmatórias, ora finalmente como condição potestativa pura.

Do seu contexto resulta que é uma cláusula de duplo alcance, conforme se enfoquem as obrigações da parte dos *promitentes vendedores* (denominados "*outorgantes*") ou da parte da *promitente compradora* (contratualmente, a "*outorgada*").

\*

Antes de responder objetivamente à questão, como é de meu feitio, sinto-me no dever de emitir a minha opinião a propósito da qualificação da cláusula. E começo pela alusão a que se trataria de uma condição potestativa pura.

Não pode ser. Pelos seus efeitos e pelo seu conteúdo.

Fosse ela uma condição potestativa pura, e encontraria repulsa no art. 115 do Código Civil,[1] que considera defesas (vale dizer ilícitas) as que sujeitam o ato ao arbítrio de uma das partes. Fosse ela uma condição potestativa pura, e, portanto, juridicamente impossível, incorreria na cominação do art. 116,[2] invalidando todo o ato. Veja-se bem: fosse ela uma condição potestativa pura, não sofreria a consequência de se ter por não

---

[1] "Art. 115. São lícitas, em geral, todas as condições, que a lei não vedar expressamente. Entre as condições defesas se incluem as que privarem de todo efeito o ato, ou o sujeitarem ao arbítrio de uma das partes."
– Dispositivo correspondente no Código Civil de 2002:
"Art. 122. São lícitas, em geral, todas as condições não contrárias à lei, à ordem pública ou aos bons costumes; entre as condições defesas se incluem as que privarem de todo efeito o negócio jurídico, ou o sujeitarem ao puro arbítrio de uma das partes."

[2] "Art. 116. As condições fisicamente impossíveis, bem como as de não fazer coisa impossível, tem-se por inexistentes. As juridicamente impossíveis invalidam os atos a elas subordinados."
– Dispositivos correspondentes no Código Civil de 2002:
"Art. 123. Invalidam os negócios jurídicos que lhes são subordinados:
I – as condições física ou juridicamente impossíveis, quando suspensivas;
II – as condições ilícitas, ou de fazer coisa ilícita;
III – as condições incompreensíveis ou contraditórias.
Art. 124. Têm-se por inexistentes as condições impossíveis, quando resolutivas, e as de não fazer coisa impossível."

escrita, que é a sorte da *conditio* fisicamente impossível. Fosse ela potestativa pura, e seria defesa, seria proibida, seria ilícita, seria juridicamente impossível. Então, por força do art. 116, *idem*, invalidaria todo o ato, tal como explica, em comentário, CLÓVIS BEVILÁQUA:

> "2 – As condições juridicamente impossíveis invalidam o ato, porque o direito não pode amparar o que lhe é adverso" (*Comentários ao Código Civil*, v. I, ao art. 116).

Ontologicamente considerando o comportamento das partes, devo excluir a hipótese de condição potestativa pura, por não poder admitir que os contratantes houvessem celebrado uma avença do porte da que estipularam, para nela inserirem o germe de sua própria desvalia. Repugna ao senso comum, e atenta contra *bonos mores* contratar uma operação já contendo ínsita a causa de sua ineficácia. Contratar e ao mesmo tempo não contratar. Obrigar e ao mesmo tempo condenar a obrigação como írrita é ilógico. E o ilogismo prevaleceria neste raciocínio elementar: fosse a cláusula uma potestativa pura, e como tal contaminando todo o ato, este seria nada, desde o primeiro momento.

Examinada a cláusula no seu conteúdo, também se exclui a potestatividade pura, que só ela é condenável.

As condições podem ser casuais ou potestativas. Casuais as que subordinam o ato a um evento futuro e incerto, porém independente de toda voluntariedade humana.

Potestativa, a que o sujeita a um acontecimento comandado pela vontade humana. "Dar-te-ei 100 se te casares". "Vender-te-ei a minha casa se me mudar da cidade". São condições potestativas, porque num e noutro caso o implemento está na vontade seja do estipulante seja do promitente. E nenhuma delas é inválida. Nenhuma delas é ilícita, posto que potestativas ambas.

Defesa, proibida, e portanto ilícita é a "potestativa pura". O *si volam* ou *si volueris* das fontes.

"Dar-me-ás 100 se quiseres" (*si volueris*); "Vender-te-ei a minha casa se eu quiser" (*si volam*), são cláusulas que invalidam o ato, porque inexiste nele qualquer declaração de vontade. Aquele que declara que se obriga, se quiser, em verdade não se está obrigando. Então, a cláusula é o "não ser" aposto ao "ser".

Por isso, os autores distinguem a potestativa simples da potestativa pura, para dizerem que a primeira é lícita e a segunda é interdita. Vejamos a doutrina de RUGGIERO e MAROI:

> "La condizione che dipende da un evento fortuito, o anche dalla volontà di un terzo, dicesi casuale; la condizione dicesi potestativa quando l'evento, positivo o negativo, è fatto dipendere dalla volontà di uno dei subbietti del negozio, che deve compiere un'azione o un'omissione (si Capitolium ascenderis), è però necessario che il fatto dipendente dalla volontà di esso non si riduca alla stessa determina-

zione volitiva (si volam), o ad un fatto (azione o astensione) che non costi nessun sacrificio (se alzerai la mano); una tale condizione negherebbe assolutamente la volontà principale e sarebbe di ostacolo al sorgere del negozio" (*Istituzioni di Diritto Privato*, v. I, § 30, p. 133 e 134).

No mesmo sentido o ensinamento de PLANIOL et RIPERT:

"La condition casuelle, d'après l'art. 1169, est celle qui dépend du hasard et qui n'est nullement au pouvoir du créancier ni du débiteur, telle la condition si tel navire arrive à bon port d'Amérique. La condition qui dépend exclusivement de la volonté d'un tiers rentre dans cette définition.
La condition potestative est, d'après l'art. 1170, celle qui fait dépendre l'exécution de la convention d'un événement qu'il est au pouvoir de l'une ou de l'autre des parties contractantes de faire arriver ou d'empêcher. Lorsque la condition dépend à la fois de la volonté d'une des parties contractantes et d'un tiers indéterminé, telle la condition 'si je me marie', elle reste potestative:
Il importe de distinguer de cette condition potestative, la condition purement potestative, c'està-dire la condition du type 'si je veux' ou si 'je le juge bon ou raisonnable'. L'article 1174 ne vise que la condition purement potestative. Une obligation peut toujours être contractée valablement sous une condition potestative de la part du créancier ou du débiteur, et même sous une condition purement potestative de la part du créancier; mais elle ne peut pas l'être sous une condition purement potestative de la part de celui qui s'oblige, car ce n'est pas s'obliger que de s'obliger si l'on veut. D'ailleurs, malgré la généralité des termes employés, l'art. 1174 ne concerne que la condition suspensive. Si la condition résolutoire qui tient seulement en suspens la résolution de l'obligation est purement potestative de la part du débiteur, elle ne saurait empêcher la formation du lien et il n'y a donc aucune raison de la déclarer nulle.
Les juges du fond apprécient souverainement si une condition est purement potestative et entraîne donc, conformément à l'art. 1174, la nullité de l'obligation. Il faut cependant remarquer que ce que l'art. 1174 annule, c'est une obligation isolée qui serait purement potestative de la part du débiteur. Il en serait différemment s'il agissait d'un contrat tout entier. La jurisprudence a parfois, il est vrai, commis une confusion à cet égard" (PLANIOL et RIPERT, *Traité Pratique de Droit Civil*, v. 7, n. 1.028).

A cláusula 13ª, sob exame, dentro nesta qualificação, que é correta, é uma potestativa simples, e não uma potestativa pura. É uma cláusula lícita e não uma cláusula proibida.

Afastada esta hipótese, passo a considerá-la.

Para os outorgantes, traduz, com a maior singeleza, a reafirmação, talvez um tanto ociosa, da força obrigatória do contrato. Em princípio, todo contrato é unilateralmente irrevogável. A vontade, uma vez emitida, prende o declarante. O Romano usava uma palavra que bem o exprimia: *nexum*. E o direito moderno toma o mesmo vocábulo – nexo – para traduzir a própria avença. E, como o contrato por si mesmo obriga, é irrevogável para o contraente, que se não haja ressalvado a faculdade de retratação. A promessa de venda das ações foi ajustada em caráter definitivo. Os promitentes vendedores a ela se obrigaram. Com ou sem qualquer outra declaração, estão obrigados. Quando, pois, a cláusula 13ª declara que o contrato, para eles, é irrevogável, apenas traduz o que emana do próprio contrato.

Não se devendo, todavia, considerar inútil a declaração, mas cumprindo ao intérprete da vontade contratual verificar a razão do texto, aí enxergará o propósito de esclarecer pelo contraste a diversidade de situações, em relação às duas partes contratantes. Se, para os outorgantes, o contrato é irrevogável, para a outorgada não o é. Se os outorgantes não se reservaram a faculdade de se retratarem, a outorgada o fez, e muito claramente.

Não se trata, entretanto, de retratação arbitrária, porém subordinada a certos requisitos, como passo a examinar.

Não pretendendo, por certo, arriscar-se em operação menos segura, a promitente compradora ressalvou a eficácia da avença somente no caso de serem atendidas "todas as exigências" convencionadas. Caso contrário, cessaria a obrigatoriedade do contrato, e se liberaria a outorgada mediante uma certa e definitiva prestação, que a mesma cláusula 13ª estatuiu: a devolução das importâncias recebidas pelos outorgantes, com retenção de 65%.

Lida a cláusula em termos da obrigatoriedade objetiva da outorgada, ficou ela com o poder de retratação, pagando, a esse título, 65% do valor das prestações já cumpridas em mãos dos outorgantes.

Cumpre, então, definir a natureza jurídica desta obrigação.

A todos os títulos ela representa uma cláusula de arrependimento. O contratante reserva-se o direito de se retratar da obrigação assumida. Não, porém, na espécie, um arrependimento gracioso, que implicaria se ter como não definitiva a vontade manifestada (V. a respeito da não definitividade o que diz TITO FULGÊNCIO, *Do Direito das Obrigações*, Ed. Forense, n. 154).

Está, ali, bem configurada a presença de uma "obrigação facultativa", também denominada "faculdade alternativa", que se conceitua como cláusula permitindo ao devedor exonerar-se com prestação diferente da devida. Como diziam as fontes, é uma estipulação em que há *una res in obligatione, plures autem in facultate solutionis*. Não se trata da obrigação "de gênero", porque o *reus debendi* está sujeito, na origem, a uma prestação individuada. E não é o caso de obrigação alternativa, pois que nesta a prestação é plurima (*plures res in obligatione*), liberando-se, contudo, mediante a solução com uma delas (*una autem in solutione*).

Na obrigação facultativa, o devedor tem que efetuar prestação certa. Mas ressalva a faculdade de se liberar, com o pagamento de algo que guarda como faculdade a ele reservada.

Com toda precisão e maior clareza, define-a OROSIMBO NONATO, depois de salientar que ela é uma obrigação simples, facilitando-se apenas ao devedor substituir o objeto da obrigação por outro:

"Dá-se a faculdade alternativa quando alguém, obrigado a uma coisa, ou a um fato, pode, se lhe apraz, substituir por outro" (*Curso de Obrigações*, v. I, p. 329).

Muito explicitamente, HUDELOT et METMAN oferecem a caracterização desta modalidade obrigacional, dizendo:

"Dans l'obligation facultative une seule chose est due, une est in obligatione, une autre chose peut être payée à sa place, mais elle n'est pas due, elle est seulement adjointe pour la facilité du paiement, non est in obligatione, sed adjectus tantum solutionis gratia. Ainsi, je vous donnerai ma maison, si mieux n'aime vous donner 10.000 francs. L'objet de cette obligation est déterminé dès le principe, une seule chose est due, in obligatione, la maison; les 10.000 francs sont compris seulement dans la faculté de paiement, in facultate solutionis" (*Des Obligations*, n. 324, p. 246.).

No ministério de GIORGI, mestre obrigacionista conspícuo a todos os títulos, assim se conceitua e explica a obrigação facultativa:

"Sotto il nome di obbligazioni facoltative, il linguaggio forense ha raccolto tutte le obbligazioni semplici, nelle quali il debitore gode per un favore eccezionale la facoltà di liberarsi, pagando una cosa diversa. Una sola è dunque in queste obbligazioni la cosa dovuta, e l'altra prestazione, con cui il debitore può liberarsi, non è che in facultate solutionis. Oltre i contratti, anche i testamenti e la legge ci sogliono dare esempi di siffatte obbligazioni: le quali richiedono per requisito essenziale, che i contraenti, il testatore o la legge abbiano voluto che una sola sia la cosa dovuta, quantunque abbiano concesso quasi per grazia al debitore la facoltà di pagarne un'altra diversa" (GIORGIO GIORGI, *Teoria delle Obbligazioni*, v. IV, n. 443).

\*

Analisando o conteúdo da cláusula 13ª, transcrita na consulta, à luz desses ensinamentos, qualifica-se perfeitamente como obrigação facultativa, da parte da outorgada.

Assumiu ela a obrigação de comprar as ações, correspondentes a 75% do capital social da Seguradora. Esta a prestação a que se obrigou. Esta a que, originariamente, era a *res in obligatione*.

Mediante, porém, determinadas circunstâncias previstas na cláusula em exame, a outorgada teria duas modalidades de prestação, à sua escolha: ou comprar as ações, tal como a prestação originária lhe impunha, ou liberar-se desta compra, mediante *solutio diversa*, isto é, retenção em favor dos outorgantes de 65% das importâncias recebidas conforme a cláusula oitava. E, como esta escolha é um poder ou um direito opcional da outorgada, nitidamente se pode visualizar que do contrato lhe resulta que duas modalidades de prestação ele lhe oferece (*plures auten in facultate solutionis*).

Com estas considerações, tenho, já agora, elementos para responder objetivamente ao quesito, a seu turno objetivamente elaborado.

Deixando de lado a matéria de fato, ligada à imputação de culpa aos outorgantes, as consequências da rescisão do contrato, para a outorgada, seriam estas: desde que não realizou a compra das ações (obrigação principal), optando pela faculdade de se retratar, tem direito à devolução das quantias que pagou na conformidade da cláusula oitava, com dedução de 65% (sessenta e cinco por cento) em benefício dos promitentes vendedores, "a título de compensação pela opção" (prestação facultativa).

Assim entendo, e opino.

# 15

**Fatos**  Escritura pública celebrada entre duas pessoas físicas, proprietárias de uma extensa área, e sociedade construtora e loteadora. Contrato de prestação de serviços, empreitada e outras avenças, tendo por objeto o loteamento e a comercialização de terrenos. Após serem alienados 90% (noventa por cento) dos lotes e, na ausência de prazo estipulado, as proprietárias rescindiram o contrato unilateralmente. Ajuizamento de ação indenizatória pela sociedade loteadora. Reconvenção, pelas proprietárias, postulando o pagamento de multa cumulada com indenização por inadimplemento.

**Direito**  Contrato com designação genérica de *"locação de serviços e de empreitada"*. Irrelevância do *nomen iuris* atribuído pelas partes. Distinção entre contrato típico e contrato atípico. Existência de contrato atípico. Convenção elaborada na medida das conveniências dos contratantes. Ausência de disciplina legal específica. Aplicação dos princípios gerais dos contratos. Atração das normas referentes a outras figuras, que sejam mais próximas. Obrigação a termo incerto, que não se confunde com obrigação a prazo indeterminado. Necessária notificação/protesto/interpelação para a constituição em mora. Contrato bilateral. Impossibilidade de denúncia unilateral. Ilícito contratual. Responsabilidade por perdas e danos (dano emergente e lucro cessante). Inocorrência de prescrição.

---

E por escritura pública, a Empresa de Engenharia e Comércio S/A celebrou com MK e MB (aqui denominada "Proprietárias") um contrato de prestação de serviços, empreitada e outras avenças, tendo por objeto lotear terrenos e sua comercialização.

Entre outros pactos, ficou estabelecido que as Proprietárias contribuiriam com 40% dos custos da urbanização até o limite de $ 500.000,00 em dinheiro.

A Empresa obrigou-se a arcar com os encargos e a realizar trabalho de urbanização e venda dos lotes, auferindo 60% dos lucros líquidos, depois de assegurada às Proprietárias a quantia certa de $ 5.000.000,00. Dando execução ao ajustado, promoveu a urbanização, resultando 1.999 lotes, dos quais foram vendidos por seu intermédio 1.789, com a participação financeira das Proprietárias nos resultados.

Quando restavam 210 lotes, para os fins indicados nas cláusulas terceiras, quarta, quinta e sexta do contrato, as Proprietárias notificaram a Empresa, com fundamento no art. 1.221 do Código Civil,[1] considerando rescindido unilateralmente o contrato, como sendo este de mera prestação de serviços.

Em face da atitude das Proprietárias, a Empresa ajuizou contra elas ação de perdas e danos, acusando-as pela ruptura ilícita do contrato.

Contestando a ação, as Proprietárias alteraram sua própria justificativa, e passaram a acusar a Empresa de inadimplemento contratual, com o que pretendem legitimar a sua atitude, e ainda formularam pedido reconvencional, postulando o pagamento de multa cumulada com indenização pelo que qualificam de "adimplemento insatisfatório do contrato".

Face ao exposto, perguntam:

1º O contrato celebrado entre a Empresa de Engenharia e Comércio S/A, por meio de escritura devidamente registrada em ofício de notas, pode ser considerado contrato típico de "locação de serviços"?

2º No caso negativo, o mencionado pacto está submetido a todas as regras específicas que disciplinam aquela modalidade contratual ou qualquer outra, ou, ao revés, está subordinado aos princípios gerais do direito contratual?

3º O referido contrato, tendo um termo final em acontecimento futuro e certo (a conclusão da venda de todos os lotes de terreno), eleito para resolver o negócio jurídico, é apreciável como pacto de prazo indeterminado?

4º A rescisão do aludido contrato, por denúncia vazia, nos termos do art. 1.221 do Código Civil, é faculdade das partes ou caracteriza ilícito, susceptível de reparação civil?

5º Consumada a rescisão do indicado contrato por denúncia vazia, pode o denunciante pretender resolvê-lo por denúncia cheia?

6º Pode-se considerar que o direito às prestações contratuais está prescrito?

---

[1] "Art. 1.221. Não havendo prazo estipulado, nem se podendo inferir da natureza do contrato, ou do costume do lugar, qualquer das partes, a seu arbítrio, mediante prévio aviso, pode rescindir o contrato. Parágrafo único. Dar-se-á o aviso:
I – com antecedência de 8 (oito) dias, se o salário se houver fixado por tempo de 1 (um) mês, ou mais;
II – com antecipação de 4 (quatro) dias, se o salário se tiver ajustado por semana, ou quinzena;
III – de véspera, quando se tenha contratado por menos de 7 (sete) dias."
– Dispositivo correspondente no Código Civil de 2002:
"Art. 599. Não havendo prazo estipulado, nem se podendo inferir da natureza do contrato, ou do costume do lugar, qualquer das partes, a seu arbítrio, mediante prévio aviso, pode resolver o contrato. Parágrafo único. Dar-se-á o aviso:
I – com antecedência de oito dias, se o salário se houver fixado por tempo de um mês, ou mais;
II – com antecipação de quatro dias, se o salário se tiver ajustado por semana, ou quinzena;
III – de véspera, quando se tenha contratado por menos de sete dias."

## PARECER

*Ao Quesito Primeiro*

O contrato em exame nem é típico nem é contrato de prestação de serviços regido pelos arts. 1.216 e segs. do Código Civil.[2]

A distinção entre contrato "típico" e contrato "atípico" encontra na doutrina uma caracterização bem sedimentada e muito precisa. Substitui a antiga classificação dos contratos em "nominados", vinda do Direito Romano, e sobrevive em muitos autores modernos, posto que assentada em caracteres diversos dos romanistas.

Com efeito, para o Direito Romano, "nominados" eram os contratos identificados por designação própria, e dotados de ação, hábil a legitimar o interessado a postular a *res debita*. No direito moderno, desapareceu esta justificação ontológica, uma vez que todo contrato tem força obrigatória, e habilita o lesado a movimentar o aparelho judicial para a obtenção do que lhe é devido.

Mais modernamente, passou-se a considerar que o *nomen juris* não é fundamental na qualificação do contrato. O que sobreleva é a sua tipificação. Tendo em vista o fato de se achar um contrato disciplinado nos Códigos ou nas leis, isto é, de ser uma figura contratual dotada de tipicidade legal, diz-se que ele é "típico". Caso contrário, classifica-se como contrato "atípico".

Não se trata de mera configuração bizantina, ou de simples luxo doutrinário. Ao revés, a distinção tem importância prática.

Quando as partes celebram um contrato típico, por isto mesmo, e só por isto, adotam toda a dogmática legal daquele negócio jurídico. Implicitamente, invocam as normas jurídicas oferecidas pelo legislador para aquela espécie de avença, embora se reconheça que nem sempre se trate de regras imperativas. Nas mais das vezes são supletivas. Mas, em razão da tipicidade, os contratantes dispensam-se de minudenciar as obrigações e direitos recíprocos, ou os caracteres próprios daquele ato negocial. *Ex. gr.*, quando se celebra um contrato de compra e venda ou de locação, os contraentes não necessitam de descer às minúcias daquilo que o Código Civil já estabelece para estes contratos.

Reversamente, se ajustam um negócio contratual atípico, têm de discriminar pormenorizadamente tudo aquilo que diga respeito ao contrato que celebram, os direitos e as obrigações, os efeitos.

E, na interpretação da vontade contratual, é mister ter em vista os princípios legais relativos ao contrato típico mais próximo, ou os contratos mais adequados, e, acima de tudo, o conteúdo do próprio instrumento, a ver o que as partes efetivamente quiseram, esquadrinhando o que tinham em mira, os objetivos que se propuseram, a vontade real e efetiva (cf. sobre os conceitos de contratos típicos e atípicos: MAZEAUD, MAZEAUD

---

2   O contrato de prestação de serviços, no Código Civil de 2002, é disciplinado pelos arts. 593 e segs.

et MAZEAUD, *Leçons de Droit Civil*, v. II, p. 87; PLANIOL et RIPERT, *Traité Pratique de Droit Civil*, v. VI, n. 42; RUGIERO e MAROI, *Istituzioni di Diritto Privato*, v. II, § 137, p. 162; SERPA LOPES, *Curso de Direito Civil*, v. III, n. 19, p. 35 e segs.; WASHINGTON DE BARROS MONTEIRO, *Curso de Direito Civil*, v. 5, p. 29 e segs., ed de 1975; CAIO MÁRIO DA SILVA PEREIRA, *Instituições de Direito Civil*, v. III, n. 190).

Na espécie sob consulta, as partes celebraram um contrato atípico. Com a designação genérica de "locação de serviços e de empreitada", tiveram em vista finalidades específicas, relativas à urbanização de determinada área, o loteamento da mesma, planejamento e publicidade dos lotes resultantes, a sua venda, mediante intermediação da Empresa, reserva de área para venda direta pelas Proprietárias, preferência da Empresa para a comercialização desta área no caso de incumbirem terceiros de sua venda. No tocante às obrigações notadamente do custo financeiro do empreendimento, as Proprietárias concorreriam com 40% até o limite de $ 500.000,00 e a Empresa com os restantes 60%, mas sem limite. A remuneração à Empresa foi ajustada em termos de participação nas vendas, mas somente após o recebimento integral, pelas Proprietárias, da quantia de cinco milhões de reais. Os preços de venda dos lotes estariam subordinados à prévia aprovação das Proprietárias.

Este elenco, desprezadas outras cláusulas, por si só, é bastante para evidenciar que não se trata do contrato de "locação de serviços" previsto nos arts. 1.216 e segs. do Código Civil. Nele algo existe do contrato de "empreitada" à sua vez regulado nos arts. 1.237 e segs.,[3] do mesmo Código, de prestação de serviço autônomo, de financiamento, de distribuição, de corretagem, de conta de participação.

É, precisamente, a característica do contrato atípico. Embora as partes tenham adotado *nomina iuris* de figuras contratuais típicas, estabeleceram cláusulas e condições, criaram direitos e obrigações, enunciaram efeitos, que não são tipicamente os dos atos negociais conhecidos ou nominados sob as designações adotadas. Dentro, pois, das noções formuladas pelos autores, e resumidas acima, trata-se, repito, de um contrato atípico. Na comparação de JOSSERAND, ao contrato típico corresponde objeto "já confeccionado", ao passo que o atípico é o que se faz "sob medida". E, no caso, os contratantes elaboraram uma convenção "na medida" de suas conveniências e para atender aos seus interesses.

Considerando-o *in concreto*, o contrato objeto do litígio e da consulta nada tem a ver com o contrato de "locação de serviços", cuja denominação adotou, e que foi explicitado pelas Proprietárias ao fazerem a notificação invocando o art. 1.221, parágrafo único, I, do Código Civil.[4]

---

3   O contrato de empreitada, no Código Civil de 2002, é disciplinado pelos arts. 610 e segs.
4   CC 2002, art. 599, parágrafo único, I.

O Código Civil, nos arts. 1.216 e segs.[5], trata da prestação individual de serviço. Tudo nele tem em vista a atividade humana, não empresarial. O art. 1.217[6] prevê a hipótese de contratante analfabeto; o art. 1.220[7] proíbe a contratação por mais de quatro anos, com o esclarecimento de que tal limitação é preservar a "inalienabilidade da liberdade humana", parecendo ao legislador que o tempo mais longo seria uma "escravização convencional" (CLÓVIS BEVILÁQUA, *Comentário ao Código Civil Brasileiro*, observação ao art. 1.220). O art. 1.224[8] estende o contrato a todo e qualquer serviço compatível com as "forças" e condições do "locador do serviço". O art. 1.226[9] considera, entre outras, justa causa para o prestador de serviços dar por findo o contrato estas, que são próprias do trabalhador individual: ter de exercer funções públicas; exigirem dele os serviços superiores às suas forças; não lhe dar o locatário alimentação conveniente; ofensa à honra de pessoa de sua família; e finalmente a morte do locatário. Nada disto corresponde à atividade de uma Empresa.

Como se vê, os arts. 1.216 e segs. têm em vista a prestação de serviços por pessoa física.

E é neste sentido que milita a doutrina. Veja-se CLÓVIS BEVILÁQUA:

"Sob a denominação genérica de locação de serviços (*locatio operarum*) compreende o Código Civil uma grande variedade de prestações de trabalho humano" (*Comentários*, ao art. 1.216).

Criticando o Código Civil, WASHINGTON DE BARROS MONTEIRO observa que foi ele omisso em relação à

"associação profissional ou sindical, sobre as convenções coletivas do trabalho, sobre o salário-mínimo, revisão deste e participação nos lucros da empresa, sobre repouso semanal remunerado, férias e aposentadoria, sobre o direito de greve e lock-out, sobre higiene, segurança do trabalho e infortunística, direito à estabilidade e previdência social" (*ob. cit.*, v. cit., p. 175).

E é bem de ver que tudo isto se refere à prestação de trabalho individual, de trabalho realizado por pessoa física ou por prestador autônomo de serviços.

SERPA LOPES é explícito, ao assinalar que o contrato de locação de serviços tem o mesmo conteúdo do contrato de trabalho, regido pela CLT, e que tipicamente tem por objeto a prestação de atividade humana, de pessoa física:

---

5   CC 2002, art. 593 e segs..
6   CC 2002, art. 595.
7   CC 2002, art. 598.
8   CC 2002, art. 601.
9   Sem dispositivo correspondente no Código Civil de 2002.

"Feitas estas considerações, impõe-se, no nosso direito positivo, uma diferenciação entre o *contrato de trabalho* e o de *locação de serviço*, dada a regulamentação diversa de ambos, embora de idêntico conteúdo" (v. cit., p. 128).

Tendo em vista a conceituação genérica, o contrato identificado no quesito não é um "contrato típico", e muito menos pode ser qualificado como contrato típico de "*locação de serviços*".

Ele constitui contrato atípico, que teve em vista a prestação de atividades empresariais, envolvendo conjuntamente a prestação de trabalhos específicos, a realização de obras, o financiamento destas, o planejamento e as vendas, a intermediação destas, a conclusão, a distribuição, a possibilidade de incumbir corretores e outros compromissos.

*Ao Quesito Segundo*

A importância prática da classificação dos contratos em típicos e atípicos está precisamente em que os primeiros encontram sua dogmática inscrita no Código ou na lei. Quando as partes o celebram, estão trazendo para o plano negocial as regras estabelecidas pelo legislador, sem a necessidade de recorrerem ao casuísmo.

Assentado que o contrato em exame é um contrato atípico, não se lhe aplicam as normas específicas relativas a um determinado modelo. E isto é tanto mais exato se se tem em vista a sua celebração, como a interpretação de suas cláusulas.

Encontrando o contrato já em vigor, o juiz tem de "qualificá-lo", como dizem os irmãos MAZEAUD, para ver o que as partes quiseram contratar:

> "Le juge devra, d'ailleurs, préalablement à cette démarche, 'qualifier' le contrat, rechercher, par exemple, si les parties ont voulu conclure une vente à crédit ou une location; la qualification de contrat est une question de droit, sur laquelle la Cour de cassation exerce son contrôle" (*Leçons*, v. cit., n. 112).

Na espécie, é de se observar tanto mais agudamente que o contrato em exame, posto que se refira à "locação de serviços", não se enquadra na figura típica do que o Código Civil, nos arts. 1.216 e segs.,[10] "qualifica" como tal. Por isso mesmo, não sendo aplicáveis aqueles princípios, é de se concluir que as partes, sob tal denominação, quiseram apenas fazer referência a que foram estabelecidas obrigações, envolvendo trabalhos complexos.

Não sendo, portanto, invocáveis as normas atinentes à locação de serviços, cabe, na interpretação do contrato, aplicar os princípios gerais, com atração das normas referentes a outras figuras, que sejam mais próximas. É o que ensina SERPA LOPES:

---

10   CC 2002, arts. 593 e segs.

"Toda conveniência da distinção assenta em que os contratos atípicos são governados pelos princípios gerais relativos aos contratos, sem se deixar de aplicar as regras peculiares a determinados contratos, no que for preciso e necessário" (*Curso*, v. II, n. 19, p. 36).

Em seguida às regras referentes aos contratos em geral, o que o intérprete deve ter em vista é *a vontade mesma das partes*, tal como assinala WASHINGTON DE BARROS MONTEIRO:

"Os contratos inominados são regidos pelos seguintes princípios: a) em primeiro lugar, pelas regras gerais, aplicáveis a todos os contratos; b) em segundo lugar, pela vontade das partes, na medida em que ela se afirmou, ou foi declarada; c) por fim, subsidiariamente, pelas disposições aplicáveis ao contrato nominado com o qual venha a oferecer maior analogia" (*Curso*, v. 5º, p. 30).

Pelo que se lê do contrato, e tendo em vista a vontade das partes, a figura contratual que oferece mais analogia é a empreitada acoplada ao financiamento, a corretagem exclusiva e a sociedade em conta de participação. E as obrigações das partes, fundamentalmente, abrangem a urbanização e planejamento, assegurando-se à Empresa uma remuneração extraída da venda dos lotes, e participação nos lucros do empreendimento.

*Ao Quesito Terceiro*

O tempo de duração do contrato está vinculado a certas circunstâncias ligadas ao desenvolvimento das operações convencionadas. As partes fixaram o momento em que teve início a produção de seus efeitos. E estabeleceram quando deverá cessar. Trata-se, nitidamente, de obrigações a termo. Ficou estipulado o termo final.

Este pode ser vinculado a uma data, ou à contagem de um prazo, como no caso de se dizer que a obrigação se extingue em determinado dia, ou cessa ao fim de lapso preestabelecido.

Mas pode, também, vir relacionado a um dado acontecimento, que não tem dia preciso para ocorrer, porém que se sabe que deve acontecer. Nesta última hipótese, o dia do evento está indeterminado, o que leva os autores a dizê-lo "termo incerto", tomando de empréstimo a expressão romana *dies incertus*.

Nem por isso, porém, a obrigação deixa de ser a termo, que se distingue da condição precisamente pela certeza do acontecimento (*certus an*, embora *incertus quando*), ao contrário da condição, em que o tempo pode ser certo ou incerto, porém a eventualidade sempre incerta *(incertus an certus quando, ou incertus an incertus quando)*.

Não é difícil distinguir a obrigação por "prazo indeterminado" da obrigação a "termo incerto". Esta é subordinada a um acontecimento de que se tem conhecimento, e sabe-se que ocorrerá, embora não se possa precisar com antecedência o momento. Como diz BEVILÁQUA, ao aludir ao "termo incerto":

"Incerto quando fixado em relação a um acontecimento futuro, necessário. A incerteza referente ao momento em que se realiza o acontecimento (*dies incertus quando*) não altera a natureza do termo: No dia em que falecer X..." (*Comentários ao Código Civil*, Observação ao art. 124).

A obrigação de tempo indeterminado é aquela que não está articulada a qualquer circunstância temporal. O código se lhe refere como a que não contém ajuste de uma época de pagamento, e BEVILÁQUA denomina-a "obrigação sem prazo", esclarecendo, no *Comentário* ao art. 952, que "são exequíveis imediatamente".[11]

O que caracteriza a obrigação a termo não é o fato de se designar precisamente o dia do início ou do vencimento. Este é o chamado termo expresso. Pode, contudo, ser tácito, se decorre da natureza da prestação ou das circunstâncias do caso. É o que ensina SERPA LOPES:

"O termo pode ser expresso ou tácito: expresso, se resulta de manifesta declaração de vontade; tácito, se decorre da natureza da prestação, ou das circunstâncias em que se deva dar o cumprimento da obrigação" (*Curso*, v. I, n. 249, p. 368).

Explicando-o em linguagem diferente, porém visando ao mesmo efeito, WASHINGTON DE BARROS MONTEIRO leciona:

"Pode acontecer, entretanto, que o termo, embora certo e inevitável no futuro, seja incerto quanto à data de sua verificação, como a morte de uma pessoa. Sob esse aspecto, pois, divide-se o termo em certo e incerto" (*Curso*, 13ª ed., v. I, p. 235).

Das lições suso transcritas resulta claramente que a obrigação a termo incerto não se confunde com a de prazo indeterminado. Esta se apresenta desvinculada de qualquer circunstância temporal, e tanto pode ocorrer com a entrega de uma coisa (*obligatio dandi*) quanto na prestação de um fato (*obligatio faciendi*). Se um produtor se obriga a fornecer a um industrial dez toneladas de minério pura e simplesmente, contrai uma obrigação de prazo indeterminado. Se um artesão se compromete a fabricar para um comerciante cem vasos, a obrigação é a prazo indeterminado. Tal obrigação, entretanto, deixa de ser qualificada nesta categoria, e passa a ser a termo, quando se lhe apõe um prazo de entrega (termo expresso) ou quando se prende a um acontecimento futuro, ainda que de data incerta (termo tácito).

À luz destas noções, que os mestres clareiam com as luzes de seus ensinamentos, é que se tem de estudar o contrato ora em exame.

---

11  Dispositivo correspondente no CC 2002:
    "Art. 331. Salvo disposição legal em contrário, não tendo sido ajustada época para o pagamento, pode o credor exigi-lo imediatamente."

A Empresa obrigou-se a promover a execução dos trabalhos discriminados na cláusula segunda e a iniciar a venda de lotes no prazo máximo de seis meses (termo inicial expresso e certo).

As partes estabeleceram que a remuneração da Empresa consiste no pagamento de uma participação nos lucros auferidos na venda dos lotes, venda esta que se realizará por intermédio da Empresa.

Não havendo um prazo para o término da venda dos lotes, segue-se que a Empresa tem direito à sua participação nos lucros *enquanto durar a venda dos lotes*. De outra forma dito: *enquanto houver lotes a vender* em decorrência do contrato, a Empresa faz jus à participação nos lucros respectivos.

Este direito é a termo, porque se prende a uma circunstância material que se desenvolve no tempo. Sendo a obrigação sempre correlata ao direito – *ius et obligatio correlata sunt* –, a obrigação das Proprietárias, de assegurar à Empresa a participação na venda dos lotes, subsiste *enquanto houver lotes a vender*, na conformidade do contrato.

Na espécie, pode-se invocar o símile da observação de BEVILÁQUA, exemplificando a obrigação a termo com a morte de uma pessoa. Estabelecido que a obrigação perdura até a morte de X, pode-se, no caso, sustentar que a obrigação de assegurarem as Proprietárias à Empresa a participação na venda dos lotes permanece até a venda de todos os lotes. Ou, para dizê-lo de outra maneira: a obrigação das Proprietárias não cessará enquanto lotes houver para vender.

Aí está, positivamente, uma obrigação "a termo". Não é a prazo "indeterminado", porque as Proprietárias não asseguraram à Empresa participação na venda de lotes que a seu arbítrio lhe confiassem para colocar. É uma obrigação "a termo", posto que incerto, porque ajustaram com a Empresa a urbanização de certa área e sua divisão em lotes, assegurando-lhe, como remuneração por todo o seu trabalho, a participação na venda dos lotes resultantes da urbanização da área. A obrigação concernente à participação financeira da Empresa somente se extingue com a venda da totalidade dos lotes.

*Ao Quesito Quarto*

A notificação promovida pelas Proprietárias, com fundamento no art. 1.221 do Código Civil,[12] resulta de um autêntico desvio de perspectiva. Este dispositivo do Código tem em vista o contrato de "locação de serviços" disciplinado no diploma de 1916, e que os autores modernos preferem denominar "contrato de prestação de serviços", ou ainda de "prestação de serviço autônomo". Ele tem por objeto a atividade humana em qualquer de suas modalidades, seja o trabalho intelectual do escritor, seja o trabalho artístico do pintor, seja a atividade profissional do advogado ou do médico, seja ainda o trabalho braçal do colono ou do pedreiro. Mas sempre o trabalho, como esforço humano.

---

12   CC 2002, art. 599.

Os escritores distinguem a relação contratual do trabalho autônomo, regido pelo Código Civil, daquele outro subordinado à Consolidação das Leis do Trabalho, pelo fato deste último estabelecer uma relação de dependência e subordinação (CLT, art. 3º).

Quando alguém celebra com uma Empresa um contrato para a realização de certa atividade, nem coloca a avença no âmbito da CLT, nem a desloca para o regime dos arts. 1.216 e segs. do Código Civil, uma vez que não ocorre a hipótese de uma prestação de atividade humana individual.

O art. 1.221 do Código Civil[13] é uma sequência, não apenas numérica, porém conceitual ao art. 1.220[14]. Neste último, limita-se o tempo de duração a quatro anos, para impedir que ela se converta em escravização convencional, da mesma forma e pelo mesmo motivo que a CLT limita a duração do contrato de trabalho (art. 445).

Como consectário do disposto no art. 1.220, vem o art. 1.221 estabelecer que se o "contrato de locação de serviços" for por prazo indeterminado, pode qualquer das partes denunciá-lo a qualquer tempo.

Na espécie já se viu que não se trata de contrato de "locação ou prestação de serviços", regido pelos arts. 1.216 e segs. do Código Civil.

E já se viu também que não é o caso de um contrato sem prazo, ou a prazo indeterminado, porém um contrato a termo, que vigora pelo tempo de duração da venda dos lotes resultantes da urbanização.

Na conformidade da avença livremente estipulada, as Proprietárias não têm o direito de interromper a venda dos lotes, retirando-a da intermediação da Empresa. Estão presas a esta por um contrato, que não pode ser denunciado unilateralmente.

Ao promoverem a notificação, não ficou adstrita esta a mera manifestação de vontade ou intenção de não continuar com o contrato. Foi além. Tornou público o descredenciamento da Empresa para a venda dos lotes, mediante a expedição de edital divulgado pela imprensa.

Cometeram, destarte, evidente infração contratual.

O contrato é bilateral, gerando, portanto, obrigações para ambas as partes. A Empresa cumpriu a sua, promovendo as medidas arroladas na cláusula segunda. As Proprietárias tinham o dever de dar execução às que lhe cabem, no sentido de assegurar à Empresa a venda dos lotes, mediante a participação financeira convencionada.

Cometeram, assim, um ato ilícito.

Este, na definição de BEVILÁQUA, "é a violação do direito ou o dano causado a outrem por dolo ou culpa" (*Comentário* ao art. 159).

Todo procedimento culposo sujeita o agente a reparar o dano causado. Não importa a natureza da culpa, se é contratual ou aquiliana.

---

13   CC 2002, art. 599.
14   CC 2002, art. 598.

Em toda culpa existe a violação de uma norma preestabelecida. Se se tem em vista a disposição legal, como norma de conduta genérica, a culpa se diz extracontratual ou aquiliana. O procedimento do culpado reside na infração do dever geral negativo. Ninguém pode, impunemente, contravindo ao mandamento da lei, violar direito alheio. Se o faz, comete uma falta ou incide em culpa, e está sujeito a reparar o dano.

Especificamente, o contratante não pode, também impunemente, contravir a uma norma oriunda de um contrato. Se infringe cláusula deste, incide em culpa contratual, e tem, igualmente, de reparar o dano causado. O contrato impõe obrigações. A infringência do contrato significa inexecução da obrigação.

Segundo o art. 1.056 do Código Civil:[15]

"Não cumprindo a obrigação, ou deixando de cumpri-la pelo modo e no tempo devidos, responde o devedor por perdas e danos."

E estas, na forma do art. 1.059,[16]

"abrangem, além, do que ele (credor) efetivamente perdeu, o que razoavelmente deixou de ganhar."

Está visto que a Empresa, pelo contrato, tem o direito de efetuar a venda dos lotes resultantes da urbanização que realizou para as Proprietárias, mediante uma participação convencionada.

As Proprietárias, por ato unilateral, infringiram o contrato, e descredenciaram publicamente a Empresa.

Cometeram falta. Deixaram de executar o ajuste. Cometeram ato ilícito. E, em consequência, estão sujeitas a reparar o dano causado.

Respondem por perdas e danos, que no caso consistem no dano emergente (o que a Empresa perde) e o lucro cessante (o que ela razoavelmente deixa de ganhar).

*Ao Quesito Quinto*

Ao notificar a Empresa, descredenciando-a como intermediária na venda dos lotes, e tornando público o descredenciamento por via de edital difundido pela imprensa, as Proprietárias cometeram ilícito que as sujeita a reparação por perdas e danos. Ficou positivada a infração contratual, provada por si mesma, e independente de produção de

---

15 – Dispositivo correspondente no Código Civil de 2002:
"Art. 389. Não cumprida a obrigação, responde o devedor por perdas e danos, mais juros e atualização monetária segundo índices oficiais regularmente estabelecidos, e honorários de advogado."
16 – Dispositivo correspondente no Código Civil de 2002:
"Art. 402. Salvo as exceções expressamente previstas em lei, as perdas e danos devidas ao credor abrangem, além do que ele efetivamente perdeu, o que razoavelmente deixou de lucrar."

outra qualquer evidência. Somente pelo fato de notificar, as Proprietárias cometeram a infração contratual, e só com isto já incidem nas perdas e danos.

Sob alegação deste fato contrário ao direito a Empresa ajuizou ação indenizatória.

Ao contestarem o pedido, as Proprietárias arguiram contra a Empresa várias inadimplências contratuais, e formularam pedido reconvencional.

Incorreram, mais uma vez, em desvio de perspectiva.

As perdas e danos, postuladas na inicial, têm um fundamento límpido e assentado em prova constituída pela notificação, documento emanado das Proprietárias.

Descabe a acusação das Proprietárias, quanto a inadimplemento contratual da Empresa. E descabe por duas ordens de razões.

De um lado, se houve descumprimento de alguma, ou mesmo algumas, das obrigações estipuladas na cláusula segunda do contrato, constitui isto matéria superada, porque as Proprietárias aceitaram a urbanização, aprovaram o loteamento, deram sua anuência ao comportamento da Empresa por um período de quase trinta anos. Nunca se insurgiram. Jamais formularam contra ela alegação de qualquer deslize no cumprimento do contrato. Daí decorre um dilema de que não podem fugir: ou o comportamento da Empresa foi escorreito e as increpações após a propositura da ação não passam de técnica defensiva insincera; ou efetivamente houve as falhas, e o silêncio das Proprietárias induz aprovação.

Como quer que seja, as alegações com que contraditaram o pedido estão vazias de conteúdo hábil a ilidir a pretensão inicial.

Vejamos ambas as pontas do dilema.

Sob o primeiro aspecto, não se pode deixar de considerar que se trata de um contrato bilateral, gerando obrigações para ambas as partes.

Promovendo o loteamento, a Empresa deu execução ao que lhe competia, naquilo em que o contrato, posto que misto ou atípico, atrai os princípios da empreitada. De seu lado, ajustada a remuneração mediante participação nas vendas dos lotes, está comprovado que por anos a fio a Empresa recebeu os pagamentos segundo o estipulado. No contrato de empreitada, *tudo que se pagou presume-se verificado*. É o que estabelece o art. 1.241, parágrafo único, do Código Civil.[17]

Celebrando um contrato, por via do qual uma das partes empreitou, em contrato misto, a urbanização de um terreno e seu fracionamento em lotes, mediante o pagamento

---

17  "Art. 1.241. Se a obra constar de partes distintas, ou for das que se determinam por medida, o empreiteiro terá direito a que também se verifique por medida, ou segundo as partes em que se dividir.
Parágrafo único. Tudo o que se pagou, presume-se verificado."
– Dispositivo correspondente no Código Civil de 2002:
"Art. 614. Se a obra constar de partes distintas, ou for de natureza das que se determinam por medida, o empreiteiro terá direito a que também se verifique por medida, ou segundo as partes em que se dividir, podendo exigir o pagamento na proporção da obra executada.
§ 1º Tudo o que se pagou presume-se verificado."

através de participação na venda destes, e tendo por anos consecutivos efetuado sem interrupção os pagamento à Empresa, sem oposição nem recusa, milita contra elas a presunção do art. 1.241.[18] Diz BEVILÁQUA, em *Comentário*:

> "Era de fato, direito do dono da obra, verificar, antes de pagar, se a porção entregue estava em condição de ser aceita. Se, porém, efetua o pagamento, declarou-se com ela satisfeito, haja ou não procedido à verificação."

Firmado o contrato, e concluída a urbanização da área (obrigação da Empresa), cabia às Proprietárias verificar se a execução estava conforme ao ajustado, antes de iniciar o pagamento, por via da participação nas vendas dos lotes.

Este pagamento vem sendo feito através de quase trinta anos. Milita, então, em favor da Empresa, a presunção de que tudo foi verificado. Não cabe agora, trinta anos depois, dizerem as Proprietárias que a obra não foi executada na conformidade do convencionado, ou que houve "adimplemento insatisfatório do contrato". O que se conclui é que a alegação de inadimplência é insincera, não passando de técnica de defesa, para encobrir o comportamento antijurídico das Proprietárias, ao denunciarem arbitrariamente o contrato.

Sob o segundo aspecto, desassiste ainda às Proprietárias razão para arguirem falhas na conduta contratual da Empresa. Além da presunção de verificação (art. 1.241 do Código Civil) quanto ao que precedera à aceitação do loteamento, o silêncio das Proprietárias no tocante ao que foi realizado depois, e iterativamente feito por um período de quase trinta anos, constitui uma situação jurídica consolidada para a Empresa.

Se tivesse ocorrido conduta inadimplente da Empresa, cabia às Proprietárias manifestar a sua vontade.

Em monografia sobre o assunto, SERPA LOPES é peremptório:

> "A vontade necessita ser manifestada. Trata-se de um movimento fatal e indispensável, não somente como um meio de prova do ato jurídico, como também para satisfazer as exigências das relações jurídicas" (*O Silêncio como Manifestação da Vontade nas Obrigações*, 1944, n. 64, p. 151).

E na mesma obra, extrai conclusão precisa:

> "Depois de termos analisado o valor do silêncio, no tríplice ponto de vista da psicologia, sociologia e do Direito; depois de havermos assinalado que o princípio de solidariedade social impõe ao homem, em dadas circunstâncias, o dever de agir e de falar, de modo que o silêncio, em tais momentos, implica necessariamente na produção de efeitos ponderosos; depois de termos visto que esse dever de falar constitui uma obrigação jurídica decorrente da lei, tomada esta na acepção de

---

18  CC 2002, art. 614, § 1º.

'uma relação necessária decorrente da natureza das coisas'; não trepidamos em asseverar que o 'silêncio' constitui um elemento capaz de aquisição, modificação e extinção de direitos, como o é, igualmente, para a formação dos contratos" (Ob. cit., p. 169).

Trinta anos quase, decorridos sobre a execução do contrato, sem qualquer manifestação de vontade no sentido contrário ao adimplemento pela Empresa, o silêncio das Proprietárias constitui um elemento capaz de demonstrar que a avença foi cabalmente cumprida.

Demais disso, em se tratando de obrigação sujeita a "termo incerto", isto é, sem um prazo prefixado para seu cumprimento integral, não poderia ter ocorrido a mora *ex re*. Ao contrário, para a Empresa ser constituída em mora, fazia-se mister ser ela interpelada nos termos do art. 960, segunda parte, do Código Civil.[19] Somente a partir da interpelação, notificação ou protesto começaria a sua mora.

As Proprietárias, no entanto, sem observância do que o referido artigo dispõe, consideraram a Empresa automaticamente em mora.

E, assim, a resposta ao quesito não pode ser outra senão negativa.

*Ao Quesito Sexto*

Nenhuma prescrição ocorre na espécie. Pelo contrato, a Empresa tem o direito de vender os lotes e auferir as participações nas vendas. Cada lote vendido assegura o direito a um pagamento. Por todo o tempo de duração do contrato, e até o seu termo.

Vêm as Proprietárias e, por notificação unilateral, denunciam o contrato, descredenciando a Empresa como intermediária nas vendas.

Acusando as Proprietárias de infringência do pacto, a Empresa pleiteia a reparação das perdas e danos.

Seu direito à indenização nasce com a notificação das Proprietárias, erigido em procedimento contrário a direito e lesivo dos direitos da Empresa.

É de princípio que a prescrição começa a correr a partir do momento em que *a ação poderia ser proposta*. É o que reza o art. 177 do Código Civil.[20]

---

19 "Art. 960. O inadimplemento da obrigação, positiva e liquida, no seu termo constitui de pleno direito em mora o devedor.
Não havendo prazo assinado, começa ela desde a interpelação, notificação, ou protesto."
– Dispositivo correspondente no Código Civil de 2002:
"Art. 397. O inadimplemento da obrigação, positiva e líquida, no seu termo, constitui de pleno direito em mora o devedor.
Parágrafo único. Não havendo termo, a mora se constitui mediante interpelação judicial ou extrajudicial."

20 "Art. 177. As ações pessoais prescrevem, ordinariamente, em 20 (vinte) anos, as reais em 10 (dez), entre presentes, e entre ausentes, em 15 (quinze), contados da data em que poderiam ter sido propostas. (Redação dada pela Lei n. 2.437, de 07.03.1955)"

A ação indenizatória da Empresa, fundada na notificação das Proprietárias, somente poderia ser proposta após a notificação. Até a data desta, o contrato estava sendo cumprido de uma parte e de outra. No momento em que uma das partes o denunciou unilateralmente, cometeu um ato lesivo. E a ação ressarcitória somente poderia ser proposta depois deste ato, uma vez que nele é fundada.

Então nenhuma prescrição ocorreu.

Como suporte doutrinário do art. 177, afirma-se que a prescrição somente tem início a partir do momento em que nasce para o credor uma *prestação judicialmente exigível*, que os autores alemães designam numa só palavra *Anspruch*.

Foi o que escrevi em minhas *Instituições de Direito Civil*, v. I, n. 123:

"A doutrina alemã dá-nos uma palavra e uma regra: inicia o prazo da prescrição, como de decadência, ao mesmo tempo em que nasce para alguém uma pretensão acionável (*Anspruch*), ou seja, no momento em que o sujeito pode, pela ação, exercer o direito contra quem assuma situação contrária, já que *actio nondum nata non praescribitur*."

Ou como ensina RUGGIERO e MAROI, a prescrição somente tem início quando se erige uma situação de fato contrária ao direito:

"l'inizio della prescrizione è da porre al momento in cui il diritto è sperimentabile; in cui, cioè, come si esprime il legislatore, `può essere fatto valere´ (art. 2.935): non occorre una lesione specifica del diritto altrui, ma è necessario che lo stato di fatto da conforme al diritto diventi difforme in guisa che da questo istante sorga l'esigenza di rimuoverlo" (RUGGIERO e MAROI, *Istituzioni di Diritto Privato*, 8ª ed., v. I, § 34, p. 159).

Para a Empresa somente nasceu a pretensão indenizatória exigível com a notificação das Proprietárias. Ou, como dizem estes autores citados, somente a notificação das Proprietárias deu nascimento a um "estado de fato" contrário ao direito da Empresa, e a consequente "exigência de removê-lo".

Notificada por requerimento, a Empresa, menos de um ano depois, intentou ação de perdas e danos.

É óbvio que nenhuma prescrição ocorreu nesse estreito lapso de tempo.

Examinando uma a uma as questões propostas, assim emito meu parecer.

---

– Dispositivo correspondente no Código Civil de 2002:
"Art. 189. Violado o direito, nasce para o titular a pretensão, a qual se extingue, pela prescrição, nos prazos a que aludem os arts. 205 e 206."

# 16

**Fatos**  Contrato de compra e venda de material de telecomunicações celebrado entre sociedade brasileira (compradora) e pessoa jurídica estrangeira (vendedora). Celebração simultânea de contrato para a instalação desses equipamentos, entre a compradora e pessoa jurídica também brasileira, constituída no país pela vendedora (instaladora). Subcontratação, pela sociedade estrangeira, de outras fábricas, todas no exterior, para dar cumprimento ao contrato. Atraso da compradora no cumprimento de suas obrigações, (i) deixando de aprontar os locais em que seriam instalados os equipamentos adquiridos; (ii) falhando na remessa dos projetos e desenhos e (iii) retardando na obtenção das necessárias licenças de importação. Consequente atraso na entrega do material pela vendedora. Notificação da compradora à vendedora, considerando resolvido o contrato por atraso na entrega do material e por infringência das especificações contratuais. Ajuizamento de ação indenizatória contra a compradora por rompimento do contrato.

**Direito**  Contrato de compra e venda e contrato de prestação de serviços. Contratos coligados. Previsão de resolução dos contratos na hipótese de inadimplemento de qualquer de suas cláusulas. Ausência de prazo estabelecido para o cumprimento da obrigação. Impositiva constituição em mora do contratante inadimplente. Impossibilidade de resolução do contrato sem a prévia configuração da mora. Entrega do material encomendado precedida de aprovação pelo credor da prestação. Impossibilidade de retratação de uma aceitação espontânea e inequívoca. Renúncia ao pedido de resolução do contrato por este fundamento. Ocorrência de hipótese de resolução do contrato. Questão solucionada pelas partes. Prosseguimento da relação contratual. Impossibilidade de rediscussão da mesma questão para fundamentar a resolução do contrato. Subcontratação sujeita à autorização do cocontratante. Ocorrência de aprovação expressa do credor. Subcontratação lícita. Interpretação contratual. Cláusulas contratuais aparentemente contraditórias e excludentes. Duplicidade de disposições sobre um mesmo fato. Necessidade de conciliação das cláusulas contratuais. Interpretação que resguarda a subsistência de ambas as cláusulas. Recurso à Sexta Regra de Interpretação de Pothier. Princípio da boa-fé. Inadimplemento parcial (em pontos e em quantidades não substanciais e facilmente corrigíveis e retificáveis). Inaplicabilidade da exceção de contrato não cumprido. Contratos coligados. Impossibilidade de dissociá-los em sua execução.

XYZ COMMUNICATIONS LIMITED, com sede em Londres (e designada no correr deste como XYZ – Londres), contratou com a COMPANHIA TELEFÔNICA ABC a venda e fornecimento de "equipamentos de rádio, multiplex, cabos coaxiais, equipamentos de força, mesas interurbanas, e seus acessórios", tudo destinado à execução do plano de expansão do serviço interurbano da ABC e de suas subsidiárias.

Simultaneamente, embora por instrumento em separado, outra entidade, criada e constituída tendo em vista os mesmos fins, sob a denominação XYZ DO BRASIL LTDA. (aqui designada simplesmente como XYZ – Brasil), contratou com a mesma ABC o serviço de instalação de todos os equipamentos (exceto os cabos coaxiais) que seriam importados pela ABC por força do primeiro instrumento.

XYZ – Londres e XYZ – Brasil são entidades distintas e dotadas de personalidade própria, e realizaram a dupla contratação tendo em vista o mesmo objetivo e subordinadas ao mesmo evento econômico-jurídico, que estabeleceu intensa ligação objetiva: uma forneceria à ABC os materiais e a outra se obrigou aos serviços de sua instalação. E, reversamente, a segunda se comprometeu a instalar os materiais e equipamentos a serem importados pela ABC, os quais eram os mesmos que a primeira se obrigou a vender e fornecer.

Aparelhando-se para o fornecimento, a vendedora cuidou de ter todo o material a tempo, na dependência de que a ABC aprontasse os locais destinados a receber as instalações, a cargo da XYZ – Brasil.

Ainda no mesmo propósito de cumprimento do contrato, a XYZ – Londres contratou a sua produção com outras fábricas, na própria Inglaterra como fora do Reino Unido (Itália, e especialmente Austrália).

Acontece que a ABC atrasou sensivelmente o cumprimento das suas obrigações, deixando de aprontar os edifícios onde seriam efetuados os serviços de instalações a cargo da XYZ – Brasil, como ainda falhando na remessa de projetos e desenhos para a execução confiada à XYZ – Londres, e retardando nas providências atinentes às licenças de importação.

Não obstante os embaraços e dificuldades encontrados, a XYZ – Londres deu amplo desenvolvimento ao que lhe cumpria, pondo a ABC a par dos fatos. E, com a finalidade de proceder a uma fiscalização e verificação, a ABC enviou preposto seu a Sidney, Austrália, aprovando o material e equipamento ali confeccionados.

A ABC, posteriormente, enviou outro preposto a Sidney – Austrália, o qual opinou pela inadequação do mesmo material antes reputado bom.

Em seguida, fez uma notificação judicial, considerando resolvido o contrato sob a acusação de atrasos na entrega dos equipamentos e infringência das especificações contratuais no tocante ao mesmo equipamento.

Após recebida a notificação, as empresas contratantes ainda tentaram acomodações com a ABC, mas sem êxito.

Intentaram então uma ação ordinária de indenização, visando à reparação de todos os prejuízos que sofreram pelo rompimento do contrato.

Contestando a ação, a ABC alegou que não foi seu mas da outra parte o inadimplemento contratual, notadamente nos seguintes pontos:

1. atraso na entrega dos equipamentos;
2. infração das especificações;
3. substituição de equipamentos fabricados na Inglaterra por outros de procedência diversa; e
4. descumprimento do pactuado sobre a competitividade dos preços.

Em face de tais alegações, a XYZ – Londres e XYZ – Brasil perguntam:

1º Pode a ABC invocar como causa justificativa da resolução do contrato o atraso na entrega dos materiais e equipamentos?
2º Qual o efeito da aprovação dada pelo seu preposto, quanto ao material de fabricação australiana?
3º Pode a alegação de não competitividade dos preços ser considerada infração do contrato, para justificar a sua resolução pela ABC?
4º É lícito à ABC opor-se à subcontratação de determinados equipamentos, realizada pela XYZ – Londres dentro da Inglaterra ou fora dela?
5º A divergência dos materiais e equipamentos encomendados, em relação às especificações, constitui causa resolutiva do mesmo, se adstrita a pontos não substanciais, e em proporção mínima comparativamente com o volume das encomendas?

## PARECER

*Ao Quesito Primeiro*

A ABC invoca o atraso da XYZ como causa justificativa de resolução do contrato, aludindo ao fato por três vezes: na interpelação, com que notifica da cessação das relações contratuais; na contestação, que apresenta contra a pretensão ressarcitória; na reconvenção, com que revida ao pedido inicial.

Em todas as oportunidades, alega que os prazos previstos para a entrega do equipamento de rádio, bem como de outros materiais, foram descumpridos pela XYZ –

Londres, fazendo-a incidir "na cominação de rescisão do contrato, prevista na cláusula décima segunda, item 12 – 1.1 deste pacto".

A invocação expressa de determinada cláusula contratual sugere de pronto o seu exame. Tão enfática a alegação e tão positiva a referência, que de pronto exige o confronto com o item citado.

Mas este não alude por expresso ao fato, senão, genericamente, ao *"inadimplemento de qualquer cláusula ou condição do presente contrato"*.

As partes avençaram, então, a necessidade de se cumprirem as "cláusulas e condições" do ajuste. E na falta de "cumprimento" de umas e outras, sofre o contratante a pena máxima no plano contratual, que é a ruptura do próprio vínculo, com a liberação do prejudicado e as consequências econômicas para o culpado.

Uma vez que o texto invocado pela compradora não se acha positivado na alusão explícita ao tempo da execução, porém generalizado na menção abstrata à observância de todas as cláusulas, desloca-se a pesquisa na indagação se o contrato especifica literalmente um prazo certo para a entrega.

As "obrigações da XYZ" (Londres) encontram-se deduzidas na cláusula terceira. E em nenhuma das suas alíneas lê-se expressa a determinação do tempo da entrega. Aliás, de todo o contrato, longo, cuidadoso e minudente como convém, não desponta, em qualquer passagem, a alusão indicativa de que a vendedora e fornecedora dos equipamentos e materiais se obrigara a fazer a sua entrega em termo certo. Não contém referência propriamente indicativa de um prazo de entrega, como cláusula ou condição contratual, cujo inadimplemento justificasse a penalidade capital.

Literalmente, portanto, não se ajusta a citação da cláusula 12.1.1 ao efeito querido pela Notificante. Pois se o contrato erige o inadimplemento de "cláusula ou condição" em causa resolutiva, para se atingir o resultado é mister a apuração positiva e clara de uma inadimplência. Somente o descumprimento da cláusula ou condição prefixada seria de molde a gerar o efeito oriundo do item definidor da resolução.

A falta de entrega oportuna, que a ABC argui como fator determinante da consequência extrema, é o problema da *mora* na execução da obrigação, caracterizada, antes de ser uma questão de direito, como circunstância de fato. Qualificada como inexecução relativa da obrigação, há de reunir dois elementos essenciais. E, como essenciais que são, ou eles se demonstram inequivocamente, ou não há falar em mora. Se esta é o retardamento culposo no cumprimento do obrigado, analiticamente decompõe-se nestes dois fatores: a) o retardamento, isto é, o atraso, a demora, a inobservância do prazo; b) a culpa do contratante.

Antes de tudo, pois, o exame do problema impõe a apuração se, em face das obrigações assumidas, houve "o retardamento". E tal pesquisa é tanto mais necessária que não se lê, como salientei de início, nenhuma obrigação formal de entrega em dia certo.

Cumpre, então, apurar se do contexto do contrato resulta a evidência de uma obrigação a termo.

Verdadeiramente, a contratação vem articulada na finalidade das importações, em correlação com a "execução do plano trienal de expansão do serviço interurbano da ABC e de suas subsidiárias" (Cláusula Primeira – Objeto). O fator básico da mora sendo a ocorrência de uma *obrigação vencida*, como afirmam a um só tempo OROSIMBO NONATO (*Curso de Obrigações*, segunda parte, v. I, p. 289) e TITO FULGÊNCIO (*Programa*, v. II, p. 30), se não estiver positivado *um vencimento para a obrigação*, não haverá mora, não ocorrerá atraso, não se dará a inexecução. Inexiste retardamento, que é um conceito relativo, senão em função de algum fato determinado no tempo. E a cláusula primeira do contrato é meramente programática. O objeto das importações para a ABC ligavam-se à realização de um plano expansional do seu serviço interurbano que ela – ABC – pretendia cumprir em três anos. Não ficou estipulado um *dies ad quem* para as entregas.

Não se tratava, no caso, de entrega simples, porém condicionada a uma prestação de fato da parte da credora. A ABC haveria de fornecer os detalhes de execução, haveria de providenciar as oportunas licenças de importação, como haveria de fornecer os terrenos e prédios destinados às estações terminais e aos equipamentos. Haveria ainda de dar aprovação aos projetos elaborados pela vendedora. Acontece que para estes últimos atrasou por períodos que foram de até dez meses; para os terrenos e prédios, não os teve prontos; para as licenças de importação, não as apresentou em tempo à exportadora. Houve, portanto, falta de execução daquilo que lhe cumpria fazer. E, segundo a lição de LARENZ, o oferecimento de contraprestação do credor, sendo necessário ao cumprimento da obrigação, a sua falta impede a constituição do devedor em mora:

> "Si el vencimiento depende de que el acreedor ofrezca su contraprestación o de que presente determinados documentos, entonces se habrá de permitir que el acreedor haga el requerimiento al mismo tiempo que hace los referidos ofrecimientos o presentación de documentos, ya que no le puede ser exigida una repetición de los mismos actos para mediante ella situar en mora el deudor" (KARL LARENZ, *Derecho de Obligaciones*, trad. espanhola de Santos Briz, v. I, § 22, p. 341).

Inexistindo vencimento determinado, caso é de se proceder à prévia interpelação do devedor, como elemento caracterizador da mora (*Código Civil*, art. 960, segundo membro):[1]

> "Não havendo prazo assinado, começa ela desde a interpelação, notificação ou protesto."

---

[1] – Dispositivo correspondente no Código Civil de 2002:
"Art. 397. O inadimplemento da obrigação, positiva e líquida, no seu termo, constitui de pleno direito em mora o devedor.
Parágrafo único. Não havendo termo, a mora se constitui mediante interpelação judicial ou extrajudicial."

A ABC não poderia, portanto, considerar resolvido o contrato, fundada em atraso da XYZ, sem antes fazê-la notificar, interpelando-a para a efetivação da entrega em tempo certo. E somente na falta dos equipamentos e materiais na data fixada com a interpelação é que determinaria a demora, como elemento caracterizador do descumprimento da obrigação. Esta a doutrina oriunda do princípio legal. Doutrina incontroversa e pacífica. Na falta de prazo fixado na obrigação, esta não se considera vencida sem a interpelação:

> "Em tais casos, a obrigação não se vence, pelo decurso do tempo, por mais longo que ele seja.
> (...)
> Não havendo prazo assinado, o remédio do credor está na interpelação, notificação ou protesto" (AGOSTINHO ALVIM, *Da Inexecução das Obrigações e suas Consequências*, 3ª ed., p. 129 e 130).

A tese encontra amparo na doutrina internacional, como se vê em GIORGI, o clássico da teoria das obrigações:

> "Il secondo estremo non meno indispensabile, è di regola un'intimazione, o un altro atto equivalente diretto dal creditore al debitore, per richiedergli l'adempimento dell'obbligazione" (GIORGIO GIORGI, *Teoria delle Obbligazioni*, v. II, n. 47, p. 75).

Nos tribunais brasileiros a matéria é pacífica. Mais frequentemente, o problema surge na execução dos contratos de compra e venda. E quando esta fica na dependência de combinações ulteriores das partes, não existe mora automática, senão decorrente de interpelação, como se vê:

> "Se o dia, hora e local para a realização do ato de efetivação da compra e venda dependiam de ulterior combinação das partes contraentes ou, na sua falta, de interpelação judicial, não se poderá afirmar haja mora imputável a qualquer dos contraentes, posto que ambos hajam assumido encargos e deveres. Decorrido o termo fixado, sem lavrar-se a escritura, não havendo, também, interpelação judicial para o fim aludido, livre fica à parte pedir rescisão do contrato, em consequência da condição resolutiva tácita, subentendida em todos os contratos sinalagmáticos. A condição resolutiva tácita e a condição resolutiva expressa operam de maneira diversa, isto é, a primeira não tem eficácia senão mediante interpelação judicial, enquanto a segunda opera de pleno direito" (*Revista Forense*, v. 48, p. 408).

Ainda que se trate de contrato envolvendo execução de serviço e não apenas a entrega pura e simples de coisa certa, a interpelação é indispensável para caracterizar o atraso:

"Quando a obrigação consiste em execução de serviço, para o qual não se tenha estipulado prazo certo, é essencial a interpelação para constituir o devedor em mora" (*Revista Forense*, v. 163, p. 158).

No caso da consulta, a ABC promoveu desde logo a notificação da XYZ, considerando resolvido de pleno direito o contrato. Tal procedimento não tem o efeito de caracterizar a mora, nem vale para suprir a interpelação com assinação de prazo certo de execução do contrato:

"Não tem efeito de constituir em mora o devedor a interpelação que não lhe concede prazo para cumprimento da obrigação, mas declara desde logo, estar o contrato rescindido" (*Rev. Forense*, v. 199, p. 208).

Ao primeiro quesito, respondo que a ABC não pode invocar, como causa justificativa da resolução do contrato, o atraso na entrega dos materiais e equipamentos. E se atraso não houve, é despiciendo indagar do segundo elemento (culpa), uma vez que somente interessa quando qualificativo do primeiro (atraso culposo).

*Ao Quesito Segundo*

Dispõe o contrato que a ABC assumiu a obrigação de aceitar os materiais e equipamentos, a serem fornecidos pela XYZ e entregues FOB, ressalvado o disposto na cláusula décima.

Ciente, como efetivamente estava, de que uma parte das encomendas estava sendo confeccionada em Sidney, Austrália, a ABC para ali enviou pessoa de sua confiança, que, examinando-os, aprovou o material e o equipamento.

Interpretado o laudo à luz do contrato e da obrigação imposta à compradora, somente poderá traduzir-se como dupla aprovação: primeiro, da pessoa do fabricante; e segundo, da observância do contrato e especificações, relativamente ao próprio material. Submetido este ao comprador, deu o "sinal verde". E é óbvio que um contratante, no cumprimento de seus deveres contratuais, não pode ter duas palavras. Se não estivessem os materiais e equipamentos em ordem, era seu dever acusar falhas, ou mesmo enjeitar a encomenda, ensejando à fornecedora readaptar-se para desta forma adequar a execução ao contratado.

Se, ao revés, aprovou-os, deu com isto a sua palavra contratual, que vale atestação de que não teria restrições à qualidade e à perfeição das encomendas.

A ressalva única está no disposto na cláusula décima, que faculta à ABC mandar executar modificações.

Conjugadas estas disposições contratuais, resulta que o laudo técnico favorável significa pronunciamento positivo da importadora, no tocante ao bom cumprimento do contrato, reservando-se tão somente a faculdade de ordenar as modificações que o contrato lhe reserva.

É certo que o contrato autoriza a resolução por inobservância das Especificações ou normas técnicas constantes dos anexos.

Como não têm cabimento situações contraditórias (o ser e o não ser, simultaneamente), não se admite que um contrato de fornecimento de mercadorias sob encomenda possa ao mesmo tempo estar cumprido e não cumprido, pelo mesmo motivo. Isto é, não é possível, em direito e em lógica, que o contratante considere satisfatório o material encomendado, e em seguida passe a considerá-lo não satisfatório.

O pronunciamento favorável (aprovação) vale como declaração positiva de que a outra parte está procedendo na forma do convencionado. Proferido ele, não cabe mais um recuo do declarante.

Seu procedimento equivale à renúncia de rescisão com este fundamento. Se o contratante pactuou a faculdade de resolver o ajuste por certo motivo, e, em dado momento, declarou que se satisfaz com o objeto previsto, não tem mais a liberdade de invocar o mesmo motivo, como razão determinante da resolução.

Aprovando o material encomendado, mesmo antes de sua entrega e aceitação, o contratante confirmou a execução do contrato, e desta maneira procedeu como que renunciando ao pedido de rescisão com este fundamento. É o que enuncia a doutrina:

"La confirmation est l'acte juridique par lequel une personne fait disparaître les vices dont se trouve entachée une obligation contre laquelle elle eut pu se pourvoir par voie de nullité ou de rescision" (AUBRY et RAU, *Droit Civil*, v. IV, § 337).

O seu desenvolvimento não constitui tese menos positiva em doutrina genérica:

"La confirmation implique renonciation au droit qu'a une personne de former une action en nullité ou en rescision contre une convention consentie par elle et son auteur. Mais si toute confirmation contient implicitement une renonciation, toute renonciation n'équivaut pas à une confirmation" (FUZIER-HERMAN, *Repertoire Général Alphabétique du Droit Français*, v. 13, V. "Confirmation", n. 5).

A dúvida que se poderia formular, neste passo, seria relativamente à admissão da renúncia, na falta de um explícito pronunciamento abdicativo do interessado. Dúvida que se criaria em face da declaração, muito frequente aliás, de que a renúncia não se presume. A dúvida, porém, fica inteiramente desfeita, tendo-se em vista que não há confusão possível entre a manifestação tácita e a manifestação presumida de vontade. No particular da renúncia, é certo que esta se não presume. Mas não é menos certo que ela pode emanar de um comportamento, de uma atitude do credor, que seja ao mesmo tempo incompatível com o propósito de fazer valer um dado direito, e significativa de uma abdicação de determinada faculdade. Com forte apoio na doutrina e documentação em códigos, assim se pronuncia um especialista na matéria:

"Em síntese: a renúncia, como qualquer negócio jurídico, não se presume; todavia, tanto pode ser efetuado através de expressa ou tácita declaração de vontade, quanto, sem declaração, manifestar-se através de fatos e circunstâncias que inequivocamente traduzem a vontade abdicativa" (JOSÉ PAULO CAVALCANTI, *Da Renúncia no Direito Civil*, n. 15, p. 129).

Na espécie, a ABC aceitou por escrito materiais e equipamentos, e aprovou os que se achavam em vias de confecção em Sidney. Está impedida de retratar-se de uma aceitação espontânea e inequívoca, para declarar que não mais aceita e aprova o que já aceitara e aprovara. Este impedimento é tanto mais evidente, quanto mais inadmissível fazer a alegação no propósito de resolver unilateralmente o contrato, com fundamento em alegações relativas à qualidade do material e da pessoa do fabricante, depois que aprovara os mesmos equipamentos no local em que estavam em processo de elaboração.

## Ao Quesito Terceiro

A cláusula sétima do contrato estabeleceu que os preços de todos os equipamentos seriam competitivos, isto é, não poderiam ser superiores àqueles considerados usuais no mercado internacional de equipamentos e serviços da mesma espécie, devendo, para tal fim, ser comparados com preços oferecidos em concorrências realizadas no Brasil e no estrangeiro.

Alega, entretanto, que a XYZ ofendeu esta cláusula, trazendo para confronto os preços que desatendiam a esta exigência. Invoca-o para acusar a fornecedora de inadimplemento do contrato.

O ponto é secundário. Irrelevante, por duas ordens de razões. Primeiro, porque a sanção para a hipótese de não serem competitivos os preços não é a resolução do contrato. Esta sanção está discriminada na cláusula 12, que não alude a este fato. Expressamente, ficou estabelecido (cláusula 7.4, *in fine*) que o remédio contratual para a falta de competitividade de preços seria a sua "retificação".

Segundo, porque, no momento em que verificou a discordância entre os preços da outra contratante e o encontrado em concorrências tidas como padrão, a ABC usou da faculdade convencionada, e obteve a "retificação" dos preços. Assim procedendo, colocou os preços nos limites desejados, pela única via lícita, que era a sua correção.

Se o contrato estatui, para o fato da não competitividade, uma determinada sanção diversa da rescisão, e se esta sanção foi aplicada, deduz-se necessariamente que: a) não tinha o fato, para as partes, relevância maior, uma vez que o contrato deixou de lhe aplicar a resolubilidade para adotar outra modalidade de cominação; b) já houve a imposição da sanção única ajustada, de molde a não ser possível acumular a penalidade corretiva (retificação) com a outra penalidade (rescisão), aliás não prevista para a espécie; c) com a aplicação do remédio corretivo, na ocasião oportuna, ficou superada a discordância, e tanto mais que o contrato prosseguiu no seu curso de execução normal, sem que a interessada desse ao assunto qualquer importância.

Descabe, portanto, invocá-lo como justificativa de sua atitude atual, ou como fundamento dela.

Respondo de forma negativa a este terceiro quesito, salientando ainda que, se fosse relevante a alegação, não caberia como causa resolutiva, uma vez que o fato ocorreu na fase inicial do contrato, e, se este adquiriu curso ulterior de execução, o seu cumprimento pelas partes constitui autêntico impedimento a que seja mais tarde ressuscitado para o fim agora arguido.

*Ao Quesito Quarto*

Foi levantado pela ABC, na contestação e na reconvenção, o problema da subcontratação, alegando que a fornecedora não estaria cumprindo a obrigação de fabricar diretamente os materiais e equipamentos, porém estaria subempreitando a sua confecção a outras entidades na Inglaterra, na Itália e na Austrália, contra a proibição contida na cláusula décima primeira, o que a sujeitaria à pena de rescisão, conforme o disposto no subitem 12.1.6.

A leitura dos dois incisos do contrato logo revela que a subcontratação não é proibida. Ambos a consideram ilícita, apenas na falta de autorização, que o item 11.1 menciona como "prévio consentimento escrito" e o subitem 12.1.6 identifica como "aprovação expressa".

Tudo fica reduzido a apenas um ponto: a autorização, o consentimento, a aprovação da ABC.

Se em princípio a subcontratação é lícita, uma vez que a falta de proibição é notória e a admissibilidade é manifesta, – a legitimidade do comportamento da XYZ reside apenas na verificação do consentimento, ou da aprovação, ou da autorização.

E neste ponto não pode haver dúvida.

A correspondência trocada entre as partes é farta. E a XYZ exibiu em Juízo documento comprobatório de que a sua cocontratante poderia apresentar equipamentos de outra procedência, desde que sob a sua responsabilidade.

Houve, portanto, a aprovação exigida pelo contrato.

Mas, ainda que faltasse tal anuência, o comportamento da ABC é bem nítido, como demonstração de seu acordo e revelação de sua renúncia a fazer valer este fato como causa rescisória do contrato.

Tão ciente estava de que a sua fornecedora subcontratara o fabrico de determinados equipamentos, que usou da faculdade contratual da inspeção, mandando verificar em Sidney, Austrália, a exatidão do material que ali se confeccionara. E o aprovou.

Não estivesse de acordo, ou desaprovasse o fato, e seria evidentemente outra a sua atitude: condenaria a subcontratação como contraveniente ao contrato, e negaria à XYZ o direito de o fazer.

Ao contrário, e em demonstração inequívoca de que a subcontratação estava correta, a ABC mandou inspecionar o material. Daí resulta que ela sabia da subcontratação. Daí se infere que ela autorizava a subcontratação.

E muito especialmente, da sua aprovação inicial se conclui que o material, embora de procedência diversa, lhe servia às finalidades contratuais.

## Ao Quesito Quinto

A ABC pretende valer-se do disposto nos subitens 12.1.2 e 12.1.3, postulando a resolução do contrato, sob fundamento de apresentarem os materiais e equipamentos encomendados divergências em relação ao especificado.

Esclarece, entretanto, a XYZ que não houve propriamente quebra das especificações, limitando-se as diferenças a pontos não substanciais, secundários e de pequeno porte em relação ao vulto do empreendimento.

Na resposta ao quesito, dois são os aspectos a considerar. Num primeiro plano, a análise do contrato, em suas cláusulas e condições. Num segundo, o julgamento da questão em face dos princípios.

Todo contrato é um conjunto de disposições que as partes adotam e redigem para regular as suas relações jurídicas. Constitui para os interessados uma lei – *lex contracti* – que no âmbito restrito dos interesses dos contratantes, e desde que não contrarie os princípios de ordem pública, substitui a lei geral.

Na espécie da consulta, houve dois instrumentos intimamente ligados, formando um complexo contratual incindível como unidade econômica e unidade jurídica. A ABC ajustou a confecção e entrega de materiais e equipamentos (XYZ – Londres) e a sua instalação local (XYZ – Brasil). A interligação dos contratos é grande. E a conjugação das diversas cláusulas de um e de outro constrói a sua organicidade técnica.

Por isso mesmo, a hermenêutica da vontade contratual aproxima-se, sob todos os aspectos, da interpretação da lei.

Esta, já ensinava a sabedoria romana, não se deve entender tomando-se algum dispositivo isolado, porém tratando cada um deles como integrante de um sistema: *incivile est, nisi tota lege, una aliqua particula eius perspecta, iudicare vel respondere*. Não seria correto e não seria jurídico isolar um artigo, ou um parágrafo, ou uma alínea de qualquer lei, e decidir toda uma questão, como se não existisse um conjunto. A interpretação da lei exige o entendimento harmônico de seus preceitos.

No entendimento da vontade contratual não se procede diversamente. Embora sem a expressão imperativa de uma norma legal, são conhecidas as regras de interpretação do contrato, elaboradas por POTHIER, e que servem de orientação a quem quer que responda ou julgue questão em torno do assunto. Delas ressalta, no particular, a de número 6, recomendando que as cláusulas contratuais se interpretem umas em relação às outras, sejam antecedentes, sejam consequentes:

> "On doit interpréter une clause par les autres clauses contenues dans l'acte, soit qu'elles précèdent, ou qu'elles suivent" (POTHIER, *Oeuvres, annotées par* M. Bugnet, v. II, n. 96, p. 49).

Esta invocação é da maior utilidade no caso da presente consulta, porque o contrato, no particular das divergências e propósito da observância das especificações, contém dispositivos que não atendem a uma linha de coincidência. Bem ao contrário, dispersa-se em direções opostas.

De um lado, sanciona a falta de observância das especificações, com a penalidade maior, ou seja, a rescisão do próprio contrato (cláusulas 12.12 e 12.13).

Mas de outro lado, faculta à ABC rejeitar todos os materiais e equipamentos que apresentarem características diversas daquelas especificadas, ou que fugirem às normas acordadas, ou que apresentarem defeitos de fabricação, ou ainda que tenham sido impropriamente fabricados (cláusula 6.5).

A coexistência simultânea destas normas contratuais obriga o intérprete a um trabalho de conciliação necessária entre elas. Não é possível que o mesmo contrato estabeleça uma dualidade contraditória de conceitos e de efeitos para o mesmo fato. Não é possível que se apliquem, sem prévia compreensão, as cláusulas que autorizam, de um lado, a rejeição dos equipamentos e materiais que se diversifiquem das especificações ou apresentem defeitos de fabricação, e, de outro lado, o mesmo contrato autorize a sua resolução pelos mesmos fatos.

Não pode um contratante livrar-se das obrigações contratuais, sob alegação do mesmo fato que o mesmo contrato considera como autorizador da apenas rejeição, limitada ao material que venha em desacordo com as especificações e as normas técnicas.

Há mister que as duas disposições sejam harmonizadas. Não teria sentido que o entendimento do contrato resultasse na exclusão ou na eliminação de uma das cláusulas. Se um raciocínio qualquer chegasse a este resultado, o problema se deslocaria para o plano da opção, a saber qual das duas cláusulas seria considerada não escrita. E isto seria injurídico. A boa hermenêutica contratual somente pode ser a que resguarde as duas cláusulas, permitindo que ambas subsistam.

Para assim entender, esta é a única maneira de ser compreendida a duplicidade de disposições sobre um mesmo fato: a ABC, no exercício de seus direitos contratuais, pode enjeitar os equipamentos e materiais defeituosos ou divergentes das especificações, e consequentemente exigir que a XYZ os substitua, repondo outros, perfeitos, no lugar dos rejeitados. Se houver recusa, isto é, se a XYZ desatender à reclamação, a ABC valer-se-á do direito de resolver.

Somente assim as duas disposições teriam aplicação, e não se chegaria ao absurdo de entender que um contrato contém dois princípios, dos quais um é reputado letra morta, ou considerado vazio.

E somente assim o procedimento da parte contratante estaria amparado pela boa-fé que deve estar sempre presente na execução das convenções.

Na verdade, já o velho Código Comercial dispõe, no art. 131, I, que os contratos devem ser interpretados sob o princípio da boa-fé, segundo a natureza e o espírito do contrato.[2]

---

2    Embora esse artigo tenha sido revogado pelo Código Civil de 2002, a boa-fé tem presença marcante no novo Código. No que tange, especificamente, à aplicação do princípio da boa-fé aos contratos, o art. 422 é categórico: "Os contratantes são obrigados a guardar, assim na conclusão do contrato, como em sua execução, os princípios de probidade e boa-fé".

Ninguém estipula um negócio bilateral, para atrair a outra parte a uma armadilha. Não se deve admitir que uma parte contratante promova a celebração de um contrato, notadamente complexo e de cumprimento dispendioso como este de fornecimentos para uma expansão de serviços telefônicos, com o propósito condenável de rescindi-lo à menor divergência entre os materiais encomendados e as especificações. Se assim procedesse, estaria desde o início procedendo de má-fé.

E se, no correr de sua execução, ocorre que uma parte dos equipamentos destoa do que fora especificado, não seria conforme a boa-fé e ao uso dos negócios que o contratante considerasse, desde logo, rescindido o contrato, sem envidar todos os esforços no sentido de obter que o outro contratante retificasse os enganos, corrigisse os defeitos, e ajustasse os produtos ao que exigem as especificações. Este é que seria o procedimento aconselhado pela boa-fé, ainda que os defeitos e imperfeições atingissem pontos fundamentais, ou assumissem proporções maiores.

Esta a orientação aconselhada pela boa doutrina, para a qual o conceito da boa-fé, embora flexível, pode ser dominado por uma regulamentação pragmática, a dizer que o espírito da declaração deve preponderar sobre a letra da cláusula; a vontade efetiva predominar sobre o formalismo; o direito repousar antes na realidade do que nas palavras (DE PAGE, *Traité Élémentaire de Droit Civil Belge*, v. II, n. 468).

Tendo as partes contratado para cumprir (este é o *espírito da declaração*), a execução do ajuste é o objetivo protegido pela boa-fé (*Treu und Glauben*).

Acontece que não houve a total divergência dos equipamentos e materiais com as especificações. Ocorreu tão somente uma ou outra desconformidade em pontos e em quantidades não substanciais, e facilmente corrigíveis e retificáveis.

Desde que assim apurou, a ABC teria logo dois caminhos a seguir. Ou procederia como bom e leal contratante, enviando à XYZ correspondência, solicitando-lhe a retificação das eventuais disparidades. Ou, assumindo uma atitude de contratante mais rigoroso e mais severo, faria notificar a XYZ, assinando-lhe prazo para que desse cumprimento ao disposto na cláusula 6.5, e promovesse as correções e retificações necessárias, sob pena de incidir na penalidade máxima da rescisão.

De uma ou de outra maneira, estaria dentro de um comportamento inspirado na boa-fé, e no espírito do contrato e da lealdade dos negócios.

Se, ao invés disto, o contratante notifica logo a outra parte, considerando resolvido o contrato, não pode encontrar acolhida na justiça para a sua pretensão, como efetivamente não encontra. Sua atitude é repelida na doutrina e nos tribunais.

Uma ação na justiça somente pode ser recebida quando a inexecução atinge ponto essencial:

"Il n'y a pas de difficulté si l'inexécution est totale. Si elle est partielle, la résolution ne sera possible que si l'inexécution porte sur un point considéré par les parties comme essentiel, ce qui relève de l'appréciation du juge" (EUGENE GAUDEMENT, *Théorie Générale des Obligations*, p. 416).

Notadamente, no campo dos contratos bilaterais é que o princípio repercute de maneira global. Quando uma das partes deixa de cumprir o devido, cabe à outra parte o direito à rescisão do contrato. É a regra enunciada no art. 1.092 do Código Civil Brasileiro, que reúne as duas consequências da falta de execução: a fundada no inadimplemento do outro contratante e concretizada numa recusa ou retenção de prestação (*exceptio non adimpleti contractus*), e a rescisão baseada no mesmo fato. Para melhor compreensão da norma, é conveniente transcrevê-la na sua íntegra:

> "Nos contratos bilaterais, nenhum dos contraentes, antes de cumprida a sua obrigação, pode exigir o implemento da do outro.
> Se depois de concluído o contrato, sobrevier a uma das partes contratantes diminuição em seu patrimônio, capaz de comprometer ou tornar duvidosa a prestação pela qual se obrigou, pode a parte, a quem incumbe fazer prestação em primeiro lugar, recusar-se a esta, até que a outra satisfaça a que lhe compete ou dê garantia bastante de satisfazê-la.
> Parágrafo único. A parte lesada pelo inadimplemento pode requerer a rescisão do contrato com perdas e danos".[3]

O princípio da boa-fé não autoriza, porém, que se prevaleça o contratante de um qualquer descumprimento, mas de um inadimplemento sério. Veja-se a lição de ENNECCERUS, que nega validade à exceção (*exceptio*) quando seja possível melhorar de algum modo a prestação:

> "Una excepción igual, que en este caso se denomina excepción de contrato no cumplido pertinentemente (exceptio non rite adimpleti contractus) le corresponde al deudor, cuando el acreedor sólo ha cumplido en parte, o sólo de un modo defectuoso, hasta tanto que la prestación sea completada o mejorada de la manera pertinente. Pero en este caso la excepción decae en tanto en cuanto que, según las circunstancias, la retención sea contraria a la buena fe, por ejemplo, cuando sólo esté atrasado un pequeño resto del contracrédito del deudor, que de momento no pueda prestar la otra parte, o cuando el cumplimiento tenga que ser mejorado de otra manera, por regla general, el deudor sólo podrá retener, para la seguridad de estas pretensio-

---

3   – Dispositivos correspondentes no Código Civil de 2002:
"Art. 475. A parte lesada pelo inadimplemento pode pedir a resolução do contrato, se não preferir exigir-lhe o cumprimento, cabendo, em qualquer dos casos, indenização por perdas e danos."
"Art. 476. Nos contratos bilaterais, nenhum dos contratantes, antes de cumprida a sua obrigação, pode exigir o implemento da do outro."
"Art. 477. Se, depois de concluído o contrato, sobrevier a uma das partes contratantes diminuição em seu patrimônio capaz de comprometer ou tornar duvidosa a prestação pela qual se obrigou, pode a outra recusar-se à prestação que lhe incumbe, até que aquela satisfaça a que lhe compete ou dê garantia bastante de satisfazê-la."

nes atrasadas, una parte suficiente de su prestación" (ENNECCERUS, KIPP Y WOLFF, *Tratado de Derecho de Obligaciones*, v. I, § 33, trad. espanhola).

No caso da consulta, o contrato previu a boa confecção das máquinas e equipamentos, assegurando a compradora duplamente, com o direito de rejeição do que fosse imperfeito em face das especificações (cláusula 6.5) e ainda com uma garantia (cláusula nona, especialmente 9.1, 9.2). A cláusula de garantia opera, na espécie, como uma espécie de renúncia tácita à resolução. Quem o diz é o especialista consagrado na matéria, prof. SERPA LOPES.

"Nós sabemos que, na prática dos negócios de compra e venda de máquinas e aparelhos de uso doméstico sobretudo, *ou de aparelhos de qualquer outra espécie*, os contratos são celebrados sob uma espécie de *renúncia indireta à resolução dos mesmos*, quando a execução da prestação do vendedor possa ser considerada defeituosa. Assim é que sempre se conveciona *uma cláusula de garantia*, vigente durante um certo lapso de tempo, por força da qual o vendedor se obriga a reparar os defeitos porventura observados nas máquinas, fora, muitas vezes, da ideia de qualquer vício redibitório, para só se ter em conta a possibilidade de defeitos de execução do contrato. Tais convenções ainda proporcionam ao comprador a garantia do pagamento do preço, mediante prestações, o que torna executável seguramente essa espécie de *exceptio non ad contractus*, durante o lapso desse pagamento parcelado" (*Exceções Substanciais: Exceção de contrato não cumprido*, n. 69, p. 304).

Acobertada a ABC pela cláusula de rejeição e pela cláusula de garantia, não tem cabimento marchar logo para a solução extrema da rescisão do contrato, mormente sendo irrelevantes os defeitos e imperfeições dos equipamentos e materiais.

É claro que a irrelevância é uma circunstância de fato, a ser apreciada pelo juiz em face da evidência produzida.

Um critério, porém, inevitável e seguro é o da proporcionalidade. Apurada a existência de faltas ou defeitos (se efetivamente forem encontrados), a sua comparação com o volume global da encomenda é que dará a medida de sua importância. Esta não poderá ser aferida em números absolutos, mas como quantidade relativa, num confronto com a encomenda total.

Desde que fique apurado que a inexecução da obrigação diz respeito a partes não essenciais, o princípio da boa-fé não se compadece com a aplicação da cláusula resolutória. Ensinando para o pacto comissório tácito, CARVALHO SANTOS tem toda razão também no tocante à cláusula expressa. E sua lição merece aqui invocada:

"A questão é de pura interpretação da vontade das partes, devendo-se atender às circunstâncias e verificar se a parte da prestação, que ficou sem execução, é tão importante, que foi a esperança de recebê-la que levou o outro contratante a celebrar a convenção" (*Código Civil Interpretado*, v. XV, p. 247).

Tratando-se de divergência em relação às especificações, adstrita a pontos não substanciais, e em proporções mínimas em confronto com o volume do objeto contratual, não se pode reputar infração do ajuste. Especialmente infração hábil a ensejar a ruptura do mesmo.

Mas, como o próprio contrato prevê a retificação, o que a ABC deveria e poderia exigir da XYZ era emenda ou correção, e nunca partir desde logo para a resolução.

Assim respondo a este quinto quesito, proclamando a injuridicidade do procedimento da ABC, ao notificar a sua cocontratante da resolução do contrato, quando este prevê, para o caso de não se ajustarem as encomendas ao que fora especificado, a sua retificação e emenda.

Vistos os fatos apontados pela importadora e compradora em sua configuração global, não tem cabimento a pretendida rescisão do contrato, por qualquer dos fundamentos invocados.

E, havendo marchado para uma resolução que desta sorte se qualifica de arbitrária e infundada, sofrerá as consequências de seu ato, tais como pedidas na ação que ao propósito lhe foi proposta.

Além dos quesitos respondidos, como acima, e particularmente referentes às acusações formuladas pela ABC, nas três peças processuais (notificação, contestação e reconvenção), – XYZ – Londres e XYZ – Brasil, por intermédio ainda de seu ilustre Advogado, propuseram-me esta indagação:

"XYZ – Brasil é uma sociedade por quotas, com sede nesta Cidade, cujo ato constitutivo foi arquivado na Junta Comercial dois meses antes da assinatura dos instrumentos do contrato com a ABC.
Pelo texto da alteração do contrato social, ocorrida 10 meses após a constituição da sociedade, e igualmente arquivada na Junta Comercial, verifica-se que o capital da sociedade, inteiramente realizado, se divide em 10.000 quotas, das quais 9.998 (ou seja, 99.98%) subscritas pela XYZ – Londres, uma (0,01%) pelo Sr. JME e uma (0,01%) pelo Sr. GS."

O exame dos instrumentos assinados evidencia tratar-se de duas cópias do mesmo e único modelo, existindo perfeito paralelismo na disciplina fixada em ambos para as relações entre as partes contratantes. A própria redação das cláusulas é não raro idêntica.

Em face dessas alegações, XYZ – Londres e XYZ – Brasil perguntam:

O contrato assinado pela XYZ – Londres e XYZ – Brasil com a ABC (partes "A" e "B"), ou os dois contratos, como quer a ABC, estão ligados entre si? Isoladamente, cada um independente do outro, ou em conjunto?

Pode a ABC invocar como causa justificativa da resolução do contrato o atraso na entrega de materiais e equipamentos, estando a ABC em mora no cumprimento de suas obrigações simultâneas, a reclamar implemento das obrigações assumidas pelo outro contratante?

*A eles respondo, como Quesito 6º*

Conforme salientei acima (em resposta ao quesito 5ª), os dois instrumentos constituem uma unidade orgânica incindível.

Duas ordens de ideias convergem para esta afirmativa. De um lado, todas as circunstâncias formais salientadas na consulta: a constituição de uma sociedade brasileira a que estaria afeta a prestação de atividades no País, tendo em vista motivações de natureza interna; a celebração de um contrato com a entidade inglesa fornecedora do material e equipamento que a brasileira instalaria; a interligação econômica das duas pessoas jurídicas em função do capital subscrito pela primeira, não deixando dúvidas, no tocante à sua presença física; a identidade de contexto nos instrumentos contratuais do negócio jurídico avençado com a outra parte. Não obstante a diversidade de personalidades, a vinculação negocial com a ABC é indisfarçável e irrecusável.

A interligação dos dois contratos, entretanto, mais se evidencia, se se levar em conta aquilo que essencialmente foi a finalidade querida. ABC e XYZ objetivaram a efetivação de cumprimento do plano de expansão do serviço interurbano da primeira. E foi para a sua realização que ficou estipulada a contratação. O fato de se firmarem dois escritos não altera a unidade teleológica: tornar realidade a expansão trienal dos serviços. E a intercomunicação dos objetivos é absoluta: pretendendo a ABC obter todo um esquema funcional montado, contratou simultaneamente a importação de materiais e equipamentos e a sua instalação. Poderia tê-lo feito com uma só entidade (XYZ – Londres), não fossem exigências de ordem interna. Daí a duplicação instrumental do mesmo negócio, em virtude da qual a entidade inglesa aparelhava os fornecimentos e a entidade brasileira (econômica e direcionalmente a ela subordinada) assumia a instalação.

O fenômeno econômico encontra perfeita correspondência no plano jurídico, na figura dos "contratos coligados" ou "contratos unidos". Fator característico da coligação reside na subordinação de cumprimento: o de uma prestação é subordinado ao da outra, isto é, as instalações somente teriam interesses econômico em face das importações, e estas destinavam-se a que fossem instalados os materiais e equipamentos (*l'adempimento di una prestazione è subordinata all'adempimento dell'altra*, diz MESSINEO). A interligação contratual, que pode ser de origem legislativa, também se dá em decorrência da vontade das partes:

"Il collegamento fra negozi o fra contratti discende talvolta dalla legge (collegamento necessario): tal'altra, dalla volontà delle parti (collegamento volontario)."

No caso, a ligação entre os contratos, além de voluntária, é nitidamente *funcional*, tendo em vista a identidade objetiva:

"Collegamento funzionale è quello, per cui un contratto acquista rilevanza, in quanto opera sullo svolgimento del rapporto che nasce dall'altro contratto, senza escludere che l'azione possa esercitarsi anche in senso reciproco fra i due contratti (caso del contratto principale, rispetto al contratto accessorio)" (FRANCESCO MESSINEO, *Dottrina Generale del Contratto*, p. 231 e 232).

A assiduidade desta figura de dupla contratação resultante em serem unidos os negócios, ou formarem um negócio jurídico uno, é apontada em doutrina:

"No es raro que dos contratos completos, unidos anteriormente, sean queridos solo como un todo, o sea una recíproca dependencia, o al menos de manera que uno dependa de otra y no este de aquel" (ENNECCERUS, KIPP y WOLFF, *Tratado, Derecho de Obligaciones*, v. II, § 100).

Ligados os contratos funcionalmente e em razão de suas respectivas finalidades, necessariamente correm sorte comum. Um não pode ser cumprido sem o outro, um não vive sem o outro.

Não sendo possível dissociá-los na execução, como não se dissociaram na celebração, a duplicidade externa dá mera aparência de atos negociais diferenciados. Mas intrinsecamente são constitutivos de uma unidade negocial, econômica e jurídica.

Já mostrei que a ABC não tem fundamento legal para arguir o atraso na entrega dos materiais e equipamentos.

Na resposta ao Quesito primeiro desenvolvi a questão relativa à mora, quando a obrigação é estipulada a termo certo e quando não vem determinado prazo de seu cumprimento, como é o caso do contrato com a ABC.

Mostrei, então, que não havia prazo estipulado para as entregas. Não foi determinado o termo para cumprimento das obrigações da XYZ. E na falta de termo assinado, não opera a mora *pleno iure*, requerendo, ao revés, a notificação, interpelação ou protesto, na forma do que dispõe o art. 960 do Código Civil.[4]

Além deste motivo, ainda milita em favor da fornecedora a bilateralidade das obrigações, que articula o entrelaçamento necessário das prestações respectivas. O contrato de compra e venda é o que de mais sinalagmático existe. E na espécie, os deveres impostos às partes contratantes estão perfeitamente definidos. E neste caso, as partes são reciprocamente credoras e devedoras uma da outra, ao mesmo tempo. A ABC tornou-se, pelo ajuste, credora de XYZ pelas obrigações que esta assumiu para com ela, mas simultaneamente tornou-se devedora daquelas que contraiu.

---

4    CC 2002, art. 397.

As obrigações são na verdade conexas, no sentido de que o contratante tem direito a exigir o que lhe é devido em razão do cumprimento do que também deve. A tal ponto que a falta de cumprimento de sua parte justifica o descumprimento da outra:

> "Dans les contrats synallagmatiques, il y a un lien entre les deux obligations qui naissent de la même source. Si l'une des parties n'exécute pas son obligation, l'autre peut refuser d'exécuter la sienne: c'est l'exceptio non adimpleti contractus. Si l'obligation de l'une des parties disparaît par cas fortuit, l'obligation de l'autre disparaît également: c'est la question des risques" (PLANIOL, RIPERT et BOULANGER, *Traité Élémentaire de Droit Civil*, v. II, n. 70).

Se, até pelo fortuito, o desaparecimento de uma das obrigações justifica o descumprimento das prestações da outra parte, tal significa que não cabe verificar a causa desta inexecução: é bastante a apurar, objetivamente, o inadimplemento, para que se justifique a falta de execução por parte do outro contraente.

Estando a ABC em mora no cumprimento de suas obrigações, ou, independentemente de mora, verificando-se que simplesmente a ABC deixou de executar o que lhe cumpria, justifica-se a falta de adimplemento das obrigações da XYZ. Não podia a ABC exigir o cumprimento daquelas que lhe eram devidas.

E menos ainda fundar a resolução do contrato nesse alegado descumprimento.

Assim respondo aos quesitos formulados, e desta maneira emito o meu parecer, salvo melhor juízo dos doutos.

# 17

**Fatos**  Contrato celebrado entre renomado artista e sociedade produtora de músicas com vigência de quatro anos. Cessão onerosa de interpretações fixadas, tendo por objeto obras de autoria do artista. Produção de numerosas obras, sem, contudo, atingir a totalidade prevista no contrato. Antes de encerrado o prazo contratual, as partes celebraram novo contrato, com vigência de três anos, tendo por objeto a cessão onerosa de algumas dezenas de gravações. Extinção do prazo contratual. Não renovação da avença. Celebração de contrato, pelo artista, com nova sociedade produtora de músicas. Alegação, pela antiga produtora, de que o artista devia um saldo remanescente de gravações. Existência de cláusula contratual litigiosa.

**Direito**  Interpretação contratual. Análise das circunstâncias que envolvem a manifestação volitiva. Prevalência da intenção das partes. Interpretação contra o estipulante da cláusula (Sétima Regra de Interpretação de Pothier). Conduta das partes na execução do contrato como fonte de interpretação. Interpretação, pela produtora, que não condiz com a linguagem nem com a boa-fé.

Renomado músico (INTÉRPRETE) celebrou com Companhia de Discos "XYZ", ulteriormente sucedida por PCD Ltda. (PRODUTORA), em 07 de janeiro de 1974, "contrato civil de cessão onerosa de interpretações fixadas", tendo por objeto a interpretação de sessenta obras de autoria do artista, com prazo de vigência de quatro anos, termo este que estaria, portanto, fixado em 07 de janeiro de 1978. Na sua execução, o artista produziu numerosas obras, sem contudo atingir sessenta.

Antes de escoado o prazo, as mesmas partes celebraram novo contrato, em 30 de março de 1977, com tempo de duração de três anos a contar de 08 de janeiro de 1978, tendo por objeto a cessão onerosa de quarenta e oito obras.

Neste segundo contrato ficou expressamente (cláusula 11) estipulado:

"Fica incorporado, nesta data, o contrato de cessão onerosa de interpretações artísticas pré-fixadas, assinado em 07 de janeiro de 1974, entre PRODUTOR e IN-

TÉRPRETE, sem prejuízo das disposições que alcancem as partes mesmo após o término de sua vigência."

Já na vigência do segundo contrato (precisamente a 19 de novembro de 1979), a PRODUTORA dirigiu uma carta ao representante do INTÉRPRETE, na qual anexa "cópia do contrato do INTÉRPRETE", e declara: "O contrato prevê 48 gravações, e já foram efetuadas 10 do LP "ALFA" (excluída a gravação da música "BRAVO") e 5 no LP "CRL". Aos 29 de novembro de 1979, a mesma PRODUTORA escreve ao INTÉRPRETE, ratificando a remessa de cópia do contrato ao seu representante, e fazendo a alusão ao cumprimento do contrato, sem nenhuma alusão à vigência do contrato anterior, e sem referência a qualquer débito do INTÉRPRETE em relação às 60 obras que foram objeto dele.

Na forma do que dispõe a cláusula do contrato de 30 de março de 1977, o INTÉRPRETE dirigiu à PRODUTORA uma carta datada de 25 de setembro de 1980, manifestando o seu propósito de não permitir que o aludido contrato fosse automaticamente renovado.

Liberado da avença que o vincularia até 07 de janeiro de 1980, o artista celebrou contrato com NOVA PRODUTORA.

PRODUTORA, como sucessora de Companhia de Discos "XPTO", ajuizou protesto contra NOVA PRODUTORA, com intimação do INTÉRPRETE para ciência, na qual a interpelante quer fazer crer que os dois contratos estariam em vigor, considerando que o artista se obrigou, além das sessenta obras previstas no primeiro contrato, a "mais 48 obras". E, em consequência, o artista lhe estaria a dever um saldo remanescente do primeiro contrato, adicionado ao saldo do segundo contrato.

Discordando deste entendimento da PRODUTORA, o INTÉPRETE pergunta:

Como se interpreta a cláusula 11 do contrato de 30 de março de 1977?

## PARECER

Em todo negócio jurídico, tal como na aplicação da lei, há sempre a necessidade de apurar a vontade do agente. Os sistemas jurídicos adotam orientações diferentes. Ora procedem, como o Código Napoleão, discriminando as regras de interpretação da vontade contratual; ora, no campo oposto, revelam-se mais sóbrios, como o BGB, enunciando no art. 133 princípio mais genérico, e deixando ao critério inteligente do juiz a busca do adequado entendimento para a vontade declarada.

Nesta dupla forma de colocar os problemas, preferiu o legislador brasileiro seguir a linha tedesca, e enunciou no art. 85[1] uma disposição geral:

---

1 – Dispositivo correspondente no Código Civil de 2002:
"Art. 112. Nas declarações de vontade se atenderá mais à intenção nelas consubstanciada do que ao sentido literal da linguagem."

"Nas declarações de vontade se atenderá mais à sua intenção que ao sentido literal da linguagem."

CLÓVIS BEVILÁQUA, voltado para este preceito, nele enxerga mais do que uma regra de hermenêutica, aí vendo a própria essência do ato negocial. Literalmente:

"Este preceito é mais do que uma regra de interpretação. É um elemento complementar do conceito do ato jurídico. Afirma que a parte essencial ou nuclear do ato jurídico é a vontade. É a ela, quando manifestada de acordo com a lei, que o direito dá eficácia" (*Comentários*, Observação ao art. 85 do Código Civil de 1916).

Quando, pois, o jurista enfrenta o problema da hermenêutica da declaração de vontade, está, em última análise, defrontando a indagação do que constitui o conteúdo da vontade.

Não é raro, tal como ocorre no caso desta consulta, que as partes, em face de uma cláusula, divirjam no que constitui o seu conteúdo. O contexto em si não oferece elementos suficientes para aclarar o conteúdo. O instrumental semântico, por si só, é inábil a proporcionar os meios adequados a aclarar a intenção que ele teve em mira externar. Daí recorrer, como aconselha ERICH DANZ, às circunstâncias em que se deu a manifestação volitiva:

"Em cada interpretação, não tem de tomar simplesmente as palavras no sentido ordinário, mas também precisa, em cada caso, considerar as circunstâncias em que são proferidas, o seu contexto e o resultado econômico a atingir" (*A Interpretação dos Negócios Jurídicos*, p. 37).

Dito em termos um pouco diferentes, EMILIO BETTI enuncia uma fórmula que não se dissocia conceitualmente desta. Refere-se à situação objetiva em que a linguagem está enunciada e frisa a necessidade de considerar o complexo de circunstâncias que a envolvam:

"Oggetto d'interpretazione – secondo i principi ermeneutici fissati nell'introduzione – é anche qui non già la 'volontà' interna, ancorchè rimasta inespressa, bensì la dichiarazione o il comportamento, inquadrati nella cornice di circostanze che conferisce loro significato e valore. In verità quel che conta non è tanto il tenore delle parole o la materialità del contegno, quanto la situazione oggettiva in cui quelle vengono pronunziate o sottoscritte, e questo viene tenuto: vale a dire, quel complesso di circostanze nel quale dichiarazione e comportamento s'inquadrano come nella loro naturale cornice e assumono, secondo le vedute della coscienza sociale, il loro tipico significato e rilievo" (*Interpretazione delle Leggi e degli Atti Giuridici*, p. 278).

No entendimento do contrato ora focalizado, é preciso, então, ter em consideração a circunstância, a todos os títulos relevante, de que o artista, antes de completar o quinquênio e antes de produzir as sessenta obras programadas, foi chamado pela PRODUTORA para um novo contrato.

E aí é que se situa, precisamente, o problema hermenêutico. A cláusula II deste segundo contrato alude expressamente ao primeiro.

As partes sabiam, e muito particularmente a PRODUTORA, que ainda faltavam algumas obras, relativas ao primeiro contrato.

Ao redigir o instrumento (e foi a PRODUTORA quem o fez), chamando o INTÉRPRETE para assiná-lo, não estabeleceu que este ficaria obrigado a produzir "mais 48 obras". Não obstante estar em débito com algumas do primeiro contrato, obrigou-se a compor somente 48, "incorporando" neste segundo contrato o primeiro.

Este segundo contrato constitui desta forma uma reunião dos dois, um *"funding"*. Num símile extraído da linguagem comercial, as partes fizeram uma reforma, consolidando no contrato de 1977 todo o débito do artista, que passou a ser, de então em diante, representado por 48 obras, e não "novas" 48 obras, ou "outras" 48 horas, a serem adicionadas ao remanescente do primeiro contrato.

Esta linha de raciocínio é corroborada por duas ordens de ideias, que constituem, a seu turno, normas de interpretação da vontade contratual.

A primeira delas, catalogada por POTHIER, entre as que enunciou, e que foram perfilhadas pelo Código Francês de 1804, estabelece que, na dúvida, o contrato se interpreta contra o credor e em benefício do devedor. É a sétima regra, que no original se lê:

> "Dans le doute, une clause doit s'interpréter contre celui qui a stipulé quelque chose, et à la dècharge de celui, qui a contracté l'obligation.[2]
> *In stipulationibus cum quaeritur quid actum sit verba contra stipulatorem interpretanda sunt*" (*Oeuvres, à la charge de* BRUNET, 1948, v. II, n. 97, p. 50.).

Sendo o artista o devedor, ou o promitente, ou aquele que contraiu a obrigação de produzir as obras, em seu benefício se interpreta a cláusula. E é totalmente lógico, pois se cabia ao estipulante ou credor redigi-la, e o fez menos clara, a ele se imputará a obscuridade, e se realiza o entendimento favorável ao devedor ou promitente.

O outro argumento, erigido em norma pragmática de hermenêutica da vontade, reside em que a execução que as próprias partes dão à avença é o melhor modo de enfatizar a sua compreensão, salvo impugnação por erro, que não ocorre na espécie.

É o que eu digo em minha obra doutrinária, *in verbis*:

---

[2] "Em caso de dúvida, a cláusula interpreta-se contra o estipulante e em favor do promitente." As demais regras de POTHIER sobre a interpretação contratual encontram-se, na íntegra, no § 189 do Volume III das *Instituições de Direito Civil* de CAIO MÁRIO DA SILVA PEREIRA (13ª ed., atualizada de acordo com o Código Civil de 2002, Rio de Janeiro, Forense, 2009, p. 46).

"Além destas 14 regras de POTHIER, a doutrina acrescenta que o intérprete deve cogitar de como o contrato tem sido anteriormente cumprido pelas partes, pois que são elas o melhor juiz de sua hermenêutica, devendo considerar-se que, se se executar num dado sentido, é porque entenderam os contratantes que esta era a sua verdadeira intenção. Mas o princípio não pode ser tido como absoluto, pois que é lícito ao interessado impugnar a declaração por erro" (*Instituições de Direito Civil*, v. III, n. 189).

Di-lo igualmente WASHINGTON DE BARROS MONTEIRO, quando ensina:

"f) a melhor interpretação de um contrato é a conduta das partes, o modo pelo qual elas o vinham executando anteriormente, de comum acordo, a observância do negócio jurídico é um dos melhores meios demonstrativos da interpretação autêntica da vontade das partes; serve de guia indefectível para a solução da dúvida levantada por qualquer delas" (*Curso*, 10ª ed., v. 5º, p. 37).

E é neste sentido que milita a correspondência dirigida pela PRODUTORA, ora ao próprio artista, ora ao seu representante junto a ela.

Aos 19 de novembro de 1979, dirigindo-se ao representante do INTÉRPRETE, alude ao "contrato do INTÉRPRETE", esclarecendo que ele prevê 48 gravações – sem nenhuma alusão à existência de um débito anterior.

E, em 29 de novembro seguinte, escreve ao próprio artista, ratificando a carta dirigida ao representante, reafirmando o compromisso ("minha palavra é uma só"), sem qualquer ressalva quanto a um débito residual, vindo do contrato anterior, que foi, como expressamente declarado, "incorporado" no segundo.

A interpretação dada pela PRODUTORA traduz uma espécie de escravização do artista. Celebrasse ele um terceiro contrato (de que teve o bom senso de se liberar) e nele mencionasse, ex. gr., 50 obras, ficaria o artista com toda a sua produção, de vários anos, pertencente à PRODUTORA.

E tal não é jurídico. O Código Civil Alemão enuncia, no art. 157, uma regra que se pode considerar dominante de toda a hermenêutica da vontade:

"Les contrats doivent être interprétés comme l'exigent la loyauté et confiance réciproque en correlation avec les usages admis en affaires" (BGB, trad. de *l'Office de Législation étrangère et de Droit international*, ed. de 1929).

Já muito antes do Código Alemão, que é de 1896 (posto que entrado em vigor em 1900), o nosso Legislador no Código Comercial de 1850 estabelecia no art. 131,[3] alínea I:

---

[3] Embora o art. 131 do Código Comercial tenha sido revogado pelo Código Civil de 2002, este novo diploma trata da boa-fé em diversos dispositivos, notadamente nos arts. 113, 187 e 422.

"A inteligência simples e adequada, que for mais conforme à boa fé e ao verdadeiro espírito e natureza do contrato, deverá sempre prevalecer à rigorosa e estrita significação das palavras."

Não condiz com a linguagem adotada nem com a boa-fé a interpretação que a PRODUTORA dá à cláusula 11 do contrato de 1977.

Ao invés de "incorporar", no segundo contrato, o primeiro que celebrou com o artista, a PRODUTORA os "desincorpora", destacando as obrigações de um e as de outro, para considerar o INTÉRPRETE devedor de um e de outro, vinculando *in aeternum* toda a sua produção, sem a liberdade de ação necessária à sua atividade.

## RESPOSTA AO QUESITO:

Em face destas considerações e dos princípios jurídicos que as amparam, e tendo em vista as circunstâncias objetivas que envolveram a celebração do contrato de 30 de março de 1977, e me reportando à correspondência dirigida pela PRODUTORA ao artista e ao seu representante, entendo que a cláusula 11 deste aludido instrumento deve ser interpretada no sentido de que, "incorporado" nele o contrato de 07 de janeiro de 1974, o artista ficou em débito, a partir de 30 de março de 1977, de somente 48 obras.

Assim opino.

# 18

**Fatos**    Ação de execução ajuizada por banco contra três sociedades de um mesmo grupo econômico. Efetivação de penhora sobre bem imóvel dado ao banco em garantia da dívida. Substituição do bem por outros imóveis de titularidade das devedoras com valor equivalente ao total da dívida. Prosseguimento da execução sem a oposição de embargos pelas devedoras. Demora no processamento da execução. Defasagem entre o valor da dívida e o valor dos imóveis penhorados (dados em substituição). Existência de irregularidades para a adjudicação, pelo banco, de alguns desses imóveis. O grupo econômico devedor sustenta que a substituição da penhora correspondeu a uma dação em pagamento, com a extinção da dívida. Entendimento do banco em sentido diverso.

**Direito**    Acordo de vontades. Ausência de documento formal. Interpretação contratual: importância das peculiaridades do caso concreto. Busca pela intenção mais verossímil. Uma parte não pode exigir o cumprimento das obrigações da outra se não tiver cumprido as suas rigorosamente (*exceptio non adimpleti rite contractus*). Os bens imóveis dados em substituição à penhora não se encontravam livres e disponíveis. Inadimplemento das obrigações principais dos devedores. Ausência de força liberatória: subsistência da dívida. Encargos da dívida: bens acessórios. *Acessorium sequitur principale*. Inocorrendo a extinção das obrigações por fato dos devedores, os encargos financeiros continuam em vigor.

---

O BANCO EA propôs contra as sociedades ALFA, BRAVO e CHR, todas integrantes do chamado GRUPO DELTA, processos de execução em julho de 1979, para receber créditos diversos.

No mês de agosto seguinte, a Diretoria do BANCO aprovou a substituição da penhora incidente sobre o imóvel residencial denominado "Mansão dos Delta", dado em garantia, por diversos outros imóveis, os quais foram objeto de avaliação, encontrando o Engenheiro do BANCO valor aproximado do montante da dívida. O Departamento Jurídico do BANCO foi autorizado a arrematar ou adjudicar os referidos bens na primeira praça, pelo valor da avaliação, a não ser que encontrassem maior preço.

O GRUPO DELTA, em cumprimento dos entendimentos realizados, ofereceu à penhora diversos bens dos que haviam sido relacionados, com exceção de 24 (vinte e quatro) lotes de terreno que já não mais lhe pertencem e mais um terreno na Rua Engenheiro MG.

Não obstante deixarem os Executados de embargar as penhoras e de não ser criado qualquer embaraço ao procedimento executório, o processo teve o seu andamento prolongado até o mês de novembro, quando o montante do débito não era mais o que servira de base à decisão da Diretoria.

Em face dessas circunstâncias, ao proceder à adjudicação, foram incorporados ao patrimônio do BANCO imóveis que não correspondiam ao débito, sendo de acrescer não ter sido possível registrar a carta de adjudicação relativa a um dos imóveis (casa da praia), em virtude de não estar averbada a edificação. Não foi possível, também, regularizar a transmissão de três apartamentos do Edifício AV.

Mais recentemente, o assunto retornou ao exame da Diretoria e foi discutido com os representantes das empresas executadas.

As consequências desta situação geraram desentendimento entre as partes. O GRUPO DELTA sustenta que a substituição da penhora correspondeu a uma dação em pagamento, e em consequência os débitos ficaram extintos com a adjudicação dos bens.

O BANCO entende de forma diversa.

Daí a indagação que formula, em quesito único, a saber:

"O disposto na ata da reunião da Diretoria, realizada em 14 de agosto de 1979, determinou a suspensão, a partir daquela data, da incidência dos encargos financeiros pactuados nos instrumentos representativos das operações de crédito, bem como a extinção das dívidas com a adjudicação dos bens oferecidos em penhora nos processos de execução movidos pelo Banco EA contra as empresas do chamado 'Grupo Delta'?"

## PARECER

Embora único, o quesito desdobra-se em três indagações, a saber:

1. O disposto na Ata da diretoria do BANCO, realizada em 14 de agosto de 1979, importa, em tese, na extinção das dívidas do "Grupo Delta", mediante a adjudicação dos bens oferecidos em penhora?
2. ter-se-ia, de fato, operado essa extinção?
3. Os encargos financeiros pactuados nos instrumentos representativos dos créditos cessaram, a partir daquela data, ou terão os devedores de suportá-los?

1.1. O ponto de partida para o desate da controvérsia entre as partes situa-se na interpretação da vontade das partes, problema que se agrava na falta de um documento firmado entre elas, estabelecendo os termos do que foi convencionado.

1.2. Da leitura da Ata verifica-se que houve, efetivamente, um entendimento. Pelo que dela consta, a diretoria reuniu-se extraordinariamente, com a finalidade única de tratar da matéria relacionada com os processos de execução movidos contra as empresas componentes do Grupo. O Presidente do BANCO adiantou que a penhora deveria incidir sobre os bens dados em garantia, salientando que um dos imóveis era a Mansão, cujo alto preço excedia a capacidade aquisitiva do mercado imobiliário local. Sugeria, assim, que fosse ele substituído por outros imóveis mais comerciáveis, a cuja avaliação se procederia. E relacionou, um a um, os imóveis, mencionados os respectivos valores. Defendeu a substituição da garantia existente pela penhora dos imóveis relacionados. Recomendou, ao Departamento Jurídico, agilizar os procedimentos judiciais, autorizando-o a arrematar ou adjudicar na primeira praça "os imóveis constantes da relação supra", isto é, da lista que apresentou ao colegiado.

1.3. Pelo que se deduz da sequência dos fatos, houve a substituição da penhora, os executados abstiveram-se de embargá-la, e ainda colaboraram, através de seus representantes, no propósito de concluir os processos em tempo curtíssimo. Não obstante esse esforço conjunto, não lograram as partes que a praça fosse realizada no mês seguinte à reunião da diretoria (setembro de 1979). Em consequência, os bens foram adjudicados somente em novembro.

1.4. Dos fatos, expostos em sua nudez, embora inexista um documento formal, é de se concluir que houve um entendimento.

O que foi exposto pelo Presidente do BANCO à diretoria realizou-se: substituição de bens à penhora, ausência de defesa dos executados, cooperação para o andamento dos procedimentos judiciais, adjudicação dos bens pelo BANCO. Tudo isto leva à conclusão de que as partes se compuseram neste sentido.

E, se assim procederam, teria sido no propósito de encerrar as dívidas pela via da adjudicação dos imóveis.

1.5. Se a interpretação da vontade das partes, quando cristalizada em instrumento formal, às vezes revela-se difícil, exigindo recorrer a processos que mobilizam o esforço do intérprete e a invocação de princípios a que não é estranha a teoria da interpretação das leis, cresce de ponto a dificuldade quando não há documento que sirva de base ao entendimento.

Em tais oportunidades, o que incumbe ao intérprete é "reconstituir a intenção provável das partes", e, em tal caso, há de se recorrer ao método, que já era conhecido dos romanos, segundo a lição de EDOUARD DE CALLATAY, de se apoiar o intérprete em presunções. É preciso, diz este monografista, "pesquisar a intenção das partes"; há que "procurar a intenção mais verossímil".

Depois de transcrever a fórmula romana que aconselhava "considerar o que é mais verossímil" – *inspici quod verosimilius est* –, diz textualmente o autor, apoiado na autoridade de POTHIER:

> "Il faut donc d'abord chercher cette intention des parties: si on ne peut la découvrir d'une manière assez claire, il faut chercher leur intention la plus vraisemblable, pour donner un effet quelconque à leur convention, dit Pothier, dans ses Pandectes de Justinien, où peu après, il explique pourquoi il a décidé par les anciens que les parties avaient dû vouloir entendre telle chose (l. 2, t. 4, de Convent Interpr)" (EDOUARD DE CALLATAY, *Études sur l'Interprétation des Conventions*, p. 134).

O clássico dos clássicos, DOMAT, também ensinava que na interpretação das convenções, quando faltam outros critérios, é preciso amparar-se no que será mais verossímil:

> "... il faut s'en tenir à ce qui sera le plus vraisemblable..." (DOMAT, *Les Lois Civiles*, Livre Premier, Tit. I, Section II, Reg. IX, p. 18, da edição de 1766).

Em sua obra, também clássica, sobre a "declaração da vontade", RAYMOND SALEILLES, a par de outras considerações, manda pesquisar a vontade, tal como deriva dos termos da declaração (*telle qu'elle dérive des termes de la déclaration*), mas sem perder de vista todas as circunstâncias que podem esclarecer a fórmula ou revelar seu sentido (*toutes les circonstances qui peuvent en éclairer la formule et en révéler le sens*). Se, apesar de tudo, apura-se que as partes não se exprimiram claramente, entende-se que seguiram os usos. E neste caso, por indicação da lei, a interpretação "repousa sobre uma presunção de vontade":

> "C'est une interpretation qui repose sur une présomption de volonté" (*De la Déclaration de Volonté*, p. 197).

Tal qual SALEILLES, cuja obra tem em vista o Código Civil Alemão – BGB/1896 –, também ERICH DANZ, dedicando-se à interpretação dos negócios jurídicos, e reportando-se ao que dispõe ele, escreve:

> "Ora, a doutrina ensina, e fundadamente, que para interpretar uma declaração de vontade se devem ter sempre em conta "as circunstâncias" do caso concreto..." (*A Interpretação dos Negócios Jurídicos*, trad. de Fernando de Miranda, p. 59).

1.6. Atentando para as circunstâncias do caso, e pesquisando a verossimilhança que se extrai das mesmas, e do desenvolvimento do que se seguiu à reunião da diretoria, refletido na Ata, é lícito concluir que algo fora convencionado, ou, ao menos, conversado. A substituição da penhora por outros imóveis, indicados pelos devedores, e a cooperação destes no andamento dos processos foram inspiradas em finalidade definida. É razoável entender que tudo isto se passou visando à liberação daquele imóvel para o proprietário, e também à liquidação das obrigações, pela adjudicação deles, pelo BANCO, em procedimento judicial que os interessados se esforçariam por torná-lo rápido.

Não houve uma troca de documentos neste sentido. Mas o Presidente o expôs aos seus companheiros de diretoria. A Ata revela que ficara avençada a substituição. E as circunstâncias ulteriores mostram que o empenho dos devedores no andamento dos feitos teve o fito de proporcionar ao BANCO a imediata adjudicação, pela qual adquiriria ele os imóveis, que foram avaliados por engenheiro da confiança do BANCO, estimativa que se aproximava do montante da dívida.

Na falta de uma declaração expressa, é verossímil que fosse a intenção das partes chegar a um resultado, em que a aquisição mediante o ato processual de adjudicação equivalesse a uma dação em pagamento.

2.1. Embora a declaração de vontade somente se encontre manifestada na Ata da diretoria, ela se revela como um conjunto ou um complexo unitário. Haveria a substituição dos bens, no lugar do que sofresse a penhora, segundo uma relação minuciosamente feita pelo Presidente do BANCO. A lista é ampla, e a diretoria somente deu sua aprovação considerando-a no seu conjunto. Isto não está explícito, como explícito não ficou que a adjudicação importaria em extinção das obrigações. Eu disse da dificuldade de interpretar a vontade, através de reconstituição dela. Ao fazê-lo, tenho presentes todas as circunstâncias do caso. Ao BANCO não se afiguraria conveniente o recebimento parcial de bens. O que lhe serviria, outra coisa não era que adquirir todos eles, por serem de "alienação mais fácil" (como está na Ata). Vale dizer: o BANCO haveria de vendê-los no prazo de um ano (o que também se insere na Ata), tendo em vista não se conseguir esta disponibilidade com a incorporação da "Mansão Delta" no seu patrimônio.

2.2. A interpretação da vontade integrada em um negócio jurídico é inspirada "na realidade", e não em outro sentido que aparece no teor literal, como explica GIUSEPPE STOLFI:

"Si può quindi ripetere che nell'interpretare un contratto si opera allo stesso modo che nell'interpretare la legge: il senso della disposizione è quello voluto nella realtà e non l'altro che appare dal suo tenore letterale" (*Teoria del Negozio Giuridico*, § 64, p. 233).

Ao reconstituir a convenção, entendo que se deve atentar para tudo que nela se contém, e em todas as circunstâncias de que se revestiu. É preciso ter presente todo o conjunto do que expôs o Presidente do BANCO, não se devendo excluir nenhuma parte. O pressuposto da declaração será, então, que "nada foi dito inutilmente", e nenhuma palavra considera-se "supérflua", como desenvolve o mesmo STOLFI, completando seu pensamento:

"Supposto quindi che nulla sia stato detto di inutile, l'interprete da un lato deve desumere che ogni parola va considerata attentamente e che nessuna deve ritenersi superflua ..." (ob. cit., loc. cit.).

Do que o autor escreve, pode-se concluir a incindibilidade da declaração. Ela é um todo, uno, indivisível. Aquilo que foi dito vale como um conjunto só. Não se pode, na sua interpretação, fragmentar, para dizer que algo tem força cogente, e alguma coisa é supérflua.

Quando o Presidente do BANCO levou à diretoria a proposição que foi aprovada à unanimidade, apresentou-a na íntegra, e somente na sua integralidade é ela obrigatória. Especialmente, só como um todo gerou os efeitos pretendidos.

Quando um negócio jurídico se realiza, gerando efeitos para as duas partes, não pode ele ser bipartido, como se contivesse duas declarações de vontade autônomas. Quando um negócio jurídico gera resultados favoráveis para uma das partes, significa que se lhe prendem ônus impostos à outra parte. Dedicando-se à "interpretação objetiva do negócio jurídico", GIORGIO OPIO afirma que não se pode "impor maior obrigação do que pode derivar-se da declaração ambígua". Uma tal interpretação "não tem fundamento lógico" (*Profili dell'Interpretazione Oggettiva del Negozio Giuridico*, p. 33).

2.3. A declaração de vontade contida na Ata, e que se considera como o reflexo da convenção reconstituída, abrange um conjunto de proposições que se fundem em uma só, ou para a produção de um só efeito. Se este teria sido a extinção das obrigações, a ele somente se atingiria considerando que os devedores substituiriam a "Mansão Delta" por um conjunto de imóveis, todos relacionados em minúcia na Ata.

No entanto, verificou-se ulteriormente que os devedores deixaram de apresentar alguns imóveis (24 lotes que não mais lhes pertenciam e mais um terreno). Verificou-se, ainda, que a carta de adjudicação de uma casa não pôde ser registrada, e que não foi possível regularizar a transmissão de três apartamentos.

Analisando o fato, chega-se à conclusão de que os devedores não cumpriram rigorosamente o que lhes cabia. Não colhe objetar que não consta qualquer obrigação nesse sentido. Mas, de outra parte, não consta a obrigação de considerar extinta a dívida. Esta extinção infere-se do conteúdo da Ata. Porém geminada à substituição da penhora pelos bens relacionados, cujo valor corresponderia ao da dívida, e que, mediante adjudicação, ensejassem alienação no prazo de um ano.

Os devedores não cumpriram integralmente o que lhes cabia.

Em contrapartida não podem exigir do BANCO o cumprimento do que seria a parte deste.

2.4. O Código Civil, no art. 1.092, estabelecendo que, "nos contratos bilaterais, nenhum dos contraentes, antes de cumprida a sua obrigação, pode exigir o cumprimento da do outro",[1] consagra a exceção de contrato não cumprido – *exceptio non adimpleti contractus*.

Embora se não trate, na espécie, de um contrato formal, ambas as partes consideram que a Ata da diretoria espelha um entendimento ou uma convenção, que se assemelha a um contrato, gerando para o BANCO e para os devedores obrigações de uma parte e de outra. Da mesma forma e pelo mesmo motivo que os devedores pretendem estar o BANCO vinculado ao que na referida Ata se contém, a eles se opõem os termos da mesma Ata. Se o BANCO é obrigado, porque a Ata assim estabelece, os devedores igualmente estão obrigados aos seus termos. Se consideram que lhes assiste o direito de reclamar do BANCO a extinção de suas obrigações, em razão de haverem substituído os bens à penhora pelos que ofereceram, a eles a mesma Ata é oponível, para que somente tenham o poder de exigir os seus efeitos, nos estritos termos do que nela se contém e declara. Embora seja uma declaração unilateral do BANCO, os seus efeitos subordinam-se a que os devedores se sujeitem ao que de sua parte ficara consignado.

Numa analogia, portanto, com os contratos bilaterais, o convencionado entre as partes somente gera todas as consequências se ambas as partes executaram o que ali se dispõe. E por duas ordens de motivos.

2.5. Num primeiro plano, seria de invocar-se a *exceptio non adimpleti contractus*. Os devedores somente poderiam exigir o cumprimento do que consideram obrigação liberatória do BANCO se tivessem cumprido o que a eles incumbia. Se o tivessem executado integralmente.

Numa aplicação analógica do art. 1.092, seria de se lhes aplicar a exceção de contrato não cumprido. Caber-lhes-ia o direito de exigir o cumprimento da Ata se houvessem cumprido o que, pela Ata, lhes era imposto. Mas o cumprimento haveria de ser completo. É o que os autores desenvolvem sob a forma da *exceptio non adimpleti rite contractus*, a saber: uma parte não pode exigir o cumprimento das obrigações da outra se não tiver cumprido integralmente, rigorosamente (*rite*), as suas obrigações. Como observa SERPA LOPES (*Exceções substanciais: exceção de contrato não cumprido*, p. 69 e segs.), a *exceptio non rite adimpleti contractus* seria uma outra face do instituto da *exceptio non adimpleti contractus*, "do qual substancialmente não difere".

Para que os devedores tenham, portanto, direito a exigir do BANCO a liberação das obrigações, seria de mister provarem que de sua parte cumpriram "integralmente" o que deveriam fazer.

2.6. Num outro plano, ou numa outra ordem de ideias, ainda que se deixe de invocar o art. 1.092 do Código Civil, é de se interpretar o efeito do compromisso contido na

---

[1] – Dispositivo correspondente no Código Civil de 2002:
"Art. 476. Nos contratos bilaterais, nenhum dos contratantes, antes de cumprida a sua obrigação, pode exigir o implemento da do outro."

Ata como uma obrigação condicional. A extinção das dívidas, mediante a substituição da "Mansão Delta" por outros bens oferecidos em penhora, era condicionada a que aquela substituição fosse integral, pois que o perito da confiança do BANCO, ao proceder à sua avaliação, encontrando paridade matemática com os débitos, estimou-os globalmente.

Na falta de implemento da condição, o negócio jurídico liberatório não produziu as suas consequências, e as dívidas não se extinguiram.

2.7. Acontece que os devedores não cumpriram integralmente o que lhes cabia (*exceptio non adimpleti contractus*). Não adimpliram a *conditio* a que se subordinaria a extinção das obrigações. Não ofereceram à penhora todos os imóveis. E mesmo os que apresentaram não preenchiam a finalidade que o BANCO tinha em vista, e que resulta da Ata: sua venda no prazo de um ano. Sendo condicional o ato liberatório, a falta de implemento da condição não gerou a liberação.

2.8. Em consequência, as dívidas não se extinguiram.

3.1. As dívidas eram acompanhadas de encargos financeiros, a que os devedores estavam sujeitos. Os encargos somente se extinguiriam com a *solutio* integral. Em não havendo esta, aqueles subsistem.

Os encargos são acessórios das dívidas, e é de princípio que, salvo disposição especial em contrário, a coisa acessória segue a principal (*Código Civil*, art. 59)[2] – *accessorium sequitur principale*. O que se diz das coisas, aplica-se às obrigações. A obrigação acessória segue a sorte da principal. Ao propósito, enunciei em minhas *Instituições de Direito Civil*, v. II, n. 146, ao dissertar sobre "Obrigação principal e acessória":

"A relação de dependência estabelecida entre a acessória e a principal tem várias consequências, todas porém subordinadas à regra geral *accessorium sequitur principale*."

SERPA LOPES, desenvolvendo o tema, esclarece, muito bem:

"Assim, a obrigação dotada de existência própria denomina-se obrigação principal; a que lhe fica dependente, chama-se obrigação acessória" (*Curso de Direito Civil*, v. II, n. 40).

Ao cogitar das "consequências práticas dessa modalidade de obrigações", em o n. 42, alude explicitamente à extinção, dizendo:

"a) extinta a obrigação principal, fica extinta a acessória."

---

2   "Art. 59. Salvo disposição especial em contrário, a coisa acessória segue a principal."
    Sem dispositivo correspondente no Código Civil de 2002:
    "Em razão de seu caráter subsidiário, a coisa acessória, por via de regra, segue a principal: *accessorium sequiter primipale*, princípio que o Código atual dispensou-se de repetir" (CAIO MÁRIO DA SILVA PEREIRA, *Instituições de Direito Civil*, 21ª ed., Rio de Janeiro, Forense, v. I, n. 75, p. 435).

A *contrario sensu*, salvo cláusula especial em contrário, a acessória não se extingue, enquanto subsiste a principal.

3.2. Na espécie da consulta, conforme nos itens anteriores examinei, as obrigações principais (dívidas) não se extinguiram. *Ipso facto* as obrigações acessórias subsistiram.

Os encargos são acessórios das dívidas. Isto é da maior obviedade. Se fosse preciso ampará-lo em argumento de autoridade, poderia ser invocada a de WASHINGTON DE BARROS MONTEIRO:

"Os juros constituem realmente obrigação acessória, porque sua existência depende de uma obrigação principal, a que aderem" (*Curso de Direito Civil*, v. 4, p. 229).

Com os juros, classificam-se os demais encargos das dívidas como obrigações assessórias, e, nesta qualidade, seguem a principal.

Daí uma conclusão inevitável: o disposto na Ata da reunião da Diretoria, realizada em 14 de agosto de 1979, não determinou a suspensão, a partir daquela data, da incidência de encargos financeiros pactuados nos instrumentos representativos das operações de crédito. A eles não fazem alusão especial.

Se, por inferência, é possível admitir que a substituição da penhora possa traduzir uma extinção das dívidas, esta se não verificou, porque os devedores não ofereceram bens imóveis livres e disponíveis que, na sua totalidade, importassem na sua quitação.

Uma vez que a extinção se não operou, por fato dos devedores, os encargos financeiros continuaram em vigor, e por eles respondem os devedores.

# 19

**Fatos**  Contrato bilateral de fornecimento de matéria-prima. Uso de marcas registradas, fabrico e venda de bebidas. Conexão e reciprocidade das obrigações das partes: o fornecedor de matéria-prima e o fabricante. Medida cautelar deferida, em benefício do fabricante, para garantir o fornecimento da matéria-prima. Ação de consignação ajuizada pelo fabricante para o pagamento das quantias que entende devidas ao fornecedor.

**Direito**  Interpretação contratual. Violação de diversas cláusulas contratuais pelo fabricante. Cláusula resolutiva expressa: eficácia de pleno direito. Desnecessidade de ajuizamento de ação resolutória para a suspensão do fornecimento de matéria-prima. Possibilidade de alegação da exceção de contrato não cumprido. Não configuração de hipótese de medida cautelar de atentado (Código de Processo Civil, art. 879). Análise dos pressupostos e considerações acerca da quantificação das perdas e danos. Danos emergentes. Lucros cessantes.

---

Conforme nossos entendimentos verbais, fizemos entrega a V.Sa. de um completo dossiê contendo todos os Contratos de Fabricação que nos relacionam com empresas do grupo industrial SPG, bem como cópias das peças principais dos processos judiciais que estas empresas movem, além da Notificação Judicial e demais notificações que, em decorrência das disputas que nos separam dessas empresas e de diversos incidentes, fomos obrigados a fazer-lhes.

Tivemos ocasião de explicar-lhe que nossos Contratos estipulam, de um lado, a licença gratuita que concedemos a grupos econômicos locais, para que usem as nossas Marcas Registradas e fabriquem e vendam nossos produtos sob nosso controle e fiscalização, ao mesmo tempo em que impõem aos Fabricantes o dever de comprar (e a nós de fornecer) os concentrados, matéria-prima fundamental para a fabricação das bebidas.

O Sr. SP tem tido sempre um comportamento irregular e abusivo que está historiado (e exemplificado com provas) na Notificação Judicial acima referida. Ele, por sua empresa local, moveu ação cautelar (hoje já seguida da Ordinária subsequente) contra a nossa empresa, em razão do que recebemos ofício do Juiz da 41ª Vara Cível no sentido de continuarmos a fornecer concentrados para a sua franquia da Cidade de (...) "até ulterior deliberação do Juízo". Também promoveu Ação de Consignação em razão da qual vem, até hoje, depositando em juízo uma quantia que ele entende ser a devida para o pagamento dos concentrados, quantia que corresponde aos preços por nós cobrados no início da relação contratual. Ao nosso pedido para que não admitisse na Consignatória novos depósitos, o Juiz, depois de ter respondido que entende destinar-se a prestações continuadas o nosso contrato acima referido, motivo por que entendia cabíveis novos depósitos mesmo se relativos a fornecimentos posteriores aos que ensejaram a ação, reformou, posteriormente, sua decisão, para indeferir quaisquer depósitos que não sejam aqueles referidos na petição inicial.

A longa série de abusos praticados pelo Sr. SP, que a cada semana se enriquece de mais uma novidade; a inutilidade de esforços exaustivos tentando um acordo que hoje sabemos ser impossível e o montante astronômico de 6 milhões de dólares como o total de que estamos até agora desapossados (sem perspectiva de receber tão cedo e crescendo sempre em proporções gigantescas) levam-nos à convicção de que é preciso pôr um termo a toda essa tolerância. Assim, a nossa companhia reconhece na longa série de abusos e sobretudo no abuso mais recente, de caráter político, que o Sr. SP é o responsável pela quebra dos Contratos, deliberando assim interromper o fornecimento de concentrados para suas empresas.

Aqui se situa a indagação que fazemos:

1º Acha V.Sa. cabível que optemos pela alternativa em questão, isto é, considerar rompidos os Contratos pela outra parte e portanto cessar imediatamente o fornecimento dos concentrados?

2º Crê V.Sa. que há algum risco de entender o Juiz, que ordenou a manutenção do fornecimento no primeiro caso acima, isto é, da cidade de (...) (ação cautelar), que estamos descumprindo sua ordem, se a causa de interromper é outra, isto é, não o faturamento em disputa mas o não prosseguimento dos Contratos por razões supervenientes? Crê que hipótese idêntica pode ocorrer com relação à decisão do Juiz que admitiu novos depósitos supervenientes?

3º Em face da documentação que lhe foi entregue, V.Sa. recomendaria à nossa empresa (dados os pressupostos acima) alguma atitude ou posição distinta ou complementar àquela acima indicada, isto é, considerar rompidos pela outra parte os Contratos de Fabricação?

4º Pelo direito brasileiro, quais os pressupostos das perdas e danos, e em que devem consistir?

## PARECER

### Ao Quesito Primeiro

Pela exposição que precede à consulta, e documentos que a acompanham, verifica-se que o Fabricante atentou iterativamente contra o obrigado. O contrato prevê uma série de obrigações positivas e negativas, e ele infringiu grande número delas.

A determinação da natureza do contrato, sob o aspecto das obrigações geradas para os contraentes, é facilmente determinada. Trata-se de um contrato bilateral ou sinalagmático, que é aquele que gera deveres para ambas as partes. A sua leitura revela-os com toda nitidez.

Assim sendo, o efeito do inadimplemento é a faculdade de resolvê-lo, outorgada ao lesado. Trata-se da chamada cláusula resolutiva. Esta é ínsita em todo contrato bilateral (cláusula resolutiva tácita), ou pode ser estipulada (cláusula resolutiva expressa). Neste último caso, opera de pleno direito, independentemente de interpelação ou notificação ao infrator. A lição de BEVILAQUA, a respeito, é perfeita:

"O Código Civil Brasileiro não deu à cláusula resolutiva tácita, que se pressupõe em todo contrato sinalagmático, o efeito legal de operar *ipso iure*, mas de acordo com a tradição do direito pátrio, reconhece-lhe a existência, e permite que a parte a faça valer em juízo, segundo se vê do art. 119, parágrafo único.

Se, porém, as partes tornaram expressa no contrato a condição resolutiva, ela operará por si, independentemente de interpelação judiciária" (*Comentários ao Código Civil*, Observação 4 ao art. 1.092).

O contrato prevê expressamente a hipótese e estabelece, literalmente, na cláusula 16, que pode ser rescindido

"mediante comunicação escrita, da parte com direito à rescisão, às demais, sem que haja necessidade de quaisquer outras formalidades judiciais ou extrajudiciais"

Incorrendo, pois, o Fabricante em contravenção às cláusulas contratuais, a Consulente, mediante comunicação escrita dirigida ao Fabricante, tem o direito de considerar resolvido o contrato, sem que se faça mister outro procedimento judicial ou extrajudicial.

Poder-se-á objetar, em contrapartida, que à Consulente caberia intentar ação resolutória, e aguardar o seu desfecho, sem suspender o fornecimento da matéria-prima.

Em verdade, o procedimento adotado encontra todo amparo legal. Uma vez verificado o inimplemento contratual do Fabricante, concretizou-se a situação prevista no art. 1.092 do Código Civil, que se lê nestes termos:

"Nos contratos bilaterais, nenhum dos contraentes, antes de cumprida a sua obrigação, pode exigir o implemento da do outro."[1]

---

1 – Dispositivo correspondente no Código Civil de 2002:
"Art. 476. Nos contratos bilaterais, nenhum dos contratantes, antes de cumprida a sua obrigação, pode exigir o implemento da do outro."

Neste inciso, a lei civil consagra peremptoriamente a exceção de contrato não cumprido – *exceptio non adimpleti contractus*. Seu campo de atuação é o contrato bilateral. Neste, não apenas está prevista a dualidade de obrigações. Não apenas se configura a distinção quanto ao contrato unilateral, que é aquele de onde nasce obrigação para um só dos contraentes. O que, mais que tudo, sobreleva, na bilateralidade da avença, é a interligação ou correspectividade das prestações. No contrato bilateral ou sinalagmático, cada um dos contratantes é, simultaneamente, credor e devedor do outro. A prestação de cada uma das partes é correlata à da outra. Em consequência, como ensinam PLANIOL, RIPERT et BOULANGER, se uma das partes não executa obrigação que lhe cabe, a outra pode recusar a sua. Literalmente:

> "Dans les contrats synallagmatiques, il y a un lien entre les deux obligations qui naissent de la même source. Si l'une des parties n'exécute pas son obligation, l'autre peut refuser d'exécuter la sienne: c'est l'exceptio non adimpleti contractus" (*Traité Elémentaire de Droit Civil*, v. II, n. 70).

Na sua redação eminentemente didática, os irmãos MAZEAUD salientam que as obrigações dos contratantes são interdependentes, no sentido de que são reciprocamente causadas uma pela outra, e subordinadas uma a outra:

> "Dans les contrats synallagmatiques ou bilatéraux, les obligations créées sont réciproques: chacun des contractants est, à la fois, créancier et débiteur; ses obligations ont pour cause celles de son cocontractant: chacun s'engage envers l'autre, parce que l'autre s'engage envers lui. Plus que réciproques, ces obligations sont interdépendantes: l'existence des unes est subordonnée à celle des autres. C'est le cas de nombreux et très importants contrats: la vente, l'échange, le louage, etc." (MAZEAUD, MAZEAUD et MAZEAUD, *Leçons de Droit Civil*, v. II, n. 96, p. 79).

O cumprimento das obrigações tem de ser recíproco, como se vê no art. 320, n. I do Código Civil Alemão: *Erfüllung zug um zug*. Desta reciprocidade obrigacional resulta que o contratante inadimplente não tem o direito de exigir que o outro cumpra o obrigado. Já o ensinava CARVALHO DE MENDONÇA, o civilista:

> "A exceção *non adimpleti contractus* é uma prova de que as obrigações bilaterais não são independentes; que cada uma das partes subordinou os encargos que assumiu às vantagens que estipulou a seu favor, verdadeiras dívidas conexas, das quais uma é o equivalente da outra.
> É porque as obrigações recíprocas são equivalentes recíprocas, que uma das partes não pode exigir o que se lhe deve sem ter feito aquilo a que é obrigado.
> Uma das dívidas não é garantia do pagamento do outro crédito, mas uma verdadeira equivalência.

É uma exceção comum a todo o contrato que suscite obrigações recíprocas e por isso especial aos de índole bilateral.

O essencial para que ela se dê é que haja conexidade entre as duas obrigações, ou por outra, que elas se originem num só contrato" (M. I. CARVALHO DE MENDONÇA, *Doutrina e Prática das Obrigações*, 1956, v. II, n. 642, p. 325-326).

Gerando, pois, o contrato bilateral obrigações de parte a parte, e sendo o débito de um dos contraentes correlato ou conexo ao do outro, não pode um deles ser compelido a cumprir a sua parte se o seu cocontratante não adimpliu o que lhe cabia.

Detendo-se na interpretação do art. 1.092 do Código Civil, que consagra a *exceptio*, CARVALHO SANTOS indaga:

"Que autoridade tem uma parte para exigir da outra respeito e execução do contrato, se foi ela quem primeiro lhe violou as disposições?"

E ele mesmo responde, descendo ao conteúdo da exceção, não sem alicerçar o seu parecer na doutrina sempre bem recebida de SALEILLES:

"Não nos parece, todavia, que se trate unicamente de uma medida de equidade. O disposto no artigo supra, que comentamos, tem uma significação, que traduz bem, a nosso ver, uma consequência forçada do próprio contrato bilateral, que, como se sabe, deve ser executado de boa fé, e nada mais contrário à boa fé do que pretender receber sem que tenha executado a obrigação que lhe competia, não levando em conta a equivalência, que é da essência de tal contrato.

Realmente, no contrato bilateral, as obrigações são equivalentes uma da outra, de forma que a parte que exige a prestação da outra, sem ter cumprido a sua, desnatura o caráter da obrigação da qual reclama o pagamento, pois a encara como se fosse isolada, não levando em conta a equivalência (cf. SALEILLES, *Traité de l'Obligation*, p. 185)" (CARVALHO SANTOS, *Código Civil Brasileiro Interpretado*, v. XV, p. 237).

Em razão da própria natureza defensiva da *exceptio*, entende-se que ela assume o caráter de oposição à pretensão formulada judicialmente por um dos contratantes. Não precisa, o que a invoca, ingressar em juízo para fazer valer o seu direito. Pode aguardar que o outro tome a iniciativa da demanda para, então, defender-se expondo por que suspendeu o cumprimento de sua prestação, e arguir a inexecução da outra parte. Por isso, SERPA LOPES, na monografia em que aprofundou o seu estudo, indica a semelhança da *exceptio* com a demanda reconvencional. E diz:

"Destaca-se, em primeiro lugar, como um dos pontos de semelhança entre a demanda reconvencional e a exceptio n. ad. cont., o fato de ambas pressuporem uma lide e serem, em regra, só exercitáveis mediante formulação feita pelo réu" (*Exceções Substanciais: Exceção de Contrato não cumprido* (*Exceptio non adimpleti contractus*), p. 221-222).

Na espécie, a Consulente e o Fabricante firmaram um contrato bilateral, estabelecendo e especificando o que está a cargo de cada um.

No correr de sua execução, positivou a Consulente numerosas inadimplências de seu cocontratante, que culminou no abuso do nome ou marca do produto, nome e marca que são propriedade exclusiva da Consulente, para fins outros, vedados no contrato. Notificada, anteriormente a esta última contravenção, para que se abstivesse de infringir a avença, porém em vão, verificou a Consulente, em face do comportamento abusivo contumaz do outro, a impossibilidade de manutenção das relações contratuais.

E, tendo em vista a bilateralidade do contrato, geradora da reciprocidade e conexão das prestações, suspendeu o fornecimento do concentrado, considerando que o Fabricante o infringiu, incidindo abertamente na sua rescisão.

Se vier a ser demandada pelo Fabricante, poderá, conseguintemente, opor frutuosamente a exceção de contrato não cumprido.

*Ao Quesito Segundo*

Não creio possa ocorrer que venha o juiz da ação cautelar a enxergar no procedimento da Consulente (suspendendo o fornecimento do concentrado) um descumprimento do mandado expedido por sua ordem. Ainda que o Fabricante o argúa, é fácil desfazer a dúvida.

Trata-se de duas situações juridicamente diversas e, portanto, sujeitas a soluções procedimentais diferentes.

O que está em jogo na medida cautelar, hoje seguida da ordinária subsequente, é a faculdade reconhecida no contrato, à Consulente (e contestada pela Fabricante), de faturar o preço da matéria-prima na conformidade dos preços atualizados. E, na ação de consignação, o que se discute é a pretensão formulada pela Fabricante (e recusada pela Consulente) de manter os pagamentos com base em preços vigentes no início da relação contratual. Num como noutro caso, trata-se de matéria restrita à relação processual *sub judice*, limitada nos termos das respectivas litiscontestações.

Agora, o que fundamentou a atitude da Consulente foi o descumprimento do contrato por parte do Fabricante, ao comportar-se em infringência aberta ao conteúdo de suas cláusulas.

O mandado judicial, ordenando a continuação do fornecimento "até ulterior deliberação", está vinculado à decisão daquele processo que o motivou, e à fundamentação específica e limitada da pretensão inicial. Não pode ser estendido a outra causa, seja no sentido processual de "procedimento", seja na acepção de "motivação" da atitude assumida pela Consulente.

No caso da medida cautelar (e consequente ação ordinária), armou-se uma controvérsia restrita a determinado motivo. No da suspensão de fornecimento da matéria-prima, o que se terá de discutir é o direito da Consulente à resolução total do contrato, em razão de contravir o Fabricante às suas cláusulas.

Se o Fabricante acusar a Consulente de proceder *iuris ordine non servato*, terá de abrir para a discussão da matéria a via processual do incidente de atentado, do art. 879 do Código do Processo Civil. Não será correto que promova a discussão do assunto de maneira arbitrária e irregular. O procedimento certo será o Fabricante levar ao Juízo da ação a sua queixa de que a Consulente, na pendência do processo, alterou a situação de fato da lide.

Se agir de outra maneira estará tumultuando indevidamente o processo.

Vindo pela via correta, que é o procedimento específico do atentado, a Consulente terá de ser citada nos termos do artigo 802 do Código do Processo Civil. Contestando a pretensão do Fabricante, terá ela ensejo de demonstrar que não inovou o estado de fato da lide, e que procedeu amparada no contrato que autoriza a rescisão fundada em descumprimento das obrigações da outra parte. No desenvolvimento de sua defesa, evidenciará que somente incide em atentado o litigante que inova "ilegalmente" o estado de fato (art. 879, n. III), ao passo que a atitude assumida vem sustentada pelo art. 1.092 do Código Civil, o que vale dizer não agiu ilegalmente.[2]

*Ao Quesito Terceiro*

Positivada a inadimplência contratual por parte do Fabricante, abre-se para a Consulente a alternativa de: a) considerá-lo infrator do contrato, suspendendo o fornecimento da matéria-prima com amparo no art. 1092 do Código Civil; ou b) usar a faculdade assegurada no parágrafo único do mesmo artigo,[3] postulando a rescisão judicial, com perdas e danos.

No primeiro caso, deixa que a iniciativa de qualquer medida judicial seja tomada pelo Fabricante, plantando-se na defensiva. Assim agindo, a Consulente evita agravar o prejuízo que já vem sofrendo com a falta de pagamento da matéria-prima.

A outra hipótese seria o ajuizamento da ação de resolução do contrato, aguardando o provimento rescisório, porém prosseguindo no fornecimento do concentrado até decisão final.

É sabido que todo procedimento judicial é naturalmente moroso. No caso, mais demorado seria, atendendo a que se multiplicaria em razão da pluralidade de contratos e contratantes, e da complexidade de questões e de incidentes que estes levantariam, su-

---

2  CC 2002, art. 476.
3  – Dispositivo correspondente no Código Civil de 2002:
   "Art. 475. A parte lesada pelo inadimplemento pode pedir a resolução do contrato, se não preferir exigir-lhe o cumprimento, cabendo, em qualquer dos casos, indenização por perdas e danos."

jeitos a período probatório prolongado, com a realização de diligências em localidades diversas, fora do juízo da ação (ou das ações).

Balanceando as consequências, a atitude mais conveniente não pode ser outra senão optar pela primeira hipótese, de considerar desde logo rompido o contrato pelo Fabricante, e aguardar as medidas judiciais que este venha a tomar, e defender-se.

Este comportamento envolve um risco, o qual em última análise não será diferente, nos seus efeitos, do de pretender a declaração judicial de rescisão do contrato.

Ao ajuizar ação contra a Consulente, o Fabricante pedirá o pagamento de perdas e danos. Destes estará, entretanto, livre a Consulente, demonstrando que não procedeu contra direito.

*Ao Quesito Quarto*

A composição das perdas e danos, no direito brasileiro, é uma resultante da inexecução culposa da obrigação. Na responsabilidade extracontratual encontra fundamento no art. 159 do Código Civil,[4] segundo o qual o dano causado deve ser ressarcido, regulando-se a "verificação da culpa" segundo o que nele se dispõe. Em se tratando de obrigação contratual, o parágrafo único do art. 1.092[5] legitima o lesado pelo inadimplemento a pedir a rescisão do contrato, com perdas e danos. Particularizando as espécies de obrigações, o Código sempre que se refere à indenização vincula-se ao procedimento culposo.

Assim faz nas obrigações de dar (art. 865),[6] quando alude à deterioração ou perda da coisa, distinguindo a hipótese de ocorrer uma ou outra por culpa do devedor, e somente neste caso responde ele pelo equivalente, mais perdas e danos. Repete-o na dogmática das obrigações de fazer (art. 879,[7] estabelecendo que a impossibilidade da prestação impõe ao devedor o dever de indenizar perdas e danos se procede com cul-

---

4 – Dispositivos correspondentes no Código Civil de 2002:
"Art. 186. Aquele que, por ação ou omissão voluntária, negligência ou imprudência, violar direito e causar dano a outrem, ainda que exclusivamente moral, comete ato ilícito."
"Art. 927. Aquele que, por ato ilícito (arts. 186 e 187), causar dano a outrem, fica obrigado a repará-lo."
5 CC 2002, art. 475.
6 "Art. 865. Se, no caso do artigo antecedente, a coisa se perder, sem culpa do devedor, antes da tradição, ou pendente a condição suspensiva, fica resolvida a obrigação para ambas as partes.
Se a perda resultar de culpa do devedor, responderá este pelo equivalente, mais as perdas e danos."
– Dispositivo correspondente no Código Civil de 2002:
"Art. 234. Se, no caso do artigo antecedente, a coisa se perder, sem culpa do devedor, antes da tradição, ou pendente a condição suspensiva, fica resolvida a obrigação para ambas as partes; se a perda resultar de culpa do devedor, responderá este pelo equivalente e mais perdas e danos."
7 "Art. 879. Se a prestação do fato se impossibilitar sem culpa do devedor, resolver-se-á a obrigação; se por culpa do devedor, responderá este pelas perdas e danos."
– Dispositivo correspondente no Código Civil de 2002:
"Art. 248. Se a prestação do fato tornar-se impossível sem culpa do devedor, resolver-se-á a obrigação; se por culpa dele, responderá por perdas e danos."

pa. E o art. 880[8] penaliza com as perdas e danos a recusa da prestação, esclarecendo a doutrina que estas são devidas se for ela injustificada, o que vale dizer que se aí estiver inserida a culpa. Como diz BEVILÁQUA, no *Comentário* ao art. 880, as perdas e danos serão devidas no caso de haver "condenação" pelo juiz, e este não pode ser o desfecho da ação, quando a recusa for justificada. Na rescisão do contrato bilateral, as perdas e danos são consequência do inadimplemento (art. 1.092, parágrafo único).[9]

No caso de ser o devedor condenado a satisfazer perdas e danos, a extensão destes vem regulada no art. 1.059 do Código Civil,[10] abrangendo o que o credor efetivamente perdeu, e aquilo que razoavelmente deixou de ganhar. Estes dois conceitos, que se exprimem nas expressões "dano emergente" e "lucro cessante", têm no direito brasileiro significação precisa, do ponto de vista doutrinário. O dano emergente representa o prejuízo efetivo do credor, ou seja, o prejuízo real. O lucro cessante é representado pelo provento razoável que teria obtido, se a outra parte houvesse cumprido a sua obrigação. Estes são os princípios que regulam o direito do credor, quando ocorre a condenação do devedor nas perdas e danos. Se não lograr o credor convencer da culpa do devedor, nenhuma indenização pode ser imposta, e não há falar em perdas e danos.

Transpondo os conceitos abstratos para o plano concreto da espécie em exame, a questão que se pode imaginar venha a ferir-se consistirá na alegação do Fabricante, de que a Consulente sustou o fornecimento do concentrado, justificando ela a recusa no fato de haver aquele descumprido as suas obrigações (*exceptio non adimpleti contractus*, já examinada). Logrando convencer da justiça de seu comportamento, necessariamente, será absolvida de qualquer dever ressarcitório.

Mesmo em tese, entretanto, o Fabricante não poderia transformar um direito à indenização em fonte de enriquecimento. A regra é que a indenização é o meio jurídico de proporcionar ao queixoso uma garantia que importa em evitar o prejuízo (*de damno vitando*). É injurídico convertê-la em causa de avantajamento (*de lucro capiendo*). Concretamente, não caberia ao Fabricante impor à Consulente a aquisição dos bens ativos por preço arbitrariamente estimado. O valor de aquisição pelo Fabricante é o ponto de partida, e este valor não pode ser outro, senão o que se inscreve na contabilidade da em-

---

8 "Art. 880. Incorre também na obrigação de indenizar perdas e danos o devedor que recusar a prestação a ele só imposta, ou só por ele exequível."
– Dispositivo correspondente no Código Civil de 2002:
"Art. 247. Incorre na obrigação de indenizar perdas e danos o devedor que recusar a prestação a ele só imposta, ou só por ele exequível."
9 CC 2002, art. 475.
10 "Art. 1.059. Salvo as exceções previstas neste Código, de modo expresso, as perdas e danos devidos ao credor abrangem, além do que ele efetivamente perdeu, o que razoavelmente deixou de lucrar."
– Dispositivo correspondente no Código Civil de 2002:
"Art. 402. Salvo as exceções expressamente previstas em lei, as perdas e danos devidas ao credor abrangem, além do que ele efetivamente perdeu, o que razoavelmente deixou de lucrar."

presa. Segundo a jurisprudência dominante, as quantias representativas de indenização são consideradas dívidas de valor, e, como tais, sujeitas a correção.

O prejuízo indenizável é o que resulta diretamente do dano causado. É a perda de um valor patrimonial pecuniariamente determinado, que KARL LARENZ (*Obligaciones*, v. I, n. 193) designa como "dano matemático ou dano concreto". Não cabe no conceito de indenização o dano remoto ou indireto. Somente se entende como dano emergente o que compreende a perda efetiva sofrida pela empresa contratante. Deverá ser excluído, como indireto, todo prejuízo sofrido por outra pessoa jurídica, ainda que contratualmente relacionada com o Fabricante, ou da qual ele seja sócio, mesmo que controlador do capital.

A fixação dos lucros cessantes, sujeitos a oferecer ao lesado aquilo que razoavelmente deixou de lucrar, não está sujeita a critério rígido. Calcula-se o lucro futuro como uma projeção do lucro pretérito e/ou presente. Não se pode tomar em consideração, na verba da indenização, o dano que fosse consequência de fatores diversos daquilo em que teria consistido a inexecução da Consulente, se considerada culposa.

Para elemento matemático do lucro futuro (aquilo que o Fabricante razoavelmente deixa de ganhar), não se podem imaginar cifras ao acaso, porém aquelas dotadas de credibilidade, como sejam balanços anteriores, encerrados em datas não compreendidas no período dos desentendimentos, ou as que figuram nas declarações oficiais para efeito do cálculo do Imposto de Renda. Os lucros não podem aberrar dos anteriores, e somente poderiam ser sujeitos a alterações, para mais ou para menos, em função de dados concretos que influam na apuração ulterior à rescisão.

Uma última consideração não pode deixar de ser feita, e da maior significação. O cálculo do lucro cessante é condicionado ao término do contrato em vigor. A rescisão pôs fim a ele, e o Fabricante não poderia, jamais, pretender que seu prejuízo seja calculado tendo em vista um tempo futuro, superior ao fim do prazo contratual.

Trata-se de obrigação a termo, e este, em tese, pode ser inicial ou final. Chama-se termo final ou extintivo (*dies ad quem*), quando nele cessa a produção dos efeitos do negócio jurídico. A ele, segundo o estabelecido no art. 124 do Código Civil,[11] aplica-se o disposto acerca da condição resolutiva. Atingido o termo final, extingue-se o direito, cessando automaticamente as faculdades que o compõem. Não altera este efeito a possibilidade de vir a ser o contrato prorrogado, pois que a sua renovação é um ato de vontade das partes. É um vir a ser dependente de novo ajuste, que pode acontecer ou pode não acontecer.

---

11 "Art. 124. Ao termo inicial se aplica o disposto, quanto à condição suspensiva, nos arts. 121 e 122, e ao termo final, o disposto acerca da condição resolutiva no art. 119."
– Dispositivo correspondente no Código Civil de 2002:
"Art. 135. Ao termo inicial e final aplicam-se, no que couber, as disposições relativas à condição suspensiva e resolutiva."

Este efeito encontra reforço no contrato, que estabelece (na cláusula 15, itens *a* e *b*) a cessação "de pleno direito", com o acréscimo de que é incabível para o Fabricante "alegar a sua renovação tácita". Uma vez atingido o termo convencionado, o contrato estará "definitivamente terminado", sem que caiba ao Fabricante alegar "intenção tácita ou presumida" em sentido contrário, para "pleitear qualquer prorrogação".

Não importa, conseguintemente, que os contratos com o Fabricante vinham sendo renovados anteriormente. Estas renovações sempre se deram mediante novos contratos, sem que nunca se tenha estabelecido a recondução obrigatória ou automática.

Pelo contrato em vigor, o Fabricante ajustou com a Consulente um termo certo, e estabeleceu com ela que na respectiva data cessaria a vigência do contrato.

Rescindido ele, o que deixou de vigorar foi um negócio jurídico sujeito a um fim em dia certo. Para o cálculo de lucros cessantes somente pode ser computada a produção de efeitos até o termo extintivo. Não se pode considerar para este efeito, como para qualquer outro efeito, um tempo que venha a decorrer depois de findo o prazo contratual.

Uma prorrogação contratual, além do termo ajustado, é eventualidade meramente hipotética que jamais poderia ser considerada para cálculo do lucro cessante, que, conforme visto acima, não comporta o lucro remoto ou abstrato.

Cumpre, todavia, esclarecer que todas as considerações relativas a perdas e danos, nos diversos aspectos aqui analisados, não significam que haja uma indenização devida em qualquer hipótese. As perdas e danos somente são devidas se a Consulente for condenada como inadimplente, o que me parece inviável, dadas as circunstâncias do caso.

É o que me parece.

# 20

**Fatos** Contrato bilateral a que se atribuiu o nome de *"locação de serviços"*. Obrigação da contratada de promover e dar execução a um programa de ampliação do quadro social da contratante (clube) através do angariamento de sócios. Prazo contratual de seis anos. Intenção da contratante de rescindir o contrato antes de seu término.

**Direito** Irrelevância do *nomen iuris* atribuído pelas partes. Modalidade de contrato alheia aos parâmetros codificados. Contrato misto. Contrato de prestação de serviço celebrado por pessoas jurídicas. Inaplicabilidade da limitação legal de quatro anos de duração da avença (Código Civil de 2002, art. 598). *Ratio legis* da limitação do prazo: proteção à liberdade individual do prestador. Cláusula de irrevogabilidade erigida em condição do negócio. Ineficácia da revogação do mandato. Resolução do contrato. Ausência de cláusula resolutiva expressa. Necessária intervenção judicial. Cláusula proibitiva de concorrência em benefício do prestador de serviço. Concorrência desleal pelo credor da prestação. Indenização por perdas e danos. Distinção entre cláusula penal e cláusula de arrependimento. Existência de cláusula penal. Inaplicabilidade.

O ALFA CLUBE DO BRASIL e a consulente, a empresa HOTELARIA ADMINISTRAÇÃO E OBRAS S.A., anteriormente denominada Companhia ES, celebraram contrato que denominaram "Locação de Serviços", com o objetivo da segunda promover e dar execução a um programa de ampliação do quadro social da primeira, através do angariamento de sócios.

Estipularam as partes o prazo de vigência de seis anos para o mencionado contrato, a contar da data do início dos trabalhos (Cláusula II).

Logo, o contrato expiraria normalmente findo o prazo de seis anos.

Ocorre que o Clube do Brasil tenciona rescindir unilateralmente tal contrato antes de seu término, e já transmitiu essa sua intenção à consulente.

Alega, para tanto, que em se tratando de locação de serviços, a avença se submeteria à disciplina da Seção II do Capítulo IV, Título V do Código Civil, especialmente à regra do art. 1.220[1] que estabelece o limite de quatro anos.

Fundado nessa premissa, entendeu o Clube do Brasil que o contrato em questão estaria com seu prazo originário exaurido e já indeterminado e, consequentemente, poderia ser rescindido mediante prévia e simples notificação, sem a intervenção judicial.

Outro argumento adicional, também usado pelo Club do Brasil, é o de que tal contrato consubstanciaria representação e mandato, sempre revogáveis a qualquer tempo, o que, na melhor das hipóteses, abriria ensejo a posterior discussão em torno de perdas e danos, independentemente da prévia intervenção judicial para autorizar a rescisão.

Infelizmente, a consulente não dispõe de maiores detalhes ou esclarecimentos, sobre todos os fundamentos em que se baseia o Clube do Brasil para alicerçar seu entendimento quanto à possibilidade de uma rescisão antecipada e unilateral do pacto.

Os argumentos, ora expostos, foram veiculados pelo Presidente da Entidade pessoalmente à Administração da consulente, calcados em estudos de seu Departamento Jurídico.

Em vista do exposto, a Consulente indaga de Vossa Excelência:

1º Qual a natureza jurídica do contrato em exame, e especialmente se é verdadeiramente contrato de prestação de serviços ou contrato complexo inominado.
2º. É aplicável no caso o art. 1.220 do Código Civil?[2]
3º O contrato envolve outorga de poderes de representação? Caso positivo, referidos poderes podem ser revogados a qualquer tempo? Se, por hipótese, for possível a revogação, o contrato subsiste quanto aos demais aspectos e obrigações recíprocas?
4º Na hipótese de eventual denúncia unilateral, mesmo sob a alegação de suposta infração contratual, a simples notificação do denunciante seria eficaz para desfazer o pacto? A notificada poderia ignorá-la e continuar a dar e exigir cumprimento do ajustado?
5º A cláusula X (*caput*) do contrato contém condição resolutiva expressa, capaz de operar a rescisão independentemente de ação de rescisão do contrato? Caso seja indispensável o ajuizamento de tal ação, durante a sua tramitação, o contrato permaneceria em pleno vigor?

---

1   "Art. 1.220. A locação de serviço não se poderá convencionar por mais de 4 (quatro) anos, embora o contrato tenha por causa o pagamento de dívida do locador, ou se destine a execução de certa e determinada obra. Neste caso, decorridos 4 (quatro) anos, dar-se-á por findo o contrato, ainda que não concluída a obra (art. 1.225)."
    – Dispositivo correspondente no Código Civil de 2002:
    "Art. 598. A prestação de serviço não se poderá convencionar por mais de quatro anos, embora o contrato tenha por causa o pagamento de dívida de quem o presta, ou se destine à execução de certa e determinada obra. Neste caso, decorridos quatro anos, dar-se-á por findo o contrato, ainda que não concluída a obra."
2   CC 2002, art. 598.

6º Caso o Clube do Brasil, após expedir sua notificação, promova o angariamento de sócios diretamente ou por terceiros outros, terá a consulente o direito de exigir as comissões pactuadas sobre os angariamentos procedidos sem a sua intermediação, e ainda outras perdas e danos que comprovadamente vier a sofrer sem a limitação prevista na Cláusula X?

As questões ora suscitadas são as que têm sido ventiladas por iniciativa da Entidade contratante, que evidentemente não limitam o douto mestre para tecer considerações outras, que forem julgadas de bom alvitre para a melhor interpretação do contrato em foco.

## PARECER

*Ao Quesito Primeiro*

A determinação da natureza jurídica de qualquer contrato atende, a um só tempo, às suas linhas estruturais e às finalidades a que visam as partes.

Analisando a avença que me foi apresentada, logo de plano ressalta a sua bilateralidade. Estabelecendo obrigações recíprocas, o contrato alinha-se na categoria dos "contratos sinalagmáticos ou bilaterais", tendo em vista a circunstância de gerar para um e outro contratante direitos e obrigações, não apenas no sentido de prestações direcionais, mas ainda, e precipuamente, interligadas de tal forma e por tal arte, que mutuamente constituem a causa das obrigações dos direitos de uma e de outra. A clareza com que se expressam coloca PLANIOL, RIPERT et BOULANGER como citação obrigatória no propósito de conceituar esta modalidade pactual:

> "Un contrat est 'synallagmatique' lorsque les deux contractants s'obligent réciproquement l'un envers l'autre (art. 1.102); il est 'unilatéral' lorsqu'une ou plusieurs personnes sont obligées envers une ou plusieurs autres, sans que de la part de ces dernières il y ait engagement (art. 1.103)" (*Traité Elémentaire de Droit Civil*, v. II, n. 69).

Ao estatuir os deveres de um e de outro contratante, a avença insere-se, desenganadamente, na classe dos bilaterais.

PONTES DE MIRANDA assim classifica o contrato de prestação de serviços:

> "O contrato de serviços – locação de serviços ou contrato de trabalho – é bilateral" (*Tratado de Direito Privado*, v. 47, § 5.039, p. 16).

No seu frontispício, o instrumento denomina-se a si mesmo "contrato de locação de serviços".

Procedendo, contudo, a seu exame, verifico que não é restrito simplesmente à locação de serviços. Ao revés, é notória e ostensiva a variedade de objetivos. Se há, e na verdade existe, prestação de serviços, não se reduz à simples atividade que qualifica e tipifica a *locatio operarum*. A seu lado ocorre a obrigação de planejar, o recebimento de quantias, a associação no êxito, a assessoria empresarial – em suma, um conjunto de atividades que desbordam inequivocamente da locação de serviços.

O fato em si de haverem as partes apelidado o contrato como de "locação de serviços" não é suficiente para caracterizá-lo como tal. Sabido e proclamado é que o *nomen iuris* em si e por si não tipifica um negócio jurídico. Para tal, o que se leva em consideração, essencialmente, é o seu enquadramento nos extremos legais. Um contrato é compra e venda, não porque as partes assim o denominam, mas pelo fato de consistir na obrigação de entregar certa coisa, mediante certo pagamento em dinheiro. Se a par daquela obrigação outras se estabelecerem, o nome "compra e venda" não é bastante para situá-lo na configuração típica da *emptio venditio*. O mesmo na locação de coisas. E, obviamente, o mesmo numa situação como a da presente consulta, em que o *nomen* locação de serviços foi usado para denominar um contrato que oferece vários aspectos desta convenção, aliados aos de outros tipos contratuais. É que as exigências do progresso jurídico, na cauda das implicações econômicas, suscitam a criação de novas modalidades negociais, alheias ou estranhas aos parâmetros codificados, mas nem por isto menos dignas da atenção da ordem jurídica. Com a sua habitual acuidade já o notara TRABUCCHI:

> "Il mondo degli affari, complesso e dinamico, fa sorgere sempre nuovi schemi di negozi che si adattano ai mutati interessi, e che, col tempo, spesso attraverso gli usi, vengono riconosciuti dal diritto e disciplinati dalla legge. Ne deriva un aumento del numero dei negozi tipici; ma accanto rimane sempre un'ampia possibilità riservata all'autonomia dei singoli individui" (ALBERTO TRABUCCHI, *Istituzioni di Diritto Civile*, n. 76).

O contrato que me foi exibido pela consulente, trazendo o nome de "locação de serviços", é em verdade um pacto "atípico" por se não enquadrar na nomenclatura específica que as partes adotaram para epigrafá-lo, ou na preferência de alguns, um "contrato misto", por conter aspectos daquela tipificação, aliados a outros estranhos a ela.

*Ao Quesito Segundo*

A indagação contida neste quesito é de extrema objetividade, e, por isto mesmo, reclama resposta igualmente precisa.

Não. Ao caso se não aplica o art. 1.220 do Código Civil.[3]

O legislador de 1916 teve em vista, neste dispositivo, a prestação individual de serviços. Esta explicação a doutrina muito bem faz ressaltar.

---

3   CC 2002, art. 598.

No primeiro plano, CLÓVIS BEVILÁQUA, na sua dupla autoridade de civilista eminente e de autor do Projeto:

"O fundamento deste artigo é a inalienabilidade da liberdade humana. Uma obrigação de prestar serviços por mais de quatro anos pareceu ao legislador escravização convencional, ou o resultado de uma exploração do fraco pelo poderoso. E, para melhor defender a liberdade, limitou-a" (*Comentários ao Código Civil*, ao art. 1.220).

CARVALHO SANTOS, em obra também exegética, detém-se na fundamentação do artigo em poucas, porém expressivas palavras:

"A razão é óbvia: quis o legislador evitar que um prazo muito longo pudesse envolver a alienação do direito originário da liberdade, equivalente a uma disfarçada escravidão" (J. M. DE CARVALHO SANTOS, *Código Civil Brasileiro Interpretado*, v. XVII, p. 261).

WASHINGTON DE BARROS MONTEIRO, invocando CLÓVIS BEVILÁQUA, no comentário acima transcrito, e subordinando o princípio legal à velha parêmia *nemo potest locare opus in perpetum*, acrescenta:

"Prestação de serviços que se prolongasse por mais tempo constituiria, aos olhos do legislador, verdadeira escravização convencional, ou resultado da exploração do mais fraco pelo mais forte no jogo contratual" (*Curso de Direito Civil*, v. 5º, p. 179).

SERPA LOPES, na mesma linha de comentários, também no plano puramente dogmático, disserta, quanto à limitação do tempo de duração do contrato, contida no art. 1.220:

"Por ele evita-se que sua duração se mantenha por um período assaz longo, o que, em face do seu objeto, de um certo modo pode importar num cerceamento à liberdade humana. Por isso, o legislador considerou nocivo à liberdade do homem um contrato de prestação de serviços por tempo excedente a um período razoável" (*Curso de Direito Civil*, v. 4º, n. 435).

No mesmo sentido o sempre opinado PONTES DE MIRANDA:

"A *ratio legis* para as limitações dos prazos dos contratos de serviços é o ser contra a liberdade individual a restrição excessiva" (ob. cit., v. 47, § 5041, p. 29).

Como se vê, estes, como quantos mais intérpretes da norma limitativa se consultem, prendem-na sempre a um propósito de defender a liberdade humana, ou de preservar a convenção da avença *longi temporis* em servidão do homem.

Sua aplicação é, assim, ligada à prestação individual de serviços autônomos, como ao contrato de trabalho, regido pela CLT.

Não tem cabida quando o contrato é celebrado entre pessoas jurídicas (como na presente espécie), em que não há cogitar de escravização convencional, nem de atentado à liberdade dos homens.

Não importa que o dispositivo não faça a discriminação. O que tem relevância é a sua finalidade social, sob cuja inspiração deve ser entendido, sem as preocupações de uma hermenêutica *ad unguem*, mas tal como recomenda o art. 5º da Lei de Introdução ao Código Civil.[4]

*Ao Quesito Terceiro*

O contrato envolve, sem dúvida, a outorga de poderes de representação. A Consulente, no processo de angariamento de sócios, representa a outra parte, age em seu nome, recebe importâncias, dá quitação.

Mas não procede como um mandatário constituído para negócios em geral, ou para determinado ato.

Age no exercício de poderes vinculados ao contrato que celebrou.

E, nestes termos, os poderes não podem ser revogados. Caso típico de aplicação do art. 1.317, n. II, do Código Civil, *in verbis*:

"É irrevogável o mandato:

II – Nos casos, em geral, em que for condição de um contrato bilateral, ou meio de cumprir uma obrigação contratada, como é, nas letras e ordens, o mandato de pagá-las."[5]

Aqui, a irrevogabilidade não é propriamente do mandato, porém do contrato bilateral, que não pode ser resolvido ao arbítrio de um dos contratantes. E, se não o pode ser, não podem igualmente ser cassados os poderes necessários à sua execução. É o que ensina BEVILÁQUA, no respectivo *Comentário*, no que é acompanhado por outros autores, e aceito pela jurisprudência.

Em tal caso, a representação é inerente ao contrato a que adere. O contratante, para cumprir suas obrigações, age em nome e por conta do outro contratante.

O que se deverá ter em vista é a possibilidade jurídica da resilição unilateral. Se esta não for possível, como em princípio o não é nos contratos bilaterais, o mandato é vinculado ou subordinado. E, se não tem um contratante a faculdade de pôr termo à relação

---

4   "Art. 5º Na aplicação da lei, o juiz atenderá aos fins sociais a que ela se dirige e às exigências do bem comum."
5   – Dispositivo correspondente no Código Civil de 2002:
    "Art. 684. Quando a cláusula de irrevogabilidade for condição de um negócio bilateral, ou tiver sido estipulada no exclusivo interesse do mandatário, a revogação do mandato será ineficaz."

jurídica por ato de vontade unilateral, não a tem também para cassar o mandato. Se assim não fosse, lograria resilir indiretamente o contrato, revogando os poderes, e retirando, por esta via, ao outro contratante os meios de cumprir o pactuado, o que é injurídico.

Entendendo, como entendo, ser insuscetível de revogação, está prejudicada a segunda parte do quesito.

*Ao Quesito Quarto*

No tocante à resolução do contrato, cumpre atender a dois aspectos.

Em primeiro lugar, a denúncia ou resilição unilateral não é cabível senão nos contratos unilaterais.

Os contratos bilaterais não a comportam, salvo se contiverem cláusula específica.

Na espécie, a matéria vem claramente deduzida no próprio contrato. A cláusula II estabelece o prazo de seis anos, a contar da data de início dos trabalhos, passando a ser por tempo indeterminado desde que não denunciado por uma das partes com antecedência mínima de doze meses.

Na vigência dos seis anos ele nunca se converte em contrato por prazo indeterminado. Dentro nesse tempo não cabe, portanto, o cancelamento mediante notificação judicial.

Este é um ponto de maior relevância, na economia do contrato. As partes estabeleceram um ajuste por tempo certo, e está visto, do que expus nas respostas aos quesitos anteriores, por tempo lícito, uma vez que a limitação a quatro anos, sob invocação do art. 1.220 do Código Civil,[6] não tem cabimento neste contrato ora submetido a meu estudo. Mesmo, portanto, que o contrato fosse exclusivamente de locação de serviços (e já se viu que não é), não se lhe aplicaria o art. 1.220, por se tratar de contratação avençada entre pessoa jurídica e pessoa jurídica, a que é totalmente estranha a restrição destinada a amparar o locador de trabalho, da exploração pelo mais forte, ou da instituição de uma escravização convencional.

Legítimo, assim, o prazo de seis anos, as partes têm o dever de respeitá-lo.

Não cabe a resilição unilateral, que ficou reservada, convencionalmente, para a hipótese de conversão do tempo certo em prazo indeterminado, prevista porém esta para o caso de se chegar ao termo fixado (seis anos) sem a denúncia prévia. Em tal hipótese, quando o contrato prevê que, em dada circunstância, um dos contratantes pode resilir o ajuste por declaração sua, o que existe (e mostra-o muito bem DE PAGE) é verdadeiro acordo mútuo, em virtude do qual a vontade unilateral tem força aniquiladora. É interessante conferir a passagem em que se define a resilição:

> "Il y a, à proprement parler, résiliation du contrat lorsque les parties défont elles-mêmes le contrat qu'elles avaient fait. Elles y mettent fin, parce qu'elles estiment qu'il est devenu inutile ou sans intérêt.

---

6   CC 2002, art. 598.

Il résulte de cette définition que la caractéristique de la résiliation est prima facie, l'accord mutuel pour anéantir un contrat avant l'expiration de son terme, ou de son but normal. Cet accord est indispensable, car les conventions légalement formées tiennent lieu de loi eux parties qui les ont faites, et ne peuvent être révoquées que de leur consentement mutuel. Le mutuus dissensus serait ainsi le cas normal de la 'résiliation'" (*Traité Élémentaire*, tomo, 1ª parte, n. 759).

Tendo as partes ajustado um contrato por seis anos, autolimitaram as suas vontades pela força obrigatória de convenção mesma, não cabendo a autoliberação senão em caso estritamente previsto. É que a resilição por vontade de um só dos contratantes tem caráter excepcional, e não pode ser generalizada.

O quesito, contudo, aventa a hipótese da notificação alegar uma "suposta infração contratual".

Em tal hipótese, desloca-se o problema, do campo da resilição unilateral para o da resolução, que o Código Civil denomina, um tanto inadequadamente, de rescisão no art. 1.092, parágrafo único.[7]

Em face da cláusula resolutória, o nosso direito perfilha a doutrina francesa. A matéria divide as legislações. De um lado o sistema germânico, da resolução automática, independente de pronunciamento judicial, em decorrência do disposto no art. 326 do BGB.

De outro lado (e aqui se insere a posição brasileira) o mecanismo da resolução por inadimplemento não opera por atuação direta do prejudicado, porém requer uma sentença judicial. Há que se abrir um procedimento contencioso, em que o juiz apreciará a conduta do contratante acusado. E, convencido do inadimplemento, decreta a resolução. É a regra do art. 1.092, parágrafo único, do Código Civil:[8]

---

[7] "Art. 1.092. Nos contratos bilaterais, nenhum dos contraentes, antes de cumprida a sua obrigação, pode exigir o implemento da do outro.
Se, depois de concluído o contrato sobrevier a uma das partes contratantes diminuição em seu patrimônio, capaz de comprometer ou tornar duvidosa a prestação pela qual se obrigou, pode a parte, a quem incumbe fazer prestação em primeiro lugar, recusar-se a esta, até que a outra satisfaça a que lhe compete ou dê garantia bastante de satisfazê-la.
Parágrafo único. A parte lesada pelo inadimplemento pode requerer a rescisão do contrato com perdas e danos."
– Dispositivos correspondentes no Código Civil de 2002:
"Art. 475. A parte lesada pelo inadimplemento pode pedir a resolução do contrato, se não preferir exigir-lhe o cumprimento, cabendo, em qualquer dos casos, indenização por perdas e danos.
Art. 476. Nos contratos bilaterais, nenhum dos contratantes, antes de cumprida a sua obrigação, pode exigir o implemento da do outro.
Art. 477. Se, depois de concluído o contrato, sobrevier a uma das partes contratantes diminuição em seu patrimônio capaz de comprometer ou tornar duvidosa a prestação pela qual se obrigou, pode a outra recusar-se à prestação que lhe incumbe, até que aquela satisfaça a que lhe compete ou dê garantia bastante de satisfazê-la."

[8] CC 2002, arts. 475 a 477.

"A parte lesada pelo inadimplemento pode requerer a rescisão do contrato com perdas e danos."

Ao dizer que o interessado "pode requerer", quis o legislador significar que é necessário postular a declaração resolutória em Juízo. E ninguém melhor do que BEVILÁQUA a dizê-lo, em *Comentário* ao inciso:

"Se uma das partes não cumpre a obrigação contraída para com a outra, poderá esta promover, em Juízo, a rescisão do contrato".

O corolário inevitável é que a notificação, ainda que judicial, não opera a resolução. E se esta somente advém de um *judicium*, enquanto este não vier, o contrato permanece em vigor.

Daí a resposta ao final do quesito: até sentença judicial, a notificada procederá cumprindo regularmente o contrato, como se nada houvesse. Mesmo porque a sentença poderá ser absolutória, proclamando o juiz a inexistência de infração.

*Ao Quesito Quinto*

A resposta a este quesito encontra-se na anterior. A linha de raciocínio ali desenvolvida antecipou-a.

Dispensando-me, pois, de maior desenvolvimento temático, limito-me a dizer que a Cláusula X (*caput*) do contrato não permite a rescisão independente de instauração da lide.

Não ocorre em nosso direito a resolução automática da doutrina germânica, mas vige a judicial, do sistema francês.

O nosso art. 1.092, parágrafo único, alude à faculdade conferida ao lesado de "requerer a rescisão", tal como o art. 1.184 do Código Napoleão reza, a dizer que *la résolution doit être demandée en justice*. Por isto os irmãos MAZEAUD são peremptórios:

"L'intervention du tribunal est nécessaire" (MAZEAUD, MAZEAUD et MAZEAUD, *Leçons de Droit Civil*, v. II, n. 1094).

É, então, de toda obviedade que, durante a tramitação do procedimento resolutório, o contrato permanece em vigor.

*Ao Quesito Sexto*

A resposta ao quesito é uma consequência da própria contratação. A cláusula VI estabelece literalmente:

"O angariamento de sócios, regulado pelo presente contrato, será executado pela HOTELARIA ADMINISTRAÇÃO E OBRAS S.A. em caráter de absoluta exclusividade."

A cláusula de exclusividade importa em que o direito dela decorrente é exercitado pela parte à qual é concedido, e somente por ela, sem que qualquer outra pessoa, natural ou jurídica, possa exercê-lo. O contratante que estipulou, concedendo a exclusividade, está renunciando o direito de praticar o ato atribuído ao outro contratante.

Na espécie, a Consulente assumiu encargos e obrigou-se a despesas que lhe ensejariam auferir vantagens a longo prazo.

Ajustado este em seis anos, ficou entre as partes concertado e admitido que a Consulente, investindo para o futuro, obteria proveito ao longo do tempo. E, para que não sofresse a concorrência no processo de angariamento de sócios, foi-lhe atribuído este em caráter de "absoluta exclusividade". Vale dizer, efetuaria o angariamento, "sem concorrência".

Se, antes de atingido o termo, a outra parte entra no mercado e promove o angariamento, procede deslealmente, e está sujeita às consequências de seu mau procedimento.

RIPERT, depois de aludir à proteção convencional da empresa, menciona a organização empresarial como um todo, e considera que uma convenção desse gênero é adequada ao contrato de venda ou de prestação de serviços:

"La convention relative à l'exercice du commerce ne se rencontre que sous forme de clause d'un contrat de vente ou d'un contrat de travail" (GEORGE RIPERT, *Traité Élémentaire de Droit Commercial*, n. 435).

Convencionada a exclusividade, não pode a outra parte entrar no mercado, e praticar aqueles atos que atribui à Consulente, sem concorrência. Em o fazendo, adentra no campo da concorrência desleal, que impõe reparação, como ensina o mesmo RIPERT:

"La déloyauté dans la concurrence est une faute qui oblige à réparation" (RIPERT, n. 428).

Mas a reparação, no caso, não consiste na aplicação da cláusula penal (cláusula X do contrato), porém deve ser ampla.

O contratante não tem a faculdade de descumprir o contrato, mediante o pagamento da penal. Isto seria confundir a cláusula penal com cláusula de arrependimento.

Em minhas *Instituições*, formulei a distinção:

"Outra distinção que cumpre fazer é a que destaca da cláusula penal a de arrependimento ou multa penitencial – *pactum displicentiae* dos romanos. Aquela reforça, como vimos, o vínculo obrigatório, estabelecendo que o devedor é obrigado a solver o débito (e esta a sua principal finalidade), sob pena de sofrer a pena estipulada. A de arrependimento é uma cláusula acessória, em razão da qual o devedor tem a faculdade de não cumprir, pagando a quantia estipulada. A cláusula de arrependimento se diferencia, então, da cláusula penal pela sua natureza e pelos seus efeitos. Em primeiro lugar, ela autoriza o arrependimento do obrigado, enquanto que a penal reforça o vínculo, de vez que em razão desta o devedor tem de cumprir, e é punido se não o faz, ao passo que, em razão daquela, lhe fica facultado faltar à prestação. Na sua consequência, a pena convencional enseja ao credor uma alternativa, entre a exigência da obrigação principal e a cobrança da multa. A de arrependimento institui também uma alternativa, mas a benefício do devedor, que tem a faculdade de cumprir o obrigado ou pagar a quantia fixada. O implemento da obrigação acompanhada de cláusula penal é a prestação principal, que somente o credor tem o poder de substituir pela multa; o da que vem seguida de multa penitencial (*pactum displicentiae*) é uma outra, ao arbítrio do devedor, que, mesmo quando demandado, tem o direito de se eximir da prestação específica, pagando o que ficou estabelecido para o arrependimento. Embora se trate de institutos afins, como já o mostrou ALFREDO COLMO, os escritores de regra salientam estas diferenças que as extremam, acrescentando-se que a cláusula penal se estipula contra o devedor que não cumpre, ou contra o que dê execução inadequada à sua obrigação, enquanto a *mulcta poenitencialis* importa em indenização por uma expectativa não realizada" (CAIO MÁRIO DA SILVA PEREIRA, *Instituições de Direito Civil*, v. II, n. 150).

Não tendo sido pactuada cláusula de arrependimento, não cabe autorizar o contratante a descumprir o ajuste, mediante o pagamento da cláusula penal. Se tal fosse lícito, ficaria ele com o poder de cumprir, ou descumprir, a seu talante, o que seria absolutamente incivil.

Na hipótese de adentrar o outro contratante no campo da deslealdade, fazendo concorrência à Consulente, por quebra da exclusividade que lhe outorgou, terá a Consulente direito às perdas e danos, sem a limitação contida na cláusula X, perdas e danos estas que abrangeriam a privação das comissões, e mais o que provasse, compreendendo assim o *damnum emergens*, como o *lucrum cessans*, tudo nos termos do art. 1.059 do Código Civil.[9]

Do exame a que procedi, segundo a exposição e consulta, e à vista dos termos do contrato, assim entendo e opino.

---

9 "Art. 1.059. Salvo as exceções previstas neste Código, de modo expresso, as perdas e danos devidos ao credor abrangem, além do que ele efetivamente perdeu, o que razoavelmente deixou de lucrar."
– Dispositivo correspondente no Código Civil de 2002:
"Art. 402. Salvo as exceções expressamente previstas em lei, as perdas e danos devidas ao credor abrangem, além do que ele efetivamente perdeu, o que razoavelmente deixou de lucrar."

# 21

**Fatos**     Contrato consigo mesmo (autocontrato). Procuração genérica outorgada pela mulher ao marido para a alienação de bens do casal. Ápice da briga conjugal. Celebração de promessa de compra e venda de bens do casal por preço inferior ao de mercado. Promitentes vendedores: marido (em nome próprio) e mulher (representada pelo marido). Promitente compradora: sociedade anônima controlada pelo marido (99,93% das ações). Ajuizamento de ação anulatória contra o marido e a sociedade anônima promitente compradora.

**Direito**    Análise do instituto do contrato consigo mesmo (autocontrato). Separação do casal. Direitos oriundos do regime de bens. Autocontrato celebrado em fraude ao quinhão da mulher. Falta de integração da dupla vontade dos contratantes. Regime de bens: fraude. Contrato inválido.

---

MFA outorgou a seu marido JAA procuração em termos gerais, ficando ele com poderes para alienar bens do casal, estipulando preço, prazo e condições. Posteriormente, as relações conjugais deterioram-se, vindo o marido a manter relações com outra mulher, o que levou a esposa a promover a revogação do mandato e a ajuizar ação de separação.

Alguns dias antes dessas medidas, o marido celebrou contrato de promessa de compra e venda de diversos imóveis do casal (casas, lojas e apartamentos), utilizando-se da procuração passada pela mulher e figurando como promitente compradora a sociedade mercantil "JAA S.A.", com sede no Rio de Janeiro, sociedade de que o referido JAA é o diretor presidente, o representante estatutário e o acionista soberano, como detentor de 99,93% das ações. Verificou-se, portanto, uma contratação por instrumento público, em que o marido da Consulente comparece pessoalmente como promitente vendedor e como representante da mulher para comprometer imóveis do casal; e de outro lado figura como representante estatutário da pessoa jurídica adquirente.

A venda prometida abrange diversos imóveis, o preço ajustado é inferior ao real, e o pagamento foi estipulado pelo prazo de dez anos. A escritura ocorreu no momento em que as relações do casal eram tão más, que em seguida sobreveio o pedido de separação.

E, em consequência, o acervo conjugal ficou tão profundamente comprometido que na sua partilha a esposa estará terrivelmente prejudicada.

Ajuizando ação anulatória contra o marido e a sociedade anônima promitente compradora, pergunta-me:

1º É válido, em nosso direito, o contrato consigo mesmo?

2º O fato de ser alienante o marido por si e como representante da mulher, e adquirente a sociedade anônima de que é acionista absoluto e presidente, desfigura a autocontratação?

3º A procuração outorgada há oito anos pela mulher induz anuência à alienação de bens conjugais em benefício exclusivo do marido, e com o efeito de fraudar os direitos dela na eventual partilha consequente à separação?

## PARECER

*Ao Quesito Primeiro*

A noção básica de contrato pressupõe na sua formação o acordo de vontades – *bis in idem placitum consensus*. Como negócio jurídico bilateral, requer a dupla manifestação volitiva, a convergência das vontades de dois agentes. Em linha de princípio, portanto, não encontra justificativa conceitual a ideia de um contrato consigo mesmo, insustentável que é, teoricamente, a celebração de contrato, no qual o mesmo declarante compareça como policitante e como oblato, como proponente e como aceitante.

Na figura da representação, todavia, a doutrina foi assentar a noção originária de uma contratação, na qual a presença das duas vontades se manifesta, comparecendo o declarante naquela dupla qualidade, emitindo de uma parte a sua própria vontade, e de outra parte a do seu representado.

Partindo então da inadmissibilidade essencial, e portanto da invalidade do contrato consigo mesmo, a doutrina o trata como "instituto excepcional", como o proclama MESSINEO.

Foi a doutrina alemã que mais desenvolveu esta modalidade negocial, estabelecendo certas normas que bem revelam não ser aceitável a sua generalização, mas ao revés a necessidade de se manter uma limitação precisa, que evite as deformações advenientes de sua utilização.

Controvertido em vários sentidos, as dúvidas começam desde a sua caracterização dogmática. Enquanto RUMELIN (*Selbstcontrahiren des Stellvertreters*) o classifica como ato unilateral, RÖMER (*Rechtsgeschaft des Stellvertreters mit sich sebst*) o considera ato bilateral. E, neste sentido, os autores reclamam ao mesmo tempo a dupla emissão volitiva e a imprescindibilidade de sua exteriorização:

> "En los casos en que, conforme a lo que queda indicado, es eficaz la autocontratación, esta no puede realizarse, lo mismo que sucede en celebración de los demás géneros de negocios, mediante la simple determinación interna de la voluntad, sino por medio de un hecho material externo capaz de dar a conocer suficientemente al exterior esa voluntad, por ejemplo, asientos practicados en los libros, depósitos en caja, declaraciones ante testigos, etc.
> En el aspecto teórico, aparece dudosa la naturaleza peculiar del acto de que se trata. Muchos ven en la autocontratación solamente un acto unilateral, que únicamente se asemeja a los contratos en sus efectos. Pero otros distinguen en él, con más fundamento, un acto doble, en el que el representante actúa en parte por sí mismo y en parte por el representado" (PAUL OERTMANN, *Introducción al Derecho Civil*, § 61, p. 323).

No contrato consigo mesmo, a falta de outra parte, a que se dirija a manifestação volitiva do agente, põe de manifesto indagar necessariamente se ocorre a exteriorização das vontades, de tal modo que a do representado possa positivar-se como tal. Se em todo contrato o encontro das vontades é básico, na autocontratação torna-se imprescindível que o processo psicogenético do ato negocial não fique adstrito ao querer daquele que figura como parte dupla no momento da celebração. É indispensável que se exteriorize a vontade do representado, em face da vontade própria, pessoal ou individual do representante. A esta análise procede VON TUHR, seja no aspecto puramente dogmático do autocontrato, seja no plano prático, ao definir os extremos a que há de estar submetido. Partindo de que aí ocorrem duas declarações, esclarece:

> "Para tener eficacia la declaración del representante dirigida a sí mismo debe satisfacer ciertos requisitos diferentes a los que se exigen en el caso normal. Por lo general, la declaración adquiere eficacia al llegar a la parte contraria, porque desde tal momento y en circunstancias normales, el conocimiento sólo depende de ella; viceversa, en las declaraciones a sí mismo, no puede hablarse de llegada, ya que la declaración, que el representante se dirige es conocida por él desde un principio. Pero como su decisión, en cuanto proceso interno, no puede producir efectos jurídicos, su voluntad adquiere eficacia en el momento en que, de cualquier manera, por declaración a terceros y mediante actos voluntarios, llega a manifestarse exteriormente."

E em seguida extrai duas conclusões, que são outros tantos requisitos do contrato consigo mesmo. O primeiro é este:

> "El contrato consigo mismo es admisible cuando el poder menciona expresamente esta forma de contrato, o cuando resulta de las circunstancias que el poderdante quería permitirla."

E o segundo, em forma negativa:

"En principio, el representante legal no está autorizado para contratar con su representado o para concluir negocios entre las varias personas que represente" (ANDREAS VON TUHR, *Derecho Civil*, v. III, 2ª parte, § 84).

A fixação destes pontos merece atenção.

Como o *Selbstcontrahiren* é excepcional e como se torna indispensável determinar a presença da vontade do representado, de maneira inequívoca, não basta, à sua perfeição, que o mandante outorgue poderes gerais, mas requer-se a menção de um poder especial, para que se aceite, no contrato então celebrado, a manifestação efetiva da vontade do mandante. Na falta deste poder ostensivo, e oriundo da procuração mesma, poder-se-á admitir uma declaração dele, em instrumento à parte. Em qualquer caso, é fundamental, é indispensável à validade da autocontratação verifique-se a apuração de todos os elementos requeridos para a celebração do contrato, por tal arte que a vontade do representado seja induvidosa.

Mas, como salientei em minhas *Instituições de Direito Civil*, o inconveniente maior do autocontrato reside no plano moral,

"pelo fato de ser o representante tentado a sobrepor o seu interesse ao do representado, sacrificando este último" (v. I, n. 107).

Eis porque já se tem dito, e com toda procedência, que em exceção ao princípio proibitivo do contrato consigo mesmo, e em abono de seu caráter excepcional, a validade dele está subordinada a uma autorização especial, vale dizer: o representado não se presume querer o que o representante por ele declarou ao contratar consigo mesmo. É necessário que a emissão de vontade do mandatário seja complementada para a celebração do autocontrato com a declaração de que o mandante quer ou está de acordo com o ato praticado ou a ser praticado. Veja-se ao propósito o ministério de MESSINEO:

"É valido il contratto con se medesimo (anche quando c'è conflitto di interessi), *purchè il rappresentato abbia autorizzato specificamente la conclusione del contratto*" (FRANCESCO MESSINEO, *Dottrina Génerale del Contratto*, p. 165).

Não pode, por outro lado, validamente contratar consigo mesmo o representante, declarando de um lado a sua vontade e de outro a vontade do representado, quando ocorra um conflito de interesses. Não há esquecer jamais que o contrato há de traduzir uma convergência de vontades, e é óbvio que estas têm de ser harmônicas. Se estão em divergência, ou se entre os interessados se manifesta uma discordância, as vontades em briga traduzem a contradição frontal com a ideia de um contrato entre eles. Daí dizer-se, como faz RAMNICEANO, que, ao apreciar a validade de uma autocontratação, cabe ao juiz apurar se ocorre conflito de interesses entre o representante e o representado. E, em caso afirmativo, traçar um limite, além do qual o contrato não pode valer:

"La limite de l'admissibilité du Selbscontrahiren sera donc le conflit d'intérêts du représentant et du representé. C'est la seule considération qui devra guider les juges qui auront à se prononcer sur les applications de cette idée" (RENÉ POPESCO-RAMNICEANO, *De la Representation dans les Actes Juridiques en Droit Comparé*, p. 290).

Se o representante recebe poderes para emitir declaração de vontade em nome do representado, e o faz usando-os para contratar consigo mesmo, não poderá transpor aquele limite, e atribuir-se a aquisição de direitos que contrariam os do representado, em proveito próprio.

Em resposta, portanto, ao quesito primeiro, respondo que o contrato consigo mesmo não é proibido em nosso direito. Posto inexista entre nós norma expressa[1] tal como se dá no direito alemão (BGB, art. 181), é aceitável o conceito, mas subordinado aos cânones que no campo doutrinário desenvolvi acima.

*Ao Quesito Segundo*

Normalmente, o contrato consigo mesmo ocorre quando o representante figura no mesmo ato como emissor das duas vontades, de proponente e de aceitante, isto é, preenchendo as duas condições de outorgante e de outorgado na mesma escritura.

No caso da consulta, houve uma particularidade que procurou mascarar a figura do "*Selbstcontrahiren*". O mandatário figurou na escritura de promessa de compra e venda na situação de representante de sua mulher para juntamente com ela prometer a venda de diversos imóveis. E nesta condição obrigou-se para com uma sociedade anônima. Acontece que esta pessoa jurídica, promitente compradora, não é em verdade um terceiro, porém uma entidade que tem o próprio marido da representada como acionista absolutamente majoritário. Titular da quase totalidade das ações, reduz os demais acionistas à condição de "*silent partners*", mas em tal grau (menos de um por cento das ações) que em verdade a pessoa moral que comparece no ato, como promitente comprador, é o próprio mandatário.

Se a regra advinda do Direito Romano é que a sociedade se distingue dos membros componentes da mesma – *societas distat a singulis* —, não é menos certo que no campo dos interesses econômicos a sociedade moderna engendrou a modalidade pecu-

---

[1] – O Código Civil de 2002 disciplina o instituto do contrato consigo mesmo no art. 117:
"Art. 117. Salvo se o permitir a lei ou o representado, é anulável o negócio jurídico que o representante, no seu interesse ou por conta de outrem, celebrar consigo mesmo.
Parágrafo único. Para esse efeito, tem-se como celebrado pelo representante o negócio realizado por aquele em quem os poderes houverem sido subestabelecidos."

liar da pessoa moral aparente, juridicamente constituída e formalmente operante, com o propósito de disfarçar ou ocultar a personalidade jurídica e econômica de uma pessoa que é na verdade o sócio absoluto.

No caso especial da sociedade anônima, que delibera pela maioria de votos nas assembleias, e procede no mundo dos negócios por via de seu órgão direcional, a pessoa jurídica apenas aparente se distingue de seus sócios, confundindo-se entretanto na vida operacional os seus direitos e interesses.

Quando, pois, o representante da mulher emite nesta qualidade a vontade desta, para comprometer imóveis do casal, não pode alegar que o compromissário é um terceiro, pois na verdade não é. Trata-se de uma sociedade anônima da qual ele, marido, é o sócio ou acionista soberano. Os direitos e interesses que a sociedade adquire percutem diretamente no seu patrimônio, beneficiando-o. No caso especial desta promessa de compra e venda, os imóveis foram subtraídos do interesse do casal e, portanto, saíram da meação da esposa, para integrarem o acervo da sociedade, de que é acionista soberano o marido. Não perde, portanto, as características de contrato consigo mesmo o negócio jurídico em foco, tendo-se em vista que a figura do adquirente é o próprio marido e representante, uma vez que a sociedade anônima não passa de entidade fantasma, que lhe empresta a personalidade para simular a existência de um terceiro.

*Ao Quesito Terceiro*

A exposição dos fatos, tais como narrados na consulta, e a fixação dos princípios, tais como assentados nas respostas aos quesitos anteriores, levam à conclusão da invalidade do contrato de promessa de compra e venda incriminado, e tudo como uma dedução lógica irrefugível.

Com efeito, ao contrato preliminar malsinado falta o pressuposto essencial de acordo de vontades. A adquirente, sociedade anônima que não consegue ocultar a condição soberana do sócio absoluto, nada mais é do que o disfarce sob o qual opera no mundo dos negócios a pessoa física do marido da Consulente. Dispondo do controle total e auferindo todas as vantagens da sociedade, dado o percentual acionário de que dispôs, e que na verdade não passa de mera aparência da participação societária porque representa praticamente todos os interesses sociais, ele é o exclusivo beneficiário da pessoa jurídica, e o titular efetivo ou sujeito real de seu acervo social. Com mais de noventa e nove por cento das ações (99,93%), não há negar que é ele quem adquire o que a sociedade adquire; é ele quem aliena o que a sociedade aliena; é ele quem lucra o que beneficia a sociedade.

Quando, portanto, compareceu na escritura pública de promessa de compra e venda, para em favor da sociedade anônima obrigar os imóveis do casal, isto é, imóveis que "por a metade" pertencem a ele e à mulher, o que fez foi, efetivamente, transferi-los a si mesmo, retirando-os do acervo conjugal e passando-os ao acervo social, com reforço da sua titularidade dominical de condômino por meação a interessado por mais de 99%.

Se não houvesse dissídio com a esposa, e ocorresse esta alienação, já seria de receber-se debaixo da maior suspeição, pois tudo indicaria a presença de uma fraude em prejuízo de alguém.

Mas no caso, prejudicada foi a esposa, porque procurou ele esvaziar o patrimônio do casal, retirando dela a meação que lhe cabe naquela comunidade de interesses.

Na verdade transferiu bens a pessoa diversa daquela a quem aparentemente os aliena, e por tal arte que os passou para si mesmo, arrogando-se a condição de dono exclusivo, daquilo que lhe pertencia apenas por metade.

No negócio jurídico efetuado existe uma autocontratação – *Selbstcontrahiren* – na qual aparece o mandatário emitindo uma declaração de vontade alienatória em nome de sua mulher por ele representada, em favor de uma sociedade anônima de que é titular da quase totalidade das ações, e da qual é o presidente. Procedeu, portanto, emitindo ao mesmo tempo três declarações de vontade: como alienante, como representante da mulher e como representante da sociedade adquirente. E tudo num só objetivo e num só interesse: o de defraudar a esposa nos seus direitos oriundos do regime de bens no casamento, e beneficiar-se com a totalidade do patrimônio do casal.

A autocontratação não pode prevalecer. De um lado falta-lhe a manifestação de vontade da mulher para o negócio jurídico realizado: a procuração é genérica, não identifica os bens, não menciona os valores, e omite as condições, que jamais se estipulariam regularmente, se se atentar na exiguidade do preço e na extensão do prazo.

E de outra parte, em contrariedade ao que os doutos ensinam, transpôs o limite do conflito de interesses, pois foi efetuado o *"contratto con se medesimo"* no momento em que o relacionamento do casal atingia o ápice da crise, na véspera da cassação dos poderes e na antevéspera do ajuizamento da ação de separação.

Seja, pois, pela falta de integração da dupla vontade dos contratantes, seja pela simulação que a avença encerra, seja pela fraude contra a mulher que na partilha da separação é uma credora, não deve prevalecer o contrato preliminar de que a consulta dá notícia.

Este o meu parecer.

# 22

**Fatos**  Contrato de subscrição de ações e outras avenças, celebrado entre frigorífico e sociedade subsidiária do BNDES. Existência de cláusulas e condições típicas de contratos de financiamento. Alegação de existência de simulação.

**Direito**  Interpretação contratual. Pesquisa da real intenção das partes. Caracterização pelo conteúdo da avença, independentemente da denominação. Conteúdo intencional das partes: financiamento. *Nomen iuris* adotado: *"subscrição de ações"*. Existência de simulação relativa. Prevalência do ato oculto (financiamento) sobre o ato aparente (subscrição de ações).

---

Um FRIGORÍFICO celebrou dois contratos com IBRASA – Investimentos Brasileiros S/A, empresa subsidiária do BNDES (Banco Nacional do Desenvolvimento Econômico e Social), idênticos na forma e no objeto, variando apenas no valor e na data.

Conforme ficou avençado, os contratos mencionam, como finalidade, "a subscrição de ações e outras avenças".

Pelo seu contexto, o FRIGORÍFICO obrigou-se (cláusula 3.1) a adquirir as ações subscritas pela IBRASA, com especificação das datas, quantidades e preços, acrescentando-se (§ 1º) que os valores ali mencionados sofrerão correção monetária pelos índices legais. E o § 2º da mesma cláusula esclarece que, na hipótese de vir a correção monetária a sofrer variação superior a 20% ao ano, serão adquiridas ações até o montante correspondente à correção de vinte por cento, devendo a parcela não adquirida de ações ser liquidada em três anos, nos prazos e condições que ficam em seguida mencionados.

Salienta-se que a IBRASA, sendo subsidiária do BNDES, está sob controle, ou é agente, do Governo Federal, e que o FRIGORÍFICO industrializa produtos alimentícios. Os contratos são por prazo de cinco anos.

Em face destas considerações, pergunta:

Não obstante a denominação dos contratos, como sendo de "subscrição de ações e outras avenças", a sua natureza jurídica coloca-os na caracterização de "contratos de financiamento"?

## PARECER

1.1. Ao examinar a qualificação de um contrato, cumpre fundamentalmente analisá-lo em suas características próprias, e nos seus elementos etiológicos, independentemente da denominação que as partes lhe deram, ou utilizaram para designá-lo. Se os contratantes avençaram um negócio jurídico em que se opera a transferência do domínio de uma coisa imóvel sem a contraprestação de um preço, é em vão que o denominem compra e venda, porque na sua essência o que ocorre é uma doação. Ainda que haja a menção de um preço meramente simbólico, ou irrisório, o contrato é de doação e não de compra e venda, porque este não se aperfeiçoa sem a existência da coisa e do preço (com os respectivos elementos), além do consentimento. Mas um contrato, posto que apelidado de compra e venda, não pode ser assim qualificado, se lhe faltar um de seus elementos essenciais.

Há nisto, então, um problema de hermenêutica da vontade, ligado à qualificação do contrato.

O intérprete tem o dever de avaliar o conteúdo intencional do acordo, como diz TRABUCCHI, tendo em vista o tipo contratual. Veja-se o seu texto:

"... il giudice dovrà valutare il contenuto intenzionale dell'accordo, quale gli viene prespettato dai risultati della sua attività interpretativa, e lo qualificherà o nell'una e nell'altra fattispecie legislativa per la determinazione del tipo di contratto le cui norme saranno in concreto da applicare" (ALBERTO TRABUCCHI, *Istituzioni di Diritto Civile*, 12ª ed., n. 282, p. 633).

E mais adiante, aludindo precisamente ao fato de não coincidir a designação dada à avença pelas partes, com a tipificação adotada pelo legislador, manda que se investigue a intenção comum dos contraentes. Não prevalece o que um deles pensou, porém sobreleva o comportamento complessivo de ambos. E conclui que nesta investigação não é predominante o *nomem iuris* com que o qualificaram:

"Nella ricerca della volontà non si è vincolati dal nomen iuris usato per qualificare il contratto conchiuso; se le parti dicono di stipulare un deposito, mentre in realtà vogliono costituire un rapporto di mutuo, il contratto va regolato secondo le norme del mutuo" (TRABUCCHI, ob. cit., n. 287, p. 646).

Tendo em vista esta consideração essencial é que o contrato *sub examine* tem de ser analisado.

Foi ele denominado pelas partes como sendo de "Subscrição de Ações e Outras Avenças".

Este contrato (e eu argumento no singular por uma questão apenas de facilidade de exposição, mas sem perder de vista que se trata de dois) contém, todavia, cláusulas que traduzem a intenção nítida de que na verdade a IBRASA não pretendeu subscrever ações, porém proporcionar ao Frigorífico um financiamento.

Com efeito, pela cláusula 1.3, a IBRASA se obriga a garantir a subscrição de cento e vinte mil ações preferenciais, pelo valor unitário de um $$, proporcionando portanto recursos no montante das "ações subscritas".

Mas na cláusula 3.1 o Frigorífico assumiu a obrigação de fazer uma provisão de 40% dos seus lucros líquidos anuais, "com o objetivo de adquirir as ações subscritas pela IBRASA". Logo de início, vê-se então que a importância correspondente ao valor subscrito estava sujeita a retorno, e retorno em prazo determinado.

Com as características habituais de uma liquidação de empréstimo, os valores sofrerão "correção monetária" pelos índices legais. Além desta correção, o valor da recompra estava sujeito a um acréscimo inominado, que seriam juros de 8% ao ano.

Deste complexo obrigacional resulta, então, que nem a IBRASA teve a intenção de se tornar acionista do Frigorífico, nem este teve a liberdade de conservá-la como acionista, uma vez que o contrato de "subscrição de ações" impunha a recompra obrigatória.

Traduzido em seus termos reais, o verdadeiro conteúdo intencional do acordo (na linguagem de TRABUCCHI) foi proporcionar a IBRASA ao Frigorífico recursos num montante determinado, com a obrigação do Frigorífico repor os recursos recebidos, acrescidos de juros e correção monetária.

Houve, desta sorte, um autêntico financiamento, sob cláusulas e condições que são habituais em operações desta natureza: uma das partes provê a outra de certa soma em dinheiro, e em contrapartida adquire direito ao retorno do capital, em prazo fixado no respectivo instrumento, acrescido de juros e correção monetária.

Nem a garantia faltou, uma vez que a provisão de fundos teve a assegurar-lhe volume de ações correspondente, que vão sendo liberadas à medida do reembolso ou de retorno da provisão, além de caução de outras ações, como em seguida ver-se-á.

Embora o *nomen juris* do contrato tenha sido "subscrição de ações", o seu conteúdo real e efetivo foi uma operação de financiamento. Não obstante ter sido designado como "subscrição de ações", o contrato importou em um financiamento, e como tal deve ser qualificado, para apuração da incidência dos efeitos legais.

Como argumento complementar desta interpretação ou desta qualificação, a cláusula 3.8 autoriza a IBRASA, em ocorrendo inadimplemento de qualquer das obrigações do Frigorífico, a promover a venda particular das ações caucionadas e seus acessórios, aplicando o preço líquido "na satisfação da dívida decorrente deste contrato".

E, para este efeito, a IBRASA foi constituída procuradora em causa própria do interveniente caucionante.

1.2. Na qualificação jurídica do fenômeno econômico resultante do ato negocial sob exame, o que logo ocorre é a figura da simulação, segundo a define o art. 102, II, do Código Civil:[1]

---

1 – Dispositivo correspondente no Código Civil de 2002:
"Art. 167. (...)

"Art. 102. Haverá simulação nos atos jurídicos em geral:
(...)
II – Quando contiverem declaração, confissão, ou cláusula não verdadeira;
(...)."

O contrato ora analisado, contendo declaração ou cláusula que reveste a aparência de uma subscrição de ações, contém uma operação de financiamento. A declaração aparente é a subscrição de ações. A cláusula verdadeira é de financiamento. O negócio jurídico existe, mas sob a aparência diversa de sua natureza íntima. O *nomen juris* adotado foi a "subscrição de ações", mas o conteúdo intencional das partes foi a efetivação de um financiamento.

Veja-se a lição de BEVILÁQUA:

"Simulação é uma declaração enganosa da vontade, visando produzir efeito diverso do ostensivamente indicado. O Código considera três espécies de simulação: por interposição de pessoa; por ocultação do caráter do ato jurídico; por falsidade na data" (*Comentários ao Código Civil*, Observação I ao art. 102).

Aqui defronta-se a simulação da segunda espécie.

Como a declaração não verdadeira teve por escopo ocultar a natureza real do ato simulado, ele deve ser tratado como aquilo que as partes efetivamente tinham em vista, e não como aquilo outro que aparentaram querer.

Aqui entramos no terreno do caráter absoluto ou relativo da simulação. Ela se diz relativa, quando o ato tem por objeto encobrir outro, diverso do mencionado.

Na espécie, as partes celebraram um contrato de subscrição de ações. Convenção aparente, porque as partes não quiseram que ela prevalecesse, uma vez que tiveram efetivamente em mira um verdadeiro financiamento. Então, prevalecendo a verdade contratual, que é lei entre as partes, vale o ato secreto (financiamento), prevalecendo sobre o ato aparente (subscrição de ações).

A lição de PLANIOL, RIPERT et BOULANGER é clara. Estudando a simulação de todos os ângulos, encaram-na quando o ato ostensivo e o ato secreto são obra das mesmas partes:

"Il est très facile de régler les rapports des parties entre elles, lorsque l'acte ostensible et l'acte secret sont l'oeuvre des mêmes personnes. La simulation n'étant pas, en principe, une cause de nullité, c'est la loi du contrat qui doit s'appliquer.

---

§ 1º Haverá simulação nos negócios jurídicos quando:
(...);
II – contiverem declaração, confissão, condição ou cláusula não verdadeira;
(...)"

Or, dans la pensée des parties, l'acte ostensible n'a pas de valeur ou il ne vaut que dans la mesure précisée par l'acte secret. C'est l'acte secret qui doit régir leurs relations" (*Traité Élémentaire*, v. II, n. 600).

Na espécie, o ato secreto ou oculto foi um financiamento. O ato ostensivo foi uma subscrição de ações. Analisado o conteúdo intencional do ato, resulta que o segundo vale na medida precisa do que é a vontade real.

E é, então, esta a medida das relações entre as partes.

# 23

| **Fatos** | Contrato de compra e venda de ações ordinárias de instituição financeira (banco). Cláusula contratual com previsão de pagamento de sobrepreço (em benefício dos vendedores) na hipótese de o comprador, no prazo de dois anos, adquirir o controle acionário do banco. Existência de negociações preliminares para a compra do controle acionário dentro do prazo pactuado. Negócio concluído após o decurso do prazo. |
|---|---|
| **Direito** | Interpretação contratual. Condição suspensiva. Tratativas não configuram o implemento da condição. Falta da condição. Ausência de direito dos vendedores ao sobrepreço. |

O Banco MRN S.A. adquiriu um lote de ações ordinárias nominativas do Banco FNN S.A. No ato da compra, e paralelamente ao recibo que a consubstancia, emitiu a favor dos vendedores um outro documento que se configurou como "Garantia de Reajuste de Preço de Venda das Ações".

Neste documento, foi assegurado aos alienantes um sobrepreço, para o caso do Banco MRN comprar o controle acionário do Banco FNN S.A., por preço superior ao ajustado para o lote de ações então adquirido.

Efetivamente, o Banco MRN veio a adquirir o aludido controle acionário.

Daí surgiu litígio entre vendedores e comprador, os primeiros postulando a plus-valia, o segundo assegurando não estar a ela obrigado, porque caducara para os ex-acionistas o direito a recebê-la, em virtude de se ter escoado o prazo ajustado no documento de garantia.

Ambas as partes baseiam-se no mesmo documento, e, de um e outro lado, tecem argumentação centrada em torno dos mesmos fatos, como sejam a assinatura de um "acordo de acionistas"; a circunstância de, ao tempo da polemizada compra, já ser o Banco detentor de 40% do capital votante da instituição alienada; a presença de dois representantes do Banco MRN integrando o Conselho Fiscal do Banco FNN; o aporte financeiro, administrativo e técnico do adquirente, que tinha interesse em acudir ao Banco FNN, com seus recursos financeiros e humanos, no momento em que este atravessava situação difícil.

Em torno desses fatos as partes desenvolvem seus raciocínios, cada uma lhes atribuindo entendimento à feição de suas conclusões.

A fim de oferecer o elemento material básico da controvérsia, o Banco MRN traz presente o texto que a suscitou e alimenta. Nele, após historiar a operação, vem a cláusula, que, não obstante a sua extensão, aqui transcrevo:

"b) Se o Banco MRN vier a comprar as ações que hoje integram o controle acionário do Banco FNN S.A. por preço superior a 0,0193635% da ORTN, o titular do presente recibo fará jus à diferença de preço efetivamente recebida pelos detentores do controle acionário, assim entendido o preço líquido do valor da compra, ou seja, o valor da base estabelecido deduzido dos eventuais prejuízos e ônus que contratualmente vierem a arcar como condição de operação. Esse preço líquido, convertido em ORTN, determinará a quantia efetiva a pagar-se, o que será feito dentro de 30 dias no máximo, após o pagamento da parcela final devida aos acionistas controladores. Essas condições explicitadas nessa cláusula 1a "b" vigerão pelo prazo de 2 anos, contados da data desse recibo, findo os quais qualquer negociação de ações para compra do controle do Banco FNN S.A. será considerada como operação autônoma, inteiramente desvinculada da presente compra de ações e, portanto, sem nenhuma condição legal ou negocial capaz de gerar obrigação para qualquer das partes envolvidas."

Alegam os alienantes que a "negociação" para compra do controle acionário teve início *antes do término do prazo de dois anos*, mas têm direito ao *over-price* embora se completasse, definitivamente, a compra *após o decurso do prazo previsto no contrato*.

Replica o comprador que nenhum direito lhes assiste porque, nos termos do documento de garantia, o sobrepreço somente seria devido se a "compra" do controle acionário se realizasse dentro no prazo de dois anos contados do malsinado documento; e, como se efetuou após escoado ele, perimiu o direito dos vendedores à plusvalia.

Assim expostos os fatos, e resumida a questão, pergunta:

1º Como se deve entender o conteúdo da cláusula litigiosa?
2º Os vendedores têm direito à diferença de preço?

À vista do texto controvertido, e em face da EXPOSIÇÃO *supra*, que resume o litígio alimentado por brilhante sustentação de ambas as partes, emito o meu

## PARECER

No seu desenvolvimento, divido-o em três partes. Na primeira assento as regras que presidem à hermenêutica da vontade contratual. Na segunda, procedo à análise da cláusula contratual. E, finalmente, na terceira, dou resposta aos quesitos.

## 1. Interpretação de cláusula contratual

1.1. Ao contrário de outros sistemas legislativos, como se exemplifica habitualmente com o francês, cujo Código é farto no enunciado de regras teóricas para interpretação da vontade contratual, o nosso revela extrema parcimônia. Com efeito, enquanto o Código Napoleão reproduz as regras formuladas por POTHIER, convertendo-as em preceito, o Código Civil Brasileiro de 1916 (neste passo seguido pelo "Projeto" aprovado pela Câmara dos Deputados em 1983 e publicado em 1984) fixa o entendimento da vontade no disposto no art. 85,[1] segundo o qual nas declarações de vontade se atenderá mais à intenção que ao sentido literal da linguagem. Em tal norma, mestre BEVILÁQUA enxerga mais a integração ética da vontade do que preceito interpretativo. E nisto revela a sua visão superior do assunto, pois que o desdobramento do tema em formulação de preceitos legais desvirtua-se, perdendo eles o conteúdo normativo, e assumindo o caráter de meros conselhos dirigidos ao intérprete, ao invés de expressarem regras coercitivas.

É, pois, na linguagem dos mestres que se deve colher o subsídio fundamental para perquirir a intenção que animou os contratantes ao emitirem a vontade contratual, a redigirem o instrumento que a cristaliza, e que nem sempre traduz com clareza o objetivo perseguido.

1.2. O contrato, uma vez celebrado, desprende-se daquilo que constituiu a emissão de vontade de cada um dos contratantes. Ele se transforma em um ente jurídico, dotado de existência própria. Com este pensamento, PONTES DE MIRANDA aconselha ao intérprete tomar o ato como um todo, sem se deixar influenciar por aquilo que seria o propósito individual de cada um dos contraentes. Vale, então, transcrever suas próprias palavras:

> "O primeiro requisito para a interpretação dos atos jurídicos é o de tomar-se ao ato como todo, se bilateral, o todo de cada ato e o todo do ato que de dois ou mais exsurgiu (princípio de integração). Outro é o de se não atender ao que é pessoal a cada figurante, ou ao destinatário, porque o que é estritamente pessoal não costuma entrar no contexto dos atos jurídicos, posto que possa servir à coação, porque esse fato puro é invadente da psique" (*Tratado de Direito Privado*, v. 3, § 327, p. 327).

Não seria, portanto, de bom alvitre, ao pesquisar o que constitui o contexto do contrato, percorrer uma via retroativa, na procura do que teriam as partes proposto contratar. É o que ensinam RUGGIERO e MAROI, discorrendo em torno do texto de ULPIANO:

---

[1] – Dispositivo correspondente no Código Civil de 2002:
"Art. 112. Nas declarações de vontade se atenderá mais à intenção nelas consubstanciada do que ao sentido literal da linguagem."

"Restringere la portata del contratto alla materia sulla quale le parti si sono proposte di contrattare, anche se esse abbiano adottato espressioni generali. Ulpiano avvertiva: Iniguum est peremi pacto: id de quo cogitatum non docetur" (*Istituzioni di Diritto Privato*, v. II, § 139, p. 207).

Como expressão do que as partes quiseram, e não daquilo que qualquer delas pretendeu, o contrato deve ser examinado no seu conjunto, sem se fragmentar em proposições isoladas. É o que apontam os irmãos MAZEAUD:

"Le premier souci du juge devant une clause obscure sera d'interroger l'ensemble du contrat" (MAZEAUD, MAZEUAD et MAZEAUD, *Leçons de Droit Civil*, v. II, n. 345).

Mais minucioso, MESSINEO salienta que o contrato espelha a *posição intermedia* das vontades dos figurantes. Em consequência, não pode o intérprete pungir-se ao que cada um deles num determinado momento pretendeu. O que o intérprete deve assegurar é o que formou o sentido impresso ao contrato, uma vez que as partes, ao executá-lo, não lograram entender-se. Cabe-lhe, portanto, reconstruir aquele sentido, e bem assim quais os efeitos do contrato. Textualmente:

"Come il contratto è strumento di composizione di interessi, così la volontà contrattuale è, di regola, un quid medium fra le aspirazioni di una parte e quelle dell'altra, il disaccordo post-contrattuale potrà essere eliminato a stregua di quella; cioè o le parti, facendo esse medesime opera di interpretazione, giungono ad intendersi; ovvero, eventualmente, il giudice stabilirà, sulla scorta della ricostruita comune volontà, il senso e gli effetti del contratto" (FRANCESCO MESSINEO, *Dottrina Generale del Contratto*, p. 351).

1.3. O que sobressai na interpretação de um contrato, como ente jurídico, que tem vida própria e se não acorrenta ao pensamento individual dos figurantes, é procurar nele o que seria a *vontade real* dos contratantes, como salienta GALVÃO TELLES, ele mesmo grifando a expressão, que eu transcrevo na sua literalidade:

"A interpretação tende à descoberta da vontade real; como declarado valerá o que se quis. Esta vontade, deverá o intérprete buscá-la a todo transe, lançando mão, para isso, de quaisquer elementos ou circunstâncias capazes de elucidá-la" (*Manual dos Contratos em Geral*, p. 355).

Com o mesmo propósito, ENNECCERUS ensina que a finalidade da interpretação consiste em determinar o verdadeiro sentido da declaração de vontade, tal como resulta das circunstâncias externas e internas que se tem de levar em conta (ENNECCERUS, KIPP y WOLFF, *Tratado, Parte General*, v. II, § 192).

Com a sua clareza habitual, RUGGIERO e MAROI apontam como *indagação preliminar* do intérprete detectar a *comum intenção das partes*, no que os acompanha TRABUCCHI (cf. RUGGIERO e MAROI, *Istituzioni* citadas, p. 206; ALBERTO TRABUCCHI, *Istituzioni di Diritto Civile*, p. 645).

Mais minucioso, MESSINEO chega mesmo a esclarecer que à *intenção comum* não se pode contrapor o propósito individual das partes. A razão disto reside em que, no contrato, o que conta é o "consenso", e não as "vontades individuais", que desta sorte não devem prevalecer sobre aquele. A leitura do texto original evoca um ensinamento mais rico do que o seu resumo. Por isso, transcrevo-o:

"É – o dovrebbe esser – chiaro che, in sede di interpretazione, non può contrapporsi, alla comune intenzione, l'intento individuale di una delle parti, perchè, anzi tutto, nessuna dottrina – anche quella che faceva capo al c.d. dogma della volontà – ha mai sostenuto che l'intento individuale possa prevalere sull'intento comune, in quanto, nel contratto, conta il consenso e non contano le volontà singole..." (FRANCESCO MESSINEO, *Dottrina Generale del Contratto*, p. 349).

Esta proposição é tão certa, que chega a emanar do próprio bom senso: em caso de dúvida, o que prevalece é o *real significado do contrato*, além e acima das expressões literais que uma parte possa proclamar como o verdadeiro fim do contrato. Contratualista exímio, SCOGNAMIGLIO o desenvolve longamente, para depois resumir, no que se segue, sem necessidade de me reportar ao conteúdo integral do raciocínio:

"Ma é doveroso a questo punto osservare: occorre tener ben distinta la regola – che già il buon senso suggerisce e la legge poi impone – secondo cui occorre, in caso di dubbio, far capo al significato reale del contratto al di là delle espressioni letterali, dall'altra, che incautamente si proclama, secondo cui ci si deve riferire allo stesso fine all'interno volere" (RENATO SCOGNAMIGLIO, *Contratti in Generale*, p. 177).

Não deve, entretanto, omitir a lição de RUGGIERO, não só pela sua habitual clareza, como ainda pela quotidiana presença de suas *Instituições* em nossos meios jurídicos, que a invocam em consonância com as preleções dos civilistas brasileiros, e com uma assiduidade exemplar. Tendo em vista a regra da prevalência da intenção sobre o sentido literal da linguagem, que o art. 85 do Código Civil Brasileiro[2] consagra, o mestre italiano esclarece que o pressuposto da norma de prevalência não significa a divergência entre "a vontade" e a "declaração de vontade", porém entre a "efetiva vontade contratual" e as eventuais "expressões inadequadas" das partes, com vistas a valorizar o efetivo e concreto alcance do contrato, no que condiz com sua exata qualificação. Literalmente:

---

2    CC 2002, art. 112.

"Indagare quale sia stata la comune intenzione delle parti e non limitarsi al senso letterale delle parole – Insegna Papiniano – In conventionibus contrahentium voluntatem potius quam verba spectari placuit – Presupposto della norma non è la divergenza fra volontà e dichiarazione di volontà di uno dei contraenti, ma fra l'effettiva volontà contrattuale (dato che il contratto è già formato) e quella apparente quale risulta dalle espressioni inadeguate che le parti hanno adoperato: si tratta di valutare l'effettiva e concreta portata del contratto anche per quanto riguarda la sua esatta qualificazione" (RUGGIERO e MAROI, ob. cit., p. 206).

1.4. Com a sua enorme lucidez, PONTES DE MIRANDA ressalva, desde logo, que não se deve restringir a interpretação do contrato ao simples exame de palavras e proposições:

"Porém seria erro restringir-se a interpretação dos atos jurídicos a simples exame de palavras e proposições" (*Tratado de Direito Privado*, v. 3, § 326, p. 325).

Deixando ainda mais claro o seu pensamento, desce às minúcias de que os seus ensinamentos são sempre muito ricos:

"Não se interpreta somente o elemento volitivo, que nele há – interpretam-se os outros elementos e os enunciados de fato, que acaso possam servir à classificação do ato jurídico e à determinação dos seus efeitos ou do tempo em que esses efeitos se produzem ou acabam" (Ob. cit., § 325, p. 322).

A interpretação do contrato encerra, substancialmente, uma questão que envolve a vontade dos contratantes (*quaestio voluntatis*). Cumpre, então, procurar o que os contratantes na verdade quiseram, e não apenas o que, no dizer de um deles, poderia ser o escopo perseguido por ele. Vale a intenção comum, desprendida do que um dos contraentes em determinado momento pensou. O verdadeiro entendimento, diante do que discutem os contratantes, será na verdade extrair o que uma das partes pensou, daquilo que se contém na declaração da outra parte. Veja-se ao propósito a lição de ALBERTO TRABUCCHI, já citado, nesta outra passagem de sua tão difundida obra:

"Quando si dice che oggetto dell'interpretazione contrattuale è in sostanza una quaestio voluntatis, bisogna intendere bene. Quaestio voluntatis non vuol dire ricerca di quella che può essere stata l'intenzione o lo scopo intimamente perseguito dall'uno o dall'altro contraente.
(…)
Dovendosi ricercare l'intenzione comune dei contraenti, non daremo la prevalenza a ciò che una parte ha pensato rispetto a ciò che essa ha detto, ma cercheremo ciò che di fronte alla dichiarazione di una delle parti dovrà aver pensato l'altra, ragionevolmente valutando il contenuto di ciascuna proposta" (ob. cit., p. 646).

1.5. Este conceito é de tanto maior relevância, quando se trata de uma declaração escrita, endereçada à outra parte. O seu conteúdo não pode ser prejudicado pelo fato da outra havê-la entendido mal. O que ressalta é o "conteúdo" da declaração, e este é o que resulta de seu entendimento:

> "Tratándose de una declaración escrita, 'nada perjudica a su validez el que la otra parte la haya entendido mal', pues sólo se exige la llegada, y ha llegado en todo caso al destinatario una declaración con el contenido resultante de la interpretación" (ENECCERUS, ob. cit., § 192).

Enfocada a declaração, o que tem valor é induzir o que diretamente emerge do dispositivo, tal como explicitado no seu pleno significado, o qual deve ser revelado através de uma valoração equilibrada dos pontos de vista e dos interesses opostos:

> "A tale stregua, si intende che l'interpretazione si debba in questa materia indirizzare direttamente al contenuto dell'atto dispositivo; che deve essere rivelato nel suo pieno significato secondo una valutazione complessiva e d'altra parte equilibrata, degli opposti punti di vista ed interessi" (RENATO SCOGNAMIGLIO, *Contratti in Generale*, p. 175).

## 2. A análise da cláusula controvertida

2.1. O que suscitou a divergência entre as partes, chegando a provocar litígio armado em juízo, foi a extensão da cláusula, e o evidente propósito de não ser repetitiva, no que constituiu o vocábulo chave do seu objeto. As dúvidas assentam no emprego das palavras "compra" e "negociação", que um dos contraentes entende compreenderem a mesma finalidade, e o outro dissocia, para lhes emprestar acepções diversas.

Não se pode perder de vista o ensinamento de SCOGNAMIGLIO que se as expressões usadas possam ter mais de um sentido, deve prevalecer a que seja mais conveniente à natureza e objeto do contrato:

> "Il successivo art. 1369 si riferisce alle espressioni che possono avere più sensi e statuisce che tra i sensi concorrenti deve prevalere quello più conveniente alla natura e all'oggetto del contratto" (RENATO SCOGNAMIGLIO, *Contratti in Generale*, p. 182).

2.2. É fora de dúvida que o objeto do contrato foi a "venda" das ações. O Banco MRN teve em vista "comprar" as ações. Os vendedores tiveram por objeto "vender" as suas ações. As partes não cogitaram de negociá-las, como operação autônoma, isolada e definitiva. O que um pretendeu, e os outros promoveram, foi "transferir" de uns para o outro as ações de uma determinada instituição financeira.

Com este objetivo celebraram um contrato de compra e venda, em que se fixou o preço. E foi dado um documento de ressalva de um *over-price*, subordinado a um termo estabelecido no mesmo instrumento da ressalva.

Como o objeto da operação foi a "compra", não poderiam prevalecer meras "negociações" dentro no prazo. "Negociações" poderiam chegar a um resultado diverso na avaliação das ações; poderiam atingir resultado positivo; e ainda poderiam alcançar resultado frustro. "Negociações" seriam, portanto, debates, discussões, conversas preliminares. É o que os italianos chamam de *"trattative"*, os franceses denominam de *"pourparlers"*, e geralmente se denomina "tractatus". Em nossa terminologia jurídica se exprime pela expressão vocabular *"negociações preliminares"*. Enquanto as partes estão na fase das "negociações" não há contrato. As "negociações preliminares" não obrigam. A doutrina distingue com a maior nitidez a fase das "negociações", que não é contratual, da fase seguinte, em que se positivam as vontades e nasce a obrigatoriedade. Veja-se a lição de SERPA LOPES:

> "As conversações preliminares têm por objeto o preparo do consentimento das partes para a conclusão do contrato.
> (...)
> O característico principal dessas conversações preliminares consiste em serem estabelecidas sem qualquer propósito de obrigatoriedade, atento a que as partes, nessa fase de negociações, não possuem qualquer ânimo de empenhar ou de vincular a sua vontade para o futuro; nada mais fazem do que exteriorizar o seu pensamento, sem a intenção de torná-lo definitivo" (*Curso de Direito Civil*, v. 3, n. 39).

A lição afina com a de CARRARA, que esclarece que as tratativas ou negociações são feitas sem intenção de as partes se obrigarem

> "sono fatte senza intenzione di obbligarsi" (*La Formazione del Contratto*, p. 3).

Nasce o contrato quando as partes emitem declaração de vontade obrigatória e definitiva. O elemento essencial da formação do contrato é o "consentimento", ou seja, o encontro das vontades que se segue às tratativas ou negociações. Se não houver o *bis in idem placitum consensus*, não há contrato.

2.3. Deslocado o conceito do plano dos contratos *in genere* para a compra e venda, não há venda nem compra na fase das "negociações". Como o contrato somente existe quando as partes manifestam seu *acordo* sobre a coisa e o preço (Código Civil, art. 1126),[3] enquanto permanecem na "fase das negociações" não há, ainda, acordo, e, portanto, não se pode falar em contrato.

---

3   "Art. 1.126. A compra e venda, quando pura, considerar-se-á obrigatória e perfeita, desde que as partes acordarem no objeto e no preço."
    – Dispositivo correspondente no Código Civil de 2002:
    "Art. 482. A compra e venda, quando pura, considerar-se-á obrigatória e perfeita, desde que as partes acordarem no objeto e no preço."

Uma vez que a ressalva é relativa a um sobrepreço, não se configura este, enquanto o contrato se não conclui, porque somente preço existe no contrato de compra e venda (art. 1.126), não se compreendendo como preço as tratativas ou "negociações" preliminares.

Uma vez que as partes se obrigaram a um *sobrepreço*, este não se pode configurar sem que haja o *preço*. E o preço somente veio a existir quando se aperfeiçoou a "compra". Sem que as partes houvessem concluído o contrato, não havia preço. Enquanto permaneceram em "negociações" – *tractatus* –, inexistia contrato. Não havia compra. Não existia "preço". Não se pode, portanto, falar em "sobrepreço".

2.4. A este propósito, é indisfarçável o posicionamento da cláusula em discussão pelas partes.

Ela se inicia enunciando em forma condicional:

"Se o Banco MRN vier a COMPRAR as ações."

E termina por estabelecer que a finalidade essencial era

"A COMPRA do controle acionário do Banco FNN."

Não importa, então, para o implemento da condição imposta ao *over-price*, que as partes estabelecessem *negociações* em qualquer tempo. O sobrepreço era condicionado à *compra*, e compra não existe em face de "negociações". Somente há preço à vista de um contrato formal.

Com a análise da cláusula, e à vista dos princípios da hermenêutica da vontade contratual, passo à resposta aos quesitos.

## 3. Respostas aos quesitos

*Ao Quesito Primeiro*

A cláusula litigiosa traduz uma *obrigação condicional*. Ao adquirir o lote de ações do Banco FNN, o Banco MRN, com a ressalva referente ao *over-price*, subordinou-a a uma *condição suspensiva*. Expurgada a redação das orações intercaladas, resta o seguinte:

"Se o Banco MRN vier a comprar, no prazo de dois anos, as ações que integram o controle acionário do Banco FNN por preço superior a 0,0193635% da ORTN, pagará a diferença de preço aos vendedores. Findos os dois anos, fica liberado deste encargo."

Trata-se de "condição suspensiva" típica. A compra do controle acionário poderia ocorrer ou não ocorrer no prazo de dois anos. Foi, assim, erigida em acontecimento futuro e incerto: *incertus an*. É a incerteza do evento que caracteriza a *conditio*. A obrigação de pagar o sobrepreço ficou *suspensa*, na dependência do implemento da condição de efetuar a compra no prazo de dois anos (cf. minhas *Instituições de Direito Civil*, v. I, n. 96; WASHINGTON DE BARROS MONTEIRO, *Curso de Direito Civil*, 13ª ed., v. I, p. 231; SILVIO RODRIGUES, *Direito Civil*, 14ª ed., v. I, p. 251; COLIN et CAPITANT, *Cours de Droit Civil*, v. I, n. 84).

Os vendedores, recebendo um documento que subordina a obrigação de lhes pagar o comprador o sobrepreço a uma condição suspensiva, não adquiriram o direito a que o mesmo visa enquanto pendesse a condição. É o que dispõe o art. 118 do Código Civil.[4]

Conforme visto acima, no desenvolvimento da matéria, a obrigação de pagar o sobrepreço assentava na "compra" do controle acionário e não nas "negociações" que precedessem a compra. Ficou estabelecido que a "compra" foi erigida em condição suspensiva.

Assim sendo, a obrigação tornar-se-ia pura e exigível, se o Banco MRN a efetuasse no prazo de dois anos. Realizada que fosse, o comprador estaria sujeito ao *over-price*.

Reversamente, *faltando* a condição, a *obligatio* tornou-se *ineficaz*. É o que caracteriza a condição suspensiva.

Quando o evento, a que o negócio jurídico está subordinado, deixa de verificar-se, ou não se verifica no tempo determinado, diz-se então que a "condição falta" (*conditio deficit*).

Em tal caso, ou seja, quando a condição *falta*, a declaração de vontade liberta-se da determinação acessória. Consequentemente, o devedor fica liberado da obrigação, porque, nos termos do art. 118 do Código Civil, a obrigação torna-se *ineficaz*. Aplicando-se a regra ao direito contratual, a conclusão é muito simples: se *falta* a condição, entende-se que o contrato não mais obriga. É como se não houvesse sido concluído. É o que diz GIORGIO GIORGI:

"Si fa conto cioè, che il contratto non sia stato concluso mai" (*Teoria delle Obbligazioni*, v. IV, n. 368, p. 442).

Estabelecido que o evento, a que a obrigação do Banco MRN se sujeitou, é notoriamente uma condição, dada a sua incerteza e futuridade, pois que poderia vir ou não vir a ser comprado o controle acionário, a cláusula litigiosa tem todas as características de uma condição suspensiva.

A cláusula traduz, portanto, uma obrigação condicional. E, nestes termos, é efeito da condição, uma vez faltando o evento, que a obrigação é ineficaz (art. 118).

O que o Banco MRN contratou torna-se inexistente, como se o contrato não tivesse sido concluído (*il contratto non sia stato concluso mai*).

---

4  "Art. 118. Subordinando-se a eficácia do ato à condição suspensiva, enquanto esta se não verificar, não se terá adquirido o direito, a que ele visa."
 – Dispositivo correspondente no Código Civil de 2002:
 "Art. 125. Subordinando-se a eficácia do negócio jurídico à condição suspensiva, enquanto esta se não verificar, não se terá adquirido o direito, a que ele visa."

## Ao Quesito Segundo

De quanto exposto e desenvolvido, a uma e única conclusão se chegará. Os vendedores aceitaram a ressalva do sobrepreço sujeita a uma condição suspensiva. Ficou estabelecido, ostensivamente, em termos condicionais:

"Se o BANCO MRN vier a comprar as ações."

A cláusula estabeleceu um limite temporal, marcando o prazo de dois anos:

"Essas condições explicitadas nessa cláusula "b" vigerão pelo prazo de 2 anos."

E a mesma cláusula concluiu que, findo o prazo, sem que se realizasse a compra (pois mostrei que somente a "compra" teria o efeito de implementar a condição, e não as "negociações" para a compra), qualquer contrato futuro seria

"operação autônoma, inteiramente desvinculada da presente compra de ações."

Em tal caso, é o próprio instrumento que tranca toda dúvida a dizer que decorrido o prazo a ressalva ficou

"sem nenhuma condição legal ou negocial capaz de gerar obrigação para qualquer das partes envolvidas."

Como se vê, a consequência é de tal modo fluente do contexto da própria cláusula, que não cabe invocar regras suplementares de hermenêutica, as quais têm cabimento somente depois de esgotados todos os recursos de interpretação e se chegar a um resultado duvidoso (GALVÃO TELLES, *Manual dos Contratos em Geral*, p. 358).

Respondendo, pois, objetivamente, e com fundamento nos princípios aqui recordados, e aos quais me reporto, incorporando-os à presente resposta, concluo: *os vendedores não têm direito à diferença de preço.*

# 24

**Fatos**  Contrato de compra e venda assegurado por garantia real. Pagamento adiantado pela compradora. Inadimplemento da vendedora. Resolução do contrato por sentença, com a condenação da vendedora a restituir à compradora os valores recebidos em pagamento adiantado. Posterior decretação de falência da vendedora. Alegação, pela vendedora, de que a sentença que decretou a rescisão do contrato também extinguiu a natureza privilegiada da garantia real anteriormente existente.

**Direito**  Distinção entre sentença de rescisão contratual e sentença anulatória do contrato. Existência de sentença rescisória. Manutenção da natureza jurídica da obrigação. Sub-rogação da obrigação de entregar a coisa na obrigação de restituir o preço pago pela compradora. Nova obrigação assegurada pela mesma garantia real. Falência da vendedora. Subsistência da natureza privilegiada (garantia real) do crédito da compradora.

---

ALFA S.A. DE COMÉRCIO EXTERIOR adquiriu, para entrega futura, de BETA S.A., 1.488,24 toneladas métricas de suco de laranja concentrado, destinado à exportação, e subordinado a determinados caracteres (padrão Flórida), perfazendo o valor global de US$ 1.874.140,54, o que foi feito por contrato epistolar, mediante troca e emissão de competente fatura, tendo a VENDEDORA confirmado o recebimento integral do preço.

Por instrumento público, as partes reformularam o negócio anterior, através de "Contrato de Compra e Venda de Mercadorias Destinadas à Exportação e Outras Avenças", elevando o preço em decorrência de despesas ocorridas, e simultaneamente majorando o volume da mercadoria, e prorrogando o prazo de entrega por mais seis meses.

Vencido esse prazo, sem que a VENDEDORA cumprisse a sua parte, a COMPRADORA promoveu a sua interpelação judicial.

Silente a Interpelada, e esgotadas as tentativas de conciliação, a COMPRADORA intentou ação ordinária, para "demandar a rescisão do contrato".

O pedido literalmente visa a "ser julgada procedente a AÇÃO ORDINÁRIA para o fim e efeito de declarar rescindida, por culpa da RÉ, a venda e compra inicialmente ajustada ... condenando a RÉ a restituir à AUTORA o preço anteriormente recebido, monetariamente atualizado, com juros, e a indenizar as perdas e danos sofridos pela AUTORA", condenando-a ainda nos efeitos da sucumbência.

Citada para a ação, a VENDEDORA não negou a existência do contrato, e procurou descarregar no Banco do Brasil a responsabilidade pelo inadimplemento. Formulou a denunciação da lide do Banco. No mérito justificou o descumprimento do contrato com a proibição de suas exportações pela CACEX.

Rejeitadas as preliminares arguidas pela RÉ, e recusado o litisconsórcio passivo do Banco do Brasil, a sentença decidiu o mérito da causa.

A sentença considerou "regularmente constituída em mora" a VENDEDORA, razão por que "o pedido principal, qual seja o de rescisão do contrato, merece ser acolhido". Os lucros cessantes e as perdas e danos deveriam ser provados na fase de conhecimento. Sua existência é de ser aclarada na fase do *an debeatur*, como reconhecido pela doutrina e jurisprudência pátrias.

Na sua parte dispositiva, a sentença julgou procedente em parte a ação, para: a) declarar rescindidos os contratos firmados entre as partes por culpa da RÉ; b) condenar esta última a restituir à AUTORA os US$ 2,111,011.78 (dois milhões, cento e onze mil, onze dólares e setenta e oito centavos) convertidos à taxa cambial do dia do deferimento da concordata preventiva, como se apurar em execução de sentença, com juros moratórios a contar da citação; e c) declarar improcedentes os pedidos de condenação em perdas e danos e lucros cessantes.

Inconformada, a VENDEDORA alegou que a sentença que decretou a rescisão do contrato de compra e venda teve o efeito de torná-lo "inexistente" e, em consequência, sustentou que o contrato rescindido não mais existe, e é inadmissível que subsista a garantia da obrigação. Afirma que "desfeito o contrato, desaparece a garantia".

Defende a transformação do crédito privilegiado em quirografário.

Na instância recursal foi sustentado pela VENDEDORA que a sentença de mérito desconstituiu o contrato de compra e venda e, rescindido este, rescindidas resultaram as demais relações contratuais de natureza subsidiária.

A partir da sentença que desconstituiu os contratos (acrescenta a VENDEDORA), o crédito da COMPRADORA teria deixado de ser privilegiado, para passar a ser quirografário.

Feita esta exposição, que enfatiza os pontos principais do litígio, passo a opinar.

## PARECER

A meu ver, há um aspecto da questão merecedor de destaque, porque é em torno dele que se fere a controvérsia: a natureza da sentença em função do pedido.

## Natureza da sentença

A COMPRADORA definiu explicitamente a sua pretensão: rescisão do contrato de compra e venda por inadimplência da VENDEDORA; restituição do preço que anteriormente pagara; sua correção monetária; juros; perdas e danos.

A sentença decretou a rescisão do contrato, por culpa da VENDEDORA, regularmente constituída em mora. Repeliu o pedido de perdas e danos.

O primeiro aspecto a considerar consiste na configuração jurídica da "rescisão", que eu prefiro designar como "resolução", para distinguir de situações especiais em que aquele vocábulo cabe mais adequadamente. Como, porém, o Código Civil Brasileiro adota a nomenclatura tradicional, vou discutir a natureza jurídica do ato com o *nomen iuris* habitual – "rescisão".

É uma faculdade reconhecida, nos contratos bilaterais, ao contraente prejudicado pelo inadimplemento do outro. No dizer do art. 1.092, parágrafo único:[1]

> "A parte lesada pelo inadimplemento pode requerer a rescisão do contrato com perdas e danos."

Seu pressuposto é a correlação das prestações. No contrato bilateral, cada um dos contraentes é simultaneamente credor e devedor. As obrigações sendo recíprocas, a de cada um tem como causa a do outro (MAZEAUD et MAZEAUD, *Leçons de Droit Civil*, v. II, n. 82; COLIN et CAPITANT, *Droit Civil*, v. II, n. 13; SILVIO RODRIGUES, *Direito Civil*, v. 3, n. 10, p. 29).

Como efeito desta correspectividade, o contratante prejudicado pelo descumprimento da obrigação do outro pode pedir a resolução da avença, ou a sua rescisão, como a designa o Código Civil de 1916 e, com ele, grande parte dos nossos escritores.

A rescisão do contrato distingue-se fundamentalmente de sua resolução por impossibilidade da prestação, como esclarece BEVILÁQUA:

> "Cumpre, entretanto, atender a que, se a prestação se tornou impossível, sem culpa do devedor, a obrigação se resolve, quer se trate de obrigação *dandi* quer de obrigação *faciendi*; e, neste caso, não há perdas e danos a reclamar" (*Comentários ao Código Civil*, Observação n. 4, ao art. 1.092).

Não se confunde, igualmente, a rescisão do contrato, por descumprimento de obrigação da outra parte, com a sua nulidade por infração de disposições de ordem pública

---

[1] – Dispositivo correspondente no Código Civil de 2002:
"Art. 475. A parte lesada pelo inadimplemento pode pedir a resolução do contrato, se não preferir exigir-lhe o cumprimento, cabendo, em qualquer dos casos, indenização por perdas e danos."

(Código Civil, art. 145),[2] ou com a sua anulabilidade por defeito de ordem pessoal ou formal (Código Civil, art. 147).[3]

Desconstituído o negócio jurídico por motivo que condiz com a sua invalidade, deixa ele de existir. Faltam-lhe os efeitos.

O mesmo não acontece com o decreto de sua rescisão, *ex vi* do art. 1.092. Foi o que eu disse, ao tratar dos efeitos do contrato bilateral:

> "É preciso não confundir a resolução do contrato por atuação da cláusula resolutiva (tácita ou expressa) com a declaração de sua ineficácia (nulidade ou anulabilidade). A resolução pressupõe um negócio jurídico válido, e tem como consequência liberar os contratantes, sem apagar de todo os efeitos produzidos pela declaração de vontade. Se é certo que opera retroativamente, não faz abstração do negócio jurídico desfeito."

Enfocando a distinção nos seus efeitos práticos, eu acrescento:

> "A ineficácia pressupõe, ao revés, uma declaração de vontade inoperante, portadora de um defeito de ordem subjetiva, ou formal, e o desfazimento pode ter efeito *ex tunc* (nulidade), fulminando-a desde a origem, ou *ex nunc* (anulabilidade), atingindo-a a partir da sentença, mas sem sujeitar qualquer dos contratantes a perdas e danos ou à incidência da multa convencionada" (Ver minhas *Instituições de Direito Civil*, v. III, n. 214).

---

2     "Art. 145. É nulo o ato jurídico:
    I – quando praticado por pessoa absolutamente incapaz (art. 5º);
    II – quando for ilícito, ou impossível, o seu objeto;
    III – quando não revestir a forma prescrita em lei (arts. 82 e 130);
    IV – quando for preterida alguma solenidade que a lei considere essencial para a sua validade;
    V – quando a lei taxativamente o declarar nulo ou lhe negar efeito."
    – Dispositivo correspondente no Código Civil de 2002:
    "Art. 166. É nulo o negócio jurídico quando:
    I – celebrado por pessoa absolutamente incapaz;
    II – for ilícito, impossível ou indeterminável o seu objeto;
    III – o motivo determinante, comum a ambas as partes, for ilícito;
    IV – não revestir a forma prescrita em lei;
    V – for preterida alguma solenidade que a lei considere essencial para a sua validade;
    VI – tiver por objetivo fraudar lei imperativa;
    VII – a lei taxativamente o declarar nulo, ou proibir-lhe a prática, sem cominar sanção."

3     "Art. 147. É anulável o ato jurídico:
    I – por incapacidade relativa do agente (art. 6º);
    II – por vício resultante de erro, dolo, coação, simulação, ou fraude (arts. 86 a 113)."
    – Dispositivo correspondente no Código Civil de 2002:
    "Art. 171. Além dos casos expressamente declarados na lei, é anulável o negócio jurídico:
    I – por incapacidade relativa do agente;
    II – por vício resultante de erro, dolo, coação, estado de perigo, lesão ou fraude contra credores."

A nulidade do contrato importa em apagar a sua existência, como se a declaração de vontade não tivesse sido manifestada, com restituição das partes, pura e simples, ao *statu quo ante*. O mesmo não ocorre com a rescisão por inadimplemento da obrigação, porque o prejudicado tem um crédito residual contra o infrator. Se se trata, por exemplo, de um contrato de locação, que se rescinde por descumprimento de obrigação do locatário, a sentença não tem mero efeito de lhe impor a restituição da coisa locada. O locador tem direito a que o imóvel lhe seja entregue nas mesmas condições em que se encontrava ao ser celebrado o contrato, sujeitando-se o locatário às reparações que o reponham no *statu quo*.

Não ficam aí os efeitos da rescisão. Eles não se resumem na sua percussão nas obrigações do locador e do locatário. Se o contrato for garantido com fiança, o locador, embora rescindido o contrato por culpa do locatário, vai buscar na garantia fidejussória o ressarcimento dos danos. Aí mesmo vai a diferença entre a desconstituição por nulidade do contrato e a resolução pelo inadimplemento. Rescindido neste último caso, o credor pode exigir que o fiador lhe pague o débito dos aluguéis em atraso, bem como o indenize dos danos causados ao imóvel por culpa do locatário. O mesmo não ocorre se o contrato for desconstituído por nulidade, caso em que a fiança não prevalece, *ex vi* do art. 1488 do Código Civil.[4]

O mesmo dir-se-á da garantia real. Admitida a caução em dinheiro, e rescindido o contrato, tem o locatário (ou o terceiro que a prestou) a faculdade de levantar a caução. Se, porém, o locador tem direito ao recebimento de alugueres em atraso, ou ao ressarcimento dos danos causados ao imóvel por culpa do locatário, a rescisão do contrato, posto rompa a relação locatícia, não inibe o locador de se ressarcir a débito da quantia caucionada.

Rescindida a locação, o locatário faz jus à restituição da soma depositada, e mais as vantagens daí decorrentes. Mas, em havendo alugueres atrasados ou danos a ressarcir, subsiste a garantia real, até a total reparação ao locador.

No caso da compra e venda, que é o da consulta, a rescisão do contrato desvincula vendedor e comprador, porém sujeitando um ou outro aos efeitos do provimento judicial, conforme o caso. Se a coisa já foi entregue, sem o recebimento do preço, o vendedor não tem direito ao seu recebimento, mas a sentença lhe reconhecerá a reparação dos danos que ele sofreu.

---

[4] "Art. 1.488. As obrigações nulas não são suscetíveis de fiança, exceto se a nulidade resultar apenas de incapacidade pessoal do devedor.
Parágrafo único. Esta exceção não abrange o caso do art. 1.259."
– Dispositivo correspondente no Código Civil de 2002:
"Art. 824. As obrigações nulas não são suscetíveis de fiança, exceto se a nulidade resultar apenas de incapacidade pessoal do devedor.
Parágrafo único. A exceção estabelecida neste artigo não abrange o caso de mútuo feito a menor."

Se o contrato for acompanhado de garantia fidejussória ou real, cabe ao prejudicado demandar do fiador a efetivação da garantia, ou excutir o penhor.

A razão é que, ao contrário da nulidade que torna sem efeito a garantia (fidejussória ou real), porque o que é nulo nenhum efeito produz – *quod nullum est nullum producit effectum* –, a rescisão tem como pressuposto um negócio jurídico válido e, se consequências subsistem após o pronunciamento rescisório, aquele dos contratantes, em cujo prol foi decretado, tem direito a assegurar-se da efetivação delas.

Dogmaticamente, a diferença básica está em que, se a garantia (real ou fidejussória) é inoperante quando adjeta a um negócio jurídico nulo, é ao revés eficaz quando acompanha um contrato válido – *accessorium sequitur principale*. Se por efeito da nulidade o contrato é o nada, por efeito da rescisão ele constitui um ente jurídico, a que é aposta a garantia, e esta somente cessa quando vierem a terminar na sua integralidade as consequências do provimento jurisdicional resolutório.

Aplicados esses conceitos, é fácil examinar o caso de espécie.

Em consequência da sentença que pronunciou a rescisão do contrato por culpa da VENDEDORA, um efeito substancial sobreviveu: a devolução, pela VENDEDORA, da quantia recebida.

Sendo, como era, a obrigação da VENDEDORA garantida por um penhor, a garantia real, como acessória da obrigação da VENDEDORA, a ela aderiu plenamente. Até a entrega da mercadoria vendida (para entrega futura) subsistia a garantia real que a assegurava.

Rescindido o contrato, a mesma sentença que o declarou impôs à VENDEDORA inadimplente a restituição do que recebera por adiantamento. Ocorreu, destarte, uma sub-rogação real. *Pretium succedit in loco rei*. Como escrevi eu em minhas *Instituições de Direito Civil*, v. I, n. 74:

"A sub-rogação real, em que subsiste a mesma ideia de substituição, tem lugar quando um bem toma o lugar de outro bem como objeto de direito."

Sendo diversas as modalidades de sub-rogação, de caráter subjetivo ou objetivo, destaca-se, como fiz e defini acima, a de caráter real, como adiante se lê:

"*Sub-rogação real*
O mesmo que sub-rogação de coisas (v.), pois a substituição se opera somente com relação à res, persistindo as mesmas partes.
Assim, o usufruto sobre imóvel desapropriado fica sub-rogado na indenização, ocorrendo o mesmo no caso de perda por dano (c.c. art. 738).
A cláusula de inalienabilidade sobre imóvel fica sub-rogada em outros imóveis ou apólices da Dívida Pública (v. Dec.-Lei n. 6.777, de 8.8.1944)" (*Enciclopédia Saraiva de Direito*, v. 71, Verb. "Sub-rogação real", p. 70).

No contrato de compra e venda, o objeto da relação jurídico-contratual era a entrega do suco. Rescindido por culpa da VENDEDORA, foi esta condenada a restituir o preço. Tomou este o lugar da coisa. Ocorreu, destarte, a sub-rogação real.

Sendo a restituição do preço a sub-rogação da coisa, como efeito do mesmo contrato e consequência imediata do pronunciamento resolutório, a garantia real, que assegurava a entrega do suco, subsistiu, e subsistirá enquanto sobreviver a consequência do contrato. Garantia originariamente a entrega da coisa. Sub-rogado o preço no lugar desta, continua subsistindo.

Em função da natureza jurídica da sentença, que não é anulatória, porém rescisória, não se modificou a natureza jurídica da obrigação. *Obligatio dandi*, tendo por objeto o suco; *obligatio dandi,* tendo por objeto o preço. Enquanto consistiu em obrigação de entregar a coisa, era assegurado pela garantia real. Sub-rogada a obrigação de entregar a coisa na obrigação de restituir o preço, continuou assegurado pela mesma garantia real.

A falência da vendedora não alterou a natureza da obrigação. Subsistisse a *obligatio dandi,* tendo como objeto a entrega do suco, a falência não extinguiria a garantia pignoratícia. Ocorrendo a sub-rogação, e substituída a entrega da coisa pela restituição do preço, o crédito não perdeu a natureza de privilegiado.

Na falência da VENDEDORA, o direito à *restitutio* do preço, que resulta da sub-rogação real (*pretium succedit in loco rei*), constitui um crédito privilegiado, e como tal deve ser tratado no regime da falência.

A sentença, acolhendo o pedido com o julgamento de procedência da ação, pronunciou a resolução ou rescisão do contrato de compra e venda, mas não desconstituiu a natureza privilegiada do crédito.

Não desconstituiu a garantia, que era oponível à VENDEDORA, e subsiste na sua falência. Crédito privilegiado, portanto.

# 25

**Fatos** — Conjunto de contratos tendo por objeto o arrendamento de lavra mineral e a promessa de compra e venda de minérios. Garantia, pela arrendatária, de aquisição mensal mínima. Garantia, pela arrendadora, de existência de determinada quantidade de minério na jazida. Alocação de recursos financeiros e técnicos, pela arrendatária, de forma a garantir a produção dos minérios. Posterior constatação, por pesquisa realizada a mando da arrendatária, de que as reservas minerais não atingiam as quantidades prometidas pela arrendante. Inviabilidade econômica do projeto, tendo em vista os altos custos necessários à exploração das reservas. Impasse entre as partes.

**Direito** — Contrato de promessa de compra e venda de minérios (e outras avenças) e contrato de arrendamento de lavra mineral. Caracterização jurídica dos contratos: contrato de compra e venda de coisa certa e determinada. Classificação dos contratos: contratos bilaterais comutativos. Vigência do contrato subordinada a condição legal (condição imprópria). Negócio jurídico nulo: solenidade legal não observada. Dupla inadimplência da arrendante. Possível alegação da *exceptio non adimpleti contractus/exceptio non adimpleti rite contractus*. Vigência do contrato como pressuposto da opção de compra.

---

Pelo ilustrado colega Dr. WD foi-me encaminhado *dossier* contendo cópias de contratos celebrados entre a Mineração CNU e *STD-Trading*, contendo: Contrato de Promessa de Compra e Venda de Minério e outras avenças; Termo de Aditamento e Rerratificação do mesmo contrato; Contrato de Arrendamento da Lavra Mineral, – todos girando em torno de exploração e comercialização dos minérios de Wolframita e Cassiterita, existentes em Estado da região Norte do Brasil.

A *STD-Trading* garantiu à CNU uma compra mensal mínima equivalente, em moeda nacional, a US$ 20,000.00, correspondente a 20.000 Kgs de Wo contido, durante todo o prazo de vigência do contrato, devendo efetuar o pagamento independentemente do volume do minério extraído e comprado.

A CNU assegurou à *STD-Trading* reservas minerais.

Diante da credibilidade dada às afirmações de CNU, a *STD-Trading* alocou recursos financeiros e técnicos de forma a garantir a produção dos minérios e atender a seus compromissos no exterior, em face do seu objetivo, que é a exportação.

Durante o curso do contrato, a *STD-Trading* sofreu interrupções à vista de alterações propostas pela CNU, no interesse desta.

Ocorre que, no contato direto com a jazida e após inúmeros e infrutíferos meses de trabalho, a *STD-Trading* defrontou-se com a intransponível dificuldade de obtenção dos resultados previstos, o que a levou a ter sérias dúvidas quando à real existência das quantidades de minérios definidas pela CNU nos mencionados instrumentos contratuais. Após ter comunicado à CNU as suas dúvidas, convidou-a a participar dos trabalhos de reavaliação da pesquisa realizada por esta. A CNU preferiu não tomar parte no trabalho, sob a constante afirmativa da existência do minério nas quantidades mencionadas em seu relatório de pesquisa, apresentado ao Departamento Nacional da Produção Mineral – DNPM, integrante do processo administrativo aberto para a concessão do respectivo decreto de concessão de lavra.

Em face disto, a *STB-Trading* contratou profissionais da mais alta respeitabilidade técnica para execução de trabalho de verificação quantitativa de minério na área. Após longo e minucioso estudo, a apuração técnica concluiu: *a)* que os minerais existentes na área pesquisada correspondem aproximadamente à metade das quantidades asseguradas pela CNU, como pressupostos da contratação realizada pela *STD-Trading*; e *b)* que à vista dos investimentos necessários à exploração e comercialização dos minerais, bem como da inferioridade quantitativa dos minérios na aludida área, o projeto apresenta-se economicamente inviável.

Tal situação foi apresentada à CNU, tendo ocorrido reuniões com a presença de representantes das duas partes, inclusive uma que se efetuou no DNPM, em Brasília, presidida por seu ilustre Diretor. Como forma de solução, a CNU apresentou proposta que a *STD-Trading* reputou totalmente inaceitável. O impasse subsiste.

Solicita-me a *STD-Trading* um estudo jurídico do problema, e me apresenta considerações de seu ilustrado patrono, que aqui transcrevo: "Tendo em vista a consulta por nós formulada em 8 do corrente, servimo-nos da presente para enfocar alguns aspectos, que nos parecem relevantes para o desate da questão em análise.

1. Foram celebrados, concomitantemente, entre a *STD-Trading* e a Mineração CNU, 2 (dois) instrumentos contratuais, a saber:

    a.) Termo de aditamento e Rerratificação do Contrato de Promessa de Compra e Venda de Minérios e outras Avenças; e
    b.) Contrato de Arrendamento de Lavra Mineral.

1.1. Conforme já dito, o Contrato de Arrendamento de Lavra Mineral tem sua vigência condicionada à sua averbação nos registros próprios no Departamento Nacional da Produção Mineral – DNPM, conforme estipulado na cláusula DÉCIMA do aludido contrato, assim também na forma do preceito contido no § 1º do art. 59 do Decreto n. 62.934/68, *verbis*:

> "Art. 59. (...)
> § 1º Os atos de alienação ou oneração só terão validade depois de averbados à margem da transcrição do respectivo título de concessão, no livro de "Registro dos Decretos de Lavra."

1.2. Quer nos parecer, portanto, que o Contrato de Arrendamento de Lavra Mineral tem sua vigência subordinada a condição imprópria, ou *conditio iuris* (cf. V.Sa. ensina nas "Instituições de Direito Civil", v. I, n. 96) suspensiva, que, efetivamente, ainda não se verificou.

1.3. Assim sendo, está vigente o Termo de Aditamento e Rerratificação do Contrato de Promessa de Compra e Venda, que determina em sua cláusula 1.1.1, *verbis*:

> "1.1.1. A STD-TRADING garante à CNU uma compra mensal mínima equivalente, em moeda nacional, a US$ 20,000.00 (vinte mil dólares americanos) correspondente a 20.000 Rgs (vinte mil quilos) de wo3 contido, durante todo o prazo de vigência do presente contrato, devendo a STD-TADING efetuar o correspondente pagamento independente do volume mensal de compras efetivas."

1.4. Em razão disso, os pagamentos mensais mínimos referidos no item 1.3 *supra* foram realizados através de recibos firmados pela Mineração CNU, que consignavam explicitamente essa circunstância.

1.5. É de notar, ainda, que a averbação do Contrato de Arrendamento de Lavra no Departamento Nacional de Produção Mineral – DNPM somente é possível, à luz da legislação minerária, após a outorga da CONCESSÃO DE LAVRA pelo mesmo órgão governamental, obrigação que a Mineração CNU assumiu na cláusula SEGUNDA do Contrato de Arrendamento de Lavra, por sua conta e risco, e ainda não logrou êxito.

1.6. A vista desses fatos, pergunta-se:

> *a*) Não sendo obtida, pela Mineração CNU, a outorga da CONCESSÃO DE LAVRA que possibilitaria a averbação do Contrato de Arrendamento no DNPM, de que forma se daria a resolução dos contratos, diante do que consta na cláusula DÉCIMA PRIMEIRA do Termo de Aditamento e Rerratificação e do estipulado nos Recibos de Pagamentos antes transcritos?
> *b*) Se a *STD-Trading* proceder a uma denúncia, nos autos do processo administrativo destinado à obtenção da CONCESSÃO DE LAVRA, fundada na premissa da inexistência de minérios nas quantidades afirmadas pela Mineração CNU (quantidades a menor), poderiam ocorrer duas hipóteses:

– o indeferimento do pedido de CONCESSÃO DE LAVRA pelo DNPM, pela verificação de inexistência de minérios nas quantidades anunciadas; ou
– o sobrestamento do processo administrativo para averiguação da denúncia, por prazo superior ao da vigência do contrato.

Nesses casos, poderia ser imputada à *STD-Trading* a obrigação de reparar os danos decorrentes: *a*) pela perda da área; ou *b*) pelo atraso na obtenção da Concessão de Lavra, fundado no preceito do art. 120 do Código Civil?[1]

2. O Contrato de Arrendamento de Lavra Mineral previu na cláusula QUARTA que:

"CLÁUSULA QUARTA:
A ARRENDANTE está constituindo a ARRENDATÁRIA, concomitantemente a este ato e em instrumento à parte, sua bastante procuradora perante o DNPM, por prazo equivalente ao da vigência deste contrato, para que esta última possa praticar os atos que o mandato expressamente mencionar, visando a tornar possível, melhor desincumbir-se das obrigações previstas neste instrumento."

2.1. Tal obrigação não foi satisfeita pela Mineração CNU, não obstante fosse cobrada para tal em via extrajudicial.

2.2. Por outro lado, a *STD-Trading*, ao concluir o trabalho de pesquisa em que constatou a existência de reservas de minérios a menor das postas como premissa na celebração dos ajustes, parou de proceder aos pagamentos mensais mínimos de US$ 20.000.00 (vinte mil dólares), não tendo sido interpelada judicialmente para tanto, no decorrer de aproximadamente vários meses.

2.3. Não tendo a Mineração CNU cumprido a obrigação referida no item 2.1 *supra*, poderia ser imputado à *STD-Trading* inadimplemento contratual capaz de resolver o contrato por culpa sua, diante do que dispõe o art. 1.092 do Código Civil?[2]

---

[1] "Art. 120. Reputa-se verificada, quanto aos efeitos jurídicos, a condição, cujo implemento for maliciosamente obstado pela parte, a quem desfavorecer.
Considera-se, ao contrário, não verificada a condição maliciosamente levada a efeito por aquele, a quem aproveita o seu implemento."
– Dispositivo correspondente no Código Civil de 2002:
"Art. 129. Reputa-se verificada, quanto aos efeitos jurídicos, a condição cujo implemento for maliciosamente obstado pela parte a quem desfavorecer, considerando-se, ao contrário, não verificada a condição maliciosamente levada a efeito por aquele a quem aproveita o seu implemento."

[2] "Art. 1.092. Nos contratos bilaterais, nenhum dos contraentes, antes de cumprida a sua obrigação, pode exigir o implemento da do outro.
Se, depois de concluído o contrato sobrevier a uma das partes contratantes diminuição em seu patrimônio, capaz de comprometer ou tornar duvidosa a prestação pela qual se obrigou, pode a parte, a quem incumbe fazer prestação em primeiro lugar, recusar-se a esta, até que a outra satisfaça a que lhe compete ou dê garantia bastante de satisfazê-la."

3. O Contrato de Arrendamento rezou na cláusula DÉCIMA PRIMEIRA uma opção de compra pela *STB-Trading* dos direitos de lavra objeto dos contratos, nos seguintes termos:

"CLÁUSULA DÉCIMA PRIMEIRA (OPÇÃO DE COMPRA):
Pelo presente instrumento, fica assegurada à ARRENDATÁRIA a opção para aquisição de todos os direitos relativos à concessão sobre as jazidas objeto deste ajuste. Para tanto, deverá a ARRENDATÁRIA manifestar seu interesse à ARRENDANTE, no máximo, até 6 (seis) meses antes do término do prazo deste contrato, estabelecido na cláusula DÉCIMA, *in fine*."

3.1. A partir do entendimento adotado para a questão posta no item 2 e subitens, pergunta-se: a *STD-Trading*, se for de seu interesse, poderá exercer tal direito?

Esperando ter focalizado nessas linhas os pontos básicos que interessam à questão, submetemo-nos à sua apreciação, além do mais que lhe pareça relevante aos interesses de nossa cliente."

## PARECER

1. Da exposição aqui feita, resulta que a CNU assegurou, ao contratar com a *STD-Trading*, a existência de uma determinada quantidade de minérios na área mencionada nas avenças. A primeira questão a aflorar dos instrumentos contratuais diz respeito à caracterização jurídica dos contratos: se têm a natureza de negócio jurídico aleatório, ou de compra e venda de coisa certa e determinada. Todo problema que envolve interpretação de vontade contratual oferece dificuldades, pois nem sempre as partes redigem com clareza os instrumentos. O que no propósito ensinam os mestres da hermenêutica da vontade contratual é que o verdadeiro entendimento das avenças deve ser procurado nelas mesmas. Somente na ausência de elementos válidos, recorrerá o intérprete a outros elementos ou a outros dados. O contrato de "arrendamento de lavra" menciona, desenganadamente, a cubagem mineral da área, nestes termos: "Que, por fim, a ARRENDANTE declara que as jazidas *supra* descritas, objeto deste contrato, possuem, de acordo com os Relatórios de Pesquisa aprovados

---

Parágrafo único. A parte lesada pelo inadimplemento pode requerer a rescisão do contrato com perdas e danos."
– Dispositivos correspondentes no Código Civil de 2002:
"Art. 475. A parte lesada pelo inadimplemento pode pedir a resolução do contrato, se não preferir exigir-lhe o cumprimento, cabendo, em qualquer dos casos, indenização por perdas e danos.
Art. 476. Nos contratos bilaterais, nenhum dos contratantes, antes de cumprida a sua obrigação, pode exigir o implemento da do outro.
Art. 477. Se, depois de concluído o contrato, sobrevier a uma das partes contratantes diminuição em seu patrimônio capaz de comprometer ou tornar duvidosa a prestação pela qual se obrigou, pode a outra recusar-se à prestação que lhe incumbe, até que aquela satisfaça a que lhe compete ou dê garantia bastante de satisfazê-la."

pelo DNPM, as seguintes reservas: wo3 = 756.743 Kg (setecentos e cinquenta e seis mil, setecentos e quarenta e três quilos); Sn = 750.712 Kg (setecentos e cinquenta mil, setecentos e doze quilos); têm entre si justo e contratado o presente contrato de arrendamento de lavra mineral, o qual se pagará mediante as seguintes cláusulas e condições" (seguem-se as cláusulas).

Salta logo à vista a precisão numérica discriminadamente mencionada. Não se tem em vista um volume subordinado a uma variação para mais ou para menos. O que a CNU arrendou e prometeu vender foi um quantitativo certo, especificado até as derradeiras unidades. Tal precisão ressalta ainda mais nítida na forma de pagamento que é estipulado a prazo certo por unidade: US$ 1,00 por quilo. Amarrada a fatores que a Arrendante e Promitente vendedora possuía, os instrumentos aludem a relatório de pesquisa por ela apresentado ao DNPM, onde se encontram consignadas aquelas cifras, para cuja lavra obrigou-se a obter do órgão controlador o respectivo decreto de concessão. Afirma que as jazidas "já se encontram convenientemente pesquisadas e com seus relatórios finais devidamente aprovados no DNPM", de conformidade com publicações constantes do Diário Oficial da União".

A certeza quantitativa dos volumes negociados eclode com nitidez, quando a ARRENDATÁRIA e Promitente Compradora, ao solicitar à ARRENDANTE e Promitente vendedora a participação nos trabalhos de pesquisa, encontra recusa formal, ao argumento de que as jazidas estavam devidamente pesquisadas, e que os dados matemáticos continham-se nos processos administrativos, dos quais ela (Arrendante) não admitia afastar-se. Reitera que já reúne todos os requisitos legais e condições necessárias para requerer a averbação do contrato junto ao DNPM.

Do conjunto das circunstâncias reveladas nos instrumentos contratuais já mencionados, a arrendante e Promitente vendedora assentou que o objeto deles era coisa certa e determinada. As avenças têm, portanto, a natureza de contratos comutativos, cuja distinção relativamente aos contratos aleatórios é muito bem sedimentada na doutrina.

A Promitente vendedora assegurou uma determinada quantidade de minério na jazida, e o Promitente comprador assentou a formação da avença naquele volume. O pagamento a que a Promitente compradora (ou Arrendatária) se obrigou foi estipulado em razão da quantidade explorada e comercializada. Apenas as partes estabeleceram a obrigação de pagar por mês, para que ficasse esse contrato vinculado a um esforço maior, transferindo para o mês seguinte o saldo em minério se não cobrisse o quantitativo mínimo de 20 mil quilos. As partes avaliaram e determinaram o volume a ser comercializado e a ser pago. Como ensina MESSINEO, é aleatório o contrato quando consiste no fato que, para cada uma das partes, é *"objetivamente incerto"*. Não seria aleatório, acrescenta ele, em razão da indeterminação da prestação (FRANCESCO MESSINEO, *Dottrina Generale del Contrato*, p. 243). Na venda aleatória, além da *incerteza objetiva* falta a "equivalência" das prestações, como assinala WASHINGTON DE BARROS MONTEIRO, *in Curso de Direito Civil*, v. 5º, p. 70, e sua fixação pelas partes. Tudo leva, portanto, a considerar o negócio jurídico, seja a promessa de compra e venda, seja o arrendamento, como contratos bilaterais comutativos.

Assim sendo, não correspondendo o volume dos minerais contratados ao que fora ajustado pelas partes, cabe ao promitente comprador e arrendatário a resolução do ajustado, ou, quando menos, a redução do preço, na proporção do existente, de tal forma que se restabeleça o justo equilíbrio das prestações.

2. Os contratos foram subordinados ao cumprimento da exigência contida no art. 59, § 1º, do decreto 62.934 de 1968: averbação prévia do título de concessão, no livro de Registros dos Decretos de Lavras, no DNPM. Além do requisito legal, os contraentes o erigiram em pressuposto contratual. A linguagem do Decreto é peremptória, a não deixar dúvida: a validade da alienação ou oneração depende desta providência, ou, como diz o inciso, "*só terão validade depois de averbados*".

Como até a presente data não houve, ainda, a exigida averbação, pode o interessado, oferecendo a prova respectiva, promover a nulidade, judicialmente, com fundamento no art. 145, n. IV, do Código Civil:[3]

"É nulo o ato jurídico:
(…)
IV – Quando for preterida alguma solenidade que a lei considere essencial para a sua validade;
(…)."

Se o Decreto declara que o ato de alienação ou oneração "não terá validade", a consequência é que a promessa de compra e venda e o arrendamento são inválidos por falta de preenchimento da solenidade estabelecida.

Na espécie, o ingresso em Juízo não depende de qualquer formalidade processual prévia. A falta da averbação prova-se mediante certidão expedida pelo DNPM, ou documento equivalente, uma vez que a Arrendante e promitente vendedora tomou a seu cargo a providência administrativa, e subordinou os contratos ao seu cumprimento.

3. Paralelamente ao arrendamento e à promessa de compra e venda, ficou estabelecido que a Arrendante e Promitente vendedora outorgaria ao outro contraente uma procuração para que este praticasse os atos que seriam expressamente mencionados, visando a tornar possível a efetivação do contrato. Embora solicitada, formalmente, por duas vezes, a Arrendante e Promitente vendedora deixou de fazê-lo. É um descumprimento de obrigação contratual, que sujeita o inadimplente à resolução do contrato, com

---

3 – Dispositivo correspondente no Código Civil de 2002:
"Art. 166. É nulo o negócio jurídico quando:
(…)
V – for preterida alguma solenidade que a lei considere essencial para a sua validade;
(…)."

perdas e danos. Segundo o disposto no art. 1.092, parágrafo único, do Código Civil,[4] nos contratos bilaterais, a parte lesada pelo inadimplemento de obrigações assumidas pelo outro contratante pode requerer a rescisão do contrato, com perdas e danos. Trata-se de obrigação de fazer, que somente poderia ser cumprida pelo contratante; jamais por outra pessoa. Interpelado o Arrendante e Promitente vendedor, a quem será assinado um prazo dentro no qual a obrigação seja executada, tem o lesado a faculdade legal de resolver a obrigação, com a condenação das perdas e danos, nos termos ou em decorrência do que dispõem os arts. 879 e 880 do mesmo Código.[5]

Ensina CLÓVIS BEVILÁQUA:

"Se ele (devedor) recusa a executar a prestação, que somente por ele podia ser executada, não é lícito forçá-lo, nem seria, muitas vezes, possível. A sua obrigação resolve-se, então, em perdas e danos" (*Comentário* ao art. 880).

Não é mister se positive uma recusa formal. Basta que seja constituído em mora, uma vez que esta tem por efeito equiparar-se à impossibilidade da prestação (Código Civil, art. 957),[6] respondendo o devedor pelos prejuízos a que sua mora der causa (art. 956).[7]

---

4 – Dispositivo correspondente no Código Civil de 2002:
"Art. 475. A parte lesada pelo inadimplemento pode pedir a resolução do contrato, se não preferir exigir-lhe o cumprimento, cabendo, em qualquer dos casos, indenização por perdas e danos."

5 "Art. 879. Se a prestação do fato se impossibilitar sem culpa do devedor, resolver-se-á a obrigação; se por culpa do devedor, responderá este pelas perdas e danos.
Art. 880. Incorre também na obrigação de indenizar perdas e danos o devedor que recusar a prestação a ele só imposta, ou só por ele exequível."
– Dispositivos correspondentes no Código Civil de 2002:
"Art. 247. Incorre na obrigação de indenizar perdas e danos o devedor que recusar a prestação a ele só imposta, ou só por ele exequível.
Art. 248. Se a prestação do fato tornar-se impossível sem culpa do devedor, resolver-se-á a obrigação; se por culpa dele, responderá por perdas e danos."

6 "Art. 957. O devedor em mora responde pela impossibilidade da prestação, embora essa impossibilidade resulte de caso fortuito, ou força maior, se estes ocorrerem durante o atraso; salvo se provar isenção de culpa, ou que o dano sobreviria, ainda quando a obrigação fosse oportunamente desempenhada (art. 1.058)."
– Dispositivo correspondente no Código Civil de 2002:
"Art. 399. O devedor em mora responde pela impossibilidade da prestação, embora essa impossibilidade resulte de caso fortuito ou de força maior, se estes ocorrerem durante o atraso; salvo se provar isenção de culpa, ou que o dano sobreviria ainda quando a obrigação fosse oportunamente desempenhada."

7 "Art. 956. Responde o devedor pelos prejuízos a que a sua mora der causa (art. 1.058).
Parágrafo único. Se a prestação, por causa da mora, se tornar inútil ao credor, este poderá enjeitá-la, e exigir a satisfação das perdas e danos."
– Dispositivo correspondente no Código Civil de 2002:
"Art. 395. Responde o devedor pelos prejuízos a que sua mora der causa, mais juros, atualização dos valores monetários segundo índices oficiais regularmente estabelecidos, e honorários de advogado.

Não pode a devedora justificar a inexecução da obrigação, ao fundamento de ter a arrendatária deixado de efetuar alguns pagamentos mensais, porque o contrato estabelece a outorga da procuração concomitante à assinatura dele; e, demais disso, os *faxes* evidenciam que antes da sustação do pagamento já a arrendante deixara de cumprir o obrigado.

4. Na hipótese de vir a arrendante a Juízo, pedindo a resolução do contrato pela suspensão de pagamento pela Arrendatária, tem esta a defesa instituída no art. 1.092 do Código Civil,[8] que consagra a *exceptio non adimpleti contractus*. A Arrendante incide em dupla inadimplência: quanto ao volume de minério, que é inferior ao prometido; e quanto à outorga de mandato, que habilitasse a Arrendatária para agir junto ao DNPM no sentido de viabilizar a concessão e respectiva averbação. Incorrendo em *mora debendi*, não pode a Arrendante exigir a execução do contrato pela Arrendatária. Nos contratos bilaterais, como é o caso da presente consulta, os quais geram obrigações para ambas as partes, as obrigações dos contratantes se entrelaçam de tal forma, que "a prestação de um contratante tem como causa e razão de ser a prestação do outro" (SILVIO RODRIGUES, *Direito Civil*, v. 3, n. 36, p. 81).

Em vindo a Arrendante a Juízo pleiteando a resolução do contrato, ou exigindo o pagamento das prestações mensais em atraso, a Arrendatária tem, a seu prol, a exceção de contrato não cumprido.

Com efeito, a Arrendante assegurou à Arrendatária um determinado volume de minério. Não correspondendo este ao prometido, incorreu em culpa grave, uma vez que vendeu o que não possuía. Seu comportamento agrava-se, pelo fato de, tendo a Arrendatária acusado esta falta, e convocado a Arrendante para com ela proceder à cubagem *in loco*, haver-se esquivado esta. Aí se esboça, no mínimo, uma conduta de má-fé, pois que, se não ocorresse esta, a sua conduta seria exatamente a oposta: acorrer ao apelo da Arrendatária, para demonstrar a existência do minério na quantidade prometida, ou evidenciar que incorrera em erro escusável.

Não o tendo feito, permite inferir, de sua recusa, a consciência da falta e a inexecução da medida necessária a sua emenda.

Se for interpelada para efetuar o pagamento, ou mesmo se lhe for proposta ação de cobrança, tem a seu favor a defesa fundada no inadimplemento do cocontratante, a que se arrima para ter deixado de adimplir o que lhe cumpria, tudo com amparo no art. 1.092 do Código Civil.[9]

---

Parágrafo único. Se a prestação, devido à mora, se tornar inútil ao credor, este poderá enjeitá-la, e exigir a satisfação das perdas e danos."

---

8 – Dispositivo correspondente no Código Civil de 2002:
"Art. 476. Nos contratos bilaterais, nenhum dos contratantes, antes de cumprida a sua obrigação, pode exigir o implemento da do outro."

9 CC 2002, art. 476.

5. O contrato assegura à Arrendatária o direito de opção de compra. O exame desta faculdade enseja a sua decomposição em hipóteses diversas.

5.1. Admitindo-se, em primeiro plano, que a Arrendatária promova a resolução do contrato, esboça-se desde logo uma incompatibilidade frontal. Sendo a opção fundada no contrato, a resolução deste entra em briga com o direito que no mesmo se baseia. Uma coisa não pode ser e não ser ao mesmo tempo. *Simul esse et non esse non potest esse.* Seria, entretanto, passível a resolução parcial do contrato, ressalvando o direito de opção?

A mesma exceção de contrato não cumprido é a negação daquela faculdade.

*A exceptio non adimpleti contractus*, que se abre à Arrendatária, caberia também à Arrendante, sob a forma de que o contratante somente pode cumprir o que lhe compete, na hipótese de estrita execução do que deve. É a modalidade da *exception non adimpleti rite contractus*.

5.2. Se a Arrendatária não promover a resolução do contrato, cabe-lhe o exercício da opção, pondo em dia suas prestações. Incorrendo em inexecução do contrato, não pode impor ao outro contratante o adimplemento do dever de efetivar a opção, ao fundamento da mesma *exceptio non adimpleti contractus*.

Para que o contratante exija o implemento das obrigações de seu cocontratante, há de cumprir rigorosamente (*rite*) a parte que lhe cabe.

5.3. O exercício da opção de compra não é automático. Segundo dispõe a cláusula décima-primeira do contrato de arrendamento, é condicionada à manifestação de seu interesse, com seis meses, no máximo, de antecedência ao término do prazo contratual.

O pressuposto, entretanto, do exercício deste direito é a vigência do contrato, no seu último semestre. Não estando em pleno vigor a esse tempo, à Arrendante cabe a recusa da opção. Tal ausência de vigor tanto pode ser a medida resolutória, intentada pela Arrendatária, como a inexecução desta, positivada na falta de pagamento.

6. Não recebendo a procuração da Arrendante, não deve a arrendatária denunciar, no DNPM, a quantidade a menos, dos minérios existentes na área. Pode ocorrer uma das hipóteses previstas na consulta: indeferimento da concessão ou sobrestamento do processo, e, em consequência, o ajuizamento de uma ação de perdas e danos.

É certo que, neste caso, a Arrendatária poderá alegar em defesa ter legítimo interesse, por se ter conduzido como contratante, e, nesta qualidade, ser arrendatária e promitente compradora do minério, cuja extração convencionou, sendo de seu direito determinar, com precisão, o volume dos minerais.

O mesmo não aconteceria se agisse como procuradora. Daí justificar-se ainda mais que lhe seja outorgado o mandato.

Tenho, desta forma, respondido às perguntas formuladas.

# 26

**Fatos**     Contrato de compra e venda e contrato de comodato tendo por objeto derivados do petróleo. Existência de cláusula de exclusividade a cargo do comprador (posto de gasolina). Violação do contrato pelo comprador. Interpelação constitutiva da mora do comprador. Ajuizamento de ação de rescisão do contrato pelo vendedor. Cláusula que autoriza o vendedor a suspender ou cessar o abastecimento, sem as complexidades da interpelação ou mesmo do pronunciamento judicial. Alegação, pelo comprador, de que essa cláusula conteria condição potestativa pura.

**Direito**    Interpretação contratual. Interpretação das cláusulas contratuais umas em relação as outras (aplicação da Sexta Regra de Interpretação de Pothier). Distinção entre condição potestativa pura e condição potestativa simples. Inexistência de condição potestativa pura. Negócio jurídico válido.

---

PETRÓLEO S.A. move contra "PTL LTDA. – POSTOS DE COMBUSTÍVEL" uma ação ordinária de rescisão do contrato de compra e venda mercantil, cumulada com pedido de perdas e danos, com fundamento em contrato com esta celebrado, e por ela infringido. Tratava-se de avença bilateral de compra e venda de produtos derivados do petróleo, a vigorar pelo prazo de vinte anos, em volume anual crescente, entregues sempre nos estabelecimentos da compradora.

A vendedora fez vultosos investimentos no aparelhamento do posto de serviços da compradora, emprestou-lhe várias espécies de equipamentos para armazenamento, medição e revenda de combustíveis, e concedeu-lhe crédito e dilação de prazo para a solução de obrigações vencidas, além de pôr à sua disposição funcionário especializado neste gênero de negócios que, por ser altamente competitivo, exige novas técnicas de venda que as constantes programações pelo rádio, jornal e televisão atestam com frequência.

Entrando o contrato em vias de execução, a princípio foi cumprido pela compradora, que todavia passou a regime de francas contravenções, seja no tocante à impontualidade nos pagamentos, seja no próprio mecanismo das revendas, com a colocação, pela compradora, no mercado consumidor de produtos de procedência diversa. O volume das aquisições reduziu-se a menos de metade das quantidades pactuadas, em contraste com o consumo anterior haver ultrapassado as marcas, revelando-se por aí que a compradora impingia aos seus clientes produtos outros acobertados, porém sob nome e insígnia da vendedora, contravindo a um só tempo ao contrato e à lei.

Ante as reiteradas advertências e reclamações da vendedora, a compradora cessou por ato seu a aquisição dos produtos daquela, o que a levou a fazer-lhe a interpelação constitutiva em mora, e ajuizar contra ela uma ação de rescisão do contrato.

Em defesa a compradora articulou várias alegações, de que a Consulente destaca a que diz respeito à arguição de nulidade do contrato, por conter uma cláusula (a sexta) que acoimou de condição potestativa pura, e que ora se transcreve para melhor conhecimento e análise:

"O presente contrato terá sua aplicação terminada, suspensa ou alterada a critério da PETRÓLEO S.A., por atos do Governo e por motivos de força maior definidos em lei."

Encaminhando-me cópias de algumas peças do processo judicial, pergunta-me:

A cláusula sexta do contrato de compra e venda aludido, em face das demais obrigações assumidas, pode ser considerada condição potestativa pura?

## PARECER

1. As condições, modalidades apostas ao negócio jurídico, podem ser casuais ou potestativas.

As primeiras são as que defluem naturalmente de acontecimentos independentes da vontade humana ou de evento oriundo de fatos naturais. Tal seria o caso do agente obrigar-se em face dos fenômenos da vida ou da morte. As outras, potestativas, subordinam a eficácia do negócio jurídico a um acontecimento decorrente da vontade humana, que conserva a liberdade de adotar orientação no sentido positivo ou negativo. Exemplo é o da viagem, que o declarante pode fazer ou não fazer, e se obriga em função de uma viagem futura. Diz-se que a obrigação é condicional, e potestativa a *conditio*, porque o devedor tem nas suas mãos conduzir o implemento como consequência de um ato de vontade. "Dar-te-ei 100 se chover até determinado dia" é uma condição porque a precipitação atmosférica é futura e incerta. E como não cabe ao devedor fazer que chova ou que não chova, o evento é obra do acaso, e casual a condição. "Dar-te-ei 100 se casares este ano" é obrigação condicional, porque o negócio jurídico está na subordinação de um acontecimento futuro e incerto. Mas o enlace, dependendo da vontade do credor, também nas mãos foi deixado o implemento da condição. Negócio jurídico condicional ou obrigação condicional, não perde as suas características negociais ou obrigacionais pelo fato do evento depender de um ato de vontade do próprio interessado (cf. a respeito da caracterização da obrigação condicional e da classificação das *conditiones* em *casuais* e *potestativas* CLÓVIS BEVILÁQUA, *Teoria Geral de Direito Civil*, § 58; RUGGIERO e MAROI, *Istituzioni di Diritto Privato*, v. I, § 30; DE PAGE, *Traité Élémentaire de Droit Civil Belge*, v. I, n. 155; HENRI CAPITANT, *Introduction à l'Étude du Droit Civil*, p. 311; SALVADOR PUGLIATTI, *Introduccion al Derecho Civil*, p. 285; VON TUHR, *Derecho Civil*, v. III, parte 1ª, § 80).

Dentre as condições potestativas, distingue a doutrina a condição potestativa pura, que sujeita a declaração da vontade ao arbítrio exclusivo de uma das partes. É o *si volam* das fontes. "Darte-ei 100 se eu quiser". É *potestativa*, porque o acontecimento decorre da vontade do agente. Mas é mais, é *potestativa pura*, porque é a própria obrigação que está na dependência do acontecimento. O agente, na mesma emissão de vontade, neutraliza o próprio querer. Diz que se obriga, mas subordinando a *obligatio* à sua vontade, deixa de se obrigar, pois que nenhum *iuris vinculum* há em uma emissão volitiva, quando o declarante diz que está obrigado, mas que somente o estará se a sua vontade obrigacional vier neste sentido.

Por este fato é que o Código Civil comina a pena de nulidade ao próprio negócio jurídico, quando sujeita este os seus efeitos à vontade exclusiva de uma das partes. Não traduz, portanto, a condição potestativa pura um atentado à ordem pública, nem encerra um conteúdo ilícito, como observa o professor SERPA LOPES. O que induz a nulidade do ato é a inutilidade da própria declaração, em face da vontade contraditória do agente:

> "Força é convir, como acentuou FRANCESCO FERRARA, que a nulidade da obrigação sob condição potestativa decorre de sua inutilidade, por acarretar uma fantasia, uma ilusão. Engano é pensar-se que a sua causa assente no ilícito, no imoral, ou em coisa contrária à ordem pública. Daí igualmente entre nós E. ESPÍNOLA entender que a proibição constante do art. 115 do Código Civil se refere apenas às condições puramente potestativas, por força das quais se faça depender exclusivamente do arbítrio do credor a vinculação do devedor ou vice-versa, chegando mesmo a considerar válida a condição potestativa, quando de caráter resolúvel" (SERPA LOPES, *Curso de Direito Civil*, v. I, n. 246, p. 363).

É então preciso distinguir. A potestatividade da condição, em si mesma, não lhe retira o caráter de liceidade. Pode ela ser válida ou proibida, em sendo potestativa, na dependência de se apurar se a eficácia do negócio jurídico se acha subordinada a um fato voluntário (*potestativa simples*) ou encontra-se na decorrência do puro arbítrio do agente (*potestativa pura*).

Se a potestatividade se contém naqueles limites da condição *simplesmente potestativa*, o negócio jurídico é perfeitamente válido. Nasce, produz as suas consequências, gera direitos e obrigações, opera no mundo econômico e no mundo do direito. Em uma palavra: é válido.

O que cumpre, então, em face de determinada modalidade do negócio jurídico, que se acoima de potestativa pura, é perquirir se se trata de condição ou cláusula que, por sua natureza e por sua expressão fática, revela o propósito de obstar que a vontade declarada tenha o efeito vinculativo, ou, ao revés, apurar se nela reside o propósito, a intenção ou o desejo de tornar frustra a própria obrigação criada, por sua subordinação a uma vontade arbitrária. Esta condição potestativa pura é de extrema raridade. No mundo dos negócios ela não aparece, pois o que se dá é a *obligatio* provir de emissão volitiva. E como a potestativa pura lhe retira a seriedade, nunca se encontra, na vida quotidiana e particularmente na vida mercantil, um negócio jurídico que ao mesmo tempo seja e não seja; ou um contrato que as partes avençam com todos os visos de validade, mas que contenha uma condição que pela sua própria natureza tenha o efeito de lhe recusar a mesma validade. A cláusula potestativa pura é contrária ao que as pessoas razoáveis normalmente fazem. E DE PAGE, que o observa, salienta ainda que a sua raridade é tal, que em verdade ela não passa de uma hipótese de escola, jamais ocorrendo como espécie de modalidade negocial presente na vida econômica. O que normalmente acontece é que a *conditio potestativa* que se encontra no mundo econômico é a simplesmente potestativa, e não a potestativa pura:

> "Bornons-nous à dire que la condition purement potestative est extrêmement rare. Comme l'observe très justement LAURENT, pareille condition est, en effet, une hypothèse d'école. Elle ne se rencontre pas dans la pratique. On ne conçoit pas, en effet, une personne raisonnable s'engageant sous condition purement potestative, c'est-à-dire se soumettant à une obligation tout en n'y soumettant pas. Car la condition purement potestative revient à celà. On s'engage tout en se réservant, par la condition "si voluere", de ne pas s'engager. Cela n'existe pas dans la vie des affaires. Les conditions potestatives qui se rencontrent dans la pratique sont des condition simplement potestatives, c'est à dire des conditions dont la réalisation ne dépend pas uniquement de la volonté de celui qui s'engage" (DE PAGE, *Traité Élémentaire de Droit Civil Belge*, v. I, n. 155).

Não basta, para se classificar uma cláusula contratual, e dizer de sua potestatividade pura, isolá-la como se se tratasse de uma única declaração volitiva. Ao revés, ter-se-á de analisá-la em confronto com as demais obrigações oriundas do conjunto dos itens em que o contrato se desdobra. Esta é, aliás, uma das regras clássicas de POTHIER, a de número 6, segundo a qual as cláusulas contratuais interpretam-se umas em relação às outras, sejam antecedentes, sejam consequentes:

> "On doit interpréter une clause par les autres clauses contenues dans l'acte, soit qu'elles précèdent, ou qu'elles suivent" (*Oeuvres* de POTHIER, annotées par M. BUGNET, v. II, p. 49).

Tal é a regra de hermenêutica da vontade, que já se chegou a afirmar a eficácia da condição como *simplesmente potestativa* quando o devedor se reserve a faculdade de se desobrigar porque sofre um prejuízo. É o que ensina SAVATIER:

"En outre, la condition simplement potestative, par laquelle le débiteur ne se réserve de se dégager qu'en subissant un préjudice, est efficace. C'est ce qui explique que dans les contrats synallagmatiques chacune des parties puisse soumettre son engagement à une condition potestative, puisqu'en la réalisant, *elle sacrifiera, du même coup, sa créance*" (SAVATIER, *La Théorie des Obligations*, n. 159).

Na espécie, foi celebrado um contrato de compra e venda mercantil, simultaneamente com outro de comodato, em que a compradora figura como comodatária de máquinas, equipamentos e instrumentos pertencentes à vendedora, e no qual obriga-se a não os retirar sem prévio aviso à comodante, a empenhar-se na sua conservação e ainda a NÃO USAR ditos equipamentos

"para armazenamento, guarda, medição, distribuição ou venda de produtos similares de outra procedência que não da própria comodante..."

Segundo o disposto na cláusula sétima do contrato de compra e venda, as partes, vinculando este último a "qualquer outro" firmado pelas mesmas partes, estabeleceram uma particular organicidade contratual.

Daí resulta que o contrato de compra e venda associado ao de comodato implica uma obrigação de *exclusividade para a compradora*. Pelo entendimento conjunto das obrigações convencionadas, a vendedora obriga-se a fornecer à compradora produtos de sua indústria de derivados do petróleo, e a compradora, que utiliza por empréstimo gratuito o equipamento da vendedora, está adstrita à comercialização de produtos da vendedora com exclusividade.

Não se discute a validade da convenção de exclusividade, seja no contrato de compra e venda, seja em outros tipos contratuais; e quando aposta à venda, tanto pode ser estipulada a cargo do vendedor como do comprador. É neste sentido a lição de RUBINO:

"*Vendita con esclusiva* – La clausola di esclusiva può essere apposta anche ad altri contratti, diversi dalla vendita (somministrazione, mandato, locazione d'opera, etc.). Nella vendita, può essere posta a carico del venditore o del compratore, cioè far sorgere la relativa obbligazione solo per l'uno o solo per l'altro, oppure anche per entrambi contemporaneamente",

o qual ainda acrescenta que a inserção da cláusula no contrato implica atribuir-lhe enorme importância na sua mecânica:

"Quando è iscritta nel contratto, l'obbligazione di esclusiva ha un valore essenziale per i creditori di essa: questi, cioè, intanto si induce al contratto in quanto gli viene anche riservata l'esclusiva. L'inadempimento di essa, quindi, da diritto alla risoluzione del contratto" (DOMENICO RUBINO, *La Compravendita*, p. 272).

Ajustando, então, um contrato por vinte anos, que pelo conjunto das circunstâncias era uma compra e venda mercantil com cláusula de exclusividade a cargo do comprador, haveria o vendedor forçosamente de se precaver com uma cominação eficiente e automática. Que fazer, no caso do comprador burlar o compromisso de exclusividade? Ir à justiça, para percorrer por anos a fio a longa via de uma ação, durante cujo curso a inadimplência seria rendosa ao contraventor? Que fazer se o comprador entrasse em regime de constantes atrasos na *solutio* dos débitos provindos dos fornecimentos de combustível, em contrariedade ao dever de os pagar à vista? Mover-lhe a vendedora mês por mês ação executiva para cobrança das duplicatas? Ou num caso e noutro propor uma lenta, posto que segura ação de resolução do contrato?

Vê-se bem que, em face da mecânica contratual, que cria a movimentação de somas vultosíssimas em decorrência dos enormes fornecimentos previstos na cláusula primeira, a vendedora não podia deixar de se munir de um instrumento efetivo, que pusesse cobro, de imediato, aos desmandos do comprador.

E este instrumento não pode ser outro senão este: a liberdade de suspender ou de cessar as entregas.

Está mais que claro que a vendedora não iria fazer um contrato de compra e venda do volume deste sob estudo; não iria equipar o posto de material seu, máquinas suas, depósitos, medidores, bombas, compressores – para se dar o luxo de suspender os fornecimentos. A vendedora empenha-se em um crescente processo publicitário que constitui fato notório pela sua frequente ostensividade. E é óbvio que o promove para vender cada vez mais. Engajando a compradora neste esquema de vendagem maciça, é evidente que a vendedora não contrataria o abastecimento do posto para interromper ou para fazer cessar o fluxo de entregas.

Logo, a cláusula sexta, incriminada pela compradora, não tem nem pode ter o sentido de uma condição potestativa pura, senão assumir a função de um preceito hábil a manter a mecânica da execução contratual, sem os abusos da parte da compradora. Sem esta cláusula, a avença perderia o sentido de bilateralidade, passando a assegurar à compradora toda espécie de direitos, porque não teria a vendedora o meio de coibir os abusos. O único procedimento capaz de conter a compradora nos limites da contratação é este: poder suspender ou mesmo cessar o abastecimento, sem as complexidades processuais da interpelação ou mesmo do pronunciamento judicial.

E este tipo de cláusula resolutiva subordinada à conveniência unilateral de qualquer dos contratantes é lícita, como o proclama GASCA:

"È valida la vendita sotto condizione risolutiva potestativa da parte del compratore o del venditore, cioè col patto che l'uno o l'altro possa risolverla quando gli torni utile; questo patto, frequente nel Diritto Romano, era espresso con l'espressione:

si res mihi displicuerit inempta fiat" (CESARE LUIGI, *Trattato della Compra Vendita*, v. I, n. 463).

Encarada no plano abstrato, já se tem dito a todas as luzes que tal cláusula nem é nula, nem torna o contrato nulo:

"Non è nulla, nè rende nullo il contratto la condizione potestativa risolutiva. Ciò perchè essa non mette in forse l'alienazione del diritto o l'assunzione dell'obbligo, ma rende problematica soltanto la persistenza dell'una o dell'altra" (FRANCESCO MESSINEO, *Dottrina Generale del Contratto*, p. 117).

E, se assim é em termos gerais, mais nitidamente se afirma a sua validade, se tiver em vista a aplicação do poder ou da faculdade de interromper as entregas, no caso de faltar o comprador com o pagamento do preço. Um contrato de compra e venda, para entregas sucessivas, gera para o vendedor a obrigação de fornecer. E ele a tem de cumprir, pelo tempo do contrato, e nos prazos estipulados. Mas é claro que a sua obrigação, oriunda de contrato bilateral, há de corresponder necessariamente a uma outra obrigação *a parte emptoris*, de pagar as partidas recebidas. Se o comprador pudesse usar sempre o contrato para exigir as mercadorias, e não tivesse o vendedor um meio de coibir os abusos praticados pela outra parte, a consequência seria a conversão do instrumento contratual em instrumento do aproveitador, que teria a seu alcance o objeto da prestação de seu cocontratante, sem a correspectiva partida de pagamento.

Daí haver DE PAGE proclamado que se conforma com o direito comum opor o vendedor a "exceção de inexecução", na hipótese de faltar o comprador com o pagamento do preço:

"Conformément au droit commun, le vendeur tenu de l'obligation de délivrance peut opposer l'exception d'inéxecution si l'acheteur ne paye pas le prix, à moins qu'il n'ait accordé un terme pour le paiement" (DE PAGE, *Traité Élémentaire de Droit Civil Belge*, v. IV, n. 105).

Muito mais legítima será a atitude do vendedor, se a suspensão de fornecimentos é erigida em cláusula contratual, em *conditio* bilateralmente avençada e bilateralmente aceita. Aqui já não há falar em invocação da *exceptio* de descumprimento, porém na interrupção como nascida do jogo das cláusulas contratuais.

Dentro na tipicidade de nossa doutrina contratualística, o contrato em exame é de compra e venda mercantil com entregas sucessivas.

Mais modernamente tem-se pretendido erigir em contrato nominado o que os autores nossos chamam de "contrato de fornecimento" e os italianos de *somministrazione*, e que o professor SEBASTIÃO DE SOUZA caracterizou como aquele que abrange a entrega das coisas, mas que não se limita a isto apenas, podendo também abranger tanto a prestação de serviços quanto o abastecimento de mercadorias, de matérias-primas. E é da lembrança do saudoso professor mineiro a exemplificação com o fornecimento de luz, de água, de gás, de energia elétrica (*Da Compra e Venda*, n. 72).

Esta evocação é de grande utilidade, pois que não existindo em nosso direito o contrato nominado de fornecimento, nem por isso se diria aberrante a aceitação de assumir a compra e venda, com entregas periódicas ou sucessivas, e a prestação contínua de serviços, como constituindo "contrato de fornecimento".

Aqui, o que vigora é a vontade contratual. O fornecedor não tem a faculdade de interromper as entregas na ausência de uma cláusula permissiva. Mas se esta foi estipulada, fica inteiramente consagrado o direito de fazê-lo:

"Por seu turno o fornecedor, tendo sido estipulado o pagamento do preço por ocasião de cada prestação ou em épocas fixas, *pode suspender as remessas e exigir a rescisão do contrato*, quando o comprador não faça os pagamentos pela forma convencionada. Mas, se nada a este respeito se convencionou, não pode o fornecedor pretender a rescisão, ainda que os pagamentos sejam demorados, a despeito das suas reclamações, como sempre sucede nos fornecimentos ao Estado, podendo, apenas, tomar precauções para o futuro" (CUNHA GONÇALVES, *Da Compra e Venda no Direito Comercial Brasileiro*, p. 301).

Vê-se, portanto, que não tem o caráter de *conditio* proibida, e muito menos de cláusula que torne írrito por inteiro o contrato, aquela que autoriza o vendedor ou fornecedor a suspender ou cessar as entregas. Trata-se de condição que no plano geral da legitimidade das convenções é absolvida por quantos tenham versado o assunto.

Trazido o debate *in genere* para o concretismo do ajuste entre as partes, vê-se bem que a cláusula sexta funciona como sanção às obrigações do comprador. Uma vez que este é munido de sólidos e vantajosos direitos, encontra na cláusula sexta uma cominação correspectiva, ou um direito da vendedora, correlata aos direitos da própria compradora, no propósito ou com a finalidade de manter na fase executória o equilíbrio contratual ou a comutatividade dos direitos e obrigações que a natureza bilateral do ajuste anunciava no momento da celebração.

Não é, pois, condenável a cláusula sexta do contrato, mormente se confrontada com as demais cláusulas contratuais, e não é nulo o próprio contrato pelo fato de contê-la.

# 27

**Fatos**     Escrituras públicas de doação de ações. Constituição de um condomínio acionário. Ajuizamento de ação de extinção de condomínio por um dos donatários, sob a alegação de que teria sido constituído em caráter perpétuo e indivisível.

**Direito**     Análise da natureza jurídica do negócio: contrato de doação, com a criação de um condomínio acionário. Inexistência de contrato misto. Inexistência de contrato atípico. Inexistência de contrato de sociedade. Substituição fideicomissária interdonatários. Instituto do direito das sucessões. Descabimento de criação de fideicomisso por ato *inter vivos*. Cláusula de reversão dos bens doados. A reversão não pode ser determinada em benefício de terceiros, mas somente em favor do próprio doador. Condomínio. Impossibilidade de o doador estipular a indivisão por mais de cinco anos.

---

Por escritura pública de doação, ABM transferiu ao consulente e a outros 21 colaboradores de suas mais de cinquenta empresas 49% de cada uma das ações e quotas das ditas empresas, reservando para si o usufruto vitalício dos bens doados.

Passados oito anos, por meio de outra escritura pública, doou a restante parte ideal de 51% (cinquenta e um por cento) dos mesmos títulos, dessa vez excluído o consulente e incluído, em seu lugar, o novo condômino CAJ.

Constituído, assim, o Condomínio Acionário, com o caráter de perpetuidade e indivisibilidade, ficaram as ações e quotas ideais transferidas aos donatários, gravadas com as cláusulas de inalienabilidade, impenhorabilidade e incomunicabilidade vitalícias.

Outrossim, estabeleceu o doador que, em caso de falecimento de qualquer dos donatários, seus sucessores receberiam em cinco parcelas a quantia correspondente ao valor de sua fração nas ações e quotas doadas.

Determinou, ainda, o doador que qualquer dos beneficiários da doação só poderia retirar-se do Condomínio decorridos 5 anos de seu ingresso, recebendo em dinheiro o valor de sua quota-parte. Na hipótese de falecimento, retirada voluntária ou exclusão de qualquer dos donatários, far-se-ia a substituição por outro colaborador ou auxiliar que se houver distinguido por seu trabalho, observadas as exigências impostas pelo doador quando da instituição do Condomínio.

Decorridos vários anos após a morte do doador, o condômino consulente, GBM, sob alegação de ter sido criado um condomínio perpétuo e indivisível, que já durava mais de cinco anos, pediu em Juízo a sua extinção, com fundamento nos dispositivos legais aplicáveis ao condomínio.

A ação foi julgada procedente em primeira instância e confirmada à unanimidade pelo respectivo Tribunal de Justiça. Inconformados, os 22 condôminos, Réus da ação, interpuseram Recurso Especial e Recurso Extraordinário, respectivamente, para os e. Superior Tribunal de Justiça e Supremo Tribunal Federal, ambos inadmitidos.

Interposto agravo de instrumento, foi provido o recurso para que os autos subissem à Instância Especial, ficando sobrestado o julgamento do Recurso Extraordinário. Na sessão de julgamento do Recurso Especial, o Ministro Relator proferiu seu voto, provendo o recurso para julgar improcedente a ação. Feito o sucinto relato, segue-se a consulta:

O voto do Ministro Relator acolheu integralmente os fundamentos do Recurso Especial, não só quanto ao conhecimento do recurso, mas também no que diz respeito ao seu mérito, como abaixo se verá:

*a) quanto ao juízo de admissibilidade do recurso especial*

O Acórdão recorrido examinou a espécie em julgamento sob o mesmo enfoque do pedido inicial e da sentença de 1º grau, entendendo que , *in casu*, discute-se a pretensão relativa à extinção de um Condomínio Acionário instituído em caráter perpétuo e indivisível, contrariando, assim, o disposto nos arts. 629 e 630 do Código Civil.[1]

O voto do Ministro Relator, acolhendo o recurso interposto, considerou o ato jurídico utilizado pelo doador, para a constituição do Condomínio Acionário, como um negócio jurídico atípico, que mais se assemelha a um contrato de sociedade, onde teria ocorrido não uma doação, mas uma entrega, com o fim de alcançar uma finalidade determinada, mediante a conjugação dos esforços de pessoas escolhidas para o cumprimento dos fins objetivados pelo criador da Instituição.

---

[1] "Art. 629. A todo tempo será lícito ao condômino exigir a divisão da coisa comum.
Parágrafo único. Podem, porém, os consortes acordar que fique indivisa por termo não maior de 5 (cinco) anos, suscetível de prorrogação ulterior.
Art. 630. Se a indivisão for condição estabelecida pelo doador, ou testador, entende-se que o foi somente por 5 (cinco) anos."
– Dispositivo correspondente no Código Civil de 2002:
"Art. 1.320. A todo tempo será lícito ao condômino exigir a divisão da coisa comum, respondendo o quinhão de cada um pela sua parte nas despesas da divisão.
§ 1º Podem os condôminos acordar que fique indivisa a coisa comum por prazo não maior de cinco anos, suscetível de prorrogação ulterior.
§ 2º Não poderá exceder de cinco anos a indivisão estabelecida pelo doador ou pelo testador.
§ 3º A requerimento de qualquer interessado e se graves razões o aconselharem, pode o juiz determinar a divisão da coisa comum antes do prazo."

Na esteira desse objetivo, sustentam os Recorrentes que o Acórdão contrariou vários dispositivos da lei civil mencionados no Recurso, ao qualificar o negócio jurídico como um simples Condomínio Acionário. Ao ver do consulente, ao pretenderem interpretar o negócio jurídico sob exame, desqualificando-o de um condomínio típico para um negócio inominado e atípico, os recorrentes deram uma interpretação diversa da que foi dada pelo Acórdão ao contrato que foi objeto da decisão recorrida. Com isso, infringiram a Súmula n. 5 do STJ, idêntica à Súmula 454 do STF. Além disso, houve também desrespeito às Súmulas 282 e 400 do STF, cuja aplicação é pacífica no STJ.

*b) quanto ao mérito*

Ao descaracterizar o negócio jurídico identificado no Acórdão recorrido, o voto do Ministro Relator ignorou o fato da matéria não ter sido prequestionada nem mesmo nos Embargos Declaratórios opostos ao Acórdão, perante o Tribunal de Justiça recorrido. Além disso, deu interpretação diversa ao ato jurídico em discussão nos autos, e desconheceu a jurisprudência tranquila do STJ apontada em vários arestos, inclusive do próprio autor do voto.

Nessa linha de raciocínio, o voto enveredou na mesma trilha das razões dos Recorrentes, concluindo seu pronunciamento no sentido de que deve prevalecer a vontade do criador da Instituição, quando estipulou que ela seria perpétua e indivisível, para manter em funcionamento a rede das empresas, usando, para isso, de um mecanismo jurídico que considerou válido e intocável.

Essa a questão posta na presente consulta, para que venha a ser analisada pelo alto saber jurídico do eminente Mestre, ora consultado.

Antes de terminar, deseja o consulente registrar um fato significativo: das mais de cinquenta empresas que compunham o Condomínio Acionário, restam apenas duas dezenas, já que as demais foram desativadas, extintas ou dissolvidas pela incompetência e omissão dos dirigentes da Instituição, no curso de cerca de 30 anos de sua existência.

Depois de tudo examinado, emito o meu

**PARECER**

Dividido em quatro parágrafos:

1º Natureza do negócio jurídico realizado
2º Caracteres jurídicos da substituição fideicomissária interdonatários
3º O contrato misto e o contrato atípico
4º Conclusão

*1. Natureza do negócio jurídico realizado*

1.1. Como se vê da exposição dos fatos contida na Consulta e nos apensos que descrevem em minúcia o negócio jurídico realizado, emerge em toda simplicidade a natureza jurídica do ato negocial em exame:

O ilustre empresário ABM, em duas escrituras públicas minuciosamente desenvolvidas, fez aos seus colaboradores doação de suas mais de cinquenta empresas, com reserva de usufruto dos bens doados, constituindo assim o Condomínio Acionário.

A determinação da natureza jurídica do ato deflui da sua aproximação com a figura jurídica do ato realizado.

Saindo de sua normalidade dispositiva, o Código Civil oferece definição do "contrato de doação":

"Considera-se doação o contrato em que uma pessoa, por liberalidade, transfere do seu patrimônio bens ou vantagens para o de outra que os aceita."

Ao contrário do que ocorre com outras figuras negociais, o art. 1.165[2] do Código Civil define a doação. Sentiu-se no dever de fazê-lo, diversamente de como habitualmente procede, talvez porque no sistema jurídico francês doação não é contrato, porém uma especial modalidade de "aquisição e transferência de bens" ao lado da transmissão hereditária. É o que estabelece o art. 711 do Código Napoleão, ao colocar a "doação entre vivos ou testamentária" no pórtico das disposições gerais sobre a sucessão *causa mortis*.

Na disposição do art. 1.165, o nosso Legislador de 1916 define a doação como liberalidade, pela qual uma pessoa (o doador) transfere bens ou vantagens de seu patrimônio para o do donatário.

Os extremos deste contrato são assinalados por todos os comentaristas e doutrinadores.

A começar por CLÓVIS BEVILÁQUA, no respectivo comentário:

"O art. 1.165 nos oferece uma definição legal satisfatória de doação: Aí se acentuam: a) a natureza contratual, o que pressupõe capacidade do doador e objeto lícito; b) o ânimo liberal; c) a translação do direito do patrimônio do doador para o do donatário; d) a aceitação deste" (CLÓVIS BEVILÁQUA, *Comentários ao Código Civil*, Observação 2 ao art. 1.165).

EDUARDO ESPÍNOLA oferece explicação analítica. Após reproduzir a disposição legal, esclarece:

"É uma liberalidade, como o é a disposição testamentária; mas é, ao mesmo tempo um contrato como qualquer outro, porque se constitui pelo acordo de duas vontades, a do doador, que promete, e a do donatário, que aceita" (EDUARDO ESPÍNOLA, *Dos Contratos Nominados no Direito Civil Brasileiro*, n. 89, p. 144).

---

2 – Dispositivo correspondente no Código Civil de 2002:
"Art. 538. Considera-se doação o contrato em que uma pessoa, por liberalidade, transfere do seu patrimônio bens ou vantagens para o de outra."

Mais extenso nas suas explicações e análise, M.J. CARVALHO DE MENDONÇA explicita:

"A doação, conquanto revestida de preceitos a ela peculiares, é, no sentido restrito, um verdadeiro contrato, no qual uma parte se desfaz de uma porção de seu patrimônio em favor da outra que o aceita" (*Contratos no Direito Civil Brasileiro*, v. I, n. 2, p. 32).

ORLANDO GOMES, depois de se referir à orientação proveniente das *Institutas* de JUSTINIANO, define:

"Doação é, pois, contrato pelo qual uma das partes se obriga a transferir gratuitamente um bem de sua propriedade para o patrimônio da outra, que se enriquece na medida em que aquela empobrece" (*Contratos*, n. 64, p. 233).

WASHINGTON DE BARROS MONEIRO define de acordo com o art. 1.165 do Código Civil, e depois analisa nestes termos:

"Sublinham-se nessa definição os traços característicos da doação: a) sua natureza contratual; b) o ânimo de fazer uma liberalidade; c) a translação de algum direito do patrimônio do doador para o do donatário; d) a aceitação deste" (*Curso de Direito Civil*, v. 5, 2ª parte, p. 116).

SILVIO RODRIGUES reproduz a definição do art. 1.165, e acentua entre os seus caracteres a *gratuidade*

"porque se inspira no propósito de fazer uma liberalidade, afastando-se, desse modo, dos negócios especulativos" (*Direito Civil*, v. 3, p. 205).

1.2. Por escrituras públicas, ABM transferiu, por doação, aos colaboradores que designou, a totalidade de suas ações e quotas de que era titular nas mais de cinquenta empresas.

Trata-se de contratos de doação, com todas as características de liberdade próprias dessa modalidade contratual. Nos termos do que dispõe o art. 1.165 do Código Civil,[3] e na conformidade da unânime conceituação doutrinária, o negócio jurídico realizado é doação: negócio jurídico liberal ou gratuito; transferência de bens e direitos; aceitação dos donatários.

Assim foi considerado no momento da celebração; assim foi tratado pelo outorgante; assim foi entendido pelos donatários; assim foi trazido a Juízo; assim se constituiu como "condomínio acionário".

---

3   CC 2002, art. 538.

Eis senão quando, já na fase recursal especial, foi levantada dúvida ao fundamento de que o doador teve em vista preservar a continuidade empresarial do império que construíra.
O que na verdade se pretendeu foi descaracterizar o *animus* liberal.
E, para assim compreender e sustentar, foi preciso atropelar a lei e a doutrina.

Com efeito, a circunstância de pretender o grande empreendedor contemplar os trabalhos realizados pelos colaboradores e o merecimento deles não retira ao ato o caráter liberal. Não perde o gravame instituído sobre os bens doados (inalienabilidade, impenhorabilidade, incomunicabilidade). Não desfigura o ato a reserva de usufruto que impôs aos bens doados. É o que peremptoriamente estabelece o art. 1.167 do Código Civil.[4]

> "A doação feita em contemplação do merecimento do donatário não perde o caráter de liberalidade, como o não perde a doação remuneratória ou gravada, no excedente ao valor dos serviços remunerados, ou ao encargo imposto."

Como jamais foi feita a estimativa do quanto representava a colaboração prestada pelos donatários, não se pode cogitar da equivalência entre a liberalidade e o merecimento dos donatários, a ver se ocorre algum excesso. É que o caráter liberal do ato apura-se objetivamente.

Há doação se o transferente empobrece na medida da liberalidade, e ao mesmo tempo enriquece o donatário, no mesmo valor. É o que ensina EDUARDO ESPÍNOLA, na obra citada, n. 97, nota 53, p. 158:

> "Só haverá verdadeiramente *animus donandi* se o ato de liberalidade constituir enriquecimento do donatário e diminuição do patrimônio do doador, sem contraprestação."

É público e notório, e comprovado está nos próprios atos, que ABM transferiu de seu patrimônio bens e valores para os donatários, sem nada receber, reclamar ou esperar: *nihilinde sperante*.

1.3. Em nada influi sobre a natureza liberal do contrato o desejo ou a motivação que inspirou o gesto liberal do doador. Não importa que um pai faça doação de um bem ao filho, no propósito de se dedicar este ao estudo; em nada diminui a liberalidade, se o benfeitor faça doação à Universidade, pensando com isto estimular pesquisas científicas. Também a doação feita por ABM não deixa de ser doação, se com isto desejou a continuidade futura de sua organização jornalística. É o que ensina WASHINGTON DE BARROS MONTEIRO:

---

4 – Dispositivo correspondente no Código Civil de 2002:
"Art. 540. A doação feita em contemplação do merecimento do donatário não perde o caráter de liberalidade, como não o perde a doação remuneratória, ou a gravada, no excedente ao valor dos serviços remunerados ou ao encargo imposto."

"(...) mas a liberalidade não deixa de existir, embora inspirada em algum interesse confessável ou não" (ob. cit., p. 117).

Mais enfático e mais explícito foi AGOSTINHO ALVIM, em obra especializada, que enxerga o *animus* liberal na gratuidade externada no ato:

"O motivo, porém, que tiver levado o doador a doar, se é amor, amizade, vaidade ou temor da censura alheia, isso não importa, porque não constitui elementos da doação, que se contenha com o rótulo de liberalidade, externado na gratuidade do ato" (*Da Doação*, p. 11 *in fine*).

Por todos os títulos e por todos os seus elementos, é positiva e certa a natureza jurídica dos contratos celebrados por ABM com seus colaboradores, aos quais transferiu o controle e a titularidade das ações e cotas que possuía em suas empresas: doação, na mais pura expressão de sua natureza jurídica.

## 2. Caracteres jurídicos da substituição interdonatários

2.1. Por cláusulas apostas nas escrituras, ficou escrito que, em caso de falecimento de qualquer dos donatários, os seus sucessores receberiam os valores doados, recebendo o valor correspondente à sua fração, em cinco parcelas.

Foi, ainda, estipulado que se algum dos donatários se retirasse do condomínio acionário, depois de decorridos cinco anos, receberia em dinheiro sua quota-parte, em parcelas periódicas.

Na hipótese de falecimento, retirada ou exclusão de qualquer dos donatários, far-se-ia a substituição por outro colaborador ou auxiliar que se houver distinguido por seu trabalho. E, em qualquer desses casos, vigorariam as mesmas imposições, a saber: ficariam os substitutos equiparados aos primitivos donatários, e se falecessem, se retirassem ou fossem excluídos, seus substitutos continuariam vinculados às mesmas condições. E assim por diante "por todo sempre".

Trata-se, claramente, de uma *substituição fideicomissária*, posto que irregular. Em sua essência, o fideicomisso, conceituado no art. 1.733 do Código Civil,[5] assim se apresenta:

"Pode também o testador instituir herdeiros ou legatários por meio de fideicomisso, impondo a um deles, o gravado ou fiduciário, a obrigação de, por sua morte, a certo tempo, ou sob certa condição, transmitir ao outro, que se qualifica de fideicomissário, a herança ou legado."

---

5 – Dispositivo correspondente no Código Civil de 2002:
"Art. 1.951. Pode o testador instituir herdeiros ou legatários, estabelecendo que, por ocasião de sua morte, a herança ou o legado se transmita ao fiduciário, resolvendo-se o direito deste, por sua morte, a certo tempo ou sob certa condição, em favor de outrem, que se qualifica de fideicomissário."

O que caracteriza o fideicomisso é a determinação do instituidor ao instituído: receber o fiduciário a herança ou legado em propriedade; conservá-lo na sua posse sem que da coisa possa dispor; transferi-lo ao fideicomissário por morte, a certo tempo ou sob certa condição. Receber e guardar para transferir.

Na espécie da consulta, ABM fez aos seus colaboradores doação de bens e valores, impondo-lhes conservar os bens na sua posse e transferi-los a outrem em caso de morte, retirada ou exclusão do condomínio acionário criado pela sua vontade.

O que em verdade criou, por ato de sua vontade, foi um arremedo de fideicomisso, e arremedo por motivos diversos.

2.2. A primeira irregularidade está no negócio jurídico da instituição. O Código Civil enuncia muito claramente que o fideicomisso é um instituto do direito de sucessões, quando diz que "pode o testador instituir herdeiros ou legatários por meio de fideicomisso". Assim dispondo, estatui que somente por ato *causa mortis* pode ser instituído. Não cabe a criação de fideicomisso por ato entre vivos. Não tem lugar no direito brasileiro a instituição de fideicomisso por doação. Neste sentido é o magistério dos doutos.

CARLOS MAXIMILIANO é positivo e peremptório:

"O fideicomisso, que somente pode ser constituído por testamento e não por ato inter-vivos, é de três espécies..." (*Tratado de Direito das Sucessões*, v. 2, n. 640, p. 589).

ITABAIANA DE OLIVEIRA, depois de se referir a que no passado houve quem admitisse o fideicomisso por ato entre vivos, pronuncia-se com firmeza:

"Não se trata, apenas, da colocação do preceito concernente ao assunto; a própria LETRA do Código Civil é decisiva; o art. 1733 unicamente se refere a herdeiros ou legatários instituídos por meio de fideicomisso; reduz a matéria ao campo das sucessões hereditárias" (*Direito das Sucessões*, vol. 3, n. 1.242, p. 78).

OROSIMBO NONATO, com sua vasta erudição e enorme capacidade de argumentação, abre o assunto formulando a indagação: "Pode o fideicomisso derivar de ato *inter vivos*?" E responde:

"A resposta afirmativa prevalecia entre os D.D. que opinaram no regime do direito pré-codificado e no velho direito português."

Passa a mencionar diversos autores que se têm pronunciado neste sentido. Mas, amparado em boa doutrina, assevera:

"Portanto, hoje, só por meio de testamento. Não se trata, apenas, da colocação do preceito concernente ao assunto, a própria letra do Código Civil é decisiva: o art. 1.733 unicamente se refere a herdeiros ou legatários instituídos por meio de fideicomisso; reduz a matéria ao campo das sucessões hereditárias. A corrente latina é contrária às substituições fideicomissórias; portanto, se o repositório de normas civis brasileiras lhes deu expressa acolhida só na parte concernente às sucessões, o faz em deliberado caráter especial, instituindo uma exceção, que se não estende aos atos inter vivos" (*Estudos sobre Sucessões Testamentárias*, v. III, n. 796, p. 165).

2.3. Atalhando o argumento de que poderia a espécie abrigar modalidade peculiar de cláusula de reversão, lícita nas doações, cabe obtemperar que a Lei admite *reversão* dos bens doados ao patrimônio do doador, *in verbis*:

"Art. 1.174. O doador pode estipular que os bens doados voltem ao seu patrimônio, se sobreviver ao donatário."[6]

Ao propósito escrevi eu, em alusão específica e induvidosa:

"A indagação se a reversão pode ser determinada em benefício de outra pessoa encontra resposta negativa. Não pode; a uma porque a norma legal, de cunho restritivo, confere ao doador a faculdade de estipular o retorno dos bens ao seu patrimônio, o que não comporta interpretação extensiva; e a duas porque seria modalidade de fideicomisso por ato inter vivos, em contrário aos princípios" (CAIO MÁRIO DA SILVA PEREIRA, *Instituições de Direito Civil*, v. III, n. 233).[7]

Quer se pretenda qualificar a substituição determinada no contrato de doação como fideicomisso ou reversão, encontra oposição invencível nas disposições legais respectivas, orçando portanto pela iliceidade.

2.4. Além desta irregularidade, que afronta a própria conceituação do instituto, pesa ainda contra a disposição contida na doação a circunstância a todo tempo vedada de afrontar norma expressa, qual seja o art. 1.739 do Código Civil:[8]

"*São nulos os fideicomissos além do segundo grau.*"

Ao propósito, a lição de BEVILÁQUA:

"O fideicomisso pressupõe dois herdeiros: num do primeiro grau, que é o instituído, com o encargo de entregar a herança, à pessoa designada no testamento;

---

6 – Dispositivo correspondente no Código Civil de 2002:
"Art. 547. O doador pode estipular que os bens doados voltem ao seu patrimônio, se sobreviver ao donatário.
Parágrafo único. Não prevalece cláusula de reversão em favor de terceiro." Veja-se nota 7, abaixo.

7 Trata-se de comentário doutrinário anterior à entrada em vigor do Código Civil de 2002 que, no art. 547, parágrafo único, proíbe, expressamente, a reversão em favor de terceiros. Esta alteração legislativa foi incluída na 11ª ed. do v. III das *Instituições de Direito Civil*.

8 – Dispositivo correspondente no Código Civil de 2002:
"Art. 1.959. São nulos os fideicomissos além do segundo grau."

e outro, do segundo grau, que é a pessoa designada no testamento, para receber a herança do instituído. Em duas palavras: o fiduciário e o fideicomissário. O fiduciário é herdeiro em primeiro grau, e o fideicomissário é herdeiro em segundo grau. Além deste segundo grau não admite o Código o fideicomisso. A obrigação de entregar a herança a outrem não pode ser imposta ao fideicomissário" (*Comentários*, Observação ao art. 1.739).

Se fosse lícito admitir a substituição ou a reversão em liberalidade entre vivos, aí estaria mais uma razão de sua inadmissibilidade. Pela escritura, os bens são doados a certos colaboradores, com a cláusula de, por morte, retirada ou exclusão passar a um terceiro. Recebendo este o seu quinhão nos bens e valores, subsiste a mesma obrigatoriedade: por morte, retirada ou exclusão passariam a um terceiro. E assim sucessivamente, ou por todo sempre.

A cláusula, portanto, ofende a proibição incisiva do art. 1739:[9] seria uma substituição que vai além do 2º grau; pior ainda, estende-se a um sem número de graus.

2.5. Num apanhado do que até agora foi dito, a espécie caracteriza um contrato de doação. Doação do empreendedor aos seus colaboradores. Não comporta substituição fideicomissária e se não compadece com reversão a terceiros.

Resta apreciar o terceiro parágrafo.

*3. Contrato misto. Contrato atípico. Sociedade*

3.1. Tentando fugir da temporariedade do regime condominial e da extinção quinquenal do condomínio, o Recurso Especial procura abrigo na doutrina do contrato atípico e do contrato misto.

Vem do Direito Romano a classificação dos contratos em duas grandes categorias: contratos nominados e contratos inominados.

Os primeiros – *contratos nominados* – eram os que se identificavam por linhas dogmáticas precisas e definidas, recebiam denominação própria. Conhecidos por seus nomes, geravam direitos e obrigações, e eram sancionados pela respectiva ação.

Os outros – *contratos inominados* – surgiram por imposição das exigências do progresso econômico, não tinham denominação própria, mas nem por isto eram desvestidos de efeitos. Nasceram como simples pactos, permitindo exigir contraprestação por via das *condictiones*, foram no período justinianeu reconhecidos como contratos – contratos inominados, a eles atribuída uma ação especial – *actio praescriptis verbis*.

A dicotomia nominal subsistiu no direito moderno, não obstante todos tenham merecido a qualificação jurídica contratual. O fundamento da classificação foi que mudou. *Nominados* passaram a ser chamados os contratos ordenados e disciplinados nos

---

9  CC 2002, art. 1.959.

Códigos e nas leis, reservando-se a designação de inominados para os que as exigências sociais e econômicas vieram a criar.

Mais recentemente, a doutrina atentou em que seria mais significativo aceitar que a relevância maior não é a identificação nominal, porém a circunstância de receberem uma tipificação legal, ou existirem fora desta. E preferiu adotar classificação mais consentânea com esse critério, referindo-se então aos *contratos típicos*, contrapostos aos *contratos atípicos*. Os primeiros, ocupando o lugar dos antigos nominados, são os que recebem nos Códigos e nas leis a disciplina própria. Correspondentes aos inominados, a doutrina menciona como *contratos atípicos*, os que as necessidades do comércio jurídico engendram, estabelecendo os instrumentos que criam as regras pertinentes, ao sabor dos interesses dos próprios contratantes.

Tendo em vista que a imaginação negocial muita vez associa às figuras contratuais típicas normação que não lhes pertence, criou a variação dos *contratos mistos*, que aliam a tipicidade à atipicidade, estabelecendo negócios jurídicos em que compareçam fórmulas características de contratos típicos, complementadas por cláusula e convenções atípicas. Em verdade, os contratos mistos, se observados em sua estrutura, não deixam de ser contratos atípicos, pois que, analisados no seu contexto e na sua formação, escapam à tipologia tradicional.

Como o contrato atípico não encontra todas as regras concernentes à sua formação e à sua execução estruturadas legalmente, o juiz, a fim de o interpretar, terá de recorrer às "regras supletivas" traçadas pelo legislador. O seu primeiro trabalho será "qualificar" o contrato, enquadrando-o na categoria típica que está aliada ao seu objeto e à sua finalidade. Como dizem os MAZEAUD, "pesquisar se as partes quiseram, por exemplo, concluir uma venda a crédito ou uma locação: a qualificação do contrato é uma questão de direito, sobre a qual a Corte de Cassação exerce seu controle" (MAZEAUD et MAZEAUD, *Leçons de Droit Civil*, v. II, n. 113).

Adotando a lição, digo eu que o juiz terá de verificar, na tipologia contratual, a que regras subordinar o contrato atípico. Seria aberrante se as partes ajustassem um negócio jurídico visando a uma representação dramática, e fossem procurar, na sua interpretação, as normas atinentes a um empréstimo hipotecário; ou vice-versa. É que

"o contrato não busca sua força obrigatória na vontade individual em si mesma, mas no bem comum de que ele é o instrumento e nas quais, por consequência, ele deverá respeitar as exigências" (EMANUEL GOUNOT, *La liberté des contrats et ses justes limites*, citado pelos irmãos MAZEAUD na referida obra, III, p. 100).

Se, em verdade, houvessem os contratantes adotado uma espécie contratual atípica ou mista, porque inseriram nas escrituras cláusulas não habituais, não quer dizer que o juiz as aprecie como um negócio desvinculado de toda organização existente. Deverá ele (juiz) atentar para os tipos contratuais afins. E quando se defronta com um contrato misto, não se trata de uma pluralidade de contratos unidos entre si, porém de um contrato *unitário*

"cujos elementos essenciais de fato estão regulados, em todo ou em parte, por disposições relativas a diversas espécies típicas de contrato" (ENNECCERUS, KIPP y WOLFF, *Tratado. Derecho de Obligaciones*, v. II, § 99 e, especialmente, §§ 100, B).

3.2. Na espécie da consulta, o que foi estipulado foi um contrato de doação, com todas as características de uma liberalidade. ABM retirou de seu patrimônio bens ou valores e os transferiu para seus colaboradores, sem nada receber em troca, o que caracteriza o negócio jurídico realizado como um contrato gratuito ou benéfico – aquele em que só uma das partes aufere vantagens.

Muita gente confunde a doação gravada de encargo com contrato oneroso. Não é exato, por contrariar o disposto no art. 1.167 do Código Civil,[10] sendo um encargo "uma prestação imposta ao donatário" (Como diz BEVILÁQUA, em *Comentários*).

Quando, no caso da consulta, o doador estipulou que os donatários deveriam manter e cultivar a organização empresarial em pleno funcionamento, não recebeu uma vantagem que descaracterizou o contrato como sendo oneroso. Ao revés, na forma do que dispõe o art. 1.167, manteve o contrato como gratuito, sem que este gravame retirasse do ato o seu caráter de liberalidade. Doação era, posto que continente de encargo imposto aos donatários, e doação continuou sendo.

3.3. A confusão advinda de se não ter presente uma doação singela tem levado a uma indecisão classificatória, totalmente injustificada. Para retirar do ato a sua verdadeira classificação – doação – tem-se procurado dizê-la um contrato misto, ou uma propriedade resolúvel ou uma sociedade – o que bem revela a insegurança, no momento em que se pretende negar a sua verdadeira natureza, ou o seu lídimo caráter liberal.

A ideia de propriedade resolúvel afasta-se de pronto, desde o momento em que se lê no art. 647 do Código Civil[11] que, resolvido o domínio, a coisa reverte para o proprietário, em cujo favor se opera. Se a resolução se dá em favor de terceiro, é *fiduciária*, como ensina BEVILÁQUA, e se rege, como preleciona o mesmo e eterno mestre, pelo disposto nos arts. 1.733 a 1.740,[12] que disciplinam a substituição fideicomissária. Textualmente:

---

10    CC 2002, art. 540.
11    – Dispositivo correspondente no Código Civil de 2002:
     "Art. 1.359. Resolvida a propriedade pelo implemento da condição ou pelo advento do termo, entendem-se também resolvidos os direitos reais concedidos na sua pendência, e o proprietário, em cujo favor se opera a resolução, pode reivindicar a coisa do poder de quem a possua ou detenha."
12    Código Civil de 2002, arts. 1.951 a 1.960.

"Propriedade resolúvel, ou revogável, é a que no próprio título da sua constituição, encerra o princípio, que a tem de extinguir, realizada a condição resolutória, ou advindo o termo extintivo, seja por força de declaração de vontade seja por determinação da lei.
Ordinariamente, a resolução opera a restituição da coisa ao antigo dono ou ao seu sucessor. Quando, por efeito da resolução a coisa passa a terceiro, a propriedade é fiduciária, forma que o Código regula nos arts. 1.733-1.740" (CLÓVIS BEVILÁ-QUA, *Comentários*, Observação 1, ao art. 647).

Pretendendo fugir da "doação", que foi inequivocamente o objeto do contrato, o que se conseguiu foi recair no fideicomisso, de que os opositores pretendiam escapar. E já demonstrei o descabimento do fideicomisso pelas razões acima expostas.

3.4. Marcharam então para a *sociedade*, sustentando contra a lei e contra a doutrina, que ABM instituiu uma sociedade em que incluiu seus colaboradores.

Basta este enunciado para desacreditar a tese. Não existe em nosso direito (e mesmo em direito alheio) a criação de uma sociedade por terceiro, sem a manifestação de vontade dos pretensos sócios, no sentido de sua formação.

Toda sociedade ou associação nasce da declaração de vontade manifestada pelos sócios ou associados, no propósito de constituí-la. As sociedades ou associações civis têm na vontade dos seus membros (*affectio societatis*) o princípio genético de sua constituição.

OERTMANN o descreve em minúcia, que aqui reproduzo no original para guardar inteira fidelidade ao pensamento do autor:

"Para que mediante la agrupación humana surja un nuevo titular de derecho, tiene que haber en primer término un substratum natural adecuado: si este falta, ni aún la misma declaración del ordenamiento jurídico o de la autoridad puede surgir un sujeto de derecho.
Lo primero que se necesita, pues, es la constitución de la asociación (véase supra, § 14). Esta se realiza, según la opinión más acertada, no mediante contrato (*infra* II, § 36), sino por medio de lo que se llama un acto colectivo; mientras en el contrato las partes aparecen una frente a otra con intereses opuestos, y cada una de ellas es contraria de la otra, en la constitución de una asociación las intereses particulares se elevan a fin objetivo de la asociación, y los interesados aparecen unos al lado de otros, como compañeros de la asociación" (OERTMANN, *Introducción al Derecho Civil*, § 15, p. 89 da tradução de Luis Sancho Leral).

Na espécie da consulta, houve um contrato em que de um lado se colocou ABM como outorgante, e de outro lado os donatários como outorgados. O outorgante emitiu a sua declaração de vontade, com o objetivo de lhes transferir parte de seus bens e valores. Do outro lado compareceram os outorgados anuindo à declaração de vontade do outorgante, e não como companheiros de uma associação. Comparecerem aceitando a liberalidade.

Partindo de que os agrupamentos particulares concorrem para a realização das finalidades do Estado, SALEILLES descreve como se opera, pela iniciativa *coletiva* dos particulares:

> "C'est, en effet, par l'iniciative collective des particuliers, c'est donc par l'association et par la fondation, que les citoyens d'un grand pays libre peuvent coopérer à la mission de l'État, qui est de pourvoir aux intérêts généraux de la collectivité" (RAYMOND SALEILLES, *De la Personnalité Juridique*, Paris, 1922, p. 41).

Com a precisão de conceitos que o caracteriza como dos melhores expositores da parte geral do Direito Civil, CAPITANT oferece definição precisa de associação como contrato pelo qual diversas pessoas põem em comum seus conhecimentos ou sua atividade, com a finalidade de partilhar benefícios. No original:

> "Cette loi définit l'association: le contrat par lequel deux ou plusieurs personnes mettent en commun, d'une façon permanente, leurs connaissances ou leur activité, dans un but autre que de partages des bénéfices" (HENRI CAPITANT, *Introduction á l'étude du Droit Civil*, Paris, 1904, p. 177).

Longe disto a espécie. Nesta foi uma só pessoa – ABM – que doou a diversas pessoas seus bens e seus conhecimentos para a realização de finalidades que ele lhes atribuiu.

Noutro campo, e com base no Código de Comércio de 1850, RUBENS REQUIÃO oferece o conceito:

> "Celebram sociedade comercial as pessoas que mutuamente se obrigam a combinar seus esforços ou recursos, para lograr fins de natureza comercial" (*Curso de Direito Comercial*, n. 206).

Especialistas em sociedade no Direito Comercial, J. HAMEL, G. LAGARDE e A. JAUFFRET ensinam que para a formação de uma sociedade é necessário acordo de todos os associados, reunindo seus aportes. Os textos definem a sociedade como um contrato, em que convergem os interesses, havendo o agrupamento de pessoas, que faz um aporte em bens, em dinheiro ou em esforços (*Droit Commercial*, 1, 2º v., n. 383/389).

Na espécie não houve a convergência de vontades para a criação de uma sociedade; não houve o aporte de bens, valores e esforços. Houve, isto sim, uma só vontade, a do instituidor; houve um aporte de bens e valores – do instituidor; houve uma só vontade criadora, a do instituidor, da qual resultou um condomínio acionário, determinando o instituidor que todos prestassem a sua colaboração, e de tal modo que a recusa ou omissão importaria em ser excluído o faltoso, e substituído por outro colaborador que sob compromisso prestam a sua atividade.

GEORGES RIPERT, na sua sempre viva expressão, assenta que na formação de uma sociedade é necessário um contrato, uma troca de consentimentos livres pelos associados sobre a natureza do contrato, e sobre o objeto da sociedade (*Traité Élémentaire de Droit Commercial*, Cap. I, Seção I – *Formação do Contrato de Sociedade*, p. 259-260).

CARVALHO DE MENDONÇA, o grande comercialista, oferece síntese perfeita:

"A sociedade comercial surge do contrato mediante o qual duas ou mais pessoas se obrigam a prestar certa contribuição para um fundo, o capital social, destinado ao exercício do comércio, com a intenção de partilhar os lucros entre si" (*Tratado de Direito Comercial Brasileiro*, v. I, n. 514, p. 14.

Nada a isto se assemelha o "Condomínio Acionário". Seja como sociedade ou associação civil; seja como sociedade mercantil, em nenhum dos conceitos enunciados, e mais em outros que se invocassem, pode enquadrar-se. Na verdade os comunheiros não celebraram entre si um contrato; não puseram seus haveres na constituição de um fundo comum; não se obrigaram entre si para a realização de um objetivo que tivessem em mente. Foi o instituidor que teve a ideia, foi ele quem manifestou a vontade, foi ele que destinou parte de seus haveres, foi finalmente ele que traçou as normas, os objetivos, as finalidades, e foi ele quem impôs a natureza das colaborações, para a realização de um objetivo – dele instituidor – de manter em funcionamento as empresas por ele fundadas.

3.5. É vão todo o esforço, posto que imaginado com inteligência, para desfigurar a doação realizada por ABM aos seus associados. Não obstante as voltas dadas, percorrendo as vias do contrato misto, da propriedade resolúvel ou da sociedade – todas se desencontram sem lograr fundamento na lei ou na doutrina.

O que resta, por sem dúvida, é retornar ao ponto de partida, expresso nas escrituras e na denominação do efeito produzido: o negócio jurídico foi uma doação, e o resultado, a criação de um condomínio acionário.

*4. Conclusão*

4.1. Percorrido todo o caminho, que a lógica e os princípios sinalizam, o ato em exame é uma doação, e o objeto criado um condomínio.

Acontece que o condomínio não pode ser perpétuo. Seja ele resultante da lei (ex. gr. o resultante da transmissão *mortis causa* dos mesmos bens a um conjunto de pessoas), seja da vontade dos interessados por ato *inter vivos*, há de ser temporário, por natureza e por força de lei.

O condomínio é, pela experiência da vida, a eterna fonte de desencontros, de rixas e de demandas.

O condomínio é *ex vi legis* sempre finito. É a regra da lei civil:

"Art. 629. A todo tempo será lícito ao condômino exigir a divisão da coisa comum.

Parágrafo único. Podem porém os consortes acordar em que fique indivisa por termo não maior de cinco anos, suscetíveis de prorrogação ulterior."[13]

É, portanto, da natureza jurídica do condomínio a temporaneidade. O "Condomínio Acionário", resultante das escrituras já mencionadas, não poderia fugir do princípio fundamental. Deveria ser criado para durar cinco anos.

Quando ABM doou seus bens aos colaboradores, instituindo o "condomínio acionário", podia estabelecer uma cláusula que assegurasse a persistência condominial. Porém limitada a cinco anos. É a lei:

"Art. 630. Se a indivisão for condição estabelecida pelo doador ou testador, entende-se que o foi somente por cinco anos."[14]

Ao propósito, preleciona CLÓVIS BEVILÁQUA:

"1. O Código tolera que o doador e o testador possam impor o estado de indivisão da coisa dada ou deixada a diversos. O pai deixa, na sua meação disponível, uma fazenda aos filhos, com a condição de que a não dividam, porque, constando ela de um estabelecimento bem instalado, receia que, se a retalharem, não dê os resultados, que ele quis assegurar. Além disso, imagina que o trabalho comum, num imóvel de tradição familiar, aperte os laços de fraternidade. O Código permite essa condição... 2. O doador ou testador, porém, não pode estipular a indivisão por mais de cinco anos. Qualquer que seja a vontade do testador ou doador, o prazo da indivisão não poderá exceder de cinco anos, no fim dos quais qualquer dos condôminos terá direito de exigir a partilha" (*Comentários* ao art. 630).

Assim foi que o grande empresário, edificando um império, doou-o aos colaboradores. Teve o propósito de vê-lo prosperar, entendendo que, como estabelecimento bem instalado, não deveria retalhar-se. Impôs aos donatários manter o conjunto indiviso.

Mas a sua vontade esbarra na lei. A cláusula das escrituras encontra obstáculo no art. 630 do Código.[15] Entende-se, diz este, que o foi somente por cinco anos.

Decorrido esse prazo (e já o foi por mais de uma vez), impera o disposto no art. 629.[16] Qualquer condômino pode exigir a divisão.

O propósito do doador pode ter sido o melhor possível, embora a realidade da vida já lhe tenha sido adversa, pois que das mais de cinquenta empresas de seu sonho, mais da metade o tempo desfez.

---

13    CC 2002, art. 1.320, § 1º.
14    CC 2002, art. 1.320, § 2º.
15    CC 2002, art. 1.320, § 2º.
16    CC 2002, art. 1.320, § 1º.

4.2. Expurgada a doação das cláusulas contravenientes à ordem legal; e desfeitos os subterfúgios que a imaginação oponente engendrou, – o que resta é uma doação efetuada aos colaboradores do doador, instituindo um regime condominial que ele quis perpétuo, mas que a lei, no seu império absoluto (a que ninguém é lícito escapar), determina seja limitado a cinco anos.

A "vontade do criador", ainda que amparada por ilustrado jurista e sustentada pelo voto do grande juiz, não pode prevalecer.

Bem andou, pois, a respeitável decisão da instância ordinária decretando a cessação do condomínio.

Assim entendo e opino.

# 28

**Fatos**     Pessoas físicas titulares de quotas de sociedade limitada controladora de instituição financeira (banco). Cessão das cotas a terceiros. Doações realizadas pelos cedentes das cotas a antigos empregados do banco. Ajuizamento de reclamações trabalhistas, por outros empregados do banco, pleiteando o recebimento de gratificações proporcionais ao que fora recebido, em liberalidade, pelos antigos empregados.

**Direito**     Contrato de doação. Inexistência de vinculação causal entre a liberalidade dos cotistas e a relação empregatícia entre o banco e os empregados. Não incidência da Consolidação das Leis do Trabalho. Irrelevância do motivo da liberalidade. Simulação: ônus da prova de quem alega.

---

Celebrou-se contrato por instrumento particular entre Dr. MTG e outros, e o Banco ACL S.A. e outros, tendo por objeto a cessão de quotas de BVL EMPREENDIMENTOS LTDA., empresa holding detentora do controle acionário do Banco CIS S.A.

Por força do aludido contrato, a sociedade CTA constituiu-se como fiadora das obrigações dos cedentes, e ainda, *ex-vi* da mesma avença, foi instituído fundo com parte do preço da venda, fundo este que os cedentes reservavam para as despesas de constituição da CTA e outros encargos, ficando com o arbítrio de lhe dar o destino que parecesse conveniente.

Dr. MTG e outros efetuaram a seu critério doações a alguns antigos funcionários do Banco CIS S.A.

Disto tomando conhecimento, outros funcionários do mesmo estabelecimento bancário intentaram reclamações trabalhistas contra o Banco CIS S.A., a CTA e a BVL, fundados em que tinham contrato com o referido Banco, por via do qual lhes seria assegurada determinada percentagem do que fosse atribuído aos gerentes regionais como gratificação calculada sobre o lucro apurado em balanço.

Em perícia realizada na escrita do BANCO e da BVL, ficou demonstrado cabalmente que nenhuma quantia foi paga a qualquer dos indigitados funcionários a título de gratificação, quer pelo BANCO, quer pela BVL.

Ficou realmente comprovado que os beneficiados não são e nunca foram empregados da CTA ou da BVL.

Ficou, ainda, evidenciado que foi com dinheiro pertencente aos ex-quotistas cedentes de quotas da BVL que as doações se efetuaram.

Posta em dúvida a regularidade da doação, sob fundamento de que seria gratificação simulada, pergunta-me:

1º É lícita a doação feita, uma vez que os doadores não sofram qualquer das restrições impostas pelo Código Civil a este contrato?

2º Pode ser considerada como simulação a liberalidade, quando não ocorre nenhuma relação de emprego entre o doador e o donatário?

3º A doação em nosso direito está subordinada a justificação causal, no sentido de que sua validade está na dependência da apuração do motivo determinante?

4º. A liberalidade, neste caso, pode ser estendida a outras pessoas, como obrigação de terceiros, no caso, especificamente, a outros funcionários do Banco CIS S.A. e como devidas por este, ou pela CTA ou pela BVL?

## PARECER

*Ao Quesito Primeiro*

Segundo a regra contida no art. 1.165 do Código Civil,[1] *"considera-se doação o contrato em que uma pessoa, por liberalidade, transfere do seu patrimônio bens ou vantagens, para o de outra que os aceita".*

Ato liberal, por excelência, não encontra obstáculo senão nas limitações que por lei lhe sejam opostas.

Assim é que não vale a doação por incapacidade do doador; por iliceidade do objeto; por inobservância do requisito formal. Não prevalece a inoficiosa, ou seja, aquela que ultrapassa o de que o doador possa dispor em testamento. É nula a doação universal, isto é, a que tenha por objeto a totalidade do patrimônio, sem reserva de usufruto ou renda suficiente para a subsistência do doador. E anulável a que se faça em fraude de credores, pelo insolvente ou por quem ao estado de insolvência venha a reduzir-se em virtude dela.

Nenhuma das hipóteses aqui lembradas ocorre. Não podendo uma pessoa ser impedida de praticar ato qualquer, sem que a isto se oponha obstáculo legal, não cabe pôr em dúvida a liberalidade.

É certo, e consta de documentação instruindo a consulta, que alguns Reclamantes alegam a ineficácia da doação, sob fundamento de não ser lícito aos diretores de uma sociedade anônima doar bens ou valores desta sem autorização da Assembleia Geral.

---

1 – Dispositivo correspondente no Código Civil de 2002:
"Art. 538. Considera-se doação o contrato em que uma pessoa, por liberalidade, transfere do seu patrimônio bens ou vantagens para o de outra."

Aludo ao fato apenas incidentemente, dada sua notória impertinência. De um lado, não houve doação por parte de nenhuma sociedade anônima. O que ocorreu foi que os vendedores de quotas a eles pertencentes separaram uma parte do preço, e dela usaram para as liberalidades. De outro lado, a *legitimatio ad causam* para atacar uma liberalidade praticada pela diretoria da S.A. é do seu corpo acionário, e não de terceiros.

Não ocorrendo a menor parcela de irregularidade nas doações, de modo a invalidá-las, o ato é inatacável.

*Ao Quesito Segundo*

A questão é aqui colocada no terreno trabalhista, e discutida a regularidade do pagamento efetuado ao empregado, a título de doação. E, para assim sustentar, alega-se que, para o direito do trabalho, não existe doação pura e simples. Ela será sempre remuneratória. Se o empregador beneficia o seu empregado, o ato liberal não se presume liberal, mas induz uma gratificação remuneratória. A doação haveria sempre de se inspirar em serviços prestados, ou em contemplação do merecimento do donatário. O art. 457, § 1º, da CLT integra no salário as comissões, percentagens, gratificações ajustadas, diárias para viagem, abonos pagos pelo empregador.

Não vou discutir, aqui, a tese que me parece demasiado ampla, e, por esta razão, incidente no pecado da generalização.

Examino a questão sob o aspecto exclusivamente dos seus pressupostos.

Para que uma liberalidade incida na abrangência da CLT, há de ter, como elemento essencial etiológico, a relação de emprego.

Sem esta, não se sujeita aos dispositivos de legislação do trabalho. O pressuposto material indispensável a que uma quantia, qualquer que seja, se configure como salário direto ou indireto é o fato do *accipiens* recebê-la daquele que, nos termos da mesma CLT, possa qualificar-se como "seu empregador".

Segundo se vê da consulta, amparada no exame pericial realizado, os beneficiados, que são funcionários do Banco CIS S.A., nada receberam deste. O seu empregador (Banco) nada lhes pagou. Receberam as doações que lhes fizeram Dr. MTG e outros, e está provado que entre os doadores e os donatários não existe qualquer relação de emprego.

A CTA, igualmente, não é empregadora de qualquer deles, e nem podia ser, porque foi criada justamente no momento em que eles, doadores, venderam suas quotas da BVL ao Banco ACL. E, também, os beneficiados não são empregados quer da BVL, quer do Banco ACL.

Qualquer, pois, que seja o ângulo pelo qual se considere a liberalidade, não se encontra sua vinculação ao direito do trabalho.

Não existe, pois, o menor vislumbre de ter sido a doação causada na relação de emprego entre os doadores e os donatários.

## Ao Quesito Terceiro

A doação é ato inspirado em liberalidade do doador. E não perde este caráter. É o que ensina EDUARDO ESPÍNOLA:

"A doação é sempre um ato de liberalidade; não perde esse caráter quando o motivo que determinou a declaração de vontade do doador foi a contemplação do merecimento do donatário ou a consideração de algum serviço ou favor recebido sem qualquer vínculo obrigacional" (*Dos Contratos Nominados no Direito no Direito Brasileiro*, n. 100, p. 167).

Para se completar a doação, não há, portanto, indagar a razão determinante do ato. É irrelevante pesquisar o motivo da liberalidade. Na hipótese da consulta, ficou totalmente afastada a relação de emprego entre os doadores e os donatários, como igualmente afastado que os donatários tenham sido gratificados direta ou indiretamente pelo Banco onde trabalham. A prova pericial não fornece qualquer elemento que o acuse.

Não revelada a causa, surgiu no correr da ação trabalhista comentário dubitativo, estranhando que nestes dias atuais, dominados pelas competições econômicas, viesse alguém fazer liberalidades de vulto a pessoas não vinculadas aos doadores. Tais considerações seriam porém estranhas ao ato. O que compete *data venia* a quem foi incumbido, por dever de ofício, de apreciar o ato, é averiguar os elementos deste. Apurar, como se apurou, que não trouxe caráter adicional ao salário, uma vez que não partiu do patrão em favor do empregado. Investigar, como a perícia o fez, que não proveio do empregador.

Procedendo à venda de suas quotas da empresa holding do Banco CIS S.A., por preço que lhes pareceu satisfatório, destinaram os alienantes uma parte do preço para liberalidades a pessoas que escolheram, a seu puro critério. E, como o dinheiro lhes pertencia, pois que era produto da venda de bens de seu patrimônio, tinham a liberdade de dar-lhe o destino obediente tão só à sua vontade.

Cuidando em especial da causa da doação, CERRUTI AICARDI a situa precisamente na mera liberalidade do benfeitor:

"La causa en la donación, como en todos los contratos gratuitos, se halla en la mera liberalidad del bienhechor" (*Contratos Civiles*, n. 21, p. 58).

Injurídico, portanto, insinuar na doação discutida na aludida ação trabalhista uma causa maliciosa, pelo simples fato de não revelarem os doadores a motivação psíquica de sua liberalidade.

E, de raciocínio em raciocínio, passou-se até a inquiná-la de simulação.

Esta, como defeito do negócio jurídico, vem caracterizada no art. 102 do Código Civil:[2]

---

2 – Dispositivo correspondente no Código Civil de 2002:
"Art. 167. (...)

(...)
"I – Quando aparentarem conferir ou transmitir direitos a pessoas diversas das a quem realmente se conferem, ou transmitem.
II – Quando contiverem declaração, confissão, condição ou cláusula não verdadeira.
III – Quando os instrumentos particulares forem antedatados, ou pós-datados."

Não há dúvida sobre a data do ato; nem se discute a interposição de pessoa, caso em que o beneficiário aparente (presta-nome, ou homem de palha, ou laranja, como se costuma apelidar) encobre um favorecido oculto.

Resta ao exame o inciso II, posto em plano de discussão pelos Reclamantes, acusando o ato de liberalidade de continente de uma declaração inverídica, caracterizada pela ocultação da natureza remuneratória do ato, como ocultação de uma gratificação a empregados.

Acontece que o exame pericial excluiu esta hipótese. Erma de prova, restou apenas o vazio de uma suposição meramente subjetiva. Não encontrando explicada a razão da liberalidade (está visto que o doador não tem o dever de causá-la senão no seu *animus donandi*), formulou-se a hipótese de ter tido por objeto encobrir gratificação empregatícia. Mera hipótese, sem qualquer viso evidencial.

Mas ocorre que a simulação, como defeito do negócio jurídico, não pode ser presumida. Para inquinar o ato negocial, requer provada, convincentemente, pois que atenta contra o curso regular dos efeitos do ato. Dois clássicos da matéria o apresentam em termos quase idênticos.

FRANCESCO FERRARA, em livro que corre o mundo, parte do pressuposto de que vigora a presunção de veracidade de todo e qualquer ato, e destarte ele é dotado de força produtiva de suas consequências. Se alguém arguir a simulação, deve dar a prova, porque seria ela um fato anormal:

"Ora la simulazione del negozio é un fenomeno anomalo, perchè normalmente si ha la corrispondenza tra volontà e dichiarazione. Spetterà quindi a colui il quale vuole togliere efficacia o pretendere un'efficacia diversa da quella che scaturirebbe dal rapporto nel suo stato ordinario, di provare il fatto anormale del conflitto fra volontà e dichiarazione per renderne effimeri o diversi gli effetti" (*Della Simulazione dei Negozi Giuridici*, n. 68, p. 305).

---

§ 1º Haverá simulação nos negócios jurídicos quando:
I – aparentarem conferir ou transmitir direitos a pessoas diversas daquelas às quais realmente se conferem, ou transmitem;
II – contiverem declaração, confissão, condição ou cláusula não verdadeira;
III – os instrumentos particulares forem antedatados, ou pós-datados.

O outro clássico, BELEZA DOS SANTOS, em considerações dotadas da mesma segurança conceitual assim se exprime:

"Em um ato jurídico a situação normal e que, por isso, se pressupõe, é que a declaração de vontade traduz vontade real; é que as partes *disseram* aquilo que na realidade *quiseram*.
Quem fundar qualquer pretensão na validade desse ato não precisa, portanto, de provar que ele está isento de vícios de formação, que a *vontade declarada* coincide com a *vontade real*.
E, pelo contrário, quem alegar judicialmente uma divergência entre esses elementos, que normalmente se harmonizam, quem arguir a *falta de seriedade* do ato, tem, em regra, de *provar* o que alegou, porque as situações anormais se não presumem" (*A Simulação em Direito Civil*, p. 145).

Cuidando em especial do ônus da prova da simulação, MICHEL DAGOT, outro monografista da matéria, afirma que aquele que a alega tem de dar a respectiva prova:

"C'est à celui qui intente l'action en déclaration de simulation d'apporter la preuve de cette dernière" (*La Simulation en Droit Privé,* n. 306).

Do jogo destes princípios resulta, de um lado, a presunção de veracidade e de realidade das doações feitas. Quem as fez, procedeu inspirado no seu propósito liberal. Doou porque quis doar, atendendo às inspirações de sua íntima elaboração psíquica. Não era obrigado a justificar a liberalidade, nem ao menos revelar a sua motivação.

Provada a inexistência de vinculação causal entre liberalidade e relação empregatícia, descabe sujeitá-la à normação específica da CLT.

E, tendo por si a presunção de veracidade, não pode ser acusada de conter declaração, condição ou cláusula não verdadeira, uma vez que nenhuma prova foi ao propósito produzida.

*Ao Quesito Quarto*

Sendo, por lei, e por definição, a doação ato de liberalidade, não comporta compulsoriedade. Ninguém pode ser "compelido a doar". O fato de duas pessoas se encontrarem em condições idênticas, e uma delas ser beneficiada de uma liberalidade, não significa que a outra tenha um direito a ser beneficiada também. O doador tem plena liberdade de opção e de deliberação. Beneficia a quem quiser beneficiar. O fato de ter doado certa soma em dinheiro a pessoas que exercem ou exerciam determinada função no Banco CIS S.A. não dá a outras pessoas em situação igual ou análoga a faculdade de reclamar do doador igual benefício.

E, se o terceiro, ainda que invocando paridade de situação, não tem uma pretensão juridicamente exigível contra o doador, muito menos poderia articulá-la contra um terceiro que nada doou. Nenhuma doação foi realizada pelo Banco CIS S.A. (de quem os reivindicantes são servidores), nem pela BVL ou pela CTA, de quem nem ao menos o são.

Trata-se, pois, de uma postulação heterodoxa, em ambos os sentidos. De um lado, traduz a pretensão de exigir de alguém uma liberalidade; e de outro lado reclama que esta seja efetuada por pessoa que nem fez, nem pode fazer doação, pois que esta, praticada por empresa mercantil, não tem justificativa senão naqueles casos previstos em lei, especialmente tributária.

Frustrada, pois, a tentativa de desfigurar a doação e convertê-la em gratificação trabalhista, resta assim a insustentável pretensão de obrigar alguém a ser liberal contra a sua vontade.

## 29

Ação de despejo. Consignação em pagamento. Descabimento da consignação quando o devedor se encontra em mora. Depósito em dinheiro: necessário preenchimento dos requisitos de liquidez e certeza. Descabimento de depósito parcial. Não é lícita a oferta complementar no curso da lide, se se tratar de prestação cujo inadimplemento acarrete a rescisão do contrato. Se a consignatória improcede, o despejo prospera.

---

A matéria que é objeto do presente parecer flui naturalmente dos princípios que informam a dogmática relacionada com a ação de consignação em pagamento por um lado, e com a ação de despejo pelo outro. Aliás, esta última é um corolário natural da primeira. Desde que o locatário não efetuou o pagamento do aluguel devido, e a tanto equivale ser considerada improcedente a ação de consignação, terá ele faltado com o pagamento, e o despejo é de se decretar. No desenvolvimento, pois, das teses aqui emergentes, detenho-me por mais tempo no atinente àquela, limitando-me, no que respeita a este, a extrair a imediata consequência.

1. De começo, assento o conceito do pagamento por consignação, segundo os civilistas. Não por entender necessário enunciá-lo, mas pelo fato de conter desde logo a essência da oferta real. Conforme as noções tradicionalmente cultivadas, este pagamento especial consiste no depósito judicial da coisa devida, nos casos legalmente previstos. Fixa-se na disposição do art. 972 do Código Civil:[1]

"Considera-se pagamento, a extingue a obrigação, o depósito judicial da coisa devida, nos casos e forma legais."

Na limpidez de seus comentários, CLÓVIS BEVILÁQUA explica-o:

"A consignação é um modo indireto de libertar-se o devedor da sua obrigação, que consiste no depósito judicial da coisa devida. A forma pela qual se efetua a

---

[1] – Dispositivo correspondente no Código Civil de 2002:
"Art. 334. Considera-se pagamento, e extingue a obrigação, o depósito judicial ou em estabelecimento bancário da coisa devida, nos casos e forma legais."

consignação é matéria processual; mas a substância e os efeitos do instituto são de direito civil" (*Comentários,* v. IV, p. 134, ao art. 972).

Reportando-se à forma e aos casos legais, minudencia-os a lei, logo em seguida. Os casos vêm expressos no art. 973,[2] e o cabimento contem-se no art. 974,[3] *in verbis*:

"Para que a consignação tenha força de pagamento, será mister concorram, em relação às pessoas, ao objeto, modo e tempo, todos os requisitos, sem os quais não é válido o pagamento."

Na hipótese da consulta, não cabe indagar do requisito subjetivo, que se apresenta incontroverso. Toda a discussão travou-se na espécie em função do tempo e do objeto. Vale dizer: se tem cabida o pagamento por consignação depois da oportunidade devida; e, em se tratando de quantia em dinheiro, se é admissível sendo inferior ao débito, ou ainda no caso de se promover, no curso do processo, o acertamento do quantitativo da obrigação.

2. A primeira das indagações *supra* é a relativa ao tempo do pagamento, a cujo respeito GIORGI manda distinguir a obrigação pura da condicional ou a termo. E, neste último caso, a *solutio* far-se-á na ocorrência dele, sendo-lhe tão somente lícito antecipá-lo, se não tiver sido instituído em favor do próprio credor:

---

[2] "Art. 973. A consignação tem lugar:
I – se o credor, sem justa causa, recusar receber o pagamento, ou dar quitação na devida forma;
II – se o credor não for, nem mandar receber a coisa no lugar, tempo e condições devidas;
III – se o credor for desconhecido, estiver declarado ausente, ou residir em lugar incerto, ou de acesso perigoso ou difícil;
IV – se ocorrer dúvida sobre quem deva legitimamente receber o objeto do pagamento;
V – se pender litígio sobre o objeto do pagamento;
VI – se houver concurso de preferência aberto contra o credor, ou se este for incapaz de receber o pagamento."
– Dispositivo correspondente no Código Civil de 2002:
"Art. 335. A consignação tem lugar:
I – se o credor não puder, ou, sem justa causa, recusar receber o pagamento, ou dar quitação na devida forma;
II – se o credor não for, nem mandar receber a coisa no lugar, tempo e condição devidos;
III – se o credor for incapaz de receber, for desconhecido, declarado ausente, ou residir em lugar incerto ou de acesso perigoso ou difícil;
IV – se ocorrer dúvida sobre quem deva legitimamente receber o objeto do pagamento;
V – se pender litígio sobre o objeto do pagamento."

[3] – Dispositivo correspondente no Código Civil de 2002:
"Art. 336. Para que a consignação tenha força de pagamento, será mister concorram, em relação às pessoas, ao objeto, modo e tempo, todos os requisitos sem os quais não é válido o pagamento."

"Scade, quando si verifica la condizione, o giunge il termine; rimanendo per altro in facoltà del debitore di pagare anche prima, se per eccezione il termina non sia stabilito a favore del creditore" (GIORGIO GIORGI, *Teoria delle Obbligazioni*, v. VII, n. 40).

Sendo um direito do credor o recebimento *opportuno tempore*, não pode ser compelido a receber se o devedor estiver em mora, como observa OROSIMBO NONATO, forte na sentença de ULPIANO, *in Digesto*, Livro 50, Tít. XVI, fragmento 12, § 1º: *minus solvito qui tardius solvit* (OROSIMBO NONATO, *Curso de Obrigações*, 3ª parte, p. 40).

A propósito, a doutrina arma um raciocínio, cuja presença é útil para a fixação do momento em que a consignação tem de operar-se. De um lado, o devedor tem a obrigação de pagar no prazo, e, se o não faz, incide em mora. De outro lado, o credor não pode ser compelido a receber antes do prazo, como ensina DE PAGE, se este foi convencionado a seu favor:

"Le créancier ne peut être contraint de recevoir le paiement avant le terme échu, si celui-ci a été stipulé dans son intérêt" (*Traité*, tomo III, 2ª parte, n. 494, p. 476).

Consequência será, então, que o devedor (salvo no caso de ser o termo ajustado a benefício do credor) tem de depositar a coisa ou quantia devida dentro no prazo estipulado para o cumprimento da obrigação, e até o seu último dia. E, atendendo a que, até esse derradeiro momento, podia ele pagar, a oferta da prestação era legítima até então.

Não a aceitando o credor, ainda no último dia, a oferta real há que se cumprir.

Recusando o credor receber ou quitar, a consignação tem de se efetuar no dia imediato, e não em qualquer tempo depois da data. É a lição de CARVALHO SANTOS:

"A oferta, sim, deve ser feita antes do vencimento, até o último momento do prazo, e verificada a recusa, com o não recebimento até esse momento, corre ao devedor a obrigação de consignar em pagamento a prestação no dia imediato, ficando a seu cargo provar que fez a oferta em tempo hábil e se verificou a recusa da parte do devedor" (J. M. DE CARVALHO SANTOS, *Código Civil Brasileiro Interpretado*, 2ª ed., v. XII, p. 26).

Na verdade, a consignação em pagamento é uma faculdade concedida ao devedor, para solver a obrigação, *nolente creditore*. É o devedor que coage o *reus credendi*, a vir ou mandar levantar a coisa ou quantia devida, liberando-se. A consignação pressupõe uma recusa injustificada do credor, segundo o que reza o art. 973, n. I:[4] "Se o credor, sem justa causa, recusar receber o pagamento, ou dar quitação na devida forma". Na atitude do credor há um pressuposto de culpa, quando o legislador alude à

---

[4] CC 2002, art. 335, inciso I.

recusa "sem justa causa", equivalente à "recusa injustificada". O devedor em demora de prestar não está inocente, mas incorre em falta, e por outro lado, a lei quer, para a validade da consignação, que esta atenda ao requisito do tempo. Conjugados os princípios, vê-se bem não caber oferta real em prol de um devedor que deixou passar o momento azado de solver, e já se acha em atraso, ou seja: no jogo das regras legais, a consignação não favorece o devedor depois de ultrapassado o termo estipulado para o cumprimento do obrigado.

3. Da mesma disposição do art. 974 do Código Civil[5] resulta que é requisito da oferta real a exigência relativa ao objeto do pagamento. A coisa consignada há de coincidir com a coisa devida. Se o credor não é obrigado a receber coisa diversa, ainda que mais valiosa (*Código Civil*, art. 863),[6] não caberá consignação de coisa diferente. Em se tratando de pagamento em dinheiro, pressupõe ele os requisitos da certeza e da liquidez. O devedor oferecerá a totalidade da dívida, não tendo cabimento o depósito parcelado nem parcial. Há de pagar por inteiro. Reversamente, o credor não pode ser obrigado a receber *pro parte* se tal se não convencionou (*Código Civil*, art. 889).[7] Estas noções, de mais lídima exatidão, respondem de pronto à convocação, na hora de se debater a estrutura do pagamento por consignação.

Assim é que o nosso CARVALHO SANTOS alude ao assunto, esclarecendo:

"Em se tratando da prestação pecuniária, o devedor deverá consignar em depósito a quantia inteira, com os respectivos acessórios, juros, despesas, pena convencional" (v. cit., p. 21).

Não basta, então, uma oferta. Esta há de ser integral. É básico, como salienta DE PAGE:

*"Les offres réelles suivis de consignation doivent porter d'abord sur la totalité de la dette en principal"* (v. cit., p. n. 476).

Não tem cabimento o depósito judicial incompleto, ainda com o protesto ou promessa de complementação ulterior, como ensinam PLANIOL et RIPERT:

---

5   CC 2002, art. 336.
6   "Art. 863. O credor de coisa certa não pode ser obrigado a receber outra, ainda que mais valiosa."
    – Dispositivo correspondente no Código Civil de 2002:
    "Art. 313. O credor não é obrigado a receber prestação diversa da que lhe é devida, ainda que mais valiosa."
7   "Art. 889. Ainda que a obrigação tenha por objeto prestação divisível, não pode o credor ser obrigado a receber, nem o devedor a pagar, por parte, se assim não se ajustou."
    – Dispositivo correspondente no Código Civil de 2002:
    "Art. 314. Ainda que a obrigação tenha por objeto prestação divisível, não pode o credor ser obrigado a receber, nem o devedor a pagar, por partes, se assim não se ajustou."

*"Le débiteur pour faire des offres valables doit offrir tout ce qui est déjà exactement déterminé, dans l'objet de son obligation, la totalité du capital, des intérêts et des frais liquidée; il ne suffirait pas de promettre de parfaire ensuite"* (*Traité Pratique*, v. VII, n. 1.208).

4. Na mesma linha de raciocínio, a liquidez da obrigação é outro pressuposto da oferta real. Se ao devedor cabe pagar o devido e ao credor receber, igualmente, não há cogitar de pagamento por consignação quando pende a iliquidez da quantia, pois em tal caso ocorre a ignorância sobre o que é devido. Veja-se, ao propósito, DE PAGE:

"Un payement partiel, ou global, mais sans précision, alors que les articles du compte sont contestés, ne serait pas valable" (loc. cit.).

Partindo desta noção, os autores configuram a ação de consignação em pagamento como uma ação executiva ao inverso. Da mesma forma e pela mesma razão que o credor não tem a seu prol o benefício do rito executivo, em sendo incerta e ilíquida a dívida, também não cabe ao devedor valer-se da consignatória senão na concorrência dos requisitos da liquidez e certeza.

Em nosso direito, levantou a questão JAIR LINS, cujo estudo fundamentou acórdão publicado in Revista Forense, v. 82, p. 680, de que se destaca esta passagem:

"A ação de consignação em pagamento é uma ação executiva inversa. Assim como há ação de mandato direta e inversa, para ajustar pessoalmente as relações entre mandante e mandatário, a lei dotou as partes, presas por obrigação de dar líquida e certa, de duas ações: uma ativa, tendente a obter a coisa prometida, que é a executiva, quando se trata de obrigação pecuniária, e outra passiva, tendo por objeto compelir o credor a receber a coisa prometida, e esta é a consignação.
Daí esta restrição do direito de defesa: só se admite uma ação ou outra – a executiva ou a de consignação – quando tem por objeto ou pedido ou oferecimento de prestação líquida e certa."

Seguiu-lhe as pegadas MACHADO GUIMARÃES, que assentou, primeiro, a tese central:

"Ora, conforme se verá mais adiante, no processo do pagamento por consignação é inadmissível qualquer discussão sobre a dívida em si mesma ou sobre o seu *quantum*" (*Comentários ao Código de Processo Civil de 1939*, v. IV, n. 316, p. 296).

E, depois de transcrever a lição de JAIR LINS, acima invocada, acrescenta:

"Por assim entenderem é que frequentemente têm decidido os nossos tribunais que o pagamento por consignação é meio próprio para o devedor pagar o que julga devido e não para deixar de pagar o que julga não devido, e que, devendo preencher ele todos os requisitos, sem os quais não é válido o pagamento, esse conceito exclui a possibilidade da discussão sobre o quantum da dívida no curso da demanda. Outro não é o sentir dos nossos doutrinadores e tratadistas e dos tratadistas estrangeiros" (ob. cit., n. 330, p. 310).

Em abono da tese, invoca a autoridade de AMORIM LIMA, MENDES PIMENTEL, DE PLÁCIDO E SILVA, CARVALHO SANTOS, JORGE AMERICANO, LOMONACO, LAURENT, HUC.

Eu mesmo, ao versar o pagamento por consignação, assim me exprimi:

"No tocante à integridade do depósito, cumpre salientar que é indispensável tratar-se de obrigação líquida e certa. Se não está apurado o quantum, não cabe o depósito. Neste particular, já se diz que a consignação em pagamento é uma executiva invertida.

(…)

Se não for líquida e certa a dívida, descabe a consignação em pagamento, havendo mister a prévia promoção da ação de acertamento" (CAIO MÁRIO DA SILVA PEREIRA, *Instituições de Direito Civil*, v. II, n. 158).

5. Estabelecido que descabe ação de consignação em pagamento se ilíquida é a obrigação, o mesmo ocorre, e talvez mais enfaticamente, se é o próprio devedor que assim a caracteriza, quando faz a oferta real admitindo venha ao futuro a completar o depósito. Entender o contrário é negar ou desconhecer a estrutura e as finalidades da ação. Por via desta, o devedor, que pretende liberar-se do débito, em face da recusa do credor, intima-o para, em dado momento, receber e quitar. Acontece que o credor nem é obrigado a receber menos do que o devido – *minus quam delitum* – nem pode ser compelido a receber parcialmente a dívida; e nem pode ser constrangido a quitar uma obrigação sem que o devedor a satisfaça. Consequentemente, é lícita e é justa a sua recusa, se o depósito é insuficiente.

Contestada, então, a oferta, arma-se a litiscontestação em torno do ponto.

Uma nova oferta, complementar, no curso do processo, não traz o condão de retroagir ao momento inaugural da lide, para alterar os termos objetivos da equação processual.

Apenas por erro escusável de cálculo, como salientei em minha obra, com apoio na doutrina universal, pode ser admitida a retificação, se vier oportuna.

Jamais, com alteração dos termos da controvérsia armada pela contestação da lide.

6. O campo das relações locatícias é fértil nestes conflitos.

Regra é, amparada na doutrina de OROSIMBO NONATO e de LUIZ ANTONIO DE ANDRADE, que a *emendatio morae*, que constitui medida excepcional no despejo por falta de pagamento, é incabível depois de proposta a ação.

Mais liberal, AGOSTINHO ALVIM concede-a até a *litiscontestatio*. Vejamos, pois:

"Ela (emenda da mora) somente depara limites em não mais se achar a questão re integra, ou, segundo entendemos, de acordo com a orientação do primeiro anteprojeto do Código de Obrigações, art. 287, parágrafo único, enquanto não é proposta ação pelo credor" (OROSIMBO NONATO, ob. cit., p. 41).

Em monografia, objetivando os vários aspectos das locações de prédios urbanos, dizem os especialistas:

"Parece-me que, realmente, a melhor doutrina está com os que entendem inadmissível a purgação da mora após proposta a ação pelo credor, ou, para sermos mais precisos, após citado o devedor para responder aos termos da ação que o credor lhe move. De acordo com o sistema do Código Civil Brasileiro, em todo contrato sinalagmático acha-se subentendida a condição resolutiva tácita. Para que se opere a resolução de condição, necessária é, no entanto, a interpelação judicial, à qual se equipara a citação initio litis, com o que se extingue o direito a que ela se apõe (*Código Civil*, art. 114). E se extinto se torna o direito, desaparece para o devedor a possibilidade de fazer convalescer o contrato, purgando a mora. E é por isso que então se diz que, proposta a ação pelo credor, a causa não está mais re integra" (LUIZ ANTONIO DE ANDRADE e J. J. MARQUES FILHO, *Locação Predial Urbana*, v. II, p. 560).

7. Geminadas as duas ações de despejo por falta de pagamento e consignatória dos alugueres, a sorte do contrato locatício está jogada no mesmo tablado. Se o depósito é procedente, a rescisão locatícia perime. Se a consignatória improcede, o despejo prospera, porque teria faltado ao devedor ilidir o implemento da resolutiva do contrato de locação.

A circunstância de serem conexos os pedidos, e *ipso facto* decididos na mesma assentada, enfatiza ainda mais os efeitos da consignação desvestida dos requisitos de validade do depósito.

Iniciada a destempo (ausência do requisito "tempo do pagamento") ou depositada quantia inferior à devida ou oferecida solução a uma dívida cuja iliquidez é admitida (falta de requisito "objeto do pagamento"), e contestada por tais motivos a oferta real, inocorre a verificação de se achar a causa *re integra*. De conseguinte, não há mais lugar à *emendatio morae*, no curso da lide.

A condição resolutiva tácita já operou os seus efeitos. Qualquer iniciativa do locatário, para ilidir, por via de complementação, o depósito judicial, encontra roto o vínculo contratual, não restando senão o decreto do despejo. Fixada a controvérsia pela litiscontestação, é em torno do binômio "depósito-recusa" que gira a decisão da causa. Se faltam à consignatória os seus requisitos, é como se não tivesse havido depósito. Se era insuficiente, ou ilíquida a dívida, ou oferecida extemporaneamente, não mais é lícito ao devedor corrigir-se na pendência da lide, para emendar mora que já teria produzido todos os seus efeitos. E, no caso específico da locação, centralizam-se elas na rutura do vínculo, e consequente procedência do despejo.

# 30

**Fatos**  Contrato de mútuo celebrado entre pessoa física e instituição financeira. Pagamento da dívida mediante a entrega de ações, acrescido de juros e deduzidos os dividendos distribuídos. Faculdade de o banco revender as ações ao mutuário por seu valor nominal, exercível dentro de dois anos. Exigência, pelo banco, do cumprimento da obrigação, passados mais de cinco anos.

**Direito**  Dação em pagamento. Pagamento mediante a entrega de ações. Pacto de retrovenda das ações. Condição resolutiva temporal. Decurso do prazo sem o implemento da condição. Extinção do pacto de retrovenda. Dação em pagamento consolidada.

---

O Sr. BCP dirigiu ao Banco Gama S.A. uma carta na qual declara que dá a este, em pagamento de seu débito, 1.360 ações ordinárias da sociedade "BCP Sociedade Anônima, Importação – Comércio, – Indústria", obrigando-se a comprá-las pelo seu valor nominal de $ ..., dentro do prazo de dois anos.

Obrigou-se, ainda, a, no ato da compra, pagar ao Banco mais os juros de 11% ao ano, calculados sobre o preço, a contar daquela data, com a dedução dos dividendos distribuídos.

E caso não cumprisse o obrigado, sujeitar-se-ia ainda aos honorários de advogado e multa de 20%, se o Banco tivesse de recorrer à via judicial.

Agora, já decorridos mais de cinco anos, o Banco Gama dele exige o cumprimento da obrigação, sob as penas pactuadas, e ainda outras exigências.

Pergunta-me, então, se está ainda sujeito a este compromisso.

## PARECER

Da proposição acima formulada decorre, para uma boa resposta, dividir a solução em dois momentos: caracterizar a natureza do ato, e a da cláusula *a retro* que nele se insere.

O documento em questão contém, nitidamente, uma *datio in solutum*. Não pode haver dúvida. Literalmente, reza:

"Relativamente às 1.360 (hum mil, trezentos e sessenta) ações ordinária da sociedade BCP Sociedade Anônima, Importação – Comércio – Indústria, com sede nesta Capital, dadas a VV. SS. em pagamento do meu débito perante esse Banco..."

O devedor era obrigado a solver um débito em dinheiro; devia coisa certa, e se quitaria da obrigação pagando em dinheiro. Entregou ao Banco e este aceitou, em solução da obrigação, 1.360 ações ordinárias, para traduzir o que escreveu o documento em exame.

Quem *aliud pro alio* entrega ao credor, em cumprimento do obrigado, faz uma dação em pagamento, que é meio legal de extinguir a obrigação. Veja-se CLÓVIS BEVILÁQUA:

"A *datio in solutum* pode ter por objeto qualquer prestação que não seja dinheiro: uma coisa móvel ou imóvel, a cessão de um crédito. Tudo depende da vontade, que têm as partes de extinguir, definitivamente, a obrigação. Nisto se distingue a *datio in solutum* da novação: extingue, definitivamente, a obrigação, não a substitui por outra" (*Comentário* ao art. 997).

Acordo liberatório, como é chamado em doutrina, está aqui inteiramente caracterizado: o devedor entrega e o credor recebe coisa diversa, "em pagamento" do débito.

Ou, então, PLANIOL et RIPERT:

"Il y a dation en paiement lorsque le débiteur remet en paiement à son créancier une chose autre que celle qui était due en vertu de l'obligation" (*Traité Pratique*, VII, n. 1.249).

Dos termos do documento, e da vontade que ele traduz, resulta, inequivocamente, a entrega dos títulos *in solutum* da dívida. Não foram entregues as ações em garantia da obrigação, pois que o contrato de garantia é acessório e não principal. Insubsistente por si só. Ou existe como acessório, ou não existe. E sua sobrevivência como garantia é incompatível com a menção do pagamento. Este é a forma de extinguir a obrigação. A garantia acede à obrigação viva. Se as ações foram dadas em pagamento de dívida, esta foi saldada.

Da primeira parte desta análise resulta, inconfundivelmente, a natureza do ato: dação em pagamento.

Mas a ele foi adjeta uma cláusula *a retro*: o *solvens* declarou que, no prazo de dois anos, era obrigado a recomprar os títulos, pelo seu valor nominal.

Não me pergunta o consulente sobre a eficácia de uma tal cláusula adjeta à dação em pagamento. Apenas a título de ilustração, penso e sustento não ser repugnante a ela o ajuste acessório, dado que à dação em pagamento, quando é determinado o preço da coisa dada, aplicam-se as regras da compra e venda (*Código Civil*, art. 996).[1] Estabelecida a recompra ao preço de $ ... por unidade, está determinado. E as relações entre as partes equiparam-se às da compra e venda.

Analogamente, então, ao pacto *de retroemendo*, o *solvens* estipulou que, em certo prazo, readquiriria a coisa, a preço certo. Não é precisamente a retrovenda, pois que esta, segundo doutrina corrente, só é cabível na venda imobiliária, embora não seja mal amparada a opinião de que também aos efeitos móveis tem cabida.

Mas, por analogia, compreende-se o ajuste como uma condição imposta ao ato.

E assim deve este entender-se: aposta a condição, ficou a *datio* sujeita a readquirir o *solvens* a coisa dada *in solutum*, por preço certo e combinado, o que importava em resolução da dação, e restauração da *res debita* que era dinheiro, dentro da modalidade de compra e venda dos títulos.

Mas, como seria natural, estipulou-se um prazo à operação, e nem a tranquilidade e seriedade dos negócios comportaria manter-se aberta indefinidamente a condição, ignorando o Banco até quando era titular do domínio sobre as ações, e ignorando o cedente destas se e quando teria que dispor de vultosa quantia para resgatá-las.

Nisto encontra fundamento a sujeição da recompra à incidência do prazo de dois anos. Dentro nele era resolúvel a dação. Uma vez escoado, sem que o beneficiário disto se utilizasse, tornou-se puro e simples o negócio jurídico, insuscetível de outra solução. Ou o Banco efetuava a revenda dentro de dois anos daquela já longínqua data, ou não mais podia fazê-lo, porque com a expiração do prazo extinguiu-se a condição instituída a seu benefício, de vez que traduzia uma obrigação do *solvens* recomprar, e era uma faculdade do *accipiens* revender.

Trata-se, no caso, de uma daquelas condições subordinadas ao tempo, em que este fator exerce um papel preponderante, excluindo o implemento dela, uma vez decorrido:

"Como a verificação ou não verificação do fato pode referir-se a determinado espaço de tempo, de modo a ter-se em conta não a simples eventualidade, mas essa eventualidade dentro de um tempo determinado (*si navis intra certum tempus ex Asia Venerit, si servum ante kalendas Ianuarias non manumiseris*), a condição positiva – que em outro qualquer caso podia existir sempre e, vice-versa, faltar só quando fosse certo que a eventualidade não surgisse, – apenas se concretiza se tal eventualidade se dá no tempo previsto" (RUGGIERO, *Instituições*, v. I, § 30, p. 287).

---

1   "Art. 996. Determinado o preço da coisa dada em pagamento, as relações entre as partes regular-se-ão pelas normas do contrato de compra e venda."
    – Dispositivo correspondente no Código Civil de 2002:
    "Art. 357. Determinado o preço da coisa dada em pagamento, as relações entre as partes regular-se-ão pelas normas do contrato de compra e venda."

Dentro, portanto, da boa doutrina, a condição subordinada ao tempo está articulada com este: subordinado o ato à condição resolutiva temporal, consolida-se em puro e simples deixando de suportar a possibilidade de resolver-se, uma vez apurado que não ocorreu o implemento da condição no prazo fixado.

Foi o que se deu na espécie: decorrido o prazo de dois anos sem que se impusesse ao Consulente a recompra dos títulos, ficou este forro à exigência, que não mais se poderá fazer.

Assim exposta a questão, e desenvolvida, uma e única é a resposta: não está mais sujeito ao compromisso, seja juridicamente, seja moralmente, e sob tal liberação deverá agir.

# 31

**Fatos**  Executivo em exercício de cargo com alto salário e participação em excelente fundo privado de pensão. Convite para trabalhar em outro grupo econômico, em troca de alta remuneração, de participação crescente nos lucros e de outros benefícios. Constituição de uma garantia, para o caso de insucesso em suas novas funções. Dispensa do executivo pelo novo empregador. Recusa ao pagamento da garantia. Ajuizamento de ação, pelo novo empregador, alegando a nulidade da garantia.

**Direito**  Contrato de prestação de serviço. Afastamento do locador da mão de obra. Indenização preestabelecida em benefício do locador. Natureza jurídica da indenização. Prestação de serviço pactuada pelo prazo de cinco anos. Alegação de nulidade, tendo em vista que a lei limita a convenção laboral a quatro anos. A declaração judicial de redução ao quatriênio não fulmina o contrato de nulidade. Distinção entre condição potestativa simples e condição potestativa pura. Legalidade da condição potestativa simples. A obrigação não pode ser considerada nula nem anulável.

---

O GDR exercia função de Diretor de Planejamento e Desenvolvimento do Grupo Alfa Ltda., onde trabalhava desde 1980, participando do Comitê Executivo do Grupo, recebendo elevados salários e participando de excelente fundo privado de pensão.

Em maio de 1986, foi contatado pelo Grupo RR e convidado para exercer funções executivas nas empresas daquele Grupo e, particularmente, as de Vice-Presidente da BETA S/A – IND. E COM. PRODS. QUÍMICOS, uma das empresas líderes daquele complexo de investimentos petroquímicos.

Em sucessivas reuniões, o Sr. GDR acabou sendo convencido a abandonar suas funções e privilégios no Grupo Alfa para trabalhar no Grupo RR. Para compensar o risco de abandonar uma carreira funcional de sucesso e absolutamente estável, além de excelente salário, acrescido de participação crescente nos lucros das empresas, seguro de vida a favor de seus dependentes etc., lhe foi oferecida UMA GARANTIA PARA O CASO DE INSUCESSO EM SUAS NOVAS FUNÇÕES.

Referida garantia, destinada precipuamente a cobrir quaisquer riscos inerentes a um novo trabalho, servia como uma espécie de indenização prefixada, na hipótese da não adequação do funcionário ao novo Grupo, o que somente poderia ser constatado após ter ele abandonado todas as vantagens de uma carreira bem sucedida junto ao Grupo Alfa Ltda.

A garantia encontra-se corporificada na carta datada de 11.06.1986, na qual promete o Grupo RR o cumprimento da obrigação, dando inclusive a garantia adicional de uma carta de crédito internacional, nos seguintes termos:

> "Será emitida, desde logo, uma carta de crédito irrevogável a favor de V.Sa., por banco internacional, no valor de US$ 700.000,00 (setecentos mil dólares norte-americanos), pelo prazo de cinco (5) anos, cuja importância poderá ser levantada livremente por V.Sa., se, a qualquer tempo, V.Sa. deixar de exercer as funções para as quais está sendo contratado em nosso Grupo, seja qual for a razão, motivo ou causa de seu afastamento ou impedimento."

Posteriormente, em data de 01.07.1986, quando o Sr. GDR já havia se demitido do Grupo Alfa e, naquela data, eleito Vice-Presidente da BETA S/A, foi-lhe entregue um segundo documento, do qual consta o seguinte:

> "(i) Se, a qualquer tempo V.Sa. deixar de exercer as funções para as quais está sendo contratado em nosso Grupo, seja qual for a razão, motivo ou causa de seu afastamento ou impedimento (excetuando a hipótese de seu falecimento ou incapacidade permanente), pagaremos a V.Sa., no prazo de 24 (vinte e quatro) horas após sua solicitação, o equivalente, nesta data, a 91.165,41 ORTNs (noventa e uma mil, cento e sessenta e cinco, e quarenta e uma Obrigações do Tesouro Nacional), reajustadas de acordo com a variação destes títulos, livres de todo e qualquer imposto, encargo, desconto ou compensação."

Prometia este segundo documento que a obrigação de indenizar seria garantida por fiança prestada pelo Banco CHM S/A, ou outro banco de primeira linha. Posteriormente, em data de 21 de julho de 1986, foi apresentada ao Sr. GDR uma carta de fiança, nos moldes mencionados, emitida pelo Banco de Investimentos LBL S/A.

Finalmente, em data de 21.10.1986, o Sr. GDR foi dispensado de suas funções, negando-se BETA S/A a pagar-lhe a indenização prometida, bem como recorrendo à Justiça, alegando a nulidade do pactuado.

Em face do exposto, consultamos V.Exa. para obtermos seu parecer sobre os seguintes pontos, dentre outros que V.Exa. entenda conveniente analisar:

> 1º À luz dos fatos narrados e documentos apresentados, como pode ser qualificada a obrigação de BETA S/A de pagar a importância equivalente a 91.165,41 ORTNs (noventa e uma mil, cento e sessenta e cinco, e quarenta e uma Obrigações do Tesouro Nacional), como expressa nos referidos documentos?

2º A obrigação de pagar referida quantia estaria sujeita a condição potestativa ou de qualquer forma inquinada de potestatividade e, portanto, enquadrada entre as defesas em lei, previstas no art. 115 do Código Civil?

3º É nula ou anulável a referida obrigação?

4º Admitindo-se a hipótese de validade da obrigação e, consequentemente, de sua fiança, seria ela efetivamente exigível em qualquer circunstância, sujeita apenas a uma rescisão contratual, por qualquer das partes, motivada ou imotivadamente e mediante mera solicitação do contratado?

## PARECER

1. Duas questões envolvem o conjunto de indagações formuladas na "Consulta" aqui transcrita. Uma primeira diz respeito à natureza jurídica do documento firmado pela sociedade BETA. A segunda discute o caráter potestativo da obrigação assumida, no aludido instrumento, e sua validade.

2. Pela exposição dos fatos e pelos documentos que a instruem, vê-se que o Consulente celebrou com a empresa um contrato de prestação de serviços, sujeito portanto às normas disciplinares do Código Civil, referentes ao assunto.

Neste teor, ambas as partes, locador e locatário, assumiram obrigações recíprocas, inferindo-se que estaria avençado um contrato por prazo certo de cinco anos.

É de se compreender que se trata de um executivo de alta credibilidade. O seu passado e sua vida pregressa demonstram a sua competência. Pertencendo ao quadro de outra empresa poderosa, onde desfrutava de elevado conceito, não deixaria essa situação privilegiada, sem que sua contratação fosse revestida de notórias vantagens. Foi o que ocorreu. Admitido na locatária com elevada remuneração mensal, participação nos lucros da empresa, seguro de vida a favor de seus dependentes, foi-lhe oferecida uma "garantia para o caso de insucesso em suas novas funções".

Celebrado contrato de trabalho por tempo certo, o locador iniciava as suas atividades acobertado pela disposição contida no art. 1.228 do Código Civil,[1] segundo o qual o locatário, que despedir o locador sem justa causa, será obrigado a pagar-lhe por inteiro a retribuição vencida, e por metade a que lhe tocaria de então ao termo legal do contrato.

Vê-se, pois, que, ao ser contratado, o locador de serviços já se achava amparado por uma garantia *ex vi legis*. Não podia ser despedido arbitrariamente pela locatária, que estava desde logo sujeita a uma indenização que representava uma garantia, ou uma es-

---

1 – Dispositivo correspondente no Código Civil de 2002:
"Art. 603. Se o prestador de serviço for despedido sem justa causa, a outra parte será obrigada a pagar-lhe por inteiro a retribuição vencida, e por metade a que lhe tocaria de então ao termo legal do contrato."

pécie de seguro legal, a ser calculada em função da remuneração ajustada. CARVALHO SANTOS qualifica esta remuneração pelo tempo a decorrer entre a data da exoneração e o termo legal do contrato como "perdas e danos" (*Código Civil Interpretado*, v. XVII, p. 291). Cumpre, pois, assentar que o locador de serviços conta com uma garantia, para a eventualidade de ser despedido sem justa causa.

Na espécie concreta, o Consulente já dispunha de uma segurança legal, para o caso de rompimento do contrato de trabalho por parte da empresa locatária.

Acontece que esta garantia, por força de lei, era dependente de uma liquidação, de certo modo complexa e difícil, atendendo a que a remuneração ajustada compunha-se de uma parte fixa e de uma parte variável.

Por outro lado, o critério de indenização previsto no art. 1.228[2] é insatisfatório ou, pelo menos, desconforme com o tratamento dado pela lei na hipótese reversa de rompimento do contrato por parte do locador, nos termos do art. 1.225.[3] A crítica de BEVILÁQUA é esclarecedora, ao comentar o art. 1.228:

"Este artigo não guarda simetria com o art. 1.225, parágrafo único, e coloca o locador de serviço em situação inferior ao locatário" (*Comentários ao Código Civil*, Observação 1, ao art. 1.228).

Com o duplo fito de tornar líquida a obrigação indenizatória do art. 1.228, e de fazer cessar a disparidade acusada por BEVILÁQUA, foi emitido o documento que assegura ao locador uma reparação determinada, e livre de apuração quantitativa na via judiciária. O documento nada tem, portanto, de absurdo ou anômalo. Participa, portanto, da mesma natureza ressarcitória do art. 1.228. É uma garantia ao locador, contra a hipótese de despedida não causada. O que ocorreu foi, apenas, que as partes liquidaram previamente o direito do locador à reparação assegurada pelo art. 1.228, dispensando-o de discutir qual seria o valor da indenização. Ao mesmo tempo, corrigiu a inferioridade contratual do locador frente ao locatário, eliminando a diferença a menor do ressarcimento pelo tempo a decorrer.

A natureza jurídica do documento em questão é a mesma do ressarcimento assegurado no art. 1.228, do qual difere apenas no ponto em que estabelece quantia certa

---

2   CC 2002, art. 603.
3   "Art. 1.225. O locador contratado por tempo certo, ou por obra determinada, não se pode ausentar, ou despedir, sem justa causa, antes de preenchido o tempo, ou concluída a obra (art. 1.220).
    Parágrafo único. Se se despedir sem justa causa, terá direito à retribuição vencida, mas responderá por perdas e danos."
    – Dispositivo correspondente no Código Civil de 2002:
    "Art. 602. O prestador de serviço contratado por tempo certo, ou por obra determinada, não se pode ausentar, ou despedir, sem justa causa, antes de preenchido o tempo, ou concluída a obra.
    Parágrafo único. Se se despedir sem justa causa, terá direito à retribuição vencida, mas responderá por perdas e danos. O mesmo dar-se-á, se despedido por justa causa."

ao invés de estimativa aleatória. Sua legitimidade, em tese, é indiscutível. Pela mesma razão jurídica assecuratória de uma indenização forfetária ao locador de serviço despedido sem justa causa, o Consulente recebeu da locatária uma garantia de indenização prefixada, pelo mesmo motivo.

3. O fato de refletir contratação por cinco anos não lhe abala a legalidade. Quando o art. 1.220[4] limita a convenção laboral por tempo maior de quatro anos, tem em vista proteger o locador contra a eventualidade de uma espécie de escravização ao locatário. Ou, como diz lapidarmente BEVILÁQUA,

> "O fundamento deste artigo é a inalienabilidade da liberdade humana. Uma obrigação de prestar serviço por mais de quatro anos pareceu ao legislador escravização convencional, ou o resultado de uma exploração do fraco pelo poderoso. E, para melhor defender a liberdade, limitou-a" (Comentário ao art. 1.220).

Celebrado, entretanto, contrato por tempo maior de quatro anos não incorre em nulidade. O mesmo artigo estabelece que, decorridos quatro anos, dar-se-á por findo o contrato, ainda que não concluída a obra. É o que ensina WASHINGTON DE BARROS MONTEIRO:

> "Se o contrato for celebrado por mais de quatro anos, poderá ser reduzido pelo juiz, a pedido de qualquer interessado. O excesso de prazo não acarreta nulidade da avença se esta não se restringe exclusivamente à prestação de serviços existindo, porém, prestações de outra natureza, submetida à autonomia da vontade" (*Curso de Direito Civil*, v. 5, p. 180).

A validade da obrigação, que não pode ser questionada em razão de sua natureza, igualmente não sofre restrições por motivo de abranger tempo de serviço superior a quatro anos. Tanto mais que a redução ao quatriênio é uma faculdade concedida pelo art. 1.220[5] a qualquer dos interessados. Se a lei faculta a declaração judicial de sua redução, trata-se de avença válida, porém redutível no tempo, e não de contrato fulminado de nulidade.

---

4   "Art. 1.220. A locação de serviço não se poderá convencionar por mais de 4 (quatro) anos, embora o contrato tenha por causa o pagamento de dívida do locador, ou se destine a execução de certa e determinada obra. Neste caso, decorridos 4 (quatro) anos, dar-se-á por findo o contrato, ainda que não concluída a obra (art. 1.225)."
– Dispositivo correspondente no Código Civil de 2002:
"Art. 598. A prestação de serviço não se poderá convencionar por mais de quatro anos, embora o contrato tenha por causa o pagamento de dívida de quem o presta, ou se destine à execução de certa e determinada obra. Neste caso, decorridos quatro anos, dar-se-á por findo o contrato, ainda que não concluída a obra."

5   CC 2002, art. 598.

4. A matéria relativa à condição potestativa da obrigação contida no documento questionado tem sido, com muita frequência, trazida aos tribunais, tumultuada por um raciocínio falso, que obriga a recordar noções, a bem dizer elementares, mas que reclama esclarecidas.

De começo, entendo deva remontar às minhas *Instituições de Direito Civil*, v. I, n. 98, não pelo prazer de me citar a mim mesmo, porém no propósito de evidenciar que o meu parecer, aqui produzido, afina-se inteiramente à minha posição doutrinária, na qual esclareço, com toda nitidez, qual a condição que o Código Civil, art. 115, insere entre as que são vedadas.

A fim de definir e distinguir a condição proibida, é mister remontar a noções elementares, que, não obstante isto, necessitam recordadas para se chegar a resultado cientificamente exato.

De início, e como suporte inicial de todo raciocínio, é bom lembrar o conceito de condição, em decorrência do disposto no art. 114:[6] cláusula que subordina o efeito do ato jurídico a evento futuro e incerto.

Daí partindo, os autores abrem, dentre outras, a classificação, segundo a qual as condições se distribuem em dois grupos, em atenção à natureza do evento, no seu confronto com o modo como se oferece, oriundo da manifestação volitiva do agente, ou originário de um fenômeno estranho ao seu querer. De um tal prisma, dizem-se, então, potestativas ou casuais.

Denomina-se "casual" a condição, quando o evento a que se subordina o efeito do negócio jurídico é uma decorrência de fenômeno natural, independente da vontade humana. "Casual" é a condição que se insere em cláusula como esta: vender-lhe-ei a cria de certo animal, se nascer macho; tomarei em aluguel sua casa de praia, se não chover no mês de dezembro. É casual a *conditio*, porque o evento independe da vontade humana, ocorrendo como imposição de fatos naturais.

No outro campo, considera-se "potestativa" a condição, quando o acontecimento decorre da vontade do agente, que deixa a seu critério tomar uma decisão, hábil a gerar o efeito pretendido. É "potestativa" a condição que se lê como esta: comprarei a sua mala, se me resolver a viajar nas próximas férias; pagar-me-ás o preço de mercado, se estiveres presente no dia do leilão.

5. Dentre as cláusulas "potestativas", distinguem-se a "simplesmente potestativa" por um lado, e por outro lado a "potestativa pura".

---

[6] "Art. 114. Considera-se condição a cláusula, que subordina o efeito do ato jurídico a evento futuro e incerto."
– Dispositivo correspondente no Código Civil de 2002:
"Art. 121. Considera-se condição a cláusula que, derivando exclusivamente da vontade das partes, subordina o efeito do negócio jurídico a evento futuro e incerto."

É na qualificação das cláusulas potestativas que reside a distinção da que o é "simplesmente" e da que se considera "pura". E é justamente neste ponto que se encontra a dificuldade, levando muitas pessoas a marcar com o sinete da condenação toda cláusula potestativa, esquecendo que o art. 115[7] do Código Civil somente proíbe a "potestativa pura", ou seja, a que sujeitar o ato "ao arbítrio de uma das partes".

Os exemplos aqui figurados representam cláusulas potestativas simples, e portanto válidas e eficazes. Em ambos os casos, a vontade atua na ação do interessado: viajar ou não viajar nas próximas férias; estar ou não estar presente no dia do leilão. Em ambos os casos, o ato de viajar, ou o fato de se achar presente, depende da vontade. Mas, em ocorrendo um ou outro, vigora a obrigação com todas as suas consequências, inclusive a executoriedade. O evento depende da vontade, mas o "efeito do negócio jurídico" não está sujeito ao arbítrio de qualquer das partes. Nem o que se obrigou a comprar tem o arbítrio de não comprar, em havendo o ato de viajar; nem o que se obrigou a comprar poder-se-á esquivar de fazê-lo, se estiver presente no dia do leilão.

Potestativa pura reside na circunstância de ficar ao arbítrio de uma das partes o efeito da declaração de vontade. É o "*si volam*" ou o "*si volueris*" das fontes, nos exemplos clássicos: dar-te-ei 100 se eu quiser, ou pagar-me-ás 100 se quiseres. A diferença entre a "simplesmente potestativa" e a que se classifica como "potestativa pura" está na circunstância de que é o "efeito" do negócio jurídico que decorre do arbítrio exclusivo de uma da partes.

6. Em torno destas distinções é totalmente pacífica e indiscrepante a doutrina.

Começando por BEVILÁQUA, aí está clara a distinção, validando a cláusula se "apenas em parte depende do arbítrio do agente" (*Comentários ao Código Civil*, Observação 2 ao art. 115).

SERPA LOPES alia o esclarecimento teórico à exemplificação prática:

"Consideram os tratadistas a necessidade de distinguir a condição potestativa simples, que pressupõe da parte do interessado, não somente uma manifestação de vontade como ainda cumprimento de um fato exterior, v.g., se eu for morar em Paris, se eu vender a minha casa, e a condição puramente potestativa, unicamente dependente da vontade de um dos contraentes, v.g., se eu quiser, se eu julgar conveniente.

(…)

---

[7] "Art. 115. São lícitas, em geral, todas as condições, que a lei não vedar expressamente. Entre as condições defesas se incluem as que privarem de todo efeito o ato, ou o sujeitarem ao arbítrio de uma das partes."
– Dispositivo correspondente no Código Civil de 2002:
"Art. 122. São lícitas, em geral, todas as condições não contrárias à lei, à ordem pública ou aos bons costumes; entre as condições defesas se incluem as que privarem de todo efeito o negócio jurídico, ou o sujeitarem ao puro arbítrio de uma das partes."

Daí igualmente entre nós E. ESPÍNOLA entender que a proibição constante do art. 115 do Código Civil se refere apenas às condições puramente potestativas, por força das quais se faça depender exclusivamente do arbítrio do credor a vinculação do devedor, e vice versa, chegando mesmo a considerar válida a condição potestativa, quando de caráter resolúvel" (*Curso de Direito Civil*, v. I, p. 362).

No mesmo sentido SILVIO RODRIGUES, depois de distinguir as condições casuais das potestativas, esclarece:

"Nem todas as condições potestativas são ilícitas. Só o são as puramente potestativas, isto é, aquelas em que a eficácia do negócio fica ao inteiro arbítrio de uma das partes sem a interferência de qualquer fator externo; é a cláusula *si voluero*, ou seja, se me aprouver" (*Direito Civil*, 1984, v. I, n. 119, p. 245).

WASHINGTON DE BARROS MONTEIRO ensina que somente às condições potestativas puras se aplica o art. 115:

"De feito, é mister distinguir as condições puramente potestativas das meramente ou simplesmente potestativas. As primeiras são as de mero capricho; se eu levantar o braço, se for à cidade, se vestir tal roupa. As segundas dependem da prática de algum ato por parte do contratante, na dependência, porém, do exame de circunstâncias que escapam ao controle dele. Só as primeiras são defesas; as segundas escapam à proibição legal" (*Curso de Direito Civil*, 13ª ed., v. I, p. 228).

No mesmo sentido corre a doutrina estrangeira, como o demonstro em simples amostragem, sem a necessidade de multiplicar a pesquisa.

AUBRY et RAU fulminam de nulidade a obrigação "quando é contraída sob uma condição que faz depender o vínculo da vontade exclusiva do promitente" (*Cours de Droit Civil Français*, 6ª ed., v. IV, p. 95).

COLIN et CAPITANT, depois de mencionarem que a condição pode ser "simplesmente" potestativa, ou pode ser "potestativa pura", diz: "A condição puramente potestativa é, ao contrário, aquela que não exige senão a manifestação de vontade e nada mais. Ela pode formular-se assim: se eu quiser, se eu julgar conveniente". Em seguida conclui que a condição potestativa pura é que anula a obrigação. Textualmente:

"Toute obligation est nulle lorsqu'elle a été contractée sous une condition purement potestative de la part de celui qui s'oblige (art. 1.174) et quand elle a pour objet de suspendre la formation de l'acte" (*Cours Élémentaire de Droit Civil Français*, v. I, n. 82).

TRABUCCHI, depois de dizer que a condição é potestativa, quando o evento depende da vontade de uma das partes, e casual, se o acontecimento decorre do acaso ou de terceiros, casos em que são lícitas, esclarece que não há confundir com a condição meramente potestativa ou arbitrária, na qual não há referência a um fato voluntário, mas depende da pura vontade do sujeito. Neste caso falta a vontade de obrigar-se

"Manca la volontà di obbligarsi... simile negozio equivale ad un non-negozio" (AL-FREDO TRABUCCHI, *Istituzioni di Diritto Civile*, 12ª ed., n. 77, p. 171).

Forte nestes conceitos, escrevi em minhas *Instituições*, no parágrafo mencionado, em referência ao art. 115 do Código Civil:[8]

"É a chamada condição potestativa pura, que põe todo o efeito da declaração de vontade na dependência do exclusivo arbítrio daquele a quem o ato interessa: o *si volam* ou *si volueris* dos exemplos clássicos ('dar-te-ei 100 se eu quiser' ou 'dar-me-ás 100 se quiseres') é uma cláusula que nega o próprio ato. Não há, com efeito, emissão válida de vontade, e a rigor não há mesmo emissão nenhuma, dês que fique o ato na dependência de lhe atribuir ou não o interessado qualquer eficácia."

7. Analisado o conteúdo da obrigação assumida pela locatária do serviço, aí não se vislumbra uma condição puramente potestativa.

O que ficou estabelecido, em decorrência do histórico dos fatos, foi que a locatária, a fim de obter que o locador deixasse a outra empresa em que trabalhava, e viesse a prestar-lhe seus serviços, obrigou-se a abonar-lhe uma quantia de certo vulto, no caso de vir a cessar a relação contratual. Potestativa pura seria, e como tal invalidaria o contrato, se ficasse estipulado que o locador teria direito àquela quantia em decorrência de ato de vontade exclusivamente seu, ou ato puramente arbitrário.

Ocorrendo a hipótese de deixar ele de exercer as funções para as quais foi contratado, sendo, como foi, despedido pela empresa locatária, teria direito, segundo o disposto no art. 1.228,[9] a uma indenização.

Na falta de estipulação expressa, a reparação seria equivalente à metade do que lhe tocaria até o termo do contrato.

Substituída a indenização forfetária pela quantificação do documento incriminado, vale este como obrigação efetiva e eficaz.

O que o documento exclui é a indagação da causa da dispensa, excetuando a morte ou incapacidade permanente.

Nem ao menos pode a empresa alegar que o locador do serviço transformou a cláusula em potestativa pura, porque o rompimento do contrato não foi de iniciativa dele locador, porém proveio de um ato unilateral da locatária, que o dispensou a seu critério exclusivo.

---

8 CC 2002, art. 122.
9 CC 2002, art. 603.

Não cabe, no caso presente, imputar à obrigação da locatária eiva de nulidade, qualquer que seja o ângulo de visada: não é nula por infração do tempo de duração do contrato, como nula não pode ser considerada por se lhe imputar caráter de potestativa pura, uma vez que a obrigação de indenizar não ficou sujeita ao ato de arbítrio exclusivo do locador, mas, ao revés, do rompimento do contrato.

8. No desenvolvimento dos conceitos enunciados, não pesa sobre a obrigação assumida pela empresa locatária do serviço qualquer eiva de anulabilidade ou de nulidade.

Se se entender que representa uma contratação por prazo maior de quatro anos, esta circunstância não induz a invalidade absoluta ou relativa, senão que, nos termos do art. 1.220 do Código Civil,[10] "decorridos quatro anos, dar-se-á por findo o contrato", o que gera uma faculdade conferida a qualquer dos contratantes. Não implica, por isto mesmo, nulidade, porém mera redutibilidade, como se infere do *Comentário* de BEVILÁQUA:

> "Ainda que o dispositivo tenha em vista proteger o locador, qualquer das duas partes pode dar por findo o contrato, decorridos os quatro primeiros anos do prazo estipulado."

Por outro lado, não implica o ajuste a subordinação do obrigado a uma condição potestativa pura, sobre a qual longamente discorri. Envolve, isto sim, uma condição potestativa simples, porque a eficácia da obrigação está subordinada a um evento decorrente da vontade humana e não de um fato casual.

Acontece que o documento traduz uma potestatividade bilateral, eis que a resolução do contrato poderia ser promovida por um ato de vontade do locador como da locatária.

Na espécie, foi a empresa locatária quem, *ex proprio Marte*, deu por findo o contrato de prestação de serviços do locador. Em virtude de tal manifestação de vontade, o locador deixou de exercer as funções para as quais foi contratado. Ocorreu, assim, o acontecimento que ao tempo da contratação era futuro e era incerto – *incertus an e incertus quando*, característico da condição. Descabe indagar dos motivos que levaram a locatária a determinar "o afastamento ou impedimento" do locador. Uma discussão desta ordem envolveria apreciação subjetiva da locatária, e este juízo foi expressamente afastado, quando o documento de garantia no emprego explicitamente diz: "seja qual for a razão, motivo ou causa de seu afastamento ou impedimento (excetuando a hipótese de seu falecimento ou incapacidade permanente)". A exclusão da "causa ou motivo" encontra plena justificativa nas circunstâncias da contratação, que levaram o locador a despedir-se de outra empresa, onde gozava de bom conceito e onde desfrutava de situação salarial satisfatória.

Ocorrendo o afastamento do locador ou sua despedida pela locatária, gerou para o Consulente o implemento da condição prevista no contrato, que lhe assegura a repa-

---

10   CC 2002, art. 598.

ração convencional, substitutiva da indenização legal prevista no art. 1.228[11] do Código Civil. O ato da despedida representa, para o locador, o implemento da condição (que é potestativa simples, e portanto válida), de lhe proporcionar o direito de exigir o pagamento da quantia prefixada, independentemente de se apurar se a "rescisão contratual" foi "motivada ou imotivada".

Constitui-se em prol do locador um direito certo e exigível, "livre de todo e qualquer imposto, encargo, desconto ou compensação". Assim a empresa locatária contratou, e nestes termos se tornou obrigada.

9. Válida que é a obrigação, e exigível mediante simples "solicitação", como o declara o documento, válida e eficaz é a fiança estipulada em garantia de seu cumprimento. Desnecessário será aduzir argumentação maior, uma vez que o caráter acessório da fiança decorre de seu próprio conceito, como das disposições que a disciplinam. Assim se expressa BEVILÁQUA:

"A obrigação do fiador é acessória e subsidiária. Acessória, porque supõe uma dívida principal, que ela assegure."

E é nestes termos que se desenvolve o raciocínio: válida, certa e exigível a obrigação, é eficaz a fiança que a assegura.

10. Em face do que foi desenvolvido acima, passo à resposta objetiva aos quesitos formulados:

Ao 1º A obrigação de BETA constitui uma garantia em favor do Consulente, para a eventualidade de ser ele afastado ou despedido, independentemente de discussão sobre a causa ou motivo do afastamento ou despedida.

Ao 2º A obrigação de pagar é subordinada a uma "condição potestativa simples", dotada de plena validade, uma vez que a proibição contida no art. 115 do Código Civil[12] somente fulmina a "condição potestativa pura", o que não ocorre na espécie.

Ao 3º Não padecendo da condenação do art. 115, nem implicando o ajuste por prazo superior a quatro anos motivo de invalidade, a referida obrigação não pode ser considerada nula nem anulável.

Ao 4º Tendo ocorrido o evento previsto no contrato – despedida ou afastamento do Consulente por ato unilateral da empresa –, a obrigação é efetivamente exigível, e consequentemente exigível é a fiança que assegura a sua execução.

Assim entendo e opino, à vista das circunstâncias e dos princípios atinentes à espécie.

---

11  CC 2002, art. 603.
12  CC 2002, art. 122.

# 32

**Fatos**  Contrato de empreitada. Conjunto de fatos inevitáveis, supervenientes à celebração do contrato. Elevação exorbitante dos custos da obra.

**Direito**  Caso fortuito e força maior. Efeito exoneratório. Interpretação contratual: em caso de dúvida, a cláusula interpreta-se contra o estipulante e em favor do promitente (Sétima Regra de Interpretação de Pothier).

---

A CONSTRUTORA ALV S.A. celebrou com a CIA. SIDERÚRGICA XPT (SIDERÚRGICA XPT) contratos para a construção de Alto Forno e Fábrica de Lingoterias e para a construção de Coqueria.

Sobrevindo numerosos fatores de agravamento dos custos, empreendeu várias tentativas junto à SIDERÚRGICA XPT, à SIDERBRÁS e ao Ministério da Indústria e Comércio, no sentido de obter um "acerto da fórmula de reajustamento" mediante a introdução de um "fator de correção" que resultaria da aferição periódica (a intervalos regulares) da fórmula de reajustamento com a realidade da evolução dos custos, ou, alternativamente, mediante alteração nos coeficientes da fórmula, adequados à realidade da obra.

Sem embargo de todos os seus esforços, e a duras penas, logrou tão somente a diferença do custo do cimento (uma entre muitas deformações calculadas e provadas); a substituição das retenções contratuais, de 5% de cada fatura, por fiança bancária; e a redução, de 30 para 15 dias, no prazo de pagamento das faturas.

A CONSTRUTORA demonstrou que o atendimento a estes itens apenas minorou a situação deficitária da obra em relação aos custos, evidenciando a intercorrência e subsistência de fatores totalmente estranhos à sua vontade e ao seu controle, cujos efeitos não lhe foi possível evitar ou impedir.

Não obstante todo o seu esforço de convencimento, e apesar de reuniões várias terem sido realizadas, a SIDERÚRGICA XPT manteve-se insensível a toda argumentação.

Providências condicionantes do comportamento da economia do País, levadas a efeito pelo Governo, limitação das operações bancárias, liberação das taxas de juros, aumento de alíquotas de Providência Social, aumento de benefícios dos empregados em recente dissídio, provocaram e continuam provocando o encarecimento dos custos, agravando a cada dia o seu defasamento em relação ao valor contratado.

Nesse meio tempo, foi atingido o percentual previsto no contrato, sem que este se completasse e sem atingir o valor contratual previsto.

Em face do exposto, pergunta:

1º É lícito à CONSTRUTORA ALV pedir a rescisão não penal dos contratos e retirar-se da obra com seus pertences?

2º Escoado o prazo sem que o valor contratual tenha sido atingido, cabe à CONTRATADA propor novos preços para as obras remanescentes?

## PARECER

*Ao Quesito Primeiro*

Do que se infere da exposição supra, a avença vem sendo paulatinamente erodida por uma série de fatos, totalmente alheios ao controle da CONSTRUTORA e estranhos à sua vontade, impondo-lhe sacrifícios constantes, cujos efeitos não tem possibilidade de evitar ou impedir.

Na mesma proposição ou no mesmo inciso, o Código Civil abrange o caso fortuito e a força maior. Embora as consequências sejam as mesmas, os autores costumam distinguir uma da outra.

O caso fortuito é mais particularmente abrangente de todo acontecimento oriundo de forças da natureza, ou o fato das coisas, exemplificando-se com o raio, a inundação, o terremoto, ou outros eventos que tais.

Já a força maior ocorre no acontecimento advindo do fato das pessoas, como a guerra, a revolução, a greve, ou no que mais frequentemente ocorre, do ato das autoridades (*factum principis*).

Posto que não afeito a definir, o legislador de 1916 oferece os elementos para assentar-se um conceito, a par da excusativa que se contém no art. 1.058:[1]

> "O devedor não responde pelos prejuízos resultantes do caso fortuito ou força maior, se expressamente não se houver por eles responsabilizado, exceto nos casos dos arts. 955, 956 e 957.
>
> Parágrafo único. O caso fortuito, ou de força maior, verifica-se no fato necessário, cujos efeitos não era possível evitar ou impedir."

---

[1] – Dispositivo correspondente no Código Civil de 2002:
"Art. 393. O devedor não responde pelos prejuízos resultantes de caso fortuito ou força maior, se expressamente não se houver por eles responsabilizado.
Parágrafo único. O caso fortuito ou de força maior verifica-se no fato necessário, cujos efeitos não era possível evitar ou impedir."

A norma, na sua clareza, dispensa quaisquer subsídios hermenêuticos. Com o fito de adequá-la, contudo, aos contratos em exame, é conveniente recordar a lição sempre atual e presente de BEVILÁQUA, a dizer que o caso fortuito "é o acidente produzido por força física ininteligente, em condições que não podiam ser previstas pelas partes", enquanto que a força maior é "o fato de terceiro, que criou, para a inexecução da obrigação, um obstáculo, que a boa vontade do devedor não pode vencer" (CLÓVIS BEVILÁQUA, *Comentários ao Código Civil*, Observação I, ao art. 1.058).

Mais minucioso, WASHINGTON DE BARROS MONTEIRO, com apoio em CARBONNIER, esclarece:

"Realmente, como lembra CARBONNIER, existem acontecimentos que ultrapassam as forças humanas; diante deles, as instituições jurídicas, concebidas para a bitola regular da vida corrente, devem ceder. Uma greve, que provoca a paralisação da fábrica e assim impede o industrial de entregar a mercadoria prometida; uma inundação, que intercepta as cias de comunicação, tolhendo à empresa transportadora o cumprimento do contrato de transporte; uma ordem da autoridade pública (*factum principis*), retirando do comércio o produto negociado. Nesses e muitos outros casos, surge fato estranho, alheio à vontade das partes, cujos efeitos não se podiam evitar ou impedir (*vis cui resisti non potest* – Digesto, Liv. 19, Tit. 2, Frag. 15, § 2º), que tolhe às partes a obtenção do resultado almejado '*A l'impossible nul n'est tenu*'" (*Curso de Direito Civil*, v. 4º, p. 330).

Na etiologia da força maior concorrem dois fatores que advêm do inciso legal mesmo, acima transcrito: a *necessariedade* e a *inevitabilidade*.

O primeiro ocorre quando o obstáculo oposto ao cumprimento da obrigação é estranho ao poder do devedor. Ele provém de uma força que, advinda de um fato de terceiro, escapa ao controle ou à dominação do interessado.

O segundo significa que, além do evento ser extraordinário, terá de impor-se ao *reus debendi* sem que a este seja dado evitar a sua ocorrência ou impedir os seus efeitos. Gera a impossibilidade. É o *damnum fatale*, que interfere na economia do contrato, colocando o devedor sem defesa.

Em monografia que se tornou clássica, ARNALDO MEDEIROS DA FONSECA oferece critérios de segura objetividade.

Ao tratar da inevitabilidade como requisito essencial, dá um conselho significativo:

"Mas entendemos que se deva ter em vista a realidade concreta de cada caso, encarado objetivamente em toda sua generalidade, atendidas as possibilidades humanas, mas com abstração completa da pessoa do devedor considerado e do grau de diligência a que estivesse obrigado. Exigir-se-á, assim, uma impossibilidade de evitar, objetiva ou absoluta, mas entendida esta expressão em termos, como impossibilidade que ocorreria, pela natureza dos fatos, em relação a qualquer homem prudente, em idênticas circunstâncias de tempo, lugar e meio, tendo em vista o objeto da prestação. O critério de apreciação permanece, portanto, objetivo, mas não inteiramente abstrato. Dever-se-á considerar apenas os elementos exteriores ao obrigado e ao seu raio de atividade econômica, tendo em vista a possível conduta de outros indivíduos, em condições objetivas análogas" (*Caso Fortuito e Teoria da Imprevisão*, n. 103, p. 148).

Na generalidade dos casos, o motivo da força maior concentra-se em um evento isolado, ou identificado em limites precisos. É a autoridade policial que interdita um trecho da via pública. É o ato do Conselho de Censura que retira de cartaz um espetáculo programado. É, enfim, um fato certo e determinado, que interfere no adimplemento contratual, e susta a sua execução, em caráter permanente ou transitório.

Mas nem sempre isto ocorre. Pode acontecer que uma sequência de eventos, de ordens, de medidas, de orientações políticas, de determinações econômicas e financeiras, ou de política econômico-financeira que se vão acumulando, para de seu complexo resultar a força maior excusativa do cumprimento do contrato.

Tratando o assunto em termos sucintos, PLANIOL, RIPERT et BOULANGER mencionam que a inexecução pode provir dos acontecimentos: "*L'inexécution peut être le fait des événements*" com o mesmo efeito liberatório da que provém do "fato do credor" (*Traité Élémentaire*, v. II, n. 720). Mencionando em particular os atos da autoridade pública, sob o título genérico de "fato do príncipe", esses autores lembram a título de exemplo algumas hipóteses, e concluem:

"Il n'y a aucun doute qu'il s'agisse, dans tous les cas, d'une cause étrangère et, comme l'ordre de l'autorité doit nécessairement être obéi, l'obstacle est insurmontable et imprévisible. Peu importe d'ailleurs la nature juridique de l'acte qui empêche l'exécution et qui peut être une loi, un décret ou un acte administratif quelconque" (*Traité Élémentaire*, v. cit., n. 729).

Aí está claramente visto que o Governo, através de qualquer ato de sua autoridade (lei, decreto, provimento administrativo), obstaculizando a execução do contrato, pode ser qualificado como motivo de força maior.

No seu estudo, ou na sua caracterização formal, cumpre atentar em que a força maior, na sua apresentação comum, concretiza-se num fato inevitável, que se opõe a que o devedor execute o obrigado, ou impossibilite a prestação. Mas não é apenas assim que se define aquela impossibilidade subsequente à formação do negócio jurídico. A ela se equiparam, para o mesmo efeito exoneratório, aqueles obstáculos extraordinários que envolvam sacrifício do contratante.

Com a acuidade e a profundeza com que a doutrina alemã ataca os problemas, ENNECCERUS aborda a questão, partindo do pressuposto de ser a prestação originariamente possível, mas se impossibilitou subsequentemente. Em tal caso é que os "obstáculos extraordinários" se equiparam à impossibilidade, e devem ser examinados em cada caso. Textualmente:

"Si a la prestación posible en origen se oponen, más tarde, obstáculos extraordinarios que sólo pueden vencerse mediante un sacrificio absolutamente desproporcionado, o bajo graves riesgos, o violando deberes de mayor importancia, la prestación tiene que considerarse como imposible a la luz de la consideración racional, ética y económica que es decisiva para el derecho. Pero esto es sólo una guía. Su más precisa delimitación solo puede hacerse en el caso concreto" (ENNECCERUS, KIPP y WOLFF, *Tratado de Derecho civil, Derecho de Obligaciones*, v. I, § 45, p. 235).

Distinguindo a impossibilidade jurídica da exibilidade econômica, HEDEMANN evidencia a equiparação dos respectivos efeitos. Exemplifica com o caso de um contrato de transporte de mercadorias pelo rio Elba, que foi atingido pelo inverno, tornando gelada a superfície da massa fluvial. Logicamente, poderia ser cumprido navegando-se com um barco quebra-gelo. Mas isto ocasionaria elevação exorbitante nos custos, e desta sorte impossibilitando juridicamente a prestação. E extrai, então, o conceito, depois de enunciar uma proibição legal:

"No exigibilidad económica: al deudor no se le puede exigir un sacrificio material demasiado elevado" (J. W. HEDEMANN, *Derecho de Obligaciones*, p. 168).

Descendo do plano conceptual para a objetividade do caso concreto, vê-se que os contratos celebrados com a SIDERÚRGICA XPT foram minuciosos ao definirem a força maior como excusativa da responsabilidade contratual. Não se limitou o instrumento a fazer apelo ao art. 1.058 do Código Civil,[2] com o que já estaria situando a absolvição do contratante por qualquer "fato necessário, cujos efeitos não era possível evitar ou impedir". Considerou, especificamente, "justificativas para o inadimplemento contratual de uma das partes" aquelas ações

"provocadas por fora do seu controle, tais como: atos oficiais das autoridades governamentais, graves ou outras ações conjuntas do operariado..." (Capítulo II – *Força Maior*).

Está fora de dúvida que, subsequentemente à celebração do contrato, e no curso de sua execução, ocorreram aqueles fatos estranhos à ação da CONTRATADA, e totalmente fora do seu controle, referidos acima, na Exposição.

Não somente estavam acima e fora de seu controle, como interferiram na economia do contrato com a força da inevitabilidade. Atos de autoridade, "*facta principis*",

---

2   CC 2002, art. 393.

dissídios laborais, impediram a execução normal do contrato. Foram causas estranhas à vontade da CONTRATADA, mas a que ela teve necessariamente de obedecer.

São obstáculos típicos que somente poderia ou poderá vencer "mediante sacrifício absolutamente desproporcionado" (ENNECCERUS). E em tal caso, a invocação de tais obstáculos como motivos de força maior encontra amparo no contrato, sob invocação da doutrina de HEDEMANN, do devedor não se poder exigir sacrifício demasiadamente elevado.

Enquadrando-se a hipótese na motivação da *força maior* emanando do próprio contrato, caberá a aplicação do sub-item 35.5, que prevê a sua rescisão, e, então,

"nenhuma das partes será responsável perante a outra pelos ônus causados, sendo pago à CONTRATADA os serviços executados e aprovados até a data da rescisão, se for o caso a desmobilização e devolvidas as cauções e retenções ou seu saldo."

Cabe, portanto, à CONTRATADA promover junto à SIDERÚRGICA XPT a resilição do contrato, sem que se lhe imponha qualquer pena.

Não pode obstar esta consequência, porque o arbítrio contido no Capítulo II não é absoluto. Uma vez verificadas as causas, ali definidas como *vis major*, serão elas, como expressamente se lê,

"reconhecidas e consideradas como justificativas para o inadimplemento contratual."

Com maioria da razão, tendo em vista que, não obstante a sua ocorrência, a CONTRATADA, com ingentes perdas, vem executando o contrato, serão reconhecidas como justificativas para a rescisão do contrato.

E não colherá objetar, como por certo não objetará a SIDERÚRGICA XPT, que é inoportuna a invocação da força maior no momento atual. É que, segundo os elementos e volumoso dossiê que acompanham a consulta, a CONTRATADA vem, iterativamente, trazendo todos esses fatos ao conhecimento da COCONTRATANTE, pleiteando soluções que ilidam o sacrifício absolutamente desproporcionado, que o implemento contratual lhe tem imposto.

Não logrando êxito nas suas pretensões, somente lhe resta a medida extrema da rescisão, como único meio viável de impedir que os acontecimentos subsequentes à assinatura do contrato, e todos fora do seu alcance e do seu controle, provoquem o sacrifício total.

*Ao Quesito Segundo*

A resposta ao presente quesito está prevista no "Anexo 1 – Condições Gerais do Contrato Para Obras Civis – Capítulo 23".

No contrato está previsto que as quantidades dos serviços são estimadas, podendo sofrer alterações para mais ou para menos, devendo a CONTRATADA aceitar essas variações e executar as obras de acordo com os projetos e pelos Preços Unitários do Contrato até o limite de *"mais ou menos 20% do valor do contrato"*.

Executando o contrato, com observância dos valores previstos, as partes estão presas aos preços estipulados, a não ser que ocorra motivação que justifique alterações.

Não atingidos os 80%, os preços contratuais "deverão ser revistos" pela SIDERÚRGICA XPT, de comum acordo com a CONTRATADA, como também se ultrapassarem em 20%.

Vale dizer que a SIDERÚRGICA XPT está obrigada a aceitar a revisão dos preços. Embora estes não estejam estabelecidos *in concreto*, porém pendentes de acertamento entre as partes, o contrato estabelece que eles *"deverão ser revistos pela COMPANHIA"*. Há, portanto, uma obrigação, esta indeclinável, de *rever os preços*.

E o contrato apenas oferece um parâmetro para os novos preços: analogia com os já existentes.

A resposta a este quesito estaria aqui encerrada, não fosse o Aditivo contratual assinado 18 (dezoito) meses após a contratação originária, cuja cláusula sexta, com a epígrafe "esclarecimento", isentou a SIDERÚRGICA XPT de "toda e qualquer responsabilidade oriunda de atrasos na entrega de Projetos ou qualquer motivo e a responsabilidade da CONTRATADA por atraso na execução dos Serviços".

Esta cláusula do aditivo não altera o conteúdo do Capítulo 23, do aludido Anexo I, nem constitui supressão do dever da SIDERÚRGICA XPT quanto à "revisão dos preços" para a variação dos valores em mais ou menos 20%.

A interpretação da vontade contratual não difere da hermenêutica da vontade legal. Lei e contrato são, na técnica hoje consagrada das fontes do direito, idênticos como geradores de obrigações e de direitos. A diversidade está apenas na extensão. Enquanto a lei é uma norma de caráter geral, abrangente de toda a sociedade (do de uma categoria dela), o contrato é uma norma de aplicação restrita às partes contraentes. Na sua essência, porém, não comportam diferenciação (cf. a respeito das fontes de direito: GASTON JÈZE, *Princípios Generales del Derecho Administrativo*, v. I, p. 29 e segs.; DUGUIT, *Traité de Droit Constitucionnel*, v. I, §§ 30 e segs.; BRETHE DE LA GRESSAYE et LABORDE LACOSTE, *Introduction à l'Étude du Droit Civil*, n. 207 e segs.; SERPA LOPES, *Curso de Direito Civil*, v. I, n. 18; CAIO MÁRIO DA SILVA PEREIRA, *Instituições de Direito Civil*, v. I, n. 9).

À hermenêutica da vontade contratual é de se aplicar, por extensão analógica, o princípio contido no art. 2º, § 2º, da Lei de Introdução ao Código Civil, segundo o qual as disposições especiais a par das já existentes não revogam nem modificam as anteriores.

As "Condições Gerais de Contrato para Obras Civis" constituem a *norma geral*.

Elas estabelecem a obrigação de "rever os preços" sem subordinar a revisão a qualquer elemento subjetivo. Não a condicionam à apuração de culpa da SIDERÚRGICA XPT. Determinam que, objetivamente, não alcançados os 80%, haverá revisão, bem como se ultrapassados os 120%.

Se a SIDERÚRGICA XPT tiver incorrido em culpa, estará sujeita às consequências desta. Mas não pode escusar-se da revisão dos preços, sob a alegação de que não procedeu culposamente.

Quando, pois, a cláusula 6ª do Aditivo, a título de "esclarecimento", a exime de responsabilidade por atrasos na entrega dos Projetos ou qualquer outro motivo, está-lhe trazendo a consequência de não se sujeitar a alguma eventual penalidade. Mas não a está eximindo de revisão dos preços, porque esta revisão está na dependência de uma circunstância de apuração minimamente objetiva, consistente na verificação de terem sido atingidos os percentuais sujeitos à variação de 20% "mais ou menos".

E nem se diga que a SIDERÚRGICA XPT foi alforriada pelos atrasos na entrega dos Projetos, e via de consequência a CONTRATADA estaria devendo parte dos serviços, porque a mesma cláusula 6ª, que exonerou a SIDERÚRGICA XPT, liberou a outra parte, nestes termos: "cessando, portanto, toda responsabilidade por parte da COMPANHIA... *e a responsabilidade da CONTRATADA por atraso na execução dos Serviços*".

Havendo as partes trocado isenções, uma por atraso na entrega dos Projetos e a outra por atraso na execução dos serviços, não há cogitar de responsabilidades.

O que prevalece é, tão somente, verificar que as obras foram executadas até o limite de variação de mais ou menos 20% do valor do contrato.

O problema resolve-se matematicamente.

A interpretação é pacífica.

Se, todavia, dúvida pudesse existir, manda a boa regra que o contrato se interprete contra a SIDERÚRGICA XPT (*a estipulante*) e a favor da CONTRATADA (*a promitente*), de acordo com princípio tradicional e milenar – *in stipulationibus cum quaeritur quid actum sit, verba contra stipulatores interpretanda sunt* (DIGESTO, Liv. 38, § 18).[3]

Ao propósito, o clássico POTHIER escrevia que compete ao credor melhor explicar. Se o não faz, sofre as consequências.

"Le créancier doit s'imputer de ne s'être pas mieux expliqué" (*Oeuvres* de POTHIER, par. M. BUGNET, v. II, n. 97).

A SIDERÚRGICA XPT, como *Estipulante*, estabeleceu as "Condições Gerais de Contrato" a que a CONTRATADA, como *Promitente*, teve de se sujeitar.

A SIDERÚRGICA XPT, como *Estipulante*, ditou a nova norma de "Esclarecimento" no Aditivo de outubro de 1981, a que a CONTRATADA, como *Promitente*, teve de se curvar.

---

[3] "Em caso de dúvida, a cláusula interpreta-se contra o estipulante e em favor do promitente" (CAIO MÁRIO DA SILVA PEREIRA, *Instituições de Direito Civil*, 11ª ed., Rio de Janeiro, Forense, v. III, n. 189, p. 53).

E se, em umas como em outro, não se explicou diferentemente, deve a si mesma imputar-se (como diz POTHIER), e se sujeitar aos efeitos daquelas como desta, para ter de aceitar a revisão dos preços.

Se, no contexto da cláusula, a expressão "± (mais ou menos)" tiver significação diversa de "aproximadamente", mas representar uma oscilação, e se se entender como "para mais ou para menos", nesse caso a sua expressão teria de ser lida como se assim estivesse redigida.

Nesta acepção, representaria uma situação em que o serviço executado não atingiu 80% (variação de 20% "para menos"), ou ultrapassou a casa dos 120% (variação de 20% "para mais"). Nestes casos, a revisão dos preços deve ser feita.

Na hipótese da consulta, o que ocorreu foi a falta.

A execução do contrato não atingiu o valor previsto, ultrapassando a cifra de 20% "para menos".

Em tal caso, teria ocorrido um imprevisto contratual devido à SIDERÚRGICA XPT, que não ofereceu à cocontratante os dados precisos. E, como é aquela quem detém os elementos da contratação, a ela corre o encargo de rever a totalidade do preço, uma vez que a CONTRATADA, que se aparelhara para uma certa obra, foi surpreendida por obra menos vultosa.

Esta acepção da cláusula "mais ou menos" não muda a consequente responsabilidade da SIDERÚRGICA XPT, que não se pode arrimar à acusação de ter a CONTRATADA excedido o prazo. É que o mesmo aditivo que a isentou de responsabilidade pela demora na entrega dos projetos eximiu a CONTRATADA *"por atraso na execução dos Serviços"*.

O que não tem cabimento é que se acrescentem, ao que foi executado, alguns serviços posteriores ao perdão, que eu considero recíproco, contido no aditivo.

Assim respondo.

# 33

**Fatos**     Contrato de empreitada. Existência de obrigações mútuas entre o empreiteiro e o dono da obra. Estabelecimento de cronograma pelo empreiteiro aceito e aprovado pelo dono da obra. Danos decorrentes da inobservância do cronograma pelo dono da obra. Levantamento preciso dos danos. Concessão de desconto para o pagamento da indenização em uma só parcela. Não pagamento da indenização. Impasse na negociação.

**Direito**    Contrato de empreitada. Direito do credor ao cumprimento da obrigação na forma e no tempo ajustados. Mora do dono da obra. Descumprimento da obrigação no tempo certo. Modalidades de inexecução do contrato: absoluta e relativa. Existência de inadimplemento relativo. Prejuízos do empreiteiro. Dever de indenizar.

A ENGENHARIA S/A, após o regular processo de tomada de preços para mão de obra de execução da infraestrutura e superestrutura de um Centro Técnico em Minas Gerais ("ESCOLA"), firmou "Termo de Ajuste" com a ESCOLA.

Por esse contrato, ficaram definidas as obrigações das partes, com a adoção de preço global meramente estimativo, e preço unitário determinado, comprometendo-se um e outro contratante ao que lhe incumbe precisamente. No particular da realização efetiva das obras, a ENGENHARIA S/A assumiu o fornecimento de mão de obra de concreto, bem como a realização das respectivas formas, com fornecimento de madeira, pregos e arame, enquanto que à ESCOLA incumbia a colocação dos demais materiais, notadamente ferro e cimento, elementos básicos da concretagem, no local das obras.

No desenvolvimento das obrigações contratuais, a ENGENHARIA S/A elaborou o cronograma respectivo, com a previsão necessária, e tendo em vista que a conclusão dos trabalhos em tempo estabelecido dependia essencialmente de encontrar, no local, as matérias-primas indispensáveis. A ESCOLA aprovou o cronograma.

Cinco dias após celebrado o referido "Termo de Ajuste", ENGENHARIA S/A solicitava à ESCOLA a colocação, na obra, de ferragens para cintas e blocos do subsolo e para o pavimento térreo. Passados mais dez dias, tinha ela colocado no local todo o material a seu cargo, bem como toda a maquinaria e equipamento. Na mesma data, já mantinha na obra todo o pessoal necessário, tanto a mão de obra especializada quanto a não especializada.

E começou, então, a luta para que a ESCOLA fornecesse o material a seu cargo, o que não conseguia a ENGENHARIA S/A senão em parcelas exíguas e muito espaçadamente.

A correspondência dirigida iterativamente à ESCOLA revela o defasamento da execução da obra em relação ao cronograma aceito e aprovado, o retardamento no cumprimento do contrato em razão da ESCOLA não habilitar a ENGENHARIA S/A com o material cujo fornecimento oportuno era de seu dever, a conservação de mão de obra ociosa e remunerada, em face dos problemas criados por aquela situação, além de se sujeitar a construtora aos encargos da legislação social.

Todas essas circunstâncias, bem como as decisões tomadas, iam sendo comunicadas à ESCOLA, que de tudo se inteirava sem que removesse os obstáculos. Dentre as medidas adotadas, a ENGENHARIA S/A deliberou anotar o ponto dos trabalhadores desocupados, comunicando-o à ESCOLA, que o aprovou, oficializando-o com a adoção de medidas de fiscalização de sua parte.

Demonstrando à ESCOLA os danos sofridos, pleiteou a sua reparação, vindo em consequência a ser feito minucioso levantamento, submetido à Comissão de Obras, conferido e visado.

Verificados os cálculos, emitiu a ENGENHARIA S/A a fatura respectiva.

Discutidos os dados, e não obstante a aceitação dos cálculos pela Comissão de Obras, os seus membros componentes dirigiram um apelo aos diretores da ENGENHARIA S/A, no sentido de que fizessem uma redução substancial no montante, para imediata liquidação do débito, a esta altura já reconhecido expressamente. Atendendo a isto, a ENGENHARIA S/A aceitou uma composição com desconto de 20% sobre o total de seus prejuízos, ciente a ESCOLA de que era comprovadamente inferior ao prejuízo suportado. Sua anuência provinha de que não tencionava cultivar um clima de desentendimento com a ESCOLA, e especialmente de que o pagamento seria "à vista".

Emitida a fatura, recebeu imediato acordo, o recibo foi emitido e recebeu o "visto" da Comissão.

E, como se não promovesse resgate do título na forma ajustada, ou seja, "à vista", emitiu a ENGENHARIA S/A outra fatura no primitivo valor, pedindo a devolução da fatura contendo o desconto de 20%.

Tendo em vista a manutenção do impasse, e agravando-se, com a demora na solução, os danos da construtora, pergunta-se:

1º É justa a pretensão da ENGENHARIA S/A, no sentido de obter o ressarcimento dos danos causados pelo descumprimento da parte do contrato, referente à colocação de material na obra em tempo oportuno?

2º O pagamento pela ESCOLA encontra amparo legal?

## PARECER

À vista da exposição supra, e dos documentos que com a consulta me foram presentes, passo a responder objetivamente às indagações formuladas.

*Ao Quesito Primeiro*

1. Denominando-o "Termo de Ajuste", a ESCOLA e a ENGENHARIA S/A celebraram um contrato bilateral com o objetivo de promover a "execução da infraestrutura e superestrutura em concreto armado do Centro Técnico". Estipularam, como de praxe, as obrigações a que uma e outra se comprometeram, tudo subordinado à circunstância temporal, integrada na avença, seja quando ficou assinado o prazo para a finalização das obras, seja quando foi determinado à construtora a elaboração de cronograma, a cujos itens a evolução dos trabalhos se submeteria.

Com efeito, a cláusula terceira reza que "o prazo máximo para as execuções dos serviços, objeto do presente Termo, é de 180 (cento e oitenta) dias corridos, contados a partir da data de recebimento, por parte da AJUSTANTE, da ordem de início dos serviços, expedida pela Comissão de Obras".

Por outro lado, o contrato menciona (parágrafo único da cláusula 3ª) a obrigação imposta à construtora, de elaborar um cronograma, como pauta do ritmo de cumprimento do ajuste, e em forma tão relevante, que se incorpora ao próprio contrato, *in verbis*: "O andamento da obra deverá obedecer ao cronograma apresentado pela AJUSTANTE e aprovado pela Comissão de Obras, e que se anexa ao presente Termo".

Sancionando qualquer deslize da construtora, no tocante ao atraso na execução contratual, foi instituída contra ela a cláusula penal moratória, prevendo toda espécie de retardamento (Cláusula 25).

De tudo isto se vê que o contrato, enfatizando a obediência ao calendário adotado, exigia da construtora aparelhar-se para não desatender aos seus compromissos, não apenas com a prestação devida, mas ainda com a prestação oportuna.

Cabia, pois, à ENGENHARIA S/A aprestar-se para isto. E, como um contrato da natureza deste não se cumpre sem a adoção das medidas necessárias, a construtora deslocou máquinas e equipamentos, acumulou os materiais a seu cargo, arregimentou mão de obra técnica e comum, e tudo concentrou no local do trabalho.

2. Acontece que a ESCOLA deixou de proporcionar os meios para a execução, faltando na obra a matéria-prima. Em consequência houve perda de madeira, empenhamento de formas, e sobretudo a ociosidade da mão de obra, com a manutenção de pessoal remunerado e inerte, ganhando sem trabalhar, pesando na folha de pagamento da construtora sem rendimento. Além de constituir inconveniente moral grave, levando ao pouco pessoal em ação o mau exemplo do ganho fácil e sem contraprestação.

Ora, é da essência do contrato bilateral que ambas as partes estão sujeitas aos seus efeitos. Gera ele deveres como cria direitos para um e para outro, por tal arte que nesse tipo contratual não se pode dizer que existe um credor e um devedor, senão que ambas as partes contratantes são reciprocamente devedor e credor.

Estas noções são tão pacíficas que dispensam documentadas com a opinião dos doutores. Mas o hábito da cátedra e a preocupação científica de não deixar sem comprovação as premissas assentadas levam-nos a cravejar as proposições com boas citas, de civilistas eminentes e autorizados.

Começando por um que é clássico e é nosso, a um só tempo assentada fica a natureza jurídica do contrato bilateral, como a sua filiação histórica:

> "Contrato bilateral é uma espécie particular de contrato em que são essenciais a prestação e a contraprestação.
> Nestes contratos o fim é uma troca de prestações e por isso eles são comutativos e recíprocos.
> De modo que há contrato bilateral sempre que as partes se obriguem reciprocamente – *ultrocitroque obligationum*, na frase de ULPIANO (M. I. CARVALHO DE MENDONÇA, *Doutrina e Prática das Obrigações*, v. II, n. 637).

Com toda precisão enuncia semelhante conceito MESSINEO, monografista de contrato:

> "Il contratto con prestazioni corrispettive è caratterizzato dal fatto che ciascuna delle parti è tenuta ad una prestazione (prestazione: controprestazione); il contratto genera due obbligazioni contrapposte. Ma non basta; si stabilisce, fra le due prestazioni (e le due obbligazioni), uno speciale nesso logico, che è detto di corrispettività e che consiste nell'interdipendenza fra esse, per cui, ciascuna parte non è tenuta alla propria prestazione, senza che sia dovuta la prestazione dell'altra: l'una prestazione è il pressuposto indeclinabile dell'altra; giova, qui l'elemento causa" (*Dottrina Generale del Contratto*, p. 233).

E quando nos voltamos para os mais modernos, vamos encontrar com a mesma exatidão e não menor clareza fixada a noção:

> "Dans les contrats synallagmatiques ou bilatéraux, les obligations créées sont réciproques: chacun des contractants est, à la fois, créancier et débiteur; ses obligations ont pour cause celles de son cocontractant; chacun s'engage envers l'autre, parce que l'autre s'engage envers lui. Plus que réciproques, ces obligations sont interdépendantes: l'existence des unes est subordonnée à celle des autres. C'est le cas de nombreux et très importants contrats: la vente, l'échange, le louage, etc." (MAZEAUD et MAZEAUD, *Leçons de Droit Civil*, v. II, n. 96).

A ESCOLA, portanto, se de um lado é credora da prestação dos serviços ajustados, de outro lado é devedora não apenas das quantias que tem de transferir à construtora a título de remuneração, mas ainda de todos os encargos que por via do "Termo de Ajuste" assumiu, com os quais a construtora promove o adimplemento contratual.

Ora, se foi a ESCOLA que deixou de entregar a tempo a matéria-prima, e com isto impôs à ENGENHARIA S/A a extensão do tempo de execução das obras, aumentando os gastos assim em mão de obra como de material inutilizado, perdido ou desgastado, é de toda justiça que lhe componha os prejuízos.

Durante determinado período, os operários, que deviam dar um certo trabalho que a seu turno se traduziria em rendimento porque se converteria em prestação contratual, estiveram ociosos, porém recebendo. E como a sua ociosidade remunerada deveu-se à ação ou à omissão da ESCOLA, o mais elementar princípio de justiça impõe que a construtora dela receba o ressarcimento.

*Ao Quesito Segundo*

3. O problema do cumprimento das obrigações é posto, assim em doutrina como na lei, em termos tranquilamente aceitos, no sentido de que não é só a ausência de prestação que constitui a falta do contratante. Muitas vezes a prestação vem, mas a destempo, e nem por isto deixa de se configurar como inexecução do ajuste. Caracterizando-o, nós dissemos anteriormente:

> "O descumprimento diz-se absoluto ou relativo. Será absoluto se tiver faltado completamente a prestação, de forma que o credor não receba aquilo a que o devedor se obrigou, seja a coisa, seja o fato, seja a abstenção, e não haja mais possibilidade de ser executada a obrigação. Será relativo, se apenas parte da *res debita* deixou de ser prestada, ou se o devedor não cumpriu oportunamente a obrigação, havendo possibilidade de que ainda venha a fazê-lo.
> Em qualquer dos casos há descumprimento, porque o credor tem direito à prestação devida, na forma do título e no tempo certo" (CAIO MÁRIO DA SILVA PEREIRA, *Instituições de Direito Civil*, v. II, n. 174).

Uma vez que o atraso no cumprimento da obrigação e bem assim a prestação que se desvia da norma traçada ao devedor equivale à inexecução, a consequência natural será a responsabilidade pelas perdas e danos. As duas ideias acham-se de tal forma geminadas que se associam no mesmo princípio legal:

> "Não cumprindo a obrigação, ou deixando de cumpri-la pelo modo e no tempo devidos, responde o devedor por perdas e danos" (Código Civil, art. 1.056).[1]

---

1 – Dispositivo correspondente no Código Civil de 2002:
"Art. 389. Não cumprida a obrigação, responde o devedor por perdas e danos, mais juros e atualização monetária segundo índices oficiais regularmente estabelecidos, e honorários de advogado."

Aí estão as duas modalidades de inexecução: absoluta e relativa. Ou o devedor não cumpre de maneira absoluta, ou deixa de cumprir no modo devido e no tempo devido. Em qualquer dos casos, corre-lhe o dever de ressarcir ao credor o prejuízo. Em comentário ao princípio, CLÓVIS BEVILÁQUA escreve:

"A obrigação é um vínculo que adstringe o devedor ao cumprimento do que lhe é imposto pela mesma obrigação. Esse cumprimento tem de ser realizado no tempo e pelo modo devidos, sob pena de perdas e danos, porque o não cumprimento da obrigação é um ato ilícito, que causa prejuízo ao credor" (*Comentários*, v. IV, p. 218, ao art. 1.056).

A forma negativa do descumprimento não desfigura o seu aspecto ilícito ou culposo, pois que tanto existe culpa ou ilícito no procedimento comissivo do agente quanto na sua omissão. A obrigação pode ser descumprida quando o devedor deixa de fazer aquilo a que estava obrigado, como no caso de realizar aquilo a que se devia abster. O problema reside apenas na determinação da prestação. Se consiste esta numa regra de conduta positiva, e o devedor tem de proceder de certo modo, há descumprimento se não procede na forma devida, ou simplesmente deixa de agir. Até a simples abstenção pode configurar-se em culpa, bastando que o agente tenha a obrigação de agir:

"Pour que la simple abstention puisse être fautive, il faut que l'auteur ait l'obligation d'agir" (PLANIOL et RIPERT, *Traité Pratique de Droit Civil*, v. VI, n. 508).

4. Na espécie, a circunstância material do inadimplemento não padece dúvida. A ESCOLA definiu o seu comportamento no "Termo de Ajuste", obrigando a fornecer o material necessário a que a ENGENHARIA S/A produzisse as estruturas de concreto armado. Sendo esta uma obrigação sua, configura-se a sua culpa, ou o seu procedimento faltoso, no simples fato de não fornecer o material. Acontece que, na forma do "Termo" que é o instrumento contratual ou o título definidor dos direitos e obrigações, a ESCOLA tinha o dever de colocar os materiais à disposição da construtora segundo o cronograma estabelecido e aderente ao contrato. Tinha e tem a obrigação de fornecer os materiais. Mas não lhe resta a liberdade de fazê-lo quando queira, porém a tempo certo. Pois se a outra parte tem de executar a mão de obra a tempo certo, laborando com o material a cargo da ESCOLA, esta não conservou o arbítrio de o entregar quando queira, porém em obediência ao escalonamento previsto no esquema de desenvolvimento dos trabalhos.

Desde que incorreu na falta, em relação ao que lhe cumpria, sujeita-se a ressarcir as perdas e danos.

É que não basta ao devedor efetuar a prestação, para que se repute adimplente. Cumpre fazê-lo *opportuno tempore*, isto é, nas épocas previstas. Se não prestou a tempo, mas fê-lo atrasado, incorre em mora, na definição de CLÓVIS BEVILÁQUA, tão exata quanto simples:

"Mora é o retardamento na execução da obrigação" (*Comentário* ao art. 955 do Código Civil).[2]

A ESCOLA, não obstante os reiterados apelos da construtora, consignados na copiosa correspondência que lhe dirigiu, deixou de prestar a tempo. Retardou, impondo com isto um prejuízo certo à ENGENHARIA S/A, prejuízo que foi cuidadosamente apurado no levantamento efetuado por esta, visado pela Comissão de Obras. Prejuízo que foi discutido com seus ilustres componentes, e tão certo, que a Comissão de Obras, composta de eminentes técnicos, e sobretudo sensatos, deu como encerrado, ao fazer o apelo a que a construtora admitisse redução em vista de uma liquidação imediata ou à vista, chegando até a ENGENHARIA S/A a emitir o recibo, que recebeu o "visto" respectivo.

5. Todos os pressupostos do dever de ressarcir estão, portanto, presentes e comprovados.

O primeiro de todos é o dever preexistente, definido no contrato, e em virtude do qual cumprirá à ESCOLA fornecer o material em tempo hábil à ENGENHARIA S/A, que a seu turno mobilizou materiais, equipamentos e pessoal para atender ao que lhe cabia.

O segundo é a falta de cumprimento oportuno das obrigações a seu cargo, impondo à construtora os ônus de manter pessoal ocioso, pagar-lhe os salários e atender aos encargos da legislação social. Aí está o dever violado, em todas as suas características.

O terceiro é a relação de causalidade evidente entre o dano e a falta.

Positivados os extremos fáticos da situação criada, vem a sujeição da espécie à normação jurídica, toda ela conducente à definição da responsabilidade da ESCOLA. Com efeito, afora a preceituação genérica do art. 159 do Código Civil,[3] que impõe o dever de indenizar a todo aquele que por seu procedimento violar direito ou causar prejuízo a outrem, as disposições citadas no corpo deste parecer apontam à ESCOLA o dever de ressarcir o dano causado.

---

[2] "Art. 955. Considera-se em mora o devedor que não efetuar o pagamento, e o credor que o não quiser receber no tempo, lugar e forma convencionados (art. 1.058)."
– Dispositivo correspondente no Código Civil de 2002:
"Art. 394. Considera-se em mora o devedor que não efetuar o pagamento e o credor que não quiser recebê-lo no tempo, lugar e forma que a lei ou a convenção estabelecer."

[3] "Art. 159. Aquele que, por ação ou omissão voluntária, negligência, ou imprudência, violar direito, ou causar prejuízo a outrem, fica obrigado a reparar o dano.
A verificação da culpa e a avaliação da responsabilidade regulam-se pelo disposto neste Código, arts. 1.518 a 1.532 e 1.537 a 1.553."
– Dispositivos correspondentes no Código Civil de 2002:
"Art. 186. Aquele que, por ação ou omissão voluntária, negligência ou imprudência, violar direito e causar dano a outrem, ainda que exclusivamente moral, comete ato ilícito."
"Art. 927. Aquele que, por ato ilícito (arts. 186 e 187), causar dano a outrem, fica obrigado a repará-lo."

Portanto, não só é um imperativo de justiça, como assenta em fundamento decorrente do levantamento a que se procedeu, com a verificação e aprovação daqueles que para esse efeito são os representantes da ESCOLA.

E tão fundado será o pagamento, que a sua falta sujeitará a ESCOLA a condenação inevitável, se a questão for levada a juízo, com o agravamento inafastável de se sujeitar ainda aos juros de mora e aos lucros cessantes, afora o dano emergente (Código Civil, arts. 1.059)[4] e os honorários de advogado.

Desta maneira, e pela afirmativa respondo aos quesitos propostos, s.m.j.

---

[4] "Art. 1.059. Salvo as exceções previstas neste Código, de modo expresso, as perdas e danos devidos ao credor abrangem, além do que ele efetivamente perdeu, o que razoavelmente deixou de lucrar."
– Dispositivo correspondente no Código Civil de 2002:
"Art. 402. Salvo as exceções expressamente previstas em lei, as perdas e danos devidas ao credor abrangem, além do que ele efetivamente perdeu, o que razoavelmente deixou de lucrar."

# 34

**Fatos**  Contrato de empreitada para a construção de usina hidrelétrica. Existência de imperfeições no projeto. Atraso no início das obras. Superveniência de ato normativo que alterou as condições cambiais de importação de material da obra. Divergência entre as partes quanto à responsabilidade por esse custo imprevisto.

**Direito**  Contrato de empreitada. Cláusula *rebus sic stantibus*. Preço de mercadoria importada. Interpretação contratual (Sexta Regra de Interpretação de Pothier). Conceito de pressuposição e sua integração à interpretação da vontade. Modificação da política cambial brasileira. Imprevisibilidade. Repercussão nos contratos de execução diferida. Aplicação da teoria da imprevisão.

---

A sociedade B.P.S.A. ajustou com RMV um contrato de empreitada para a construção de uma usina hidrelétrica na cachoeira "XP", estabelecendo o preço para as obras de construção e o preço para a parte hidrelétrica.

Em virtude de imperfeições do anteprojeto da RMV, e adiamento no fornecimento de dados topográficos e geológicos, a firma Empreiteira teve de retardar o contrato com os fornecedores estrangeiros, e, desta forma, foi alcançada pela Portaria 70, de que resultou alteração nas condições cambiais para a importação.

A RMV, interpondo os seus bons ofícios junto ao Banco do Brasil, não logrou que este mantivesse as normas cambiais anteriormente admitidas. Mas o Banco, espontaneamente, concedeu a licença de importação diretamente à RMV, mediante o pagamento de determinado ágio.

Entende a RMV que a Empreiteira deve arcar com este acréscimo, como a seu cargo deveria estar qualquer outro, acaso intercorrente, de vez que contratou a preço fixo.

Não se conforma a Empreiteira, arguindo que a composição do preço da usina hidrelétrica teve em vista uma base de (moeda nacional) $ 18,72 por dólar, taxa de 8% de conversão, e 8,64% para transporte marítimo e seguro.

Interpelada pela dona da obra para se manifestar em prazo curto se deseja prevalecer-se da licença concedida à RMV para a importação do material necessário à construção, com o ágio a seu cargo, sob pena de rescisão automática do contrato, pergunta:

Tem razão a RMV na sua pretensão?

## PARECER

Analisando cuidadosa e detidamente o contrato de empreitada, verifico que ele não foi ajustado a preço fixo. Ao contrário, está bem clara e ostensivamente manifestada a intenção das partes sujeitá-lo às variações decorrentes de circunstâncias eventuais, para sua revisão e reajuste.

Assim, deixando de lado a parte de preço relativa às obras de construção civil, que não é objeto da consulta, e cujo reajustamento foi especialmente previsto nas condições gerais da proposta, atenho-me ao exame da cláusula referente ao preço do material a ser importado.

Se preço foi estipulado em quantia, dita fixa, "CIF" Rio, entregue no local da usina, correspondente à conversão prevista do dólar (US$) ao câmbio de dia predeterminado.

Não estipularam os contratantes, pura e simplesmente, um preço para a aquisição. Ajustaram, sim, que estabeleciam o pagamento do material importado em certa soma de moeda nacional, correspondente à taxa cambial prevalecente no dia avençado, de que aquela soma era a conversão.

Tendo em vista a espécie do material, ou mais precisamente a sua procedência, os contratantes não se limitaram a estabelecer que a dona da obra se obrigava ao pagamento de certo preço, porém esclareceram que este correspondia à conversão de moeda estrangeira ao câmbio vigorante num dado momento.

Os contratantes fixaram o preço como decorrência de um pressuposto, que não permaneceu apenas no foro íntimo. Elevaram esta consideração acima das ponderações que se encerram naquela fase que GIOVANNI CARRARA denomina de trattativo, na formação do contrato, para inseri-la nele próprio. E, segundo a regra do art. 85[1] do Código Civil, "nas declarações de vontade se atenderá mais à sua intenção que ao sentido literal da linguagem".

Ponto fundamental do contrato é o preço, e este está muito claro na intenção dos contratantes, como decorrência de uma certa situação na taxa cambiária. Presente aos interessados era o fato de que, não obstante o dólar sofrer variações extraoficialmente, sua taxa se mantinha fixada em determinada cifra pelo Banco do Brasil. E, como a mercadoria era de importação, o contrato estabeleceu a submissão à taxa vigorante em dado momento.

Este elemento foi, então, erigido em pressuposição da vontade das partes, que WINDSCHEID define:

---

[1] – Dispositivo correspondente no Código Civil de 2002:
"Art. 112. Nas declarações de vontade se atenderá mais à intenção nelas consubstanciada do que ao sentido literal da linguagem."

"La presupposizione è una condizione non svolta (unentwickelte), una limitazione della volontà, che non si è svolta fino ad essere ad una condizione. Chi manifesta un volere sotto una presupposizione vuole, al par di colui che emette una dichiarazione di volontà condizionata, che l'effetto giuridico voluto abbia ad esistere soltanto dato un certo stato dei rapporti; ma egli non giunge, sino a far dipendere l'esistenza dell'effetto da questo stato dei rapporti" (*Pandette*, I, § 97, p. 394 da edição de PAUDA e BENSA).

Se bem não tenhamos realizado a construção legislativa desta genial criação, ela integra a interpretação da vontade. É neste sentido que se deve compreender a lição de CLÓVIS BEVILÁQUA:

"Se a pressuposição se manifesta, expressamente, será a razão determinante de negócio jurídico, ou a modalidade que se lhe adita" (Comentário 4, ao art. 128).

Na interpretação ou pesquisa da vontade contratual, sem me ater apenas ao sentido literal da linguagem, não posso fazer abstração de um intento manifestado pelas partes, de vincular o preço a uma determinada condição de conversão cambial, para concluir que, no caso de frustração dela, o efeito jurídico não corresponderia à declaração de vontade. É o que afirmo com aplicação da regra enunciada por WINDSCHEID:

"Ora colla designazione di questo primo intento si indica pure necessariamente una presupposizione della dichiarazione di volontà; che, nel caso in cui essa sia frustrata, l'effetto giuridico voluto non corrisponde al vero volere dell'autore della dichiarazione di volontà, è tanto sicuro, quanto che nessuno emette una dichiarazione di volontà senza scopo alcuno" (§ 98).

O trabalho de indagação da vontade contratual não se exaure na verificação deste fato. Mas é a mesma cláusula (a III do contrato de empreitada) que se encarrega de evidenciar que o preço não foi estabelecido com caráter de absoluta fixação. O § 1º do inciso em exame prevê a sua alteração para mais ou para menos, se houver modificação nas taxas e tarifas de transporte e seguro. A empreitada foi ajustada a preço certo, porém sujeito à oscilação decorrente de elementos que entraram em sua composição.

E o § 2º da mesma cláusula é ainda mais eloquente no assentar que a conversão cambial foi o elemento básico de sua fixação. À data pactuada, o dólar custava, no Banco do Brasil, (moeda nacional) $ 18,72 e era sujeito à taxa de 8% de conversão. E, como esta era fundamental no preço, os contratantes estipularam que a RMV seria aliviada dos 8% sobre o custo do material, caso não fosse devida a referida percentagem a título de conversão da moeda.

O exame desta cláusula é, então, convincente, de que a empreitada não foi ajustada a preço fixo na parte relativa ao material de importação, mas ao revés era uma soma inteiramente variável em razão de vários fatores.

É certo que ali se lê que o preço do material é "fixo", mas os parágrafos da própria cláusula, eles mesmos, se encarregam de mostrar que não o é. E, como o intérprete da vontade contratual não é escravo da palavra, mas da intenção (Código Civil, art. 85),[2] tem de concluir que a verdadeira vontade das partes foi estabelecer um preço não fixo. E não é possível isolar da cláusula terceira uma palavra apenas, e construir a interpretação do contrato em torno dela, quando ao redor tudo grita que a verdadeira intenção contratual é contrária. As partes não quiseram preço fixo, pois que estabeleceram que ele é variável. Então, no conjunto, o contrato estabeleceu um preço reajustável.

Ora, não se pode interpretar uma cláusula isoladamente, senão articulada com as outras, antecedentes e subsequentes. É a regra de POTHIER:

"6ª règle – On doit interpréter une clause par les autres clauses, contenues dans l'acte, soit qu'elles précèdent, ou qu'elles suivent"[3] (*Oeuvres*, v. II, *Obligations*, n. 96, p. 49, da edição Bugnet).

Aliás, a origem desta regra, segundo POTHIER, é uma passagem do Digesto em que um contrato de venda dispunha que era livre de todos os encargos, e uma segunda cláusula dizia o contrário. Esta segunda é considerada a interpretação da primeira.

Tal qual aqui: a cláusula III diz que o preço é fixo. E, nos seus parágrafos, enuncia critérios de reajustamento. Os parágrafos são a interpretação da cláusula, que se entende fixa, com exceções.

O exame da cláusula mostra, ainda, que a base do preço foi precisamente a taxa cambial fixada pelo Banco do Brasil. Esclarece que a RMV é obrigada em razão do preço do dólar, pois que a quantia ajustada é, expressamente, a conversão da moeda de importação ao câmbio vigorante, como ainda a devedora se aliviaria da taxa de conversão, se esta não fosse exigida. A RMV obrigou-se, precisamente, ao pagamento da importância conversível.

Daí a conclusão irrecusável.

Tendo o Banco do Brasil imposto um ágio de (moeda nacional) $ 7,00 por dólar, este acréscimo pesará sobre o compromisso da RMV, que o tem de suportar. Ela não se obrigou a um preço qualquer, senão ao resultado da conversão da moeda estrangeira em nacional.

Posteriormente, a política financeira nacional foi alterada, e um novo fator foi introduzido nesta conversão.

---

[2] CC 2002, art. 112.
[3] "As cláusulas contratuais interpretam-se uma em relação às outras, sejam antecedentes, sejam consequentes." As demais regras de POTHIER sobre a interpretação contratual encontram-se, na íntegra, no n. 189 do v. III das Instituições de Direito Civil de Caio Mário da Silva Pereira (13ª ed., atualizada de acordo com o Código Civil de 2002, Rio de Janeiro, Forense, 2009, p. 46).

Como o preço se combinou à vista da taxa cambial, a devedora se sujeita ao ônus imposto à conversão monetária.

Se o contrato não tivesse tão claramente previsto e admitido o reajustamento das condições de preço, ainda assim eu penso que ele seria reajustável, por aplicação da teoria da imprevisão, tipicamente configurada na hipótese da consulta.

O empreiteiro se vincula por contrato que tem em vista as condições de mercado. Prevê o quanto é possível: a oscilação de salário, a alteração das tarifas de transporte e seguro etc.

Fora de toda a previsibilidade normal, um Ministro da Fazenda resolve inaugurar no Brasil um sistema até então jamais adotado entre nós, e impõe, à aquisição de divisas de importação, um ágio que não se conhecia, daí resultando extraordinário acréscimo nos preços.

Em artigo que publiquei na *Revista Forense*, escrevi:

"Ora, se as modificações forem em tão elevado ponto que escapam à previsibilidade humana, ninguém negará que houve previsão, quanto era possível prever, e além dela, e fora de seu alcance, a alteração se operou. Então, foi além da capacidade humana, e a obrigação não pode prevalecer, porque os homens devem ser previdentes, mas ninguém os quer profetas.

Em tal situação, vai-se ler, nas declarações de vontade, não o sentido literal da linguagem, mas a intenção das partes, que era contratar de boa fé, e cumprir a obrigação também de boa fé" (*Cláusula Rebus Sic Stantibus*, Revista Forense, v. 92, p. 797).

Embora se não tenha por pacífica a adoção da tese revisionista,[4] em função das modificações econômicas repercutindo na execução do contrato, é certo que hoje em dia nenhum jurista mais se mostra infenso a estas soluções. Vivemos um momento de tão bruscas e profundas alterações nos trens de vida, que a manutenção ao extremo da velha regra *pacta sunt servanda* pode constituir a mais grave injustiça e levar à ruína um contratante de boa-fé.

---

4     À época da elaboração deste parecer, o direito positivo brasileiro não acolhia, expressamente, a chamada teoria da imprevisão. Sobre o tema, vejam-se as seguintes considerações de CAIO MÁRIO DA SILVA PEREIRA:

"A discussão sobre a incidência da chamada teoria da imprevisão no direito brasileiro já tinha sido em parte resolvida pelo Código do Consumidor (Lei n. 8.078/90), que no seu art. 6º, V, erigiu como princípio da relação de consumo o do equilíbrio econômico do contrato, explicitando ser direito do consumidor a modificação das cláusulas contratuais que estabeleçam prestações desproporcionais ou sua revisão em razão de fatos supervenientes que as tornem excessivamente onerosas. O Código Civil de 2002 resolveu de vez o problema ao disciplinar a resolução por onerosidade excessiva nos seus arts. 478 a 480" (*Instituições de Direito Civil*, 13ª ed., atualizada de acordo com o Código Civil de 2002, Rio de Janeiro, Forense, 2009, v. III, § 216, p. 140).

Na verdade, afora algumas opiniões isoladas como CASTRO MAGALHÃES e CARVALHO DE MENDONÇA, a doutrina brasileira se tem mostrado favorável à aceitação da cláusula *rebus sic stantibus*. Alguns, entre os quais OROSIMBO NONATO, FILADELPHO AZEVEDO e CARVALHO SANTOS, sustentam que, em face do direito positivo, é inaceitável a teoria, porém admissível de *jure constituendo*, havendo mesmo o Anteprojeto de Código das Obrigações, a que os dois primeiros deram sua valiosa e grande cooperação, procurando discipliná-la. Na sua grande maioria, os juristas brasileiros afirmam sem rebuços que o nosso sistema legislativo, através dos mais sólidos e assentados princípios, presume a existência da cláusula. E são nomes de autoridade nacional que se alinham nesta defesa, como JAIR LINS e MENDES PIMENTEL; EDUARDO ESPÍNOLA, pai e filho; BENTO DE FARIA e EPITÁCIO PESSOA; SÁ PEREIRA e JORGE AMERICANO; ARTHUR ROCHA e PEDRO BAPTISTA MARTINS; NEHEMIAS GUEIROS e ABGAR SORIANO. E na cúpula, pelo valor esplêndido da obra monográfica, ARNOLDO MEDEIROS DA FONSECA, que resume a posição do problema e seu equacionamento em nossa doutrina, apontando os fundamentos em que cada um desses ilustres juristas se baseia para sustentá-la, e, em seguida, indicando alguns arestos dos nossos Tribunais que a têm consagrado (cf. ARNOLDO MEDEIROS DA FONSECA, *Caso Fortuito e Teoria da Imprevisão*, p. 289 e segs.).

Este eminente professor da Faculdade Nacional de Direito, em pesquisa judiciosa e segura, rastreia em nosso Código Civil (1916) e legislação comercial os textos que esses autores entendem que permitem o acolhimento da teoria da imprevisão em nosso direito positivo e também na legislação extravagante a partir de 1930 – sobre locações de imóveis, abolição da cláusula ouro, redução de juros contratuais e alterações das condições de pagamento das dívidas efetivamente cobertas, leis do reajustamento econômico, repressão à usura real para afinal concluir pela admissibilidade da revisão dos contratos, na justiça, em razão da "superveniência de acontecimentos imprevistos e imprevisíveis, alterando radicalmente o ambiente objetivo existente ao tempo da formação do contrato e acarretando para um dos contratantes onerosidade excessiva..." (ob. cit., p. 332).

Esta tendência paternalista de nosso direito e a adoção de medidas repressivas da exploração econômica de um contratante pelo outro mostrei exaustivamente em minha "Lesão nos Contratos Bilaterais", onde assinalei o maior desenvolvimento que o fundamento da equidade assume em nosso direito contemporâneo, reprimindo enriquecimento do outro. E evidenciei que a tese revisionista, a interpretação na vida contratual a todo momento, se afirma, coibindo as injúrias que a execução rigorosa dos contratos fatalmente impõe, nos momentos de conjuntura como o que o país e o mundo atravessam.

Não é, porém, este apenas um movimento intelectual, desprendido de toda aplicação prática, ou apenas uma tendência doutrinária dos juristas. Os nossos Tribunais, às vezes, a repelem, outras vezes não trepidam em penetrar a vida do contrato, e interpor sua autoridade para amenizar o cumprimento rigoroso dos ajustes, tirando-lhes a captação de lucro excessivo contra a ruína do cocontratante.

O Supremo Tribunal Federal, em aresto que define a orientação, apreciou espécie decidida pela justiça local do antigo Distrito Federal, e após debates prolongados sustentou que não afronta a legislação brasileira a aplicação da cláusula *rebus sic stantibus* (cf. *Arquivo Judiciário*, v. 49, p. 23).

O Tribunal de Justiça do antigo Distrito Federal, em acórdão publicado na *Revista Forense*, v. 95, p. 334 e segs., sustenta a juridicidade da mesma cláusula.

O Tribunal de Justiça de São Paulo decidiu que a cláusula *rebus sic stantibus* é admitida em nosso direito (*Revista dos Tribunais*, v. 189, p. 557).

Em nosso direito, a meu ver, está então incorporada nitidamente a cláusula *rebus sic stantibus*, que os princípios do Código Civil não repelem, e que a legislação posterior inequivocamente consagra, com os aplausos de nossos Tribunais.

Todos os elementos característicos da teoria da imprevisão se encontram positivados na espécie. Após a realização do contrato, que é de execução diferida, sobreveio um acontecimento que alterou radicalmente o ambiente objetivo existente ao tempo de sua formação. Este acontecimento foi a "Portaria 70", instituindo novos moldes para a política cambial brasileira.

Não obstante ser variável a cotação da moeda estrangeira, vivia o País sob regime de taxa fixa negociada pelo Banco do Brasil, que mantivera oficialmente determinado valor para o dólar, mesmo quando as nossas disponibilidades nos Estados Unidos ofereciam saldo favorável, e a moeda nacional era mais alta, como posteriormente, ao perder valor pela razão inversa. Era pacífica a orientação de nossa política financeira, e dezenas ou centenas de contratos se firmaram e cumpriam sob tal critério.

Entretanto, o Ministério da Fazenda resolveu inaugurar nova política, e, inesperada e imprevisivelmente, instituiu o sistema dos ágios.

O imprevisível, de fato, é notório. Não só porque foi o programa de um novo ministro, como por não ter sido jamais adotado no Brasil.

Este acontecimento, superveniente ao contrato da Consulente com a RMV, e imprevisível, acarreta para a primeira uma onerosidade excessiva. Se o Empreiteiro fica sujeito a pagá-lo, sofre um aumento no material, em média, de 150%. E mesmo que se limite ao ágio concedido, especialmente, à RMV, de (moeda nacional) $ 7,00 por dólar, a elevação sobre o preço de mercadoria importada, calculada à base do dólar de (moeda nacional) $ 18,72, será de quase 40%.

Este ônus será suportado pela Empreiteira para enriquecimento da RMV, que, desta forma, irá adquirir uma usina hidrelétrica por preço 40% menor do que o seu custo, em razão de forçar o cumprimento rigoroso de um contrato de empreitada, e em idêntica medida causar o empobrecimento da empreiteira.

O princípio da relativa comutatividade das prestações no contrato de empreitada não pode tolerar uma intransigência inteiramente ultramontana, que importará em arruinar um contratante para enriquecimento do outro.

Sou, então, de parecer que a RMV, que é quem adquire a usina hidrelétrica, pois todo o contrato tem por objeto provê-la desta estação, é quem deve pagar o ágio cambial, como elemento que o Governo Federal, de que ela é, aliás, um estabelecimento autárquico, introduziu na conversão monetária, provocando a elevação do preço.

# 35

**Fatos**  Consórcio de empresas brasileiras para a construção de hospital no exterior. Contrato de empreitada com país estrangeiro. Entendimento, pelo Fisco, de que diversas atividades para o cumprimento das obrigações do consórcio consistiriam em prestações de serviços realizadas no Município de São Paulo. Incidência do tributo ISS. Alegação, pelas empresas, de que se trata de atividade de "empreitada global", e não de "prestação de serviços", sendo descabida a incidência do ISS.

**Direito**  Contrato de empreitada global (*turnkey*). Distinção entre contrato de empreitada e contrato de locação de serviço. Objeto do contrato de empreitada: entrega da obra. Autonomia do empreiteiro. Possibilidade de divisão do trabalho entre as empresas que integram o consórcio.

---

Um CONSÓRCIO de empresas brasileiras, constituído por instrumento particular, celebrou contrato com o Ministério da Saúde e de Bem-Estar Social do Governo do Paraguai, para a execução, sob o sistema *turnkey*, de um hospital na cidade de Assunção, capital daquele país.

O objeto e finalidade específica do Consórcio é a execução material, sob regime de empreitada global, do empreendimento denominado Hospital do Câncer e Queimados, abrangendo todas as suas modalidades e fases, e compreendendo "Contrato de Asesoria, Proyeto, Construction y Subministro de Equipos" pelo tempo necessário à total consecução de seu objeto específico, extinguindo-se, de pleno direito, uma vez realizado.

Exceção feita às atividades de uma das consorciadas, o Município de São Paulo entendeu que todas as demais atividades haviam sido desenvolvidas na Capital do Estado de São Paulo, razão pela qual lavrou diversos Autos de Infração, exigindo de cada uma delas o ISS correspondente, além de multas por descumprimento de obrigações acessórias (falta de livros fiscais, etc.).

Entendendo as consorciadas que tal tributo é indevido, por diversas razões, dentre as quais ressaltam a qualificação do contrato firmado com o Governo do Paraguai como sendo de "empreitada global", onde as atividades desempenhadas para alcançar o resultado final não se revestem da natureza jurídica de "serviços" tributáveis no Município de São Paulo, pedem a minha opinião sobre os seguintes quesitos:

1º Qual a natureza jurídica do contrato firmado entre o Consórcio e o Governo do Paraguai?
2º A atividade desenvolvida pelas consorciadas, no âmbito do contrato, se caracteriza como prestação de serviços?

Instruindo a consulta, as Empresas anexam o CONTRATO celebrado com o Ministério de Saúde Pública e Bem-Estar Social do Paraguai; o instrumento particular de constituição do CONSÓRCIO; e Impugnações oferecidas ao Departamento de Rendas Mobiliárias do Município de São Paulo e aos Autos de Infração lavradas na Capital desse Estado.

Após detido exame, emito o meu parecer.

## PARECER

1. O primeiro passo no deslinde de questões dessa natureza é decorrente da interpretação da vontade contratual. Como declaração de vontade que é, o contrato interpreta-se por suas cláusulas. Estas constituem a linguagem pela qual a manifestação volitiva se eterniza. O que o hermenêuta há de procurar é a vontade das partes, sem deixar de ponderar nos elementos exteriores, sejam jurídicos, sejam sociais, sejam econômicos. O intérprete não pode desprezar a manifestação da vontade como se encontra expressa ou declarada graficamente no instrumento negocial. O hermenêuta do contrato guardará fidelidade à intenção dos contraentes, sem se desprender do que foi manifestado e exteriorizado. Percorrerá o caminho da linguagem, sem perder de vista a intenção. É o que está explícito no art. 85 do Código Civil,[1] que alude a todo negócio jurídico, e os civilistas sem exceção entendem aplicar-se particularmente ao contrato, como ato negocial típico – *Rechtsgeschäft*.

Se é certo que o *nomen iuris* ou a designação do contrato, escolhida pelas partes, não é o elemento decisivo na determinação da lei aplicável, como diz ALBERTO TRABUCCHI (*Istituzioni di Diritto Civile*, n. 287, p. 646: *Nella ricerca della volontà, non si è vincolati dal nomen iuris usato per qualificare il contratto conchiuso*), não deixa, contudo, de ser um fator a que se deve recorrer no propósito de efetuar essa pesquisa, ou essa "*ricerca*".

O mesmo autor, quando se estende na solução das questões atinentes à determinação do conteúdo do contrato e diz que o seu objeto é uma *quaestio voluntatis*, ensina que é

---

[1] "Art. 85. Nas declarações de vontade se atenderá mais à sua intenção que ao sentido literal da linguagem."
– Dispositivo correspondente no Código Civil de 2002:
"Art. 112. Nas declarações de vontade se atenderá mais à intenção nelas consubstanciada do que ao sentido literal da linguagem."

preciso perquirir o objeto intimamente perseguido, porque a vontade a pesquisar é a que se revela no comportamento exterior (*è quella che si rivela dal comportamento esteriore*).

Numa outra forma, ou num sentido mais amplo, DE PAGE observa que, em qualquer hipótese, "o juiz não desconhece a convenção, obra soberana das partes; ele ao contrário a confirma ao mesmo tempo que lhe acentua a precisão, dando-lhe todos os seus efeitos. Textualmente:

> "Dans toutes ces hypothèses, le juge ne méconnait pas la convention, oeuvre souveraine des parties; il la confirme au contraire en la précisant et en lui donnant tous ses effets" (*Traité*, v. II, n. 467, p. 439).

Esta orientação, preconizada pelos doutos, é a que procuro sempre adotar, e é a que pretendo seguir, na solução da espécie ora submetida a meu estudo, trabalho tanto mais delicado quanto mais merecedor da atenção, pelos efeitos econômicos e tributários que estão em jogo.

2. Sendo dois os instrumentos contratuais enfocados, não os posso perder de vista.

O primeiro, porque objeto perseguido pelas partes, é o CONTRATO celebrado entre as empresas consorciadas e o Ministério da Saúde Pública e Bem-Estar Social do Paraguai. O outro, como espelho da cooperação das empresas executoras, é o instrumento particular, por cuja via foi estabelecida a finalidade de cumprir a obrigação de realizar, no Paraguai, o empreendimento "Hospital do Câncer e Queimados".

Neste último vem declarado que "o CONSÓRCIO tem por objeto e finalidade específica a execução material, sob o regime de empreitada global (*turnkey*) do empreendimento".

A tipologia contratual adotada pelas partes, segundo a designação explícita do documento, é o regime jurídico da empreitada. É por aí que se há de começar a definição das obrigações das partes.

Analisando as obrigações contraídas com a República do Paraguai, cabe então cogitar do que ficou estabelecido no instrumento contratual respectivo. As empresas consorciadas, em conjunto, são todas denominadas EXECUTORAS (v. Preâmbulo do CONTRATO).

A cláusula 2ª estabelece que incumbe às EXECUTORAS: o Planejamento, os Projetos Arquitetônicos, a Construção, o Suministro dos Equipamentos Médico-Hospitalares para o funcionamento do Hospital, a Organização Administrativa do Hospital, o Treinamento de Pessoal e o Financiamento do empreendimento.

Aí está todo um complexo de atividades, desde a concepção ideal de sua criação originária até a sua colocação em funcionamento com pessoal adequado.

Note-se que, embora sejam diversas as EXECUTORAS, não foram contratadas para a realização de determinados trabalhos, ou efetivação de serviços destacados. Formando um conjunto, sob a designação adotada de EXECUTORAS; a elas, como conjunto, foi confiada a realização de todo o empreendimento.

Desta sorte, o contrato com o Ministério da Saúde e Bem-Estar Social do Paraguai vem confirmar, em termos precisos e induvidosos, o que o documento constitutivo do CONSÓRCIO menciona como seu objeto ou finalidade específica: a execução material, sob o regime de empreitada global (*turnkey*) do empreendimento denominado Hospital do Câncer e Queimados.

Acentuado está, de maneira clara e positiva, que as empresas não se encarregaram de executar, cada uma na sua especialidade, determinado trabalho ou parte da obra. Esta foi considerada, no contrato básico celebrado com o Governo do Paraguai, como um conjunto global; e às EXECUTORAS foi incumbido promover a sua execução como um empreendimento global também.

Embora as Consorciadas, para melhor rendimento do trabalho, houvessem distribuído entre si as atribuições necessárias à consecução da Empreitada Global (cláusula 4, subitem 4.2), mantiveram-se, contudo, enfeixadas num conjunto operacional, obrigando-se a darem-se recíproca colaboração técnica e comercial necessárias ao fiel desempenho das tarefas atribuídas a cada uma, e à coordenação e integração dos respectivos serviços, bem como ao cumprimento das obrigações previstas no CONTRATO.

Embora o CONSÓRCIO não tenha personalidade jurídica, constituindo-se de uma associação de entidades que conservaram e conservam a própria individualidade, forma um conjunto global e operacional, com a finalidade específica de realizar uma empreitada global. Reuniram os seus esforços e a sua experiência na efetivação de uma finalidade comum, que o Governo do Paraguai perseguiu com a celebração do CONTRATO: a realização do Hospital como um empreendimento dotado de unidade.

Esta unidade executiva na realização do empreendimento, em oposição à dispersão factual das diversas atividades, fases e etapas da empreitada global, ressalta em toda nitidez do disposto na cláusula 12ª do CONTRATO, segundo a qual a obra prosseguiria normalmente, na hipótese de alguma das empresas consorciadas retirar-se.

As partes submeteram-se, para a formalização, validade e execução do CONTRATO, às leis em vigor na República do Paraguai (cláusula 24ª do CONTRATO). E, em observância deste, o CONSÓRCIO manteve estabelecimentos no Paraguai, durante e para a fiel execução da OBRA, com escritório na Cidade de Assunção, além dos Canteiros de Obra (subitem 2.3 do Contrato constitutivo do CONSÓRCIO).

Finalmente, a remuneração, como o resultado final do CONSÓRCIO, é una, da mesma forma que os benefícios diretos concedidos pelo Governo Brasileiro constituem crédito do CONSÓRCIO.

De todo este conjunto de regras, de cláusulas, de obrigações e de direitos, resulta que o CONSÓRCIO, devidamente formalizado com o arquivamento de sua documentação na Junta Comercial do Estado de São Paulo, operou sem solução de continuidade em todas as suas fases, desde a ideia geradora até a conclusão do empreendimento, e levantamento do resultado financeiro final, como contratante de uma empreitada global, subordinado às normas que perante o direito brasileiro, e na voz da doutrina pátria, como alienígena, constitui um contrato de empreitada.

3. O conceito do contrato de empreitada, cuja origem vai-se prender à noção da *locatio operis* do Direito Romano, é unívoco.

O mestre de todos nós, CLÓVIS BEVILÁQUA, o define, em *Comentário* ao art. 1.237 do Código Civil:[2]

"Empreitada é a locação de serviço, em que o locador se obriga a fazer ou mandar fazer certa obra, mediante retribuição determinada ou proporcional ao trabalho executado. É a *locatio operis*."

Acompanha-o WASHINGTON DE BARROS MONTEIRO:

"Empreitada é o contrato em que uma das partes se propõe a fazer ou a mandar fazer certa obra, mediante remuneração determinada ou proporcional ao serviço executado" (*Curso de Direito Civil*, v. 5º, p. 189).

Em termos *mutatis mutandis* os mesmos, SILVIO RODRIGUES:

"Através do contrato de empreitada, uma das partes – o empreiteiro – se compromete a executar determinada obra, pessoalmente ou por meio de terceiros, em troca de certa remuneração fixa a ser paga pelo outro contraente – dono da obra – de acordo com instruções deste e sem relação de subordinação" (*Direito Civil*, v. 3, p. 251).

A doutrina estrangeira não destoa, ensinando J.W. HEDEMANN, ao conceituar o "contrato de obra" que é a denominação da empreitada:

"Existe contrato de obra cuando una persona pone a disposición de otra a título oneroso su actividad, de forma que le prometa la realización de una obra determinada o, en caso de que no se trate de una manifestación corpórea, la producción de un determinado resultado" (*Derecho de Obligaciones*, § 47, p. 412).

Não difere o conceito emitido por ENNECCERUS, KIPP y WOLFF, no Tratado, *Derecho de Obligaciones*, v. II, § 147:

"Por el contrato de obra se obliga una de las partes (el empresario) a producir un resultado de trabajo (obra) y la otra parte (el comitente) a pagar una remuneración.

---

[2] "Art. 1.237. O empreiteiro de uma obra pode contribuir para ela ou só com seu trabalho, ou com ele e os materiais."
– Dispositivos correspondentes no Código Civil de 2002:
"Art. 610. O empreiteiro de uma obra pode contribuir para ela só com seu trabalho ou com ele e os materiais."

I – Se entiende por obra en el sentido de este contrato todo resultado a producir por la actividad o por el trabajo..."

HENRI DE PAGE, no Capítulo "Louage d'Industrie", no qual *stricto sensu* insere-se particularmente o que se qualifica como "entreprise", define:

"Constitue un louage d'industrie toute prestation d'un travail déterminé, quel qu'il soit" (*Traité*, v. IV, n. 847).

Não é diferente a noção dada pelos irmãos MAZEAUD (*Leçons de Droit Civil*, v. III, n. 133).

RUGGIERO e MAROI, ao definir a empreitada (*appalto*), esclarecem que o empreiteiro deve obedecer ao projeto previamente estabelecido:

"L'appaltatore deve eseguire l'opera secondo il piano o disegno prestabilito (progetto) e senza facoltà d'introdurvi variazioni" (*Istituzioni di Diritto Privato*, v. II, § 147, p. 272).

De todo o conjunto de definições e conceitos resulta, à unanimidade, a noção essencial de que o objeto da empreitada é uma "obra", como "resultado" das atividades do empreiteiro, seja este pessoa física ou jurídica, ou a obra realizada por ele pessoalmente ou mandada fazer por outrem.

Salienta-o muito bem PONTES DE MIRANDA, quando observa que na empreitada a prestação é devida como "resultado":

"A prestação de serviços não é devida como serviços, mas pelo resultado. Os serviços, na empreitada, apenas são meios para se obter aquilo que se prometeu. De modo que o que se prometeu e se deve é o resultado, e não os serviços" (*Tratado de Direito Privado*, v. 44, § 4.844).

4. Tanto na empreitada, como no contrato de prestação de serviços, existe um trabalho, mas, como esclarece o mesmo PONTES, no lug. citado,

"a referência ao resultado, em vez de ao serviço, é relevante para se distinguir da locação de serviços a empreitada."

É neste sentido toda a corrente doutrinária.

Em se tratando de contrato de construção por empreitada, como é o caso do Hospital realizado pelo CONSÓRCIO para o Governo do Paraguai, ninguém melhor do que HELY LOPES MEIRELLES para conceituá-lo:

"Contrato de construção por empreitada é o ajuste pelo qual o construtor-empreiteiro, pessoa física ou jurídica habilitado a construir, se obriga a executar determinada obra, com autonomia na condução dos trabalhos, assumindo todos os encargos econômicos do empreendimento, e o proprietário ou comitente-empreitador se compromete a pagar um preço fixo, ainda que reajustável, unitário ou global, e a receber a obra concluída" (*Direito de Construir*, p. 253-254).

O CONSÓRCIO obrigou-se a executar determinada obra nas condições descritas. O objeto do contrato, como diz este autor, "há de ser sempre a execução de uma obra material certa e determinada (p. ex.: edifício, estrada, ponte)", o que na espécie foi constituído de um hospital. São caracteres da construção por empreitada: o *executor* do projeto (pessoa física ou jurídica, diz HELY), e um projeto executado pelo construtor de acordo com as especificações, normas técnicas e normas legais de construção; e um *preço* e a forma de seu pagamento e de custeio da obra, como caracteres do contrato (p. 247).

5. A distinção entre os dois tipos de contrato – empreitada e prestação de serviços – é muito nítida.

CLÓVIS BEVILÁQUA proclama-o, depois de observar que num e noutro contrato o objeto é sempre o trabalho humano. Em seguida acrescenta, no "Comentário" ao citado artigo:

"O que caracteriza a empreitada é o seu fim, que constitui na produção de uma obra material ou certa porção dela, seja, por exemplo, a construção de um edifício, seja o preparo de móveis, com que lhe guarnecem as salas."

É como no caso da consulta: a construção do Hospital, o seu aparelhamento, a sua organização e até o treinamento de pessoal. Um "fim" complexo, como é da natureza da "empreitada global".

Em monografia bem elaborada, ALFREDO DE ALMEIDA PAIVA argumenta:

"Enquanto na locação de coisa ou na locação de serviço o objeto da obrigação é, respectivamente, representado pela cessão ou transferência temporária de uso e gozo de uma coisa infungível, ou pela prestação de certo trabalho a alguém, mediante remuneração, no contrato de empreitada constitui seu objeto a obra feita" (*Aspectos do Contrato de Empreitada*, p. 18).

SERPA LOPES, posto que encarando a questão de ângulo diverso, deixa bem clara a diferença

"na locação de serviço, há uma oferta abstrata de trabalho, enquanto, na empreitada, há uma apreciação concreta – a corporificação do contrato. Trata-se, no primeiro caso, de uma utilização abstrata, enquanto no segundo de uma utilização concreta" (*Curso de Direito Civil*, v. 4, n. 446).

Tendo em vista outra conotação, alguns autores distinguem os dois contratos em razão do vínculo de subordinação.

Assim é que o mesmo SERPA LOPES, na obra citada, escreve:

"Na empreitada, inexiste este vínculo de subordinação. O empreiteiro goza de plena autonomia, considerada esta, porém, dentro nos limites das obrigações contratuais; na locação de serviços, o trabalhador fica diretamente sob as ordens do patrão, a quem deve obediência, cingindo-se a executar o que lhe for ordenado e dentro nas instruções recebidas."

O mesmo critério da subordinação é encarecido por SILVIO RODRIGUES:

"Os elementos distintivos básicos entre os contratos de prestação de serviços e o de empreitada, porém, dizem respeito aos riscos e à relação de subordinação entre as partes" (Ob. cit., v. 3, n. 96).

Uma visada sobre o contrato celebrado entre o CONSÓRCIO e o Ministério da Saúde do Paraguai logo revela: a) não há patrão e empregado, porém um organismo oficial e um agrupamento de empresas; b) não há trabalhador subordinado a executar o que lhe foi ordenado, porém um contrato definidor de direitos e obrigações, dentro nos limites do que ficou globalmente avençado.

Segundo um outro critério, o fator de identificação situa-se no modo de remunerar. É o que acentua WASHINGTON DE BARROS MONTEIRO. Depois de reiterar que na empreitada "o que importa é o resultado", menciona a forma de remuneração:

"A doutrina clássica prefere ater-se à maneira de remunerar como critério diferencial por excelência; na locação de serviços, a remuneração é correspondente aos dias e às horas de trabalho, enquanto na empreitada ela é proporcional ao serviço realmente executado, sem atenção ao tempo nele empregado" (*Curso*, cit., v. 5, p. 189).

Outro ilustrado monografista, COSTA SENA, alude na empreitada, ao "fim do contrato" que é a "produção de uma obra", e volta-se para o pagamento:

"Na empreitada paga-se a produção do serviço; na locação de serviços remunera-se a pessoa, que põe à disposição de outro sua atividade. A empreitada visa à produção de obra material; na locação de serviços remunera-se, com salário, a força de trabalho, inseparável do operário" (*Da Empreitada no Direito Civil*, p. 27).

O CONTRATO em foco revela bem que o objeto é a obra; o fim é a construção do Hospital; a paga não é salário, proporcional à força de trabalho, porém o resultado final, isto é, a obra material, produzida pelo CONSÓRCIO, dentro no esquema previsto.

Literalmente, cláusula 7ª:

"*Las EJECUTORAS recibirán el pago por la ejecución del emprendimiento.*"

Não contraria a natureza do contrato de empreitada a circunstância de haverem as CONSORCIADAS promovido a distribuição das respectivas atribuições, no propósito de maior eficiência na obtenção do resultado. Este, na sua totalidade ou na sua globalidade, é que constitui o objeto do contrato.

Na empreitada, não importa se o empreiteiro efetua o serviço pessoalmente ou por via de outrem; não importa se através de intermediários a não ser no caso de contrato personalíssimo. O empreiteiro pode recorrer a outro contrato de locação, e nem por isso a empreitada se desfigura. Veja-se CARVALHO SANTOS, em *Código Civil Brasileiro Interpretado*, v. XVII:

> "De fato, a empreitada difere essencialmente da locação de serviços. Na empreitada, atende-se à obra realizada. É em troca deste trabalho e não do tempo que levou para realizá-lo que o locatário, no caso o empreiteiro, recebe a sua remuneração. Na empreitada, se o material perece nas mãos do empreiteiro, mesmo por caso fortuito, ele perde a remuneração. Na locação de serviços, ao contrário, o locador é pago em razão do tempo durante o qual ficou ocupado, qualquer que seja, em geral, o serviço por ele fornecido, pouco importando que o material com o qual trabalha o locador venha a perecer.
>
> Ainda mais: a empreitada, como muito bem adverte o brilhante jurista COSTA SENA, supõe trabalho, próprio ou alheio. Dá lugar, portanto, a outro contrato de locação de serviços: primeiro, pela faculdade, inerente a quase toda encomenda de obra, de mandar fazê-la; segundo, porque a tarefa, por sua natureza e extensão, pode requerer esforço coletivo" (p. 315 e 316).

A empreitada, portanto, envolve uma tarefa. Pode ser parcial, quando o dono da obra empreita, por exemplo, os trabalhos de perfuração do terreno; ou pode ser global, quando contrata a obra como um produto acabado. Neste último caso, não há considerar a execução de partes destacadas, porém o resultado final, como um conjunto. E, se o empreiteiro pode celebrar contratos de prestações de serviços com terceiros (como diz CARVALHO SANTOS) sem desfigurar a natureza jurídica do contrato, pode, em sendo um CONSÓRCIO de empresas, distribuir entre as consorciadas os diversos trabalhos, sem com isto retirar da produção final do resultado a natureza de empreitada global. Não é cada empresa o empreitador. São todos, em CONSÓRCIO, que constituem "o empreiteiro", na empreitada global.

Ao celebrar o CONTRATO com o Governo do Paraguai, o CONSÓRCIO assumiu os riscos do empreendimento. O Ministério da Saúde e Bem-Estar Social, mediante as condições convencionadas, receberia o Hospital completo e acabado, e não por partes. E a assunção dos riscos é uma característica da empreitada, mormente se compreende a obra na sua totalidade:

> "S'il s'agit d'un contrat de travail, la chose sur laquelle s'effectuera le travail est toujours aux risques du maître. Dans le louage d'industrie, au contraire, les ris-

ques sont à charge du locateur d'ouvrage, tout au moins dans le cas où c'est lui qui fournit la matière" (HENRI DE PAGE, *Traité*, v. IV, n. 848).

Ou, como dizem RUGGIERO e MAROI, o empreiteiro (*appaltatore*) assume, com a organização dos meios necessários

"e con gestione a proprio rischio"

a execução de uma obra enquanto que o comitente (*appaltante*)

"si obbliga a corrisponderle un prezzo calcolato in base all'importanza dell'opera" (*Istituzioni*, cit., p. 271).

O exame do CONTRATO revela: a) que o CONSÓRCIO assumiu os riscos da execução do empreendimento; b) as empresas consorciadas não se obrigaram a efetuar trabalhos a risco do Ministério; c) não foi contratada com o Governo do Paraguai a realização de trabalhos isolados, no domicílio de cada uma das empresas consorciadas, mas, em seu conjunto, o CONSÓRCIO (e não as consorciadas) obrigou-se a entregar o Hospital aparelhado, equipado, e organizado, como dever assumido pelo CONSÓRCIO, ainda que alguma das empresas decidisse afastar-se dele. Não se teve em vista a prestação de serviços na dependência de um patrão, porém visou-se à independência jurídica na execução do CONTRATO, como dizem MAZEAUD, MAZEUAD et MAZEAUD, na obra citada, n. 1332:

"L'indépendance juridique dans l'exécution de l'ouvrage caractérise le contrat d'entreprise: l'entrepreneur exécute librement son travail, contrairement au salarié, qui, lié par un contrat de travail, demeure dans la dépendance totale de son patron, pour l'exécution de sa tâche."

Esta independência jurídica emerge do CONTRATO. As empresas consorciadas e o Ministério ajustaram a realização do empreendimento, como um conjunto. O CONSÓRCIO, como empreiteiro, não se subordina a critérios seletivos ou individuais, porém obriga-se a efetuar a execução do empreendimento, com um resultado integral ou global.

O Ministério Paraguaio não poderia isolar as atribuições de uma ou de outra empresa, como prestação individuada de serviços. Se algo se desviasse da execução, cabia-lhe exigir do CONSÓRCIO o cumprimento da tarefa como um todo, pois nisto reside a natureza jurídica da empreitada global, como "resultado do trabalho" no dizer de ENNECCERUS, no parágrafo citado.

6. Feitas estas considerações, assentadas nos princípios mais certos, passo a responder objetivamente aos quesitos:

*Ao Quesito Primeiro*

O contrato firmado entre o CONSÓRCIO e o Governo do Paraguai é tipicamente de empreitada, compreendendo a execução integral do empreendimento, que consiste na realização completa de um Hospital. Qualquer que seja o critério adotado na sua qualificação, e assinalado pelos autores na forma que acima ficou visto, as empresas consorciadas obrigaram-se pela execução de uma obra completa e acabada, ou, como diz HEDEMANN, no livro e no parágrafo citados, obra que se concentra em uma "prestação única", independentemente de uma divisão do trabalho especificar as atividades de cada consorciada.

*Ao Quesito Segundo*

As atividades de cada consorciada, no âmbito do contrato, convergem para a consecução do resultado final. Não há falar em prestação de serviços componentes de contratos autônomos, pois, como adverte o mesmo HEDEMANN, o contrato de serviços pressupõe um "prestar constante" durante um lapso de tempo, e representa, portanto, uma "relação de trato sucessivo". No caso do CONTRATO, a obra foi contratada como um resultado final, que o Ministério poderia aceitar, estando conforme, ou enjeitar, se estivesse desconforme com o contratado.

# 36

**Fatos**  Contrato de empreitada entre construtora brasileira e país estrangeiro. Realização de obras e serviços no Iraque. Superveniência da Primeira Guerra do Golfo. Encerramento das atividades da construtora e desmobilização de sua força de trabalho. Resolução da ONU determinando o bloqueio econômico e financeiro ao Iraque. Decreto presidencial brasileiro aderindo ao bloqueio.

**Direito**  Guerra. Força maior. Consequências inevitáveis, imprevisíveis e irresistíveis. Paralisação das obras e imediata evacuação dos empregados da empreiteira. *Factum principis*: decreto presidencial brasileiro que aderiu ao bloqueio determinado pela ONU. Impossibilidade de execução do contrato. Empreiteira exonerada de responsabilidade contratual. Ausência de efeitos transitórios a sugerir a mera suspensão das atividades. Contratos frustrados e não somente suspensos.

---

A Mendes Júnior International Company formula a seguinte consulta:

Os eventos ocorridos no Golfo Pérsico, a partir de agosto 1990, com o consequente repúdio por parte da comunidade internacional, consubstanciado formalmente pelas Resoluções 661, de 06.08.1990, e seguintes da Organização das Nações Unidas e adotadas no Brasil por força dos Decretos 99.441, de 07.08.1990, e s/n de 21.05.1991, afetaram a realização dos contratos firmados pela Consulente com diversas entidades governamentais da República do Iraque.

Consequentemente, a Consulente foi obrigada a encerrar as suas atividades no Iraque, desmobilizando sua força de trabalho, o que foi levado a efeito sob a orientação do Governo Brasileiro, através de Comissão designada para promovê-la sob a direção do Embaixador Plenipotenciário Paulo Tarso Flecha de Lima.

Posteriormente, ocorreram operações de guerra entre as forças iraquianas e as da coalizão internacional, além da guerra civil que as autoridades iraquianas enfrentaram ao norte contra os curdos, e ao sul contra os xiitas, que destruíram de forma dantesca as condições econômicas e sociais daquele país. De forma semelhante foi afetado o conceito do Iraque como parceiro e político confiável perante a comunidade das nações.

Após a resumida descrição dos fatos que culminaram com o encerramento das atividades da Mendes Júnior no Iraque, formula-se a seguinte consulta:

Os contratos celebrados pela Consulente com as entidades governamentais iraquianas, quer por força de situação "de facto" criado pela Guerra no Golfo, quer pela emissão dos decretos acima referidos, são considerados suspensos ou devem ser considerados frustrados de forma definitiva?

## PARECER

1. Toda a matéria sobre a qual versa a consulta diz respeito às circunstâncias que envolvem a força obrigatória dos contratos celebrados pela "CONSTRUTORA MENDES JÚNIOR S/A" e sua consorciada "MENDES JÚNIOR INTERNATIONAL COMPANY" (aqui designadas simplesmente como MENDES), para a realização de obras e prestações de serviços no Iraque, em face dos eventos ocorridos no Golfo Pérsico, resumidos na Exposição acima.

Posto tenham sido as relações entre a MENDES, as autoridades iraquianas e o Banco do Brasil – CACEX submetidas ao princípio genérico da "força obrigatória dos contratos", a descrição dos fatos que lhe dão suporte e a superveniência desses eventos impõem meditar de que modo e com que extensão atuam eles, permitindo cogitar do prosseguimento da execução dos contratos no Iraque, ou sua cessação.

2. A raiz do problema vai assentar no conceito genérico "imputabilidade", assentando que a responsabilidade do contratante pelos efeitos da inadimplência desaparece uma vez fique positivada a inimputabilidade do devedor pelo descumprimento das avenças, com a caracterização de força maior. Na conceituação jurídica desta, duas tendências dividem os civilistas. De um lado a escola subjetivista de GOLDSCHMIDT, justificando a exoneração do *réus debendi* no confronto com os extremos de sua diligência, e desta sorte confundindo a "força maior" com a *ausência de culpa*. Para esta doutrina, os efeitos da *vis maior* somente ocorrem onde acaba a culpa.

Na escola objetivista, levantou-se EXNER (*Théorie de la Responsabilité dans le Contrat de Transport*), seguido de JOSSERAND (*Les Transports*, 2ª ed., n. 570 e segs.).

É na linha objetivista que se situa a caracterização precisa da "força maior" como fator excludente da responsabilidade do devedor, e, portanto, eximindo o contratante atingido pela ocorrência de fatores que são estranhos à sua conduta, liberando-o do vínculo contratual e suas consequências, tal como expus nas minhas "*Instituições de Direito Civil*", v. II, n. 177, e desenvolvi em meu livro *Responsabilidade Civil*, n. 244.

Na determinação de seus elementos etiológicos vige, senão a unanimidade, ao menos uma verdadeira harmonia. Reunindo os conceitos de "força maior" e "caso fortuito" em uma fórmula sucinta, o Código Civil enuncia: "o caso fortuito, ou de força maior, verifica-se no fato necessário, cujos efeitos não era possível evitar ou impedir" (art. 1.058, parágrafo único).[1] Daí extraem os comentaristas os seus extremos: necessariedade, inevitabilidade. Na definição de cada um, detêm-se os autores, como ocorre com ARNOLDO MEDEIROS DA FONSECA, na obra que se tornou clássica entre nós (*Caso Fortuito e Teoria da Imprevisão*, n. 89 e segs.).

Em rápida pesquisa, pela nossa e alheia doutrina, ressalta a configuração desses elementos.

SERPA LOPES enxerga na força maior uma "causa estranha" não imputável ao devedor, enfocando a superveniência do evento, interferindo na atuação do devedor, como um fato invencível e irresistível (*Curso de Direito Civil*, v. 2, n. 343). A estes caracteres SERPA acrescenta a imprevisibilidade, salientando que a "inevitabilidade" e a "irresistibilidade" operam como hipóteses de fato "que escapam a toda previsão humana". Estas mesmas circunstâncias são lembradas por SILVIO RODRIGUES (*Direito Civil*, v. 2, n. 162).

No mesmo rumo, AGOSTINHO ALVIM (*Da Inexecução das obrigações e Suas Consequências*, n. 208) esclarece que a "necessariedade" há de ser estudada em função da "impossibilidade do cumprimento da obrigação", acrescentando ainda que a força maior "é o fato externo que não se liga à pessoa ou à empresa por nenhum laço de conexidade".

Na doutrina estrangeira ocorre a mesma caracterização, como em HUC (*Commentaires*, v. VII, n. 142 e 144). Outro clássico, DEMOGUE (*Obligations*, v. VI, n. 437 e segs.) salienta que, em primeiro lugar, está a impossibilidade e não uma simples dificuldade na execução do contato. Essa impossibilidade deve, demais disso, ter um caráter absolutamente externo. No segundo plano, considera a imprevisibilidade.

Na mesma linha os mais modernos. Vejam-se MARTY et RAYNAUD (*Droit Civil*, v. II, *Les Obligations*, n. 483 e segs.). Ao mencionarem os fatores característicos da força maior: 1) *Impossibilidade* de executar; 2) *Imprevisibilidade*, que se inclui na terminologia do "fortuito"; 3) *Irresistibilidade* que orça pela *inevitabilidade* (*l'événement considéré et son incidente fussent inévitables pour le débiteur*).

Também GENEVIÈVE VINEY (*La Responsabilité*, n. 392 e segs., no *Traité de Droit Civil* sob a direção de JACQUES GUESTIN, *Les Obligations*).

ALEX WEILL et FRANÇOIS TERRÉ (*Droit Civil, Les Obligations*, n. 413, p. 431 e segs.) são minuciosos. Começam pela imprevisibilidade, que deve ser entendida

---

[1] "Art. 1.058. O devedor não responde pelos prejuízos resultantes de caso fortuito, ou força maior, se expressamente não se houver por eles responsabilizado, exceto nos casos dos arts. 955, 956 e 957.
Parágrafo único. O caso fortuito, ou de força maior, verifica-se no fato necessário, cujos efeitos não era possível evitar, ou impedir."
– Dispositivo correspondente no Código Civil de 2002:
"Art. 393. O devedor não responde pelos prejuízos resultantes de caso fortuito ou força maior, se expressamente não se houver por eles responsabilizado.
Parágrafo único. O caso fortuito ou de força maior verifica-se no fato necessário, cujos efeitos não era possível evitar ou impedir."

de maneira razoável. Ao seu lado, a irresistibilidade, esclarecendo que, em tais casos, o devedor seja impedido de executar. Esta, acrescentam eles, é a "condição capital, a que verdadeiramente explica a exoneração". O impedimento executório pode ser definido em seu aspecto positivo como a impossibilidade de agir, que pode ser moral quanto material. "A impossibilidade de executar depende essencialmente das circunstâncias do caso".

JEAN CARBONNIER explica: "Somente os fatos de proveniência externa podem ser considerados como força maior exoneratória" (*Droit civil*, v. 4, *Les Obligations*, § 108).

3. De tais lições, entre tantas outras invocáveis, posso resumir os elementos etiológicos da "força maior", na voz dos doutrinadores, nos termos expressos pelos irmãos MAZEAUD (*Leçons de Droit Civil*, v. II, n. 573): "Définition. Un événement de force majeure est un événement anonyme, imprévisible et irrésistible."

A invasão do Kuwait pelo Iraque e o estado de fato decorrente foi um *acontecimento absolutamente imprevisível* para a MENDES, como para o mundo inteiro. Sua repercussão no cenário político eclodiu como um fato que abalou a consciência política e jurídica de toda a comunidade das Nações. A dizê-lo e a confirmá-lo está a reunião do Conselho de Segurança da ONU, em caráter de urgência, apreciando-o no seu aspecto de fato violento, exigindo medidas extremas (Resolução 661). Decidiu o bloqueio econômico, e, de maneira inusitada, decretou ulteriormente o uso da força.

Com tais características, foi um ato *externo* à MENDES (pois que foi deflagrado pela deliberação unipessoal e surpreendente do Governo do Iraque, e mais precisamente do Chefe absoluto daquele Governo), e, na economia dos contratos, representou a incapacidade executória.

Apreciando-o, o Conselho de Segurança da ONU assumiu posição extremamente definida baixando a Resolução 661.

Com esta deliberação, que impôs o bloqueio econômico e financeiro do Iraque, e suas consequências futuras, inviabilizou-se o prosseguimento dos contratos em curso. Sua execução demandava obviamente a mobilização de enormes recursos financeiros. A repercussão dos atos de agressão contra a vizinha Nação foi imediata, desfechando clima de total desconfiança do sistema financeiro ocidental, obstando ao Iraque recrutar as somas vultosas indispensáveis à sua concretização.

Como faz certo a sucinta exposição que precede a Consulta, e tendo em vista os acontecimentos que envolveram o longo período de realização de obras da MENDES em território iraquiano, dificuldade de obtenção de financiamento externo representa situação fática de *consequências irresistíveis* para que a construtora prossiga com as obras começadas.

4. A descrição das circunstâncias que envolveram a execução dos trabalhos empreendidos pela MENDES, entre as quais são de salientar os enormes sobrecustos, os períodos de paralisação das obras por falta de combustível, a suspensão de pagamentos

a menos que se contratasse financiamento externo – permitiram admitir que o clima gerado pelos acontecimentos conduziria inevitavelmente à reiteração dos mesmos problemas, das mesmas dificuldades e dos mesmos embaraços. E, de fato, percutiram no relacionamento MENDES – Iraque.

Neste momento, e em face de quadro inegavelmente sombrio, não seria admissível que a MENDES prosseguisse na execução dos contratos em andamento.

Nas circunstâncias atuais, a execução dos contratos em curso não poderia deixar de se defrontar com a realidade dos fatos e com as medidas legais pertinentes.

O efeito dos acontecimentos que ensombreceram o ambiente no Golfo Pérsico foi na verdade fulminante. A invasão e anexação do Kuwait e suas consequências projetaram-se como fatos imprevisíveis e irresistíveis para a Empreiteira. As relações com o mundo exterior, a dificuldade (ou mesmo impossibilidade) de comunicação entre a MENDES e os canteiros de obras; a suspensão no envio de recursos financeiros e humanos; os problemas advindos às pessoas e às empresas estrangeiras dentro no território iraquiano atuam com a intensidade e equivalência ao caso fortuito, que na forma enérgica das fontes jurídicas era denominado *damnum fatale*. Não se trata, é bem de ver, de fato com efeitos transitórios, que afloram na superfície do ambiente contratual, a sugerir a mera suspensão de atividades. Ninguém, dotado da mais mínima dose de senso comum, podia prever que as condições fossem transitórias. Ao que tudo indica e continua a indicar, não se pode pretender o restabelecimento do clima de confiança e do ambiente de trabalho necessário ao desenvolvimento das obras. Em não sendo possível sobrepujar os seus efeitos, uma vez que se deflagrou com o caráter de irresistibilidade, a consequência é ser o devedor *exonerado de toda responsabilidade* (*le débiteur est exonéré de toute responsabilité*) e em consequência o contratante é liberado em decorrência da impossibilidade de cumprir, já que é de principio que ninguém pode ser obrigado a fazer o impossível – *ad impossibilia nemo tenetur*.

Conseguintemente, não há falar em suspensão transitória das obras. O que se impõe, não pela vontade da parte contratante, porém, sim, pela força das coisas e dos eventos; o que decorre é a liberação da MENDES quanto aos contratos em curso, o que em verdade envolve a sua frustração. A violência praticada pelo Governo Iraquiano provocou, obviamente, a retração do Iraque frente à economia mundial.

Mais precisamente, todo o complexo de circunstâncias tem o efeito definitivamente liberatório para a MENDES, no tocante às suas obrigações contratuais com as autoridades iraquianas. Para esse resultado, uma trilogia de força concorreu irresistivelmente. Por um lado, a deflagração dos acontecimentos na região do Golfo Pérsico, verificados em 02 de agosto 1990, concretizados pela invasão e anexação do Kuwait. A repercussão da força maior na vida dos contratos é bem desenhada pelos MAZEAUD (*Leçons*, II, 580), defendendo a liberação, em face da impossibilidade de sua execução por uma das partes. Por outro lado, seguiu-se a adesão do Brasil à Resolução 661 do Conselho de Segurança da ONU, por força do Decreto n. 99.441, de 07 de agosto, e consequente evacuação de todo o seu pessoal alocado à obra, sob a orientação do Governo Brasileiro. Em terceiro lugar, a necessidade de atender à força cogente do provimento legal expresso no aludido Decreto.

Na descrição feita por TRABUCCHI (*Istituzioni di Diritto Civile*, n. 236), a etiologia da força maior, centrada no vocábulo *damnum*, resulta na existência de um fato de outrem, como a invasão do território, a guerra, o ato emanado da autoridade (*factum principis*), equivalente na prática ao caso fortuito, unitariamente considerado, e o seu significado negativo de inimputabilidade.

A expressão tradicional do "fato do príncipe" designa, como o acentuam PLANIOL, RIPERT et BOULANGER (*Traité Élémentaire*, v. II, n. 729), "a intervenção, na execução do contrato, de uma autoridade pública qualquer". Descendo à exemplificação, esses autores como que descrevem as ocorrências verificadas entre nós, em toda a sua complexidade: proibição de exportar produtos vendidos ao estrangeiro; o bloqueio ou a interdição de saídas de produtos. Em conclusão: "Il n'y a aucun doute qu'il s'agisse, dans tous les cas, d'une cause étrangére et, comme l'ordre de l'autorité doit nécessairement être obéi, l'obstacle est insurmontable et imprévisible". Não importa, acrescentam eles, "a natureza jurídica do ato que impede a execução, e que pode ser uma lei, um decreto, ou um ato executivo qualquer". No caso presente, um "Decreto", acompanhado de medidas concretas, atingiu a Mendes no plano contratual e no plano real.

Na sua projeção factual, e considerando todo o conjunto de eventos que inopinadamente atingiram a atuação da MENDES no Iraque, qualquer que seja o ângulo de visada, certo é concluir que tem efeito *frustratório das obrigações contratuais*. Este efeito com caráter de "irresistibilidade", no dizer de RUGGIERO e MAROI, pode decorrer a par de eventos naturais, também de fatos de terceiros, dentre os quais "o denominado *factum principis*", evento que além de imprevisível não pode ser evitado ("non possono neppure in alcun modo evitarsi" – *Istituzioni di Diritto Privato*, v. 2, § 131). O *factum principis* tem o que AGOSTINHO ALVIM qualifica como força maior externa (*Da Inexecução das Obrigações*, n. 207).

5. Ao me referir aos eventos que foram a causa eficiente da frustração dos contratos da MENDES no Iraque, tenho em vista a conjuntura da guerra e da atuação oficial.

Com efeito, a ocupação militar do Kuwait desencadeou-se surpreendente e violentamente. De pronto, reuniu-se o Conselho de Segurança da ONU e decretou o boicote completo do Iraque. Todo o comércio com aquele país foi interdito. Nenhuma nação poderia enviar recursos ou prestar-lhe serviços.

Isto, isto apenas isto, já seria de molde a atingir a MENDES. Não poderia comunicar-se com seus empregados e funcionários, nem abastecer seus canteiros para executar as avenças celebradas com os organismos iraquianos. Não foi somente isto.

Divulgada a Resolução 661 da ONU, o Governo Brasileiro baixou o Decreto n. 99.441, aderindo a ela. Em consequência, teve a MENDES de desmobilizar sua força de trabalho e de promover o repatriamento de seus empregados, sob a supervisão do Governo Brasileiro. Ninguém ignora, pois que é fato notório (e os "fatos notórios" independem de comprovação específica, nos termos do art. 334, I, do Código de Processo Civil), que o Governo Brasileiro assumiu a retirada dos empregados da MENDES que se achavam na condição de verdadeiros reféns no território iraquiano. Além das instruções dadas à sua representação diplomática, o Governo Brasileiro designou comissão para negociá-lo.

Deslocou seu Embaixador Paulo Tarso Flecha de Lima, de Londres para o Iraque, outorgou-lhe condição plenipotenciária; assumiu a direção das negociações; anunciou como vitória sua a liberação de todos os brasileiros naquele país, dentre os quais – (e em maior número, como por certo os mais visados) – os empregados e funcionários da MENDES.

A violência dos ataques desfechados pela "coalizão internacional" foi seguida pela não menos relevante ocorrência que proporcionou a dupla explosão causada pelo levante dos xiitas no sul, e dos curdos no norte.

Na perspectiva dos acontecimentos, quando já se pode enxergar no seu dramático conjunto os fatos e os seus efeitos, é possível examinar o seu impacto. A guerra, como motivo inequívoco de força maior; o bloqueio promovido pela Comunidade Internacional; o bombardeio maciço e insistente, impedindo a execução material dos serviços. O abalo no conceito do Iraque como o cocontratante da MENDES foi também uma circunstância muito significativa.

A determinação imposta pelo Governo Brasileiro por via do Decreto n. 99.441; a total cessação de relações com o país; a proibição a toda pessoa física ou jurídica brasileira de prestar qualquer serviço; a consequente desmobilização dos canteiros de obras; a intervenção do Governo Brasileiro no repatriamento de seus súditos; a retirada dos empregados da MENDES sob a ação do Embaixador plenipotenciário do País – alinham-se como obstáculo invencível à execução dos contratos. Não fosse suficiente o *casus belli*, e só por si a edição dos Decretos de 07 de Agosto de 1990 e de 21 de maio de 1991 eclode, numa caracterização indispensável de *factum principis*, como força maior, atravessando o cumprimento dos contratos da MENDES e contrastando com a subsistência do ambiente econômico e social, indispensável à vida contratual.

Numa análise dos fatos e de sua repercussão nas relações que a MENDES estabelecera com as autoridades do Iraque, é possível responder objetivamente ao quesito, amparado na boa doutrina, qualquer que seja o lado para onde se volte:

Não se pode considerar a situação jurídico-contratual da MENDES no Iraque como de mera suspensão das atividades. Suspende-se a execução de um contrato quando ocorrem eventos que sejam, por sua natureza, transitórios. Consideram-se "suspensos" quando é possível situá-los no tempo, no espaço e nas suas consequências, em termos compatíveis com a previsão de sua continuidade.

Os fatos, na rigidez de seus efeitos e a irresistibilidade de sua imposição, não se compatibilizam com a transitoriedade de seus efeitos. Não é lógico, nem humano, nem economicamente previsível o retorno dos trabalhos naquele país. Nas condições conhecidas (cuja duração não se pode avaliar), o que se sente é a notória inviabilidade de retomar a MENDES a execução dos contratos. Impedida de executar seus contratos, a MENDES, como na lição dos MAZEAUD, "et déliée de l'exécution de sa propre obligation" (MAZEAUD, MAZEAUD et MAZEAUD).

Ante a energia dos fatos, bem como a atuação do Governo Brasileiro acima detalhada, uma e somente uma é a conclusão: os contratos da MENDES com o Iraque têm de ser considerados "frustrados", e não somente suspensos.

# 37

**Fatos**  Contrato de empreitada. Previsão contratual de reajuste das prestações (cláusula de escala móvel). Vigência por cinco anos. Execução integral do contrato e entrega da obra. Recebimento do valor constante das faturas emitidas pela construtora. Posterior alegação de que as parcelas contratuais teriam sido reajustadas de modo indevido. Ajuizamento de ação ordinária, pela empreiteira, a fim de obter reajuste adicional das parcelas contratuais já pagas, com a invocação simultânea da cláusula de reajuste e da cláusula *rebus sic stantibus*.

**Direito**  Cláusula *rebus sic stantibus*: ausência dos pressupostos para a sua invocação. Incompatibilidade de invocação simultânea da cláusula *rebus* e da cláusula de correção monetária. Impossibilidade de invocação da cláusula *rebus* após o término do contrato. Aplicação de novas fórmulas de reajuste subordinada a condição suspensiva. Falta da condição: não aquisição do direito.

A CECL S.A. – empresa que construiu a Usina Hidrelétrica – celebrou contrato de empreitada com a Companhia CN para a execução de serviços e obras civis da galeria de adução do referido aproveitamento hidrelétrico.

O texto do contrato, bem como o de seus anexos referidos na Cláusula 2ª do próprio instrumento, encontravam-se elaborados desde março de 1963, tendo sido utilizados para a contratação de outras empreiteiras que também participaram da obra da Usina Hidrelétrica. Face a essa circunstância, todas as faturas emitidas pela Companhia foram calculadas mediante a aplicação dos preços iniciais (março de 1963) devidamente reajustados, segundo os critérios da cláusula 37, para a época da emissão de cada fatura.

Os trabalhos da Empreiteira na obra estenderam-se de 09 de dezembro de 1965 até 06 de março de 1970.

Alguns meses após concluído o serviço, a Empreiteira ingressou em juízo contra a CECL S.A., perante a 5ª Vara Cível da Comarca de Curitiba, visando à perícia *AD PERPETUAM MEMORIAM*, para apurar *quantum* de pretenso reajustamento contratual.

A medida foi indeferida, sob o pressuposto de que a matéria implicava a análise do fundamento obrigacional, que só poderia fazer-se em ação adequada. Indeferida sua pretensão, a Empreiteira reformulou e aditou seu pedido anterior e voltou a juízo, perante a 11ª Vara Cível de Curitiba, com a mesma solicitação, que novamente foi indeferida.

Finalmente, a Empreiteira, desta vez perante a 1ª Vara Cível da mesma Comarca, intentou ação ordinária fundada na cláusula *rebus sic stantibus* e em determinada interpretação de cláusula de escala móvel prevista contratualmente, com o objetivo de cobrar da Companhia PREE S.A. – sucessora da CECL por via de incorporação – o mesmo reajuste adicional.

Face ao exposto, formula os seguintes QUESITOS:

1º Pode o empreiteiro – após a integral execução da obra, entrega desta e recebimento do valor de suas faturas – invocar a cláusula *rebus sic stantibus*, ou cláusula de escala móvel prevista contratualmente, para reclamar complementação do preço? Existe compatibilidade no pedido de aplicação de cláusula de escala móvel conjuntamente com invocação da teoria da imprevisão?

2º Acaso se configura, no caso em lide, o requisito de imprevisibilidade e anormalidade da alteração das condições econômicas, também indispensável à lícita invocação da cláusula *rebus sic stantibus*?

3º A limitação da possibilidade de pleitear reajuste, tal como ajustado nas cláusulas 37 e 38 do contrato, implica ou não decadência do direito ao reajuste, subordinado a condições prefixadas ao exercício do direito?

## PARECER

*Ao Quesito Primeiro*

Posto se trate de material hoje largamente difundido, nunca é demais repetir os fundamentos da invocação da cláusula *rebus sic stantibus,* e de sua razão teleológica no direito moderno.

A estabilidade econômica do século XIX e dos primeiros anos do XX gerou o reforçamento crescente da força obrigatória do contrato. Dentro da previsão normal, os interessados ajustavam as suas avenças e lhes davam execução, auferindo os lucros ou suportando as perdas, que uns e outros são a consequência lógica do planejamento contratual. "Todo contrato é previsão". "Contratar é prever". "Celebrar um contrato é assentar condições de escalonamento futuro para as próprias atividades e interesses". "Quem não tem capacidade para enxergar além do momento presente não tem habilitação para contratar". Estas e outras parêmias repetem-se frequentemente no pórtico do estudo do direito do contrato, salientando-se ainda a circunstância, a todos os títulos significativa, de que a previsibilidade é tanto mais ínsita na estrutura das convenções quanto mais diferida a sua execução. Quem contrata para cumprir em tempo extenso, necessariamente há de balancear as perspectivas favoráveis e contrárias. Se o não fizer, e mesmo assim contratar, não pode descarregar em outrem, seja um terceiro ou seja a parte cocontratante, a frustração dos resultados da própria contratação.

Estas e outras considerações são ainda plenamente válidas, e indispensáveis ao conceito da estabilidade contratual. Se assim não fosse, a segurança social desapareceria, pois todo contratante, na ânsia de contratar, estabeleceria bases levianas para seus ajustes, no propósito de buscar em tempo futuro a *plus valia* das suas prestações devidas à ligeireza de seus estudos da viabilidade do seu próprio negócio.

E, efetivamente, foi o contrato que, no dizer de SAN TIAGO DANTAS, ofereceu os meios de proporcionar eficácia jurídica a todas as combinações de interesses e aumentou o coeficiente de segurança das negociações ("Evolução Contemporânea do Direito Contratual", *in Revista dos Tribunais*, v. 195, p. 144).

Sua influência na vida negocial, desde o século XVIII, e sua importância como normação de comportamentos adquiriu tal preponderância, que se generalizou na proposição a princípio doutrinária, mas que acabou por se transformar em *regula iuris*, integrada num dos mais importantes Códigos do mundo que é o Código Civil francês: "o contrato faz lei entre as partes."

A significação econômica do contrato é de tal monta, que se expande em todos os sistemas do mundo, sejam os chamados "direitos capitalistas", sejam os denominados "direitos socialistas".

Não é, portanto, lícito desprezar o poder normativo e disciplinar do contrato, sem ameaça a toda a estrutura econômica da sociedade.

Quando, pois, o jurista moderno faz reviver o velho texto de NERATIUS, não tem em vista proporcionar a qualquer contratante uma *exceptio* ao cumprimento de sua avença, em face de lhe ter faltado o lucro previsto, ou de não ter a execução de seu contrato proporcionado a consequência esperada por um dos pactuantes.

O problema da cláusula *rebus sic stantibus* somente pode ser suscitado em quadra de execução anormal. Di-lo muito bem CARLOS COSSIO, e sem que se lhe oponham embargos de parcialidade, porque é um defensor da teoria da imprevisão. São seus estes conceitos:

> "El problema surge cuando se producen alteraciones gigantescas e imprevisibles con relación a las circunstancias vigentes en el momento de contratar, de tal manera que el cumplimiento del contrato, ahora desorbitadamente oneroso, puede significar la ruina del deudor. Y la cuestión consiste en decidir si, a pesar de ello, ha de cumplirse lo pactado (pacta sunt servanda); o si los jueces estan facultados para reajustar esos contratos en mérito de la referida cláusula implícita (*rebus sic stantibus*)" (*Teoría de la Imprevisión*, p. 12).

Quando, pois, um contrato se encontra em curso de execução, e se transforma o ambiente objetivo que envolve o seu cumprimento, produzindo alterações de tal monta que ele se torne ruinoso para uma das partes, pode-se admitir a intervenção judicial, a fim de que o prosseguimento de sua execução não vá importar no sacrifício de um dos interessados, para proveito e enriquecimento do outro.

Esta interferência, porém, não é e não pode ser arbitrária. Está e tem de estar sujeita à observância de requisitos, sem os quais é indébita, é desarrazoada e é condenável, como atentatória ao princípio da estabilidade econômica da sociedade.

Daí os escritores estabelecerem que a cláusula *rebus sic stantibus*, no seu ressurgimento moderno como "teoria da imprevisão", somente tem cabida na ocorrência destes pressupostos:

a) *Vigência* de um contrato cuja execução se estende no tempo. Se for ele de cumprimento instantâneo, as prestações de ambas as partes se efetuam prontamente, não havendo cogitar de alteração entre o momento de sua celebração e o de seu cumprimento. Mas é necessário que esteja ainda vigente, isto é, que ainda esteja em curso de execução, pois se já for concluído, as partes suportaram as suas consequências, não mais havendo o que corrigir ou emendar. A cláusula *rebus*, com a sua característica moderna, está voltada para o futuro e não para o passado. Destina-se a impedir que um dos contratantes se arruíne em proveito do outro contratante, em razão de se achar a ele vinculado. Não pode ter cabimento se o contrato já está concluído. Se se pudesse invocar neste caso, não seria mais o instrumento de estabelecer o equilíbrio das prestações, mas o meio de proporcionar a revisão dos resultados.

Não valeria como técnica de livrar o contratante da ruína, mas a forma de corrigir os efeitos no balanço das prestações.

b) *Alteração* profunda nas condições econômicas contemporâneas à execução, em confronto com as vigorantes no momento em que o contrato foi celebrado. O histórico da ressurreição da cláusula é bastante ilustrativo. Foi o desequilíbrio advindo da Primeira Guerra Mundial (1914-1918), no tocante aos contratos a longo prazo, que fizeram os juristas franceses, alemães, italianos, ingleses, desenterrar o velho texto, apresentando-o sob roupagens novas. Mais tarde, nos primeiros anos da década de 30, recrudesce a sua utilização, com fundamento no desequilíbrio nascido da crise econômica dos Estados Unidos, com repercussão em todo o mundo ocidental, e muito particularmente no Brasil, – tão profunda e tão grave, que não ficou adstrita ao plano jurisprudencial, mas suscitou medidas legislativas, tais como a moratória e posterior reajustamento econômico, a limitação das taxas de juros com aplicação aos contratos em curso, a abolição da cláusula-ouro também imposta aos contratos já vigentes, o estabelecimento do curso forçado do papel moeda, e outras providências análogas.

Não basta, pois, que haja modificações naquele ambiente executivo do contrato. É imprescindível que se apure a sua enormidade, a sua desproporcionalidade, o seu gigantismo. É obvio que alguma alteração necessariamente haverá. E nem por isso a cláusula *rebus* circula tal moeda corrente no foro. Somente quando ela assumir proporções extremas é que tem cabimento a sua aplicação.

c) *Excessiva* onerosidade para um dos contratantes. Não se intervém na economia contratual tão somente para corrigir alguma distorção nas prestações. No fluxo do tempo, é constante a influência dos fatores de composição dos preços no volume das prestações. Ora um dado elemento escasseia, ora um outro adquire novas configurações, e por tais ou quais motivos os custos oscilam para mais ou para menos. E nem por isto é permitido intervir o juiz na vida do contrato, para acudir ao contratante prejudicado pelo impacto das mudanças no mercado. Somente vale invocar a cláusula *rebus* quando ocorre a mudança violenta, que traz onerosidade maior da marca para uma das partes, beneficiando extremamente a outra.

d) *Imprevisibilidade* da ocorrência. Não a imprevisão imprudente de quem tinha de acautelar-se e não o fez. Mas a imprevisibilidade do acontecimento, que veio nascida de fatos estranhos e anormais. Este requisito é tão longe levado por alguns civilistas, que chegam a combater a teoria da imprevisão como instituto autônomo, argumentando da sua desnecessidade, por se enquadrar no âmbito do fortuito e da força maior.

A imprevisibilidade é que caracteriza a anormalidade da mutação. Foi a imprevisibilidade do desequilíbrio provocado pela I Guerra Mundial que justificou na França a Lei *Faillot*, a doutrina da *Frustration of Adventure* na Inglaterra, a aplicação da "cláusula *rebus*" na Itália, a interferência na execução dos contratos em nome da "pressuposição" pelos tribunais germânicos.

A imprevisibilidade elementar na teoria, a ponto de lhe emprestar mesmo o seu nome, é a que faz ressaltar a ocorrência do acontecimento que sobreveio, fora e além dos limites do razoável e prudente estudo das condições econômicas do contrato. O interessado estudou, planejou e ordenou o quanto era possível. Mas sobrevieram circunstâncias que ultrapassaram toda capacidade de enxergar para o futuro.

É então que o contratante lesado pela superveniência dos fatos recorre à justiça, para que esta o liberte do contrato gravoso.

Em torno destes requisitos, vejam-se: ARNOLDO MEDEIROS DA FONSECA, *Caso Fortuito e Teoria da Imprevisão*, n. 242; CARLOS COSSIO, *La Teoria de la Imprevision*, p. 15; PAULO CARNEIRO MAIA, *Da Cláusula Rebus Sic Stantibus*, p. 258; KARL LARENZ, *Base Del Negocio Jurídico y Cumplimiento de los Contratos*, p. 223; CAIO MÁRIO DA SILVA PEREIRA, "Cláusula *Rebus Sic Stantibus*", in *Revista Forense*, v. 92 p. 797; CAIO MÁRIO DA SILVA PEREIRA, *Instituições de Direitos Civil*, v. III, n. 216; SERPA LOPES, *Curso de Direito Civil*, v. III, n. 53; HENRI DE PAGE, *Traité Élémentaire de Droit Civil Belge*, v. II, Primeira Parte n. 573 e segs; GEORGES RIPERT, *La Règle Morale dans les Obligations Civil*, n. 81 e segs; GEORGE RIPERT, *Le Regime Démocratique et le Droit Civil Moderne*, n. 95 e segs; MARCEL WALINE, *L'Individualisme et le Droit*, p. 50 e segs.; PLANIOL et RIPERT, *Traité Pratique de Droit Civil*, v. VI, n. 397; RUGGIERO e MAROI, *Istituzioni di Diritto Privato*, v. II, § 139.

Dos requisitos acima, saliento eu duas circunstâncias que interessam à consulta: a vigência do contrato e a imprevisibilidade da mutação.

A aplicação da cláusula *rebus sic stantibus* tem o efeito de alterar ou excluir a força obrigatória do contrato. É o que ensina SERPA LOPES:

> "Se, em tais circunstâncias, o contrato fosse mantido, redundaria num enriquecimento anormal, em benefício do credor, determinando um empobrecimento da mesma natureza, em relação ao devedor. Consequentemente, a imprevisão tende a alterar ou excluir a força obrigatória dos contratos" (*Curso,* v. III, n. 54).

DEMOGUE, apoiado em SERBESCO, alia a imprevisão à fluência do contrato, dizendo:

> "M. Serbesco s'était inspiré des mêmes idées, mais de façon moins précise, en disant que tout contrat onéreux est conclu pour réaliser une opération où les prestations sont équilibrées. Quand elles changent de façon imprévue, on ne peut forcer le débiteur à exécuter" (*Obligations*, vol. VI, n. 636).

Na mesma linha, PAULO CARNEIRO MAIA, depois de apontar os outros requisitos, salienta o fato de estar ainda em curso o contrato, pois que passível de revisão ou de rescisão:

> "O efeito da teoria da imprevisão é, em regra, o de revisão judicial desse contrato, para o restabelecimento de seu equilíbrio, ordenando-se, todavia, a rescisão contingente, *ex nunc*, em hipóteses especiais, quando tal acontecimento imprevisível e lesionário torne o contrato inexequível em sua essência ou em todas as suas cláusulas" (*Da Cláusula Rebus Sic Stantibus*, p. 259).

Sempre se tem presente, para a subordinação do contrato à cláusula *rebus sic stantibus*, o seu estado de pendência, isto é, o fato de não ter sido ainda encerrado pelo cumprimento ou resolvido pelo descumprimento. E mais se acentua esta circunstância na doutrina italiana, tendo em vista que nesse sistema o efeito da teoria é a "resolução" do contrato, que não haverá lugar no caso de já haver cessado.

O outro aspecto que destaco é a imprevisibilidade do acontecimento anormal, que DE PAGE enfatiza:

> "5º L'imprévision suppose enfin la survenance d'événements anormaux, extraordinaires, tout à fait en dehors du cours habituel des choses, et provoquant à ce titre, dans l'économie du contrat, un déséquilbre extrêmement grave et profond" (*Traité* v. II, *Prémiére Partie*, n. 575).

Daí emergir a incompossibilidade das duas alegações: a cláusula *rebus sic stantibus* e a correção monetária contratualmente estipulada.

A primeira implica intervenção judicial na economia do contrato em consequência ou por efeito do acontecimento *imprevisível*. A segunda representa o reajuste de valores em decorrência de mutação no ambiente da execução da avença, provocado por circunstâncias *previstas*.

Ambos os fenômenos – cláusula *rebus* e correção monetária – atingem a um mesmo resultado: revisão da prestação devida, na conformidade de fatores variáveis e apreciados na hora da *solutio*.

Ambos, porém, sob inspiração de causas ou sob fundamentação que não é apenas diversa. Mais que isto, é contraditória, pois que num caso o prejudicado invoca o imprevisto, e no outro argui o previsto. Numa hipótese, alega que a majoração de valores era imprevisível ao contratar, e que, se tivesse sido possível prever, o ajuste teria sido outro; por esta razão diz-se que as cláusulas contratuais *rebus sic stantibus intelliguntur*. Na outra hipótese, o contratante sustenta que tem direito a uma prestação diversa daquela que fora pactuada, porque houve mudança nos valores econômicos que influenciam a composição do preço, previamente admitida e segundo parâmetros previstos.

Em sendo assim, a cláusula de reajuste exclui a cláusula *rebus sic stantibus*. O preço é revisto e atualizado, não porque houve alteração imprevisível no momento de contratar, mas, ao contrário, porque houve majoração de custos tão previsível que foi até prevista, tão conhecida que foi mesmo ajustada a fórmula de sua composição.

Ao estabelecer o critério matemático da revisão dos preços, o contratante exclui logo toda possibilidade de invocar a cláusula *rebus sic stantibus*, uma vez que aquele é a negação do imprevisível, o qual por sua vez é o fundamento desta.

Destarte, respondo objetivamente ao quesito formulado, dizendo que a invocação da cláusula *rebus sic stantibus* não tem cabimento após a conclusão do contrato, de vez que a pendência deste é um dos seus pressupostos. E não tem aplicação a cláusula *rebus sic stantibus* como fundamento da revisão de prestação contratadas, se as partes tiverem estipulado cláusula de reajuste ou cláusula de correção monetária, sob qualquer das suas modalidades, entre as quais a cláusula de escala móvel.

*Ao Quesito Segundo*

Fixados os conceitos, na forma do que ficou estabelecido acima, este segundo quesito quase pode dizer-se respondido já.

Ao propor a ação, de que dá notícia a consulta, a Autora erige, em fundamento específico, a "espiral inflacionária", a "perda do poder aquisitivo da moeda nacional", e ainda, contraditoriamente, a aplicação da clausula de revisão de preços, "estipulada" no contrato.

Em boa dedução lógica, cuidarei, no presente quesito, da incidência da *cláusula rebus sic stantibus*, e, no terceiro, da correção contratual dos valores.

Para que caiba a invocação da cláusula *rebus*, é necessário que se alie a ocorrência de acontecimento extraordinário, alterando fundamentalmente as condições objetivas de execução do contrato à sua *imprevisibilidade*, pois, no dizer de KARL LARENZ, o que é previsível integra o risco natural do negócio, escapando portanto à revisão pretendida por quem invoca a cláusula *rebus*:

"C) porque, siendo previsibles, forman parte del riesgo asumido en el contrato" (*Base del Negocio Juridico*, p. 226).

Na espécie da consulta nenhum dos pressupostos está presente.

Com efeito, o acontecimento excepcional, arguido, foi a inflação. E é em face desta que o problema assim posto tem de ser resolvido.

A inflação no Brasil vem com características endêmicas há várias décadas. E atingiu índices graves a partir de 1955. Recrudesceu no final da década de 50, agravou-se nos primeiros anos da de 60. Atingiu o máximo de sua curva em 1964 e passou a percorrer a linha descendente em 1965.

Daí para cá os índices gradativamente estão sendo ora reduzidos, ora exacerbados.

A política financeira adotada pelo País obteve alguns resultados satisfatórios. A moeda brasileira ora ganha prestígio no mercado mundial e adquire estabilidade crescente no mercado interno. E em consequência a inflação declina. Ora suporta aviltamento como instrumento de *solutio*, e a inflação recrudesce.

Pelo jogo das datas, o contrato foi celebrado aos 9 de dezembro de 1965, estendendo-se os trabalhos até março de 1970.

Basta isso para negar o primeiro pressuposto da pretensão revisionista. Contratando em plena inflação, celebrando o ajuste precisamente numa época que tinha consciência do impacto inflacionário sobre a economia dos contratos, a inflação não pode ser apontada como acontecimento extraordinário, ou como evento excepcional. Ao revés, para quem contrata dentro da inflação, esta é uma normalidade econômica e financeira do ambiente contratual, da mesma forma que aquele que contrata em período de guerra jamais pode invocá-lo como fenômeno extraordinário.

No caso é ainda de acrescer que o contrato foi firmado num momento em que os preços haviam atingido o máximo de instabilidade, e depois marcharam para instabilidade menor. Então, o que houve foi justamente o oposto do que deseja o contratante revisionista: ao revés de agravamento, o país assistiu à normalização da economia no período subsequente.

Em consequência, o requisito da anormalidade, extraordinariedade ou excepcionalidade do acontecimento inflacionário inexiste para quem celebra contrato na quadra inflacionária, e tem a felicidade de executá-lo num período de redução de seus efeitos.

Menos ainda é admissível arguir de imprevisível o acontecimento inflacionário, se o contrato foi assinado dentro daquela espiral, e precisamente no ano em que havia ela alcançado o seu ápice. Previsível, previsto e conhecido é o dado financeiro consistente na inflação, para quem contrata na época de inflação. Imprevisto é o que sobrevém fora do alcance da capacidade de percepção humana. Imprevisível é aquilo que estava fora do campo do conhecimento em dado instante, e que a acuidade humana era inapta para vislumbrar.

Para quem contrata em época de estabilidade econômica, a superveniência do fato inflacionário pode assumir caráter de acontecimento extraordinário e imprevisível. O mesmo não ocorre para aquele que, ao contratar, conhece a existência do fato da inflação e sabe que esta já vinha produzindo no país a majoração progressiva dos preços. E aí está a resposta ao quesito segundo.

*Ao Quesito Terceiro*

Tão certo é o raciocínio aqui expendido, que as partes contratantes não deixaram a execução da avença flutuar ao sabor da conjuntura dentro na qual fora estabelecida. Bem ao revés, expressamente convencionaram a revisão ou reajuste, na conformidade de fórmula e de elementos predeterminados.

Com isto afastaram a incidência da teoria da imprevisão. E adotaram explicitamente o reajuste dos preços segundo o previsível e o previsto.

Em face, pois, das cláusulas contratuais, descabe a invocação de técnicas exógenas para a determinação do esquema corretivo do preço. Todo o problema há que ser resolvido com aplicação das cláusulas mesmas do contrato.

E este previu a revisão dos preços, subordinando-a a determinadas circunstâncias, cuja verificação é básica para que tenha o contratante direito a ela. O valor das prestações esteve sujeito ao preço fixado, com a variação decorrente da aplicação da fórmula convencionada: reajuste efetuado trimestralmente. E assim se procedeu sempre.

Como foi contratada a obra em época de inflação, foi previsto (veja-se bem a previsibilidade e a previsão) que se procedesse ao estabelecimento de "novas fórmulas" desde que:

a) variação de preços ocorresse numa ordem de grandeza correspondente ao dobro total calculado em relação aos preços iniciais; e

b) os trabalhos a executar representem pelo menos 5% do montante total do contrato.

Tendo as partes estabelecido estes pressupostos, é claro que, na ausência de sua verificação, não teriam cabimento "novas fórmulas", senão as antigas, isto é, aquelas que, estando previstas, eram adotadas para o reajuste das prestações, trimestralmente.

Segundo informa a consulta, a duração das obras foi de dezembro de 1965 a março de 1970. O contrato encerrou-se com a conclusão da obra.

E somente "após concluído o serviço" foi que a Empreiteira reclamou. Mesmo assim, não fez regularmente. Não dirigiu o pedido à Consulente. Não formulou a pretensão revisionista. Requereu uma vistoria *ad perpetuam memoriam*. Indeferida, por inadequação, empreendeu nova tentativa.

E somente em abril de 1972, isto é, passados mais de dois anos da conclusão da obra, foi que ajuizou pedido em forma. Aliás, este dado não comporta dúvida, pois que é a petição inaugural da lide que claramente o enuncia, dizendo que as obras "foram integralmente executadas" (item 2º da petição inicial), e ainda que está "comprovada a conclusão da obra" (item 4º da mesma peça, *in principio*).

Fora de dúvida, portanto, a *quaestio facti,* relativamente à circunstância assinalada no item "b", resultante da análise da cláusula contratual. Quando foi pedida a revisão dos preços, mediante a aplicação de "novas fórmulas", não ocorria a hipótese de representarem as obras, a executar, menos de 5% do montante total do contrato. Vale dizer: a pretensão revisionista foi ajuizada fora do que a convenção estabelecera.

E a consequência é que não assiste à Empreiteira direito a ela.

Para bem situar o problema, cumpre ter presente a preceituação contratual: a Empreiteira somente adquiriria o direito à aplicação de "novas fórmulas" de reajuste se os preços sofressem variação numa ordem de grandeza que os elevasse ao dobro dos preços iniciais, e a sua solicitação somente seria acolhida se os trabalhos a executar representassem, no momento de efetivada a pretensão, pelo menos 5% do montante total do contrato.

As partes contratantes subordinaram, pois, a aplicação de "novas fórmulas" de reajuste a dupla condição, uma casual e outra potestativa simples.

Os preços poderiam, ou não, elevar-se naqueles índices prefixados. Acontecimento futuro e incerto, decorrente de circunstâncias fora do alcance da atuação dos contratantes. Seriam as forças conjunturais incidindo sobre o mercado, a promover a subida dos custos. E aí está uma condição casual típica.

No caso de ocorrer a alta de valores, a Empreiteira adquiriria o direito ao reajuste pelas novas fórmulas caso "os trabalhos por executar representem pelo menos 5% do montante do total do contrato. Esta modificação das fórmulas de reajuste verifica-se com base em justificativa que comprove não estarem os coeficientes utilizados nas fórmulas então vigentes, representando a elevação real dos custos".

Não foi concedida à Empreiteira a revisão de custo pelas "novas fórmulas" apenas em função da apuração matemática dos custos. As partes contratantes quiseram que a substituição das "fórmulas então vigentes" por outras "novas fórmulas" somente tivesse lugar para cobrir uma parte substancial do serviço. E, então, foi exigido que justificasse ela que as fórmulas vigentes não eram satisfatórias e o fizesse quando os trabalhos a executar ainda fossem ponderáveis, assim qualificados se representassem ao menos 5% do montante total do contrato.

Não se estabeleceu o reajuste automático. Não se determinou a revisão de pleno direito. Estipulou-se em caráter condicional, e aí vem a condição potestativa, não a potestativa pura que anula o negócio jurídico, mas a simplesmente potestativa, que se dá "quando l'evento, positivo o negativo, è fatto dipendere dalla volontà di uno dei subietti del negozio che deve compiere un'azione o una omissione" (RUGGIERO e MAROI, *Istituzioni di Diritto Privato*, v. I, § 30).

A *conditio* foi instituída com caráter *suspensivo*. A Empreiteira não ficou com direito às novas fórmulas revisionais desde a celebração do contrato. Ao revés, foi-lhe oferecida em termos de mera potencialidade, e suspensa a sua efetivação enquanto não ocorresse o evento, concretizado na demonstração de irrealismo das fórmulas vigentes em face de não se encontrarem obras por executar, em volume menor de 5% do montante global do serviço.

O direito da Empreiteira e a obrigação da Consulente restaram como *inexistentes* até o implemento do evento condicional,

"tant que la condition reste pendante, c'est-à-dire, que l'évènement reste incertain, l'existence de l'obligation est soumise à un régime provisoire.

Ou bien, on la traite comme si elle n'existait pas: la condition sera dite alors suspensive, car l'obligation est suspendue jusqu'à l'évènement conditionnel" (RENÉ SAVATIER, *Cours de Droit Civil*, v. II, n. 65).

Suspenso o direito da Empreiteira, na pendência da condição, decaiu dele *in perpetuo* por não o ter feito valer nas circunstâncias de sua utilização. Estipulado que a Empreiteira haveria de usar dele para a cobertura de parte substancial da obra, isto é, caso a parte por executar correspondesse ao menos a 5% do total, pereceu de todo e extinguiu-se desde que ela deixou de o exercer no tempo prefixado. É o caso típico da condição suspensiva decorrente do fato aliado ao tempo: "dar-te-ei 100 se viajares até o fim do mês".

Escoado o mês sem a viagem, perde o credor o direito, ainda que efetive uma viagem posteriormente.

Eis como se enuncia a regra:

"*Quando la condizione non si é attuata nel tempo stabilito*, oppure quando essa, divenendo certo che piu non si verificherà, si considera mancata, le conseguenze giuridiche sono diverse secondo che sia sospensiva o risolutiva: nel primo caso, il diritto, derivante dal negozio, non sorge; nel secondo, si consolida e rimane definitivo" (ALBERTO TRABUCCHI, *Istituzioni di Diritto Civile*, n. 77, p. 173).

Aplicado o princípio à espécie, temos então: não havendo a Empreiteira promovido no tempo estabelecido, ou seja, antes que as obras estivessem com um mínimo de 5% a ser executado, a justificativa de que as fórmulas vigentes eram insatisfatórias, considera-se que a condição falhou ou faltou, e, sendo suspensiva como é, o direito ao reajuste *não surgiu*.

O fundamento legal desta consequência é que na pendência da condição suspensiva não se adquire o direito a que visa o negócio jurídico (*Código Civil*, art. 118).[1] E, desde que se frustrou a *conditio*, foi o próprio direito que deixou de nascer.

---

1     "Art. 118. Subordinando-se a eficácia do ato à condição suspensiva, enquanto esta se não verificar, não se terá adquirido o direito, a que ele visa."

A situação é muito próxima de um prazo de decadência estabelecido para o exercício de um direito, prazo que tanto pode vir instituído na lei quanto por uma declaração de vontade:

> "La legge o la volontà del privato stabilisce un termine perentorio entro il quale un'azione può promuoversi..." (RUGGIERO e MAROI, ob. cit., § 34, p. 165).

E a aproximação das situações é ainda mais flagrante se se atentar em que, tal qual na *falta de implemento da condição*, o direito não surge também na fluência do prazo decadencial, como assinala RUGGIERO *in loc. cit*:

> "Non è un diritto che qui si estingue col decorso del termine, ma è il decorso del termine che impedisce l'acquisto di un diritto."

Partindo, pois, de que foi o contrato mesmo que determinou as condições sob as quais a Empreiteira teria direito à determinação de "novas fórmulas" de reajustamento, decaiu deste direito, ou não lhe surgiu ele, uma vez que deixou de promover o que lhe cumpria, em tempo devido, para adquiri-lo regularmente.

E desta sorte, ambos os fundamentos da ação deixam de socorrer a Empreiteira, inaplicáveis que são à espécie, assim a cláusula *rebus sic stantibus* quanto a de correção monetária.

---

– Dispositivo correspondente no Código Civil de 2002:
"Art. 125. Subordinando-se a eficácia do negócio jurídico à condição suspensiva, enquanto esta se não verificar, não se terá adquirido o direito, a que ele visa."

# 38

**Fatos**  Contrato para a construção de prédios industriais e outras estruturas. Atrasos na realização das obras em decorrência da demora do dono da obra em fornecer os respectivos projetos. Despesas bancárias incorridas pela construtora para negociar os títulos não honrados pelo dono da obra. Pleito da construtora ao ressarcimento dos prejuízos a que deu causa o dono da obra.

**Direito**  Contrato de empreitada. Inadimplemento contratual: atraso na entrega de projetos pelo dono da obra. Aumento dos custos operacionais da obra. Prejuízos incorridos pela empreiteira. Ressarcimento devido pelo dono da obra. Meios de prova. Prova circunstancial: dedução lógica de fato conhecido.

---

A CONSTRUTORA AVR S.A. celebrou contrato de empreitada com a MINERAÇÃO VPB S.A. para a construção de prédios industriais e outras estruturas.

A execução do contrato iniciou-se sem que a VPB tivesse concluído o respectivo projeto, o que a levou fornecê-lo parceladamente no curso das obras, e com atrasos constantes.

A princípio, a CONSTRUTORA fez constar suas reclamações no "Diário das Obras", deixando contudo de assim proceder à vista das reiteradas reações que marchavam para a criação de um clima de desentendimento. Não obstante a ausência de registro das reclamações no livro de ocorrências, a CONSTRUTORA tem meios de provar os atrasos no fornecimento dos projetos, com o próprio "Diário das Obras".

Demais disso, houve reiterado atraso da VPB no pagamento das duplicatas de serviço emitidas pela CONSTRUTORA, impondo a está "despesas bancárias" com a negociação dos títulos, indispensável à obtenção de capital de giro para a execução das obras contratadas, que envolviam numeroso pessoal e volume enorme de materiais, utilizados e estocados.

No curso da execução das obras, foram ajustados dois aditivos ao contrato inicial: em 30 de agosto de 1993 e 14 de fevereiro de 1994. Do primeiro consta cláusula expressa franqueando à CONSTRUTORA a apresentação de suas "reivindicações de pagamentos adicionais, que digam respeito ao período decorrido".

E do segundo, referência também explícita a quaisquer pagamentos adicionais solicitados com base no item 6.5 do Termo Aditivo Contratual firmado em 30.08.1993.

A CONSTRUTORA, no uso dessa faculdade, pleiteou o ressarcimento dos danos sofridos, mas a VPB, até o presente, nada decidiu a respeito.

Em 14 de março de 1994, a VPB impôs multa à CONSTRUTORA, por descumprimento de prazo parcial, tendo a CONSTRUTORA recusado a multa em 16 de abril seguinte. O assunto não teve prosseguimento.

Esgotado o prazo previsto no segundo aditivo, e remanescendo obras e acabamentos sem interesse para a CONSTRUTORA, resolveram as partes que os serviços prosseguiriam com novos preços, não se tendo chegado, ainda, à redação de um aditivo que consubstanciasse o acordo.

No final da execução do contrato e seus aditivos, a CONSTRUTORA, com enorme prejuízo, devido à atuação da VPB, pleiteia o ressarcimento, encontrando resistência da sua cocontratante.

Anexando à consulta xerocópias de documentos e correspondência trocada, pergunta-me:

1º Comprovados os atrasos na entrega de projetos e revisões, pela VPB, bem como o retardamento nos pagamentos, tem a empreiteira direito ao ressarcimento dos danos que em consequência sofreu?

2º A falta de reclamações específicas do atraso dos projetos, podendo tal atraso, entretanto, ser constatado no "Diário de Obras", impede a CONSTRUTORA de reivindicar a cobertura dos danos?

3º Que conclusão pode ser tirada da cláusula contida no aditivo de 30.08.1993, abrindo à CONSTRUTORA um prazo para que apresentasse suas reivindicações quanto a pagamento adicionais?

## PARECER

*Ao Quesito Primeiro*

A empreitada é contrato bilateral. Não há mister maiores indagações para demonstrar essa classificação. Basta atentar nos seus extremos legais, decorrentes das disposições do Código Civil, arts. 1.237 e segs..[1] Por este contrato, o empreiteiro obriga-se à execução de certa obra, mediante retribuição determinada ou proporcional ao trabalho executado (CLÓVIS BEVILÁQUA, *Comentários ao Código Civil*, em Observação ao art. 1.237). Deste contrato originam-se para o empreiteiro e para o dono da obra obrigações recíprocas. É o que caracteriza os contratos bilaterais ou sinalagmáticos, em contraposição aos unilaterais, que geram deveres para um só dos contratantes.

---

1 – Dispositivos correspondentes no Código Civil de 2002: artigos 610 a 626.

Assentado este pressuposto, dele se extraem corolários que são a um só tempo princípios certos ligados a essa categoria contratual.

O fato de criar obrigações para ambas as partes leva a assentar que, no contrato bilateral, ambas as partes são, ao mesmo tempo, credor e devedor, respectivamente. Mais do que recíprocas, as obrigações são interdependentes. É o que ensinam os irmãos MAZEAUD, em lição de absoluta clareza:

"Dans les contrats synallagmatiques ou bilatéraux, les obligations créées sont réciproques: chacun des contractants est, à la fois, créancier et débiteur; ses obligations ont pour cause celles de son cocontractant: chacun s'engage envers l'autre, parce que l'autre s'engage envers lui. Plus que réciproques, ces obligations sont interdépendantes: l'existence des unes est subordonné à celle des autres. C'est le cas des nombreux et très importants contrats. La vente, le change, le louage, etc." (MAZEAUD, MAZEAUD et MAZEAUD, *Leçons de Droit Civil*, v. II, n. 96).

A reciprocidade das obrigações é assinalada por PLANIOL, RIPERT et BOULANGER (*Traité Élémentaire de Droit Civil*, v. ll, n. 69).

E esta reciprocidade é tratada por DE PAGE como da essência mesma do contrato:

"Dans les contrats symallagmatiques, la réciprocité d'obligations est, avonsnous dit, de l'essence même du contrat. Celui-ci ne se conçoit pas sans elle. ll en résulte que les obligations de chacun des contractants sont si intimement liées qu'elles se servent mutuellement de raison d'être, de justification, de cause – pour employer le terme technique traditionnel, mais vivement controversé depuis le début de ce siècle. Si l'une disparaît, l'autre advient sans fondement, sans base; l'équilibre contractuel est rompu, puisque le contrat n'existe que par leurs réunion, leurs fusion" (*Traité Élémentaire de Droit Civil Belge*, v. II, 1ª parte; n. 451).

Os mesmos caracteres são apontados por RUGGIERO e MAROI:

"Nasce insomma dal contratto del primo tipo (bilaterale) una duplice e reciproca ragione di credito, sicchè sempre ad una prestazione sta di fronte una controprestazione delle quali l'una è causa e condizione dell'altra; occorre inoltre perchè si abbia contratto bilaterale che le due obbligazioni contrapposte nascano nello stesso momento dal contratto e vi sia fra esse un vincolo di connessione e di causalità..." (*Istituzioni di Diritto Privato*, v. II, § 137).

MESSINEO, obediente à terminologia usada pelo Código Civil italiano de 1942, designando o contrato bilateral como "de prestações correspectivas", não difere na determinação de sua essência:

"Il contratto con prestazioni corrispettive è caratterizzato dal fatto che ciascuna delle parti é tenuta ad una prestazione (prestazione, controprestazione); il contratto genera due obbligazioni contrapposte. Ma non basta: si stabilisce, fra le due prestazioni (o le obbligazioni), uno speciale nesso logico, che è detto di corrispettività e che consiste nell'interdipendenza fra esse, per cui, ciascuna parte non è tenuta alla propria prestazione, senza che sia dovuta la prestazione dell'altra: l'una prestazione è il pressuposto indeclinabile dell'altra; giova, qui, l'elemento causa" (FRANCESCO MESSINEO, *Dottrina Generale e del Contratto*, p. 234).

A noção teórica, tão repetidamente referida pelos autores, e por mais quantos outros se estendesse a pesquisa, não perde consistência, antes se enfatiza, quando transposta dos termos genéricos para as figuras específicas da venda, da locação e, no particular da consulta, da empreitada.

A correspectividade, a reciprocidade, a conexão acham-se patentes. O empreiteiro obriga-se a um conjunto de prestações que se enfeixam na realização da obra contratada.

O Dono desta, por seu lado, obriga-se a outras tantas prestações. Umas e outras são interligadas ou interdependentes. Nascendo umas e outras ao mesmo tempo e do mesmo contrato, o Empreiteiro está sujeito ao cumprimento das suas obrigações ou é devedor das suas prestações em razão das obrigações e das prestações de que é devedor o Dono da obra. É por isso que se diz no contrato sinalagmático, como no particular da empreitada ocorre, um e outro (empreiteiro e dono da obra) são ao mesmo tempo credor e devedor, um do outro.

Não há mister especificar as obrigações respectivas. Tanto são devidas as prestações explicitadas no instrumento contratual, quanto aquelas outras que implicitamente se inserem no contexto contratual. O que é relevante é apurar se e quanto a obrigação ou prestação de uma das partes é dependente da prestação ou obrigação de seu cocontratante.

Analisando o caso concreto, nele vemos que a Empreiteira sujeitou-se a um rol de prestações, todas objetivando o mesmo fim colimado, que se consubstancia na execução do contrato ou na realização da obra: suas obrigações acham-se estreitamente vinculadas às obrigações da sua cocontratante, assim no que diz respeito àquelas explicitamente deduzidas, quanto às que o não são por expresso, mas que defluem naturalmente, ou essencialmente, ou logicamente do contrato.

Ao contratar a obra, a Empreiteira adquiriu direito à retribuição. Ao mesmo tempo tornou-se credora dos pagamentos, pelas diversas partes em que a construção se fraciona.

Não é, entretanto, preciso que mencione o contrato o dever da Dona da obra pagar "pontualmente". Isto é uma decorrência lógica da própria natureza da estipulação. Se a execução da empreitada é dispendiosa; se exige vultoso capital de giro; se reclama o investimento de grandes somas em material e mão de obra, o recebimento "pontual" dos pagamentos referentes às medições parciais é um pressuposto contratual da obrigação da cocontratante. Não é necessário que o contrato o diga expressamente, pois decorre da natureza dele. A Dona da obra não estaria sujeita ao pagamento imediato das prestações se fosse avençado o contrato de empreitada com financiamento. Nesta hipótese, a Empreiteira teria assumido o risco de custear a execução contratual, e entregá-la pronta com seus recursos próprios. Não assumindo tal compromisso, assiste-lhe o direito de receber em tempo oportuno as faturas correspondentes às medições parciais. A interligação das prestações recíprocas, da essência do contrato bilateral de empreitada, foi atingida pela atuação da Dona da obra. Este comportamento permitiria, mesmo, à Empreiteira sustar o andamento dos serviços, com fundamento na *exceptio non adimpleti contractus* assentada no artigo 1.092 do Código Civil.[2] Não o tendo feito a fim de que os prazos contratuais fossem respeitados, cabe-lhe o direito de reclamar de sua cocontratante o ressarcimento da onerosidade que lhe impôs a impontualidade desta, e que se qualificam na expressão "despesas bancárias". Existe uma relação de causa e efeito certa, entre os atrasos nos pagamentos e o ônus suportado pela Empreiteira. Se ela recebesse em dia as prestações pecuniárias, não lhe seria mister recorrer a operações bancárias para se prover de numerário indispensável aos encargos financeiros da execução contratual. Não as recebendo, teve de recorrer aos bancos, obtendo dinheiro onerado. O equilíbrio das prestações contratuais foi rompido pela Dona da obra, que deverá, por conseguinte, arcar com os custos respectivos, como meio de restabelecer aquele equilíbrio.

Por outro lado, era dever da cocontratante fornecer os projetos e desenhos, em condições de proporcionar a execução contratual sem retardamento. A esse respeito a manifestação das partes foi muito clara. Em carta de 03 de agosto de 1992, respondendo à Consulta da obra, datada de 30 de julho de 1992, a Construtora concordou em que os desenhos fossem entregues "ao longo do serviço", porém sujeitos a uma programação em que se definisse qual a antecedência que pudesse ser considerada "tempo hábil", de forma que houvesse sempre volume substancial de projetos liberados para execução. Atendendo a esta proposição, a Dona da obra, por carta de 05 de agosto de 1992, fixou como "tempo hábil" o prazo de quatro semanas para a entrega de desenhos preliminares e de duas semanas para a entrega dos desenhos definitivos.

Mas não foi o que ocorreu, conforme levantamento cronográfico a que a Empreiteira procedeu: recebeu ela 28% de desenhos, quando transcorrida a metade do prazo contratual básico; 93% quando do término desse prazo; e no último mês do prazo con-

---

2     "Art. 1.092. Nos contratos bilaterais, nenhum dos contraentes, antes de cumprida a sua obrigação, pode exigir o implemento da do outro.
(...)"
– Dispositivo correspondente no Código Civil de 2002:
"Art. 476. Nos contratos bilaterais, nenhum dos contratantes, antes de cumprida a sua obrigação, pode exigir o implemento da do outro."

tratual básico a obra ainda recebia desenhos preliminares, isto é, informativos e não liberados para execução.

Este procedimento da Dona da obra acarretou enorme onerosidade para a Empreiteira, que era obrigada a manter pessoal e equipamentos ociosos por largos períodos, na expectativa de projetos que deveriam ser-lhe entregues em "tempo hábil" e não foram.

Com fundamento na mesma correspectividade obrigacional que é da essência dos contratos bilaterais, e portanto é pressuposto do de empreitada, houve descumprimento iterativo das obrigações contratuais, por parte da dona da obra.

E desses inadimplementos, que ocorreram "ao longo dos serviços", foi-se acumulando prejuízo residual em cada etapa das obras. Seguindo a mesma linha de raciocínio, verifica-se que, se os projetos e desenhos fossem entregues em tempo oportuno, inexistiriam os agravamentos de encargos da Empreiteira, que não teria pessoal nem equipamento jazendo ociosos. Uma vez houve o atraso na entrega dos desenhos liberados para execução em tempo hábil, a contratante que deu causa à onerosidade consequente deve responder pelos encargos financeiros acrescidos. Esta responsabilidade é o meio de restaurar o equilíbrio contratual quebrado pelo reiterado inadimplemento da Dona da obra quanto à entrega a destempo dos desenhos. Faltou o volume substancial de projetos liberados para execução, e esta falta atingiu a programação dos trabalhos, agravando o custo financeiro da obra.

Em razão da correlação das obrigações que a bilateralidade do contrato de empreitada estabelece, a parte contratante que deu causa ao gravame deve responder por ele. Não pode a dona da obra infringir suas obrigações, carrear para a Empreiteira aumento nos custos operacionais, e receber construções que tiveram o seu preço majorado por falta sua, sem ressarcir à Empreiteira essas majorações.

Respondo, pois, de forma afirmativa à primeira indagação, como decorrência lógica dos princípios que informam a natureza bilateral do contrato de empreitada.

*Ao Quesito Segundo*

Ao que informa a consulta, a Empreiteira, no início dos serviços, fez constar no "Diário das Obras" as irregularidades que encontrava. Mas a sua atuação foi mal interpretada pela outra parte, que reagia desfavoravelmente ao registro de tais ocorrências. Com o fito de evitar que a execução do contrato se desenrolasse num clima inamistoso, a Empreiteira deixou de consignar suas reclamações. Mas, pelos memorandos e demais elementos evidenciais de que dispõe, está habilitada a comprovar as duas irregularidades graves cometidas pela Dona da obra ao longo da execução dos serviços: impontualidade dos pagamentos e retardo na entrega dos projetos.

Aqui ela se depara com um problema de prova. O contrato alude ao "Diário das Obras", mas não contém cláusula excludente de outros meios probatórios. Sendo este um problema tão somente de prova, tudo se desloca para este campo. Afora os casos em que a lei estabelece rigidamente os meios probatórios admissíveis, como ocorre por exemplo na menção do art. 134 do Código Civil[3] ao estatuir quando o instrumento público é da substância do ato, ou o art. 132[4] ao vincular a anuência ao modo de prova do negócio jurídico, – afora casos como tais, vige em direito a maior liberdade para a comprovação das declarações volitivas, como dos fatos em geral. A prova é o meio técnico de alcançar uma verdade. E esta, como assenta o clássico LESSONA, é uma só, no plano moral e no jurídico, no tempo presente como no passado ou no futuro:

> "Una prova, dice bene il Mortara, contiene l'accertamento legale di una determinata verità, l'aspetto della verità non può essere che uno e quindi non conviene nè all'interesse morale, nè alla dignità della giutizia cimentare un mezzo d'istruttoria a successive rinnovazioni, nelle quali vi è pericolo che se mutino i risultati e il più grave dei dubbi venga ad intorbidare l'azione della giustizia: ciò che è vero oggi deve essere tenuto per vero domani, come fra un anno o fra dieci, una volta che alla costatazione di tal vero siano stati adoperati i mezzi stabiliti dalla legge" (CARLO LESSONA, *Trattato delle Prove*, v. I, p. 24).

Não sendo, como de fato não é, caso de prova preestabelecida na lei, sua finalidade é a procura de uma verdade, e esta deve ser perquirida por todos os meios. Houvesse a Empreiteira registrado no "Diário das Obras" os fatos de que se queixa, e a sua simples leitura seria de molde a produzir desde logo a evidência desejada. Não o tendo feito a não ser no começo dos serviços, não está porém inibida de comprovar através um processo mais complexo, mas nem por isso menos hábil, que é a rememoração das circunstâncias contrárias à correlação obrigacional advinda do contrato.

Efetuando o levantamento lastreado em outros fatores dotados de autenticidade, terá logrado a comprovação das circunstâncias fáticas danosas, suficientemente para convencer e atingir o mesmo resultado.

A palavra "prova" em si mesma, diz outro clássico na matéria, designa qualquer meio direto ou indireto de chegar ao conhecimento dos fatos:

> "Le mot preuve, pris dans le sens le plus large, et c'est ainsi que nous l'entendons ici, désigne tout moyen direct ou indirect d' arriver à la connaissance des faits" (ÉDOUARD BONNIER, *Traité Théorique et Pratique des Preuves*, p. 4).

---

3 – Dispositivo correspondente no Código Civil de 2002:
"Art. 108. Não dispondo a lei em contrário, a escritura pública é essencial à validade dos negócios jurídicos que visem à constituição, transferência, modificação ou renúncia de direitos reais sobre imóveis de valor superior a trinta vezes o maior salário mínimo vigente no País."

4 "Art. 132. A anuência, ou a autorização de outrem, necessárias à validade de um ato, provar-se-á do mesmo modo que este e constará, sempre que se possa, do próprio instrumento."
– Dispositivo correspondente no Código Civil de 2002:
"Art. 220. A anuência ou a autorização de outrem, necessária à validade de um ato, provar-se-á do mesmo modo que este, e constará, sempre que se possa, do próprio instrumento."

Se os meios, de que a Empreiteira dispõe, permitem-lhe direta ou indiretamente atingir a comprovação dos fatos que alega, como suporte de sua pretensão, terá ela produzido a sua "prova", e assim terá conseguido convencer da verdade dos fatos, e não lhe faltará o amparo para a sua postulação.

Amparo tanto mais certo que o atraso na entrega dos projetos está provado pela transcrição dos memorandos no "Diário das Obras".

*Ao Quesito Terceiro*

Depois de iniciados os serviços, e com largo tempo decorrido para que já se positivassem as situações das partes, e se definisse a execução do contrato nos seus aspectos positivos e na sua percussão sobre as condutas contratuais, houve a celebração de dois termos aditivos.

O primeiro deles, datado de 30 de agosto de 1993, contém item abrindo à Empreiteira a oportunidade para apresentação de suas "reivindicações de pagamentos adicionais, que digam respeito ao período decorrido". O segundo, de 14 de fevereiro de 1994, faz referência às reivindicações quanto a pagamentos adicionais com base naquele item do aditivo anterior.

Embora não as discriminem, os dois aditivos dão o testemunho de que a Empreiteira considerava-se, já no curso das obras, com direito a pagamentos adicionais. Não seriam, obviamente, prestações referentes às medições efetuadas, mas pagamentos não previstos no contrato originário.

A inferência lógica que daí se pode francamente inferir é que a Dona da obra admitia, senão a existência de um direito aos pagamentos adicionais, ao menos a ocorrência de fatos geradores de pretensões reivindicatórias da parte da Empreiteira. Não é a prova direta dos fatos geradores das reivindicações, porém o que os autores denominam de provas circunstanciais ou presunções. É a injunção ou a dedução lógica que de um fato conhecido se tira, para atingir um outro fato. É o que ensina BONNIER:

"Nous arrivons aux présomptions, c'est-à-dire aux preuves qui se fondent simplement sur le rapport qui peut exister entre certains faits constatés dans l'instruction, et d'autres faits qu'il s'agit d'établir: preuves que Bentham appelle *circonstancielles*" (ob. cit., p. 655).

O raciocínio, que os aditivos sugerem, não pode deixar de se desenvolver sob um prisma de logicidade. Os aditivos abrem à Empreiteira a faculdade de formular sua pretensão a pagamentos adicionais. Este é um fato certo, porque consta de documento firmado pelas partes. A Empreiteira apresentou suas reivindicações, como está expresso no segundo aditivo. Eis aí outro fato certo, porque também consta de documento assinado. Desses fatos certos, flui naturalmente uma relação com outra circunstância fática, a saber, que a dona da obra, no curso da realização dos serviços, já recebera da Empreiteira pedidos ou reivindicações de pagamentos adicionais, pela ocorrência de fatos que ela reputava danosos, e que eram imputáveis à sua cocontratante. Daí poder-se afirmar, com base na "prova circunstancial", a existência dos fatos que a Empreiteira já qualificava como danosos.

Esta relação é inevitável. E a existência dos danos em si mesma, como a sua estimativa, seria então o objeto de um estudo que se efetivaria.

Não havendo a dona da obra dado resposta à solicitação, ou tendo silenciado sobre as reivindicações apresentadas, deixou em aberto a questão.

No decurso dos serviços subsequentes, os fatos que a Empreiteira considera danosos continuaram repetindo-se, até que, atingindo o termo dos serviços, vieram eles a alcançar cifra vultosa.

Do conteúdo dos aditivos contratuais, o mínimo que se extrai é o reconhecimento, pela Dona da obra, de fatos em que a Empreiteira assenta suas reivindicações. Não se pode entender que o item 6.5 do aditivo de 1993, e sua ratificação no aditivo de 1994, sejam circunstâncias vazias. Eles têm um conteúdo. E, se não é permitido extrair deles a comprovação dos danos causados, lícito será, entretanto, deduzir que, num determinado momento, a dona da obra admitia que a Empreiteira pretendesse pagamentos não previstos no contrato, mas que se fundavam em procedimentos de sua cocontratante desenrolados ao arrepio das normas contratuais. Se os itens dos aditivos de 1993 e 1994 não constituem só por si a prova dos prejuízos sofridos pela Empreiteira, e que devam ser indenizados pela dona da obra, não se lhe negará na via amistosa, como na judicial, a oportunidade de produzir a respectiva comprovação, inclusive a sua estimação quantitativa.

Assim respondo às questões formuladas.

# 39

**Fatos**  Depósito de moeda estrangeira em banco no exterior. Aquisição, pelo banco depositário (banco no exterior), de ações (10%) de banco brasileiro. Pedido de restituição do depósito dirigido ao banco brasileiro.

**Direito**  Obrigação pactuada entre o depositante e o banco estrangeiro depositário. Sujeito passivo da obrigação de restituir: banco estrangeiro. Princípio *societas distat a singulis*: o banco brasileiro não responde por obrigações contraídas por seus acionistas. Contrato de depósito: obrigação de restituir exclusiva do depositário.

---

Alegam os autores de uma ação, ajuizada na 1ª Vara Cível desta capital, que, no período compreendido entre 1921 a 1923, depositaram em determinado Banco estrangeiro marcos alemães e coroas austríacas, em circulação naquela época. Com esse fundamento, intentaram a referida ação, não contra aquele Banco, no qual alegam terem feito os depósitos, mas contra um Banco brasileiro, pedindo deste a restituição dos depósitos, convertidos em moeda brasileira.

Alegam os autores que dirigiram o pedido a este estabelecimento de crédito porque ele anuncia ostensivamente em seus impressos, relatórios e outros documentos "a participação" do referido Banco estrangeiro.

Informa, todavia, o banco brasileiro que se trata de mera "participação acionária", consistente em haver o congênere estrangeiro adquirido, em 1966, ações representando dez por cento do seu capital. E acrescenta, ainda, a circunstância de que somente veio a obter autorização para funcionar em 1925, tendo procedido ao arquivamento de seus atos constitutivos em 1926.

QUESITOS:

1º Responde o Banco brasileiro por obrigações assumidas pelo Banco estrangeiro, pelo fato de ter este participação minoritária no capital daquele?

2º Pode o depositante exigir do Banco brasileiro a restituição da coisa (ou quantia) que foi por ele depositada em outro estabelecimento bancário, sem a existência de qualquer razão jurídica que, pela legislação brasileira, implique dever de assumir responsabilidade por obrigação alheia?

3º Pode o Banco brasileiro ser demandado por obrigações eventualmente assumidas por estabelecimento congênere estrangeiro em razão de ser este seu acionista, mormente no caso da obrigação ter sido assumida anteriormente à sua existência jurídica?

## PARECER

*Ao Quesito Primeiro*

A indagação versa, em primeiro plano, sobre a análise da relação jurídico-obrigacional, em tese. Qualquer que seja o critério adotado, ou como quer que se encare, a obrigação é um vínculo jurídico, em virtude do qual uma pessoa pode exigir de outra uma prestação economicamente apreciável. Vínculo jurídico, prendendo um devedor a um credor. O *reus credendi* tem a faculdade de reclamar a prestação devida de um *reus debendi*. Ambos definidos e determinados, desde o início. Ou eventualmente admitida uma indeterminação relativa, suscetível de cessar. O sujeito passivo definido responde por si mesmo. E somente desborda a obrigatoriedade de prestar, de um para outro devedor, em havendo causa jurídica que o autorize em termos certos. O credor tem o poder de chamar a responsabilidade e até mobilizar a força cogente estatal (*Haftung*) contra um certo devedor, que está sujeito ao cumprimento do obrigado (*Schuld*). Outra pessoa, que não seja credor, ou que se não torne credor, não tem aquele poder. Outra pessoa, que não seja o devedor, ou que não tenha uma razão jurídica para responder pelo débito, não tem esse dever. No tocante ao sujeito ativo, a relação obrigacional é assinalada pela peculiariedade, que lhe observa GIORGI, e que a distingue das outras relações jurídicas, de individuar uma pessoa contra a qual as faculdades do credor possam exercer-se:

> "Quanto al soggetto passivo, l'obbligazione dífferisce da tutti gli altri diritti. Questi invero, siano o non siano patrimoniali, sussistono adversus omnes: che è quanto dire, non hanno bisogno di una persona determinata, contro la quale soltanto possano esercitarsi. L'obbligazione all'incontro richiede una persona determinata per soggetto passivo del diritto: un *debitore, debitor*, o *reus debendi*" (GIORGIO GIORGI, *Obbligazioni*, v. I, n. 68).

O claro GAUDEMET ao mesmo tema alude, em termos peremptórios:

> "Le droit personnel est donc le droit d'exiger d'une personne déterminée une prestation, un fait ou une obtention. Du coté du créancier, c'est un droit de contrainte contre le débiteur; du coté du débiteur, c'est une nécessité juridique à laquelle il est soumis. C'est un lien entre deux personnes, l'une sujet actif, l'autre sujet passif du droit personnel" (EUGÈNE GAUDENET, *Théorie Générale des Obligations*, p. 6).

Com a profundeza habitual, OROSIMBO NONATO, sem desprezar a possibilidade genérica da transmissibilidade compatível com o direito moderno, e sem desconhecer o fenômeno da despersonalização da *obligatio*, assenta conceito seguríssimo:

"Pensamos, abordoados a BARASSI, que a exigência das figuras do devedor e do credor na mesma noção da obrigação, em sua estrutura, traduz `concetto semplice e intuitivo´, enfuscado mais do que esclarecido pela doutrina, que, neste particular, chegou a extremos vitandos, como os aceitos por AFFOLTER (*Vide* Ludovico Barassi, liv. cit., n. 29)" (*Curso de Obrigações*, v. I, p. 135).

Estas noções, propedêuticas no estudo da teoria geral da obrigação, aqui vêm à tona, atendendo a que da exposição e da primeira indagação reponta uma ideia de projeção do débito para além da pessoa do sujeito passivo. Daí a necessidade de fixar, de início, um conceito que na cita de OROSIMBO NONATO é assinalado por BARASSI como *semplice*, mas que, de tão "simples" que é, acaba sendo esquecido ou desprezado: o devedor é quem deve; e somente pode alguém ser convocado a responder pelo débito alheio em havendo motivação precisa, que há de vir ou da convenção (como no caso das relações de garantia) ou da lei (como naqueles em que o preceito o estabelece).

Na espécie, da consulta e do quesito, os credores se dizem sujeitos de uma relação obrigacional constituída contra um Banco estrangeiro que lhes teria recolhido as economias com a obrigação de restituir, e pretendem reavê-las de outro Banco, brasileiro. Não alegam razão específica de transposição de responsabilidade (assunção de débito, incorporação, garantia, mutação subjetiva). Arguem tão somente o fato de que o banco alienígena teria, no capital do banco brasileiro, participação, que o Consulente esclarece não ir além de participação acionária minoritária.

O aspecto quantitativo da participação é despiciendo para este efeito. Certo e certíssimo é que não constitui esta uma causa de despersonalização do vínculo.

Regra velha, milenar, é a que já a ciência romana enunciava, ao dizer que a sociedade diferencia-se dos que a compõem: *societas distat a singulis*. As responsabilidades jurídicas, da sociedade, são próprias dela mesma, e não dos sócios. E, como tais, por ela devem ser cumpridas, e não pelos seus membros. As obrigações que assumem tem de ser executadas por elas e não pelos seus componentes. E dentro no conceito obrigacional, seja na teoria unitária de SAVIGNY ou na dualista de BRINZ, o patrimônio da sociedade e não o dos sócios é quem é chamado a responder pelos débitos por ela assumidos. A convocação da responsabilidade, solidária ou subsidiária, dos sócios é excepcional, e somente tem cabida quando a lei por expresso a define.

Na espécie, trata-se de sociedade anônima. O Banco brasileiro tem o seu capital fragmentado em ações cujos tomadores são pessoas naturais e pessoas jurídicas. Todas elas em igualdade de condições. O fato de ser um acionista pessoa jurídica não lhe altera a situação societária. A circunstância de ser um outro Banco não lhe descaracteriza a condição acionária. A eventualidade de ser um Banco estrangeiro lhe não muda a extensão dos direitos e deveres.

Partindo de tal pressuposto, da isonomia acionária dentro da S.A., basta atentar para a própria conceituação primeira desta, para encontrar resposta objetiva e concreta ao quesito. A responsabilidade dos sócios ou acionistas é limitada ao valor das ações subscritas ou adquiridas.

Reversamente, a sociedade anônima, não confundindo seu patrimônio com o de seus acionistas, não pode responder pelas obrigações assumidas por estes.

No caso especial de uma sociedade ser acionista de outra sociedade, os patrimônios conservam-se distintos, separados, e consequentemente autônomos, seja no exercício dos direitos, seja na responsabilidade pelas obrigações. Somente ocorre uma transposição de responsabilidade no caso da absorção de uma sociedade por outra, porque, nesta hipótese, um patrimônio é recolhido pela sociedade absorvente, e, como consequência, os credores da absorvida são beneficiados pela mudança de devedor. É a lição de RIPERT:

> "Le patrimoine de la société qui disparaît est recueilli dans son universalité par la société absorbante. Il y a donc pour les créanciers, notamment pour les obligatoires, changement de débiteur" (GEORGE RIPERT, *Traité Élémentaire de Droit Commercial*, 2ª ed., n. 1.423, p. 568).

Fora daí, os patrimônios permanecem distintos, como preconiza DE PAGE:

> "Les biens sociaux constituent un patrimoine distinct de celui de chaque associé, appartenant à l'être moral" (*Traité Élémentaire de Droit Civil*, v. V, n. 9, B).

E partindo da separação dos patrimônios, em virtude da qual a sociedade tem o seu, sem confundi-lo com o dos sócios, que as responsabilidades se diversificam. Assim é que os credores da sociedade podem demandar-lhe a solução de seus créditos agindo sobre o patrimônio dela, sociedade, e não sobre o dos sócios, como esclarece RUGGIERO:

> "*Rapporti della società e dei soci con i terzi* – Già nella menzione fatta nell'art. 2266 di diritti ed obblighi afferenti alla società è implicita l'esistenza di un patrimonio sociale autonomo. I creditori della società possono far valere i loro diritti su tale patrimonio sociale; per le obbligazioni sociali rispondono inoltre personalmente e solidalmente i soci che hanno agito in nome e per conto della società e, salvo patto contrario, gli altri soci (il patto deve essere portato a conoscenza dei terzi con mezzi idonei)" (RUGGIERO e MAROI, *Istituzioni di Diritto Privato*, v. II, § 150).

Na espécie da consulta, o Banco estrangeiro é acionista do Banco brasileiro. Seus patrimônios são distintos. E distintas são, consequentemente, as responsabilidades de cada um. Como esclarecem os tratadistas aqui citados, os credores da sociedade (no caso os credores do Banco brasileiro) somente podem fazer valer os seus direitos contra o patrimônio social, ou seja, contra o patrimônio do Banco brasileiro.

Reversamente, acrescentam e esclarecem os mesmos tratadistas, os credores particulares dos sócios, não podendo agir sobre o patrimônio da sociedade, somente teriam a faculdade de agir sobre os dividendos ou os benefícios (*utili*) auferidos pelo sócio, dentro da sociedade:

> "Dalla riconosciuta autonomia del patrimonio sociale consegue che il creditore particolare del socio, finchè dura la società, può far valere i suoi diritti *solo sugli utili spettanti al debitore*" (RUGGIERO e MAROI, *loc. cit.*).

Em face dos princípios, que são pressupostos doutrinários exatos, resulta necessária e forçosamente resposta negativa ao quesito. O Banco brasileiro não responde por obrigações assumidas pelo seu acionista, Banco estrangeiro. Os credores deste tem ação contra ele, e podem perseguir o seu patrimônio. Podem fazer seus direitos *solo sugli utili spettanti al debitore*. Jamais agir sobre o patrimônio do Banco brasileiro, de que o estabelecimento estrangeiro é tão só um sócio, tendo no seu capital mera participação acionária, com a circunstância, ainda, de ser esta minoritária, ao que esclarece a consulta.

*Ao Quesito Segundo*

O credor, no caso, apresenta-se como depositante de certa quantia confiada ao Banco estrangeiro, e numa outra época.

Segundo os princípios que regem o contrato de depósito, a responsabilidade pela restituição corre à conta do depositário. A própria noção legal deste contrato já de si é suficientemente esclarecedora:

> "Art. 1.265 – Pelo contrato de depósito, recebe o depositário um objeto móvel, para guardar, até que o depositante o reclame."[1]

No desenvolvimento de sua dogmática, CLÓVIS BEVILÁQUA analisa as obrigações *do depositário* e as atribui a este contratante: "Guardar" a coisa depositada, e "restituir o depósito" logo lhe seja reclamado (*Comentários ao Código Civil Brasileiro*, v. V, p. 9, ao art. 1.266).

Discorrendo sobre o assunto, tive eu já o ensejo de dizer, ao versar a matéria em termos abstratos:

---

1 – Dispositivo correspondente no Código Civil de 2002:
"Art. 627. Pelo contrato de depósito recebe o depositário um objeto móvel, para guardar, até que o depositante o reclame."

"É óbvio que o sujeito passivo da obrigação é o depositário" (CAIO MÁRIO DA SILVA PEREIRA, *Instituições*, v. III, n. 247).

E PLANIOL et RIPERT, ao analisarem a substituição convencional do depositário, incriminam-na, salvo motivo de força maior, partindo de que este contrato traduz missão de confiança:

> "En principe, le depôt est une mission de confiance dont le dépositaire ne peut se décharger sur autrui, sauf le cas de force majeure" (*Traité Pratique de Droit Civil*, v. II, n. 1.183).

O depositante, ao entregar coisa (ou quantia) ao depositário, adquire "contra este" uma pretensão judicialmente exigível de obter a restituição dela. Reversamente, o depositário, recebendo coisa (ou quantia) em depósito, assume a obrigação de restituí-la. Nem tem este o direito de descarregar em um terceiro a *obligatio restituendi*.

Quando se enfoca a questão relativamente ao depósito bancário, estes princípios não se transmudam. Segundo o disposto no art. 1.280 do Código Civil,[2] em sendo fungível a coisa depositada, aplicam-se-lhe as normas atinentes ao mútuo. Mas nem por isto o dever de restituir se desloca da pessoa do depositário para um terceiro, pois neste particular a regra legal alude, como *reus debendi*, ao "depositário".

Efetuado o depósito em um determinado Banco, a restituição é dever deste Banco, e não de outro.

Não ocorre, neste caso, a inversão daqueles princípios relativos à responsabilidade do devedor com o seu patrimônio. O da sociedade responde pelas suas obrigações, sem que se lhe possa imputar a de um dos seus sócios. Especialmente em se tratando de sociedade anônima, não pode ela ser responsabilizada pelos encargos assumidos por um acionista. Os patrimônios são independentes. O da sociedade não se confunde com o do acionista. Evidentemente, a responsabilidade (Haftung) pelas obrigações do acionista não podem ser atribuídas à sociedade.

É preciso atentar em que o patrimônio da sociedade pertence a todos os sócios, como observa LARENZ, descabendo portanto que pelas obrigações de um deles possa aquele acervo comum ser chamado a responder:

> "Como el patrimonio social corresponde a todos los socios "en mancomún", integra el mismo un patrimonio especial distinto de los patrimonios particulares de cada socio" (KARL LARENZ, *Derecho de Obligaciones*, v. II, p. 414).

---

2 Dispositivo correspondente no Código Civil de 2002:
"Art. 645. O depósito de coisas fungíveis, em que o depositário se obrigue a restituir objetos do mesmo gênero, qualidade e quantidade, regular-se-á pelo disposto acerca do mútuo."

No regime germânico, os credores particulares do sócio singular não têm ação contra a sociedade, ficando adstritos a satisfazerem-se sobre o que corresponda aos ganhos deles nos lucros da sociedade, como muito bem informa ENNECCERUS:

> "Por tanto, los acreedores particulares del socio singular sólo pueden intentar satisfaceres sobre aquel que corresponda al socio como ganancia o en virtud de la liquidación, estando excluída la compensación con deudas de uno de los socios contra los créditos de la sociedad" (ENECCERUS, KIPP Y WOLFF, *Tratado, Derecho de Obligaciones*, v. III, § 173).

Incorrendo qualquer razão jurídica de mutação do devedor, o Banco brasileiro não pode ser compelido a devolver um depósito efetuado no Banco estrangeiro, em razão de ser este último acionista do primeiro. Nem por se tratar de depósito de coisa fungível (dinheiro) é de se alterar o aspecto subjetivo da obrigação. Aplicando-se-lhe as regras do mútuo, não se altera a obrigatoriedade da devolução, que é e continua sendo do depositário, isto é, daquele que o recebeu com a obrigação de restituir, sem que se descarregue este dever na sociedade, que abriga o depositário na qualidade de acionista, tão somente.

## Ao Quesito Terceiro

Praticamente a resposta ao quesito já vem deduzida das oferecidas aos anteriores. Nenhuma razão jurídica, por força dos princípios, milita em sentido diverso do acima desenvolvido. É de acrescer, ainda, que a regra predominante, em nosso direito, é a da responsabilidade da pessoa jurídica pelas obrigações assumidas pelos seus órgãos. Eis a lição de PONTES DE MIRANDA:

> "A responsabilidade das pessoas jurídicas, fora do art. 1521, III, somente se pode referir aos atos dos órgãos, designados conforme o ato constitutivo: a diretoria, o órgão de que fala o art. 17, que não é representante, mas órgão, nomeado de acordo com o ato constitutivo e incluso na organização da pessoa jurídica" (*Tratado de Direito Privado*, v. I, § 98).

O Banco brasileiro responde pelas obrigações assumidas por aquelas que têm a sua representação ou pelos seus órgãos, como mais tecnicamente se deve referir, e CLÓVIS BEVILÁQUA assinala em Comentário (v. I) ao mesmo artigo.

Não pode ser responsabilizado pelas obrigações que sejam tomadas por quem não tenha qualidades estatutárias para obrigar-se em seu nome. Não vale, portanto, e não é oponível à sociedade, e muito menos seria exigível dela, o débito contraído por um sócio seu. A estabilidade de toda a vida societária seria inteiramente subvertida, se a qualquer tempo um acionista de qualquer sociedade anônima pudesse comprometer o patrimônio social, pelas obrigações que assumisse em nome dela.

E se nem neste caso valeria a obrigação, muito menos admitir-se-ia fosse a sociedade chamada a responder pelos débitos que o acionista contraísse não em nome dela, porém no seu próprio.

A percussão raiaria mesmo pelo absurdo se uma sociedade constituída (em 1925/26) muito depois de ter sido contraída a obrigação (depósitos efetuados em 1921/23) pudesse ser demandada pelo credor preexistente à sua instituição, reclamando do Banco brasileiro, com o qual o depositário nada tinha a ver, e nem podia, pois que não existia ao nascer a *obligatio restituendi*, uma vez que veio a tornar-se acionista dela numa época recente.

Bastam estas considerações, enfatizadas ainda pelo jogo das datas, para ressaltar a improcedência da pretensão: quando os depósitos foram efetuados, e portanto contraída pelo Banco estrangeiro a obrigação de restituir, o Banco brasileiro não existia. E o Banco estrangeiro somente veio a ter participação acionária no brasileiro 40 anos depois de existir este juridicamente, sem que houvesse qualquer assunção de dívida, ou razão jurídica para que as obrigações de um onerassem o patrimônio do outro.

Assim entendo, e opino.

# 40

**Fatos**     Sociedade estrangeira. Constituição de procurador no Brasil por instrumento particular. Substabelecimento dos poderes. Prática de atos e conclusão de negócios pelo procurador substabelecido em nome da mandante. Da procuração não consta qualquer referência à faculdade de substabelecer. Indagação quanto à licitude do substabelecimento, e se os atos praticados pelo substabelecido obrigam a sociedade estrangeira.

**Direito**    Contrato de mandato. Omissão quanto à possibilidade de substabelecer. Negócios jurídicos celebrados pelo substabelecido. Vinculação do mandante originário.

---

BDC INTERNATIONAL constituiu PMB S.A. sua procuradora no Brasil, por instrumento particular de 30 de maio corrente.

A mandatária substabeleceu os poderes recebidos no Sr. CSS, que no exercício dos poderes transferidos tem praticado atos e concluído negócios jurídicos em nome da primeira.

No instrumento de mandato não existe qualquer referência a substabelecimento. Quer para autorizar, quer para proibir.

Perguntam-me se é lícito o substabelecimento, e, neste caso, se os atos praticados pelo substabelecido obrigam o mandante originário.

## PARECER

1. O Código Civil, referindo-se às obrigações do mandatário, impõe-lhe aplicar toda a sua diligência habitual na execução do mandato, e ainda indenizar qualquer prejuízo causado por culpa sua ou daquele a quem substabelecer, sem autorização, poderes que devia exercer pessoalmente (art. 1.300).[1] Referiu-se o legislador àqueles

---

[1] "Art. 1.300. O mandatário é obrigado a aplicar toda a sua diligência habitual na execução do mandato, e a indenizar qualquer prejuízo causado por culpa sua ou daquele a quem substabelecer, sem autorização, poderes que devia exercer pessoalmente.

atos que, por força dos poderes de representação, deveriam ser executados pelo próprio representante.

Descendo a minúcias a propósito do substabelecimento, os parágrafos do art. 1.300 assim se expressam:

> "§ 1º Se, não obstante proibição do mandante o mandatário se fizer substituir na execução do mandato, responderá ao seu constituinte pelos prejuízos ocorridos sob a gerência do substituto, embora provenientes de caso fortuito, salvo provando que o caso teria sobrevindo, ainda que não tivesse havido substabelecimento.
>
> § 2º Havendo poderes de substabelecer, só serão imputáveis ao mandatário os danos causados pelo substabelecimento, se for notoriamente incapaz ou insolvente."

Daí extraem os comentaristas e doutrinadores as seguintes regras a respeito do substabelecimento, cobrindo as três hipóteses possíveis:

> a) Se a procuração contém poderes de substabelecer, o mandatário pode livremente fazê-lo, respondendo tão somente no caso de ter escolhido um substabelecido notoriamente incapaz ou insolvente (*culpa in eligendo*).
>
> b) Se a procuração proíbe o substabelecimento, o procurador não o pode fazer, respondendo pelos danos causados, sem que se possa escusar com fundamento em caso fortuito ou de força maior.
>
> c) No silêncio da procuração, o substabelecimento não encontra obstáculo, incorrendo o procurador em responsabilidade se ficar provada a culpa do substabelecido.

---

§ 1º Se, não obstante proibição do mandante, o mandatário se fizer substituir na execução do mandato, responderá ao seu constituinte pelos prejuízos ocorridos sob a gerência do substituto, embora provenientes de caso fortuito, salvo provando que o caso teria sobrevindo, ainda que não tivesse havido substabelecimento.

§ 2º Havendo poderes de substabelecer, só serão imputáveis ao mandatário os danos causados pelo substabelecido, se for notoriamente incapaz, ou insolvente."

– Dispositivo correspondente no Código Civil de 2002:

"Art. 667. O mandatário é obrigado a aplicar toda sua diligência habitual na execução do mandato, e a indenizar qualquer prejuízo causado por culpa sua ou daquele a quem substabelecer, sem autorização, poderes que devia exercer pessoalmente.

§ 1º Se, não obstante proibição do mandante, o mandatário se fizer substituir na execução do mandato, responderá ao seu constituinte pelos prejuízos ocorridos sob a gerência do substituto, embora provenientes de caso fortuito, salvo provando que o caso teria sobrevindo, ainda que não tivesse havido substabelecimento.

§ 2º Havendo poderes de substabelecer, só serão imputáveis ao mandatário os danos causados pelo substabelecido, se tiver agido com culpa na escolha deste ou nas instruções dadas a ele. (...)."

Veja-se, ao propósito, a lição de CLÓVIS BEVILÁQUA:

"O mandatário deve cumprir, pessoalmente, o mandato, sempre que lhe for possível.

Se confiar a outra pessoa a execução do mandato, não se achando autorizado a fazê-lo, responderá pelos atos do seu substituto. A sua responsabilidade variará, porém, de extensão, segundo os poderes que, sob este ponto de vista, lhe tiverem sido conferidos: se o mandato guardar silêncio sobre a substituição, o mandatário responderá *pelos atos do substituto, como se pessoalmente os praticara e indenizará o mandante dos prejuízos resultantes da imprudência, ou negligência daquele que pôs em seu lugar.* Se, porém, o mandato vedava a substituição e, não o bastante, o mandatário transferiu a outrem os poderes que lhe tenham sido confiados, privativamente, responderá ao constituinte até pelos prejuízos provenientes de caso fortuito, porque o fato de se substituir na execução do mandato é culposo, é infração de contrato" (*Comentários ao Código Civil*, v. IV, p. 47).

Igual pronunciamento vem em EDUARDO ESPÍNOLA (*Dos Contratos Nominados no Direito Civil Brasileiro*, n. 164).

Dúvida não há, pois, em que, pelo nosso direito, o substabelecimento da procuração ora em exame foi regular, e nenhuma dúvida também ocorre em relação aos atos praticados pelo substabelecido.

2. Para oferecer ao Consulente orientação mais segura, não devo omitir o exame do caso no direito alemão, tendo em vista que a procuração foi outorgada em Berlim.

Segundo o que a respeito estatui o Código Civil Alemão, o mandatário não pode, na dúvida, transferir a um terceiro a execução do mandato (BGB, art. 664). E os doutrinadores tedescos explicam que esta norma compreende a hipótese do procurador fazer-se substituir naquela execução (KARL LARENZ, *Derecho de Obligaciones*, v. II, § 52). Ressalvam, contudo, ENNECCERUS, KIPP y WOLFF (*Tratado de Derecho Civil, Derecho de Obligaciones*, v. II, § 158) a hipótese de se conhecer a vontade do mandante no sentido da substituição e, em particular, quando será presumível segundo os usos do tráfico jurídico. E o cumprimento do contrato, por parte do mandante, é o melhor meio de se inferir a presunção de conhecimento.

3. Para se acobertar, porém, contra qualquer dúvida ou contestação futura, sugiro que o mandatário passe uma declaração de que os atos praticados obedecem por completo às instruções quer do mandante, quer dele próprio, funcionando o substabelecido por sua delegação; ou que se faça remessa, ao mandante, dos instrumentos de contrato, firmados pelo substabelecido, para sua ciência e aprovação.

É o que me parece.

# 41

**Fatos**  Contratação de corretor para mediar a compra e venda de bem imóvel. Realização, pelo corretor, de viagens, conversações e entendimentos, com o objetivo de encontrar comprador para o imóvel. Proposta de compra formulada por sociedade, em decorrência da atuação do corretor. Envio aos vendedores, pela sociedade interessada na compra do imóvel, de minuta de promessa de compra e venda e recebimento das quantias avençadas. Alteração das condições do negócio pelos vendedores. Não realização do negócio. Ajuizamento de ação de cobrança pelo corretor, por considerar que sua obrigação havia sido cumprida.

**Direito**  Contrato de corretagem. Aceitação do negócio pelo adquirente apresentado pelo corretor. Introdução de elemento novo pelo comitente no momento da celebração do contrato. Não aceitação pelo comprador. Desistência unilateral do comitente. Comissão devida. Inexigibilidade de inscrição no CRECI para operação eventual de mediação.

---

LSG e RNB intentaram ação de cobrança contra FPA e sua mulher, visando ao recebimento de comissão por corretagem em negociação de venda de imóvel, devidamente agenciada, que se não chegou a concluir.

A *quaestio facti* pode resumir-se assim:

Os Réus, por carta de 31 de julho de 1980, credenciaram LSG para, com exclusividade, promover a venda da Fazenda SP, ao preço de Cr$ 23.000,00 por hectare, mediante condições de pagamento ali estabelecidas.

Na carta de 31 de julho, os credenciantes obrigam-se à comissão de 5% do valor do recebimento, estabelecendo-se que se tratava de uma "opção de venda" exclusiva e irrevogável, com prazo de validade até o dia 07 de setembro seguinte.

Na mesma correspondência, ficou estabelecido que os honorários ou comissões seriam devidos ao credenciado ainda no caso deste se valer do trabalho de terceiros, podendo, no entanto, "os recibos ser emitidos" diretamente em nome deles credenciantes.

Munido deste documento, o credenciado efetuou viagens, realizou conversações, entabulou entendimentos, e de seu trabalho resultou que AGROALFA LTDA., empresa ligada ao grupo DLT, por carta de 01 de setembro, entregue pessoalmente ao proponente da venda, formulou aceitação integral dos termos da proposta de venda, sujeitando-se a pagar o sinal combinado.

Os credenciantes receberam no Banco DLT a minuta do compromisso de compra e venda e recebimento das quantias avençadas.

Ao invés, porém, de o assinarem, os credenciantes alteraram (segundo alegam os Autores) as condições do negócio, introduzindo dois fatores novos: exigiam que a escritura fosse lavrada por quantia muitíssimo inferior ao valor real da operação, e que a diferença a menor, equivalente a dois milhões de dólares aproximadamente, deveria ser depositada em conta mantida por eles em estabelecimento bancário situado no exterior.

Os credenciantes negaram-se a concluir o negócio, sob alegação de que haviam ressalvado que somente efetivariam se o imposto incidente sobre o lucro imobiliário ficasse a cargo do comprador.

Não se concluindo, pois, a venda por não aceitar o candidato tal condição, o credenciado, que se associara na corretagem ao coautor RNB, ingressou em Juízo, juntamente com este.

Contestando a ação, o Réu e sua mulher formularam em defesa que: a) o credenciado não é corretor inscrito no CRECI, e portanto não tem direito à comissão; b) o corretor por ele associado (RNB), posto que corretor, é parte ilegítima por não ter sido autorizado a agenciar a venda; c) a comissão não é devida porque a compra e venda não se realizou.

Face ao exposto, pergunta-se:

1) É legítima a recusa do pagamento da comissão?

2) A falta de inscrição no CRECI é motivo para que o agenciador perca direito à corretagem, mesmo tendo associado, no agenciamento, um corretor inscrito, posto que não destinatário da opção de venda?

## PARECER

Como se vê, a questão se desdobra em dois planos. Um, nitidamente de direito material, dizendo respeito à natureza e objetivo do contrato de corretagem, associado à opção de venda. Outro, relativo à *legitimatio ad causam* dos postulantes. As duas proposições estão enfeixadas, respectivamente, nos dois quesitos, a que passo a responder.

*Ao quesito primeiro*

1. O contrato de corretagem, como habitualmente acontece com todas as figuras contratuais, nasce das imposições da vida negocial. Aqueles de cunho tradicional passaram pela sua fase de elaboração no Direito Romano; outros surgiram depois. Uns e outros foram-se sedimentando por largo trato de tempo, de tal modo que o nosso direito os recebeu com suas linhas estruturais definidas, que presidiram à sua inscrição no Código Civil.

Outros, porém, atípicos ou em vias de tipificação, buscam suas linhas dogmáticas na construção pretoriana e na definição doutrinária. Por isso lhes falta suporte legislativo, e as questões que suscitam requerem trabalho de investigação mais acurada. Na feliz comparação de JOSSERAND, os contratos típicos ou nominados se encontram "já confeccionados", devendo ser procurada a solução dos litígios em sua estruturação legislativa, enquanto que os outros, inominados ou atípicos, são apelidados por ele como "contratos sob medida", exigindo que as dúvidas sejam esclarecidas através de seu mesmo contexto (cf. LOUIS JOSSERAND, *Cours de Droit Civil Positif Français*, v. II, n. 19).

O contrato de corretagem, cuja utilização a vida contemporânea multiplicou ao extremo, forceja por adquirir tipicidade, como procurei fazer ao elaborar o meu Projeto de Código de Obrigações de 1965, tendência que encontrou guarida no Projeto de Código Civil de 1975.[1]

2. Em suas linhas gerais, pode ser conceituado como um contrato de agenciamento ou de mediação. O corretor aproxima o proponente de um oblato, para a celebração de um contrato que o primeiro tem em vista realizar, mas que não conhece com quem o faça. O corretor opera, então, nesse meio, pondo-o em contacto com terceiros, ou lhe fornecendo informações que lhe permitam concluir a avença.

Deixando de lado a corretagem oficial, que requer agentes nomeados ou designados por ato formal, a corretagem pressupõe atividade livre, é contrato bilateral e oneroso, porque gera obrigações e proporciona proveitos para ambos os contratantes, e é aleatório, porque os riscos de lograr os objetivos e perceber os honorários são assumidos pelo corretor. Problema ocorre no determinar a álea, não se confundindo o contrato de mediação com o definitivo perseguido pelo comitente.

Afloração doutrinária em torno desta modalidade contratual já é muito rica.

RUGGIERO e MAROI o definem com a denominação de "contratto di mediazione", como aquele que tem por objeto uma atividade de intermediação, com a qual o mediador (ou corretor)

"mette in relazione due o piú parti (suoi clienti) per la conclusione di un affare."

Aproximando as duas partes para a conclusão de um negócio, o mediador limita sua atividade a facilitar o acordo, sem garantir o resultado, e tem direito à sua remuneração quando se conclui o negócio, mas não perde direito a ela se alguma das partes ou ambas elas desistem consensualmente dele:

"Il mediatore ha diritto alla provvigione da ciascuna delle parti se l'affare è concluso col suo intervento (art. 1755, I° co.); non perde questo diritto se poi le parti recedano consensualmente dal contratto" (RUGGIERO e MAROI, *Istituzioni di Diritto Privato*, 8ª ed., v. II, § 169, p. 400 e 401).

---

1    O Código Civil de 2002 disciplina o instituto "Da Corretagem" nos arts. 722 a 729.

O contrato de corretagem tem por objetivo a intermediação entre os futuros contratantes. Seu objetivo é aproximá-los, levá-los a acertarem o negócio jurídico que perseguem. E desde que o consiga, o mediador faz jus à sua remuneração.

Costuma-se dizer que, na classificação dos contratos com vistas a seus fins, o de corretagem é um contrato de resultado, e não um contrato de meio.

Sendo verdadeira a conceituação, cumpre todavia definir que o "resultado" na corretagem não está na conclusão do contrato perseguido, mas no proporcionar as condições de sua efetivação, não sendo o medidor alcançado pela circunstância de, após os entendimentos conclusivos, um dos contratantes "correr" do negócio, ou deixar de concluí-lo.

TRABUCCHI o esclarece em termos exatíssimos:

"Per il semplice fatto di accetare l'intromissione di uno di questi utili ausiliari dell'attività economica – anche se non è stato dato uno specifico incarico – sorgono obblighi e diritti, e, se verrà stipulato l'affare principale, le parti interessate dovranno pagare al mediatore la provvigione."

E distinguindo o contrato principal da intermediação em si mesma, TRABUCCHI acrescenta:

"Obblighi e diritti nascono anche solo dal fatto che l'intermediario abbia efficacemente contribuito all'avvicinamento delle parti nella conclusione dell'affare" (ALBERTO TRABUCCHI, *Istituzioni di Diritto Civile*, 12ª ed., n. 344, p. 767).

A prática judiciária é rica em questões em torno da medição. E tanto mais, que as hipóteses se multiplicam ao extremo, suscitando variada gama de intermediações que se concluem; de outras que não passam das tratativas ou das negociações pré-contratuais; e de outras ainda em que o corretor promove a aproximação das partes, estas concordam sobre o negócio objeto da corretagem, e depois resolvem-no ou deixam de realizá-lo em definitivo.

MARTINHO GARCEZ NETO, em voto proferido quando Desembargador do Tribunal de Justiça do Rio de Janeiro, realiza um trabalho profícuo de pesquisa jurisprudencial, defendendo de início que o contrato de mediação tem as características de uma *locatio operis*. Com base em decisões dos tribunais, que invoca e registra, deixa assentado que a comissão do corretor é devida "por um trabalho efetivo, pelo êxito obtido, pela vantagem auferida". Observa que esforços inúteis, não coroados de êxito, não dão lugar a remuneração.

Aprofundando a sua análise, acentua entretanto que, se, depois de uma aproximação útil, as partes desfazem o negócio agenciado, nem por isso deixa de ser devido o pagamento.

E enuncia, então, o princípio que é a suma de seu pensamento e o resultado de suas incursões pelos arestos dos tribunais:

"Embora rescindido ou desfeito o negócio, a comissão devida ao intermediário terá que ser paga se o corretor aproximou as partes e estas chegaram a acordar sobre as condições do negócio como se verificou no caso *sub judice*" (MARTINHO GARCEZ NETO, *Obrigações e Contratos (Doutrina e Prática)*, p. 346).

O mesmo autor, que reuniu nesta obra citada alguns de seus melhores pronunciamentos como juiz, num outro caso de espécie, focaliza situação em que, após acordadas as partes, uma delas rompeu unilateralmente o acordo, sem que a outra houvesse para isto concorrido. E sentencia pela confirmação do julgado, quando reconhece o direito às comissões, uma vez que houve o desfazimento unilateral do acordo (ob. cit., p. 247).

Cogitando da mediação com a minúcia com que o fazem os escritores tedescos, KARL LARENZ examina várias situações, e ao cogitar da corretagem "pura" considera devida a comissão quando o contrato desejado se leve a cabo em consequência da indicação ou mediação do corretor. Textualmente:

"En cambio, en caso de contrato de corretaje 'puro', del cual nos ocupamos a continuación, no existe una obligación del corredor a actuar. El único obligado es el comitente, y su obligación consiste en pagar el corretaje o comisión pactados, cuando el contrato deseado por dicho comitente 'se lleve a cabo a consecuencia de la indicación o de la mediación del corredor'" (*Derecho de Obligaciones,* v. II, § 50, p. 332, da edição espanhola de 1959).

O nosso PONTES DE MIRANDA, estudando em todos os aspectos, e de todos os ângulos, o contrato de mediação, oferece um conceito muito preciso, quando diz:

"Uma vez que se dê a conclusão do ato que se queria e para o qual o mediador exerceu função mediatriz, qualquer revogação pelos interessados, por alguns ou algum deles, é inoperante. Antes, não se há de falar de denúncia, porque ainda não há relação jurídica, ainda não há vinculação" (*Tratado de Direito Privado*, v. 43, p. 253).

Passando, em continuação, às diversas fases de atuação do mediador, procede a um exame detido daquilo que fez; do ponto a que chegou; para a final sustentar que não prejudica o direito à corretagem o fato de haver o comitente resolvido não concluir o negócio. E escreve:

"Se a atividade do mediador foi até onde devia e podia ir, se os interessados deram o negócio jurídico por preparado, de modo que não mais se precisasse de mediação e um dos interessados ou alguns ou todos resolvem não concluir o negócio jurídico, de má-fé, como se o comprador falta à assinatura da escritura pública de compra e venda, o mediador tem ação contra esse ou esses interessados. Se há *culpa in contrahendo* quanto ao negócio jurídico que ia se concluir, também pode havê-la quanto ao contrato de mediação" (v. cit., § 4.716, p. 262).

Foi assim que também me exprimi, ao cogitar dos efeitos do contrato de mediação, quando afirmei que o corretor *não garante* o contrato, limitando-se à aproximação das partes. E neste sentido escrevi:

> "Não afeta o direito do mediador à retribuição o fato de se arrependerem as partes do negócio entabulado, ou de uma delas dar causa à resolução. O corretor não garante o contrato. Sua atividade é limitada à aproximação das pessoas, e cessa a obrigação, fazendo jus ao pagamento, uma vez efetuado o acordo"[2] (CAIO MÁRIO DA SILVA PEREIRA, *Instituições de Direito Civil*, v. III, n. 251).

Assentados esses princípios, que não há mister repetir nem resumir, a resposta ao quesito decorre do exame dos fatos.

Os comitentes credenciaram o corretor para agenciar a fazenda, mediante condições determinadas, expressas na carta de credenciamento.

O mediador encontrou o adquirente, e dele recebeu uma carta confirmando a aceitação.

Minuta e recibo de sinal, em obediência aos termos da proposta, foram elaborados e retirados pelos comitentes no Banco DLT.

No momento de assinar o instrumento, os comitentes introduziram um *elemento novo*. Estabeleceram condição que não era expressa na carta de credenciamento, criando um encargo que não estava incluído nas condições do negócio, o qual seria a transferência do ônus do imposto de lucro imobiliário para o comprador. Chegaram os interessados a se reunir e debater longamente o ponto da divergência. Sem êxito, contudo.

Mesmo que não tivesse ocorrido a exigência de constar na escritura um preço inferior ao da venda, e mesmo que a diferença de preço se não devesse liquidar por depósito em banco no exterior (o que uma das partes afirma e a outra nega), mesmo assim o que o comitente fez foi mudar unilateralmente as cláusulas do negócio agenciado, criando para o candidato à aquisição uma condição diversa da estabelecida, e tanto mais inaceitável que por lei o imposto sobre o lucro imobiliário compete ao vendedor, e sua assunção pelo comprador somente é de dar-se por acordo expresso.

O que o comitente fez foi, depois de efetuado o trabalho do corretor, que era conseguir-lhe comprador que aceitou as condições da proposta, desistir unilateralmente do negócio; arrependeu-se, resolveu não o concluir.

Por todos os motivos, na forma dos princípios aqui assentes, é obrigado ao pagamento da comissão.

---

[2] Esta orientação foi acolhida pelo Código Civil de 2002:
"Art. 725. A remuneração é devida ao corretor uma vez que tenha conseguido o resultado previsto no contrato de mediação, ou ainda que este não se efetive em virtude de arrependimento das partes."

## Ao quesito segundo

A inscrição no CRECI é requisito para o exercício da profissão de corretor. Não se exige tal inscrição para a operação eventual de mediação. Se uma pessoa incumbe outra, mediante promessa de comissão, de obter-lhe um imóvel para alugar, ou de lhe conseguir locatário para uma casa, ou de arranjar-lhe um empréstimo em um banco, ou de vender seu imóvel, está sujeito ao pactuado, e deve a comissão ajustada.

A mediação é contrato livre, e muito bem o diz TRABUCCHI, quando escreve:

"Mediatore non è solo il professionista, ma anche chi agisce occasionalmente. Il professionista (sensale) ha obblighi speciali (previsti dal Codice, art. 1769, e dalla legge 21 março 1958, n. 253)..." (ob. cit., p. 764).

Também, entre nós, o corretor profissional está sujeito a requisitos e obrigações especiais.

No caso, tratava-se de uma *locatio operis* ocasional, e o comitente, ao contratar com o mediador, não teve em vista a profissionalidade, mas a circunstância de ser uma pessoa apta a encaminhar um negócio de alto vulto. Não pode valer-se, portanto, da excusativa de não estar o mediador escolhido inscrito no CRECI.

Acresce a circunstância de que a carta de credenciamento expressamente admitiu que o corretor designado associasse terceiros no negócio, a suas expensas, embora pudesse emitir os recibos "diretamente em nome" deles, comitentes.

Placitou, previamente, a participação de terceiros.

Associando o corretor um terceiro, a seu turno inscrito no CRECI, procedeu regularmente, e, desta sorte, não falta legitimidade causal para, em conjunto, pleitearem a corretagem, des que na sua pretensão conservem-se no limite da comissão pela qual os comitentes se obrigaram.

Respondo, pois, desta forma, aos quesitos propostos.

# 42

**Fatos**  Contrato internacional de mútuo celebrado entre sociedade estrangeira controlada por empreiteira brasileira e banco brasileiro (agência no exterior) para a realização de obras no Iraque. Existência de "seguro de crédito à exportação". Cobertura de riscos políticos e extraordinários. Celebração de contragarantia, pela empreiteira, em benefício da seguradora. Superveniência da Primeira Guerra do Golfo. Resolução da ONU determinando o bloqueio econômico e financeiro ao Iraque. Decreto presidencial brasileiro aderindo ao bloqueio. Impossibilidade na continuação da execução das obras no Iraque. Repercussão desses fatos sobre os contratos de seguro e de contragarantia.

**Direito**  Contrato de seguro de crédito à exportação. *Factum principis*: decreto presidencial brasileiro que aderiu ao bloqueio determinado pela ONU. Consequências inevitáveis, imprevisíveis e irresistíveis. Prêmio pago pelo segurado. Dever direto e imediato de a seguradora pagar a indenização contratada. Sub-rogação da seguradora nos direitos do segurado. Contragarantia estipulada em favor da seguradora, a ser paga pelo segurado. Existência de conflito com a essência do contrato de seguro. Direito de regresso da seguradora contra o terceiro causador do sinistro.

Em 04.10.1989, a Mendes Júnior International Company e o Banco do Brasil S/A (*Grand Cayman Branch*) assinaram um contrato de empréstimo no valor de US$ 45.000.000,00.

Pela cláusula 25, letra "b", do referido contrato de empréstimo, este deve sujeitar-se às leis de Estado de New York, USA.

O empréstimo, conforme sobejamente demonstrado, destinou-se a gerar capital de giro para a retomada das obras da Mendes Júnior no Iraque.

O contrato de empréstimo encontra-se coberto por *seguro de crédito à exportação* em benefício do Banco do Brasil – Agência *Grand Cayman*.

Existe também um contrato de *contragarantia* dado pela Mendes Júnior International Company e Construtora Mendes Júnior em benefício do Instituto de Resseguros da Brasil – IRB, para o caso de o Instituto fazer qualquer pagamento em decorrência do seguro acima referido.

O seguro de crédito à exportação acima referido encontra-se genericamente categorizado como um seguro cobrindo riscos comerciais.

A apólice divide-se em três partes:
a) condições gerais
b) condições especiais
c) condições particulares, sendo que as particulares prevalecem sobre as especiais e estas últimas, sobre as gerais.

Na cláusula 02 das "condições especiais", intitulada "Âmbito da Cobertura", estabeleceu-se: "De acordo com as condições gerais e particulares do presente certificado e com as disposições que regulam o Seguro de Crédito à Exportação, o IRB garante ao Segurado-Beneficiário o pagamento...".

Ou seja, ficou estabelecido que o contrato encontra-se regulado pelas disposições legais que regem o Seguro de Crédito à Exportação. Tais normas estão compreendidas na Lei n. 4.678, de 16.06.1965.[1]

A Lei n. 4.678/65 define em seu art. 3º os chamados "Riscos Comerciais" e em seu art. 4º os chamados "Riscos Políticos e Extraordinários".[2]

No art. 4º estão relacionados como "Riscos Políticos e Extraordinários", entre outros:

"II – Desde que em decorrência de *guerra civil ou estrangeira*, revolução ou qualquer acontecimento similar no país, do devedor, *não se realize o pagamento* dos débitos".

"IV – Desde que, por *circunstâncias ou acontecimentos políticos*, os bens objeto de crédito segurado sejam requisitados..."

Nas "*Condições Especiais*" da Apólice, Cláusula 4, sob o título "Riscos não Cobertos", é estabelecido:

"*Estão excluídos* da cobertura do seguro as impossibilidades de pagamento decorrentes:
b) de nacionalização, encampação ou outras medidas similares adotadas pelo Poder Público, cujas consequências equivalham a uma expropriação ou requisição dos bens objeto da operação.

---

[1] Nos termos do art. 10 da Lei n. 6.704, de 26 de outubro de 1979, "a presente lei entrará em vigor na data de sua publicação, revogada, a partir da expedição do seu regulamento, a Lei n. 4.675, de 16 de junho de 1965...". Somente em 10 de novembro de 1997 foi expedido o referido regulamento (Decreto n. 2.369). As Leis n. 9.818/99, 11.281/06, 11.786/08 e 12.249/10 alteraram o regime do Seguro de Crédito à Exportação.

[2] Esses riscos foram previstos pelo Decreto n. 2.369/97 nos arts. 2º e 3º, respectivamente.

c) *de atos de guerra,* revolução, tumultos e similares. Conclui-se, portanto que as *'Condições Especiais'* *da apólice de seguro estão excluindo alguns dos riscos que a lei que regula o seguro de crédito à exportação cataloga como "Riscos Políticos e Extraordinários."*

Não obstante, outros riscos, catalogados também como riscos políticos e extraordinários pela mesma lei, *não foram excluídos*, tal é o caso daqueles mencionados no n. VI do art. 4º:

"Desde que, por decisão do Governo Brasileiro ou dos governos estrangeiros, posterior aos contratos firmados, se adotem medidas das quais resulte a *impossibilidade de realizar a exportação ou a execução dos serviços*, e por este fato se produzam *perdas para o exportador ou contratante brasileiro.*"

Posteriormente à contratação do seguro de crédito à exportação, em consequência da decisão tomada pelo Governo Iraquiano de invadir o Kuwait, foi decretado um *embargo contra o Iraque pela ONU e acatado no Brasil* pelo Decreto n. 99.441/90.

As medidas tomadas tanto pelo Governo Iraquiano como pelo Brasileiro *tornaram impossível* a continuação da execução das obras pela Mendes Júnior no Iraque.

– QUESITOS:

1º A Apólice de Seguros referente ao empréstimo realizado pelo Banco do Brasil, Agência Grand Cayman, cobre os chamados "Riscos Políticos e Extraordinários" caracterizados no art. 4º da Lei n. 4.678/65?

2º Em caso de resposta positiva ao quesito anterior, entre os riscos políticos cobertos pela Apólice, estariam incluídos aqueles definidos pela Lei n. 4.678/65, art. 4º, VI? Consequentemente, o segurado, ou seja, *o Banco do Brasil estaria titulado a exigir do IRB o pagamento da indenização correspondente*?

3º Em caso de resposta negativa ao quesito n. 1, estaria caracterizado o sinistro (risco comercial) na hipótese da letra "d" da cláusula 3 das "Condições Especiais" e devido o pagamento do seguro pelo IRB, sabendo-se que a causa da insolvência do garantido *foi a decisão do Governo Brasileiro consubstanciada no Decreto n. 99.441/90*?

4º Em qualquer caso, se o IRB vier a pagar a indenização, caberia a este último *ação de regresso contra a Mendes Júnior* e seus fiadores em virtude do contrato de contragarantia existente?

5º Caberia ação de regresso do IRB (ou do Tesouro Nacional) contra o Iraque?

*Parte Primeira. Os Princípios*

1. A matéria aqui versada e os problemas aqui suscitados dizem respeito à modalidade especial do "seguro de crédito", e especificamente ao "seguro de crédito à exportação".

Trata-se de atividade securitária que se insere na tipologia contratual do seguro, e tem ganho impulso com o desenvolvimento das atividades econômicas mais avançadas, notadamente no campo do comércio internacional. Como "problema novo" classifica-o DONATI, quando o enfoca na qualidade de "medida técnica e financeira" sob o aspecto econômico, ao cogitar desta modalidade peculiar de "seguro de crédito à exportação".

Nem por ser modalidade mais moderna de seguro, deve o Seguro de Crédito à Exportação ser tratado como negócio jurídico excepcional, "senão como um ramo do seguro geral, e portanto com idênticos fundamentos técnico-econômicos", diz RAFAEL JIMENEZ DE PARGA CABRERA, acrescentando em seguida que "o risco e o aporte de um substitutivo econômico são os seus dois elementos fundamentais" (*"El Seguro de Credito a la Exportación"*, p. 67).

Não destoa, em linhas gerais, deste conceito FABIO KONDER COMPARATO, quando se refere ao seguro de crédito, ao dizer que, "como qualquer tipo especial de seguro, pode ser encarado no campo do Direito, em sua essencialidade, como negócio jurídico, e no seu mecanismo funcional, como contrato. No primeiro caso, importa analisar o seu objeto e a sua causa, a fim de extremá-lo dos negócios assemelhados ou afins. No segundo, cumpre examinar o seu mecanismo de aplicação em relação às partes interessadas: segurado, segurador e terceiro devedor" (*O Seguro de Crédito*, p. 22).

Como negócio jurídico, é integrado na doutrina do *Rechtsgeschaft* que o Código Civil de 1916 preferiu manter com a denominação tradicional de "ato jurídico". Como contrato, está subordinado às normas respectivas.

E, como contrato de seguro, não foge do conceito consagrado no art. 1.432 do Código Civil:[3] "contrato pelo qual uma das partes se obriga para com a outra, mediante a paga de um prêmio, a indenizá-la do prejuízo resultante de riscos futuros, previstos no contrato".

Na sua caracterização própria de seguro, não se pode desprender da noção de "risco". Somente existe seguro, como contrato genérico, onde há risco. Se não houver, descaracteriza-se para se tornar uma operação bancária ou uma modalidade de caução, como observa NICOLAS JACOB (*Les Assurances*, n. 259, p. 247). Conseguintemente, se há seguro, necessariamente, o segurador assume um risco.

Voltando à particularidade do seguro de crédito, o risco se caracteriza pela impontualidade do devedor. E na especificidade do seguro de crédito à exportação, o risco reside no fato de o importador não honrar a obrigação de pagar a mercadoria ou serviço

---

3     "Art. 1.432. Considera-se contrato de seguro aquele pelo qual uma das partes se obriga para com a outra, mediante a paga de um prêmio, a indenizá-la do prejuízo resultante de riscos futuros, previstos no contrato."
– Dispositivo correspondente no Código Civil de 2002:
"Art. 757. Pelo contrato de seguro, o segurador se obriga, mediante o pagamento do prêmio, a garantir interesse legítimo do segurado, relativo a pessoa ou a coisa, contra riscos predeterminados.
Parágrafo único. Somente pode ser parte, no contrato de seguro, como segurador, entidade para tal fim legalmente autorizada."

contratado, ou por alguma eventualidade deixar de ser ela entregue ou prestado ele sem culpa do exportador. De maneira genérica, "o risco é uma situação que encerra a possibilidade de que se produza um evento desfavorável economicamente" (PARGA CABRERA), gerando o conseguinte dever para o segurador, de pagar a indenização.

No seguro de crédito à exportação (convém repetir), o "risco" se configura no fato do segurador obrigar-se a cobrir a eventualidade de não honrar o importador a sua obrigação de pagar pela mercadoria ou pelo serviço importado, ou não ser uma ou outro coberto pela *solutio* da obrigação. Ao mesmo tempo, define-se como "*sinistro*" nesta modalidade de seguro o fato em si de o terceiro importador deixar de efetuar o pagamento ou de por algum motivo deixar de receber a mercadoria ou o serviço.

2. O seguro de crédito à exportação é regulado em nosso direito pela Lei n. 4.678, de 16 de junho de 1965.[4]

Ao estabelecer a sua disciplina, cogitou-se não do risco ordinário da impontualidade do devedor, porém especificamente dos "riscos comerciais" e dos "riscos políticos e extraordinários" (art. 2º).

É no art. 4º que se vai situar a problemática da matéria específica deste estudo, e convém tê-lo presente em destaque:

> "Consideram-se `riscos políticos e extraordinários´ as situações que determinem a falta de pagamento dos débitos contraídos pelos importadores de mercadorias e serviços:
> I – desde que, em consequência de medidas adotadas por governo estrangeiro:
> a) não se realize, de nenhuma forma, o pagamento do débito;
> b) não se realize o pagamento na moeda convencionada e disto resulte perda para o exportador brasileiro de mercadoria e serviços;
> c) não tenha lugar a transferência das importâncias devidas, apesar de os devedores terem depositado as somas necessárias em banco ou conta oficial dentro do seu país;
> d) não se efetue o pagamento, dentro do prazo de 6 (seis) meses seguintes ao vencimento, por moratória estabelecida em caráter geral no país do devedor;
> II – desde que, em decorrência de guerra civil ou estrangeira, revolução, ou qualquer acontecimento similar no país do devedor não se realize o pagamento dos débitos:
> (…)
> VI – desde que, por decisão do Governo Brasileiro ou dos governos estrangeiros, posterior aos contratos firmados, se adotem medidas das quais resulte a impossibilidade de realizar a exportação ou execução dos serviços e, por este fato, se produzam perdas para o exportador ou contratante brasileiro."

---

4   Veja-se nota 1, acima.

Em comentário, FABIO KONDER COMPARATO, ao se referir ao inciso II, explica que o dispositivo é bem amplo, englobando toda e qualquer situação de guerra, particularmente caracterizada como risco definido no art. 4º, inciso II, da Lei n. 4.678/65.

Em referência aos incisos IV, V e VI do mesmo art. 4º, COMPARATO diz que o diploma "prevê especificamente algumas hipóteses de *factum principis* ocasionando a resolução do contrato" (p. 70).

Quando alude expressamente ao inciso VI, assim se pronuncia: "Trata-se aí de *factum principis* de responsabilidade não só do governo brasileiro como do governo do país do devedor..." (p. 74).

Tal hipótese encontra esclarecimento em PARGA CABRERA, quando alude ao "risco político", neste termos: "Es riesgo político aquel que abarca los siniestros relativos a cambio de forma de gobierno o, en general, decisiones del poder público (golpes de estado, medidas políticas monetarias etc.). Es riesgo extraordinario el que comprende siniestros acaecidos como consecuencia de fuerza mayor", p. 90).

Ocorrendo o "sinistro", o segurador tem o dever direto e imediato de pagar a indenização contratada.

3. Chamado a cobrir o risco, o segurador que paga fica sub-rogado no direito do segurado, para se ressarcir em ação voltada *contra o causador do sinistro*.

Em linha de princípio, o direito de regresso decorre do princípio genérico contido no art. 985 do Código Civil.[5]

Em especial no contrato de seguro, a ação é cabível contra o causador do sinistro, para que o segurador possa ressarcir-se do que houver pago ao segurado como indenização que lhe é devida (NICOLAS JACOB, ob. cit., n. 219, p. 211).

O seguro de crédito à exportação está nesta mesma linha de princípios. O segurador, que paga ao segurado a indenização a este devida, tem ação contra o importador das mercadorias ou dos serviços, desde que tenha pago a indenização pelo risco coberto.

O que não tem cabimento é a ação para haver do garantido-devedor o que houver pago ao segurado. Se tal pudesse existir, o contrato de seguro deixaria de o ser.

---

5    "Art. 985. A sub-rogação opera-se, de pleno direito, em favor:
    I – do credor que paga a dívida do devedor comum ao credor, a quem competia direito de preferência;
    II – do adquirente do imóvel hipotecado, que paga ao credor hipotecário;
    III – do terceiro interessado, que paga a dívida pela qual era ou podia ser obrigado, no todo ou em parte."
    – Dispositivo correspondente no Código Civil de 2002:
    "Art. 346. A sub-rogação opera-se, de pleno direito, em favor:
    I – do credor que paga a dívida do devedor comum;
    II – do adquirente do imóvel hipotecado, que paga a credor hipotecário, bem como do terceiro que efetiva o pagamento para não ser privado de direito sobre imóvel;
    III – do terceiro interessado, que paga a dívida pela qual era ou podia ser obrigado, no todo ou em parte."

O risco, como enfatizado acima, consiste precisamente na cobertura do sinistro. Se, ocorrido este, e pagando o segurador a indenização, pudesse recobrá-lo do devedor-garantido, estaria frustrado o seguro, porque o segurador estaria eliminando do contrato o seu elemento fundamental, que é o risco.

Com estas considerações passo aos Quesitos, dando as respectivas respostas:

*Ao Quesito Primeiro*

Para a retomada das obras no Iraque, o Banco do Brasil S.A., *Grand Cayman Branch*, concedeu à Mendes Júnior International Company um contrato de empréstimo no valor de US$ 45.000.000,00. O pagamento ao credor seria decorrência da realização de obras contratadas com cliente iraquiano.

Para a cobertura do empréstimo, o Instituto de Resseguros do Brasil – IRB celebrou contrato de seguro de crédito à exportação, garantindo ao segurado-beneficiário o pagamento de indenização pelas perdas líquidas definitivas que este viesse a sofrer.

Na forma legislação em vigor, o seguro de crédito à exportação é regido pela Lei n. 4.678/65, e dá cobertura aos riscos políticos extraordinários, tais como referidos na Primeira Parte desse Parecer, com a transcrição do art. 4º.

É, portanto, na conformidade do que dispõe este diploma que se examinará a questão, e se dará resposta aos quesitos.

Como se viu na aludida transcrição, o contrato de seguro de crédito à exportação deve cobrir eventos extraordinários, especialmente os denominados riscos políticos.

Embora a Lei n. 4.678/65 alinhe como "riscos políticos e extraordinários" todas as situações mencionadas em os diversos incisos, numerados de I a VIII do art. 4º, o IRB excluiu expressamente *algumas hipóteses* mencionadas na "cláusula 4 – Riscos não cobertos".

Em consequência, sendo a modalidade especial subordinada à mencionada Lei, o IRB está sujeito a cobrir os riscos previstos nela. Contudo, havendo o contrato excluído de cobertura algumas das situações referidas no art. 4º, regra é que os não expressamente eliminados estarão cobertos. É de se examinar, portanto, a extensão dos riscos cobertos, tendo em vista a lei reguladora, com exclusão apenas daquelas situações expressamente eliminadas da cobertura.

*Ao Quesito Segundo*

Conjugado, pois, o diploma regulador com a apólice do seguro, é de se entender que se aplica a disposição legal em sua literalidade, atendendo todavia ao que foi por expresso excluído.

Dentre os riscos cobertos, pelo já mencionando art. 4º, e que não se acha inscrito entre os riscos não cobertos está o disposto no inciso VI.

Esse inciso prevê a hipótese do pagamento não ser efetuado em consequência de decisão do Governo Brasileiro ou do Governo do Iraque, compreendendo medidas das quais resulte a impossibilidade de realizar a exportação ou a execução dos serviços.

Noutra palavra, e segundo FABIO KONDER COMPARATO, "trata-se aí de *factum principis* de responsabilidade do governo brasileiro como governo do país do devedor".

Na ocorrência de decisão desta ordem, o segurador – IRB – tem o dever de pagar ao segurado-beneficiário – Banco do Brasil – a indenização consequente ao fato do devedor-garantido não promover a *solutio* da obrigação, pelo fato de um evento político extraordinário, concretizado em medida coercitiva – *factum principis*. Uma vez que o IRB é o segurador, e o devedor-garantido não efetua espontaneamente o pagamento, o Banco do Brasil está habilitado a reclamar do IRB o pagamento.

A natureza do evento é sobejamente conhecida.

O Iraque, por uma decisão de seu Governo, invadiu e ocupou o Kuwait.

Imediatamente, o Conselho de Segurança da ONU baixou a Resolução 661, que, entre outras determinações, impediu "a venda ou fornecimento de qualquer produto ou bens nacionais para qualquer pessoa ou entidade para fins de qualquer negócio realizado no Iraque...".

Através do Decreto n. 99.441, de 07 de agosto de 1990, o Governo Brasileiro obrigou as autoridades brasileiras, no âmbito de suas respectivas atribuições, e as empresas brasileiras, ao cumprimento do disposto na Resolução 661.

O Decreto atingiu em cheio a Mendes, obstando a continuação dos serviços contratados com autoridades e/ou agências iraquianas.

Por efeito de tal decisão do Governo Brasileiro, o Ministério das Relações Exteriores, através da Embaixada em Bagdá, determinou, em 13.08.1990 e 16.08.1990, à Mendes Júnior International Company a evacuação dos funcionários dessa Empresa, do acampamento em que se encontravam, para efeitos de sua retirada daquele país, nomeando Comissão de três diplomatas, sob a chefia do Embaixador do Brasil em Londres, para negociar a libertação dos cidadãos brasileiros. A Comissão logrou êxito, após longas e difíceis negociações efetuadas.

Estes fatos, e a aplicação do Decreto n. 99.441/90, implicaram, portanto, a frustração dos contratos celebrados entre a Mendes e as autoridades iraquianas.

Em correspondência endereçada ao Banco do Brasil, a Mendes Júnior International Company e a Construtora Mendes Júnior levaram ao conhecimento do Banco do Brasil todos os fatos e suas consequências, evidenciando a frustração dos contratos de construção no Iraque, e a cessão das obrigações decorrentes.

Do conjunto de circunstâncias que envolvem a ação do Governo Iraquiano e a decisão do Governo Brasileiro, verificou-se a situação prevista no inciso VI do art. 4º da Lei n. 4.678/65. Positivou-se o sinistro.

Por força dos acontecimentos no Iraque, a Mendes não poderia realizar os serviços no Iraque, e deixaria de ser responsabilizada pelo pagamento do "*loan agreement*" contratado com o Banco do Brasil.

Em longo e fundamentado parecer que elaborei, desenvolvi o tema da isenção de responsabilidade do devedor, como consequência de caso fortuito e da força maior.[6] Com a doutrina de ARNOLDO MEDEIROS DA FONSECA (*Caso Fortuito e Teoria da Imprevisão*, n. 89 e segs.); de SERPA LOPES (*Curso de Direito Civil*, v. 2, n. 343); de AGOSTINHO ALVIM (*Inexecução das Obrigações e suas Consequências*, n. 208); HUC (*Commentaires*, v. VII, n. 142 e 144); DEMOGUE (*Obligations*, v. VI, n. 437 e segs.); MARTY et RAYNAUD (*Droit Civil, Les Obligations*, n. 483 e segs.); GENEVIÈVE VINEY (*La Responsabilité*, n. 392 e segs.); JEAN CARBONNIER (*Droit Civil*, v. 4, *Les Obligations*, § 108); MAZEAUD et MAZEAUD (*Leçons de Droit Civil*, v. II, n. 573), mostrei que os acontecimentos ocorridos no Iraque, dada a sua imprevisibilidade, inevitabilidade para os contratantes, e tendo em vista ser uma "causa estranha" não imputável à Mendes, interferia de maneira completa e absoluta no ambiente contratual. Dada a sua irresistibilidade para o contratante brasileiro, gerou a impossibilidade do cumprimento das obrigações assumidas naquele país.

Com tais características, na conformidade do que dispõe o art. 1.058, parágrafo único, do Código Civil,[7] e o teor do que desenvolve a doutrina com repercussão direta nas decisões das Cortes de Justiça Brasileira, a Mendes fica eximida de responsabilidade pelo fato de não poder cumprir os contratos no Iraque. *Ipso facto* não pode ser responsabilizada por não pagar ao Banco do Brasil o empréstimo contraído. Com efeito, teve este uma finalidade especial e concreta. Não foi um empréstimo para propiciar à mutuaria mero capital de giro. Foi um *loan agreement* com a finalidade específica de proporcionar à devedora a retomada das obras no Iraque. Se a ela não foi possível fazê-lo, em virtude da repercussão do conflito no Golfo Pérsico, a inevitável consequência é a liberação, relativamente aos pagamentos que teriam de ser efetuados ao Banco do Brasil.

O Banco do Brasil não pode, portanto, cobrar ou exigir da Mendes o pagamento do empréstimo (*loan agreement*), dada a intercorrência de motivo de força maior, tal como longamente desenvolvida por mim, em aludido parecer, e aqui sucintamente resumido.

Por outro lado, e em decorrência das mesmas circunstâncias e deliberação adotadas em caráter cogente pelo Governo Brasileiro, verificou-se a situação prevista no inciso VI do art. 4º da Lei n. 4.678/65.

---

6     Conferir parecer neste livro.
7     "Art. 1.058. O devedor não responde pelos prejuízos resultantes de caso fortuito, ou força maior, se expressamente não se houver por eles responsabilizado, exceto nos casos dos arts. 955, 956 e 957.
Parágrafo único. O caso fortuito, ou de força maior, verifica-se no fato necessário, cujos efeitos não era possível evitar, ou impedir."
– Dispositivo correspondente no Código Civil de 2002:
"Art. 393. O devedor não responde pelos prejuízos resultantes de caso fortuito ou força maior, se expressamente não se houver por eles responsabilizado.
Parágrafo único. O caso fortuito ou de força maior verifica-se no fato necessário, cujos efeitos não era possível evitar ou impedir."

Assim é que cabe ao Banco do Brasil exigir do IRB o pagamento da indenização correspondente, tendo por objeto o sinistro que a frustração dos contratos no Iraque proporcionou.

*Ao Quesito Terceiro*

Prejudicado, uma vez que a resposta ao Quesito 1º é positiva.

*Ao Quesito Quarto*

O IRB não tem ação de regresso contra a Mendes e seus fiadores em virtude do contrato de contragarantia.

Como ficou esclarecido na Primeira Parte deste Parecer, é da essência do contrato de seguro o "risco", na conformidade do disposto no art. 1.432 do Código Civil.[8] A propósito, é total a harmonia na doutrina, assim nacional como estrangeira. E, nestas condições, o segurador paga dívida como devedor direto e não como terceiro.

A BEVILÁQUA já me referi, e de novo a ele me reporto quanto a este ponto:

"São elementos do contrato de seguro: o segurador, o segurado, o prêmio e o risco, isto é, o perigo possível, que pode correr o objeto segurado" (*Comentários*, Observação 4 ao art. 1.432).

CARVALHO DE MENDONÇA, civilista, depois de caracterizar o contrato de seguro como aleatório, e, portanto, em o qual o *risco* é da sua própria essência, alude por especial à sub-rogação, mostrando que o segurador paga o seguro não na qualidade de terceiro, por débito alheio, porém como devedor por dívida própria, que se tornou exigível na ocorrência do sinistro. E esclarece:

"Ora, desde que alguém conclui um contrato aleatório, expõe-se voluntariamente à alternativa de ganho ou de perda.
Esse ganho ou essa perda é no seguro o risco previsto, que, uma vez realizado o sinistro, nenhum prejuízo traz à companhia seguradora, já indenizada pela percepção dos prêmios" (*Contratos no Direito Civil Brasileiro,* 1955, v. II, n. 312, p. 717).

ORLANDO GOMES alia a ideia de *risco* à própria noção do seguro:

"A noção de seguro pressupõe a de risco, isto é, fato de estar o indivíduo exposto à eventualidade de um dano à sua pessoa, ou ao seu patrimônio, motivado pelo acaso. Verifica-se quando o dano potencial se converte em dano efetivo" (*Contratos*, 9ª ed., n. 345, p. 463).

---

8   CC 2002, art. 757.

No mesmo sentido é a opinião de WASHINGTON DE BARROS MONTEIRO, ao lhe enunciar os caracteres jurídicos:

"O contrato de seguro é, pois, contrato bilateral, porque gera entre os contratantes recíprocas obrigações. É também aleatório, porque o ganho ou a perda das partes está na dependência de circunstâncias futuras e incertas, previstas no contrato e que constituem o risco" (*Curso de Direito Civil*, 1975, v. 5º, p. 329).

SILVIO RODRIGUES, depois de conceituar o contrato com remissão ao art. 1.432 do Código Civil, assim se expressa:

"O objeto do negócio é o risco, que o segurado transfere ao segurador. Através daquele desembolso limitado (prêmio), o segurado adquire a tranquilidade resultante da persuasão de que o sinistro não o conduzirá à ruína, pois os prejuízos, que porventura lhe advierem, serão cobertos pelo segurador" (*Direito Civil,* 1983, v. 3, n. 160, p. 365).

Daí se vê, além de que o risco é da essência do seguro, ou o seu objeto, que descabe ação regressiva contra o garantido. Se tal fosse lícito, o seguro deixaria de ser um contrato aleatório, ficando o segurado sujeito ao prêmio que dá direito à indenização e ao mesmo tempo ao próprio valor desta, mediante reembolso ao segurador.

Assim também no direito estrangeiro, PLANIOL et RIPERT:

"Le risque. Toute assurance suppose un risque. Ce mot désigne l'éventualité de l'évènement dont la réalisation doit obliger l'assureur à fournir sa prestation" (*Traité Pratique de Droit Civil*, v. XI, n. 1.254).

De maneira positiva e peremptória, os irmãos MAZEAUD acentuam a essencialidade do risco, como o "objeto" do contrato:

"1.546 – Le contrat d'assurance doit avoir un objet: le risque doit exister. Le contrat a pour objet la couverture d'un risque; ce risque doit exister. Il consiste dans l'éventualité d'un évènement portant atteinte aux droits de l'assuré. Si l'arrivée de l'évènement est certaine, il n'y a pas de risque; l'assurance est alors sans objet" (*Lençons de Droit Civil*, n. 1.546).

Estes autores permitem, portanto, este corolário certo: ao celebrar o contrato de seguro, o segurador não pode eliminar o risco.

Em referência ao seguro de crédito, PHILIPPE MALAURIE et LAURENT AYNÊS assim se exprimem:

"138 – Assurance-crédit. De même, ne constitue pas un cautionnement la garantie donnée par un assureur au créancier en vertu d'un contrat d'assurance-crédit.

Il s'agit d'un contrat synallagmatique autonome, par lequel l'assureur offre sa garantie contre le paiement d'une prime. L'inexécution du débiteur ou parfois son insolvabilité réalisent le sinistre; l'assureur doit donc indemniser le créancier, quelle que soit la nature, l'étendue ou même la validité de l'obligation inexécutée. L'assureur ne peut invoquer aucune des exceptions qui appartenaient au débiteur principal" (*Droit Civil, Les Suretés*, n. 138, p. 35).

A obra de COLIN et CAPITANT, depois de definir o contrato de seguro em termos minuciosos, destaca seus elementos jurídicos dizendo:

"Cette définition fait ressortir les trois éléments juridiques du contrat d'assurance: le risque, la prime, la prestation de l'assureur" (*Cours Élémentaire de Droit Civil Français*, v. II, n. 835).

Do que acaba de ser exposto, resultam certos pressupostos que conduzem à resposta objetiva ao quesito.

Em primeiro lugar, o contrato celebrado com o IRB é positivamente de seguro, na especialização de seguro de crédito à exportação.

Por ele, o IRB assumiu o *risco* de pagar ao Banco do Brasil o valor do empréstimo concedido à Mendes Júnior International Company, destinado à retomada das obras da Mendes Júnior no Iraque.

Trata-se de contrato de seguro, com todas as suas características, assumindo o IRB o *risco* de não pagamento pela Mendes.

Em razão dos acontecimentos ocorridos com a invasão do Kuwait pelo Iraque, os contratos de prestação de serviços pela Mendes frustraram-se, o que caracteriza o "sinistro" em sentido técnico.

Verificado o sinistro, o Banco do Brasil foi devidamente notificado.

Nos termos do contrato de seguro, cabe ao IRB indenizar o Banco do Brasil, mediante pagamento do seguro, não lhe socorrendo eximir-se sob alegação de cláusula de não cobertura, porque no caso se trata de hipótese prevista na Lei n. 4.678/65, art. 4º, VI, e não excluída de cobertura, conforme expresso na resposta ao Quesito Segundo, *supra*.

Verificado o sinistro, o IRB é ou será chamado a responder perante o Banco do Brasil como devedor direto, e não como terceiro, uma vez que o contrato de seguro celebrado com o Banco do Brasil é bilateral e autônomo.

Pagando ao Banco do Brasil, o IRB cumpre a sua obrigação.

E não tem ação de regresso contra a Mendes e seus fiadores e garantidores.

Não tem ação contra a Mendes, como sub-rogado legal, pois que paga ao Banco do Brasil não como terceiro interessado, porém como devedor direto por força de contrato por ele firmado.

E não tem ação contra a Mendes e seus coobrigados por força do contrato de contragarantia.

Esse contrato não lhe assegura o direito de se reembolsar contra a Mendes. Se tivesse esse efeito ou pudesse interpretar-se para esta finalidade, seria a negação do contrato de seguro. Pelo contrato de seguro, o segurador tem a obrigação de pagar o valor segurado.

Para fazer face ao seguro a que se obrigou, recebe o prêmio. Não pode alegar a existência de "prejuízo", uma vez que é da essência do contrato aleatório assumir o contratante a álea ou o risco que é da sua natureza. Para assumi-lo, recebeu o "prêmio", e, como ensina MANOEL IGNACIO CARVALHO DE MENDONÇA na passagem acima transcrita, o IRB assumiu voluntariamente a alternativa de ganho ou de perda.

No caso do sinistro, a perda foi prevista, não podendo o IRB considerar que a indenização é um "prejuízo" para ele, uma vez que ele, IRB, já foi previamente indenizado pelo recebimento do "prêmio". E a indenização constitui prestação contratual devida pelo segurador.

Por outro lado, se pudesse reaver da Mendes e seus co-obrigados o valor da indenização, estaria recebendo duplamente pelo mesmo evento. Recebendo da Mendes o prêmio para assegurar a indenização; recebendo da mesma Mendes o reembolso da indenização que é a sua obrigação correspectiva do prêmio.

Em resposta objetiva ao quesito, respondo que o IRB não tem ação de regresso contra a Mendes júnior e seus fiadores, em virtude do contrato de contragarantia, porque este conflita com a essência do contrato de seguro.

Na verdade, contratado o seguro, o IRB tem o dever de pagar em ocorrendo o sinistro. Mas, se, em virtude da contragarantia, recobrar da Mendes o que vier a pagar, está tornando de nenhum efeito a obrigação como segurador. Noutros termos: se pagar e receber de volta, nada estará pagando.

Assim procedendo, lucra duplamente: embolsa o prêmio, que é a prestação paga pela Mendes; e se reembolsa do valor da indenização, que é a sua contraprestação como segurador.

Tal comportamento importa em enriquecimento sem causa, à custa da Mendes.

E uma conduta desta ordem não pode encontrar amparo legal.

Posta a questão em termos precisos, se prevalecesse a contragarantia, para o efeito de o IRB recobrar da Mendes a indenização, seria este o mecanismo: o IRB recebe da Mendes o "prêmio" de um seguro obrigando-se a pagar "indenização" em caso de sinistro; ocorrido este, e paga a "indenização", reaveria da Mendes o valor da mesma indenização.

Recebe o "prêmio" para "indenizar"; e recobra a "indenização" daquele de quem recebeu o "prêmio".

A pretensão não encontra suporte jurídico nem moral.

A situação é tanto mais grave, que fere os princípios de interpretação do negócio jurídico, em todos os sentidos.

Num primeiro plano, é de se considerar que foi o próprio IRB quem redigiu os dois contratos: o de seguro e o de contragarantia. Não é jurídico, nem moral, que esse

Instituto elaborasse documentos cujo resultado fosse a negação do dever contratual, isto é, fosse elaborado para que o seguro, na hipótese de frustração dos contratos no Iraque, o livrasse do encargo da indenização, embora embolsasse o prêmio.

Um entendimento desta ordem tem de ser rejeitado, pois é de todos os tempos na civilização jurídica ocidental que a interpretação de cláusulas contratuais deve ser conduzida contra quem as redigiu, isto é, contra aquele que elaborou a estipulação: *In stipulationibus quum quaeritur quid actum sit, verba contra stipulatorem interpretanda sit.*

Na espécie ora em estudo, uma circunstância especialmente se levanta para impedir que uma pretensa *actio de in rem verso* possa ser intentada pelo IRB contra a Mendes.

É preciso não esquecer que o IRB é instrumento político do Governo para estabelecer o equilíbrio do sistema securitário, tal como resulta da Lei n. 4.678, de 16.06.1965. No particular do seguro de crédito à exportação, já se viu como o seu controle está subordinado ao Instituto de Resseguros do Brasil.

À vista desta preceituação, atenta contra a sistemática do seguro, e atenta contra a Lei n. 4.678/65, e atenta ainda contra o que foi convencionado pelas partes – que o Instituto de Resseguros do Brasil pretenda voltar-se contra a Mendes para recobrar a indenização que venha a pagar ao Banco do Brasil, uma vez que o sinistro ocorreu precisamente por efeito de uma decisão do Governo, expressa no Decreto n. 99.441/90.

Veja-se bem: o Governo, em atenção à Resolução 661 da ONU, baixou o Decreto n. 99.441/90; determinou a evacuação dos operários da Mendes; e promoveu o seu repatriamento, ao mesmo tempo que aderiu ao bloqueio econômico ao Iraque. Em consequência, impediu a venda e prestação de serviços naquele País, bem como o suprimento de recursos financeiros e técnicos. Por um ato político, o Governo Brasileiro, fundamentado na Resolução da ONU, estabeleceu condições que determinaram a frustração dos contratos, e a consequente impossibilidade da Mendes cumprir o *"Loan Agreement"* avençado com o Banco do Brasil.

Quer dizer: se vier o IRB a pagar ao Banco do Brasil o seguro de crédito à exportação, tê-lo-á feito *em consequência de um ato político do Governo Brasileiro.*

Não poderá ele, que no mecanismo deste seguro representa o próprio Governo, postular o reembolso da indenização que pagar, como consequência de um ato do Governo. Seria assim: o Governo provoca o sinistro; o Governo (IRB) paga o seguro; o Governo (IRB) recobra o que tiver pago.

Não é possível interpretar o mecanismo contratual pela lógica do absurdo.

*Ao Quesito Quinto*

No tocante à ação regressiva contra o Iraque, a situação é totalmente diversa.

O Banco do Brasil emprestou à Mendes certa quantia que se destinava à retomada das obras no Iraque.

Para cobertura do risco, o IRB contratou um seguro de crédito à exportação.

Por uma deliberação do seu Governo, o Iraque promoveu a invasão do País vizinho, e, em consequência deste comportamento, impôs a frustração do contrato da Mendes.

Em termos de doutrina do seguro, o ato do Governo do Iraque provocou o sinistro, e, conseguintemente, obrigou o IRB a indenizar o Banco do Brasil.

Cabe, neste caso, ação regressiva do IRB contra o Iraque. Leia-se WASHINGTON DE BARROS MONTEIRO, na p. 330 do volume citado:

> "O segurado que paga a indenização se sub-roga no direito respectivo contra o autor do sinistro, podendo reaver, destarte, o que desembolsou."

Não é apenas uma peculiaridade de nosso direito. No mesmo sentido é a doutrina de COLIN et CAPITANT, cujo *Cours de Droit Civil* foi citado acima:

> "L'assureur, qui a payé l'indemnité d'assurance est subrogé, jusqu'à concurrence de cette indemnité, dans les droits et actions de l'assuré contre les tiers qui, par leur fait, ont causé le dommage ayant donné lieu à la responsabilité de l'assureur." (n. 876)

MAZEAUD et MAZEAUD são ainda mais claros e precisos. A ação de *in rem verso* do segurador que paga o seguro, contra o terceiro causador do sinistro, é um direito que lhe assiste mesmo que não tenha sido ressalvado na apólice. Textualmente:

> "En effet, l'assureur est subrogé dans les droits de l'assuré contre le tiers responsable; non seulement les clauses de subrogation en faveur de l'assureur sont permises, mais elles sont sous-entendues dans les polices" (volume citado, n. 1.589).

O que em tese os autores sustentam é o que *in concreto* resulta do disposto na Resolução n. 674 (1990) do Conselho de Segurança da ONU.

Respondendo objetivamente ao quesito:

No contrato de seguro de crédito à exportação, o Iraque não foi parte. É portanto *um terceiro*.

Vindo o IRB a pagar ao Banco do Brasil a indenização a que é obrigado, tem ele (ou o Tesouro Nacional em último caso) ação regressiva contra o Iraque, para reaver o que tiver desembolsado, uma vez que o Iraque é o "terceiro responsável", e contra ele o IRB estará sub-rogado no direito de recobrar.

Assim entendo, e opino.

# 43

**Fatos**  Contrato de mútuo celebrado entre banco e sociedade produtora de material ferroviário. Produção e exportação de vagões. Operação de exportação garantida por seguro de crédito à exportação. Mora da sociedade financiada. Ajuizamento de ação executória, pelo banco, contra a sociedade financiada. Notificação da seguradora, pelo banco, para que lhe pague, em adiantamento (segundo previsão contratual), o montante cobrado da sociedade financiada. Negativa de pagamento pela seguradora, sob a alegação de que o contrato seria nulo por violação a disposições legais, além de padecer de ineficácia.

**Direito**  Contrato de seguro de crédito à exportação. Distinção entre caução, seguro-caução e fiança. Objeto do seguro: proteção contra risco oriundo de exportação. Natureza assecuratória. Possibilidade de cobertura direta (ao exportador) e de cobertura indireta (ao financiador do exportador). Aplicação das disposições gerais do Código Civil referentes ao contrato de seguro e da lei especial que regula o seguro de crédito à exportação. Contrato sem natureza fidejussória. Cláusula que concede adiantamento do valor segurado, sob condição de ser devida a prestação. Cláusula com sentido e função diversos da cláusula *solve et repete*. Possibilidade de o segurador questionar a existência da obrigação de indenizar.

---

O Banco INL S.A. celebrou com DNE – Construção e Reconstrução de Material Ferroviário S.A. contrato de Financiamento à Produção para exportação de vagões destinados a empresa localizada em país estrangeiro.

O Instituto de Resseguros do Brasil – IRB, mediante Certificado de Cobertura Global, concedeu um Seguro de Garantia de Financiamento à Produção, acompanhado de dois aditivos contendo, a par das Condições Gerais já constantes do Certificado, outras estipulações com a denominação de Condições Particulares e Condições Especiais. A cláusula 1ª das Condições Especiais identifica as partes interessadas, nestes dizeres: "Seguradora" o IRB; "Segurado-Beneficiário" a entidade financiadora; "Beneficiário" a pessoa ou entidade que o Segurado-Beneficiário designar para receber as indenizações;

e "Garantido-Devedor" o cliente do Segurado-Beneficiário, ao qual este concede crédito para a operação de Exportação e que contrata o seguro.

Em seguida ao repasse da importância de cinco milhões e quinhentos mil dólares no exterior mediante fechamento de contratos de câmbio (totalidade do financiamento contratado), o Banco fez com a mesma devedora um contrato de câmbio no valor de quinhentos e cinquenta mil dólares (equivalente a 10% do financiamento) com garantia hipotecária.

Abre à DNE uma conta, para registro da operação objeto do seguro, paralelamente a uma já existente para a qual são transferidos recursos da primeira, mediante débitos por cheques emitidos a favor do próprio Banco, além de outros lançamentos contábeis, perfazendo quantia correspondente aproximadamente a 70% do valor do crédito concedido.

Incorrendo o devedor em mora, o Banco INL intentou contra o financiado um procedimento executivo, tendo por escopo a cobrança dos cinco milhões e quinhentos mil dólares.

Deu ciência ao IRB deste ajuizamento que classificou como "sinistro" coberto pelo seguro, e lhe pediu fosse feito o "adiantamento" referido na cláusula 11ª das Condições Especiais, que se lê nestes termos:

"O IRB obriga-se a conceder adiantamento de 100% do valor segurado, no prazo de 30 dias contados da caracterização do sinistro, ainda que não tenha sido apurado o valor da perda líquida definitiva, até que estejam esgotadas todas as ações judiciais ou extrajudiciais contra o Garantido-Devedor".

Entende o Banco ter direito a este "adiantamento" contra o qual, a seu ver, o IRB não pode opor qualquer defesa ou exceção.

O IRB, entretanto, recusou efetuar o "adiantamento", sob fundamento de ser o contrato nulo por infração das disposições legais, além de padecer de ineficácia, devido à ocorrência de várias circunstâncias devidamente caracterizadas.

À vista das cópias das peças dos autos da ação ordinária movida pelo BANCO INL S.A. contra o IRB (petição inicial, contestação e réplica), bem como dos documentos a elas anexadas, pede-se resposta aos seguintes quesitos:

1º O contrato intercorrente entre o Instituto de Resseguros do Brasil – IRB, DNE – Construção e Reconstrução de Material Ferroviário S.A e o Banco INL S.A., instrumentado pelo "Certificado de Cobertura Global" (Financiamento à Produção), constitui seguro ou negócio fidejussório?

2º Reconhecida a natureza securatória do contrato referido no quesito anterior, como classificá-lo, à luz da legislação específica dos seguros?

3º Aplicam-se, ao contrato mencionado no quesito n. 1, as normas constantes dos arts. 1.432 a 1.457 do Código Civil Brasileiro?[1]

---

1 – Dispositivos correspondentes no Código Civil de 2002: arts. 757 a 802.

4º A cláusula 11ª das "condições especiais de financiamento à produção", anexas ao Certificado de Cobertura Global, emitido pelo Instituto de Resseguros do Brasil, constitui uma cláusula *solve et repete*? Em caso negativo, qual o seu sentido e sua função, na economia contratual?

## PARECER

*Ao Quesito Primeiro*

O denominado Certificado de Cobertura Global é um contrato de seguro.

Tem-se levantado em doutrina a discussão se o Seguro de Crédito é efetivamente um seguro ou um negócio fidejussório.

O suporte fático da operação assenta em dois pontos, que a exposição ressalta, a saber: o Segurado-Beneficiário concedeu ao Garantido-Devedor um financiamento à produção para exportação; e a Seguradora assegurou a boa liquidação, obrigando-se a indenizar o valor total do financiamento, uma vez caracterizada a insolvência do financiado.

No plano puramente doutrinário, tem-se discutido se se trata de uma operação securitária ou de um negócio jurídico de cunho fidejussório; se a Seguradora opera *como tal*, ou se comparece na qualidade de garantidora de pagamento.

Desde logo elimina-se a figura do aval, que é obrigação de natureza nitidamente cambial, seja em face do Decreto n. 2.044, de 31.12.1908, seja nos termos da Convenção de Genebra. Embora se não confunda o aval com o seguro, a técnica securitária (de que o seguro de crédito é das mais modernas modalidades) admite e conceitua o "seguro-aval", porém ligado a título, como ensina NICOLAS JACOB:

> "*L'assurance-aval* consiste à garantir au tiers porteur de la traite émise par l'assuré, le paiement à l'échéance, si elle était protestée. En fait, cette assurance-aval est contractée le plus souvent par le tireur d'une traite ou d'un billet de fonds pour donner, au moyen de l'assurance, une garantie supplémentaire au banquier qui escompte l'effet, et bénéficier ainsi d'un taux de commission plus faible" (*Les Assurances*, 1979, n. 259, p. 247).

Eliminada na espécie a aproximação com a responsabilidade cambial de avalista, cumpre também excluir desde logo a aproximação com a "caução", porque esta se caracteriza pela sua natureza de garantia real, a exigir, para sua perfeição, a *traditio* da coisa caucionada, mediante entrega efetiva ao credor (em se tratando de coisa corpórea); ou a transferência do instrumento do crédito dado em garantia (cessão de contrato, endosso de duplicata) ou, finalmente, caracterização do bem apenhado e inscrição do instrumento no registro próprio (como no caso de penhor industrial e quejandos). Em qualquer das suas modalidades, há que definir a caução como direito real que sujeita uma coisa ao pagamento de dívida (cf. LAFAYETTE, *Direito das Coisas*,

§ 160; MAZEAUD, MAZEAUD et MAZEAUD, *Leçons*, v. III, n. 60; TRABUCCHI, *Istituzioni di Diritto Civile*, n. 270).

No seguro de crédito inexiste a "realidade" da operação, que permita classificá-lo como caução típica. Nem será possível entender o contrato como "seguro-caução", pois que este não garante as perdas, mas consolida o crédito do devedor (*"ne garantit pas les pertes mais consolide le crédit du débiteur"* – NICOLAS JACOB, loc. cit.). Dada a sua pouca incidência em nossas práticas negociais, não considero necessário deter-me sobre ele, limitando-me a lembrar a distinção oferecida por M. CEPEDE, *in Dictionnaire des Sciences Economiques*, Verb. *"Assurance-Crédit"*.

Resta, pois, a sua aproximação com o negócio fidejussório, convindo se esclareçam as distinções. O ponto de partida é a fiança, como negócio fidejussório típico. Com delineamento sedimentado, é o contrato pelo qual uma pessoa se obriga para com o credor de outra a satisfazer a obrigação, caso esta a não cumpra (Código Civil, art. 1.481).[2] Em linhas gerais, e na forma do que dispõe o art. 1.432 do Código Civil,[3] pelo contrato de seguro, o segurador se obriga, mediante a paga de um prêmio, a indenizar o segurado do prejuízo resultante de riscos futuros, previstos no contrato.

Nos dois casos, e tendo em vista em particular o Seguro de Crédito, uma pessoa se obriga a garantir a solvência de um devedor, para com o credor. Mas, enquanto na fiança o terceiro é chamado a "solver o débito que assumiu", desde que o devedor o não satisfaça, no seguro de crédito o segurador é chamado a "indenizar o segurado", na ocorrência de um sinistro, fundado no risco assumido.

A distinção, que tem relevância na caracterização do negócio jurídico, assume maiores proporções no tocante aos elementos determinantes. Enquanto a fiança pode ser prestada por qualquer pessoa física ou jurídica, ou por entidade civil ou comercial, o seguro de crédito somente pode ser contratado por empresa autorizada a operar no ramo. Enquanto a fiança está sujeita às regras estabelecidas no Código Civil, o seguro encontra sua disciplina neste diploma, e na legislação específica. Enquanto a fiança se cumpre mediante a prestação espontânea ou coativa do fiador, o seguro exige a liquidação, que se subordina a normas especiais. Na fiança, como observa DONATTI (*Trattato del Di-*

---

2 "Art. 1.481. Dá-se o contrato de fiança, quando uma pessoa se obriga por outra, para com seu credor, a satisfazer a obrigação, caso o devedor não a cumpra."
– Dispositivo correspondente no Código Civil de 2002:
"Art. 818. Pelo contrato de fiança, uma pessoa garante satisfazer ao credor uma obrigação assumida pelo devedor, caso este não a cumpra."

3 "Art. 1.432. Considera-se contrato de seguro aquele pelo qual uma das partes se obriga para com a outra, mediante a paga de um prêmio, a indenizá-la do prejuízo resultante de riscos futuros, previstos no contrato."
– Dispositivo correspondente no Código Civil de 2002:
"Art. 757. Pelo contrato de seguro, o segurador se obriga, mediante o pagamento do prêmio, a garantir interesse legítimo do segurado, relativo a pessoa ou a coisa, contra riscos predeterminados."

*ritto delle Assicurazioni Private*, n. 709), o fiador goza do "duplo benefício" de ordem e de divisão, que no seguro não pode opor. FABIO KONDER COMPARATO considera-o "atividade bancária", e para G. O. TAPIA é operação creditícia e não assecuratória (*Revista do Instituto de Resseguros do Brasil*, jun. 1965, 151/23).

Destacando apenas o fato do seguro de crédito obrigar à cobertura do dano decorrente do inadimplemento da obrigação, alguns autores tendem a isolar esta circunstância, para construir o Seguro de Crédito como negócio jurídico fidejussório.

Para isto concorreu a sua modernidade e menor sedimentação. Mas, descendo à sua análise, apontam-se distinções marcantes. FABIO KONDER COMPARATO, estudando-o sob os aspectos estruturais e causais, encontra nestes últimos os principais elementos diferenciadores, e diz:

> "Mas embora em ambos os casos – seguro de crédito e seguro fidejussório – a companhia seguradora assuma uma obrigação de garantia, a causa do negócio é bem diversa numa e noutra espécie.
>
> (...)
>
> No seguro de crédito, a obrigação de companhia seguradora é, pois, uma obrigação de indenização, enquanto nos seguros fidejussórios ela é uma obrigação de adimplemento (a *Erfüllungsplicht* dos escritores germânicos). No primeiro caso, o credor pretende não propriamente que o segurador lhe pague em lugar do devedor, mas que ele o indenize pelo dano que o inadimplemento lhe causou" (*O Seguro de Crédito*, p. 101 e 102).

Sob aspecto doutrinário, as duas modalidades negociais ainda podem suscitar em uns autores alguma dúvida no tocante à sua caracterização. No plano pragmático o mesmo não ocorre, porque a matéria se integra em nosso direito positivo, com a fixação desta modalidade de garantia incluída numa das espécies de seguro, como tal definido legalmente.

Eu poderia deter-me exclusivamente no instrumento contratual firmado entre as partes, que desenganadamente tiveram em vista a celebração de um "contrato de seguro". Lícito seria que o financiador exigisse do financiado uma "fiança bancária", tão frequente no trato comercial. Em vez disso, foi ajustado um "contrato de seguro", assim mencionado na cláusula 1ª das Condições Gerais, com a obrigação do segurador indenizar o segurado pelas perdas líquidas definitivas que o mesmo venha a sofrer. Se se tratasse de operação fidejussória, não seria caso de se referir nem a "indenização", nem a "liquidação" das perdas. Simplesmente o terceiro se obrigaria a pagar a dívida assumida, se o devedor não o solvesse.

Reforçando a intenção de contratar um seguro, a cláusula 2ª das Condições Especiais invoca "as disposições que regulam o Seguro de Crédito à Exportação", assumindo o IRB a obrigação de "indenizar" as "perdas líquidas definitivas" que viesse a sofrer o

Segurado-Beneficiário (risco) em consequência da insolvência dos seus devedores (sinistro). Todos os elementos do seguro estão presentes.

E as "disposições que regulam o Seguro de Crédito à Exportação" acham-se arroladas na legislação especial, hoje contida na Lei n. 6.704, de 26 de outubro de 1979, que veio disciplinar a matéria em termos mais abrangentes do que a Lei n. 4.678, de 16 de junho de 1965, e respectivo regulamento baixado com o Decreto n. 57.285, de 18 de novembro de 1965.[4]

Se teoricamente se pode polemizar a propósito da configuração jurídica do Certificado de Cobertura, – no caso concreto a dúvida tem todo o contorno de uma questão bizantina, uma vez que as partes, que poderiam optar entre uma fiança e um contrato de seguro, adotaram este último, não apenas como uma preferência pelo *nomen iuris*, mas como uma tomada de posição, explicitada na determinação do ato negocial e mais positivamente na invocação das "disposições" reguladoras deste tipo de seguro que se objetiva no "crédito à exportação".

Fixada a natureza jurídica do contrato, seus elementos subjetivos estão inequivocamente referidos na cláusula 1ª das Condições Especiais, ao definir, entre as "partes", a entidade de crédito financiadora (Banco INL S.A.) como "Segurado-Beneficiário", e no preâmbulo das Condições Particulares a indicação: "*Segurado –Beneficiário*: Banco INL S.A.". Em todos os instrumentos, figura sempre o IRB como "Segurador" e o Banco INL como "Segurado".

O contrato em foco constitui uma peça íntegra. Estabelece Condições Gerais, Particulares e Especiais, a que as partes se obrigaram a sujeitar-se. A leitura da cláusula 6ª das Condições Particulares, sob a epígrafe "Renovação", estatui a prevalência das Condições Particulares somente no caso de "contrariarem as Condições Gerais e/ou Especiais".

Adotou-se, assim, o princípio da "compatibilidade". Todas as Condições – Gerais, Especiais e Particulares – vigoram, e, expressamente, foram revigoradas. Somente no caso de ocorrer uma incompatibilidade é que prevalecerão as Particulares.

Transpôs para o plano contratual a norma que para a coexistência das leis institui o art. 2º, § 2º, da Lei de Introdução ao Código Civil, ao estabelecer esta a subsistência das disposições gerais ou especiais a par das já existentes. Na espécie, mais se enfatiza a convivência, se se atentar em que não ocorre o escalonamento no tempo.

A concomitância delas é total.

Assim, pois, tendo em consideração os princípios doutrinários e legais, conclui-se que, do conjunto das "Condições" (Gerais, Especiais, Particulares) que se completam reciprocamente, resulta que o Certificado de Cobertura Global (Financiamento à Exportação) constitui, inequivocamente, um seguro.

---

[4] A Lei n. 6.704/79 foi regulamentada pelo Decreto n. 2.369, de 10 de novembro de 1997. As Leis n. 9.818/99, 11.281/06, 11.786/08 e 12.249/10 alteraram o regime do Seguro de Crédito à Exportação, *mas essas mudanças não interferem no desenvolvimento e na conclusão deste parecer.*

## Ao Quesito Segundo

A terminologia adotada no instrumento do contrato de Seguro de Crédito à Exportação é bem o reflexo do caráter inovatório que está presente nesta modalidade negocial. Como os autores assinalam, dentro na expansão por que tem passado o contrato de seguro, o de crédito à exportação é dos mais novos. Especialmente entre nós, como observa COMPARATO:

> "No Brasil, o seguro de crédito é recentíssimo, não tendo ainda completado seu período de experiências" (ob. cit., p. 18).

Não é de admirar, pois, que a legislação a respeito padeça de suas incertezas.

Com efeito, a Lei n. 4.678, de 16 de junho de 1965, e seu regulamento, Decreto n. 57.285, de 18 de novembro do mesmo ano, consideravam o seguro de crédito à exportação com a finalidade de garantir as operações resultantes da exportação a crédito de mercadorias e serviços, contra a eventualidade de *insolvência do importador estrangeiro*.

A experiência e a prática dos negócios, que LIEBMANN inclui entre as premissas implícitas (*premesse implecite*) de todo sistema jurídico, revelaram que o verdadeiro *nó górdio* a ser cortado não se situava na ocorrência de se tornar insolvente o importador estrangeiro, evidentemente reduzida a proporções mínimas.

A problemática sediava-se no terreno do financiamento às exportações, nas quais o País, com precisa visão econômica, vem centrando a solução das crises internas.

Tendo-o em vista, a Legislação pertinente mudou de filosofia. Desprezou o risco da insolvência dos importadores estrangeiros, e passou a enfocar quaisquer outros que envolvam as exportações. Promulgou-se então a Lei n. 6.704/79, com vistas a este novo prisma:

> "Art. 1º O Seguro de Crédito à Exportação tem por fim garantir as exportações brasileiras de bens e serviços contra riscos comerciais, políticos e extraordinários que possam afetar as transações econômicas e financeiras vinculadas a operações do crédito à exportação."

Vê-se bem que esta dupla política legislativa informa a redação do instrumento do contrato de seguro em discussão.

Não se libertando da preocupação advinda da legislação anterior, e já no regime da de 1979, a apólice ainda se impressiona com os "importadores estrangeiros" e alude aos créditos concedidos aos "devedores do exterior".

Atualizando-se, entretanto, para marchar com a lei nova, tem em vista a garantia de financiamento, que é o que predomina no novo diploma, para o qual os riscos que o Legislador teve em vista são todos os que possam atingir as operações de crédito à exportação.

O fato de ter sido celebrado o contrato pelo Instituto de Resseguros do Brasil é de molde a demonstrar que o seguro objeto da discussão pautou-se pelo que estabelece o art. 3º da Lei n. 6.704/79, pois no regime desta última foi mantida autorização para o IRB atuar diretamente neste ramo, tal como ocorria no da Lei de 1965 (art. 9º).[5]

Não houve dois contratos. Nem a leitura dos instrumentos, na sua literalidade, permite tal entendimento. O Certificado de Cobertura Global refere-se, na Cláusula 1ª das Condições Gerais, aos "riscos indicados e definidos nestas Condições Gerais, nas Condições Especiais e nas Particulares do presente Certificado".

As Condições Especiais vinculam-se ao "Certificado" (cláusula 2ª), aludem ao empréstimo assinado entre o Segurado-Beneficiário e o Garantido-Devedor (cláusula 2ª); reporta-se à "insolvência do Garantido-Devedor" (cláusula 3ª); e ainda à obrigação imposta ao Segurado-Beneficiário, de comunicar o sinistro ao IRB (cláusula 9ª).

As Condições Particulares reportam-se ao mesmo Certificado de Cobertura Global.

Do conjunto instrumentário verifica-se que o Seguro de Crédito à Exportação teve em vista uma e única operação: o financiamento concedido pelo Segurado-Beneficiário ao Garantido-Devedor, para a operação de fabrico e exportação de vagões a pais estrangeiro.

Jamais se cogitou, em qualquer de suas "Condições", de adotar como risco a insolvência do "importador estrangeiro". E não existe um outro contrato adotando tal risco. Nenhum esforço de interpretação da vontade contratual pode levar à consequência de que uma referência esporádica e eventual a "importadores estrangeiros" ou a "devedores do exterior" desdobra em dois um mesmo e único contrato, ou o dicotomiza em dois atos negociais distintos.

Se uma visão superficial pode suscitar a indagação como ou de que maneira se configuraria o seguro de crédito à exportação tendo como Segurado-Beneficiário o Banco financiador, que não fabrica nem exporta, – o estudo mais detido desta modalidade securitária desfaz toda dúvida, quando se atenta em que ele tanto pode dar *cobertura direta*, quanto *indireta* à operação de exportação. O que tem relevância, doutrinária como prática, é a existência e a natureza do risco. Veja-se a lição de PARGA CABRERA:

> "Pues bien, los créditos que financien estas operaciones son el objeto del Seguro de Crédito a la exportación. La garantía del seguro podrá alcanzar al crédito que resulte directa o indirectamente de la operación de exportación, a los costos derivados de la misma y a los gastos a realizar en el extranjero, cuando contractualmente se hubiese establecido que estos serán a cargo del exportador. Los riesgos que cubre el Seguro de Crédito a la exportación son de dos tipos: los de carácter estrictamente comercial y los de tipo político y extraordinario. Es riesgo comercial aquel que comprende los siniestros de naturaleza jurídica (declaración de quiebra, ejecución forzosa, etc.)" (RAFAEL JIMENEZ DE PARGA CABRERA, *El Seguro de Crédito a la Exportación*, p. 193).

---

5  Veja-se nota 4, acima.

Na espécie, o *objeto* do seguro foi o crédito à exportação, consubstanciado no financiamento concedido pelo Segurado-Beneficiário, e o *risco*, tipo comercial, objetivou-se no procedimento executivo intentado (risco comercial). Daí dizer o mesmo autor, que o segurado pode ser um exportador, ou uma entidade de crédito (*El asegurado puede ser un exportador o una entidad de crédito*, p. 137).

Os contraentes estão muito claramente mencionados e identificados na cláusula 1ª das Condições Especiais. Como nunca se teve em vista acobertar quem quer que seja contra os riscos de insolvência do importador estrangeiro ou de falta de recebimento do crédito concedido a devedores no exterior, não se pode falar na existência de dois contratos. Mesmo porque o Segurado-Beneficiário jamais concedeu crédito a devedor ou importador estrangeiro. O único financiamento coberto pelo Seguro de Crédito à Exportação (Certificado de Cobertura Global) foi o que concedeu ao Garantido-Devedor (DNE).

O contrato, que o Certificado de Cobertura Global instituiu, tem natureza asseguratória indisfarçável.

Assim considerado, e tendo em vista a legislação especial, fácil será qualificá-lo nos termos do que estatui o art. 1º da Lei n. 6.704/79.[6]

Ele teve em vista garantir exportações brasileiras de vagões para país estrangeiro, contra riscos comerciais.

Este inciso legal autoriza a cobertura também de riscos políticos e extraordinários. Na espécie, entretanto, as partes cogitaram da insolvência, não do importador estrangeiro, mas do fabricante nacional, financiado pelo Segurado-Beneficiário (Banco).

Considerado então um seguro contra a insolvência, o risco consistia no fato do financiado (Garantido-Devedor) tornar-se ou presumir-se insolvente. Ocorre, então, o que NICOLAS JACOB descreve sob a epígrafe *assurance-insolvabilité*:

"Le risque garanti est l'insolvabilité et l'assurance n'intervient qu'autant que le sinistre est réalisé" (NICOLAS JACOB, ob. cit., p. 247).

É uma das modalidades da instituição do seguro (PARGA CABRERA), e a obrigação assumida pelo segurador difere fundamentalmente da obrigação do devedor, como esclarecem PLANIOL et RIPERT:

"*L'assurance-crédit* – Dans ce contrat, l'obligation assumée par l'assureur est absolument distincte de celle du débiteur dont le crédit est assuré" (*Traité Pratique de Droit Civil*, 1932, v. XI, n. 1.513, p. 875).

Face aos conceitos doutrinários, e tendo em vista a legislação especial, o Seguro de Crédito à Exportação, como visto, não se confunde com operação fidejussória, ali-

---

6   Veja-se nota 4, acima.

nhando-se entre as modalidades de seguro. Tem por objeto um risco direto ou indireto, oriundo de uma exportação de mercadoria ou de serviços, garantindo o exportador ou quem o financia contra a eventualidade de insolvência (risco comercial) ou de mudanças na forma de governo ou decisões administrativas (risco político e extraordinário).

Limitado, na espécie, ao risco comercial, deve o Certificado de Cobertura Global classificar-se como um seguro contra a insolvência, situado no contexto geral das operações de seguro, e submetido especificamente à Lei n. 6.704/79.[7]

*Ao Quesito Terceiro*

O Código Civil, nos arts. 1.432 a 1.465,[8] estabelece a disciplina do "contrato de seguro". Tem em vista este negócio jurídico como gênero, sem restringir sua aplicação a determinada espécie securitária. O seguro, qualquer que seja a sua modalidade, acha-se subordinado aos preceitos genéricos do Código Civil, invocando apenas a preceituação específica para aqueles tipos que o legislador veio a criar com características especiais.

Esta orientação é tanto mais certa quanto evidente o enorme desenvolvimento dos riscos que a vida social e econômica dia a dia multiplica, e bem assim o enorme incremento das atividades negociais.

Sob essa dupla inspiração, a legislação securitária pode ser classificada em dois grupos: a fixação de normas atinentes ao contrato de seguro em geral, e as regras específicas reguladoras de cada tipo.

O seguro de crédito, posto que recente (e em particular o de crédito à exportação), é uma espécie dentro do gênero seguro, cujo domínio é muito vasto e de aplicações ilimitadas (NICOLAS JACOB). Seu objeto é o risco, em qualquer de suas modalidades: a morte, a destruição da coisa, o acidente pessoal ou material, o roubo, como a insolvência do devedor.

Dentro desta enorme gama de riscos, o seguro de crédito tem lugar como um tipo especial:

> "O seguro de crédito, como qualquer tipo especial de seguro, pode ser encarado no campo do Direito em sua essencialidade, como negócio jurídico, e no seu mecanismo funcional, como contrato" (FABIO KONDER COMPARATO, ob. cit., p. 22).

É fato notório que o seguro é um dos institutos jurídicos que maior expansão tem tido. De espaço em espaço, novas modalidades se esboçam e ganham regulamentação. Isto se deve, observa-o RAFAEL JIMÉNEZ DE PARGA CABRERA, a dois tipos de fatores, um interno outro externo. O interno foi

> "la asociación de capitales que se produjo para la explotación del mismo."

---

7   Veja-se nota 4, acima.
8   – Dispositivos correspondentes no Código Civil de 2002: arts. 757 a 777.

E por outro lado, o fator externo, ou mais precisamente os fatores externos são três:

"En primer lugar la gran expansión que adquiere el comercio. El comercio se convierte en el medio normal de vida, en el eje del sistema económico y en función esencial del desarrollo del capitalismo. En segundo lugar, paralelo a la expansión del comercio se produce el gran aumento de los bienes. En tercer lugar, los progresos científicos técnicos."

Foi aí que nasceu o seguro de crédito à exportação, com o objetivo de expandir o comércio:

"En la encrucijada histórica descrita en pp. atrás nace el Seguro de Crédito a la exportación. El dato decisivo es que el Estado no podía permanecer indiferente, después de quebrarse la vieja línea de separación Sociedad-Estado, ante la necesidad apremiante de disponer de un instrumento de ayuda a la expansión del comercio exterior" (RAFAEL JIMÉNEZ DE PARGA CABRERA, *El Seguro de Crédito a la Exportación*, p. 32, 33 e 38).

Incrustado, pois, dentro de um gênero amplíssimo, o Seguro de Crédito à Exportação absorve as normas gerais disciplinares do instituto, e se submete, naquilo que diz respeito às suas peculiaridades, às regras especiais. Salvo, portanto, o que se compreende nas suas especificidades, aplicam-se-lhe as regras do Código Civil, notadamente aquelas que dizem respeito ao "contrato de seguro".

O art. 1.432 do Código Civil[9] contém os elementos de uma definição abrangente, quando menciona o pagamento do prêmio, a indenização e o risco futuro, previsto no contrato. Sua redação pareceu a BEVILÁQUA "satisfatória".

E o desdobramento desta modalidade contratual, pelo seu conteúdo e pela sua generalidade, estabeleceu-se de modo a dispensar o legislador de retornar ao assunto, quando minudencia os diversos tipos. Todos eles, portanto, observadas as peculiaridades de cada um, estão submetidos às disposições do Código Civil.[10]

E o de Crédito à Exportação não foge a esta contingência nem é exceção. Sujeita-se aos dispositivos da legislação especial, sem embargo de se submeter à normação genérica do Código Civil.

---

9   CC 2002, art. 757.
10  Assim dispõe o art. 777 do Código Civil de 2002:
    "Art. 777. O disposto no presente Capítulo aplica-se, no que couber, aos seguros regidos por leis próprias."

## Ao Quesito Quarto

A cláusula ou pacto *"solve et repete"* era discutida no Direito Italiano anterior ao atual Código Civil. Originária do direito tributário, sua extensão ao direito privado, se por alguns fora aceita, em outros encontrou repulsa. Vale neste sentido a opinião a todos os títulos autorizada de CHIOVENDA, ao se insurgir contra esta cláusula fundado em que rompe com o equilíbrio das partes e estimula o inadimplemento da obrigação, dizendo que ele

> "rompe in modo iniquo l'equilibrio delle parti e incoraggia all'inadempienza la parte, a cui favore esso è stipulato" (GIUSEPPE CHIOVENDA, *Istituzioni di Diritto Processuale Civile*, p. 69).

Introduzida em nosso direito tributário, na legislação estadonovista, tem sido rejeitada no STF (ALIOMAR BALEEIRO, *Direito Tributário Brasileiro*, 1977, p. 508-513).

Para que penetrasse incontroversa na dogmática contratual italiana foi preciso que o Código de 1942 a adotasse por expresso. E o fez no art. 1.462.

Para fixar a sua natureza e a sua aplicabilidade, é necessário precisar a sua colocação topográfica. Ela se encontra na Seção I, do Capítulo XIV, do Título II, que trata "Da resolução do contrato", e em especial "Da resolução por inadimplemento".

A súmula do art. 1.462, que a consagra, está assim redigida: "Cláusula limitativa da oponibilidade de exceções".

Tendo, então, em vista a taxologia desta cláusula ao pacto, pode-se desde logo considerar que ela tem uma finalidade específica, qual seja limitar, em favor daquele a quem beneficia, a oponibilidade de exceções relativas à inexecução das obrigações contratuais, como é o caso da *exceptio non adimpleti contractus*.

Com base nesta disposição, a doutrina desenvolve o princípio, sem perder de vista a sua estrutura teórica anterior, e a sua repercussão na economia do contrato.

Assim é que BARASSI, depois de salientar que a cláusula tem a finalidade de limitar a oponibilidade de exceções, e de assegurar ao credor a imediata execução da prestação, assinala que ela somente se compreende quando ocorre um interesse do credor verdadeiramente a merecer tal tutela. Por isso, diz ele, ela é excepcional "se se trata de um interesse meramente privado do credor".

E acrescenta, alicerçado no art. 1.462, que ela pressupõe a validade do contrato (*presuppone la validità del contratto* – cf. LUDOVICO BARASSI, *La Teoria Generale delle Obbligazioni*, 1946, v. III, p. 1.105).

MESSINEO, discorrendo sobre a cláusula *solve et repete*, e explicando que ela penetrou no direito privado por via de análogo instituto de direito tributário, di-la encontradiça nos contratos de adesão ou nos contratos-tipo. Mas esclarece que, se sua finalidade é obviar a oposição de exceções, não se estende a toda espécie de defesa, uma vez que não é icompatível com as alegações de nulidade, anulabilidade ou rescisão do contrato:

"Tuttavia, anche se sia operativa la clausola in esame, non è vietato opporre talune specie di eccezioni, quale sono quelle di nullità, o annullabilità, o rescissione del contratto" (FRANCESCO MESSINEO, *Dottrina Generale del Contratto*, 1948, p. 542).

Com a segurança que imprime a seus estudos, o professor PRESUTTI ensina não ser exato que tal pacto importa numa simples renúncia a fazer valer um direito, por via de exceção. E enfatiza que a cláusula não se aplica se o objeto da defesa é a "nulidade ou a anulabilidade do contrato". Quando se aponta neste um vício, acrescenta ele, o juiz deve preliminarmente decidir sobre a sua subsistência. E extrai a consequência lógica do princípio, sentenciando que, se cai o contrato, cai também o pacto:

"Ciò è la logica conseguenza del principio: se cade il contratto, cade anche il patto" (ENRICO PRESUTTI, in *Nuovo Digesto Italiano*, v. XII, parte 1ª, verbete "*Solve et Repete*").

Ou, como assevera MESSINEO, a cláusula não opera quando seja manifesto o comportamento malicioso do contraente:

"La clausola non opera, nel caso sia manifesto il comportamento malizioso del contraente, che se ne è assicurato il vantaggio e quando risulti chiaro, già dagli atti di causa, la sua inadempienza" (ob. cit., p. 543).

Assentadas estas considerações, com base na doutrina italiana que é o campo especulativo e legal de incidência da cláusula "*solve et repete*", o que se torna necessário para determinar o conteúdo da cláusula 11ª das Condições Especiais do Contrato de Seguro de Crédito à Exportação (Certificado de Cobertura Global), concertado entre as partes, é saber se ela coincide, nas finalidades, nos pressupostos, e no alcance com a referida, e aqui focalizada, cláusula *solve et repete*.

Como visto, este pacto visa a afastar, previamente, as exceções que o devedor possa apresentar à pretensão do credor, não abrangendo as que dizem respeito à nulidade ou à anulabilidade do contrato.

A leitura da cláusula 11ª não contém tal objetivo. Ali não se pactuou, nem expressa nem implicitamente, a renúncia do IRB a discutir o contrato.

O que literalmente dela emana é a concessão, pelo Segurador, de um adiantamento sobre a liquidação do seguro, independente da apuração do valor da perda líquida definitiva.

Para que a aludida cláusula 11ª tivesse o alcance do pacto *solve et repete*, necessário seria que se estabelecesse a obrigatoriedade de pagar o seguro, isto é, de solver o Segurador o valor integral deste, com a faculdade de pedir a restituição. Tratando-se de "adiantamento" e não de "cumprimento da prestação devida", não funciona com o alcance de uma cláusula contratual de execução automática e imediata. Está subordinada a se positivar a obrigação de pagar o seguro. O seu pressuposto fático substancial é, portanto, a exigibilidade do valor segurado. E seu mecanismo traz as características de transitoriedade, uma vez que o "adiantamento" é temporário, até que "tenha sido apurado o valor da perda líquida definitiva".

Não operando como um dever-solver autônomo e indiscutível, mas funcionando apenas como uma concessão da seguradora ("o IRB obriga-se a conceder adiantamento"), não implica um direito do Segurado-Beneficiário ao recebimento incondicional do valor segurado, com a correlata obrigação de restituir.

Ao IRB, em face da cláusula 11ª, está obviamente assegurada a faculdade de examinar, em tese, se ocorre a obrigação de indenizar. E, somente reconhecida esta, cabe "adiantar" os 100% do valor segurado. Ela se destina a uma antecipação sobre a liquidação do seguro.

Tem, portanto, o sentido de "adiantar" o pagamento, no pressuposto da validade do seguro, e exerce apenas a função de autorizar o levantamento do valor deste, independentemente de ser "apurado o valor da perda líquida definitiva".

Ao contrário da *solve et repete*, que assegura o implemento da obrigação, sem o direito de opor o devedor exceções (salvo as de nulidade, anulabilidade ou rescisão), a cláusula 11ª apenas obriga-o a adiantar o valor segurado, *sub condicione* de ser devida a prestação, mas pender exclusivamente a apuração do valor da perda líquida.

Longe, portanto, de obrigar ao pagamento em qualquer hipótese, e ulteriormente repeti-lo (*solvere et repete*), a cláusula 11ª somente reconhece ao Segurado-Beneficiário o direito ao recebimento se a indenização for devida. Em tal caso, o devedor (IRB) teria de "adiantar" o valor segurado.

Ao contrário da cláusula *solve et repete*, o Segurador tem o direito de questionar a existência da obrigação de indenizar, e somente comprovada esta é que lhe corre o dever de "avançar" o valor segurado, sem cogitar da apuração do valor da perda líquida definitiva.

Trata-se, pois, de cláusulas com finalidades e atuações muito diversas. Não se confundem, no sentido e na função, a cláusula 11ª e o questionado pacto *solve et repete*.

É o que opino.

# 44

**Fatos**  Contrato celebrado entre agência de publicidade e anunciante. Vigência por prazo indeterminado. Denúncia do contrato pelo anunciante. Alegação, pela agência, de que o contrato não poderia ser desfeito, tendo em vista os compromissos assumidos conjuntamente perante veículos de divulgação. Ajuizamento de ação para a cobrança do percentual ajustado, calculado sobre o volume dos contratos em que figuraram as três partes (veículos, agência e anunciante).

**Direito**  Contrato de publicidade. Partes: anunciante, agente e veículo de divulgação. Contrato por prazo determinado. Existência de outro contrato, em paralelo, entre a agência e o cliente, com vigência por prazo indeterminado. O anunciante pode suspender a atuação da agência no âmbito do contrato por prazo indeterminado, mas deve cumprir as obrigações constantes da convenção tripartite.

---

Empresa de Publicidade prestou, por largo período, serviços de publicidade a uma cliente. Segundo prática sempre adotada, os contratos eram celebrados entre a cliente ("Anunciante"), os "Veículos" de divulgação (jornais, rádios, rede de televisão) e a Empresa de Publicidade ("Agente"), ora denominada simplesmente "Empresa".

Passado o controle acionário da cliente (Anunciante) a outra entidade, deliberou esta encerrar os serviços da Empresa, mediante carta que lhe endereçou, tendo em vista esta circunstância, uma vez que a outra entidade dispõe de serviço propagandístico próprio e que a utilização dos da Empresa ser-lhe-iam onerosos.

Inconformada, a Empresa sustentou, em correspondência formal, seus direitos à permanência do serviço, constante dos contratos celebrados com os "Veículos", uma vez que a tríplice assinatura nos instrumentos vinculava a "Anunciante" a ela "Agente", pelos prazos avençados.

Não logrando êxito os entendimentos diretos e amigáveis, a Empresa ajuizou o pedido, reclamando o pagamento do percentual ajustado, calculado sobre o volume dos contratos em que figuram as três partes, os quais atingem vultosa soma.

Oferecendo cópias dos documentos básicos e reportando-se às principais peças do processo, pergunta:

1º Como se caracteriza o contrato avençado pela Consulente e objeto da questão entre as partes?

2º Os contratos celebrados pela "Anunciante" com os "Veículos" de divulgação obrigam-na em relação à "Agência", em razão de serem firmados pelas três partes?

3º Não obstante perdurarem sem tempo determinado as relações entre "Agente" e "Anunciante", esta é obrigada a respeitar os prazos dos contratos com os "Veículos"? Em caso afirmativo, que significado tem a indeterminação de prazo nas relações "Anunciante"/"Agência"?

4º Como se interpreta o pré-aviso de sessenta dias, referido no art. 9º do Decreto n. 57.690, de 01 de fevereiro de 1966,[1] em face da situação descrita na exposição *supra* e emergente do processo?

5º É lícita a comunicação da cliente (Anunciante) à Empresa (Agente), declarando encerrados os serviços desta, ou impõe-lhe o dever ressarcitório?

## PARECER

*Ao Quesito Primeiro*

O contrato de publicidade, que era entre nós regulado por costumes mais ou menos dispersos até a década de 60, ganhou tipicidade por força da Lei n. 4.680, de 16 de junho de 1965, regulamentada pelo Decreto n. 57.690, de 01 de fevereiro de 1966. Aqui defrontamo-nos com o fenômeno da interferência de novos fatos econômicos sobre a evolução social, a que se refere ZAKSAS como uma influência genérica que a curva evolutiva da progressão contratual sugere:

"L'évolution sociale, à son tour, est en grande partie fonction des faits économiques. La concordance entre les deux mouvements, certes, ne saurait être absolue. Mais il est évident qu'une évolution qui a bouleversé les moyens de production et de comunication, qui a changé les conditions de la vie et les besoins sociaux, ne pouvait rester sans influence sur l'ordre social. De fait, tant sur le terrain de la vie générale de la société, que sur celui des éléments essentiels de son équilibre, les effets des transformations économiques furent considérables" (JOSEPH ZAKSAS, *Les Transformations du Contrat et leur loi*, n. 85, p. 215).

Foi, sem dúvida, o desenvolvimento dos meios de divulgação pelo alargamento da imprensa escrita, a criação das emissões-rádio, a fixação de cartazes sugestivos e sobretudo a abertura de canais de televisão a causa geradora de novas formas de produção e comunicação, à sua vez gerando novos tipos de atividades, de profissões e de categorias econômicas.

---

[1] O Decreto n. 57.690/66 encontra-se em vigor, com pequenas alterações que não interferem no conteúdo deste parecer. Informação disponível em <www.presidencia.gov.br>, acesso em 02.08.2010.

Dentro nesta linha de fatores, com que se não defrontava o legislador, é que a figura específica do contrato de publicidade tem de ser enfocada. Pelo fato de o não fazer, mantendo-se em vinculação aos modelos contratuais clássicos, é que muita vez o jurista e o juiz se deixam conduzir por desvio de perspectiva, perturbador de hermenêutica do novo diploma, ou deformante da situação concreta. Frequentemente, à falta de denominação mais adequada, a aproximação onomástica influi na invocação de preceitos próprios de uma figura negocial que não guarda analogia conceitual ou disciplinar com certa outra.

Para situar bem a figura contratual nova, cumpre expurgá-la de toda intervenção inadequada, e estudá-la em face de sua estrutura mesma, e bem assim extremar os elementos subjetivos de uma dada relação contratual relativamente a outros, a fim de que a homonímia não desvirtue os conceitos jurídicos respectivos.

Na terminologia advinda da Lei n. 4.680/65, a distinção dos elementos individuais permite a determinação das relações jurídicas. Assim é que, se o "Agenciador de Propaganda" opera assemelhado a um corretor vinculado aos "Veículos de Divulgação" (art. 2º), a lei admite contrato celebrado diretamente entre o "Anunciante" e o jornal, ou a rádio ou a tv. Seria, no caso, um contrato simples, em que o interessado obtém a propaganda, pagando-a diretamente ao "Veículo"; concede ele, ou não, comissão ao "Agenciador", conforme haja este corretado a publicidade, ou não. Nesta modalidade não aparece a "Agência de Propaganda", nem o contrato assume as características de divulgação específica, ou de "contrato de publicidade".

De outro lado, a mesma lei tipifica o contrato ajustado entre a "Agência de Propaganda" e o "Cliente Anunciante", para o qual ela estuda, concebe, executa e distribui propaganda aos Veículos de Divulgação (art. 3º). Nesta avença, são partes o "Anunciante" de um lado e a "Agência de Propaganda" de outro lado.

Este contrato caracteriza-se como de prestação de serviços especializados, reunindo a atividade criadora, a execução do modelo propagandístico e o encaminhamento da matéria publicitária a um ou mais Veículos de Divulgação, diferenciados pela sua natureza ou pela modalidade de comunicação com o grande público.

Não se confunde contrato celebrado pelo Agenciador, com o estipulado pela Agência de Propaganda. Aquele é um contrato entre a pessoa física do Agenciador e o Veículo. O Agenciador é um profissional, que recebe "comissão", assemelhada à de qualquer corretor.

No contrato entre a Agência e o Cliente (contrato de publicidade), as relações apresentam-se sujeitas a princípios básicos, expressamente definidos no art. 9º do Decreto n. 57.690/66.

Feita a distinção entre a figura do Agenciador e da Agência de Propaganda e os respectivos contratos, deflui naturalmente a remuneração de um como "comissão" e da outra definida como "desconto" (Lei n. 4.680/65, art. 11).[2]

---

2    Art. 11 da Lei n. 4.680/65: "A comissão, que constitui a remuneração dos Agenciadores de Propaganda, bem como o desconto devido às Agências de Propaganda serão fixados pelos veículos de divulgação sobre os preços estabelecidos em tabela."

Dado o interesse do Cliente Anunciante, da Agência de Propaganda e do Veículo, os contratos de divulgação e de propaganda podem englobar-se num mesmo instrumento: a Agência obriga-se com o Anunciante à criação, concepção, execução e distribuição por certos Veículos; estes se comprometem à divulgação, apresentando as faturas ao Anunciante por intermédio da Agência, e abonando a esta o respectivo desconto.

Nesta circunstância, ao invés de dois contratos isolados (Anunciante/Agência, e Agência/Veículo) pode ser ajustado um só instrumento (contrato tripartite), em que se definem obrigações específicas de uns e de outros, mas no qual certas cláusulas estabelecem a ligação dos três, e fecham o triângulo.

Para a boa compreensão destas relações é preciso, pois, não perder de vista que a força das influências sociais e econômicas substituiu a multiplicidade de contratos individuais por certos padrões construídos pelo legislador sobre a experiência negocial, permitindo e até exigindo uma espécie de interpretação objetiva, em que a exegese adquire liberdade em relação à hermenêutica tradicional da vontade:

"A la multiplicité des contrats individuels, impliquant des variations sans limite, se substitue le contrat-type, qui exprime les conditions dans lesquelles l'échange des prestations s'effectue. L'uniformité des besoins et l'uniformité des possibilités de leur satisfaction dans l'économie moderne, substituent une appréciation unique, une seule vérification à la multiplicité sans fin des clauses résultant des marchandages" (VIRGILE L. VENIAMIN, *Essais sur les Données Économiques dans l'Obligation Civile*, p. 304).

Animado desta conceptualística é que o hermeneuta deve, a um só tempo, perquirir o entendimento da vontade contratual e da lei, que veio abrir horizonte próprio à nova modalidade de avença. E sob estas luzes, o contrato, *in casu*, constitui no seu conjunto um "contrato de publicidade", e não um complexo de avenças distintas.

Encontrando, pois, um contrato em que figuram o Anunciante, a Agência e o Veículo, não é lícito cindi-lo, para configurar a existência de negócios jurídicos autônomos. Se eles têm de ser cumpridos num só impulso, não satisfazendo ao anunciante a execução parcelada ou fracionada, não poderão ser interpretados senão como um conjunto que formam. Se eles são aglutinados numa unidade instrumental, cumpre entendê-los como constitutivos desta unidade orgânica e jurídica. E tanto mais é de se enfocar, na espécie sob exame, esta aglutinação, quanto mais certo que não surgiu por acaso, porém subsiste uniforme em multiplicidade que constitui uma constante. Pelo tempo afora assim se tem procedido na relação entre as partes. Pela variedade de negociações estabelecidas com numerosos veículos, a espécie sob consulta revela que a interligação não é casual nem isolada, porém traduz uma intenção. O *animus* de marcharem os três como partes das mesmas relações, que visam a certos e definidos objetivos. Não são contratos independentes, mas ao contrário geram obrigação indivisível em função da finalidade publicitária. Em face de um comportamento uniforme, desvia-se do entendimento adequado o intérprete que procura compreendê-lo como se fossem negócios jurídicos autônomos e não comunicantes.

*Ao Quesito Segundo*

O fenômeno não é novo, nem foi uma peculiaridade do pactuado entre as partes referidas na Consulta. Ao revés, a reunião de figuras diversas em unidade contratual observa-se com tão grande frequência na atualidade econômica, que já suscitou a elaboração de estudo monográfico de BERNARD TEYSSIE, professor em Montpellier.

Dentre outros casos, analisa precisamente os "contratos de publicidade". Começa por apontar três séries de convenções, em que aparece o que denomina "o conceptor", "um industrial" e um "suporte".

Em seguida, estuda as relações respectivas: a relação "anunciador-conceptor", que corresponde, em nossa sistemática, às do Anunciante-Agência (da Lei n. 4.680/65), tendo em vista que

> "l'annonceur demande au concepteur de lui fournir un motif original pour illustrer sa campagne."

Passando pela execução (parte industrial) que pode assumir um ou mais contratos, segue-se a fase de difusão ou divulgação, que pode ser feita diretamente pelo anunciante, mas nem sempre, pois que

> "il recourt, d'ordinaire, à des supports avec lesquels sont conclus des contrats de diffusion."

Posto que originariamente sejam contratos distintos, este complexo (indaga o autor) merece a qualificação de conjunto indivisível?

> "Pareil complexe mérite-t-il la qualification d'ensemble indivisible?"

E ele próprio responde, considerando que, se a realização de uma fração satisfizesse, haveria a cindibilidade. Mas como, ao contrário, a operação publicitária forma um todo, ela não é suscetível de divisão, e por via de consequência a indivisibilidade objetiva da operação repercute no conjunto contratual:

> "Cet ensemble est-il indivisible? Répondre suppose trancher le problème de la divisibilité ou de l'indivisibilité de l'opération publicitaire envisagée par l'annonceur. La réalisation d'une fraction de celle-ci, d'affiches par exemple, est elle susceptible de le satisfaire? Si l'affirmative peut l'emporter, l'hypothèse parait néanmoins, exceptionnelle. L'opération publicitaire, d'ordinaire, forme un tout. Seule, sa complète exécution satisfait l'article 1.217 du Code Civil, nous pouvons affirmer qu'elle n'est pas, en principe, "susceptible de division", L'indivisibilité objective de l'opération se répercute sur l'ensemble contractuel" (BERNARD TEYSSIE, *Les Groupes de Contrats*, n. 181 a 190, p. 99 a 102).

Precisamente o que ocorre com a relação econômico-jurídico tripartite da consulta. À Anunciante não satisfaz a criação de certo tipo de publicidade. À Agência não é bastante compor certo instrumento de propaganda, entregando-o ao Anunciante. O Veículo não recebe do Anunciante os modelos publicitários a divulgar. O contrato não comporta implemento *pro parte*. Ele somente tem execução satisfatória como relação jurídica complexa.

Não sendo executável fracionadamente, as obrigações devem ser visualizadas como um conjunto.

Em decisão tomada pela Corte de Paris, a matéria já mereceu atenção, de que se extrai lição aplicável à espécie, no sentido da existência de relação contratual complexa, e não de contratos distintos:

"Le fait pour une agence de publicité d'avoir été chargée "de l'ensemble des opérations de publicité, promotion de ventes et relations publiques" d'un constructeur automobile, le pouvoir qui lui avait conféré, même en l'absence d'un budget déterminé, d'engager toutes les dépenses qu'elle estimerait utiles pour l'exécution des campagnes par elle conçues, interdisent de considérer que cette agence ne traitait avec l'annonceur que par louages d'ouvrage distincts; tout au contraire, il apparaît que son rôle a été conforme à celui de l'agent de publicité tel que défini au contrat-type élaboré en application de l'arrêté du 15 déc. 1959" (DALLOZ, *Périodique*, Jurisprudence Générale, 1971, J., p. 228).

Assentadas essas premissas básicas, as respostas aos quesitos fluem naturalmente. Num só contrato – avença complexa e não simples justaposição de atos negociais autônomos –, Anunciantes, Agência e Veículo assumiram compromissos que se especificam, mas que se entrelaçam. Desta sorte, todos se encontram obrigados, e devem fidelidade ao que pactuaram. Eram livres de se prenderem uns aos outros. Mas prenderam-se. Vontades autônomas, tinham a faculdade de contratar ou de não contratar. Tinham o arbítrio de adotar as cláusulas de sua conveniência. Desde que se vincularam, avençaram, aceitaram as cláusulas, perderam a liberdade de se autodeterminarem. Vem do Direito Romano este poder da vontade sobre si mesma. A bem dizer do Direito Romano da primeira fase, pois que a Lei das XII Tábuas, no começo da civilização jurídica de Roma, já declarava que se transmudava em direito aquilo que se exprimia por palavra: *Cum nexum faciet mancipiumque, uti lingua nuncupassit ita ius esto*. Atravessou os séculos. E não é sem razão que o direito moderno repete o que o clássico proclamava: têm efeito de lei, entre as partes, as convenções legalmente ajustadas:

"Les conventions légalement formées tiennent lieu de loi à ceux qui les ont faites" (DE PAGE, *Traité*, v. II, Primeira Parte, n. 466).

Firmados os contratos pelas três partes, obrigam-nas, descabendo discutir se uma delas foi representada pela outra. Os instrumentos consignam a presença dos três outorgantes e respectivamente outorgados. É irrelevante arguir que um deles (o Anunciante) estava representado pelo outro (a Agência). Irrelevante, porque se o primeiro comparece e assina, juntamente com os demais (Agência e Veículo), todos são partes, e todos se obrigaram pelo pactuado.

Mas se se pudesse considerar que a Agência agia na qualidade de mandatária do Anunciante (procuração *apud acta*, tendo em vista a presença simultânea), então a Agência emitiu a vontade "em nome" do Anunciante, e este necessariamente responde pelo ato praticado.

*Ao Quesito Terceiro*

A Anunciante tomou os serviços da Agência por tempo indeterminado. Enquanto lhe conviesse, conserva-la-ia no mister de promover aquilo que a lei especial qualifica como atribuições dela própria: estudo, concepção, execução, distribuição de propaganda.

Celebrado contrato para determinado anúncio – contrato complexo de publicidade –, as três partes estavam e estão vinculadas às suas cláusulas. Inclusive em relação ao tempo, se se obrigaram a prazo certo.

E compreende-se. Por força do convencionado sem prazo, a Agência elabora determinado tipo de propaganda dispendiosa, com desenhos, montagens, utilização de pessoal, e tudo mais. O retorno do investimento só lhe é assegurado com o tempo, uma vez que sua remuneração se faz sob a forma de "desconto" que lhe creditam os Veículos. Para isto, ajusta com estes, sob anuência da Anunciante ou com a sua participação direta, um contrato de divulgação "por tempo certo".

A Anunciante pode suspender a atuação da Agência, proibindo-a de criar e executar para ela novos meios propagandísticos.

Mas é claro que aquele contrato de publicidade não pode ser unilateralmente rompido, dentro no prazo estipulado. Enquanto não escoado este, os partícipes estão obrigados.

*Ao Quesito Quarto*

A disposição contida no art. 9º do Decreto n. 57.690/66[3] é o que na classificação das normas se diz supletiva. Trata-se de noção elementar, mas por isto mesmo consagra-

---

3 "Art. 9º Nas relações entre a Agência e o cliente serão observados os seguintes princípio básicos:
I – A Agência assegurará exclusividade ao Cliente, obrigando-se a não assumir encargo de propaganda de mercadoria, produto ou serviço concorrente, salvo por explícita concordância de seu Cliente.
II – A Agência não executará qualquer plano de propaganda, que represente despesa para o Cliente, sem que este lhe tenha dado sua prévia autorização.
III – A Agência obrigar-se-á a apresentar ao Cliente, nos primeiros dias de cada mês, uma demonstração dos dispêndios do mês anterior, acompanhada dos respectivos comprovantes, salvo atraso por parte dos Veículos de Divulgação, na sua remessa.
IV – O Cliente comprometer-se-á a liquidar à vista, ou no prazo máximo de trinta (30) dias, as notas de honorários e de despesas apresentadas pela Agência.

da por aceitação universal. Sob o aspecto de sua força obrigatória, as leis se dizem proibitivas ou imperativas e supletivas. As primeiras, abrangidas no critério genérico de *ius cogens*, aplicam-se necessariamente. São insuscetíveis de derrogação pelos pactos privados. Todos lhes devem obediência, irrefugivelmente. Não escapam ao seu império.

Já as normas "supletivas", também denominadas "permissivas", não se impõem compulsoriamente. Destinam-se a vigorar como subsidiárias da vontade dos interessados. Suprem a deliberação das partes. Vigoram no silêncio dos declarantes. Preenchem os claros do que foi estipulado.

Locador e locatário podem contratar a cessão de uso por tempo indeterminado. Fornecedor e adquirente podem ajustar o provisionamento por prazo incerto.

Em um que outro caso, a lei permite a denúncia do contrato mediante pré-aviso. Esta é uma disposição permissiva ou supletiva.

Abrindo mão desta faculdade, os interessados vinculam-se por tempo certo. Como a norma do pré-aviso é supletiva, não tem aplicação onde os interessados se obrigaram por tempo determinado.

Assim no contrato de publicidade. As partes são livres de o avençarem a termo incerto. E, como não se compreende que tal se traduza como nexo *in aeternum*, cabe a denúncia com pré-aviso de sessenta dias (Decreto n. 57.690, art. 9º).

Mas, se os interessados se prenderam por prazo determinado, estão adstritos a este, e, em tal caso, já não cabe a cessação das relações contratuais mediante o pré-aviso de sessenta dias. E não cabe, porque abrindo mão de contratarem a tempo incerto, prenderam-se por prazo determinado.

Se se pudesse considerar que a norma ora examinada (art. 9º do Decreto n. 57.690/66) não é supletiva porém imperativa, chegar-se-ia a uma interpretação absurda,

---

V – Para rescisão ou suspensão da propaganda, a parte interessada avisará a outra do seu propósito, com a antecedência mínima de sessenta (60) dias, sob pena de responder por perdas e danos, ficando o Cliente impedido de utilizar-se de quaisquer anúncios ou trabalhos criados pela Agência, e esta, por sua vez, proibida durante sessenta (60) dias, de aceitar propaganda de mercadoria, produto ou serviço semelhantes à rescindida ou suspensa.

VI – Sempre que trabalhos ou anúncios criados pela Agência, com aprovação do Cliente, não sejam utilizados ou forem cancelados, após curto período de divulgação, embora sem rescisão ou suspensão do contrato, caberá à Agência um remuneração especial, a título de ressarcimento das despesas que efetuou.

VII – Para dirimir as duvidas surgidas na fixação do valor de honorários, de reembolso de despesas e de indenizações por perdas e danos, poderão as partes instituir comissão de árbitros, a cargo de três profissionais, indicados de comum acordo, ou por associação de classe com exigência legal.

VIII – A ideia utilizada na propaganda é, presumidamente, da Agência, não podendo ser explorada por outrem, sem que aquela, pela exploração, receba a remuneração justa, ressalvado o disposto no art. 454, da Consolidação das Leis do Trabalho.

IX – Nenhum elemento de pesquisa ou estatístico poderá ser deturpado pela Agência ou apresentação de forma capciosa, e sempre que for utilizado como fator fundamental de persuasão, será mencionada a fonte de sua procedência."

de se considerar proibido o contrato de publicidade por prazo determinado. E tal interpretação, por absurda, sofre a condenação milenar: *interpretatio illa summenda qua absurdum evitetur.*

*Ao Quesito Quinto*

Toda a questão gira em torno da obrigatoriedade do contrato. E esta é uma consequência irrecusável. Os contratantes livremente estipularam e legalmente se empenharam. Não podem fugir ao obrigado. A notificação da Anunciante à Agência, declarando encerrados os serviços desta, importa em liberar-se, *ante tempus*, dos compromissos assumidos.

Acontece que o contrato obriga, e o contratante que se furta à execução de suas cláusulas infringe-o.

Conforme aqui assentado, toda a questão se resume na indagação se a Anunciante ficou presa à obrigação de respeitar a cláusula do tempo. Vale dizer, se a ela opõe-se a convenção pela qual o contrato de publicidade tinha duração de dois anos. E, como visto, a conclusão pela afirmativa é correta.

Assim sendo, não podia antecipar o termo do contrato. Sua atitude constitui uma infração ao pactuado. Não pode o contratante cumprir, da convenção, aquilo que lhe apraza. Pois se lhe fosse lícito escolher o que executar, seria o próprio contrato que perderia consistência.

Vinculado às condições do pacto, deve-lhe estrita obediência. Cabe-lhe total observância. Tem de cumpri-lo inteiramente.

Não cumprir no todo já é descumpri-lo. Eis o princípio que o Código Civil apresenta, de maneira precisa e geral:

"Art. 1.056. Não cumprindo a obrigação, ou deixando de cumpri-la pelo modo e pelo tempo devidos, responde o devedor por perdas e danos."[4]

Não cumprir em parte ou cumprir em parte já é inadimplemento, pois que o devedor tem de cumprir fielmente. Totalmente. Mestre de todos nós, BEVILÁQUA o diz, em linguagem singela e precisa, que o problema reside apenas na graduação das perdas e danos, já que são devidos quer em face do inadimplemento total, quer do parcial:

"Se a inexecução é completa, mais extensa há de ser a responsabilidade; se a execução é apenas imperfeita, deve a responsabilidade ser proporcional ao que falta para completar a execução" (CLÓVIS BEVILÁQUA, *Comentários ao Código Civil*, em observação ao art. 1.056).

---

4 – Dispositivo correspondente no Código Civil de 2002:
"Art. 389. Não cumprida a obrigação, responde o devedor por perdas e danos, mais juros e atualização monetária segundo índices oficiais regularmente estabelecidos, e honorários de advogado."

Vinculada a um contrato de publicidade por tempo determinado, a Anunciante que o cumpriu parcialmente, mas que interrompeu o curso de sua execução, infringiu-o, devendo a sua responsabilidade apurar-se na proporção do que falta para completar a execução.

Não procedeu, portanto, licitamente ao declarar encerrados os serviços da Agência, antes de vencido o prazo.

Não colhe a alegação de o fazer em razão de mudança do controle acionário, pois aí a conclusão é inevitável: se o adquirente do controle acionário apenas assumiu a maioria de ações, respeitando a personalidade jurídica da Anunciante, esta continua devedora das obrigações assumidas; se, com a aquisição do controle acionário, incorporou a Anunciante, tornou-se sucessora desta em todas as relações jurídicas, respondendo, pois, nessa qualidade. Digo eu que a conclusão é inevitável, porque em qualquer dos casos a Agência de Propaganda é credora, com direito oponível à Anunciante ou à sua sucessora, pelas perdas e danos que provêm de cessação injustificada da prestação de serviços a que se viu compelida pela atitude unilateral de sua cocontratante.

Assim entendo, e opino.

# 45

**Fatos**  Sociedade administradora de *shopping center*. Existência de demanda contra ela ajuizada por associação de lojistas. Análise da relação locatícia entre *shopping center* e lojistas.

**Direito**  Contrato de locação em *shopping center*. Modalidade contratual distinta da locação residencial e da locação comercial. Prevalência da vontade das partes. Lei do Inquilinato (Lei n. 8.245/91): incidência restrita às hipóteses do art. 54.

---

ALFA *"SHOPPING CENTER"* S.A., por seus advogados abaixo assinados, vem se dirigir a V.Exa. com a finalidade de solicitar PARECER a respeito das questões jurídicas envolvidas na demanda que Beta – Associação de Lojistas em *Shopping Center* move contra a Consulente.

Para tanto, os signatários encaminham a V.Exa. cópias da petição inicial, contestação e sentença.

Tomam, outrossim, a liberdade de sugerir a V.Exa. a seguinte quesitação, suscetível de ser alterada a seu exclusivo critério:

1º Se o chamado contrato de *Shopping Center* possui ou não características "especiais" que o distinguem da locação comercial e da locação residencial.

2º Se à época da propositura da ação, quando vigorava a Lei n. 6.649/79, havia alguma regra regulando especificamente o contrato de *Shopping Center*.

3º Se existia algum óbice jurídico à fixação do conteúdo de tal contrato pela livre manifestação de vontade das partes.

4º No caso concreto, se as cláusulas anuladas pela sentença violavam ou não o art. 19, inciso V e seu parágrafo 1º, da Lei n. 6.649.[1]

---

[1] "Art. 19. O locatário é obrigado:
(...)
V – a pagar os encargos de limpeza, força e luz, água e saneamento, bem como as despesas ordinárias de condomínio.
§ 1º Por despesas ordinárias de condomínio entendem-se as necessárias à administração respectiva, a saber:
a) salários e demais encargos trabalhistas, além de contribuições previdenciárias dos empregados;

Solicitando a V.Exa. se digne esclarecer quaisquer outros aspectos que considerar relevantes ao desate da controvérsia, subscrevem.

Examinando a questão à luz das normas legais que disciplinam os contratos de locação de prédios urbanos, e os princípios que envolvem a prática empresarial dos *Shopping Centers*, emito o meu

## PARECER

Por mais de uma vez, em exposição doutrinária, em pareceres, em conferência pronunciada nesta e em outras cidades, tenho tido oportunidade de discorrer a propósito desta modalidade mercadológica que é o *Shopping Center*. E cada vez mais me convenço de que, não obstante a sua instalação em várias cidades, e sua conquista no mercado de toda espécie de utilidades, com aceitação generalizada, a sua configuração jurídica ainda não conquistou um nível ponderável de receptividade que lhe permita melhor conhecimento como instituto contratual.

Por se tratar de figura subordinada a padrões menos afeiçoados aos modelos tradicionais, multiplicam-se as dúvidas a propósito dos relacionamentos que necessariamente geram. Não têm faltado mestres conspícuos a lhe ressaltarem as linhas estruturais, e em especial os pontos que o destacam na contratualística tradicional. Isto não obstante, sua apreciação na justiça não encontra harmonia de vistas, a permitir que a consulta jurisprudencial venha em auxílio dos que o tem versado, ou dos ilustres magistrados que são chamados a resolver pendências que o cercam na prática.

A primeira e grande questão que desafia muita vez os que pretendem discutir, ou são chamados a decidir, é a sua caracterização jurídica. Afastadas as hipóteses de "conta de participação" que já foi aventada em razão da comunhão de interesses entre o empreendedor e os ocupantes de seus módulos; posta de lado a moderna ideia da *joint-venture* que associa os interessados nos ganhos e nas perdas; descartada a qualificação como modalidade contratual atípica e desgarrada da padronização clássica, a tendência dos civilistas e dos comercialistas marcha no rumo de se considerar o binômio empreendedor/usuário como contrato de locação. Neste propósito, rezam Alfredo Buzaid, Rubens Requião, Luiz Antônio de Andrade, João Carlos Pestana de Aguiar, entre os quais eu próprio me incluo, pois que por mais de uma vez ao tema me referi, apresentando a relação locatícia como aquela que mais préstimos oferece na hora de se estabelecer a sua caracterização jurídica. Todos, todavia, e também eu mesmo, a consideramos como

---

b) água, luz e força utilizadas nas instalações e partes de uso comum;
c) limpeza e conservação das instalações e dependências de uso comum;
d) manutenção e conservação de equipamentos hidráulicos e elétricos de uso comum;
e) manutenção e conservação de elevadores;
f) pequenos reparos em partes externas das instalações hidráulica e elétricas."

locação dotada de características próprias, ou marcada de peculiaridades, que não permitem se estabeleça identidade.

Quem cuida de examinar mais de perto a locação de um espaço, ou loja, ou salão em *Shopping Center*, vê logo que se não confunde com o aluguel de uma loja de rua. E, por notar a diferença, assinala de pronto que o tratamento jurídico ou jurisdicional não pode ser o mesmo que se dispensa ao contrato de aluguel cujo objeto é uma loja diretamente voltada para a via pública; ou uma sala em edifício profissional. O distanciamento é maior se se comparar o aluguel de um espaço em *Shopping Center* com o aluguel em um prédio residencial.

Em razão das diferenças existentes, não se podem aplicar as normas disciplinares das locações urbanas em geral, ou as disposições integrantes da legislação do inquilino, aos contratos de locação de módulos em *Shopping Center*, sem atentar para as particularidades que os distanciam.

Estas considerações gerais servem de orientação para o parecer, que ora emito, em atenção aos quesitos que reproduzo e a que diretamente respondo.

*1. Se o chamado contrato de shopping center possui ou não características "especiais" que o distinguem da locação comercial e da locação residencial.*

1.1. Na resposta a este quesito reporto-me às peculiaridades que os autores observam, ao cogitarem dos contratos de *Shopping Centers*, em confronto com a locação comercial ou residencial comum.

Tradicionalmente, locação é o contrato por via do qual uma pessoa (locador) cede temporariamente a outra pessoa (locatário) o uso de coisa não fungível mediante certa remuneração. São elementos da locação a coisa, o preço e o consentimento.

Quem constrói ou adquire um imóvel como investimento tem em vista a sua rentabilidade em função do capital individualmente aplicado. Ao entregar a coisa ao locatário, permite que este a utilize a seu puro e livre arbítrio, subordinado apenas à finalidade essencial do imóvel e às obrigações advindas da lei geral e do contrato. Normalmente, não condiciona o seu uso a circunstâncias especiais. O aluguel remunera a utilização da própria coisa, e, se é normalmente pago em dinheiro, nada impede o seja em outra modalidade de prestação, como seria em frutos da coisa, ou em construções ou benfeitorias realizadas pelo locatário, ou até em serviços (WASHINGTON DE BARROS MONTEIRO, *Curso de Direito Civil*, 5º v., p. 137; ORLANDO GOMES, *Contratos*, n. 212, p. 334; SILVIO RODRIGUES, *Direito Civil*, v. 3, p. 229).

Já aqui surge a primeira diferença. Na locação tradicional ou comum, o interesse do locatário é nitidamente individual. Mesmo que se trate de uma loja autônoma ou de uma unidade em edifício coletivo. No caso do *Shopping Center*, o interesse do usuário de um espaço qualquer (uma loja, um salão, um posto de gasolina, uma área de lazer) fica subordinado ao interesse geral, porque, pela própria natureza organizacional do empreendimento, não se trata de uma loja qualquer. Cada espaço é subordinado à organicidade econômica do conjunto. As lojas são colocadas em atenção a uma preferência técnica, distribuídas segundo os ramos de atividades – *tenant mix*.

O proprietário do imóvel não é quem comercia no *shopping*. "Ele fornece o salão e toda a estrutura organizacional" (segundo RUBENS REQUIÃO). O proveito do empreendedor não é idêntico ao rendimento do proprietário de um imóvel dado em locação. Ele terá em vista o valor da unidade cedida em conjugação com a rentabilidade das atividades exercidas pelo locatário (CARLOS LANGONI, *Shopping Center* no Brasil). O aluguel será, então, a remuneração do empreendimento em seu todo (REQUIÃO).

Esta já é uma peculiaridade do Centro Comercial que inflete no preço, ou mais precisamente no pagamento do aluguel.

Se este é normalmente certo, na locação comum, e pode mesmo estar sujeito a um índice de variação, no caso do *Shopping* assume uma característica toda especial. É ajustado de maneira complexa: o locatário paga um aluguel fixo e uma participação no resultado da sua atividade, sob forma percentual no faturamento. Ainda com outra particularidade: se o aluguel fixo for menor do que o percentual apurado nas vendas, prevalece este; caso contrário, a prevalência é do aluguel fixo.

Como diz REQUIÃO, aí "reside a ideia original da organização."

1.2. O *Shopping Center* (como eu disse em estudo publicado a que os litigantes fazem alusão) não é um conjunto de lojas autônomas como ocorre nos *store-magazines* ou "lojas de departamento", porém um conjunto arquitetônico de alto custo, e o êxito comercial está na razão direta de uma constante presença publicitária.

Esta observação gera, portanto, duas consequências que são outras tantas peculiaridades do "centro comercial".

A primeira é a manutenção das condições materiais e de apresentação do conjunto.

Diversamente do que acontece com a loja de rua, em que o lojista tem a seu cargo manter o aspecto externo do seu comércio, a aparência do *shopping* condiz com o interesse de todos. O conforto e a beleza dos salões e dos módulos constituem elementos que influem no fato de uma entidade mercantil pretender instalar-se no *shopping*. Se cada um tem o direito a um espaço logístico de especial apresentação, todos têm o dever de concorrer para isto. Daí a categoria das mercadorias expostas ou colocadas à venda, com proibição das que concorram para a desvalorização do ambiente, ou da configuração visual, tais como salvados de incêndio, bens arrecadados em falência e outros análogos. Dentro da mesma linha de raciocínio, a subordinação ao conceito genérico do *Shopping Center* diverge das normas que regulam a obrigatoriedade pelas despesas com benfeitorias. Aliás, o conceito de benfeitorias e sua classificação é muito relativo. O que é benfeitoria voluptuária em um imóvel perde esta qualificação em outro. Assim é que os jardins fronteiros aos edifícios de primeira classe da orla marítima não podem ser classificados como benfeitorias voluptuárias, para eximirem os proprietários das despesas de sua manutenção. Também no *Shopping Center* as despesas e melhoramentos destinados à configuração externa das lojas, corredores, espaços abertos, integram necessariamente o conglomerado.

Não têm aplicação, aos *Shopping Centers*, a restrição de sua cobrança aos usuários, em razão da sua concepção especial ser totalmente diversa dos prédios isolados, ou dos edifícios de apartamentos, as disposições da Lei n. 6.649, de 16 de março de 1979 (locação predial urbana). A disposição do seu art. 18, n. VI e § 1º,[2] diz respeito aos encargos condominiais. Acontece que a organização econômica e jurídica dos "Centros Comerciais" não se confunde com o condomínio em edifício coletivo (propriedade horizontal). ORLANDO GOMES distingue-o muito bem: "Não se aplica, logicamente, o regime legal do *condomínio especial*, isto é, o conjunto das lojas não está disciplinado pelas Leis n. 4.591/64 e 4.864/65".

Com efeito, a Lei n. 6.649/79 atribuía ao locador as despesas extraordinárias do condomínio, definindo-as no § 1º do art. 18, porém o *Shopping Center* não constituía um condomínio. Com efeito, o regime instituído pela Lei n. 4.591, de 16 de dezembro de 1964, conceitua o condomínio especial nos arts. 1º e 2º, sendo de se salientar que a cada unidade pertence uma fração ideal, constitui propriedade exclusiva e como tal deve ser tratada. No *Shopping Center*, as unidades pertencem todas ao empreendedor, não constituem propriedade exclusiva dos utilitários e não se lhes atribui fração ideal. Demais disso, as despesas condominiais são de origem legal (ou *ex lege* como fala ORLANDO GOMES), ao passo que no *Shopping* são de natureza contratual, originando-se do regulamento ou das normas complementares que se classificam como um "contrato coligado" ao centro comercial (REQUIÃO), ou uma "fusão" de um e outro como prefere ORLANDO GOMES.

Agregadas as regras complementares ao contrato de *Shopping Center*, todas conhecidas dos locatários, e por eles assumidas, as respectivas obrigações adquirem a categoria de normas contratuais, com toda a natureza que sujeita ao cumprimento, animados do que milenarmente representa a parêmia *pacta sunt servanda*.

Assim consideradas, não podem os lojistas se eximirem de seu pagamento ou de se subordinarem ao seu comando. No regime da liberdade contratual que informa o nosso Direito, os lojistas do *Shopping* não eram obrigados a contratar. Uma vez que o fazem, o contrato obriga. A ordem jurídica impõe-lhes a sua plena eficácia, não podendo o contratante desvincular-se por um ato unilateral de vontade (SALEILLES, *Théorie Générale des Obligations*, p. 147; DEMOGUE, *Obligations*, v. I, n. 18). Igualmente,

---

[2] "Art. 18. O locador é obrigado:
(...)
VI – a pagar as taxas e quaisquer despesas de intermediação ou administração imobiliária, bem como as despesas extraordinárias de condomínio.
§ 1º – Por despesas extraordinárias de condomínio compreendem-se todos os encargos referentes a obras que interessem à estrutura integral ou à aparência interna ou externa do prédio, bem como os necessários para repor suas condições de habitabilidade, e que não se incluam nos custos de condomínio previstos no § 1º do art. 19."

lícito não é ao Juiz liberar o contratante de seus deveres contratuais, uma vez que o contrato esteja sujeito aos requisitos subjetivos, objetivos e formais de validade.

Incorre, portanto, o locatário no dever (que é nitidamente contratual) de ocorrer às despesas de conservação do conjunto arquitetônico do Centro Comercial. Não se pode esquivar às contribuições, inclusive aquelas que, a título de revitalização, consistem em manter o conjunto com o mesmo aspecto global que é o atrativo do público e dos próprios lojistas que ali se instalam movidos pelo interesse de terem o seu comércio em um centro sempre atualizado e atraente.

1.3. Uma das características do Centro Comercial é a publicidade. É uma das suas peculiaridades marcantes e características. Todos quantos escrevem sobre a organização econômica e jurídica do *Shopping* assinalam esta circunstância. No trabalho acima referido, aludi muito precisamente às campanhas promocionais a benefício do conjunto, planejadas tecnicamente. ORLANDO GOMES enfatiza as "campanhas publicitárias, criando condições favoráveis à exploração do comércio lojista" e "ensejando a todos os lojistas participação no sucesso comercial".

As despesas publicitárias, para atingirem todo o conjunto do empreendimento e beneficiarem individualmente a todos os usuários, terão de obedecer a um planejamento geral. E esta finalidade somente se obtém através de um sistema unitário, que por sua vez há de ser comandado por uma entidade especializada (no caso a associação dos lojistas) e financiada pelos recursos volumosos a isto destinados (fundo de promoções coletivas). Para obter o desejado resultado, duas são as condições indispensáveis: a primeira é a obrigatoriedade das contribuições, e a segunda a sua entrega a uma administração centralizada. Tudo isto integra o esquema organizacional do *Shopping Center*. Quem pretende instalar-se aí assume a obrigação de contribuir para o "fundo de participações coletivas" e se sujeita a que seja este administrado pela "associação dos lojistas", que se constitui paralelamente ao contrato do *Shopping Center*. Em alusão expressa, RUBENS REQUIÃO é peremptório em reconhecer a legitimidade da criação e a manutenção do "fundo", acrescentando que "seus propósitos são lícitos e ele se integra no sistema organizacional do centro comercial".

Destarte, desampara-se de toda procedência, assim moral quanto jurídica, pretender o lojista, depois de ingressar no sistema, insurgir-se, pretendendo escapar à obrigatoriedade de participar financeiramente no "fundo", condenar a criação paralela da "associação" e insurgir-se contra a sua atuação. Essas medidas não são do interesse exclusivo do empreendedor. Ao revés, beneficiam a todos e a cada um dos lojistas, realizando o que CARLOS LANGONI denomina de "efeito escala", porque incentiva os "ganhos de renda real associados à elevação da produtividade".

Além de outras razões, por mais esta, "o fundo de promoções coletivas é inerente ao centro comercial. Ele visa a promover e dar publicidade aos negócios das lojas, incentivando as vendas, atraindo a freguesia e propiciando maior prestígio comercial à organização" (RUBENS REQUIÃO).

1.4. A nova lei reguladora da locação dos prédios urbanos não trouxe alteração fundamental no regime dos centros comerciais. Ciente o legislador de que pendia polêmica a respeito da adesão do lojista às condições que envolvem o contrato de *Shopping Center* e os contratos coligados, entendeu de bom alvitre tomar uma atitude de esclarecimento, ao enunciar no art. 54 da Lei n. 8.245, de 18 de outubro de 1991, sobre locação dos imóveis urbanos, que "nas relações entre lojistas e empreendedores de *shopping center*, prevalecerão as condições livremente pactuadas nos contratos de locação respectivos e as disposições procedimentais previstas nesta lei".

1.5. Na conformidade dos princípios vigentes e com amparo nas opiniões mais autorizadas, e em resposta ao primeiro quesito, mantenho a minha posição, anteriormente expendida, no sentido de que o contrato de *Shopping Center* tem as características da locação (v. Capítulo I do livro coletivo "A Lei do Inquilinato Anotada e Comentada", p. 7). Não, porém, uma locação como estruturada no Código Civil, ou na legislação do Inquilinato.

Ela apresenta peculiaridades que a distinguem da locação residencial e da locação comercial, especialmente no que tange à revogada Lei n. 6.649, de 1979.

*2. Se na época da propositura da ação, quando vigorava a Lei n. 6.649, havia regra regulando especificamente o contrato de "Shopping Center"?*

Na vigência da Lei n. 6.649/79, ocorria controvérsia a propósito da natureza jurídica do contrato de *Shopping Center*. ORLANDO GOMES chegava mesmo a desclassificá-lo como locação. No campo oposto, outros entendiam (e entre eles me inscrevia eu mesmo) que se tratava de locação, uma vez que nele se reuniam os elementos tradicionais desta figura contratual: *res, pretium, consensus* – cessão temporária de uso de uma coisa, mediante pagamento.

A sustentá-lo, toda essa corrente utilizava-se de argumentação fundada nos conceitos assentados. Nenhum, porém, invocava disposição especial regulando especificamente esse contrato, porque, em verdade, inexistia. A Lei n. 6.649/79 nenhuma alusão lhe fazia. LUIZ ANTONIO DE ANDRADE, que o defendia, usava argumentos *a ratione*, invocando a presença de "vínculos locatícios". JOÃO CARLOS PESTANA DE AGUIAR sustenta que "o contrato entre proprietário do Shopping e comerciante é instrumento através de um único ato, sendo a locação seu núcleo inicial". Mas não aponta qualquer dispositivo legal que o defina como inscrito em nosso direito positivo.

Uma resposta objetiva impõe-se: nenhuma disposição legal havia, regulando o contrato de *Shopping Center*.

*3. Se existia algum óbice jurídico à fixação do conteúdo de tal contrato pela livre manifestação de vontade das partes.*

Como tenho sustentado em minha obra doutrinária, com apoio na *communis opinio*, em nosso Direito vigora o princípio consensualista. Fazendo o histórico da relação contratual, mostrei em minhas *Instituições de Direito Civil* (v. III, n. 195) a evolução do contrato, partindo do formalismo que o caracterizava no antigo Direito Romano e do simbolismo do Direito Germânico; referi-me ao nascimento dos contratos consensuais (venda, locação, mandato e sociedade), quando a civilização romana, pelo desenvolvimento econômico, exigiu instrumentos mais flexíveis que atendessem às suas exigências.

No direito moderno, e especialmente em o Direito brasileiro, impera a liberdade de contratar, inspirada na autonomia da vontade, a qual se concretiza nos quatro momentos fundamentais da vida contratual: a) em primeiro lugar o direito de contratar e de não contratar; b) em segundo lugar a escolha da pessoa do outro contratante; c) em terceiro lugar o conteúdo do contrato na opção pelas cláusulas pretendidas pelas partes; d) em último lugar a faculdade de postular a executoriedade do contrato.

Salvo naqueles casos em que imperam os princípios de ordem pública, o contrato exprime a livre manifestação de vontade das partes.

Dentro nessa teoria, que empolga a doutrina do contrato, cada um tem o direito de celebrar o contrato de suas conveniências.

SILVIO RODRIGUES enuncia entre os "três princípios básicos que constituíram o alicerce da teoria contratual" o da "autonomia da vontade". Assim o define, como o que "consiste na prerrogativa conferida aos indivíduos de criarem relações na órbita do direito, desde que se submetam às regras impostas pela lei e que seus fins coincidam com o interesse geral, ou não o contradigam. Desse modo, qualquer pessoa capaz pode, através da manifestação de sua vontade, tendo objeto lícito, criar relações a que a lei empresta validade" (*Direito Civil*, v. 3, n. 7, p. 15).

WASHINGTON DE BARROS MONTEIRO (*Curso de Direito Civil*, v. 5º, 2ª parte, p. 9), colocando o princípio da autonomia da vontade em primeiro lugar, assim o conceitua: "Mercê do primeiro, têm os contratantes ampla liberdade para estipular o que lhes convenha, fazendo assim do contrato verdadeira norma jurídica, já que o mesmo faz lei entre as partes. Em virtude desse princípio, que é a chave do sistema individualista e o elemento de mais colorido na conclusão dos contratos, são as partes livres de contratar, contraindo ou não o vínculo obrigacional...".

Na conformidade da legislação vigente, nenhuma disposição havia estabelecendo condições ou requisitos especiais subordinando ao seu império a criação dos "Centros Comerciais", ou estabelecendo preceituação que restringisse ou limitasse o seu desenvolvimento ou a sua operacionalidade.

*4. No caso concreto, se as cláusulas anuladas pela sentença violavam ou não o art. 19, inciso V e seu parágrafo 1º, da Lei n. 6.649/79.*

A sentença, em sua parte dispositiva, assim dispôs:

"Julgo procedentes os pedidos, para declarar a nulidade parcial dos itens 6.3, 6.4 e 6.5 da Escritura de Normas Gerais, por serem atentatórias à Lei do Inquilinato, passando a vigorar com a seguinte redação: "os locatários são obrigados a pagar o que determinam o art. 19, inciso V e seu § 1º da Lei n. 6.649, de 16 de maio de 1979, ou legislação que a substituir."

Por serem muito extensos os itens anulados, deixo de transcrevê-los aqui, limitando-me a resumir que se trata de despesas atinentes à conservação e manutenção do *Shopping Center* nas condições de seu funcionamento como estrutura organizacional, e destinadas a assegurar a sua continuidade nas condições existentes no tempo da celebração do contrato.

O fundamento do *judicium* teria sido que os itens atentaram contra a Lei n. 6.649/79.

Como resulta do exame a que procedi neste parecer, e tem sido objeto de considerações anteriores, a locação de unidades em *Shopping Center* não se submete ao regime da lei de inquilinato. O contrato é de locação mesmo. A minha opinião é conhecida, e não tenho motivos para modificá-la. Desde o primeiro momento sustentei, e continuo firmemente convencido de sua idoneidade jurídica. Trata-se de locação, porém com caracteres diferentes na operacionalidade e na fundamentação legal. Trata-se de locação revestida de peculiaridades próprias, que a retiram do império do aluguel residencial ou comercial submetido à legislação do inquilinato.

Tanto na locação residencial quanto na comercial, a orientação da chamada legislação do inquilinato é resultante de uma filosofia adotada pelo legislador, e que não é exclusividade do Direito brasileiro. O que o legislador, num e noutro caso, pretendeu foi atender a um binômio oriundo de um problema social grave: a demanda maior do que a oferta gera a desigualdade contratual. No propósito de resolver o problema, tem o legislador procurado proteger o locatário contra a retomada do imóvel, retirando a relação contratual do regime da livre concorrência. O desequilíbrio é gerado pelo confronto entre a necessidade e a disponibilidade. Um tem aquilo que o outro precisa. E a consequência é que o locador força o locatário a aceitar as suas imposições, e protege-o contra a retomada abusiva.

Em matéria de *Shopping Centers* não ocorre o mesmo fenômeno. Nenhum comerciante procura instalar-se no *Shopping Center* por necessidade. Procura-o por motivos de conveniência e de atração pelo *marketing* que representa. Os lojistas inscrevem-se no lançamento do Centro Comercial e são distribuídos pelo empreendedor, em atenção às suas condições de *marketing*, que promove a localização e aparelhamento da área, construção e *tenant mix* das lojas. O lojista não é o necessitado de um local para residir ou mercadejar. Instala-se no *Shopping* por uma razão de conveniência (repito), porque é atraente instalar seu comércio no aglomerado que, no dizer de ALFREDO BUZAID, representa uma verdadeira cidade centralizada. Tem interesse em operar naquele Centro que oferece condições exteriores atraentes e se beneficia da publicidade programada pela Associação dos lojistas, utilizando-se das divulgações custeadas pelo Fundo publicitário. Tira vantagem, ainda, das condições de modernização constante das edificações e da sua beleza arquitetônica e de suas condições de conforto.

Sua situação não se compara com o que ocorre no edifício coletivo em regime de propriedade horizontal, e conseguintemente não há razão para ser protegido pelas disposições da Lei n. 6.649/79. Falta, portanto, o que se diria a *ratio legis* presente num caso e ausente no outro.

À vista do que acima desenvolvi, a legislação do inquilinato, pelas suas razões filosóficas e pela motivação sociológica, não tem aplicação aos *Shopping Centers*.

E mais: a sentença concluiu por substituir as cláusulas contratuais por uma outra cláusula, de redação diferente, postulada e sugerida pela parte demandante, e adotada pelo ilustrado Juiz.

Esta atitude judicante implica intervenção do Estado na economia do contrato através de provimento judicial.

Contrato é acordo de vontade das partes convenentes.

Intervenção do Estado, no esquema do dirigismo estatal, não pode ocorrer como um arbítrio do Poder Judiciário. Somente tem lugar quando a lei o autoriza, seja para suprir a declaração volitiva pelo provimento judicial, seja para vetar cláusula que vige ao arrepio da ordem pública, seja para definir direitos e obrigações em lei imperativa ou proibitiva, seja para rever o contrato e estabelecer condições de execução.

Sempre, todavia, há de ser nos casos e nas condições previstas pelo legislador. Não cabe ao Juiz decidir para substituir a vontade das partes pela sua própria vontade, fora dos casos previstos em lei.

Cabe ao Juiz interpretar a lei compreendendo a sua finalidade social (art. 5º da Lei de Introdução ao Código Civil),[3] seguindo o método histórico-evolutivo preconizado por SALEILLES (mas sem perder de vista a lei, que deve aplicar ao caso concreto). A função judicante restringe-se a adaptar a lei às necessidades do caso, nunca porém exorbitando no terreno do chamado "direito livre" (*Freies Recht*), que não encontra amparo no regime da subordinação à lei.

A sentença incorreu, portanto, em duplo desvio de perspectiva: colocou o contrato sob o império de uma legislação que não o contém e, num avanço que a ordem jurídica não aceita, promoveu a intervenção na economia do contrato, sem a isto ser legalmente autorizada, ditando a cláusula de suas preferências, ao arrepio da que foi avençada.

---

3 "Art. 5º Na aplicação da lei, o juiz atenderá aos fins sociais a que ela se dirige e às exigências do bem comum."

# 46

**Fatos** — Impetração de mandado de segurança. Indeferimento da liminar pelo Relator. Pedido de reconsideração cumulado com agravo regimental. Manutenção da decisão. Determinação, pelo Relator, de que a petição fosse desentranhada dos autos e devolvida ao advogado. Ajuizamento de ação indenizatória contra o Estado do Rio de Janeiro, sob a alegação de que o Relator da segurança teria cometido ato ilícito, consistente na devolução da petição ao advogado. Citado, o Estado convoca à lide o magistrado, que pede um parecer sobre a questão.

**Direito** — Responsabilidade civil do magistrado. Cabimento restrito às hipóteses do art. 133 do Código de Processo Civil. Ausência dos pressupostos da responsabilidade civil. Inexistência do dever de indenizar.

---

O Exmo. Senhor Doutor JLR, Magistrado aposentado, exercendo a advocacia, impetrou mandado de segurança ao Egrégio Tribunal de Justiça do Estado do Rio de Janeiro, requerendo a concessão de medida liminar.

Indeferida pelo Exmo. Senhor Desembargador MR, retorna o advogado com "pedido de reconsideração" cumulado com "agravo regimental". O então Relator do pedido de segurança profere despacho mantendo o indeferimento anterior e ordenando a devolução do requerimento ao Suplicante. O despacho foi publicado no órgão competente nestes termos: "Despacho exarado na petição de JLR, referente ao Mandado de Segurança n. XXX: a oportunidade da concessão de liminar é de exclusiva apreciação do Relator. Assim mantenho meu anterior despacho. Devolva-se a presente ao ilustre Requerente".

Em face disto, o Impetrante intentou ação de indenização por danos morais contra o Estado do Rio de Janeiro, alegando que o ilustre Relator da Segurança cometeu ato ilícito, uma vez que a devolução não encontra apoio no Código do Processo Civil, e, assim procedendo, admitiu que o Autor, advogando em causa própria, teria praticado ato em desacordo com as normas legais, o que implica a insinuação de que não sabe advogar; e, mais, que a publicação de despacho atinge a honra do requerente na sua capacidade profissional.

Citado, o Estado do Rio de Janeiro convocou à lide, como litisconsórcio, o eminente prolator do despacho.

E este solicita o meu parecer a propósito do conceito de responsabilidade civil do magistrado por ato praticado no curso do processo.

## PARECER

1. Os problemas ligados à responsabilidade civil são sempre delicados. A título de pressuposto, não posso deixar em oblívio o princípio essencial, contido no art. 159 do Código Civil.

"Aquele que, por ação ou omissão voluntária, negligência ou imprudência, violar direito, ou causar prejuízo a outrem, fica obrigação a reparar o dano."[1]

Daí partindo, extraem-se os requisitos da responsabilidade civil: a) ofensa a uma norma preexistente; b) um dano; c) nexo de causalidade entre a contrariedade à predeterminação da norma é o dano causado. São elementos ditos essenciais – *essentialia* – porque indispensáveis à caracterização da responsabilidade. Um que falte, e ela se não configura.

Segundo o disposto no mesmo art. 159, já agora na sua segunda parte, o elemento subjetivo da responsabilidade é a *culpa* e o seu elemento objetivo é o *dano, in verbis*: "A verificação da culpa e a avaliação da responsabilidade regulam-se pelo disposto neste Código (arts. 1.518 a 1.532 e 1.537 a 1.553)."

Na espécie da consulta, faltam os dois. Não procedeu culposamente o juiz que proferiu o despacho incriminado pelo queixoso, e tal decisão, pela sua natureza, não constitui dano.

2. O exame do ato judicial leva a uma discriminação fundamental, a saber se foi praticado no exercício regular da função jurisdicional, ou se exorbitou dela.

E logo de plano se verifica que o ilustre Relator do pedido de segurança estava no exercício de sua atividade. Foi nesta qualidade que indeferiu a expedição da medida liminar, por considerá-la incabível. Nesta mesma qualidade apreciou o pedido de reconsideração. Em face dos argumentos aduzidos pelo impetrante, que desconheço, e cujo juízo de valor escapa à questão a mim proposta, o ilustre Relator repeliu a nova postulação, por entender que lhe cabia, com exclusividade, a faculdade de apreciar a oportunidade de conceder ou não conceder a liminar pretendida.

O ato é de cunho jurisdicional. Está incluído entre os que menciona o art. 162 do Código de Processo Civil, a saber: "Os atos de juiz consistirão em sentenças, decisões interlocutórias e despachos".

---

1 – Dispositivos correspondentes no Código Civil de 2002:
"Art. 186. Aquele que, por ação ou omissão voluntária, negligência ou imprudência, violar direito e causar dano a outrem, ainda que exclusivamente moral, comete ato ilícito."
"Art. 927. Aquele que, por ato ilícito (arts. 186 e 187), causar dano a outrem, fica obrigado a repará-lo."

O Relator, a quem foi pedida a expedição da medida provisória e imediata suspensão de ato reputado pela parte como lesão ou abuso de direito, "decidiu" pela negativa.

Reiterada a pretensão, "despachou" rejeitando o pedido de reconsideração, e recusou sua anexação ao processo. Petição cuja juntada foi considerada incabível, não podia permanecer em cartório. E o magistrado determinou sua "devolução" ao requerente.

Assim procedendo, o juiz situou-se nos limites de seus poderes, tais como enuncia o art. 125 do CPC:

"O juiz dirigirá o processo, conforme as disposições deste Código, competindo-lhe:
I – assegurar às partes igualdade de tratamento;
II – velar pela rápida solução do litígio;
III – prevenir ou reprimir qualquer ato contrário à dignidade da Justiça;
IV – tentar, a qualquer tempo, conciliar as partes."

A doutrina esclarece o princípio e justifica a concentração da autoridade judicante:

"*Direção do processo pelo Juiz:*
Segundo o pensamento atualmente dominante, o processo é um instrumento de que se utiliza o Estado, no exercício da função jurisdicional, para atuar as leis que ele mesmo editou.
Essa função não inicia sua atividade espontaneamente; depende, para isso, de iniciativa de pessoa interessada, a qual o faz exercendo o direito de ação.
Mas, a partir desse impulso inicial, o Estado tem interesse em que sua função seja desenvolvida de maneira mais correta e rápida, pondo termo ao litígio, com a atuação da lei, e restabelecendo a paz social, perturbada pela divergência entre os demandantes.
Para que esses fins sejam alcançados, é preciso que o processo seja dirigido pelo próprio Estado, representado na pessoa do juiz, o qual agirá tendo em vista o objetivo estatal. O livre jogo do interesse das partes não é capaz de dar correta orientação ao processo, porque o próprio contraste entre seus interesses o dificultaria" (CELSO AGRÍCOLA BARBI, *Comentários ao Código de Processo Civil*, v. I, da Coleção Forense, n. 673).

Em seguida o mesmo autor comenta a concessão de poderes nas mãos do juiz, *in verbis*:

"*Poderes do Juiz*:
Os poderes de que o Código investe o juiz, para que ele dirija o processo até seu final, são variados, porque múltiplas as atividades que ele e os demais participantes da causa devem desenvolver" (v. cit., n. 675).

3. Procedendo nos limites de suas atribuições jurisdicionais, o juiz não comete ato ilícito. *Ergo*, não responde por perdas e danos. Estas são devidas, *ut* art. 133 do Código

de Processo Civil, quando: "I – no exercício de suas funções, proceder com dolo ou culpa; II – Recusar, omitir ou retardar, sem justo motivo, providência que deve ordenar de ofício ou a requerimento da parte."

A este propósito a doutrina é esclarecedora.

Veja-se a lição de CELSO AGRÍCOLA BARBI. Depois de assinalar que "erro judiciário pode acontecer nas causas cíveis e nas criminais", menciona quando ocorre a responsabilidade de juiz:

> "*Condições para responsabilidade civil do juiz*:
> O art. 133 sujeita o juiz a responder pessoalmente por perdas e danos em dois itens: o primeiro, quando a conduta é dolosa ou fraudulenta; o segundo, quando houver recusa, omissão ou retardamento do juiz, sem justo motivo, em determinar providência que deve ordenar de ofício, ou a requerimento da parte" (ob. cit., n. 706).

E, descendo a minúcias, mostra de que maneira se caracteriza o *dolo* na conduta do julgador:

> "O dolo a que se refere a lei é o comum, isto é, a intenção de prejudicar a parte, não sendo necessário que o seja para beneficiar o adversário, ou em proveito próprio ou de terceiro, ou mesmo se apenas pelo simples desejo de causar o mal. Esta última hipótese pode ocorrer, para satisfazer o intuito da vingança ou de mero capricho, decorrente de antipatia" (ob. cit., n. 706).

Com a sua grande autoridade, PONTES DE MIRANDA preleciona:

> "*Responsabilidade civil do juiz*:
> Assunto extremamente delicado, como é o da responsabilidade civil dos juízes, dele evitou tratar o Código Civil de 1916, sem que tal omissão do princípio geral (regras jurídicas especiais, o Código Civil as tem) importasse a irresponsabilidade civil dos juízes. Naturalmente, havendo a condenação criminal do juiz, seria decorrente dela o ser responsável no plano civil. Porém, nem toda responsabilidade civil supõe criminalidade. *De lege ferenda*, tratando-se de funcionário que tem o dever formal de obrar, sem possibilidade de conciliação dos interesses, portanto tendo de dizer sim a um e não a outro, miudear os casos em que há de responder pelo dano civil sempre constituiu problema árduo. De um lado, está a necessidade de independência, da liberdade e da livre convicção do juiz; do outro lado, o ter-se de responder até onde e desde onde tem o juiz de ressarcir o dano causado. Se atendemos a que não exista, em nenhum país, jurisprudência fixa, intangível, intransformável, que pudesse servir de estalão para se verificarem os erros e os acertos dos juízes quanto ao direito, fácil é compreendermos que tal ponto esteja

excluído, para, de si só, determinar o direito civil. Menos ainda seria critério adotável o do erro judiciário em matéria do fato, ou a reforma das decisões, pois nem sempre, quando a época se distancia, em que foram reformadas se nos apresentam isentas desses erros; menos ainda, erradas as que foram reformadas" (*Comentários ao Código de Processo Civil*, v. II, p. 535-536).

Em seguida, explica em que consiste o procedimento doloso do magistrado, hábil a gerar o dever de ressarcir:

"*Dolo ou fraude do juiz nas funções*:
No exercício das suas funções, se o juiz incorre em dolo ou fraude, noções de direito comum, principalmente civil, responde civilmente pelo dano, sendo em tudo mais aplicável o Código Civil. Nenhuma inovação foi feita. Outra não era a doutrina anterior.
Sempre que o juiz pratica atos lesivos com dolosidade, responde pelos danos causados, seja ele de primeira ou de qualquer instância. Não importa se, em tribunal, outros acompanharam o seu voto, ou se a decisão foi confirmada, ou se não foi o relator, posto que, em tais circunstâncias, seja mais difícil alegar-se e prover-se o dolo, ou a lesão. Exemplos de responsabilidade: o juiz fundou o julgamento na afirmação de que uma das escrituras públicas continha cláusula de retrovenda, mas ele sabia que a escritura pública era falsa; a deliberação, em resumo, mesmo unânime, pode ter sido por juízes que ignoravam a falsidade. Aí, caberia a ação rescisória, e a ação de indenização somente seria proponível contra os juízes que tivessem votado dolosamente. Alude-se também à fraude. A expressão não é feliz, pois fraude já supõe dolo. O que se teve por fito foi mencionar-se qualquer ato ilícito que possa ser estelionato, defraudação do texto ou do objeto (e.g., o juiz substitui o objeto que foi apreendido como roubado ou furtado), destruição do documento ou prova, receptação prevista em lei penal como crime" (ob. cit., p. 536-537).

Para que incorra em responsabilidade civil, não se leva em conta a eventualidade de "erro" do julgar, porém o *animus* do julgador, ou na hipótese do inciso II do art. 133, que não vem ao caso, a recusa, omissão ou demora na adoção de providência que deve ordenar. Não naquilo que esteja ao seu critério deliberar se podem ser tomadas.

4. Tendo em vista estes pressupostos, os mestres opinam sobre o princípio da responsabilidade do juiz.

Em rápida pesquisa, a sem necessidade de delongas desnecessárias, basta ilustrar a tese com a doutrina de PEDRO LESSA, uma das mais elevadas e das mais gloriosas figuras da magistratura brasileira. Depois de perguntar "Quais são os atos do *poder público* que podem originar uma indenização?", responde:

"Já o mesmo princípio não vigora em relação aos atos do poder judiciário. A irresponsabilidade do poder público neste caso é um corolário fatal da autoridade da *res judicata*. Ao particular lesado por uma sentença judicial só poderia ser facultada a propositura de uma ação de indenização, depois de ter esgotado todos os recursos processuais; mas, depois de esgotados todos esses recursos, a sentença é irretratável. Reclamar do Estado uma indenização por essa decisão inalterável fora iniciar um novo litígio sobre a questão já ultimada por uma sentença passada em julgado.

Consequentemente, só nos casos de revisão e de rescisão da sentença é que podem os particulares obter o ressarcimento do prejuízo infligido por uma sentença ilegal" (*Do Poder Judiciário*, p. 164-165).

Tomada a palavra "sentença" em sentido genérico, tanto abrange as sentenças propriamente ditas, como os arestos dos tribunais e as decisões interlocutórias e despachos.

Dentro daquele conceito, PEDRO LESSA, numa frase lapidar, define como atribuição do Poder Judiciário, no pórtico de sua monumental monografia, a de "aplicar contenciosamente a lei a casos particulares" (ob. cit., p. 1).

No seu desenvolvimento, outro mestre eminente, que igualmente honrou a mais alta Corte de Justiça, após conceituar a jurisdição específica do Poder Judiciário, e depois de aludir ao que ocorre em outros sistemas legislativos, preleciona:

"Entre nós, porém, tais questões entram na competência judiciária, do que decorre que o âmbito judiciário é, em princípio, ilimitado, não encontrando outras limitações senão as decorrentes da Constituição ou com esta compatíveis" (CASTRO NUNES, *Teoria e Prática do Poder Judiciário*, p. 569).

Não se cogita da qualidade intrínseca da decisão. Pode estar certa ou errada. Mesmo neste último caso, não gera dever de indenizar, como salientou outro eminente juiz de nossa Corte Suprema:

"Em princípio, não são os juízes responsáveis pelos danos que decisões erradas acaso venham a produzir" (MARIO GUIMARÃES, *O Juiz e a Função Jurisdicional*, p. 239).

Recorrendo ao direito estrangeiro, não é diversa a orientação adotada pelos mais adiantados sistemas. Em França, onde as exigências em relação ao comportamento dos magistrados são severíssimas, o art. 505 do Código de Processo Civil menciona limitativamente os casos de "responsabilidade pessoal" do juiz, em situação bem análoga ao que vigora em nosso direito. Segundo SAVATIER, somente é cabível ação nos casos de dolo, fraude ou concussão. Concretamente:

"Exiger ou recevoir (o magistrado) des sommes ou présents qu'il sait n'être pas dus" (concussão) ou por outro lado, praticar

> "actes de mauvaise foi auxquels ne saurait équivaloir ici une faute lourde; ils consisteraient, par exemple, à altérer sciement une déposition ou la réponse d'une partie dans un interrogatoire, à retoucher de mauvaise foi une pièce, ou à la faire dolosiment disparaître" (RENÉ SAVATIER, *Traité de la Responsabilitá Civile*, v. I, n. 228).

Veja-se bem: mesmo em referência ao dolo, fraude ou suborno, a doutrina especifica o recebimento de dinheiro ou presentes, a alteração consciente de um depoimento, a adulteração de uma resposta da parte em um interrogatório; ainda, emendar ou fazer desaparecer dolosamente uma peça dos autos.

Não se cogita, portanto, de responsabilidade civil pela decisão proferida.

Sem necessidade, entretanto, de aprofundar uma pesquisa bibliográfica maior, basta invocar a autoridade de AGUIAR DIAS, ao enunciar em poucas palavras um princípio, que é a síntese de ausência de responsabilidade civil dos juízes:

> "A doutrina corrente é no sentido de que os atos derivados da função jurisdicional não empenham a responsabilidade do Estado, salvo as exceções expressamente estabelecidas na lei" (*Da Responsabilidade Civil*, 1973, v. II, n. 214, p. 268).

E se o Estado não responde pelos atos praticados pelo magistrado, no exercício da função jurisdicional, o juiz não pode ser pessoalmente responsabilizado, seja diretamente, seja em ação *de in rem verso*.

Daí uma primeira conclusão. Quando um juiz profere decisão contrária à postulação da parte, não ofende qualquer norma, salvo nos casos previstos no art. 133 do CPC.

Falta, pois, na espécie da consulta, o primeiro dos requisitos da responsabilidade civil.

5. Não ocorre, igualmente, o segundo, assentado na configuração do "dano".

Na queixa formulada, o ilustre advogado e ex-magistrado traduziu a rejeição do seu pedido de reexame da súplica, devolução do requerimento e publicação do despacho como increpação da prática do ato em desacordo com as normas legais e insinuação de que ele, postulante, não sabe advogar.

Não posso deixar de louvar o zelo profissional do requerente, no duplo sentido, de que se não conformou com a recusa de liminar no "writ" impetrado, e de que não admitiria que se considerasse que peticionou ao arrepio do direito expresso.

Quanto ao primeiro, repito que merece louvor a sua combatividade. Indeferida a concessão, voltou à carga, e insistiu. Não conheço o conteúdo do pedido de reconsideração. Mas vejo no ato em si o propósito inconformista do bom advogado, que se insurge contra o indeferimento de seu pedido. Todo advogado, que o é de verdade, procura sempre usar dos recursos legais para obter aquilo em que o julgador lhe desproveu a pretensão.

Mas, precisamente em razão de seu zelo, repisa, reitera, rediscute com novos argumentos, e se alguma vez logra convencer, não é raro defrontar-se com novo indeferimento. Quotidianamente, o pretório registra numerosas situações como esta.

E nenhum advogado pode daí inferir que o magistrado o desprestigia.

Da mesma forma que o juiz não tem o direito de se abespinhar contra o advogado que se insurge contra a decisão proferida, pois que o inconformismo não traz ofensa ao magistrado, também o causídico não pode entender como injúria ou imputação de ignorância a rejeição de sua postulação recursal, revista esta a forma de apelo à instância superior ou de súplica revisional dirigida ao mesmo prolator do despacho. É do mecanismo processual. E se o advogado age bem quando recorre, porque *qui iure suo utitur neminem laedit*, o juiz não pode ser increpado de proceder de má-fé quando indefere ou desprovê o reexame do caso.

Inexiste dano, portanto, na recusa de reconsideração.

Igualmente, não tem caráter danoso a publicação do despacho no órgão oficial. A matéria constitui objeto de norma processual expressa. A ciência dos atos e termos do processo opera-se por via da "intimação" (CPC, art. 234), e esta se faz de ofício nos processos pendentes (art. 235).

A via adequada, nas Capitais dos Estados, é a "publicação dos atos no órgão oficial" (art. 236).

Indeferido o pedido de reconsideração, por entender o ilustre Relator que lhe cabe, privativamente, julgar da oportunidade da medida liminar de segurança, do ato havia de ser dada ciência ao impetrante pela "intimação" (art. 234), e esta através de "publicação" no órgão oficial (art. 236).

Não se configura, portanto, nenhum dano.

Ofensa, injúria ou suspeita de inabilidade profissional não se caracteriza também no fato de não permitir o ilustre Relator a juntada do pedido de reconsideração aos autos, por lhe parecer que tumultuaria o processo. Usou da faculdade direcional deste, que lhe cabe como juiz da causa (CPC, art. 125).

Inocorre, assim, a incidência das hipóteses excepcionais do art. 133 do CPC.

6. Na forma do que unanimemente assenta a doutrina, para que exista responsabilidade civil é necessário que o agente contrarie uma regra preexistente, e que cause dano ao queixoso. Um dos pressupostos que falte (e no caso da consulta faltam os dois), inexiste ato ilícito.

Consultado, então, sobre a responsabilidade do magistrado por ato jurisdicional sem as características do art. 133, respondo pela negativa.

# 47

**Fatos**     Contrato de locação de bem imóvel. Ajuizamento de ação revisional antes do término da vigência do contrato, seguida do ajuizamento de ação renovatória. Recusa dos locadores a receber os aluguéis. Ajuizamento de ação de consignação em pagamento pela locatária. Superveniência de incêndio de grandes proporções. Destruição das instalações industriais da locatária. Comunicação do sinistro às seguradoras, com a solicitação de adiantamento do valor das indenizações. Envio de notificação às seguradoras, pelos proprietários, requerendo a suspensão de qualquer pagamento à locatária, ou que os pagamentos sejam feitos diretamente a eles. Consignação em pagamento, pelas seguradoras, dos valores das indenizações. Tentativa de levantamento por ambos locatária e locadores. Requerimento direcionado ao Juízo das ações revisional e renovatória, pelos proprietários, comunicando a perda do objeto das demandas, em razão do incêndio. Contestação a esse pedido, pela locatária, sob o argumento de que o perecimento atingiu apenas uma das acessões que compõem o imóvel e de que o vínculo negocial permanece válido.

**Direito**     Contrato de locação não residencial. Distinção entre impossibilidade superveniente total (perecimento da coisa) e impossibilidade superveniente parcial (deterioração). Se apenas uma parte do bem pereceu no incêndio, permanecendo de utilidade para o locatário, não há de se falar em perecimento da coisa. Seguro da coisa locada: inquilino beneficiário do seguro. Notificação das seguradoras, pelo locador, com o objetivo de obstar o pagamento da indenização ao locatário. Consignação em pagamento da indenização pelas seguradoras. Consequente impossibilidade de o locatário reconstruir as acessões destruídas. Paralisação parcial da produção do locatário. Dispêndio com a mudança da fábrica para novo galpão. Direito à indenização. Dano emergente e lucro cessante. Responsabilidade dos proprietários pelo pagamento dos honorários advocatícios na ação de consignação em pagamento. Impossibilidade de o locatário restituir o bem na forma em que o recebeu. Perdas e danos: a liquidação deverá levar em consideração o tempo de construção das acessões e as benfeitorias realizadas pelo locatário às suas custas exclusivas.

A MNP, empresa industrial e comercial sediada nesta Capital, alugou para servir às suas instalações o imóvel representado pelos n. 672 a 712 da rua BM, em Belo Horizonte, com todas as suas benfeitorias e acessões.

Antes de vencer-se o prazo contratual, os proprietários do imóvel ajuizaram ação de revisão de aluguéis, ao fundamento de que os mesmos estavam economicamente defasados. A MNP. contestou a ação e em seguida promoveu a competente ação renovatória do contrato de locação em vigor, pretendo permanecer no imóvel por mais 5 (cinco) anos a partir do vencimento do contrato, propondo-se para tanto o reajuste do novo aluguel na mesma base dos índices do contrato em vigor.

Foram feitas perícias no imóvel, tendo os *experts* encontrado valores diferentes para o novo aluguel, à exceção do assistente técnico dos proprietários, que endossou o laudo do perito oficial.

A partir do mês de agosto do corrente ano, os locadores se recusaram a receber os aluguéis, forçando a inquilina a promover a competente ação de consignação em pagamento dos mesmos.

Ainda na fase de instrução dos processos acima descritos, a MNP. foi vítima de um incêndio de grandes proporções, que destruiu completamente suas instalações industriais, deixando apenas em caráter precário os alicerces e algumas estruturas do galpão onde as mesmas funcionavam. Importante é ressaltar que o prédio onde funcionam suas instalações comerciais e administrativas não sofreu nenhum dano, muito embora se situe no mesmo imóvel onde ocorreu o sinistro. A MNP não interrompeu um minuto sequer suas atividades, continuando a operar no prédio não atingido pelas chamas. Para se averiguarem as causas do acidente, foi feita perícia pela Secretaria de Segurança Pública do Estado de Minas Gerais.

Logo após o incêndio, a MNP. dirigiu-se às companhias de seguro com as quais mantém contratos, comunicando o fato e solicitando mesmo um adiantamento do valor das indenizações, para fazer face às primeiras despesas, já que, pelo contrato firmado com os proprietários do imóvel, teria que reconstruir o galpão.

Surpreendentemente, contudo, a inquilina se deparou com uma notificação feita pelos proprietários do imóvel a ela própria, às companhias de seguro e ao Instituto de Resseguros do Brasil – IRB, requerendo a suspensão de qualquer pagamento de indenizações à beneficiária dos contratos de seguro, MNP, ou então que esses pagamentos fossem feitos a eles, proprietários do imóvel, que não figuram como beneficiários em nenhum desses contratos. Ressalte-se que os notificantes forneceram como sede da notificação o endereço do domicílio de seu diretor superintendente, quando a notificação se operou na própria sede comercial da MNP, na Rua BM, n. 672.

A inusitada notificação dos proprietários do imóvel mereceu pronto contraprotesto judicial da inquilina, onde foram rebatidas as pretensões dos mesmos e requerido às companhias de seguro e ao IRB o cumprimento dos contratos e o pagamento das indenizações.

Diante da notificação e do contraprotesto, as companhias de seguro, acatando parecer do IRB, consignaram em juízo os valores das indenizações, tendo sido pleiteado o seu levantamento pelos proprietários do imóvel e pela MNP. Paralelamente à notificação, os proprietários do imóvel requereram ao juízo por onde tramitam as ações de revisão de aluguéis e de renovação do contrato de locação fosse declarada a extinção dos processos, por perecimento do objeto do contrato de locação em razão do incêndio ocorrido. A MNP contestou também mais este pedido, ao fundamento de que perecera com o sinistro apenas uma das acessões que compõem o imóvel objeto do contrato de locação, permanecendo, portanto, o vínculo negocial.

Em face desse sucinto relato e à documentação que segue anexa, formulamos os seguintes quesitos:

1º A destruição de uma das acessões que compõem o imóvel alugado importa em extinção do contrato por perecimento do objeto?

2º Omitindo-se o contrato quanto à indicação do beneficiário do seguro a que se refere uma de suas cláusulas, e havendo a obrigação de se entregar o imóvel ao fim da locação conforme o mesmo foi recebido, é juridicamente permitida a indicação da própria inquilina como beneficiária do contrato de seguro?

3º Face à notificação judicial dirigida pelos proprietários do imóvel às companhias de Seguros e ao IRB, requerendo a suspensão de pagamento de quaisquer indenizações à beneficiária inquilina ou mesmo o pagamento dos benefícios a eles próprios, mesmo não sendo parte dos contratos de seguro, configura-se a sua responsabilidade civil pelos prejuízos decorrentes desse ato?

4º A notificação promovida pelos proprietários às companhias de Seguro e ao IRB, resultando na consignação em pagamento das indenizações, impediu a MNP de reconstruir o galpão e dessa forma cumprir o contrato. Esse fato trouxe substancial prejuízo à atividade econômica da empresa, pois, impossibilitada de reconstruir o galpão, teve que alugar outro imóvel e suspender parte da sua produção. A paralisação parcial da produção e os gastos com mudança da fábrica e aluguel de novo galpão são indenizáveis?

5º Em caso de resposta afirmativa aos quesitos 3º e 4º anteriores, mesmo tendo sido as indenizações depositadas em conta com correção monetária, é possível a propositura da ação de indenização das perdas e danos?

6º Proposta a consignação judicial pelas companhias de seguro e comparecendo ambos os pretendentes para receber o valor da indenização, sem contestar a ação, devem os mesmos pagar honorários advocatícios às consignantes?

7º Ao término do contrato de locação, não sendo possível à locatária restituir o imóvel na forma em que o recebeu, responderá por perdas e danos? Em caso positivo, a liquidação dessas perdas e danos levará em consideração o tempo de construção das acessões e as benfeitorias realizadas pela locatária às suas custas exclusivas?

## PARECER

*Ao Quesito Primeiro*

O contrato de locação teve por objeto imóvel situado em Belo Horizonte, na Rua BM, n. 672 a 712, "constituído de um galpão com área aproximadamente de 1.700m$^2$; loja comercial e um apartamento, destinando-se exclusivamente para uso de indústria, não podendo tal destinação ser mudada, sem prévio e expresso consentimento do locador".

Pelo disposto acima, o aluguel abrange todo um conjunto imobiliário.

Pela descrição do laudo pericial, realizado após o incêndio, somente uma parte deste complexo foi destruída pelo fogo.

Não há falar, portanto, em extinção do contrato por perecimento do objeto.

A esta conclusão se chega, palmilhando vias diversas. Desde a noção do negócio jurídico que já nos defrontamos com o requisito objetivo, emergente do art. 82 do Código Civil.[1] Se ali se diz que a sua validade requer "objeto lícito", logo de plano infere-se a existência do "objeto" em si mesmo, pois que "sem objeto" não há cogitar do negócio jurídico.

Marchando em frente, a análise da "obrigação" afronta, a par do sujeito e do vínculo jurídico, o elemento objetivo, sobre que os autores se detêm, salientando os seus caracteres da possibilidade, liceidade, determinabilidade e patrimonialidade (LUDOVICO BARASSI, OROSIMBO NONATO, EDUARDO ESPÍNOLA).

Deixando de lado os demais, que são alheios à consulta, detenho-me na "possibilidade". O objeto da obrigação há de ser "possível", quer no sentido jurídico, quer no material. A "possibilidade física" é indispensável à configuração da *obligatio*. Ser fisicamente possível equivale a existir o objeto, pois que a impossibilidade material significa a inexistência do elemento objetivo, e portanto da obrigação mesma. Ao propósito, re-

---

[1]   "Art. 82. A validade do ato jurídico requer agente capaz (art. 145, I), objeto lícito e forma prescrita ou não defesa em lei (arts. 129, 130 e 145)."
– Dispositivo correspondente no Código Civil de 2002:
"Art. 104. A validade do negócio jurídico requer:
I – agente capaz;
II – objeto lícito, possível, determinado ou determinável;
III – forma prescrita ou não defesa em lei."

corda OROSIMBO NONATO que a impossibilidade simultânea à formação do vínculo impede a criação da obrigação, ao passo que a superveniente não a obsta, porém reflete na sua executoriedade. Disse-o com precisão SIMONCELLI:

> "Per valutare gli effetti dell'impossibilità si deve aver riguardo al tempo in cui si presenta. Se la prestazione era impossibile al tempo in cui fu contratta l'obbligazione, questa non è nata; se l'impossibilità è soppravenuta alla nascita dell'obbligazione, si provvede, secondo le regole dell'inadempimento poichè non si tratta più di nascita, ma di adempimento dell'obbligazione" (DOMENICO SIMONCELLI, *Istituzioni*, p. 261).

Aqui já desponta, ainda, outro fator: o que se terá em vista é a "impossibilidade absoluta", isto é, aquele que o é no tempo e no espaço, em relação a uma pessoa e a todas as pessoas.

E WINDSCHEID acrescenta que, mesmo sendo originária e absoluta, a impossibilidade obstativa da obrigação há de ser "total", já que a impossibilidade parcial não conduz à nulidade do contrato.

"Se l'impossibilità è soltanto parziale, anche il contratto é invalido, soltanto in parte"

pois, para que o seja no todo, a vontade não poderia atingir nenhuma parte

"ancora possibile della prestazione" (*Pandette*, v. II, Parte 1ª, § 315).

Daí poder-se extrair esta conclusão, cientificamente exata: se a impossibilidade superveniente não é total, porém meramente parcial, não conduz à cessação da obrigação, pois que pode incidir sobre uma parte ainda possível da prestação.

Aplicando a doutrina, o art. 1.091 do Código Civil[2] é bem claro, ao dizer que a impossibilidade da prestação não invalida o contrato, sendo relativa, ou cessando antes de realizada a condição.

Somente a impossibilidade absoluta tem este efeito. E se é certa a tese quanto à impossibilidade concomitante à criação do vínculo, não menos certa será em se tratando de impossibilidade superveniente.

No dizer de ENNECCERUS, a impossibilidade parcial invalida o contrato, quando do seu contexto ou das circunstâncias não se possa concluir que ele teria sido celebrado somente quanto à parte possível:

---

[2] "Art. 1.091. A impossibilidade da prestação não invalida o contrato, sendo relativa, ou cessando antes de realizada a condição."
– Dispositivo correspondente no Código Civil de 2002:
"Art. 106. A impossibilidade inicial do objeto não invalida o negócio jurídico se for relativa, ou se cessar antes de realizada a condição a que ele estiver subordinado."

"En el caso de *imposibilidad parcial*, el contrato es totalmente nulo, ahí no procede admitir que también hubiera sido concluído sólo en cuanto a la parte posible" (ENNECCERUS, KIPP y WOLFF, *Tratado, Derecho de Obligaciones*, v. I, § 29).

Em se tratando de impossibilidade superveniente, ela somente conduz à extinção do contrato, se se entender que fulmina o próprio objeto.

Há, portanto, distinguir entre a impossibilidade total superveniente, que equivale ao "perecimento" do objeto; e a impossibilidade parcial superveniente que não condiz com o seu perecimento, mas com a "deterioração" da coisa.

E, no tocante à locação, é expresso o Código Civil (art. 1.190),[3] quando abre ao locatário a opção, no caso se deteriorar a coisa *pendente locationes*, entre pedir a redução proporcional do aluguel, ou rescindir o contrato, caso já não sirva a coisa, para o fim a que se destina.

De notar-se, todavia, que se trata de *facultas* alternativa a favor "do locatário" e não do locador. O locatário é que é o juiz se a coisa, mesmo deteriorada, ainda lhe é prestadia. É ele o único juiz na avaliação se a parte queimada é de "muy poca importância" como diz ENNECCERUS no lugar citado, ou se de tão grande vulto que lhe convenha, ao revés de manter o contrato, postular a sua resolução.

Na espécie da consulta, e neste ponto o laudo pericial é elemento de convicção insuspeito, o incêndio foi parcial. Não atingiu a totalidade do complexo arrendado, mas uma parte dele apenas. Em sendo assim, não se considera extinto o contrato. O que a lei permite é a sua resolução, a critério do locatário. O locador não pode impô-la, retomando a coisa, se dele restou uma parte que, ao ver do locatário, ainda é de molde a deixar subsistente a relação *ex locato*. E não colhe o argumento, levantado pelos locadores, segundo informação verbal da locatária, de que o objeto da locação é industrial, e a parte combusta foi a destinada à industria. O que tem relevância é a utilização da *res locata* pelo arrendatário. Ele a usava no seu todo. E se apenas uma parte se perdeu no incêndio, caso não será de se declarar que houve perecimento. Se tal se dissesse, o mesmo seria que afirmar que o todo é igual à parte, o que é ao mesmo tempo um ilogismo e um atentado contra a concepção física da matéria. A discussão única admissível é se a parte não destruída, em razão de sua finalidade econômica para o locatário, corresponde para ele a alguma serventia, ou lhe não sirva para nada, segundo a letra do art. 1.190.[4]

---

3  "Art. 1.190. Se, durante a locação, se deteriorar a coisa alugada, sem culpa do locatário, a este caberá pedir redução proporcional do aluguer, ou rescindir o contrato, caso já não sirva a coisa para o fim a que se destinava."
– Dispositivo correspondente no Código Civil de 2002:
"Art. 567. Se, durante a locação, se deteriorar a coisa alugada, sem culpa do locatário, a este caberá pedir redução proporcional do aluguel, ou resolver o contrato, caso já não sirva a coisa para o fim a que se destinava."

4  CC 2002, art. 567.

Ninguém melhor do que BEVILÁQUA para esclarecer o contexto legal, e ensinar que somente a destruição total é que leva à resolução do contrato, e que ao locatário cabe o direito de rescindi-lo, se ela não mais restar em estado de servir. Veja-se o que diz em *Comentário* ao art. 1190.

De acrescer, ainda, que o contrato alude ao imóvel da rua BM formando todo um complexo de finalidade comercial. Não cabe, portanto, desmembrá-lo, para o fim de apurar se a parte combusta era própria para a indústria e a remanescente para o comércio. O que a tudo sobreleva é a finalidade mercantil do bem locado.

*Ao Quesito Segundo*

É frequente, no mundo negocial, ajustarem as partes, no contrato de locação, o seguro da coisa locada em favor do locador. Neste caso, é este o beneficiário da estipulação.

Fora daí, aplicam-se as regras gerais relativas ao contrato de seguro. E o art. 1.463 do Código Civil[5] é bastante explícito, ao permitir:

"o direito à indenização pode ser transmitido a terceiro como acessório da propriedade, ou de direito real sobre a coisa segura."

Veja-se bem que o legislador estabeleceu a cessibilidade do direito à indenização como uma faculdade. Ele diz que "pode" ser transmitido. E esta qualificação como *facultas* contrasta com o disposto no parágrafo único do mesmo artigo, ao declarar este os casos em que a transmissibilidade se opera de pleno direito

"quanto à coisa hipotecada, ou penhorada, e fora desses casos, quando a apólice o não vedar."

Em *Comentário* ao artigo, BEVILÁQUA esclarece que:

"A transferência não é forçosa."

CARVALHO SANTOS, com toda objetividade, interpreta a disposição legal em termos práticos. Começa por esclarecer que o direito à indenização pertence AO SEGURADO. *Verbis*:

"*O direito à indenização*... Isto é, o direito de receber a importância correspondente ao pagamento da indenização, em princípio, pertence ao segurado, isto é,

---

5 — Dispositivo correspondente no Código Civil de 2002:
"Art. 785. Salvo disposição em contrário, admite-se a transferência do contrato a terceiro com a alienação ou cessão do interesse segurado.
§ 1º Se o instrumento contratual é nominativo, a transferência só produz efeitos em relação ao segurador mediante aviso escrito assinado pelo cedente e pelo cessionário.
§ 2º A apólice ou o bilhete à ordem só se transfere por endosso em preto, datado e assinado pelo endossante e pelo endossatário."

ao próprio contratante, a não ser no seguro sobre a vida, em que a importância de indenização, sendo paga depois da morte, é entregue ao beneficiário."

E, em desenvolvimento do princípio legal, detém-se na transmissibilidade daquele direito, na apólice nominativa, na emitida à ordem, ou na apólice ao portador. E diz, então:

"O que este artigo esclarece, como se vê, é que o direito à indenização também se transmite a terceiro, como acessório da propriedade, ou de direito real sobre a coisa segura" (J. M. DE CARVALHO SANTOS, *Código Civil Brasileiro Interpretado*, v. XIX, p. 374 e 375).

Em concreto: o direito à indenização é do segurado. Num contrato de locação, pode ser transferido ao locador, como acessório da coisa locada. Mas o intérprete completa o pensamento da lei:

"Não se trata de uma transferência obrigatória, como se deduz da expressão legal, aliás bem significativa de mera faculdade: *pode ser transferido*" (loc. cit.).

Depois de esclarecer as hipóteses de transferência *pleno iure*, explica o que o artigo diz na sua cláusula final:

"*E fora desses casos, quando a apólice não o vedar*. Nas demais hipóteses que possam ocorrer, a transmissão só se operará de pleno direito se a apólice não vedar, ficando, por isso mesmo, dependendo essa transmissão do acordo das partes contratantes" (lug. citado).

No caso da consulta, não se ajustou cláusula transferindo o direito à indenização para o locador, e não se trata de coisa hipotecada ou penhorada.

Para que se desse a transferência seria mister que houvesse acordo entre locador e locatário. Haveria necessidade de cláusula expressa neste sentido. Ou expressa, igualmente, entre estipulante e promitente, isto é, segurado e seguradora.

Em não havendo, o direito de receber a indenização é do segurado e não do locador.

Não se cogita, por outro lado, de ilegalidade do seguro, sob fundamento de que não pode ter por objeto coisa alheia.

A uma, porque o contrato de locação o não proíbe, antes o permite.

A duas, porque, sendo obrigação do locatário restituir a coisa locada ao fim da locação, cabe precisamente no conceito do contrato de seguro, tal como expresso no art. 1.432 do Código Civil,[6] estipular a cobertura do risco a que a coisa restituenda está sujeita.

---

6   "Art. 1.432. Considera-se contrato de seguro aquele pelo qual uma das partes se obriga para com a outra, mediante a paga de um prêmio, a indenizá-la do prejuízo resultante de riscos futuros, previstos no contrato."

O risco existe, e existe para o locatário. Então está nos moldes do seguro garantir quem o suporte, para a eventualidade de se configurar o prejuízo.

Foi o que se deu, e tudo dentro da lei.

## Ao Quesito Terceiro

Não tendo direito à indenização, que cabe ao segurado, não podiam os locadores obstar que o pagamento lhe fosse regularmente efetuado.

Notificando as cias. seguradoras e o IRB, o locador criou uma dúvida, e com isto embaraçou o processamento, levando as seguradoras a consignar judicialmente os valores. Requerendo a suspensão do pagamento de quaisquer indenizações à beneficiária, assumiram os riscos de todo dano que advenha do retardamento.

Houvesse a apuração do sinistro e o processamento do seguro corrido regularmente, e o segurado já teria recebido o pagamento. Com a notificação, assumiram os notificantes as responsabilidades pelos danos que o segurado sofra ou venha a sofrer da demora no recebimento. E a consequência é estarem sujeitos à reparação consequente.

O princípio da responsabilidade, tal como definido no art. 159 do Código Civil,[7] abrange toda ação ou emissão voluntária, capaz de prejudicar alguém. E, dentro no seu âmbito, está incluída a utilização abusiva da via judicial.

Armado já o litígio entre as partes, numa ação revisional e numa ação renovatória, sobreveio o incêndio.

A notificação promovida pelos locadores, cujo direito está adstrito ao recebimento da coisa locada no prazo e na forma do contrato (ressalvado mesmo o caso da recondução que dilargará o prazo de entrega por mais cinco anos), foi utilizada como instrumento de pressão, para forçar o desfecho dos litígios existentes de maneira irregular.

Sem descer a hipóteses imaginosas, que o procedimento suscita, porém plantado o locatário no terreno puramente objetivo, a sustação do pagamento dos seguros poderá ser interpretada como a utilização do processo com o intuito de conseguir o objetivo de comprimir o locatário num momento difícil, e levá-lo a sujeitar-se às exigências dos locadores.

---

– Dispositivo correspondente no Código Civil de 2002:
"Art. 757. Pelo contrato de seguro, o segurador se obriga, mediante o pagamento do prêmio, a garantir interesse legítimo do segurado, relativo a pessoa ou a coisa, contra riscos predeterminados."

---

[7] "Art. 159. Aquele que, por ação ou omissão voluntária, negligência, ou imprudência, violar direito, ou causar prejuízo a outrem, fica obrigado a reparar o dano."
– Dispositivos correspondentes no Código Civil de 2002:
"Art. 186. Aquele que, por ação ou omissão voluntária, negligência ou imprudência, violar direito e causar dano a outrem, ainda que exclusivamente moral, comete ato ilícito."
"Art. 927. Aquele que, por ato ilícito (arts. 186 e 187), causar dano a outrem, fica obrigado a repará-lo."

Usando a via da notificação, que não é contraditória, procederam de modo a que o recebimento do seguro, que é um direito do segurado, se não efetuasse, mesmo sabendo que não incidia apenas sobre o imóvel, mas abrangia, também, as instalações, equipamentos e estoque, que são de propriedade do segurado-locatário.

A utilização da medida cautelar adotada, que não comporta defesa, assumiu o caráter de providência unilateral e arbitrária, por cujas consequências respondem os notificantes.

*Ao Quesito Quarto*

Conforme resposta a quesito anterior, já declarei que a atitude dos locadores, providenciando unilateralmente a sustação do pagamento, pelas cias. seguradoras, da indenização pelo incêndio, importou em medida arbitrária pela qual respondem civilmente. Em consequência, gerou a consignação em pagamento, e forçou a locatária a alugar outro imóvel, além de suspender parte de sua produção.

São, todos esses, danos atribuíveis aos locadores, a serem reparados pelos locadores. Não importa que venha, a final, a ser julgado que cabe ao locatário o dinheiro depositado, e, portanto, que venha ele a receber o seguro, com a respectiva correção monetária.

E não importa porque, tendo ocorrido o retardamento no levantamento dos valores dos seguros, o dano emergente e o lucro cessante têm de ser indenizados pelos locadores, cuja ação abusiva e arbitrária foi causadora de um e de outro.

Além deste dever de reparação, deflui do quesito um outro efeito, igualmente ponderável. Sendo dever do locatário restituir o imóvel no estado em que o recebeu, um raciocínio de toda elementaridade leva a concluir que a sustação do recebimento do seguro, devido à notificação requerida pelos locadores, constitui embaraço à reposição da coisa no *statu quo ante*.

Em verdade, ao contratar o seguro, a locatária cobriu-se do risco de deterioração a que o imóvel poderia eventualmente estar sujeito, por força de possível sinistro. A finalidade econômica e legal do seguro é precisamente esta: estipular com o segurador a assunção do risco a que a coisa segurada pudesse estar sujeita. Verificado o sinistro, e fazendo-se abstração do embaraço criado pelos locadores, as cias. seguradoras já teriam pago as indenizações, e a locatária, munida dos recursos financeiros, já teria promovido as reconstruções, de forma a repor a coisa no estado anterior. Assim procedendo, interromperia as suas atividades pelo tempo estritamente necessário à reconstrução, não teria de alugar novo galpão, e não sofreria a paralisação parcial de sua produção.

Notificadas as cias. seguradoras, ajuizaram o procedimento consignatório, fazendo citar locadores e locatária. Ainda aí o dano estaria reduzido, se os locadores não comparecessem, disputando o levantamento.

Uma vez que acudiram à citação, e pleitearam o pagamento para si, tornaram litigioso o recebimento, provocando a demora.

Além de responderem pela indenização do prejuízo amplo (*damnum emergens* e *lucrum cessans*) na forma do art. 1.059 do Código Civil,[8] ainda impediram, como impedido está, que a locatária restitua o prédio ao estado anterior, e, desta sorte, não podem reclamar, tal seja o tempo de duração da demanda, se a locatária não tiver o imóvel restaurado, na ocasião de restituir.

Uma outra consequência advém, ainda, do embaraço criado pelos locadores: terão de responder pela elevação de custo das despesas de reparação, naquilo em que exceder a correção monetária da quantia consignada. O país vive num ambiente de inflação elevada, percutindo gravemente sobre os custos de material, mão de obra e encargos sociais. Até o nível em que o valor do depósito judicial for corrigido, a locatária encontra cobertura para os encargos da reconstrução ou da restauração do imóvel combusto. Se acontecer (e pode acontecer) que as despesas da restauração aumentem muito mais do que a correção monetária do dinheiro consignado, e como a consignação deveu-se a terem os locadores criado dúvida sobre o destinatário do valor do seguro, e, por isso, terem impedido a pronta liquidação deste, respondem pela diferença a maior, caso haja, no custeio das despesas de reparação.

*Ao Quesito Quinto*

A reparação do prejuízo causado não se confunde com a correção monetária das importâncias consignadas judicialmente. Consiste esta na atualização do poder aquisitivo do dinheiro recolhido em conta bancária à disposição da Justiça, com o propósito de evitar que, com o tempo decorrido, sofra o aviltamento decorrente da inflação. Esta correção não indeniza prejuízo. Simplesmente mantém o equilíbrio financeiro entre o valor nominal da quantia depositada e o respectivo valor de troca. Sem a correção, ocorreria que, no momento em que tivesse de ser levantado, o saldo bancário estaria totalmente defasado do poder aquisitivo, em detrimento do vendedor, e com vantagem para a instituição financeira, correspondente à plus-valia advinda do tempo da paralisação. O estabelecimento bancário colocaria o dinheiro no giro de suas operações, auferindo o benefício, às expensas dos litigantes, – especialmente daquele que fosse vitorioso na ação.

A indenização do dano causado é inspirada em outros conceitos. Dentro da própria etimologia da palavra, "indenizar" significa pôr no lugar do prejuízo causado um valor que cubra a perda sofrida pelo lesado. A rigor, no conceito de indenização estaria compreendida a colocação de uma coisa, no lugar do bem jurídico ofendido. Mas, como

---

8   "Art. 1.059. Salvo as exceções previstas neste Código, de modo expresso, as perdas e danos devidos ao credor abrangem, além do que ele efetivamente perdeu, o que razoavelmente deixou de lucrar. (...)"
    – Dispositivos correspondentes no Código Civil de 2002:
    "Art. 402. Salvo as exceções expressamente previstas em lei, as perdas e danos devidas ao credor abrangem, além do que ele efetivamente perdeu, o que razoavelmente deixou de lucrar."

nem sempre é possível fazê-lo em espécie, o *id quod interest* importa na sua conversão em valor pecuniário, que é oferecido à vítima, para compensar a perda sofrida.

Dentro na sistemática legal, a matéria é regida em o Código Civil pelo art. 1.059,[9] nestes termos:

> "Salvo as exceções previstas neste Código, de modo expresso, as perdas e danos devidos ao credor abrangem, além do que ele efetivamente perdeu, o que razoavelmente deixou de lucrar."

Estabelecida a relação de causalidade entre a antijuridicidade do comportamento do agente e o dano causado, de molde a ficar positivado em que este se vincula diretamente ao procedimento injurídico no dizer de RENÉ RODIÉRE (*La Responsabilité Civile*, p. 232), a composição das perdas e danos abrange o dano emergente e o lucro cessante. Limitada, sem dúvida, ao restabelecimento do equilíbrio rompido, de forma a que se não converta em fonte de enriquecimento ao invés de condenação de *damno vitando* (cf. DE PAGE, *Traité Élémentaire*, v. II, n. 1.020, p. 979; KARL LARENZ, *Obligaciones*, v. I, p. 197), o conceito de perdas e danos do Código Civil é amplo. Comporta, no caso da consulta, em determinar tudo aquilo que o bloqueio do recebimento dos seguros se traduziu em perda efetiva para o lesado (*damnum emergens*), acrescido do mais que ele razoavelmente deixou de ganhar (*lucrum cessans*), caso os seguros fossem liquidados em tempo normal.

A importância que se apurar estará, ainda, sujeita a correção monetária, tendo em vista que constitui "dívida de valor" e não simplesmente "dívida de dinheiro".

Esta observação serve, a um só tempo, para completar o conceito de reparação que necessariamente compreende a atualização monetária dos valores da condenação, como ainda para evidenciar que se não confunde o *id quod interest* previsto no art. 1.059 do Código Civil com a correção pecuniária dos depósitos judiciais, correspondentes aos seguros consignados.

## Ao Quesito Sexto

O princípio da sucumbência vem estabelecido com nitidez no art. 20 do Código do Processo Civil. A sentença condenará o vencido a pagar ao vencedor as despesas que antecipou e os honorários advocatícios.

Na decorrência, portanto, desta disposição da lei processual, os honorários de advogado serão um dos itens da condenação. É o que se infere do comentário de CELSO AGRÍCOLA BARBI, ao fazer alusão ao "vencido" e ao "vencedor" da causa, e ainda à "condenação", *verbis*:

---

9   CC 2002, art. 402.

"A atual legislação manteve, acertadamente, no art. 20, o princípio de que o vencido deve pagar os honorários de advogado do vencedor e incluiu, através de emenda apresentada no Congresso, a regra do § 3º, segundo o qual eles devem ser fixados entre o mínimo de 10% e o máximo de 20%, calculado sobre o valor da condenação, atendidas as circunstâncias mencionadas nas alíneas *a*, *b* e *c* do mesmo parágrafo" (*Comentários ao Código de Processo Civil*, edição Forense, v. I, n. 181, p. 187).

As peculiaridades, que menciona (por exemplo no caso de execução por título extrajudicial), não têm aplicação à espécie.

PONTES DE MIRANDA é ainda mais objetivo e categórico, quando alude expressamente ao fato de alguém *"perder"* a causa. Veja-se o seu comentário:

"Hoje não há qualquer especialização de ações para que incida o art. 20. Não importa se a ação é declaratória, constitutiva positiva ou negativa, condenatória, mandamental ou executiva. Não mais se limita a sanção às ações do ato ilícito absoluto ou relativo. Pressuposto necessário é um só: ter havido perda da causa, pelo autor, ou pelo réu, ou quem quer que seja perdente" (ob. cit., 1979, v. I, p. 530).

Em monografia dedicada ao assunto, YUSSEF SAID CAHALI, ilustre magistrado paulista, depois de estudar e definir, em tese, o que na processualística se entende por "sentença", dedica um parágrafo à "sentença do art. 20 do Código de Processo Civil":

"Como norma fundamental, estabelece o art. 20 do CPC que 'a sentença condenará o vencido a pagar ao vencedor as despesas que antecipou e os honorário de advogado.' Critério prático válido para identificação da *sentença* na sistemática do novo Código pode ser extraído em função da recorribilidade do provimento judicial; e, sob esse aspecto, é de atentar-se para a Exposição de Motivos (n. 35): 'Diversamente do Código vigente, o projeto simplifica o sistema de recursos. Concede apelação só de sentença; de todas as decisões interlocutórias, agravo de instrumento. Esta solução atende plenamente aos princípios fundamentais do Código, sem sacrificar o andamento da causa e sem retardar injustificavelmente a resolução de questões incidentes, muitas das quais são de importância decisiva para a apreciação de mérito. O critério que distingue os dois recursos é simples. *Se o juiz põe termo ao processo, cabe apelação.* Não importa indagar se decidiu ou não o mérito. A condição do recurso é que tenha havido julgamento final no processo. Cabe agravo de instrumento de toda a decisão, proferida no curso do processo, pela qual o juiz resolve questão incidente'.

Permite-se deduzir, daí, como sendo *sentença*, para os fins do art. 20 – de modo a exigir-se do juiz que, necessariamente, também se pronuncie quanto às despesas do processo e os honorários advocatícios – todo provimento judicial em que se extingue o processo, sem ou com julgamento de mérito" (*Honorários Advocatícios*, n. 33, p. 74).

Descendo a minúcias ainda mais explícitas e esclarecedoras, o mesmo autor continua:

"Segundo o critério da sucumbência, só no momento em que o processo atinge o seu *êxito natural* é possível estabelecer-se qual das partes será obrigada pelo pagamento das despesas. A sentença com a qual o juiz termina o processo perante si (*chiude il processo davanti a lui*), e que deverá prover também a respeito dos respectivos encargos, 'não pode ser senão a sentença definitiva'. É a *decisão final* do Direito anterior, convindo o qualificativo *final* a qualquer decisão do Juízo que, apreciando ou não o mérito, ponha termo do processo" (ob. cit., p. 75).

Destas lições, todas opinadíssimas, conclui-se que não há falar em "condenação" nas "despesas" e nos "honorários", antes da sentença terminativa, pois que ela enseja a sucumbência, que é o fundamento da "condenação" em honorários.

Não prevê a lei processual a "antecipação de honorários", pois que isto equivaleria a "condenação antecipada", ou "condenação sem sentença".

Segundo o que estabelece o art. 982 do Código Civil,[10] as despesas com o depósito, quando julgado procedente, correm por conta do credor, e, no caso contrário, por conta do devedor. E sendo os efeitos da sucumbência uma conjugação das despesas com o depósito, não há falar em honorários antes de ser definida a ação.

No caso previsto no art. 973, IV, do Código Civil[11] (consignação quando ocorrer dúvida sobre quem deva legitimamente receber o objeto do pagamento), arma-se a equação processual que tem de ser decidida com o provimento jurisdicional decisório de quem é o credor. Um dos postulantes será portanto "vencedor" (aquele a quem se reconhecer a qualidade creditícia) e um, "vencido" (aquele excluído do recebimento).

Com a aplicação do disposto no art. 20 do CPC, o "vencido" suporta os ônus da sucumbência, e não haverá vencedor sem vencido antes da "sentença".

---

10 "Art. 982. As despesas com o depósito, quando julgado procedente, correrão por conta do credor, e, no caso contrário, por conta do devedor."
– Dispositivos correspondentes no Código Civil de 2002:
"Art. 343. As despesas com o depósito, quando julgado procedente, correrão à conta do credor, e, no caso contrário, à conta do devedor."

11 "Art. 973. A consignação tem lugar:
(...)
IV – se ocorrer dúvida sobre quem deva legitimamente receber o objeto do pagamento;
(...)"
– Dispositivos correspondentes no Código Civil de 2002:
"Art. 335. A consignação tem lugar:
(...)
IV – se ocorrer dúvida sobre quem deva legitimamente receber o objeto do pagamento;
(...)"

A colher o argumento de que a dupla pretensão afasta da lide o devedor consignante, para justificar se deduzam os honorários da quantia consignada, ocorrerá esta situação não prevista no Código Processual: os honorários serão suportados pelo vencedor, que, ao levantar o depósito, de acordo com o que for decidido, recebê-lo-á desfalcado, ou seja: a quantia consignada não corresponderá ao seu crédito, obrigando-o a novo litígio, para complementação do devido, – contra o princípio do art. 972 do Código Civil,[12] para o qual o depósito judicial considera-se pagamento e extingue a obrigação, desde que seja integral (consignação da "coisa devida"). Com a antecipação de honorários, por conta da verba consignada, o depósito judicial libera o devedor mas não satisfaz o credor, gerando então uma nova demanda, em que o credor reconhecido judicialmente necessitará de instaurar nova instância contra quem não era o devedor, para complementar o pagamento, correndo inclusive os riscos (posto que abstratos) de uma eventual insolvência.

Daí a resposta negativa ao quesito.

*Ao Quesito Sétimo*

Dentre as obrigações do locatário está a de restituir a coisa, finda a locação, no estado em que a receber, salvas as deteriorações naturais ao uso regular.

O quesito prevê a impossibilidade de se cumprir este dever. Não esclarece, todavia, qual seria a razão de não ser possível fazê-lo.

Cabe, portanto, distinguir se se trata de uma impossibilidade culposa, ou não culposa. E bem assim se se verificar a não possibilidade advinda de fato do locador mesmo. Conforme a hipótese vertente, a solução variará.

No primeiro plano, coloco a impossibilidade sem culpa, impossibilidade devida ao fortuito ou força maior. Em tal situação, descabe indenização, pois é de regra que *casus a nullo praestantur*. Se o locatário não pode cumprir o dever de restituir a coisa no estado em que a recebeu, pela ação inevitável de forças estranhas à sua vontade, dotadas da inevitabilidade prevista no art. 1.058, parágrafo único,[13] do Código Civil, não pode igualmente ser compelido a indenizar.

---

12  "Art. 972. Considera-se pagamento, e extingue a obrigação, o depósito judicial da coisa devida, nos casos e formas legais."
   – Dispositivos correspondentes no Código Civil de 2002:
   "Art. 334. Considera-se pagamento, e extingue a obrigação, o depósito judicial ou em estabelecimento bancário da coisa devida, nos casos e forma legais."

13  "Art. 1.058. O devedor não responde pelos prejuízos resultantes de caso fortuito, ou força maior, se expressamente não se houver por eles responsabilizado, exceto nos casos dos arts. 955, 956 e 957.
   Parágrafo único. O caso fortuito, ou de força maior, verifica-se no fato necessário, cujos efeitos não era possível evitar, ou impedir."
   – Dispositivos correspondentes no Código Civil de 2002:

No segundo plano, examino a hipótese da impossibilidade ser devida a fato do próprio locador. Visualizo o caso de haver o locador criado uma situação tal que impeça ao locatário restituir a coisa locada no estado em que a recebeu. *Unuscuique sua culpa nocet*, diziam as fontes. O locador tem direito à restituição do imóvel no estado em que o recebeu. Mas se um ato seu, ou uma conduta sua obstou que o locatário efetuasse a restituição na forma devida, descabe-lhe o direito de reclamar a indenização. Não encontraria fundamento jurídico a pretensão ressarcitória, se foi o seu comportamento que obstaculizou o cumprimento do dever da parte contrária. Acredito, mesmo, que não há mister apurar se este comportamento foi culposo ou não culposo. Basta o fato em si, hábil a impedir que o cocontratante cumpra o seu dever, para eximi-lo da responsabilidade pelo inimplemento.

Em terceiro lugar, examino a ocorrência de culpa do locatário. Impossibilitado, por culpa sua, de cumprir o dever prescrito em lei, cabe a indenização.

Mas, nesse caso, a medida está contida na própria norma. As deteriorações naturais ao uso regular têm de ser computadas, no momento de aferir o estado em que a coisa se encontra. E se a deterioração da própria coisa deve ser levada a crédito do locatário, mais fortemente é de ser considerada a ação do tempo de construção das acessões e benfeitorias que realizou no prédio, às próprias expensas.

Partindo de que aderem ao imóvel, devem ser consideradas como se a este já pertencessem. Então, o raciocínio é certo, se se diz que a liquidação das perdas e danos levará em consideração o tempo de construção, pois que este provoca a deterioração natural, e a lei ressalva ao locatário, no *debitum restituendi*, a que é causada pela ação do tempo.

---

Art. 393. O devedor não responde pelos prejuízos resultantes de caso fortuito ou força maior, se expressamente não se houver por eles responsabilizado.
Parágrafo único. O caso fortuito ou de força maior verifica-se no fato necessário, cujos efeitos não era possível evitar ou impedir."

# 48

**Fatos** — Contrato de locação não residencial. Cláusula contratual com expressa proibição de realização de obras no imóvel. Falência da locatária. Arrematação do contrato por nova sociedade. Realização de obras irregulares no bem locado. Alteração da fachada do imóvel. Aplicação de multa pelo Poder Público. Ajuizamento de ação de despejo. Contestação da locatária, com o argumento de que as obras seriam "pequenas" e necessárias à adaptação do imóvel às suas atividades e que teriam trazido benefício econômico à locadora. Argumentos acolhidos pela sentença.

**Direito** — Contrato de locação não residencial. Proibição contratual de realização de obras no imóvel. Locatária por sucessão: sub-rogação nos direitos e obrigações da locatária antecessora. Realização de obras pela nova locatária com afronta ao contrato e a normas edilícias. Multa imposta ao locador pelo Poder Público. Infração contratual grave. Despejo procedente.

Perante o Juízo de Direito da Vara Cível desta cidade, VDO S.A. propôs ação de despejo contra MTC S.A., arrematante do contrato de locação do imóvel situado na Av. Brasil, n. ..., sustentando infração da cláusula 7ª da avença, que dispõe que "A LOCATÁRIA não poderá executar qualquer obra no imóvel sem consentimento escrito da LOCADORA", visto haver a locatária, sem buscar obter tal permissão escrita, realizado diversas alterações no prédio locado, também sem a indispensável autorização administrativa.

De feito, conforme ficou parcialmente comprovado, a locatária, sobre haver erigido galpão em alvenaria e dependências anexas no imóvel locado, alterou-lhe a fachada voltada para a Rua ..., causando a aplicação de multa na locadora pelo Poder Público, e deixando, inclusive, de repor o imóvel em seu estado anterior, quando para tal finalidade notificada pela locadora.

Contestando o pedido, reconheceu a locatária a realização das obras referidas, qualificando-as todavia de "pequenas", e negando a existência de prejuízo para a locadora, argumentos acolhidos pela sentença de primeiro grau de jurisdição, segundo a qual não caberia o acolhimento do pedido inicial por força da admissibilidade da adaptação pelo locatário do imóvel alugado às suas necessidades, *in casu* sucedida, e do proveito eventual que para a locadora poderia resultar das obras, pelo aumento da área construída.

Considerou, ademais, a sentença referida, irrelevante o fato de as obras haverem sido realizadas sem prévia autorização administrativa e a circunstância de a locadora haver sido responsabilizada pela consequente infração aos preceitos edilícios, pagando a multa aplicada, a despeito de por outras e maiores multas poder aquela primeira ser seguida (em face da não legalização das obras, que só ela, locatária, poderia promover, não o tendo feito, contudo).

Isto posto, pergunta-se:

1º Procede a escusa invocada, *in casu*, pela sentença referida, para a realização das obras não autorizadas, qual seja uma eventual necessidade de a locatária, MCT S.A., adaptar o imóvel locado às suas necessidades?

2º Justifica-se a tolerância com obras não autorizadas, por força de uma eventual possibilidade de lucro que para a locadora delas possa resultar?

3º Procede a ação de despejo proposta pela locadora?

## PARECER

*Ao Quesito Primeiro*

A matéria, objeto da presente consulta, diz respeito à caracterização, como infringência contratual, de obra realizada em imóvel alugado, com cláusula proibitiva.

Para melhor exame da espécie, convém ter presente a norma convencional, tal como transcrita na consulta:

"A LOCATÁRIA não poderá executar QUALQUER obra no imóvel sem CONSENTIMENTO ESCRITO DA LOCADORA."

Celebrado o contrato, com a antecessora da atual locatária, as partes contratantes ajustaram livremente a proibição, genérica e global, de realizar a arrendatária "qualquer obra". Juízes de seus interesses, os contratantes não puseram limite à restrição. Não especificaram as obras interditas. Não ressalvaram a hipótese de ficar a então locatária autorizada a efetuar aquelas que se tornassem necessárias à adaptação do imóvel às suas necessidades. A prática locatícia, quando o objeto do contrato é prédio destinado ao comércio ou indústria, frequentemente franqueia ao locatário tais modificações. Na espécie, não ocorreu esta ressalva. E, sendo ambos os contratantes empresas comerciais, e tendo condições de avaliar as suas conveniências, a norma convencional proibitiva consultava aos interesses recíprocos. Se a locatária aceitou a cláusula, em contrário às praxes do comércio, foi porque assim lhe conveio contratar, e ela se integrou nos direitos e deveres, resultantes da avença, para um quanto para outro dos contraentes.

Na falência da locatária, outra empresa arrematou o contrato de locação, e, sucedendo à anterior na relação jurídica, assumiu a condição contratual de locatária. Locatária por sucessão.

O elemento determinante de seus direitos e de suas faculdades foi, e continuou sendo, o contrato preexistente. É bem notar que não se celebrou novo contrato, não se criou nova relação de direito. *Ergo*, não nasceu para a arrematante uma situação jurídica própria. Ela simplesmente sub-rogou-se na titularidade de uma relação contratual já vigorante. No lugar da antiga locatária inscreveu-se nova locatária, sem mutação dos seus direitos. Locatária, por aquisição derivada.

Ocorreu, desta sorte, uma alteração subjetiva da relação jurídica, sem modificação objetiva.

Não importa que a forma da transposição dos direitos tenha sido arrematação no juízo falimentar. A Massa Falida, por ser tal, não operou qualquer alteração na substância dos direitos e obrigações das partes.

Foi levado a público leilão um contrato locatício. A arrematante não era obrigada a aceitá-lo, não fora compelida a adquiri-lo. Fê-lo livremente, e com tempo bastante para avaliar a extensão dos direitos e obrigações ofertados. Adquirindo o contrato, e sub-rogando-se na situação da locatária, não lhe assistiria, mais tarde, a faculdade de modificar o conteúdo de uns e de outras.

Encarada a situação pelo lado da alienante (Massa Falida), é de se assinalar que não podia transferir mais direitos do que possuía o falido: *nemo plus iuris ad alium transferre potest quam ipse habet*.

É a consequência natural de toda cessão de direito, de toda sucessão na relação jurídica preexistente. O sucessor, por via da sucessão; o cessionário, por obra da cessão, não tem em regra o poder de ampliar as faculdades jurídicas em que se sub-roga. O adquirente recebe o direito adquirido tal como lhe vem pela via aquisitiva.

Na essência, a ideia de sucessão traduz a circunstância de um sujeito vir ocupar o lugar de outro na relação jurídica. A etimologia da palavra já o define (*sub cadere*, suceder). E, para a sua ocorrência, apontam-se os seus requisitos:

"a) existência de uma relação jurídica;
b) substituição de um sujeito por outro, que toma o seu lugar;
c) permanência da relação;
d) existência de um vínculo de causalidade entre as duas situações" (EVARISTO DE MORAIS FILHO, *Sucessão nas Obrigações e Teoria da Empresa*, v. I, n. 21).

Abstração feita da "sucessão universal" que se dá quando todo o patrimônio, como uma unidade, passa do sujeito anterior para o sujeito atual, a sucessão incide sobre um direito, individualmente:

"Por lo que se refiere al *contenido*, la sucesión jurídica alcanza solamente, en principio, a un derecho *en particular*" (OERTMANN, *Introducción al Derecho Civil*, p. 183).

Passando de um titular para outro titular, o direito não sofre mutação, seja no seu conteúdo, seja na sua extensão. Quer dizer que a sucessão desloca o direito de um patrimônio para outro patrimônio, mas não o atinge na sua substância:

"La transmission d'un droit d'une personne à une autre ne modifie ni le contenu, ni l'étendue du droit; celui-ci ne subit aucune modification dans sa nature et dans ses effets, il reste ce qu'il était entre les mains du précédent titulaire" (HENRI CAPITANT, *Introduction à l'Étude du Droit Civil*, p. 236).

Vista do ângulo individual, a sucessão ou aquisição derivada dos direitos importa numa determinação restritiva que a atinge necessariamente, estabelecendo a identidade da relação jurídica. Noutros termos, é de se afirmar que o sucessor (ou adquirente) tem direito porque o antecessor os tinha; e, ainda, que as limitações impostas ao direito deste sobrevivem na transmissão:

"La importancia que la sucesión tiene en el derecho privado resulta de su proprio concepto. El sucesor solo tiene derecho si existía el del causante. Las limitaciones a que está sujeto el derecho del autor (servidumbres, prenda, término final, condición resolutoria, etc.) se transfieren al derecho del sucesor" (ENNECCERUS, KIPP Y WOLFF, *Tratado, Parte General*, v. II, § 131).

Quando a atual locatária arrematou o contrato, recebeu-o com a cláusula restritiva, sem qualquer ressalva.

A prevalecer a faculdade de realizar obras com o fito de adaptar a coisa locada ao gênero do seu comércio, seria como que a criação de uma cláusula contratual diversa da anterior. Seria como que autorizar a locatária, sucessora da outra locatária, a redigir de novo o contrato, e acrescentar à proibição genérica e abrangente de realizar "qualquer obra" uma exceção que viria quebrar a sua generalização e abrangência. Pois se o contrato proíbe "qualquer obra", e se se pretende que nesta referência se não incluem as destinadas à adaptação do imóvel ao gênero de comércio da arrematante, – é como se a arrematante pudesse argumentar que, ao se transferir da falida para a adquirente, ficou esta com o poder de alterar o contrato. Admitida a tese da alteração dos termos contratuais, neste ponto abrem-se ensanchas a que outras mudanças sejam efetuadas. E atenta-se contra a noção básica da transmissão dos direitos com as limitações que os atingiam entre as mãos do antecessor (ENNECCERUS).

Um dos princípios capitais de direito do contrato é a sua força obrigatória: *pacta sunt servanda*. Dentro desta dogmática, é incabível a hipótese de vir o devedor a mudar o contexto de suas obrigações. Admitir que o *reus debendi* tenha o direito de alterar a sua obrigação, no mais mínimo que seja, equivale a destruir um princípio milenar, sobre que repousam a vida civil e a vida mercantil.

A justificativa invocada, a que o quesito alude, não pode prosperar, pois implica sustentar a liberdade de infringir o contrato, sob fundamento da conveniência, o que contraria os princípios mais certos.

## Ao Quesito Segundo

Ao que salienta a consulta, a locatária promoveu obras no imóvel, contravindo ao ajuste e levando ainda a locadora a sofrer penalidade administrativa, pelo fato de ditas obras não terem sido autorizadas pela administração pública.

Não me cabe interpretar a razão das obras clandestinamente efetuadas.

O que me cumpre é extrair, do fato, uma conclusão objetiva. E esta pende no sentido de configurar a gravidade da falta contratual. Grave já é, em si, a contravenção do ajuste, oriunda da realização de obras que este proíbe.

Mais grave configura-se, por terem imposto à locadora um procedimento fiscal. A circunstância de pagar a multa, ou de reembolsar a locatária ao locador o que despendeu com ela, é despicienda. Não há colocar a questão em termos de *solutio* ou de ressarcimento.

O que sobreleva ao aspecto econômico é a caracterização correcional da ação fiscal. A autoridade administrativa, ao penalizar o comportamento da locatária, punindo a locadora, enfatizou a inobservância de suas normas. E a locadora, que teve o cuidado de proibir, no contrato, modificações na coisa locada, viu-se, de chofre, conceituada como proprietária relapsa, que é punida por ter feito, às escondidas da administração, obras no imóvel de sua propriedade.

A realização de obras constitui infração do contrato. E infração grave, capaz, só por si, de autorizar a resolução do contrato locatício.

Mas se dúvida pudesse persistir na qualificação da contraveniência, desfaz-se-ia ante o procedimento fiscal. Ao promover as obras proibidas, a locatária agiu contra a avença, carreando para si mesma a cominação rescisória.

Efetuando as obras com caráter clandestino, gizou a gravidade do comportamento antijurídico, pois sujeitou a outra parte aos incômodos e às consequências da ação fiscal.

## Ao Quesito Terceiro

A resposta ao presente quesito deflui do raciocínio logístico, desenvolvido nas respostas anteriores.

Partindo de que o contrato proíbe "qualquer obra" na coisa locada, sem consentimento escrito da locadora, e assentando que a locatária realizou obra no imóvel, sem autorização, – cometeu ela infração. É fora de dúvida. Contrato obriga. Contrato é lei entre as partes. Aquele dos contratantes que procede contra o contrato, infringe-o. Aquele que faz o que o ajuste proíbe, comete infração.

Pela preceituação legal, o cometimento de infração contratual grave é punido com despejo.

Intentada a ação respectiva, defendeu-se a locatária com argumentos que, ao sopro da análise, se revelam inconsistentes. Não consegue convencer da juridicidade de sua conduta. Esta, para que valha ao agente como escusa, haveria de conter-se na velha fórmula: *feci sed iure feci*. Vale dizer: "assim procedi e assim fiz, porque o direito me autoriza".

Acontece que nenhum princípio, por mais liberal que seja, autoriza infringir o contrato sob alegação de conveniência do infrator (adaptação do imóvel às suas necessidades profissionais), ou de juízo de valor efetuado pelo próprio contraventor (liberdade de contravir ao proibido, porque o contraventor entende que o outro contratante se beneficia).

Assim examinada a questão, na clareza dos princípios, e positivado que houve a infração; que a infração é grave; e que ela é inescusável, outra não pode ser a conclusão: procedência da ação de despejo.

# 49

**Fatos**  Locação de imóvel urbano não registrada no Registro Geral de Imóveis. Oferta, ao locatário, do direito de preferência à aquisição do bem. Exercício da preferência pelo locatário, mediante o envio de carta registrada. Venda do imóvel a terceiro, em data posterior ao envio da comunicação ao locador. Condenação do locador à outorga da escritura definitiva.

**Direito**  Contrato de locação residencial. Direito de preferência. Efeitos do direito de preferência nas hipóteses de contrato registrado no Registro de Imóveis e de contrato não registrado. Contrato registrado: execução específica. Contrato não registrado: perdas e danos.

Em 05.06.1986, RRV, locador da casa situada na Av. TLR, n. 278, ofereceu a BVL, locatário com contrato já vencido e que não fora levado ao registro imobiliário, preferência para a aquisição do imóvel, por $ 6.300.000,00, à vista.

Na mesma data, a SVS Imóveis, afirmando agir em nome do locador, comunicou ao locatário que este poderia exercer o direito de preferência, dando $ 300.000,00 de sinal e pagando $ 6.000.000,00 na escritura.

Em 02.07.1986, BVL protocolizou, no Cartório do 2º Ofício de Títulos e Documentos, carta ao locador ofertante, afirmando que exerceria a preferência e solicitando informar "como proceder para o pagamento do sinal e para a lavratura da escritura".

Em 07.07.1986, o locador RRV foi notificado judicialmente de que o locatário estava depositando o sinal de $ 300.000,00 e de que em 48 horas deveria ser providenciada a escritura, sob pena de sujeitar-se à ação de outorga, e, ainda, que "à falta de maiores observações na correspondência em que se ofertou o imóvel", considerava que os impostos e taxas até então incidentes sobre o imóvel seriam de responsabilidade do locador.

Em 04.07.1986, por escritura pública lavrada no Cartório do 6º Ofício de Notas, o locador RRV vendeu o imóvel, pelos mesmos $ 6.300.000,00, a XPT Construções e Participações Ltda.

Em 09.07.1986, dizendo ter sido informado pelo proprietário de que o imóvel havia sido alienado a terceiros, o locatário propôs medida cautelar inominada, pedindo a sustação liminar de qualquer registro relativo a transações com o imóvel objeto da lide, o que foi deferido pelo MM. Juiz de Plantão.

Tendo o réu apresentado defesa, a adquirente XPT requereu, em 21.07.1986, sua admissão como assistente litisconsorcial e agravou de instrumento contra a concessão de liminar.

A XPT afirmou inexistir *periculum in mora* e *fumus boni juris*, alegando que o § 1º do art. 25 da Lei n. 6.649/79[1] exige que o contrato de locação esteja inscrito no registro imobiliário para que o locatário possa pretender a adjudicação compulsória, trazendo à colação acórdãos do STF (*RT* 598/233 e *Lex* – Jurisprudência do STF 86/106), além de arestos do Tribunal de Justiça de Minas Gerais.

Em 07.08.1986, o locatário requereu, nos autos da cautelar, a expedição de guia para depósito do valor da venda, acrescido das despesas de transmissão.

Em 01.08.1986, impugnando as defesas, alegou o autor que a lei prevê duas hipóteses diversas para adjudicação – a primeira quando o inquilino não é notificado para exercer o direito de preferência e a segunda quando tal notificação ocorre.

Segundo o autor, havendo notificação, desnecessário se falar em registro do contrato de locação, somente exigível na hipótese e para fins do § 1º do art. 25 da Lei do Inquilinato.

*In casu*, o contrato se aperfeiçoara com a aceitação da proposta, comportando execução específica.

Em 07.08.1986, BVL propôs ação ordinária, alegando que o art. 24 da Lei n. 6.649/79 "assegura ao inquilino, regularmente notificado para o exercício da preferência, o expresso direito de adquirir o imóvel".[2]

---

[1] "Art. 25. O locatário a quem não se notificar a venda, promessa de venda, ou cessão de direitos poderá, depositando o preço e demais despesas do ato de transferência, haver para si o imóvel locado, se o requerer no prazo de seis meses a contar da transcrição ou inscrição do ato competente no Cartório do Registro de Imóveis.
§ 1º Ressalvada a prioridade do condômino (*Código Civil*, art. 1.139), o locatário só poderá exercer o direito assegurado neste artigo se, pelo menos trinta dias antes da venda, promessa de venda ou cessão de direitos, estiver inscrito no registro imobiliário, na forma a ser estabelecida em regulamento, o contrato de locação.
§ 2º O locatário, preterido na sua preferência, poderá reclamar do alienante perdas e danos."
– Dispositivo correspondente na Lei n. 8.245, de 18 de outubro de 1991:
"Art. 33. O locatário preterido no seu direito de preferência poderá reclamar do alienante as perdas e danos ou, depositando o preço e demais despesas do ato de transferência, haver para si o imóvel locado, se o requerer no prazo de seis meses, a contar do registro do ato no cartório de imóveis, desde que o contrato de locação esteja averbado pelo menos trinta dias antes da alienação junto à matrícula do imóvel."
(...)"

[2] "Art. 24. No caso de venda, promessa de venda, ou cessão de direitos, o locatário tem preferência para adquirir o prédio locado, em igualdade de condições com terceiros, devendo o proprietário dar-lhe conhecimento do negócio, mediante notificação judicial ou comprovadamente efetuada."

Pediu o autor a condenação do Réu a outorgar a escritura de compra e venda, sob pena de, não o fazendo, valer a sentença como título aquisitivo.

RRV contestou a ação, alegando que a preferência, a teor do § 1º do art. 25 da Lei n. 6.649/79, só existe quando houver inscrição do contrato de locação no registro imobiliário.

A XPT pediu o ingresso na lide como assistente e alegou:

a) que o direito de preferência estabelecido no art. 24 da Lei n. 6.649/79 somente pode ser exercido quando, nos termos do § 1º do art. 25, daquele diploma legal, houver inscrição do contrato no registro imobiliário;

b) que o registro seria impossível, porque o prazo contratual expirara, tendo ocorrido a simples prorrogação da locação.

Sobre as contestações manifestou-se o autor.

Designada audiência, a assistente litisconsorcial agravou de instrumento contra a não extinção da lide.

A assistente apresentou razões finais escritas.

A sentença julgou a ação procedente, condenando o réu "a outorgar a escritura de compra e venda do imóvel pelo preço oferecido e já pago, sob pena de, não o fazendo, valer como título de alienação, sujeito a transcrição imobiliária, a sentença transitada em julgado".

Isto posto, *consulta-se*:

1º Os arts. 24 e 25 da Lei n. 6.649/79[3] contemplam hipóteses distintas, referindo-se o primeiro aos locatários notificados da venda e o segundo aos não notificados?

2º O inquilino notificado para exercer a preferência e que tenha sido preterido em seu direito, mediante alienação do imóvel a terceiro, poderá haver para si o imóvel através de sentença judicial, se efetuar em Juízo o depósito do valor da venda, mesmo se o contrato de locação, com prazo já vencido, não tiver sido transcrito no registro imobiliário?

## PARECER

A matéria relativa às locações residenciais está adstrita ao que dispõe a Lei do Inquilinato.

---

– Dispositivo correspondente na Lei n. 8.245, de 18 de outubro de 1991:
"Art. 27. No caso de venda, promessa de venda, cessão ou promessa de cessão de direitos ou dação em pagamento, o locatário tem preferência para adquirir o imóvel locado, em igualdade de condições com terceiros, devendo o locador dar-lhe conhecimento do negócio mediante notificação judicial, extrajudicial ou outro meio de ciência inequívoca."

3    Lei n. 8.245/91, arts. 27 e 33.

Problema que tem ocupado a atenção de quantos o enfrentam, como doutrinadores, advogados e magistrados, é o que se refere à "preferência" do locatário para a aquisição do imóvel locado, quando o locador intente vendê-lo.

Este assunto mereceu do legislador a devida atenção, encontrando soluções que têm percutido nos tribunais, de maneira prática e satisfatória.

Muito se tem discutido a respeito da "preferência" do inquilino, para a compra do imóvel locado.

Pondo termo a numerosa controvérsia, a lei distinguiu duas situações perfeitamente definidas. De um lado considerou os contratos que estejam inscritos no Registro de Imóveis; de outro lado atentou para aqueles que o não sejam. Este é o ponto de partida, consagrando situações distintas, e, conseguintemente, geradoras de direito reconhecidos ao locatário. Tudo mais que se diga em torno do assunto, sem atentar para esta diferenciação, é retórica sem efeitos práticos. As duas situações são previstas na lei, e encontram na mesma lei o tratamento adequado.

A fim de se encontrar a solução devida, cumpre procurar na Lei, e nela enxergar, o que o legislador estabeleceu.

Cogitando em primeiro lugar da hipótese mais definida, examino a situação jurídica do inquilino com *contrato inscrito* no Registro Imobiliário. E vejo, desde logo, que a lei cogitou dela em termos específicos. Fez, porém, uma exigência concreta. Não é *todo contrato registrado*, porém condicionou qualquer pretensão do locatário à circunstância especial de estar o contrato de aluguel *inscrito* no RGI, *com trinta dias, pelo menos, de antecedência à venda*, promessa de venda ou cessão de direitos efetuada pelo locador.

A outra situação que concretamente deve ser destacada é a que assegura ao locatário *preferência para adquirir o prédio locado*, em igualdade de condições com terceiros. Neste caso, o locador deve dar-lhe ciência, mediante notificação judicial ou comprovadamente efetuada.

Sendo previstas duas situações distintas, elas não podem ser confundidas na sua concretização, e obviamente na objetividade de seus efeitos. A lei deve ser interpretada na expressão gramatical, e na sua finalidade; na sua redação e no seu conteúdo teleológico. O aplicador da lei, e em particular o juiz, tem o dever de interpretá-la, pois que no julgamento está ínsita a função de levar o dispositivo legal ao caso de espécie que tem de decidir. Mas em nenhuma hipótese tem o poder de inovar, ou de, a pretexto de interpretar, criar soluções imaginosas e resolvê-las arbitrariamente. Não é sem razão que se impõe ao intérprete, como primeiro dever, realizar a "compreensão" da lei:

> "A compreensão da regra jurídica interpretada é portanto o primeiro dos critérios de classificação, e deverá fundamentar a separação dos procedimentos tendentes a discernir, na norma, o seu significado intencional, vale dizer, o sentido normativo que ela encerra nas suas expressões, abstraídas as referências a situações objetivas" (L. FERNANDO COELHO, *Lógica Jurídica e Interpretação das Leis*, p. 73).

Frente a duas normas distintas, que preveem situações diferentes, cabe ao intérprete extrair, dos respectivos preceitos, e das respectivas expressões, o "significado intencional" de cada uma.

O legislador, obediente ao critério sociológico, tem o dever de se exprimir com clareza e precisão:

> "O importante na redação da lei é dizer o que se quer com precisão, coesão, clareza e concisão. A substância precede a forma, mas as duas vão juntas. A forma é importante porque a ambiguidade e a expressão confusa compromete os objetivos da legislação" (REED DICKERSON, *A Arte de Redigir Leis*, p. 37).

Se ao legislador cumpre seguir tão salutar conselho, não pode o aplicador, na sua hermenêutica, deformar o seu conteúdo. É o que ensina o mestre da interpretação de nosso direito:

> "A base de toda exegese é um texto que se precisa compreender, e a fixação da existência e da força obrigatória do mesmo chama-se crítica" (CARLOS MAXIMILIANO, *Hermenêutica e Aplicação do Direito*, 1979, n. 46, p. 41).

Quando faz referência à função judicante, o mestre da hermenêutica é incisivo:

> "Entenda-se bem: na obrigação de decidir sempre, não se compreende a prerrogativa do juiz – de substituir o legislador, em parte, como pretende a escola de Kantorovics" (ob. cit., n. 56).

Se o aplicador encontra duas disposições em uma e mesma lei, enfocando duas situações jurídicas, não pode substituir-se ao legislador. Tem o dever de verificar a sua existência diversificada, e procurar a solução que a elas corresponda, ou que lhes seja adequada.

Que situações são estas, no caso concreto: a) contrato inscrito no Registro de Imóveis, com a antecedência mínima de trinta dias do ato de venda, promessa de venda ou cessão de direitos promovido pelo locador; b) contrato que não preenche o requisito de inscrição no RGI.

Encontrando duas situações diferentes, e tendo em vista que o legislador as diversificou, o que o juiz tem de fazer, ao aplicar as regras legais correspondentes, é precisar as soluções que ofereceu para os dois casos. Ou, como diz o mestre da interpretação no Direito Italiano: "A aplicação da lei a uma determinada situação de fato pressupõe uma comparação desta com a situação fática (legal) prevista em a norma". Textualmente:

> "L'applicazione della legge ad una determinata situazione di fatto presuppone un raffronto di questa con la fattispecie (legale) prevista dalla norma" (EMILIO BETTI, *Interpretazione della Legge e degli Atti Giuridici*, p. 11).

Seguindo o ensinamento de BETTI, a aplicação da lei a determinada situação concreta da consulta pressupõe um confronto desta com a hipótese prevista em a norma.

Esta prevê duas hipóteses legais distintas: contrato *com inscrição* no RGI e contrato *sem inscrição* no RGI.

Para as duas hipóteses legais (duas *fattispecie*), aplicar-se-á a lei.

Assentados estes conceitos, tornou-se muito fácil aplicar a lei.

*Quem tem* contrato inscrito no RGI, com a antecedência mínima de trinta dias do ato de venda ou de promessa de venda

"poderá, depositando o preço e demais despesas do ato de transferência, haver para si o imóvel locado, se o requerer no prazo de seis meses a contar da transcrição ou inscrição no cartório do registro de imóveis" (art. 25 da Lei n. 6.649, combinado com a Lei n. 6.698).[4]

*Quem não tem* contrato registrado nessas condições, *não tem o direito de haver o imóvel para si.*

O seu direito é o de "preferência para adquirir o prédio locado, em igualdade de condições com terceiros" (art. 24[5] da mesma lei).

São, portanto, *dois direitos distintos*, previstos na lei, e, conseguintemente, serão exercidos de maneira diversa, nos termos da mesma lei.

Para as duas situações legais *distintas*, a lei destina duas consequências igualmente *distintas*.

Veja-se bem: para uma hipótese (*a do contrato registrado*), o legislador concedeu um direito: *haver a coisa para si, depositando o preço*; para a outra hipótese (a do contrato que *não foi registrado*), o legislador *não concedeu* o mesmo direito, de haver a coisa depositando o preço. Ofereceu-lhe *direito de preferência* em igualdade de condições.

Num caso, equiparou o direito do locatário a um *jus in re*, a um direito de caráter real, e *dotado de execução específica*. No outro caso, concedeu um direito de preferência, *sem execução específica*. Num caso, o locatário, depositando o preço, tem *direito à própria coisa*; no outro caso *não tem direito à própria coisa*.

Num caso há uma *obligatio dandi*, com a adjudicação da coisa, pela qual se executa o direito de havê-la. Diz BEVILÁQUA:

---

4 – Dispositivo correspondente na Lei n. 8.245, de 18 de outubro de 1991:
"Art. 33. O locatário preterido no seu direito de preferência *poderá* reclamar do alienante as perdas e danos ou, *depositando o preço e demais despesas do ato de transferência, haver para si o imóvel locado, se o requerer no prazo de seis meses, a contar do registro do ato no cartório de imóveis, desde que o contrato de locação esteja averbado pelo menos trinta dias antes da alienação junto à matrícula do imóvel.*"

5 Lei n. 8.245/91, art. 27. "… preferência para adquirir o imóvel locado, em igualdade de condições com terceiros…"

"A obrigação de dar é aquela cuja prestação consiste na entrega de uma coisa móvel ou imóvel, para constituição de um direito real (venda, doação etc.), a concessão de uso (empréstimo, locação, ou a restituição ao dono)" (*Comentários ao Código Civil*, Observação 6 ao art. 863).

No outro caso há uma *obligatio faciendi*, cuja inadimplência se resolve *em perdas e danos* (*Código Civil*, art. 879).[6]

Não é possível equiparar as situações legais, para atribuir a uma delas a solução dada pelo legislador à outra.

Não cabe conceder execução específica, com a entrega da própria coisa, *senão no caso do contrato registrado*. Fora do caso do contrato inscrito no RGI, *inexiste execução específica*. O direito do locatário é a uma preferência, e esta *não dá execução específica*. Resolve-se em perdas e danos.

Para que o devedor seja condenado a emitir uma declaração de vontade, é mister que ocorra a obrigação específica de emitir aquela declaração de vontade.

Quando o direito do credor é o mero exercício de preferência, que se resolve em perdas e danos, não tem cabimento conceder-lhe execução mediante a entrega da coisa.

A Lei n. 6.649, com a alteração advinda da Lei n. 6.689, somente dá direito à execução pela entrega da coisa ao locatário *com contrato inscrito no RGI*.

Assim entendo, e assim opino.

---

[6] "Art. 879. Se a prestação do fato se impossibilitar sem culpa do devedor, resolver-se-á a obrigação; se por culpa do devedor, responderá este pelas perdas e danos."
– Dispositivo correspondente no Código Civil de 2002:
"Art. 248. Se a prestação do fato tornar-se impossível sem culpa do devedor, resolver-se-á a obrigação; se por culpa dele, responderá por perdas e danos."

# ÍNDICE ALFABÉTICO

*(Os números referem-se às páginas.)*

## A

Abuso de direito – 131
Ação de despejo – 519
Ação de extinção de condomínio – 307
*Acessorium sequitur principale* – 221
Alienação sem título – 13
*Animus novandi:* inequívoco – 37
    – ausente – 1, 161
Ato exorbitante do mandato (*ultra vires mandati*) – 161
Atos lesivos pelos interventores e liquidantes nomeados pelo BACEN – 115
Autonomia do empreiteiro – 383

## B

Boa-fé – 196, 215
Busca pela intenção mais verossímil das partes – 221

## C

Caso fortuito e força maior – 357
Cessão de crédito – 97, 131
Cessão onerosa de direitos possessórios (venda da posse) – 79
Cláusula contratual com expressa proibição de realização de obras no imóvel – 519
Cláusula de arrependimento em benefício do promitente comprador – 171
Cláusula de escala móvel – 403
Cláusula de irrevogabilidade como condição do negócio – 243
Cláusula de reversão dos bens doados – 307
Cláusula penal – 243
Cláusula penal compensatória – 47
Cláusula penal moratória – 47
Cláusula proibitiva de concorrência – 243
Cláusula *rebus sic stantibus* – 375, 403
Cláusula resolutiva expressa – 231
Cláusula *solve et repete* – 461
Cláusulas contratuais aparentemente contraditórias e excludentes – 195
Conceito de culpa – 37
Concentração da obrigação – 61
Concorrência desleal – 243
Condição – 61
    – falta da condição – 97, 269, 403
Condição legal (condição imprópria) – 289
Condição potestativa – 61
Condição potestativa pura – 171, 299, 345
Condição potestativa simples – 171, 299, 345
Condição resolutiva – 97
Condição resolutiva temporal – 341
Condição suspensiva – 269, 403
Condomínio acionário – 307
Consignação em pagamento – 79, 161, 503
Contrato atípico – 179
Contrato consigo mesmo (autocontrato) – 255
Contrato de compra e venda – 79
Contrato de compra e venda de ações por meio de mandatários – 161
Contrato de compra e venda de coisa certa e determinada – 289
Contrato de corretagem – 437
Contrato de depósito – 425
Contrato de doação – 307
    – irrelevância do motivo da liberalidade – 325
Contrato de empreitada – 91, 97, 357, 367, 375, 403, 415
    – mora do dono da obra – 367
    – *turnkey* – 383

Contrato de execução diferida – 61
Contrato de locação – 1
Contrato de locação em *shopping center* – 485
Contrato de locação não residencial – 503, 519
Contrato de locação residencial – 525
Contrato de mandato – 161, 433
– ineficácia da revogação – 243
– ineficácia do ato perante o mandante – 161
– ineficácia do ato *ultra vires mandati* – 13
Contrato de mútuo – 341
Contrato de prestação de serviço – 345
Contrato de publicidade – 475
Contrato de seguro de crédito à exportação – 445, 461
Contrato misto – 243, 307
Contratos coligados – 196
Contratos de execução diferida – 375
Correção monetária – 13
Critérios e elementos necessários à apuração do lucro cessante – 47

## D

Dação em pagamento – 341
Dano emergente e lucro cessante – 147, 231, 503
– meios de apuração de lucros cessantes de sociedade empresária – 47
Denúncia unilateral: impossibilidade – 179
Depósito em dinheiro – 333
Descabimento da consignação quando o devedor se encontra em mora – 333
Descabimento de criação de fideicomisso por ato *inter vivos* – 307
Descabimento de cumulação da multa contratual compensatória com as perdas e danos – 47
Descumprimento da obrigação no tempo certo – 367
Dever de indenizar – 367
Dever de mitigar: a indenização não pode ser agravada pelo comportamento do credor – 47
Direito de preferência – 525
Direito de regresso – 445
Direito do credor ao cumprimento da obrigação na forma e no tempo ajustados – 367
Distinção entre caução, seguro-caução e fiança – 461
Distinção entre cessão e venda – 79
Distinção entre *cessio pro soluto* e *cessio pro solvendo* – 131

Distinção entre condição potestativa pura e condição meramente potestativa – 61
Distinção entre contrato de empreitada e contrato de locação de serviço – 383
Distinção entre sentença de rescisão contratual e sentença anulatória do contrato – 281

## E

Efeitos do direito de preferência nas hipóteses de contrato registrado no Registro de Imóveis e de contrato não registrado – 525
Encargos da dívida: bens acessórios – 221
Enriquecimento sem causa – 69
Erro – 1
Esperança hipotética de lucro – 47
– esperança legítima de lucro – 47
Exceção de contrato não cumprido – 147, 196, 221, 231, 289
Excesso de execução – 47
Execução do contrato: impossibilidade – 395
Exorbitância da faculdade normal de credor (abuso de direito) – 131

## F

*Factum principis* – 395, 445
Falência – 281
Falência da locatária – 519
Falta da condição – 97, 269, 403
Força maior – 91, 395
Formação do contrato por via epistolar – 147

## G

Garantia real – 281
Garantias e contragarantias fidejussórias – 91
Garantias inexigíveis – 91
Guerra – 91, 395

## I

Impossibilidade superveniente de cumprimento da obrigação – 91, 503
Inadimplemento contratual – 415
Inadimplemento parcial – 196

Inadimplemento relativo – 367
Infração contratual grave – 519
Interpretação contratual – 131, 221, 231, 263, 269
   – conduta das partes na execução do contrato – 215
   – contra o estipulante da cláusula – 215, 357
   – das cláusulas contratuais umas em relação as outras – 299, 375
   – irrelevância do *nomen iuris* atribuído pelas partes – 179, 243
   – necessidade de conciliação das cláusulas contratuais – 195
   – pesquisa da real intenção das partes – 263
   – prevalência da vontade das partes – 485
   – prevalência daquela que produza efeitos – 115, 147
   – que resguarda a subsistência de ambas as cláusulas – 147, 195
   – restritiva dos poderes outorgados ao mandatário – 161
   – transação (interpretação restritiva) – 115

## L

Lei do Inquilinato – 485
Liquidação de sentença – 47
Liquidação extrajudicial de instituições financeiras – 115
Locatária por sucessão – 519

## M

Medida cautelar de atentado – 231
Meios de prova – 415
Mora – 195
   – constituição necessária – 179
   – do dono da obra – 367

## N

Negócio jurídico fiduciário – 161
*Nomen iuris* – 263
Novação – 1
   – não se presume – 37
   – necessidade de outorga de poderes especiais e expressos – 161
   – objetiva – 37

   – requisitos – 37
   – subjetiva – 37
   – tácita – 37

## O

Obrigação alternativa – 13, 61, 147, 171
Obrigação a termo incerto – 179
Obrigação facultativa – 13, 171

## P

Pacto de retrovenda – 341
Pagamento – 79
   – em quotas periódicas – 1
Perdas e danos (dano emergente e lucro cessante) – 47, 131, 147, 231, 243, 503
Preço estabelecido em dinheiro – 79
Preço na compra e venda é em dinheiro, salvo estipulação em contrário – 161
Prêmio – 445
Prescrição – 115
   – inocorrência – 179
Pressuposição – 375
Prestações simultâneas – 147
Princípio da boa-fé – 196, 215
Princípio da continuidade do registro público: infração – 13
Princípio *societas distat a singulis* – 425
Proibição contratual de realização de obras no imóvel – 519
Promessa de compra e venda de imóvel – 13
Prova circunstancial: dedução lógica de fato conhecido – 415

## Q

Quitação – 115
   – da última parcela gera presunção relativa (*iuris tantum*) de estarem solvidas as anteriores. Inaplicabilidade do art. 322 do Código Civil (2002) – 1

## R

Regime de bens: fraude – 255
Renúncia – 195

– não se presume – 1
Resolução do contrato – 195, 243
Responsabilidade civil contratual – 37, 179
Responsabilidade civil do magistrado – 495

## S

Seguro da coisa locada – 503
Simulação – 263

– ônus da prova de quem alega – 325
Sub-rogação – 281
  – da seguradora nos direitos do segurado – 445

## T

Teoria da imprevisão – 375
Transação (interpretação restritiva) – 115

 A marca FSC é a garantia de que a madeira utilizada na fabricação do papel com o qual este livro foi impresso provém de florestas gerenciadas, observando-se rigorosos critérios sociais e ambientais e de sustentabilidade.

www.editoraforense.com.br
forense@grupogen.com.br

Impresso na gráfica das Escolas Profissionais Salesianas